Comprendiendo las Cuentas Nacionales

SEGUNDA EDICIÓN

François Lequiller, Derek Blades

OCDE
MEJORES POLÍTICAS PARA UNA VIDA MEJOR

El presente trabajo se publica bajo la responsabilidad del Secretario General de la OCDE. Las opiniones expresadas y los argumentos utilizados en el mismo no reflejan necesariamente el punto de vista oficial de los países miembros de la OCDE.

Tanto este documento, así como cualquier dato y cualquier mapa que se incluya en él, se entenderán sin perjuicio respecto al estatus o la soberanía de cualquier territorio, a la delimitación de fronteras y límites internacionales, ni al nombre de cualquier territorio, ciudad o área.

Por favor, cite esta publicación de la siguiente manera:
Lequiller, F. and D. Blades (2018), *Comprendiendo las Cuentas Nacionales: Segunda Edición*, OECD Publishing, Paris.
https://doi.org/10.1787/9789264299023-es

ISBN 978-92-64-29901-6 (print)
ISBN 978-92-64-29902-3 (PDF)
ISBN 978-92-64-30070-5 (Epub)

Los datos estadísticos para Israel son suministrados por y bajo la responsabilidad de las autoridades israelíes competentes. El uso de estos datos por la OCDE es sin perjuicio del estatuto de los Altos del Golán, Jerusalén Este y los asentamientos israelíes en Cisjordania bajo los términos del derecho internacional.

Las erratas de las publicaciones de la OCDE se encuentran en línea en: *www.oecd.org/about/publishing/corrigenda.htm*.

Prologo

Hoy más que nunca, las cuentas nacionales están en el corazón de un sistema moderno de estadísticas económicas. La reciente crisis económica y financiera ha hecho manifiesta la importancia de contar con un seguimiento oportuno, confiable y exhaustivo de la actividad económica y ha indicado también qué dirección deben tomar los nuevos desarrollos y extensiones de las cuentas. Las cuentas nacionales proveen el instrumento conceptual adecuado para hacer coherentes centenares de fuentes estadísticas que están disponibles en los países de la OCDE así como indicadores macro-económicos esenciales para guiar la toma de decisiones.

Uno se pregunta sin embargo si los usuarios son conscientes de la riqueza de la información incluida en las cuentas nacionales y si saben explotar integralmente su potencial analítico y estadístico. Al mismo tiempo, ¿cómo asegurar que los usuarios capten totalmente los conceptos complejos que están detrás de las cuentas nacionales, así como sus limitaciones? ¿Y qué decir de los temas relacionados con la comparabilidad internacional? Esta segunda edición de "Comprendiendo las Cuentas Nacionales" trata de dar respuesta a estas preguntas y a muchas más, de una manera fácil y accesible conservando la rigurosidad. Es una versión actualizada de la edición anterior publicada por la OCDE en 2006, recibida de manera muy favorable tanto por personas del mundo de la estadística económica, y en particular de cuentas nacionales, como por usuarios no especialistas. En efecto, en su momento, muchos lectores comentaron a los autores que "por primer vez, habían encontrado un libro sobre cuentas nacionales que era fácil de entender y no era aburridor".

Cuatro desarrollos importantes ocurridos desde el año 2006, han hecho indispensable la actualización de la edición anterior. Primero, la crisis financiera que ha impactado los países de la OCDE ha puesto de manifiesto la necesidad de explicar mejor como los fuertes movimientos en la actividad económica se reflejan efectivamente en las cuentas nacionales. Segundo, en el 2008, el Sistema de Cuentas Nacionales, el SCN, experimentó una importante actualización. Un ejemplo de las revisiones hechas al sistema contable es el tratamiento de los gastos en Investigación y Desarrollo como inversión en conocimiento. Anteriormente, se consideraban simplemente como un gasto corriente. En tercer lugar, el nuevo énfasis puesto en "mejores condiciones de vida", más allá del objetivo tradicional del crecimiento de la economía y del PIB, ha sido la oportunidad de subrayar cómo las cuentas nacionales pueden también constituir una fuente importante para identificar el bienestar material de los hogares. Finalmente, se establecen ahora nuevos datos sobre el "comercio en valor agregado" en paralelo con el marco central de las cuentas nacionales, lo que permite entender mejor la interconectividad creciente de nuestra economías.

Esta nueva versión aumentada de "Comprendiendo las Cuentas Nacionales" refleja estos cuatro desarrollos antes mencionados. En particular, se ha coordinado su publicación de manera que coincida con el período en que la mayoría de los países miembros de la OCDE habrán pasado al nuevo SCN 2008.

Estoy segura que, como fue el caso de la edición anterior, esta recibirá también una cálida acogida de todos aquellos que quieren saber más de las estadísticas que constituyen el corazón de la medición del desarrollo económico de las economías de la OCDE, bien sea que se trate de jóvenes estadísticos, estudiantes, periodistas, economistas o ciudadanos interesados.

Martine Durand
Jefe de Estadísticas de la OCDE, y Directora de la Dirección de Estadísticas y Datos

Tabla de contenido

Nota para el lector

Este manual incluye una gran cantidad de datos, extraídos en su gran mayoría de fuentes de la OCDE. Se utiliza StatLinks para acceder a los datos que respaldan la mayoría de los cuadros y gráficos que se encuentran en el libro. Sin embargo, el lector debe recordar que los datos de cuentas nacionales se someten a procesos continuos de revisión. Por consiguiente, se pueden encontrar diferencias entre dos valores de una misma variable en dos cuadros diferentes o archivos electrónicos, así como entre las variables utilizadas en el manual y aquellas que se encuentran en las últimas publicaciones de cuentas nacionales por las diferentes oficinas estadísticas y la OCDE. Estos no son errores sino simplemente reflejan el hecho que las diferentes partes del manual se han actualizado a una cierta fecha sobre un período de un año (mitad de 2013-mitad de 2014). Adicionalmente, durante y especialmente hacia el final de este período, muchos países miembros de la OCDE pasaron de la referencia al SCN 1993/ESA 1995 a la nueva referencia al SCN 2008/ESA 2010. Este cambio no se refleja en algunos cuadros que se han actualizado antes de que los resultados de este cambio estuvieran disponibles (véase el Recuadro 1.1 en el Capítulo 1).

Agradecimientos

In memoriam: Derek Blades, coautor de este libro, murió el 25 de junio de 2014. Toda su vida, Derek Blades fue extremadamente activo en el círculo internacional de contables nacionales, particularmente dentro de la OCDE. Su gran capacidad profesional, sus conocimientos pedagógicos, así como su don para las relaciones sociales serán profundamente extrañados. François Lequiller no habría podido elaborar este manual sin él.

Los autores quisieran agradecer a: Peter van de Ven, Jefe de la división de Cuentas nacionales en la Dirección de Estadística de la OCDE, por haber supervisado la preparación de esta nueva versión de Comprendiendo las Cuentas Nacionales y elaborado el nuevo Capítulo 15 sobre "Las Cuentas nacionales en un mundo que se globaliza".

Brent Moulton, ex Director adjunto de Economía Nacional en el Bureau of Economic Analysis (BEA), por haber actualizado el Capítulo 12 sobre la Cuentas nacionales de los EE.UU.

Marco Mira D'Ercole y Romina Boarini, respectivamente jefes de división y de sección de Estadísticas de los Hogares y de la división de Medición del Progreso en la dirección de Estadística de la OCDE, por haber elaborado el nuevo Capítulo 14 sobre "El PIB como medida de bienestar: La agenda para después del PIB".

Pierre-Alain Pionnier, de la OCDE, por su contribución a la comparación de las tasas de utilidad del Capítulo 3.

Esta segunda edición en español ha sido traducida por Marion Pinot Libreros, quien durante muchos años ha trabajado los diferentes aspectos de la Contabilidad Nacional, principalmente en Colombia. Ella también ha coordinado la elaboración del Capítulo 16, sobre las Cuentas Nacionales de Colombia, en una labor conjunta con el DANE.

Gracias especiales a Anne-Lise Faron por preparar la composición tipográfica del manuscrito en español. El espléndido formato de este manual se debe a Carmen Fernández Biezma, de la Dirección de Relaciones Públicas y Comunicación.

Capítulo 1

Los principales agregados macroeconómicos

Este capítulo ofrece una primera definición de las principales variables macroeconómicas, tomada del Economic Outlook de la OCDE, edición de noviembre de 2016. España se toma como ejemplo. El capítulo mira primero el PIB, antes de considerar los otros indicadores importantes usados por los economistas de la OCDE: consumo privado, formación bruta de capital fijo, deflactor del PIB, tasa de ahorro de los hogares y el saldo financiero del gobierno general.

En este primer capítulo, el objetivo es dar una definición inicial de las principales variables macroeconómicas, enumeradas en el cuadro que aparece a continuación, tomado de *Economic Outlook* de la OCDE de noviembre de 2016 (OCDE, 2016a)[1]. Se ha elegido ilustrar este capítulo usando el ejemplo de España, pero bien se hubiera podido tomar cualquier otro país de la OCDE, puesto que la estructura de los capítulos de país en el *Economic Outlook* de la OCDE es la misma para todos.

Cada capítulo de este libro utiliza como ejemplo un país diferente

Cuadro 1.1. **Principales variables macroeconómicas**

España*: Euros del año 2010, cambios anuales en porcentaje

	2013	2014	2015	2016	2017	2018
	Precios corrientes	Cambios porcentuales, volumen				
	Miles de millones de euros	(Precios de 2010)				
PIB a precios de mercado	1 025.6	1.4	3.2	3.2	2.3	2.2
Consumo privado	598.5	1.6	2.9	3.4	2.1	1.6
Formación bruta de capital fijo	192.4	3.8	6.0	4.3	4.7	4.7
Demanda interna total	992.2	1.9	3.4	3.2	2.4	2.2
Exportaciones de bienes y servicios	330.5	4.2	4.9	5.8	4.5	4.6
Importaciones de bienes y servicios	297.1	6.5	5.6	5.9	5.0	4.7
Rubros pro memoria						
Deflactor del PIB	–	-0.3	0.5	0.6	1.2	1.1
Indice armonizado de precios al consumidor	–	-0.2	-0.6	-0.3	1.5	1.3
Tasa de desempleo	–	24.4	22.1	19.6	17.7	16.4
Tasa de ahorro de los hogares (neta)**	–	3.2	2.3	1.9	2.4	2.5
Saldo financiero del gobierno general***	–	-6.0	5.1	-4.6	-3.6	-2.9

* El *Economic Outlook* de la OCDE de noviembre de 2016. Para entonces los economistas de la OCDE habían proyectado los datos de 2016, 2017 y 2018. Los datos de 2013, 2014 y 2015 son observaciones hechas por el INE, la Oficina Estadística de España.

** Como porcentaje del ingreso disponible.

*** Como porcentaje del PIB.

Fuente: OCDE (2016), "Economic Outlook" No. 100 (Edición 2016/2); OECD Economic Outlook: Statistics and Projections (database), *http://dx.doi.org/10.1787/7fa317bf-en*.

StatLink *http://dx.doi.org/10.1787/888933735424*

Los comentarios hechos por los economistas de la OCDE en noviembre de 2016 incluían lo siguiente:

> *"La economía española ha crecido con fuerza en 2016, inducida por la demanda interna, incluida la inversión, estimulada por una política monetaria suave en la zona euro y por estímulos fiscales. Se espera que la fase de expansión continúe en 2017 y 2018, con una demanda interna que lidere la recuperación, aunque con ritmo lento, pues algunos factores que habían contribuido a propulsar el consumo, tales como los bajos precios del petróleo y los bajos impuestos experimentarán un retroceso. La inflación crecerá gradualmente en la medida en que disminuyan los efectos de los bajos precios del petróleo, pero seguirán las presiones moderadas debido al desempleo que continua siendo alto."*

Los economistas de la OCDE, al comentar sobre el desarrollo de la economía española en noviembre de 2016, esperaban un crecimiento continuo pero más lento del **producto interno bruto** (conocido comúnmente como **PIB**) para 2017 y 2018.

Las definiciones de los términos que aparecen en negrita se presentan en el glosario de este libro.

Para España, aún más que para la mayoría de los países de la OCDE, el período 2009-14 fue de años terribles. El Cuadro 1.1 muestra al 2014 como el primer año después de la crisis en el cual el PIB efectivamente creció (1.4%) pues había experimentado cinco años de recesión. El crecimiento fue relativamente fuerte en 2015 (3.2%) y se espera que permanezca en estos niveles en 2016. Se espera un crecimiento del PIB para 2017 y 2018 de 2.3% y 2.2% respectivamente. Sin embargo esta perspectiva positiva depende en gran parte de los desarrollos futuros de la crisis en la zona euro. Los porcentajes mostrados podrán ser considerados bajos, pero no se debe olvidar que las variables de contabilidad nacional se miden en miles de millones.

En la práctica, la mayoría de los países de la OCDE técnicamente compilan su contabilidad nacional en millones, y muchas tablas publicadas aparecen en millones. Pero esto no quiere decir que los datos sean exactos en términos de millones. Redondearlos en miles de millones es lo aconsejable.

En el caso de España, el 2% del PIB equivale a 21 mil millones de euros que corresponden, en términos aproximados, a los ingresos anuales totales de 780 000 empleados.

En este capítulo se comienza definiendo el PIB, antes de referirse a los otros indicadores que principalmente usan los economistas de la OCDE:

consumo privado, formación bruta de capital fijo, deflactor del PIB, tasa de ahorro de los **hogares**, y el saldo financiero del **gobierno general**. Para todos los datos de la contabilidad nacional discutidos en este capítulo, el lector se puede referir al sitio web de la OCDE para este libro, o al sitio web general de la OCDE en las áreas dedicadas a "cuentas nacionales trimestrales" o a "cuentas nacionales anuales". Las cuentas nacionales trimestrales son más pertinentes para los que deseen tener los datos más recientes.

1.1. Definición del PIB

El PIB, producto interno bruto, es el indicador de la contabilidad nacional más frecuentemente utilizado. Se encuentra en el corazón de todo el sistema de contabilidad nacional, y su definición ha sido ahora acordada internacionalmente (véase el Recuadro 1.1). El PIB combina en una sola cifra, sin duplicaciones, toda la producción (o el producto) obtenida por todas *las empresas, las instituciones sin ánimo de lucro, las entidades gubernamentales* y *los hogares* de un país determinado, en un período definido, independientemente del tipo de bienes y servicios producidos, siempre y cuando la producción tenga lugar dentro del territorio económico del país. En la mayoría de los casos, el PIB se calcula trimestralmente o anualmente, pero puede también calcularse mensualmente.

Recuadro 1.1. **Los manuales de referencia y su puesta en práctica**

Los estándares que gobiernan la contabilidad nacional se consagran en dos manuales de referencia internacional: el "Sistema de Cuentas Nacionales 2008", que se reconoce globalmente como (SCN 2008), y su versión europea, el "Sistema Europeo de Cuentas 2010" (SEC 2010). El manual global (SCN 2008) ha sido elaborado conjuntamente por las cinco principales organizaciones económicas internacionales: las Naciones Unidas, el Fondo Monetario Internacional, la OCDE, el Banco Mundial y la Comisión Europea. El manual europeo es totalmente compatible con el manual global e incluye algunos detalles útiles adicionales. También tiene un carácter jurídicamente más vinculante que el primero, porque según regulaciones europeas, los países miembros de la Unión Europea están obligados a ponerlo en práctica. Estos manuales han contribuido substancialmente a mejorar la comparabilidad internacional de los datos, pero quedan mejoras por hacer para lograr este propósito (véase el Capítulo 3). Las versiones completas actuales de SCN 2008 y de ESA 2010 son accesibles en línea.

Advertencia: Aunque los manuales datan de 2008 y 2010, su puesta en práctica toma tiempo porque el proceso de la producción de estadísticas de cuentas nacionales es muy pesado. El original de esta edición se publicó en 2014 poco tiempo antes de que la mayoría de países de la OCDE los hubiera

Recuadro 1.1. **Los manuales de referencia y su puesta en práctica** *(cont.)*

aplicado. Los Estados Unidos de América, Australia, Israel, México y Canadá los aplicaron en 2013, Corea en marzo de 2014. Pero los países europeos aplicaron el ESA 2010 solamente en octubre de 2014, justo en el momento de la publicación del original de este libro. Por ello los datos que ilustran los capítulos de este trabajo se extraen a veces del sistema anterior. Sin embargo, no se debe dar demasiada importancia a esta limitación. Comparado con el sistema anterior, el cambio principal es que el gasto en Investigación y Desarrollo ahora se contabiliza como inversión y no como consumo intermedio (véase el Capítulo 14). En la práctica, esto lleva a un aumento del nivel del PIB de alrededor +2.5% en los Estados Unidos de América, y de +1.9% en promedio en la Unión Europea. Es importante observar que este impacto es "estructural" en el sentido que el aumento afecta a más o menos todos los años. Esto quiere decir que la serie cronológica del PIB se incrementa más o menos en la misma proporción en todos los años, de manera que la tasa de crecimiento del PIB, que es el indicador principal, solo se ve afectada de manera marginal. Para ilustrar el impacto del cambio para Francia, que publicó sus nuevas cuentas en mayo 2014, véase el Capítulo 14. Para el lector interesado, el StatLink *http://dx.doi.org/10.1787* presenta una tabla que ilustra los cambios debido a la puesta en práctica del ESA 2010 para los principales indicadores macroeconómicos de España para el período 2010-14.

Sin embargo, la medición de la producción total de un país no es un asunto simple, por lo que los contables nacionales tienen que apelar a todo su ingenio para crear métodos de cálculo adecuados. (Véanse las secciones "La exactitud de las Cuentas Nacionales" y "Limitaciones y Riesgos que deben evitarse" en las Precisiones adicionales al final de este capítulo).

La producción de una empresa concreta puede medirse fácilmente. Por ejemplo, la de una empresa que produce pasta puede medirse por las toneladas de pasta fabricada durante el año, o, si se multiplica el número de toneladas de pasta por su precio, la producción quedara valorada en dólares (o en euros en el caso de España, puesto que ésta es la moneda nacional). Pero veremos que no tiene sentido agregar el valor de la producción, expresada en dólares, de todas las empresas para llegar a un agregado macroeconómico. Eso se debe a que el resultado del cálculo depende en gran medida de la manera en que se organizan las empresas.

Retomando el ejemplo del fabricante de pastas, se pueden comparar dos escenarios diferentes de producción en una región dada. Supóngase que en el primer año hay solamente una empresa A, que produce tanto las pastas como la harina usada para obtenerlas. Su producción asciende a 100 000 dólares, correspondiente a 100 toneladas de pastas, con cada tonelada valorada en 1 000 dólares. Suponga ahora que, al año siguiente, la empresa A se parte en dos, A1 se especializa en la fabricación de harina y la vende por 30 000 dólares a A2, que realiza la producción final de las pastas. A2 hace la misma cantidad de pastas que en el primer año, es decir 100 toneladas, y al mismo precio, es decir 1 000 dólares por tonelada.

Industria de pasta

	Año 1	
	Empresa A	
Producción	100 000 USD	

	Año 2	
	Empresa A1	Empresa A2
Producción	30 000 USD	100 000 USD

En el primer año, la producción en esta región valdrá 100 000 dólares; en el segundo año, el valor de la producción total será el valor producido por la empresa A1, es decir 30 000 dólares, y el valor producido por la empresa A2, es decir 100 000 dólares, dando por resultado un total de 130 000 dólares. Pero sería claramente absurdo utilizar este total como nuestro indicador macroeconómico de la actividad en la región. Mostraría un aumento del 30% (130 000/100 000 = 1.30, escrito a menudo como +30%, o simplemente 30%), cuando de hecho no ha ocurrido ningún cambio en absoluto desde el punto de vista estrictamente macroeconómico. La misma cantidad de pastas se produjo al mismo precio. Lo único que cambió fue la organización legal y comercial de las empresas.

La discrepancia anterior generó la innovadora idea de los contables nacionales de calcular la contribución de cada empresa no mediante el valor de su producción, sino mediante su valor agregado. Esta expresión tiene sentido puesto que consiste en medir el valor que la empresa agrega al de las empresas que suministran sus insumos. En el ejemplo de las pastas, nuevamente, al comparar con la situación en el primer año, cuando había solamente la empresa A, el valor agregado por la empresa A2 no es igual a 100 000 dólares puesto que esta empresa compra harina por un valor de 30 000 dólares, mientras que en el primer año había elaborado esta harina por cuenta propia y no la había contabilizado como producción. Por lo tanto, el sistema de la contabilidad nacional propone calcular el valor agregado por la empresa A2 como (100 000-30 000) dólares. Es decir, el valor de la producción de la empresa menos el valor de los productos utilizados (insumos) en la producción durante el período.

Los productos consumidos en el proceso de producción durante el período se conocen como **consumo intermedio**. Al deducir su valor del de la producción, se elimina la *doble contabilización* que se presentó previamente al sumar la producción de las empresas A1 y A2. En el segundo año, la harina de hecho fue contada dos veces: una vez en el valor de la producción de A1 (30 000 dólares) y una segunda vez en el valor de la producción de A2 (pues los 100 000 dólares en producción de hecho incluyen el valor de la harina comprada y utilizada en el proceso de producción).

Si se aplica este razonamiento a todas las empresas, calculando para cada una su valor agregado, es entonces posible sumar los de cada empresa, *sin incurrir en doble contabilización*. El resultado será un indicador independiente de la manera en que se organizan las empresas. Esto se ilustra en el cuadro siguiente, que incluye la explotación agrícola que produjo el trigo, a partir del cual se elaboró la harina. Para simplificar, se supone que el agricultor no tiene consumo intermedio; él obtiene su trigo solamente de su trabajo y de la maquinaria, sin comprar semillas ni fertilizantes. Como se puede ver en el diagrama que sigue, la *suma de los egresos de cada unidad* cambia, pero la suma del valor agregado de las empresas sigue siendo igual a 100 000 dólares, sin importar el modelo de organización.

	Año 1	
	Agricultor	Empresa A
Factores e insumos	Trabajo + maquinaria	Trabajo + maquinaria + trigo
Producción	10 000 USD	100 000 USD
Consumo Intermedio	0	10 000 USD
Valor agregado	**10 000 USD**	**90 000 USD**

	Año 2		
	Agricultor	Empresa A1	Empresa A2
Factores e insumos	Trabajo + maquinaria	Trabajo + maquinaria + trigo	Trabajo + maquinaria + harina
Producción	10 000 USD	30 000 USD	100 000 USD
Consumo intermedio	0	10 000 USD	30 000 USD
Valor agregado	**10 000 USD**	**20 000 USD**	**70 000 USD**

Esta es la razón por la cual el PIB se define como la suma de los valores agregados por las empresas, las instituciones del gobierno y los hogares productores de un país dado: **PIB = $\sum$valores agregados.**

Para ser más exacto, se debe decir "PIB = $\sum$valores agregados brutos, más impuestos, menos subsidios a los productos". *Véase el Cuadro 1.5.*

Como el valor agregado es a su vez igual a la producción menos el consumo intermedio, el resultado final es: PIB = **∑producciones – ∑consumos intermedios.**

La fórmula compuesta para el PIB (conocido como un "**agregado**") constituye un indicador macroeconómico de la producción que es independiente del modelo de organización y evita la doble contabilización. Proporciona un buen ejemplo de las tres reglas esenciales seguidas por los contables nacionales cuando pasan del nivel microeconómico al macroeconómico:

- evitar la doble contabilización;
- definir agregados significativos económicamente (es decir, que su valor es independiente de factores no-económicos); y
- crear indicadores que sean mensurables en la práctica.

PIB vs. otros agregados

¿Por qué el extraño nombre de "producto interno bruto", o PIB? Debe estar claro ahora que el "producto" describe lo que se está intentando medir, es decir el resultado de la producción. "Interno" indica que la producción se ha realizado dentro del territorio económico de un país o de un grupo de países. (Es evidentemente posible calcular el PIB para un grupo de países, tal como el de la zona euro.) "Bruto" indica que no se ha deducido el **consumo de capital fijo** (ver más adelante).

"Interno" es una categoría diferente de "Nacional". Tal es el caso del **PNB** o **producto nacional bruto**, agregado que fue utilizado en los sistemas anteriores de contabilidad nacional (aun actualmente, el "PNB" es ampliamente utilizado por fuerza de la costumbre).

El PIB mide la producción total que se obtiene dentro del territorio, mientras que **INB**, **ingreso nacional bruto**, mide el *ingreso* total obtenido (excepto las ganancias y pérdidas por tenencia) por todos los agentes económicos que residen dentro del territorio (hogares, empresas e instituciones del gobierno).

Para convertir el PIB en INB, es necesario sumar al PIB los ingresos recibidos del extranjero por las unidades residentes y deducir el ingreso primario creado por la producción en el país, pero transferida a las unidades que residen en el extranjero. Por ejemplo, los ingresos de los trabajadores que viven en Alemania pero que trabajan en zonas próximas de Suiza o de Luxemburgo tienen que ser agregados al PIB alemán para obtener su INB. Inversamente, los ingresos de los trabajadores estacionales o regulares que viven en Francia o Polonia y que trabajan atravesando la frontera con Alemania tienen que ser deducidos del PIB alemán para obtener el INB alemán.

Para los grandes países de Europa, como España o Alemania, la diferencia entre el PIB y el INB es pequeña (-0.3% y 2.2% como se ve en el cuadro siguiente). Pero es más grande para un país pequeño como Irlanda, que paga un porcentaje sustancial de su PIB como ingresos de los trabajadores y otros ingresos primarios al "**resto del mundo**" (término usado por la contabilidad nacional para designar, en este caso, "todos los países distintos de Irlanda"), más exactamente a las firmas multinacionales estadounidenses que se han establecido allí, en parte, por razones tributarias. El resultado es que el INB de Irlanda es 13.3% más bajo que su PIB. En el caso de Alemania su INB es 2.2% superior a su PIB.

Cuadro 1.2. **Conciliación del PIB y del INB de España, Alemania e Irlanda**

Millones de euros

Año 2014	España	Alemania	Irlanda
B1_GS1: Producto interno bruto	1 037 025	2 923 930	189 046
(+) D1_D4FRS2: Ingresos primarios por recibir del resto del mundo	52 704	191 281	62 850
(-) D1_D4TOS2: Ingresos primarios por pagar al resto del mundo	56 039	126 268	87 980
B5_GS1: Ingreso nacional bruto a precios de mercado	1 033 680	2 988 943	163 913
Diferencia entre PIB e INB (%)	-0.3%	2.2%	-13.3%

Nota: La diferencia se calcula: (INB-PIB)/PIB (%).

Fuente: OECD (2016), Aggregate National Accounts: Disposable income and net lending/borrowing, OECD National Accounts Statistics (database), *http://dx.doi.org/10.1787/data-00002-en.*

StatLink http://dx.doi.org/10.1787/888933735443

También se hace la distinción entre el PIB y el PIN o **Producto Interno Neto.** Para producir bienes y servicios (es decir, obtener "la producción") se requieren por lo menos tres factores: trabajo (la "mano de obra"), bienes y servicios (consumo intermedio o insumos intermedios) y capital (maquinaria). Estos diversos factores "entran" en el proceso de producción y se denominan globalmente como insumos.

Para llegar a una medida auténtica de la *nueva riqueza creada durante un período*, se debe deducir el costo de uso del capital (como el "desgaste" de la maquinaria, por ejemplo). Esto se conoce como **consumo de capital fijo.** Cuando se deduce este consumo, el resultado es el **valor agregado neto**, y el PIN es la suma de estos valores agregados netos: PIN = $\sum$ valores agregados netos.

Aunque sea menos utilizado que el PIB, el PIN es, en teoría, una mejor medida de la riqueza producida puesto que deduce el costo de usar la maquinaria y otros activos fijos empleados en la producción. Por razones similares, en teoría, el ingreso nacional neto (INN) es una mejor medida del ingreso generado que el INB porque el ingreso nacional neto deduce el costo de usar los activos fijos. Sin embargo, los economistas de la OCDE tienden a preferir el PIB o el INB (sobre PIN o el INN) por dos razones. Primero, los métodos para calcular el consumo de capital fijo son complejos y tienden a ser diferentes entre países, y se crean así dudas sobre la comparabilidad de los resultados. En segundo lugar, cuando se clasifican los países o se analiza su crecimiento, las diferencias entre el PIB y el PIN son pequeñas y no cambian las conclusiones.

1.2. La primera ecuación fundamental: Cálculo del PIB en volumen

Véase nuevamente el Cuadro 1.1. Principales variables macroeconómicas, que aparece al principio del capítulo. Los comentarios de los economistas de la OCDE (mostrados en la parte inferior del cuadro) indican que no están interesados en el crecimiento del PIB como tal sino en el crecimiento del PIB "real". ¿Qué significa esta expresión?

> *Economistas y periodistas han adquirido el hábito desafortunado de usar el término general de "crecimiento" en lugar de especificar "crecimiento del PIB real". Una frase típica es: "el crecimiento del PIB es 2%" en vez de "el crecimiento del PIB real es el 2%". Esta falta de precisión da lugar a veces a una terminología extraña, tal como "crecimiento negativo", que es un oxímoron (contradicción de términos); sería mejor decir "una disminución del PIB en volumen". A propósito, los contables nacionales prefieren el término "PIB en volumen" a "PIB real" porque la inflación es tan real como el crecimiento.*

El ABC de la macroeconomía consiste en distinguir qué parte del cambio en los agregados de las cuentas nacionales a precios corrientes proviene de un cambio en las cantidades producidas y qué parte proviene de un cambio en precios. Supongamos, en el ejemplo ya citado, que la producción de pastas vale 100 000 dólares en el primer año y 110 000 dólares en el segundo. El macroeconomista querrá saber inmediatamente si este crecimiento del 10% (que puede ser descrito como "nominal" o "en valor" o, todavía mejor, "a precios corrientes") se debe a un aumento en la cantidad de pastas o a un aumento en su precio. Un aumento en cantidad es una buena noticia, mientras que un aumento en los precios ("inflación") tiende a ser mala noticia. Teniendo presente el objetivo de separar el buen crecimiento (cantidades) del mal crecimiento (inflación), los contables nacionales han desarrollado métodos sofisticados para separar los movimientos en el PIB "a precios corrientes" en dos componentes: (1) un indicador del cambio en cantidad (el "PIB real" o, preferiblemente, "**PIB en volumen**"); y (2) un indicador del cambio en precios, llamado "**deflactor del PIB**". Estos métodos se describen detalladamente en el capítulo 2.

Recuerde que los 100 000 dólares de valor de la producción de pastas corresponden a 100 toneladas de pastas (la cantidad) por 1 000 dólares (el precio por tonelada). Casi de la misma manera, el índice de la tasa de crecimiento del PIB a precios corrientes es igual al índice de la tasa de crecimiento del PIB en volumen multiplicado por el índice de la tasa de crecimiento del deflactor del PIB:

Ecuación fundamental (1)

[1 + Tasa de crecimiento del PIB a precios corrientes (dividida por 100)] =
[1 + Tasa de crecimiento del PIB en volumen (dividida por 100)] ×
[1 + Tasa de crecimiento del deflactor del PIB (dividida por 100)]

Esta es una ecuación fundamental en las cuentas nacionales, y el término "deflactor" proviene directamente de ella. De la ecuación fundamental se deriva la siguiente ecuación:

[1 + (Tasa de crecimiento del PIB en volumen/100)] =
[1 + (Tasa de crecimiento del PIB a precios corrientes/100)]/
[1 + (Tasa de crecimiento del deflactor del PIB/100)]

En esta forma, el crecimiento del PIB a precios corrientes, se deflacta (se corrige o mejor se divide) por un índice de precio (el deflactor del PIB) para obtener el indicador de volumen (PIB en volumen). Inversamente, en la versión previa de la ecuación, el índice de crecimiento del PIB en volumen "fue inflado" por el índice de precio para obtener el índice de crecimiento del PIB a precios corrientes. Observe que estas ecuaciones que muestran la descomposición en cambios en volumen y en precios se aplican no sólo al PIB sino también a algunas otras variables fundamentales de las cuentas nacionales, en particular la inversión y el consumo. Observe también que esta ecuación también se aplica a los niveles absolutos. Así, el PIB en volumen en niveles absolutos (es decir en millones de dólares del año "base") es igual al PIB en niveles absolutos a precios corrientes (es decir en millones de dólares) dividido por el deflactor implícito, expresado como un índice de precios dividido por 100. Cuando se hace esta operación, el año base para el PIB en volumen corresponde al año en el cual el índice de precios es convencionalmente igual a 100.

Los macroeconomistas prestan muy poca atención a la evolución del PIB a precios corrientes. Ni siquiera aparece en el cuadro principal de la OCDE para España (véase el Cuadro 1.1). En cambio, sus dos componentes principales – el PIB real y el deflactor del PIB – aparecen en forma destacada, el primero para medir el crecimiento y el otro para medir la inflación. El PIB a precios corrientes es, sin embargo, utilizado como el denominador común para normalizar muchos agregados importantes, como por ejemplo el déficit público, el saldo de exportaciones e importaciones, el ahorro nacional, etc. Las relaciones calculadas como porcentajes del PIB, en las cuales tanto el numerador como el denominador se expresan generalmente a precios corrientes, se usan para hacer comparaciones internacionales de variables que de otra manera dependerían del tamaño del país.

El Gráfico 1.1 ilustra la relación entre el PIB a precios corrientes, el PIB en volumen y el deflactor del PIB para España. A diferencia del cuadro anterior de la OCDE, que mostraba tasas de crecimiento, las cifras aparecen en el gráfico en "cantidades absolutas". Es decir, los dos agregados – PIB a precios corrientes y PIB en volumen – se expresan en millones de euros.

Gráfico 1.1. **Producto interno bruto, en valor y volumen**
España, millones de euros

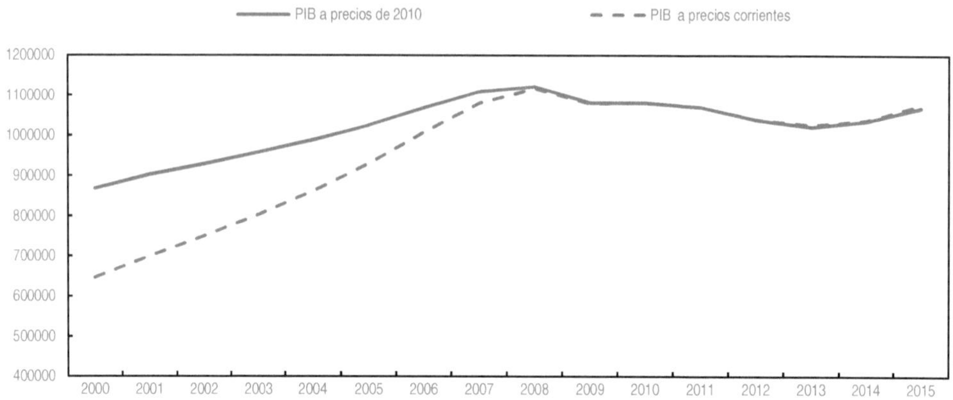

Fuente: OECD (2016), "Aggregate National Accounts, SNA 2008 (or SNA 1993): Gross domestic product", OECD National Accounts Statistics (database), *http://dx.doi.org/10.1787/data-00001-en.*

StatLink http://dx.doi.org/10.1787/888933735462

Se puede ver que el PIB de España a precios corrientes era, grosso modo, 1 075 miles de millones de euros en 2015, mientras que el PIB español en volumen (es decir a precios constantes, expresado en el gráfico como "PIB a precios de 2010") era alrededor de 1 068 miles de millones de euros para el mismo año. El deflactor del PIB (inflación) no se puede expresar en miles de millones de euros y por lo tanto no aparece como una línea separada en el gráfico[2]. Sin embargo, el deflactor del PIB se puede inferir por la distancia entre el PIB en volumen y el PIB a precios corrientes. La distancia entre 2000 y 2007, período anterior al año base, indica, en principio, la existencia de inflación[3]. Esto se puede deducir del hecho que después de 2000, el PIB a precios corrientes (la línea continua) aumenta mucho más rápidamente que el PIB en volumen (la línea de puntos). Después del año base (2010) los dos indicadores evolucionan sobre una misma trayectoria, indicando estabilidad de precios (es decir, baja inflación) mientras que el país emerge de la recesión en 2014 (cuando el PIB en volumen comienza a crecer).

Obsérvese que las dos líneas coinciden en el año 2010. Eso es porque en este gráfico, el PIB en volumen para todos los años se ha calculado usando los precios corrientes del año 2010. Por esta razón la leyenda para la línea de puntos se refiere al PIB "a precios de 2010". Por definición, los dos agregados – PIB a precios corrientes y PIB en volumen – tienen que ser iguales para este año particular (conocido como el "año base" o el "año de referencia"). Estos aspectos se tratarán de nuevo en el Capítulo 2, pero lo que debe retenerse de este ejemplo es la importancia de saber si el agregado está en volumen o no. La selección del año base es menos importante, especialmente cuando se trata de las tasas de crecimiento, que es el aspecto sobre el cual se enfocan los economistas.

El Cuadro 1.3 muestra las variaciones en el deflactor del PIB de España. Se puede ver que el año 2014 se caracteriza por la deflación (el deflactor del PIB se reduce 0.3%) mientras que el año 2015 muestra una inflación baja (0.5%). El pronóstico para la inflación indica que esta permanecerá en nivel bastante bajos, alrededor del 1% para 2017 y 2018. Para efectos de comparación, el cuadro también muestra la variación anual en el índice de precios al consumidor, (IPC)[4]. Es otro indicador más conocido de la inflación y utilizado con mayor frecuencia que el deflactor del PIB, principalmente por estar disponible mensualmente y por estar relacionado con el consumo, un agregado del mayor interés para la gente. El deflactor del PIB, también llamado "índice de precios implícito del PIB" o, simplemente "deflactor implícito del PIB", tiene un alcance más amplio que el IPC, pues también cubre bienes de capital; pero por otra parte, es menos general porque mide solamente la inflación nacional, ya que los aumentos en los precios de importación solamente se tienen en cuenta de manera indirecta. Por otra parte, y con excepción de los pocos países que compilan sus cuentas nacionales cada mes, el deflactor del PIB está disponible solamente con periodicidad trimestral.

Cuadro 1.3. **Deflactor del PIB e Índice de precios al consumidor**

España, tasas de crecimiento anual en porcentaje

	2014	2015	2016	2017	2018
Deflactor del PIB	-0.3	0.5	0.6	1.2	1.1
Índice de precios al consumidor	-0.2	-0.6	-0.3	1.5	1.3

Fuente: OECD (2016), "OECD Economic Outlook No. 100 (Edition 2016/2)", OECD Economic Outlook: Statistics and Projections (database), *http://dx.doi.org/10.1787/7fa317bf-en.*

StatLink *http://dx.doi.org/10.1787/888933735481*

1.3. Definición de la demanda: el papel de la inversión y del consumo

Es interesante regresar al Cuadro 1.1 al principio de este capítulo. Los economistas de la OCDE habían observado que una política monetaria flexible y continuada en la zona euro debería mantener el impulso a la inversión, pero con un ritmo moderado, como se puede apreciar con la variable "formación bruta de capital fijo", la cual ha crecido substancialmente en 2014 y 2015 (3.8% y 6.0% respectivamente) y se espera que continúe creciendo en 2027 y 2018 con una tasa del 4.7%. De la misma forma que el PIB real, esta variable se muestra en el Cuadro 1.1 "a precios de 2010", es decir "en volumen". Para un agregado macroeconómico, un crecimiento de más de 3% en volumen revela un comportamiento favorable, aunque China o India presentan un desempeño aún mejor. Sin embargo, cuando se escribían estas líneas, esto era solamente un pronóstico que esperaba ser confirmado.

En las cuentas nacionales, la inversión, es decir la adquisición de maquinaria (incluyendo el software) y de edificios (oficinas, infraestructura, viviendas) y la formación de existencias (inventarios), se conoce como **formación bruta de capital** (FBC). Cuando la formación de existencias (o la "**variación de inventarios**") se excluye de ese total, quedan solamente las adquisiciones de edificios y de la maquinaria, y el resultado se conoce como **formación bruta de capital fijo** (FBCF). Esta variable mide gastos totales en bienes previstos para ser utilizados en la producción futura. Este tipo de productos se conocen conjuntamente como capital "fijo"[5]. ¿Por qué no simplemente llamarla inversión, como los economistas a menudo lo hacen? Porque la palabra "inversión" en su uso corriente se aplica tanto a la inversión financiera ("se invierte en títulos del mercado accionario") como a la inversión en maquinaria y edificios. Para hacer una distinción clara entre los dos usos, los contables usan esta terminología algo peculiar. Finalmente, la palabra "bruta" indica que el gasto se mide sin deducir el consumo de capital fijo (el deterioro gradual por uso y envejecimiento).

Los economistas de la OCDE confiaban en que la demanda interna continuara liderando la recuperación en España. El "consumo final privado" es la parte principal de la demanda interna y los economistas de la OCDE esperan un aumento del consumo privado de 2.1% en 2017 y de 1.6% en 2018. El "consumo privado" es esencialmente lo que los contables nacionales denominan **gasto de consumo final de los hogares**.

> *El consumo privado incluye el gasto de consumo de los hogares y también el gasto por las "instituciones sin fines de lucro que sirven los hogares" (ISFLSH). Para la definición de "hogares" y de "ISFLSH", véanse los Capítulos 5 y 6.*

Esta variable cubre todas las compras hechas por los consumidores: comida, vestuario, servicios de vivienda (alquileres), energía, bienes durables (entre ellos los automóviles), gastos en salud, en esparcimiento y en servicios diversos. El gasto de consumo, sin embargo, no incluye compras de vivienda por los hogares, pues estas se contabilizan como FBCF de los hogares. La variable "consumo" contrasta con la "FBCF", pues el consumo corresponde a las compras de bienes que se consumen (en el sentido de ser "usados" o "destruidos") durante el período, mientras que la FBCF refiere a las compras previstas para ser usadas en la producción futura de bienes y servicios. Sin embargo, esta distinción es algo arbitraria, puesto que las compras de automóviles por los hogares (bienes que sin duda se supone que duren) se clasifican como consumo (véase la sección sobre Limitaciones y riesgos que deben evitarse en las Precisiones adicionales al final del capítulo). El consumo se denomina final en contraste con el consumo intermedio al que se hizo referencia previamente.

Después del PIB, el consumo final de los hogares es indudablemente la variable la más importante de las cuentas nacionales, puesto que representa en general más del 60% del PIB. De hecho, el modelo económico que proporciona el marco fundamental de las cuentas nacionales está orientado a la maximización de este consumo, aunque hoy existe una preocupación creciente para que este consumo sea sostenible a largo plazo ("desarrollo sostenible").

1.4. Segunda ecuación fundamental: Reconciliación de la oferta total y de la demanda

El consumo final y la inversión son dos de los componentes principales de la demanda macroeconómica "final". El mayor interés de las Cuentas Nacionales es que constituyen un modelo "conciliado" de la economía, al equilibrar la oferta y la demanda. De hecho, la segunda ecuación fundamental de las cuentas nacionales puede escribirse así:

Ecuación fundamental (2)

PIB = $\sum$agregados de la demanda final

Para lograr una mayor comprensión del origen de esta ecuación contable esencial, es útil volver sobre el ejemplo de la industria de las pastas.

	Año 2		
	Agricultor	Empresa A1	Empresa A2
Factores e insumos	Trabajo + maquinaria	Trabajo + maquinaria + trigo	Trabajo + maquinaria + harina
Producción	10 000 USD	30 000 USD	100 000 USD
Consumo intermedio	0	10 000 USD	30 000 USD
Valor agregado	**10 000 USD**	**20 000 USD**	**70 000 USD**

Recuérdese que el PIB es igual al valor agregado o, lo que es equivalente, a la producción total menos el consumo intermedio total. Si se agrega la producción, esto significa sumar los 10 000 dólares del valor del trigo, los 30 000 dólares del valor de la harina y de los 100 000 dólares de valor de las pastas, dando por resultado un total de 140 000 dólares. Si ahora se deduce el consumo intermedio, esto significa la eliminación de 10 000 dólares de valor del trigo y de 30 000 dólares de valor de la harina, se obtiene 100 000 dólares de valor de las pastas. Si, para simplificar, no se tiene en cuenta la posible acumulación de inventarios en la fábrica y en el circuito de distribución, los 100 000 dólares corresponden exactamente a las compras por los hogares, es decir al gasto de consumo final de los hogares. Este ejemplo muestra que el PIB, suma de todos los valores agregados, es igual, por definición, a la demanda final, la cual, en este caso, consiste solamente en la demanda de pastas por los hogares.

Se requiere solamente algo de elaboración para acercar más este ejemplo a la realidad. Si se introduce una empresa que produce la maquinaria usada para fabricar las pastas, se puede verificar que el PIB es igual exactamente al consumo de pastas más la adquisición de la maquinaria usada para hacerla, es decir al consumo de los hogares más la FBC. Esto abre más el sistema hacia la inclusión de la FBC. Además, si se supone que la economía está abierta a las importaciones y que hay demanda externa reflejada en exportaciones, la ecuación ahora se complementa con estos flujos adicionales:

PIB + Importaciones = Consumo de los hogares + FBC + Exportaciones

El lado izquierdo constituye la oferta a nivel macroeconómico, compuesta por la producción interna (PIB) y la oferta externa (importaciones). El lado derecho constituye la demanda final, conformada por la demanda interna (consumo de los hogares y FBC) y la demanda externa (exportaciones). Los macroeconomistas utilizan a menudo esta ecuación en otra forma matemáticamente equivalente:

PIB = Consumo de los hogares + FBC + Exportaciones netas

El lado izquierdo presenta ahora solamente el PIB, el indicador principal de la actividad económica. El lado derecho incluye los "usos finales", que son los componentes principales de la demanda interna y las "exportaciones netas", que son simplemente la diferencia entre las exportaciones y las importaciones. Esta ecuación contable es fundamental para analizar la situación económica. Proporciona un ejemplo perfecto del impacto de la demanda sobre la oferta, según el razonamiento keynesiano. De hecho, no es casual que las cuentas nacionales se hayan desarrollado durante los años 1940, justo después de los más importantes descubrimientos de Keynes.

Para ser exactos, la ecuación antedicha debe ser algo más compleja, tal como se muestra en el Cuadro 1.4. La segunda ecuación fundamental de las cuentas nacionales puede verificarse fácilmente mirando este cuadro. La adición de las filas en negrita (consumo final total, formación bruta de capital, saldo externo de bienes y servicios) es igual al PIB, aproximando a millones de euros. Este cuadro introduce el concepto de consumo final de las ISFLSH ("Instituciones sin fines de lucro que sirven los hogares"), que corresponde a una pequeña proporción del PIB (el 1.0%)[6], y por ello los economistas lo suman a menudo al consumo de los hogares y crean así el agregado que designan como "consumo privado".

Este cuadro introduce un concepto más importante: el de consumo de gobierno general (19.4% del PIB), que es del mismo orden que la FBCF (19.7%) pero es substancialmente menor que el consumo de los hogares (57.1%). Se volverá a tratar más adelante, en el Capítulo 5, el significado de la variable "consumo de gobierno general". El cuadro también muestra la acumulación de existencias ("cambio en inventarios"). Aunque generalmente pequeña en términos absolutos, la acumulación de existencias desempeña un papel importante en el corto plazo. De hecho, los inventarios entran en juego como un "amortiguador de choque" entre la producción y la demanda final de los hogares y las empresas. Obsérvese que a diferencia de otras variables, los cambios en inventarios no figuran en los cuadros de agregados macroeconómicos como porcentaje del PIB, o como tasa de crecimiento, sino como contribuciones al crecimiento del PIB (véase el Recuadro 1.2. Contribuciones al crecimiento).

Cuadro 1.4. **PIB de acuerdo con el enfoque del gasto**

España, 2015

Códigos*		Millones de euros	Porcentaje del PIB
B1_GE	Producto interno bruto (enfoque del gasto)	1 075 039	
P3	**Gasto de consumo final**	**833 524**	
	del cual:		
P31S14	Gasto de consumo final de los hogares	613 760	57.1
P31S15	Gasto de consumo final de las ISFLSH	11 275	1.0
P3S13	Gasto de consumo del gobierno general	208 489	19.4
P5	**Formación bruta de capital**	**215 769**	
	de la cual:		
P51	Formación bruta de capital fijo	212 069	19.7
P52	Cambios en inventarios	3 700	
B11	**Balance externo de bienes y servicios**	**26 346**	
	del cual:		
P6	Exportaciones de bienes y servicios	356 873	33.2
P7	Importaciones de bienes y servicios	330 527	30.7

* Este cuadro muestra los códigos oficiales del SCN, que el lector podrá encontrar en el sitio web que acompaña este libro. Los códigos facilitan la comprensión y el manejo de los datos.

Fuente: OECD (2016), "Aggregate National Accounts, SNA 2008 (or SNA 1993): Gross domestic product", OECD National Accounts Statistics (database), *http://dx.doi.org/10.1787/data-00001-en.*

StatLink *http://dx.doi.org/10.1787/888933735500*

El análisis macroeconómico de corto plazo reposa en gran medida sobre la ecuación establecida en la página anterior, pero expresada en volumen. La ecuación proporciona una explicación matemática al crecimiento del PIB en términos de sus diversos componentes. El valor de las Cuentas Nacionales es que el concepto macroeconómico general de la influencia de la demanda sobre la oferta toma la forma concreta de una ecuación contable[7]. Esta era la misma ecuación que servía de base para la observación de los economistas de la OCDE: "*La economía española ha crecido con fuerza en 2016, inducida por la demanda interna, incluida la inversión, estimulada por una política monetaria suave en la zona euro y por estímulos fiscales.*"

Recuadro 1.2. **Contribuciones al crecimiento**

En este recuadro, el signo Δ se utiliza para designar la diferencia entre dos años (o trimestres), de modo que ΔPIB_t significa $PIB_t - PIB_{t-1}$, es decir la diferencia entre el PIB en el año (trimestre) t y el PIB en el año (trimestre) t-1. Usando esta notación, $\Delta PIB_t/PIB_{t-1}$, será igual a la tasa de crecimiento del PIB del período t comparado con el período t-1.

El punto de partida es una ecuación simplificada del volumen: $PIB_t = C_t + I_t + X_t$ (donde PIB = Consumo Final + FBCF + Exportaciones Netas). En esta ecuación simplificada, se supone que no hay importaciones ni inventarios. Matemáticamente, esto da lugar a la ecuación de la "diferencia": $\Delta PIB_t = \Delta C_t + \Delta I_t + \Delta X_t$. La división de los dos lados de la ecuación por PIB_{t-1} conduce a la ecuación (a):

$$\frac{\Delta PIB_t}{PIB_{t-1}} = \frac{\Delta C_t}{PIB_{t-1}} + \frac{\Delta I_t}{PIB_{t-1}} + \frac{\Delta X_t}{PIB_{t-1}}$$

Dividiendo y multiplicando cada término en el lado derecho por su valor en t-1 y reorganizando, se obtiene la ecuación (b):

$$\frac{\Delta PIB_t}{PIB_{t-1}} = \frac{C_{t-1}}{PIB_{t-1}}\frac{\Delta C_t}{C_{t-1}} + \frac{I_{t-1}}{PIB_{t-1}}\frac{\Delta I_t}{I_{t-1}} + \frac{X_{t-1}}{PIB_{t-1}}\frac{\Delta X_t}{X_{t-1}}$$

En palabras esto quiere decir: Es posible expresar el crecimiento del PIB como una contribución del crecimiento del consumo más la contribución del crecimiento de la inversión más la contribución del crecimiento de las exportaciones netas. Cada contribución es igual al peso relativo de la variable multiplicado por la tasa de crecimiento de la misma variable en el período actual. El peso relativo de la variable es igual a su valor en el período anterior dividido por el PIB del período anterior.

Esta descomposición del crecimiento es ampliamente utilizada por los macroeconomistas. Como puede verse, se basa en la segunda ecuación fundamental. El Ejercicio 4, al final de este capítulo, le permitirá hacer un ejercicio práctico. El ejercicio conlleva el cálculo de la contribución de los cambios en inventarios y de las exportaciones netas. Puesto que estas variables pueden ser positivas o negativas, es necesario utilizar la versión (a) de la ecuación antedicha para calcular sus contribuciones al crecimiento, y no la versión (b). En las tablas macroeconómicas expresadas en tasas de crecimiento, los cambios en inventarios y las exportaciones netas nunca se muestran en términos de tasas de crecimiento porcentual sino, exclusivamente, como contribuciones al crecimiento.

Recuadro 1.2. **Contribuciones al crecimiento** *(cont.)*

Se debe tener en cuenta que el cálculo de contribuciones al crecimiento depende básicamente de la identidad contable entre el PIB y la demanda final. Desafortunadamente, este vínculo matemático ya no es completamente válido al usar índices encadenados de la evolución en volumen, porque los resultados no son aditivos. El Capítulo 2 explica las ventajas y desventajas de elaborar cuentas a partir de índices de volumen encadenados y muestra cómo compilar contribuciones al crecimiento en este nuevo contexto.

1.5. Tercera ecuación fundamental: Conciliación de la producción total y del ingreso

La sección anterior trata de la primera conciliación macroeconómica, entre la producción global (medida por la suma de los valores agregados) y la demanda final. Hay una segunda conciliación, esta vez entre la producción global y el ingreso de los agentes económicos. Cualquier actividad de producción genera un ingreso que se comparte entre los tres "factores de producción": trabajo, capital y consumo intermedio. Puesto que el valor agregado es igual a la producción menos el consumo intermedio, esta segunda conciliación macroeconómica se puede escribir de manera más simple eliminando el consumo intermedio y usar el valor agregado como el indicador global de producción. Esto significa que ahora hay solamente dos factores que crean el valor agregado, a saber: el trabajo y el capital, que son remunerados respectivamente por salarios y por las utilidades generadas en la producción. Son estos tipos de ingreso los que permiten a los agentes económicos – los hogares y las empresas – consumir e invertir ulteriormente. Por ejemplo, los 100 000 dólares del PIB de la empresa de pastas, se dividen entre las utilidades del granjero y de las dos empresas A1 y A2, y los salarios del personal en las empresas A1 y A2.

Por último, las dos conciliaciones macroeconómicas se pueden resumir en la doble ecuación fundamental siguiente:

Ecuación fundamental (3)

Producción (suma de los valores agregados) =
Ingreso (salarios de los empleados + utilidades de las empresas) =
Demanda final (consumo + FBC + exportaciones netas)

En los capítulos que se ocupan de las cuentas de los hogares, de las empresas y de los sectores del gobierno, se evaluará la forma en que el ingreso se registra en las cuentas nacionales. Por el momento basta entender que el PIB es también igual al ingreso total. Ésta es la tercera ecuación fundamental. Observe también que en las cuentas nacionales se habla de la "**remuneración de los asalariados**" en lugar de salarios, porque el costo del trabajo incluye las contribuciones sociales pagadas por los empleadores, y que las utilidades se designan como **excedente de explotación** o, en algunos casos, como **ingreso mixto**[8]. El excedente de explotación se denomina "bruto" cuando no se ha hecho ninguna deducción para el costo de la depreciación del capital, conocido en las cuentas nacionales como "consumo de capital fijo". Es preferible analizar el excedente en términos "netos", es decir después de deducir el consumo de capital fijo, como se verá en el Capítulo 7.

Las tres maneras de medir el PIB

Para resumir, hay tres "enfoques" para llegar al PIB: 1) el de la producción (suma de valores agregados brutos); 2) el de la demanda final (consumo + inversión + exportaciones netas); y 3) el enfoque del ingreso (remuneración de los asalariados + excedente bruto de explotación + ingreso mixto bruto)[9].

El Cuadro 1.5 ilustra la igualdad de los tres enfoques para 1994 y 2015. La presentación es un poco más complicada que la doble ecuación establecida anteriormente, debido principalmente a la introducción de los **impuestos netos de subsidios**. Por el momento sin embargo, se dejará de lado esta dificultad. Abajo, el lector puede verificar que los "tres" PIB son exactamente iguales, 426 miles millones de euros en 1994 y 1 076 miles de millones de euros en 2015[10]. La comparación de estos dos años muestra ciertos cambios fundamentales que han ocurrido en España incluyendo el impacto de la crisis económica de 2008-09. Como lo muestra el Gráfico 1.2, la participación de la remuneración de los asalariados en el PIB creció desde el 49% en 1994 hasta el 51% en 2009. Desde entonces ha disminuido al 47% del PIB, puesto que fue la remuneración de los asalariados la que recibió la peor parte del impacto de la crisis.

Cuadro 1.5. **Los tres enfoques del PIB**

España, miles de millones de euros

		1994	2015
PIB	Producto interno bruto (enfoque de producción)	426	1 076
B1B	Valor a gregado bruto (a precios basicos)	395	976
D21_D31	+ Impuestos-Subsidios a los productos	32	100
PIB	Producto interno bruto (enfoque del gasto)	426	1 076
P3	Gasto de consumo final	338	834
P5	+ Formación bruta de capital	92	216
P6	+ Exportaciones de bienes y servicios	87	367
P7	- Importaciones de bienes y servicios	91	331
PIB	Producto interno bruto (enfoque del ingreso)	426	1 076
D1	Remuneración de los asalariados	207	510
B2+B3	+ Excedente bruto de explotación+Ingreso mixto bruto	183	453
D2-D3	+ Impuestos menos subsidios sobre producción e importaciones	36	112

Fuente: OECD (2016), "Aggregate National Accounts, SNA 2008 (or SNA 1993): Gross domestic product", OECD National Accounts Statistics (database), *http://dx.doi.org/10.1787/data-00001-en*.

StatLink http://dx.doi.org/10.1787/888933735519

Gráfico 1.2. **España: Remuneración de los asalariados**
Como porcentaje del PIB

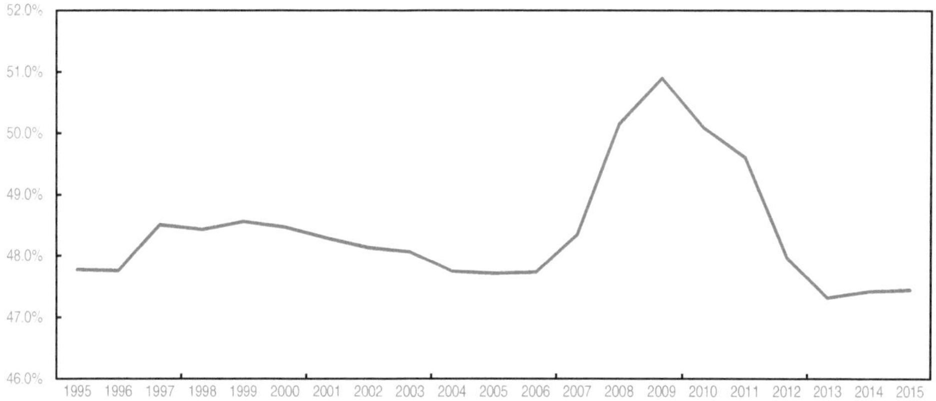

Fuente: OECD (2016), "Aggregate National Accounts, SNA 2008 (or SNA 1993): Gross domestic product", OECD National Accounts Statistics (database), *http://dx.doi.org/10.1787/data-00001-en.*
StatLink *http://dx.doi.org/10.1787/888933735538*

Tasa de ahorro de los hogares y saldo financiero del gobierno general

Los principales indicadores macroeconómicos utilizados por la OCDE que aparecen en el Cuadro 1.1 incluyen dos agregados a los cuales aún no se ha hecho referencia: la tasa de ahorro de los hogares y el *saldo financiero del gobierno general*. Enseguida se presentan nuevamente.

España: Resumen de resultados recientes y de proyecciones

	2014	2015	2016	2017	2018
Tasa de ahorro de los hogares (neta)*	3.2	2.3	1.9	2.4	2.5
Saldo financiero del gobierno general**	-6.0	5.1	-4.6	-3.6	-2.9

* Como porcentaje del ingreso disponible.
** Como porcentaje del PIB.
Fuente: OECD (2016), "OECD Economic Outlook No. 100 (Edition 2016/2)", OECD Economic Outlook: Statistics and Projections (database), *http://dx.doi.org/10.1787/7fa317bf-en.*

La tasa de ahorro de los hogares es igual al ahorro de los hogares expresado como porcentaje de su ingreso disponible[11], donde las dos variables se toman a precios corrientes. La tasa representa la porción de los ingresos de los hogares que no se consume. En 2015, la tasa de ahorro de los hogares españoles era de 2.3. Es decir, de cada mil euros de ingresos de los hogares (después de impuestos), se ahorraron 23 euros para inversión en la vivienda, mantenidos como efectivo o utilizados para comprar productos financieros tales como acciones, bonos o seguros de vida. Esta variable es de gran importancia en macroeconomía, pues su evolución determina la relación entre el ingreso y el consumo.

El saldo financiero del gobierno general corresponde a lo que comúnmente se denomina superávit o déficit público.

El "gobierno general" incluye el gobierno central, las autoridades locales, la seguridad social y las diversas organizaciones que dependen de ellos. No cubre, sin embargo, las empresas tales como los ferrocarriles, las telefónicas o las empresas de electricidad, que en algunos países son propiedad del gobierno. Se volverá a discutir sobre estas clasificaciones en los Capítulos 7 y 9.

En las cuentas nacionales, tiene una designación más complicada pero muy elocuente de "préstamo neto/endeudamiento neto del gobierno general". Esta variable es igual a la diferencia entre la suma de todos los ingresos del gobierno general y la suma de todos los gastos de gobierno general, sean "corrientes" (salarios de los funcionarios públicos, interés de la deuda pública) o "de capital" (inversión). Una diferencia negativa muestra que el gobierno tiene necesidad de financiación. Esto es porque cuando los ingresos son inferiores a los gastos, será necesario encontrar el financiamiento para la diferencia, principalmente mediante préstamos y por consiguiente con un aumento de la deuda pública. Una diferencia positiva muestra la existencia de una capacidad de financiación. La última vez que España mostró capacidad de financiación fue en 2007 y desde entonces esta variable siempre ha sido negativa.

Se ha vuelto costumbre, especialmente en los países europeos desde la firma del tratado de Maastricht, expresar el "préstamo neto/endeudamiento neto del gobierno general" como un porcentaje del PIB a precios corrientes. Éste es uno de los casos en los cuales el PIB a precios corrientes se utiliza en términos absolutos como el denominador de una magnitud. Este procedimiento permite comparar déficits entre los países al hacer automáticamente el ajuste por diferencia en el tamaño de sus economías; representa el "criterio de Maastricht" que estipula que el déficit público no debe exceder el 3% del PIB. Después de la crisis financiera y económica reciente, la mayoría de los gobiernos de la Unión Europea se encontraron en situación de "déficit excesivo" porque tuvieron que aumentar sus gastos sociales, particularmente los subsidios de desempleo, mientras que, al mismo tiempo, los ingresos de impuestos y de las contribuciones sociales eran más bajos debido a la recesión o al crecimiento muy lento. La Comisión Europea ha aumentado perceptiblemente las restricciones del Pacto de Estabilidad y Crecimiento durante el período 2010-11 para hacer frente a la amenaza cada vez mayor de alto nivel de la deuda como consecuencia de la acumulación de estos déficits.

Se termina así la presentación de todas las variables que aparecen en el Cuadro 1.1. Principales variables macroeconómicas.

Notas

1. El "Economic Outlook" de la OCDE presenta los pronósticos macroeconómicos semestrales para cada país de la OCDE y para el área de la OCDE en su conjunto. Cada edición se numera; así la edición para noviembre de 2016 es la 100/2 de la serie.
2. Cuando no se indica como una tasa de crecimiento, el deflactor del PIB se muestra, como todos los índices de precios, como una serie de números adimensionales cuyo cambio representa los cambios en precios, cuyo valor en un año base dado es igual a 100.
3. Estrictamente, se debería utilizar una escala logarítmica para el eje vertical.
4. De hecho, lo que se presenta aquí es la versión europea de este índice, conocida como "Índice armonizado de precios al consumidor" (IPCA), para España.
5. Para distinguirlo del capital "variable", cuyos cambios son en gran medida cambios en inventarios. Estas expresiones remontan a Karl Marx, quien dio una remota inspiración para algunas de las ideas detrás de la contabilidad nacional.
6. Las entidades sin ánimo de lucro pueden explicar una parte apreciable del PIB, pero la mayor parte de ellas se registran en un sector diferente en las cuentas nacionales. Por ejemplo, las instituciones mutualistas de seguros hacen parte del sector de los seguros. El sector de las ISFLSH cubre solamente una pequeña porción de todas las entidades sin ánimo de lucro, específicamente aquellas que son financiadas y controladas por los hogares.
7. Desafortunadamente, los métodos modernos de cálculo hacen que la Ecuación fundamental 2 ya no se cumple exactamente en volumen. Este problema de no aditividad se verá en el Capítulo 2. Por ahora se puede ignorar esta dificultad.
8. "Ingreso mixto" es el término aplicado al excedente bruto de explotación de "empresas no constituidas en sociedades". Este concepto se aclara en el Capítulo 6.
9. Se puede también calcular los tres enfoques en términos del producto interno neto PIN: el enfoque de la producción (la suma de valores agregados netos); el enfoque de la demanda final (consumo + inversión neta + exportaciones netas); y el enfoque del ingreso (remuneración de los asalariados + excedente neto de explotación + ingreso mixto neto).
10. Esta ecuación no se cumple estrictamente en todos los países, debido a discrepancias estadísticas – en particular en el caso de los Estados Unidos. Véanse los Capítulos 10 y 12. Por otra parte, y ésta es una observación válida para el resto del libro (incluyendo los ejercicios), los números mostrados en los cuadros son frecuentemente redondeados, de modo que los totales no son exactamente la suma de sus componentes. Puede haber un error, pero lo más frecuente es que la suma de números redondeados no es exactamente igual al redondeo de la suma. Éste es el caso en el Cuadro 1.5 con el valor de 1 076 para el PIB (enfoque del ingreso) para 2015. Si se calcula D1 + (B2 + B3) + (D2 – D3), se obtiene 1 075, y no 1 076. No hay error aquí. Es simplemente que la igualdad se mantiene exactamente cuando los números se expresan en millones de euros, pero no cuando se redondean a miles de millones.

11. En este caso, el ahorro y el ingreso disponible son ambos netos, lo cual quiere decir que el consumo de capital fijo en las viviendas de propiedad de los hogares se deduce de ambos agregados. Es también posible calcular la tasa de ahorro sobre una base bruta.

Referencias

EC, IMF, OECD, UN and WB (2009), *System of National Accounts 2008*, New York, *https://unstats.un.org/unsd/nationalaccount/docs/sna2008.pdf*.

European System of Accounts 2010 (ESA 2010), ISBN 978-92-79-31242-7, *http://dx.doi.org/10.2785/16644*.

OECD (2016a), *OECD Economic Outlook*, Volume 2016 Issue 2, OECD Publishing, Paris, *http://dx.doi.org/10.1787/eco_outlook-v2016-2-en*.

OECD (2016b), "OECD Economic Outlook No. 100 (Edition 2016/2)", OECD Economic Outlook: Statistics and Projections (database), *http://dx.doi.org/10.1787/7fa317bf-en*.

OECD (2016c), "Aggregate National Accounts, SNA 2008 (or SNA 1993): Disposable income and net lending/borrowing", OECD National Accounts Statistics (database), *http://dx.doi.org/10.1787/data-00002-en*.

OECD (2016d), "Aggregate National Accounts, SNA 2008 (or SNA 1993): Gross domestic product", OECD National Accounts Statistics (database), *http://dx.doi.org/10.1787/data-00001-en*.

Puntos clave

- El PIB es la suma de la producción obtenida en el territorio del país menos la suma del consumo intermedio (adicionada de impuestos netos de subsidios a los productos).
- El PIB es igual a la suma del valor agregado bruto de cada empresa, institución sin ánimo de lucro, entidad gubernamental y hogar productor en el territorio (adicionada de los impuestos netos de subsidios a los productos).
- El cambio en el PIB expresado en volumen es el principal indicador del cambio en la actividad macroeconómica.
- La primera ecuación fundamental es: el índice de crecimiento del PIB (o de cualquier otra variable), a precios corrientes, se expresa de manera exacta como el producto del índice de crecimiento en volumen y del índice de variación de los precios, este último conocido como el "deflactor" o el "índice de precios implícito". El deflactor se puede utilizar como medida de la inflación, pero es diferente del índice de precios al consumidor IPC.
- La segunda ecuación fundamental es: El PIB es igual a la suma de los agregados de la demanda final.
- La tercera ecuación fundamental es: El PIB es igual a la suma de los ingresos (remuneración de los asalariados, el excedente bruto de explotación y el ingreso mixto bruto de las empresas) incrementada con los impuestos netos de subsidios a la producción y las importaciones.
- Por consiguiente, existen tres enfoques equivalentes al PIB: el enfoque de la producción (suma de los valores agregados brutos); el enfoque de la demanda final (la suma del consumo final, la FBCF, los cambios en inventarios y de las exportaciones netas); y el enfoque del ingreso (suma de la remuneración a los asalariados, del excedente bruto de explotación y del ingreso mixto).

Precisiones adicionales

¿Cómo se obtienen estas cifras?

Ésta es probablemente la pregunta más difícil de responder en un corto libro de texto sobre cuentas nacionales, pero se hará un intento. Los ejemplos se toman del caso francés, el que los autores conocen mejor. Sin embargo, no será posible dar al lector respuestas exactas, puesto que, como es de esperar, se utilizan muchos métodos diferentes en la elaboración de las cuentas que cubren todos los agentes económicos, incluyendo en el caso francés unos 25 millones de hogares.

A pesar de su nombre, la contabilidad nacional tiene solamente una semejanza parcial con las cuentas de una empresa. Los marcos generales son similares pero las fuentes de datos son totalmente diferentes. El contador de una empresa tiene a su disposición un libro mayor que muestra, al centavo, todas las transacciones realizadas por la empresa durante un período determinado. El contador nacional no tiene obviamente nada similar para todos los agentes, especialmente para los hogares. Por este motivo, es adecuado hablar de "estadísticas de cuentas nacionales". La adición de la palabra "estadísticas" implica la aceptación de las nociones de aproximación, estimación y revisión, aspectos en los cuales los contables nacionales sobresalen, pero que se convierten en anatema para los contadores de empresas.

En Francia, los principales métodos para calcular las estadísticas de las cuentas nacionales se basan en la explotación de fuentes administrativas disponibles que son muy completas. Están conformadas, de una parte, por la base de datos construida por el INSEE (la administración pública francesa responsable de las estadísticas) con base de las declaraciones de impuestos de sociedades y, por otra, por la información centralizada recopilada mediante el plan contable público de las instituciones del gobierno. La fuente fiscal provee al INSEE regularmente con información virtualmente exhaustiva sobre más de 2 millones de empresas francesas. Como estas empresas están obligadas a presentar cuentas bastante completas elaboradas según reglas contables precisas (el plan contable general), es posible utilizar estas cuentas para calcular el valor agregado de cada empresa individual (en el caso de las empresas grandes) o de grupos de empresas (en el caso las pequeñas) y después agregar los resultados de estos dos conjuntos. Esto cubre al sector privado (referido como el sector "de mercado" en la contabilidad nacional). Por lo que se refiere al sector de "no mercado" (gobierno central, autoridades locales y decenas de miles de instituciones del gobierno) es la Dirección Nacional de la Contabilidad Pública del Ministerio de Hacienda, quien se ocupa de la centralización de las cuentas y permite así calcular en forma bastante exacto el valor agregado para el sector de "no mercado".

No existe una fuente directa similar en el caso de los hogares, cuyo consumo representa el 60% del PIB. Las cuentas nacionales de los hogares se calculan a menudo usando indirectamente estadísticas de otras fuentes. Por ejemplo, la remuneración de los asalariados recibida por los hogares se calcula agregando la remuneración de los asalariados pagada por las empresas, las instituciones sin ánimo de lucro y las entidades públicas. Es también un método corriente obtener estimaciones de los agregados de los hogares "por diferencia". Por ejemplo, en el caso de los dividendos, se conoce el valor de los dividendos pagados por las empresas y también el valor de los dividendos recibidos tanto por las empresas como por las entidades públicas. La balanza de pagos proporciona estimativos de los dividendos pagados, y recibidos, del resto del mundo; de allí se pueden estimar los dividendos netos recibidos del extranjero (los dividendos recibidos del extranjero menos dividendos pagados a otros países). Hay una "identidad contable" macroeconómica que dice: "Dividendos pagados por las empresas = dividendos recibidos por el gobierno general y por las empresas + dividendos netos recibidos del resto del mundo + dividendos recibidos por los hogares". La transformación de esta ecuación da: "Dividendos recibidos por los hogares = dividendos pagados por las empresas – dividendos recibidos por las empresas – dividendos recibidos por el gobierno general – dividendos netos recibidos del resto del mundo". Los dividendos recibidos por los hogares se pueden por lo tanto calcular de esta manera como "saldo", es decir por diferencia. Los contadores nacionales admiten fácilmente que sería mejor tener fuentes directas referentes a los hogares, puesto que el cálculo como saldo tiene la desventaja de concentrar todos los errores de medición en un solo elemento del sector de los hogares. Sin embargo, no tiene sentido pedir que los hogares elaboren cuentas para este fin, y es por lo tanto necesario hacer lo mejor con la información disponible.

En lo que se refiere a la medición de los cambios que se han presentado en un período, las fuentes son diferentes si se trata de cuentas trimestrales (que son las que primero se publican) o de cuentas anuales. Las cuentas trimestrales utilizan indicadores mensuales para extrapolar el valor de las variables de las cuentas nacionales. Estos indicadores pueden no corresponder completamente con la definición utilizada en las cuentas nacionales, pero tienen la ventaja de estar disponibles rápidamente. Por ejemplo, para extrapolar la variable "producción a precios corrientes", como indicador de la tasa de crecimiento, se usan las estadísticas de volumen de ventas mensuales que el INSEE obtiene a partir de las declaraciones del impuesto al valor agregado (IVA). La cifra del volumen de ventas no es exactamente igual a la producción, puesto que se pueden presentar cambios en inventarios entre los dos períodos referidos, pero es la única variable relativamente similar que está fácilmente disponible. Estas cifras "provisionales" se revisan posteriormente cuando el INSEE dispone (un año más tarde) de información de primera mano sobre las cuentas de las empresas con las que se elaboran cuentas semi-definitivas y, (dos años más tarde) de las cuentas definitivas basadas en cuentas casi exhaustivas de las empresas. Este término es de hecho una exageración, porque estas cuentas "definitivas" se pueden revisar más adelante cuando se introduce un nuevo año base. Estos problemas se tratan de nuevo en el Capítulo 10.

Precisión de las cuentas nacionales

Las cuentas nacionales se deberían llamar "estadísticas de cuentas nacionales" porque sin este calificativo los usuarios podrían pensar que son tan confiables como la contabilidad de las empresas. Esto no es verdad. En particular, mientras que el PIB por razones técnicas se expresa a menudo en millones de unidades de la moneda nacional, los usuarios deben ser conscientes que este agregado está muy lejos de ser exacto a nivel de millones. La calidad de las cuentas nacionales es altamente dependiente de la calidad del sistema estadístico que existe en un país dado. Y en todos los países, en mayor o menor grado, existen problemas de cobertura, haciendo necesario que se recurra a un número significativo de ajustes. Los datos de las cuentas nacionales son por lo tanto aproximaciones. No es ni siquiera posible dar una cifra aproximada de la exactitud del PIB. De hecho, las cifras de las cuentas nacionales, y particularmente el PIB, no son el resultado de una gran encuesta para la cual se podría calcular un intervalo de confianza. Ellas son el resultado de combinar una mezcla compleja de datos de muchas fuentes, muchos de los cuales requieren un ajuste para ponerlos en una base de datos general y que se ajustan aun posteriormente para mejorar la coherencia, a veces usando métodos no-científicos.

Es útil saber que los niveles del PIB se pueden revisar en 1 a 3 puntos porcentuales cuando se introducen los datos de un nuevo año de referencia (excepto cambios conceptuales). Puede incluso suceder, aunque raramente, que algunos países modifiquen su estimación del PIB por más del 15% (Italia en 1987, China en 2005). En las comparaciones internacionales, es importante observar que la calidad de las cuentas nacionales no es la misma en todos los países (véase el Capítulo 3 sobre comparaciones internacionales). Globalmente, la Dirección de estadísticas de la OCDE cree que puede ser engañoso establecer un ordenamiento estricto de países basados en el PIB per cápita en términos de paridad de poder adquisitivo, cuando los países se agrupan dentro de un rango de resultados, con menos de 5 puntos porcentuales de ancho.

Riegos y limitaciones que deben evitarse

Los resultados proporcionados por las cuentas nacionales han llegado a ser una parte tan familiar de la información económica diaria que hay una tendencia a olvidar lo extremadamente ambicioso que era y sigue siendo el proyecto de obtener estos estimativos. No es accidental que los dos creadores principales de la contabilidad nacional moderna (Simon Kuznets de Estados Unidos y Richard Stone del Reino Unido) eran ambos Premios Nobel de Economía (Kuznets en 1971 y Stone en 1984). Sin embargo, debe tenerse en cuenta que, para alcanzar el objetivo de resumir la actividad económica entera de un país en un sistema de tablas internamente consistentes, las cuentas nacionales tienen que aceptar aproximaciones significativas y adoptar convenciones en ocasiones arbitrarias. Es necesario estar consciente de estas convenciones para evitar ciertos riesgos. Los siguientes son algunos de ellos:

La producción interna de los hogares (cocinar, limpiar, hacer compras y diligencias) no está cubierta por la contabilidad nacional. La razón principal es que su inclusión implicaría hacer estimativos burdos sobre su valor de mercado. Esto lleva a una de las críticas populares del PIB: si un hombre se casa con su cocinera el resultado es una reducción en el PIB – completamente cierto, pero es solamente un problema marginal.

Por otra parte, la contabilidad nacional incluye una estimación de la producción de servicios que los propietarios se prestan a ellos mismos bajo la forma de alojamientos. Esto se llama "alquileres imputados" y es bastante difícil de estimar, puesto que no involucra una transacción observable. Sin embargo, si no se hace esta estimación, el cambio en el PIB se podría afectar por un cambio en la proporción de hogares que poseen vivienda propia.

El PIB incluye el valor agregado del gobierno general. Sin embargo, parte de la producción del gobierno general se debería contabilizar como consumo intermedio de otras ramas. Las cuentas nacionales suponen que solamente los hogares son usuarios de los servicios del gobierno general. Pero en realidad, las empresas también utilizan los servicios de la policía y otros servicios colectivos proporcionados por el gobierno. Sin embargo, puesto que no hay manera de medir este consumo intermedio, se ignora, y se puede decir que el PIB esta sobreestimado en el valor de estos servicios.

La economía subterránea está mal medida en las cuentas nacionales. Mientras que, en principio, las actividades ilícitas se deben incluir en el PIB, esto es difícil en la práctica. Sin embargo, las oficinas de estadística hacen ajustes para tener en cuenta el empleo subterráneo o el fraude fiscal. En el caso de Francia, por ejemplo, estos ajustes aumentan el PIB en aproximadamente un 4%.

La versión actual del sistema internacional de cuentas nacionales (SNA 2008) contiene una recomendación: que la Investigación y Desarrollo (I&D)

(incluido el software) se contabilice como FBCF (inversión) y no como consumo intermedio (gastos corrientes). El resultado es que el PIB de muchos países se ha revisado al alza, entre el 1% y el 4% dependiendo del país. Esto es porque la FBCF forma parte de la demanda final y por lo tanto del PIB (ecuación fundamental 2), mientras que ese no es el caso del consumo intermedio.

El gasto de los hogares en la compra de vivienda se registra como FBCF, pero el gasto en bienes duraderos, los automóviles en particular, se clasifica como consumo, a pesar de que los servicios que proporciona un automóvil se extienden por un período generalmente bastante largo, aunque obviamente no tanto como una vivienda. Sin embargo, hay necesidad de trazar en alguna parte la línea divisoria entre consumo e inversión.

Puede parecer extraño que suba el PIB si hay más accidentes de carretera. Esto se debe en parte a la mayor actividad de servicios de emergencia, cuando intuitivamente se quisiera ver disminuir al PIB en tales circunstancias. Pero esto sería confundir una medida de la producción (PIB) con una medida de bienestar, que el PIB no es (véase el Capítulo 15). A lo sumo, el PIB es una medida de la contribución de la producción al bienestar. Hay una gran cantidad de dimensiones del bienestar que el PIB no pretende medir.

Se volverá a tratar este tema de las convenciones en este libro. Pueden estar sujetas a la crítica, pero no se debe pasar por alto que han sido el tema de discusiones muy largas por los contadores nacionales y se han seleccionado a menudo por sanas razones prácticas. Por ejemplo, en el Capítulo 10 se verá que se puede decir que los impuestos indirectos se están contabilizando dos veces en el PIB, pero ésta era la única solución que cumple otros criterios.

Mientras que el sistema de cuentas nacionales tiene limitaciones importantes como las mencionadas, no debe criticarse basándose en malentendidos sobre sus objetivos y definiciones. Por ejemplo, mucha gente no puede entender por qué no disminuye el PIB cuando ocurren catástrofes naturales (o atentados terroristas). Esto se debe a una mala interpretación de la definición del PIB, que, como se ha visto, es una medición de la producción durante un período dado. La gente tiende a confundir el PIB con la riqueza económica del país. Indudablemente, las calamidades importantes destruyen la parte de la riqueza económica (edificios, casas, caminos e infraestructura), pero, en sentido estricto, no constituyen una producción negativa y por ello no contribuyen directamente a una disminución en el PIB. La destrucción puede afectar indirectamente a la producción de una manera negativa o positiva. Cuando una fábrica se destruye cesa la producción, pero también tiene que ser reconstruida y esto constituye producción. Por este motivo, paradójico, es posible que una catástrofe natural tenga un impacto positivo (en el sentido puramente matemático de la palabra "positivo") en el PIB.

Las observaciones mencionadas deben dejar en claro que el PIB no representa "la riqueza nacional", como se dice a veces. La riqueza nacional representa los activos de la nación, mientras que el PIB es un flujo de producción. A lo sumo, el PIB puede considerarse como una medida del cambio en riqueza nacional. Pero incluso esto es incorrecto, puesto que el PIB excluye las pérdidas y ganancias de capital. Es por lo tanto preferible hablar del PIB simplemente como la producción total durante un período específico.

Métodos abreviados o "atajos"

Las cuentas nacionales conforman un conjunto complejo y tienen implicaciones importantes. Por ejemplo, la mayor parte de las contribuciones de los países miembros al presupuesto común de la UE depende directamente de sus niveles relativos de PIB (INB para ser más exacto). Cuando se modifican los métodos o se revisan las cifras, es útil que los contadores nacionales sepan rápidamente si estas modificaciones tienen lo que en su jerga se denomina "un impacto en el PIB". Para encontrar una respuesta rápida a esta pregunta, los expertos en cuentas nacionales utilizan ciertos "atajos". Por ejemplo, utilizan esta regla basada en la demanda final: El PIB se modifica solamente si se modifica un elemento de la demanda final.

Considere el ejemplo siguiente. En 2012, las cuentas para el año 2010 se recalculan usando la base de datos incluyendo las cuentas completas de las empresas. Resulta entonces, con base en estas estadísticas más confiables, que la producción de los servicios de empleo temporales (es decir, la contratación de mano de obra) fue subvalorada substancialmente en las estimaciones iniciales. Esto lleva a un aumento apreciable en la producción total. ¿Tiene esto un impacto en el PIB? La respuesta inmediata es: ¡no! La contratación de mano de obra no es parte de consumo de los hogares; no es inversión; no incorpora comercio exterior (o solamente a un grado muy pequeño). Por tanto, no entra en la demanda final y es un cambio en el consumo intermedio. Por consiguiente, el PIB no se afecta. Esto no significa, sin embargo, que no se haya presentado modificación alguna. La distribución del valor agregado entre las diferentes ramas se ha cambiado, el de los servicios aumenta y el de la industria manufacturera disminuye debido al aumento de su consumo intermedio. La modificación en la producción total es neutralizada por un aumento en el consumo intermedio. Véase el Ejercicio 7 para una aplicación práctica de este punto.

En numerosos casos, la regla de la demanda final funciona bien. Tome otros dos ejemplos: **I&D** (gasto en investigación y desarrollo) e IVA (impuesto sobre el valor agregado, un tipo de impuesto sobre las ventas). El nuevo sistema de cuentas nacionales (el SCN 2008) introdujo nuevas reglas para el tratamiento de **I&D**. En lugar de registrarlo como consumo intermedio, las compras de **I&D**

debían considerarse como FBCF. ¿Esta modificación tiene un impacto en el PIB? La respuesta es: sí. Como la FBCF forma parte de la demanda final, esta se modifica. Suponga que el gobierno decide financiar su gasto reduciendo el impuesto sobre la renta (que es impopular) en 5 mil millones de euros y aumentando correspondientemente el IVA (un impuesto menos doloroso). Esta modificación parece ser neutral a nivel macroeconómico, puesto que el déficit permanece sin cambios. Pero ése no es realmente el caso. La demanda final incluye el consumo de los hogares, que se mide a precios de mercado e incluye el IVA; el PIB se aumenta en 5 mil millones de euros (todo lo demás permanece igual). Puede por tanto demostrarse que el origen exacto del financiamiento del gobierno (impuestos directos o indirectos) puede afectar el criterio de déficit público de Maastricht sin que haya cambio en el déficit mismo. Esto se debe a que el denominador del coeficiente en el cual se basa el criterio es el PIB. El coeficiente puede por lo tanto cambiar incluso si el numerador, en este caso el déficit, permanece sin cambios. ¡La contabilidad nacional está llena de sorpresas!

Por otra parte, el PIB no cambia si dos elementos de la demanda final se ajustan en direcciones opuestas. Por ejemplo, si el estimativo para las exportaciones se reduce, y si esta reducción es compensada por un aumento en el consumo final, el PIB no se modifica.

Ejercicios para el Capítulo 1

Ejercicio 1: Observaciones y pronósticos

Vaya al sitio de la OCDE en la red (*www.oecd.org/*), busque la edición más reciente de "Economic Outlook" y actualice el Cuadro 1.1 al principio de este capítulo usando las cifras más recientes. Comente respecto a las diferencias entre las nuevas cifras y las anteriores. ¿Qué puede justificar el cambio de las estimaciones? ¿En qué dirección se equivocaron las previsiones de la OCDE?

Ejercicio 2: Un cálculo simple del PIB

Considere cuatro empresas: La empresa A, una empresa minera, que extrae mineral de hierro; la empresa B, una industria siderúrgica, que utiliza hierro para hacer láminas de acero y lingotes; la firma C, un fabricante de automóviles, que hace los automóviles y utiliza acero; y la firma D, un fabricante de maquinaria y robots, que también utiliza el acero. Calcule la producción, el consumo intermedio y los valores agregados en millones de euros basado en las suposiciones siguientes.

La empresa A extrae 50 000 toneladas de mineral, a 200 euros por tonelada, sus compras durante el período se han limitado a una máquina hecha por la empresa D con un valor de 10 millones de euros. La firma B produce 15 000 toneladas de láminas de acero a 3 000 euros por tonelada, compra y utiliza todo el mineral producido por A. La empresa C ha fabricado 5 000 vehículos y los ha vendido todos a los hogares a 15 000 euros cada uno, compra un valor de 20 millones de euros de láminas de acero de la empresa B, usa solamente un valor de 18 millones de euros en la fabricación de sus vehículos. Además, la empresa C importó 5 000 motores de una filial extranjera, cada uno de ellos valorado en 4 000 euros, y compró en el mercado nacional 2 robots hechos por D. La empresa D vendió una máquina por 10 millones de euros y dos robots, cada uno por 5 millones de euros, utilizando un valor de 10 millones de euros de láminas de acero de la empresa B.

Calcule el PIB de esta economía. Calcule también la demanda final de esta economía, si se supone que no ha habido exportaciones. Verifique que el PIB sea igual a la demanda final. (Recuerde que las compras de maquinaria no son consumo intermedio, sino FBCF).

Ejercicio 3: Relación entre pagos corrientes, volumen y el deflactor del PIB

El cuadro siguiente muestra una serie de crecimiento del PIB a precios corrientes y la tasa de crecimiento del deflactor del PIB en el caso de Francia. El PIB a precios corrientes en 2005 era igual a 1 718 047 millones de euros. Calcule la serie para el PIB en volumen en millones de "euros 2005". Muestre cómo calcular la serie del PIB en volumen directamente de las tasas de crecimiento, sin usar cantidades absolutas y sin usar la división. Comentario.

	2005	2006	2007	2008	2009
Tasa de crecimiento del PIB	1.83	2.47	2.29	-0.08	-3.15
Tasa de crecimiento del deflactor	1.91	2.14	2.59	2.54	0.72

Ejercicio 4: Cálculo de la contribución al crecimiento del PIB

El cuadro siguiente muestra las cuentas nacionales trimestrales de Francia (dos primeros trimestre 2013) en volumen, encadenadas a los precios del año anterior, base 2005. Usando el recuadro presentado en el texto del capítulo, calcule con dos cifras decimales la contribución al crecimiento en el 2° trimestre 2013 de la demanda interna excepto inventarios, de los cambios en inventarios y de las exportaciones netas. Comentario.

Advertencia: para simplificar el ejercicio, los cambios en inventarios se han calculado para este ejercicio como el saldo contable de la ecuación. Esto evita la dificultad planteada por el proceso de encadenamiento (véase el Capítulo 2 para las cuentas nacionales encadenadas).

Cuentas nacionales trimestrales

Volúmenes encadenados a precios del año anterior, base 2005

	2013 1er trimestre	2013 2° trimestre
Variación de existencias	-958	-274
Importaciones	131 850	134 137
Exportaciones	125 297	127 769
Exportaciones netas	-6 553	-6 368
Demanda interna total excluyendo existencias	458 369	459 389
Total producto interno bruto	450 858	453 197

Ejercicio 5: El déficit público y el criterio de Maastricht

Con base en el cuadro siguiente, determine si Francia ha cumplido el criterio del déficit público (no más el que 3% del PIB) durante el período de referencia.

	2007	2008	2009	2010	2011	2012
Gasto total	992.6	1 030.0	1 070.6	1 095.6	1 118.5	1 151.2
Ingreso total	940.7	965.4	928.0	958.3	1 012.7	1 052.4
Producto interno bruto	1 886.8	1 933.2	1 885.8	1 936.7	2 001.4	2 023.3

Ejercicio 6: Sinónimos

Hay varios términos que se utilizan en las cuentas nacionales, pero los economistas utilizan una amplia gama de sinónimos para ellos. Elija de la lista en itálica todos los sinónimos correctos para los siguientes conceptos: (A) PIB a precios corrientes; (B) PIB en volumen; (C) Deflactor del PIB; (D) déficit público. Tenga cuidado pues no todos los términos de la lista son sinónimos de los conceptos mencionados.

1. PIB; 2. PIN a precios corrientes; 3. PIB nominal; 4. Suma de la producción en euros; 5. PIB en cantidad; 6. PIB en valor; 7. PIB a precios corrientes; 8. Suma de valores agregados brutos en volumen; 9. Producto interno neto deflactado; 10. PIB real; 11. Índice de precios del PIB; 12. Índice de precios al consumidor; 13. PIB a precios de 1995; 14. Suma de ingresos deflactados; 15. "Crecimiento"; 16. Capacidad de financiación del gobierno 17. Préstamo neto del gobierno.

Ejercicio 7: Impacto de modificaciones al PIB

(Continuación del Ejercicio 2 y uso del texto sobre los métodos abreviados o "atajos"). En el Ejercicio 2, se calculaba el PIB de una economía. Suponga ahora que omitimos mencionar que la empresa C, fabricante de automóviles, alquiló mano de obra de la empresa E, agencia de trabajo temporal, por una suma de 15 millones de euros. ¿Se modifica el PIB de la economía como consecuencia de esta nueva información? Confirme su respuesta reconstruyendo el cuadro para las diferentes empresas, con los comentarios pertinentes.

Ejercicio 8: Deflactores y crecimiento

Recientemente ha habido, en la primera década de este siglo, una controversia con respecto a la comparabilidad del crecimiento según se mide en Europa y en los Estados Unidos. La discusión se centra en el deflactor que se utiliza para la inversión de las empresas en computadores, la cual constituye un valor muy considerable. Los métodos estadísticos utilizados en Estados Unidos ponen en evidencia que el deflactor en cuestión baja más rápidamente que en Europa (véase el Recuadro 2.1. del Capítulo 2). Primero, muestre por qué, para el mismo crecimiento en compras de computadores a precios corrientes, la diferencia en el método estadístico lleva a una diferencia en el crecimiento del PIB en volumen. Continúe explicando por qué esta diferencia en el PIB disminuye (hasta prácticamente desaparecer) si los países europeos produjeran solo unos pocos computadores (o sencillamente no produjeran ninguno).

Las soluciones a estos ejercicios están disponibles en el sitio web de la OCDE.

Comprendiendo las Cuentas Nacionales
Segunda edición

Capítulo 2

Distinción entre incrementos de precios e incrementos de volumen

Este capítulo considera que crecimiento es el cambio global en la cantidad de bienes y servicios producidos y puestos a disposición de los consumidores y los inversionistas, medidos por los cambios en volumen. El quehacer principal de los contables nacionales es separar, dentro de los cambios observados en los agregados monetarios, la parte del crecimiento que se origina en un cambio de las cantidades de la parte que corresponde a un cambio en los precios. El capítulo explica en detalle la forma en que los estadísticos establecen la distinción en estos cambios a través de lo que se denomina la separación volumen/precio.

Todos quieren el máximo crecimiento posible, a pesar de que hoy se reconoce que sería preferible un crecimiento "duradero" o "sostenible". La expresión genérica "crecimiento" se refiere a la variación total en la cantidad de bienes y servicios producidos y puestos a disposición de consumidores e inversionistas. La primera tarea de los contables nacionales es analizar la variación observada por los agregados en un período, expresada en términos monetarios, con el fin de separar dentro de ella la parte que se debe a variaciones en la cantidad de bienes y servicios (es decir, el verdadero crecimiento) de la que corresponde a variaciones en los precios. Un incremento de las cantidades, o, como dirían los contables nacionales, un incremento en volumen, es generalmente algo positivo. Por el contrario, un incremento de precios, que se designa por el término inflación, no suele ser una buena noticia. Por lo tanto, la variación de los agregados en términos monetarios tiene un interés limitado en las cuentas nacionales. Sin embargo, es especialmente significativa cuando se escinde en sus componentes "variación en volumen/variación en precios", expresión que es muy común entre los contables nacionales. Por eso este capítulo, a pesar de su complejidad técnica, precede incluso a los dedicados a la producción y a los usos finales de bienes y servicios.

2.1. Un llamado de atención: necesidad de comparar volúmenes

El cuadro siguiente, tomado de la base de datos de cuentas nacionales de la OCDE, compara el crecimiento del PIB en los Países Bajos, México y Turquía entre 1980 y 2012. De una simple ojeada se podría sacar la impresión de que, en relación con el crecimiento experimentado por los Países Bajos, México y Turquía registraron un crecimiento considerable. Según se indica en el cuadro, los Países Bajos tuvieron un crecimiento medio anual del 6.1%, México había dado un salto de 43.8% y era sobrepasado por Turquía, cuyo crecimiento medio fue del 74.2%. Sin embargo, esta conclusión se basa en un gran equívoco, que se desvanece al advertir el subtítulo del cuadro, que anuncia que las tasas se refieren a la evolución del PIB de los países citados "**a precios corrientes**", lo cual indica que se están comparando estimaciones del PIB expresadas a precios medios de cada año y, en consecuencia, estas cifras reflejan el impacto de los incrementos de precios, es decir, de la inflación experimentada entre 1980 y 2012. De hecho, lo que sucede es que México y Turquía han sufrido de forma continuada una inflación galopante durante este período, mientras que, por el contrario, los Países Bajos experimentaron una inflación significativamente menor a partir de 1980.

Crecimiento porcentual medio anual del PIB, 1980-2012

Precios corrientes

Países Bajos	6.1
México	43.8
Turquía	74.2

En consecuencia, la comparación internacional anterior no es significativa. Es necesario **separar el trigo** (el crecimiento, entendiendo como tal al crecimiento "en volumen") **de la paja** (la inflación, es decir, las variaciones de precios). En consecuencia, el cuadro siguiente muestra las cifras en volumen, junto a las que recogen las variaciones de precios. Los resultados de los Países Bajos son ahora mucho mejores: su crecimiento en volumen es ligeramente inferior al de los otros dos países, mientras que su inflación es significativamente menor.

Cuadro 2.1. **PIB, índices de volumen y precio**

Tasa de crecimiento anual, 1980-2012

	Volumen	Precio
Países Bajos	3.1	2.9
México	3.6	38.8
Turquía	6.3	63.8

Fuente: OECD (2016), "Aggregate National Accounts: Gross Domestic Product", OECD National Accounts Statistics (database), *http://dx.doi.org/10.1787/data-00001-en.*

StatLink http://dx.doi.org/10.1787/888933735557

Si además, el volumen de crecimiento se ajusta por el crecimiento de población, el comportamiento de los Países Bajos es aún mejor, con un crecimiento del volumen per cápita del 1.7% anual comparado con 0.5% para México y 1.7% para Turquía en el mismo período

El objetivo de este capítulo es explicar cómo los estadísticos acometen la tarea de distinguir la evolución en volumen de la evolución en precios, es decir como realizan lo que se denomina la separación entre volumen y precios.

Aunque esta segunda comparación internacional es correcta, adolece de alguna limitación en tanto que solo facilita información de las evoluciones y no se refiere *al nivel* del PIB de cada país. No parece que llenar este vacio sea algo complicado. Concretamente, hay que realizar dos modificaciones al PIB a precios corrientes. La primera es dividirlo por el número de habitantes para obtener el PIB per cápita, para evitar hacer comparaciones con cosas que no son comparables. La segunda es utilizar la misma moneda en todos los casos. La práctica seguida por la OCDE es expresar todos los montos en dólares de

Estados Unidos, pero también se puede utilizar el euro, o el peso mexicano, ya que lo que es fundamental es utilizar la misma unidad de cuenta al hacer las comparaciones. El Cuadro 2.2 muestra el nivel del PIB per cápita para estos tres países, expresados en dólares de EE.UU. ¿Qué dice el cuadro? Que los habitantes de los Países Bajos tienen un ingreso medio anual muy por encima de la de los otros dos países: si se asigna 100 al dato correspondiente a los Países Bajos, el de Turquía asciende a 22.9 y el de México a 23.2. A pesar de que se ha tratado de hacer comparables estos datos, cabe seguir preguntándose si lo son realmente.

Cuadro 2.2. **PIB per cápita**

2012

	En dólares de EE.UU.	Países Bajos = 100
Países Bajos	45 970	100.0
México	10 648	23.2
Turquía	10 525	22.9

Fuente: OECD (2016), "Aggregate National Accounts: Gross Domestic Product", OECD National Accounts Statistics (database), *http://dx.doi.org/10.1787/data-00001-en*.

StatLink http://dx.doi.org/10.1787/888933735576

La respuesta a la pregunta del final del párrafo anterior es: realmente no, dado que cuando los datos se expresan en una misma unidad de cuenta no se toma en consideración la advertencia, hecha anteriormente, de solo comparar volúmenes. Los precios de algunos bienes y servicios pueden diferir de un país a otro. Por ejemplo, el precio de alquilar un apartamento de 100 m^2 puede alcanzar 2 000 euros en Ámsterdam (Países Bajos), mientras que por esa cantidad se puede alquilar un apartamento de 300 m^2 en Estambul (Turquía) o en Ciudad de México. Es posible, por tanto, dar un paso más y eliminar las diferencias en los niveles de precios para comparar solo los *volúmenes* producidos en cada país y no datos que están afectados por las diferencias en los niveles de precios. La OCDE realiza este ajuste utilizando "la paridad de poder de compra". El Cuadro 2.3, que incluye ese ajuste, proporciona la comparación adecuada de los volúmenes entre los tres países.

Mientras que el cuadro confirma que el nivel de vida en los Países Bajos es el más alto, eleva los valores absolutos del PIB per cápita de Turquía y México. Esta comparación internacional de valores absolutos en las cuentas nacionales utiliza lo que los estadísticos describen como la *separación espacial entre volumen y precios*. Esta técnica se describirá con más detalle en el Capítulo 3, mientras que este capítulo se centrará en la *separación temporal entre volumen y precios*.

Cuadro 2.3. **PIB per cápita usando paridades de poder adquisitivo**
2012

	Dólares EE.UU. Ajustados por paridad de poder adquisitivo	Países Bajos = 100
Países Bajos	43 146	100.0
México	18 288	42.4
Turquía	18 114	42.0

Fuente: OECD (2016), "Aggregate National Accounts: Gross Domestic Product", OECD National Accounts Statistics (database), *http://dx.doi.org/10.1787/data-00001-en.*

StatLink *http://dx.doi.org/10.1787/888933735595*

2.2. Separación entre volúmenes y precios aplicada a las variaciones a lo largo del tiempo

Para respetar la consigna de "comparar volúmenes", es necesario calcular los agregados de las cuentas nacionales expresados en términos de volumen. El primer paso para hacerlo es partir de estadísticas detalladas, es decir, producto a producto, cada una de ellas expresadas en volúmenes, para posteriormente agregarlas, es decir, calcular su suma total.

Hablando en términos generales las estadísticas detalladas de que disponen los contables nacionales son de tres tipos: a) estadísticas expresadas en cantidades, tales como el número de toneladas de acero que han sido producidas; b) estadísticas expresadas a precios corrientes (también llamadas "en valor"), tales como los datos tomados de las cuentas de las empresas, y c) índices de precios, tales como los numerosos componentes del Índice de Precios al Consumidor (IPC). Las estadísticas de tipo a) se utilizan directamente por los contables nacionales para calcular las variaciones en volumen cuando se dispone de clasificaciones muy detalladas. La variación del volumen de producción de un tipo específico de acero, según se mide en las cuentas nacionales, es igual a la variación de las toneladas producidas de ese tipo de acero.

Cuando no se dispone de estadísticas expresadas en términos de cantidades, los contables nacionales combinan estadísticas de los tipos b) y c) para calcular indicadores de la evolución en volumen. Como se vió al tratar de la primera ecuación fundamental en el Capítulo 1, si se divide la variación (incremento o disminución) del agregado durante el período a precios corrientes, o "en valor" (valor absoluto al final del período dividido por el mismo valor al principio del período), por la variación del precio del producto respectivo durante el período, se obtiene una medida de la variación en volumen. Esto es lo que los contables nacionales denominan "deflactar". Al final de este capítulo, en el Ejercicio 1, se ilustra un caso muy simple de uso del "deflactor".

Para calcular el crecimiento macroeconómico, los contables nacionales utilizan centenares de series estadísticas que están directamente expresadas en términos de cantidades, o se han deflactado mediante un proceso como el descrito. En el caso de Francia – y las cifras disponibles en otros países son, probablemente, similares – casi el 85% (en términos de valor agregado) de las series detalladas de la producción en volumen en las cuentas nacionales se derivan deflactando las series a precios corrientes mediante un índice de precios que se considera apropiado. Para que este procedimiento produzca estimaciones válidas, es necesario disponer de datos fiables de las ventas, o de otras medidas de los flujos monetarios que se producen como consecuencia de las ventas (a precios corrientes) y de índices de precios adecuados para esta finalidad. Las oficinas nacionales de estadística de los países de la OCDE elaboran este tipo de indicadores, siendo los más conocidos los índices del volumen de ventas, de precios de consumo y de precios de producción. Estos indicadores son fundamentales para las cuentas nacionales, aunque enumerarlos excede el ámbito de este libro. En el resto de este capítulo, se tratará solamente el complejo problema de cómo combinar (es decir, de cómo agregar) estas estadísticas detalladas en volumen.

2.3. Las dificultades de la agregación

Si se tuviera una economía muy simple que solamente produjera y consumiera un producto, no habría dificultad alguna para medir el crecimiento macroeconómico en volumen. Simplemente habría que calcular el número de toneladas de este producto único (que, en términos generales, se puede expresar en cualquier otra unidad física). Sin embargo, la economía está compuesta de multitud de productos, es decir, de bienes y servicios muy diferentes entre sí. ¿Cómo se pueden sumar estos productos tan diferentes para obtener un indicador macroeconómico? En primer lugar, se necesita una unidad de medida común. Se podría, por ejemplo, sumar las unidades físicas expresadas en toneladas, pero ¿qué significado tendría sumar toneladas de manzanas, toneladas de ropa y toneladas de tanques de combate? Ese resultado podría ser de utilidad para la gestión logística de un ejército en movimiento, pero, obviamente, tiene poco significado desde un punto de vista macroeconómico. Incluso, ¿tiene sentido sumar, uno a uno, todos los automóviles producidos en un país para obtener un indicador macroeconómico? Realmente no, porque de la suma del valor de un automóvil pequeño y barato con el de un automóvil grande y de lujo resulta una imagen falseada del total de la producción de automóviles: un automóvil grande "pesa" o "cuenta" más en términos económicos que uno pequeño. En consecuencia, existe un problema de "agregación" de los bienes y servicios que es fundamental para la medición macroeconómica.

La respuesta a este problema es bastante obvia para los economistas. Consiste en calcular la estructura de precios. Una vez que los productos están expresados en unidades monetarias, es perfectamente lógico sumarlos. Por tanto, si se suma el número (es decir, la cantidad) de automóviles pequeños multiplicado por su precio y el número de automóviles de lujo multiplicado por su precio, se obtendrá la cifra de negocios total de los fabricantes de automóviles, que será igual al valor total de los automóviles adquiridos por los hogares. Estas cifras agregadas, en las que las unidades se han "ponderado" por sus precios, son aditivas (se pueden sumar) y tienen significado económico. El precio relativo de los productos proporciona un buen sistema de ponderaciones para las cantidades físicas porque representa el costo relativo de manufacturar los productos y/o la utilidad relativa que les atribuyen los consumidores. Claramente no siempre los precios se fijan por su costo o utilidad relativos, ya que pueden estar influenciados por un comportamiento monopolístico o por distorsiones inducidas por motivos fiscales. A pesar de eso, en términos generales la estructura relativa de precios proporciona un sistema válido de ponderaciones.

Por lo tanto, para calcular volúmenes los contables nacionales se basan en la suma de unidades físicas ponderadas por su precio. Queda sin embargo un problema: El objetivo es medir la variación (lo que la mayoría de las veces equivale a decir el incremento) en volumen de un agregado, **a lo largo de diferentes períodos**. Durante esos períodos varían las cantidades físicas y, desafortunadamente, también varían los precios, razón por la que hay que "congelar" esta última variación. Para calcular la evolución en volumen entre dos períodos, los contables nacionales comparan la suma de las unidades físicas del primer período, ponderada por una determinada estructura de precios, con la suma de las unidades físicas del segundo período, ponderada por la *misma* estructura de precios. El siguiente ejemplo ayudará a entender este cálculo.

Supóngase que hay dos tipos de automóviles, los pequeños, que designamos por "p", y los grandes que designamos por "g". Q_p y Q_g son el número de unidades de automóviles pequeños y grandes, respectivamente, variables a las que se añade un segundo subíndice t para significar que este es el valor de la variable en cuestión durante el período t. Por ejemplo, Q_{pt} indica el número de unidades de automóviles pequeños producidos (o comprados) en el período t. P_p y P_g designan respectivamente el precio de los automóviles pequeños y de los grandes. Para calcular la evolución en volumen entre el período t y el período t' los contables nacionales comparan el valor $(Q_{pt} \times P_p)$ + (Qgt × Pg), el volumen del período t, con el valor $(Q_{pt}' \times P_p) + (Q_{gt}' \times P_g)$, que es el volumen en el período t'. Puede comprobarse que los precios permanecen constantes en esta comparación ya que se han utilizado P_p y P_g para ambos períodos. De hecho, es posible elegir diferentes parejas de precios: los del período t, los del período t' o una combinación de ambos, pero, sea cual fuere la elección, la pareja de precios debe ser la misma para los dos períodos. Esta es la explicación de por qué se denomina **contabilidad a precios constantes** a este sistema de cálculo de la evolución en volumen. En el Ejercicio 2, que figura al final del capítulo, se ha incluido un ejemplo de contabilidad a precios constantes.

La manipulación de los volúmenes puede producir ciertas sorpresas a las personas no familiarizadas con el sistema. Supóngase que el precio de los automóviles grandes es el doble del de los automóviles pequeños. Supóngase, además, que el fabricante de automóviles produce en ambos años exactamente el mismo número total de vehículos (por ejemplo, 100), pero que la proporción de los automóviles grandes dentro de ese total ha pasado del 50% el primer año al 80% el segundo. Para calcular la variación en volumen aplicando la fórmula que figura en el párrafo anterior resulta que hay que dividir la expresión (80 × 2) + (20 × 1), que es el volumen de automóviles producidos el segundo año, entre (50 × 2) + (50 × 1), que es el volumen de automóviles producidos el primer año. El resultado que se obtiene es 1.2 o sea un crecimiento del 20%.

Este ejemplo muestra que para medir el cambio en el volumen no es necesario conocer el precio absoluto de los carros grandes o pequeños. Lo que importa es el precio relativo.

En definitiva, a pesar de que el número de automóviles producidos, o consumidos, no ha variado, las cuentas nacionales registran un incremento del 20%. Pero, ¿es esto sorprendente? Realmente no, porque el volumen en las cuentas nacionales no mide el crecimiento en el número de automóviles sino la utilidad derivada para los consumidores. La utilidad se ha incrementado efectivamente un 20%, cuando se mide utilizando el criterio de los precios relativos. Esto no es sorprendente, dado que la utilidad de un coche de lujo es más grande que la de un coche pequeño. En suma, para entender la medición del crecimiento, según este se registra en las cuentas nacionales, es fundamental comprender la diferencia que existe entre un incremento en cantidades y un incremento en volumen.

En particular, las variaciones en volumen incorporan, además de la cantidad, toda clase de diferencias de calidad. Por ejemplo, las cuentas nacionales no suman toneladas de gasolina de primera calidad con toneladas de gasolina de segunda calidad porque los dos productos no son totalmente sustituibles entre sí, a pesar de su similitud. Además, los contables nacionales también consideran los puntos de venta donde se comercializan los productos (pequeñas tiendas de barrio o supermercados), en tanto que la forma de distribución es una de las características del producto y, en principio, no sumarán dos productos idénticos distribuidos por diferentes canales de comercialización. El impacto de tomar en consideración estas diferencias de calidad es más llamativo en el caso de los computadores (véase el

Recuadro 2.1. **Las tasas de crecimiento en volumen de los computadores en las cuentas nacionales son muy elevadas**

Supongamos que en el año A se vendieron 1 000 computadores del tipo X, con una potencia P_x y una velocidad V_x y en el año A + 1 se vendieron 1 000 computadores del tipo Y, cuya potencia es P_y y su velocidad V_y, por el mismo precio de los 1 000 vendidos en A. El espectacular avance de la tecnología de los microprocesadores implica que P_y y V_y sean considerablemente más grandes que P_X y V_X.

Las cuentas nacionales no van a decir en forma alguna que el volumen de computadores sea igual a su número. Se tendrá en cuenta la calidad de cada computador y se ponderará por su precio. Sin embargo, en la mayoría de los casos el computador tipo Y podría no haber existido en el año A, y no se dispondría de un precio para realizar la ponderación. Los estadísticos entonces llevan a cabo estudios econométricos de la relación entre el precio de los computadores y sus principales características, tales como la potencia y la velocidad, con el propósito de determinar qué valor darían quienes adquieren los computadores a cada una de estas características (estos estudios econométricos se suelen denominar también "estudios hedónicos"). A partir de estas relaciones los estadísticos estiman cuánto habría costado el computador tipo Y en el año A si hubiera existido entonces. Por ejemplo, supongamos que el precio del nuevo computador tipo Y se estima que es un 20% más elevado que el del computador X en el año A. Esto significa que el precio de Y ha descendido un 20% desde el año A. Esta es una hipótesis realista, en tanto que, como es bien conocido, los precios de los computadores caen muy rápidamente, a pesar de que su potencia se incrementa respecto a la de modelos anteriores. En las cuentas nacionales el volumen de los computadores en el año A + 1 se calcula, por tanto, a "precios del año A", es decir, a precios que son un 20% más elevados que los del año A. En consecuencia, según las cuentas nacionales, el volumen de computadores crece más rápidamente que el número de computadores comprados. Este es el fenómeno que explica por qué las cuentas nacionales utilizan ahora cuentas encadenadas en lugar de cuentas a precios constantes (véanse los recuadros siguientes).

El mismo fenómeno puede observarse en los vehículos, si los precios de los automóviles Mercedes caen para acercarse a los de los Fiat. En ese caso el público compraría Mercedes en lugar de Fiat y los contables nacionales registrarían un importante crecimiento en volumen, a pesar de que el número de automóviles vendidos no hubiera cambiado. Desgraciadamente, este fenómeno no sucede en el mercado del automóvil.

Recuadro 2.1). Este caso ilustra la principal dificultad de medir volúmenes y precios, que no es otra que la aparición de nuevos productos en el mercado. La contabilidad a precios constantes no es un instrumento adecuado pues presupone que todos los productos existían en el primer período de comparación, lo cual, por definición, no puede ser cierto para productos completamente nuevos (por ejemplo, teléfonos móviles a mediados de la década de los 90).

2.4. Índices de volumen e índices de precios

Llegados a este punto es necesario realizar una digresión matemática relativamente extensa para explicar las nociones de *índice de volumen e índice de precios* y que el lector pueda comprender cómo se miden los volúmenes en las cuentas nacionales. Un **índice de volumen** es una media ponderada de las variaciones de las cantidades de un determinado grupo de bienes y servicios entre dos períodos. Tradicionalmente, a estos índices se les otorga un valor estándar de 100 para un período determinado, pero, a pesar de ello, en este texto los índices reciben, implícitamente, un valor estándar de 1 y no de 100. Este cambio es de poca importancia dado que tanto el índice de volumen como el de precios son números que solo pueden ser interpretados en términos de variaciones. Por convención, el período utilizado como punto de partida se denominará período 0 y al que se compara con él se designará como período t. Los dos períodos pueden ser o no consecutivos.

Las relaciones entre la cantidad, o el precio, de un producto dado en el período t, con la cantidad, o el precio, de ese mismo producto, en el período 0, a saber, $\frac{q_t}{q_0}$ o $\frac{p_t}{p_0}$, se conocen como relación de cantidad o relación de precios, respectivamente. Las relaciones de cantidad y de precios son independientes de las unidades que se utilizan para medir cantidades y precios. La mayoría de los índices se pueden expresar en forma de medias ponderadas de estas relaciones de cantidades y de precios, o pueden derivarse de ellas. Las diferentes fórmulas difieren, principalmente, en la ponderación asignada a la relación de precio o cantidad y en el tipo de media utilizada (aritmética, geométrica, armónica, etc.).

Los dos índices más utilizados son el de Laspeyres y el de Paasche, dos estadísticos del siglo XIX. La mayoría de los sistemas de cuentas nacionales (en particular, los sistemas europeos) utilizan el índice de Laspeyres para calcular variaciones en volumen y el índice de Paasche para calcular variaciones en precios. Tanto el índice de Laspeyres como el de Paasche se pueden definir como medias ponderadas de relaciones de precios o cantidades en los que la ponderación son los valores a precios corrientes de los bienes y servicios en uno u otro de los dos períodos que se comparan.

Sea $v_{ij} = p_{ij}\, q_{ij}$ el valor a precios corrientes del producto i en el período j. El índice de volumen de Laspeyres (L_q) es una media ponderada de las relaciones de cantidad:

$$L_q = \sum_i \frac{v_{i0} \frac{q_{it}}{q_{i0}}}{\sum_i v_{i0}} \tag{1}$$

El período al que se refieren las ponderaciones del índice se denomina período "base". Normalmente (aunque no siempre), el período base coincide con el período de referencia para el que el índice tiene un valor estándar de 100. Como la suma siempre comprende el mismo grupo de bienes y servicios, es posible prescindir del subíndice i en expresiones del tipo (1). Además, como por definición v_j es igual a $p_j\, q_j$, sustituyendo en (1) se puede obtener (2):

$$L_q = \frac{\sum p_0 q_t}{\sum p_0 q_0} \tag{2}$$

Algebraicamente, las expresiones (1) y (2) son idénticas, de donde se deduce que la variación en volumen a precios constantes se puede calcular de dos formas, de cuya aplicación se obtiene el mismo resultado: o como media de las *relaciones de cantidad* de varios productos ponderada por el valor a precios corrientes en el año base, dividida por el valor a precios corrientes en el año base; o como el producto de las cantidades en el período t por los precios en el año base dividido por el valor a precios corrientes en el año base. Al final del capítulo, el Ejercicio 3 ilustra este resultado utilizando el ejemplo anterior sobre automóviles grandes y pequeños.

El índice de precios de Paasche se define de manera recíproca al índice de Laspeyres, aplicando los valores a precios corrientes en el período t como ponderaciones y utilizando una media armónica de la relación de precios en lugar de la media aritmética.

$$P_p = \frac{\sum v_t}{\sum v_t \frac{p_0}{p_t}} = \frac{\sum p_t q_t}{\sum p_0 q_t} \tag{3}$$

Se puede comprobar que esta fórmula refleja un índice de precios puesto que son los precios los que varían y las cantidades las que permanecen fijas, a diferencia de los índices de volumen que se han visto anteriormente. El índice de Paasche se puede interpretar como el recíproco de un índice de Laspeyres, al que se le "ha dado la vuelta", es decir, el inverso de un índice de Laspeyres para el período 0, siendo t el período base. La reciprocidad entre los índices de Laspeyres y de Paasche da lugar a numerosas simetrías que pueden ser explotadas al realizar cálculos.

En particular, el producto de un *índice de volumen* de Laspeyres y el correspondiente *índice de precios* de Paasche es igual a la variación en valor de los bienes y servicios a precios corrientes entre el período 0 y el período t, es decir:

$$L_q P_p = \frac{\sum p_0 q_t}{\sum p_0 q_0} \frac{\sum p_t q_t}{\sum p_0 q_t} = \frac{\sum v_t}{\sum v_0} \quad (4)$$

La relación (4) es fundamental en las cuentas nacionales. Leyéndola de derecha a izquierda muestra que la relación de un agregado en valor entre dos períodos es igual al producto del índice de volumen por el índice de precios. Expresa matemáticamente lo que en el Capítulo 1 se ha llamado "la primera ecuación fundamental". Esta ecuación se utiliza reiteradamente en las cuentas nacionales. Por ejemplo, para obtener indirectamente el índice de volumen dividiendo la variación relativa en valor entre el índice de precios de Paasche, que es un método al que se ha hecho referencia más arriba y que se conoce como "deflactación" y que se expresa como:

$$L_q = \frac{\dfrac{\sum v_t}{\sum v_0}}{P_p} \quad (5)$$

Es una práctica normal en estadística económica calcular volúmenes por medio de la deflactación debido a que, generalmente, es más fácil y menos costoso. Esta práctica se aplica constantemente en cuentas nacionales (véase el Ejercicio 4).

2.5. Precios constantes

Consideremos ahora una serie cronológica de índices de volumen de Laspeyres, a saber:

$$\frac{\sum p_0 q_0}{\sum p_0 q_0}, \frac{\sum p_0 q_1}{\sum p_0 q_0}, \cdots \frac{\sum p_0 q_t}{\sum p_0 q_0} \quad (6)$$

Si se multiplican todos los términos de la serie por el común denominador $\sum p0q0$, se obtiene la llamada serie a "precios constantes", de la que se ha visto un ejemplo, en el caso de los automóviles grandes y pequeños:

$$\sum p_0 q_0, \sum p_0 q_1, \cdots \sum p_0 q_t \quad (7)$$

Los movimientos relativos de esta serie de un período a otro son idénticos a los de los correspondientes índices de Laspeyres que figuran en (6), porque las dos series solo difieren por un escalar que es igual al primer término de la segunda serie. El término "precios constantes" se justifica por el hecho de que estos agregados utilizan la estructura de precios de un período fijo, que en este caso es el período 0.

Este sistema de cuentas a precios constantes ha sido muy utilizado por los contables nacionales porque tiene la importante propiedad de ser aditivo, lo que equivale a decir que permite añadir, o sustraer, "trozos" de cuentas. Por ejemplo, el volumen de producción de automóviles más el volumen de producción de camiones es exactamente igual al volumen de producción de ambos considerados conjuntamente. Se verá más adelante que la aditividad se pierde cuando se abandona el sistema de cuentas a precios constantes en favor del sistema de indicadores de volumen, que es más complicado y que es el recomendado por la versión vigente del manual internacional SNA 2008 y aplicado por todos los países de la OCDE.

Sin embargo, las unidades en que se expresan estas cuentas a precios constantes siguen siendo artificiales. Como lo que está implícito es la multiplicación de una serie sin dimensiones (la serie de índices que aparece en (6) por un valor a precios corrientes del año base $\sum p_0 q_0$), se podría concluir que el resultado es una serie expresada en unidades monetarias corrientes (miles de millones de euros, por ejemplo). Sin embargo, como los precios son los de un año pasado y no los precios corrientes del año cuya evolución se pretende determinar, se utiliza la terminología cuentas en [unidades monetarias] del [año base] – por ejemplo, en unas cuentas referidas al área del euro, se utiliza la expresión cuentas en "euros de 2005". A pesar de que esta terminología es ampliamente utilizada tiene una debilidad inherente: hay tantos euros de 2005, como tipos de operaciones en las cuentas nacionales. Las series del consumo de los hogares en volumen utilizan un valor de euros de 2005, que es el resultado de deflactar los valores a precios corrientes por el índice de precios al consumidor, mientras que las series de FBCF deflactan el valor a precios corrientes con el índice de precios de la FBCF, y lo mismo ocurre con otros tipos de operaciones.

Cuando las cuentas nacionales se calculan a precios constantes y el período base es el año 2005, se habla de agregados "a precios del año 2005", pero, cada vez en mayor medida, las cuentas nacionales en volumen no se calculan a precios constantes en sentido estricto (es decir, a precios constantes de un año base) sino que se obtienen por medio de un proceso que encadena los valores de cada período a precios constantes del año anterior. Este complicado problema es el que se pretende abordar en la sección siguiente.

2.6. Las cuentas "encadenadas" y la pérdida de la aditividad

Sin entrar en los problemas de detalle de los índices de volumen, es relativamente fácil explicar por qué los precios constantes no son totalmente satisfactorios para el análisis económico. La elección de un año fijo implica utilizar una estructura de precios que se aleja de la estructura del año corriente en la medida que este se aleja del año base. Considérese, por ejemplo, el caso de Francia. Con anterioridad a las reformas más recientes de la contabilidad nacional, el modelo de precios relativos utilizado en Francia para calcular las variaciones en volumen durante el año corriente se introdujo 18 años atrás, ya que las cuentas nacionales francesas continuaron elaborándose en "base 1980" hasta 1998. El alejamiento creciente del período corriente y el período base puede haber ocasionado importantes distorsiones en los resultados que se obtienen. Por ejemplo, las "cantidades" de computadores adquiridos a finales de los 90 experimentaron, año tras año, importantes tasas de crecimiento y no tiene ningún sentido ponderar estos crecimientos utilizando la estructura de precios del año 1980, cuando los precios relativos de los computadores eran muy elevados. Por el contrario, fue precisamente la vertiginosa caída de los precios relativos de los computadores la que ocasionó la explosión de las ventas a lo largo de ese período. Ponderar este crecimiento utilizando la antigua estructura de precios sobreestima artificialmente los incrementos en volumen y subestima las disminuciones de precios durante el período más reciente y, por tanto, distorsiona la evolución histórica de las series involucradas (véase el Recuadro 2.2).

Recuadro 2.2. **Un ejemplo de las distorsiones originadas por la utilización de precios constantes**

La utilización de precios constantes muy alejados del año base produce distorsiones en la evolución en volumen que son tanto más importantes cuanto más significativos son los cambios de los precios relativos. El ejemplo más conocido es el de los computadores. Partiendo del caso de Francia se puede calcular el crecimiento en volumen de los bienes de capital que constituyen la FBCF, agregado que incluye tanto a los tipos tradicionales de maquinaria como a los computadores (en ambos casos se excluye el transporte). Haciendo 1980 = 100, entre 1980 y 2000 el índice de precios de los computadores descendió hasta 8.7. En el mismo período el índice de precios de otros tipos de bienes de capital se elevó hasta un 136.1 al final del período. Si se compara la evolución en volumen del agregado formado por los computadores y los otros tipos de equipamiento a precios constantes de 1980 se obtiene un crecimiento del 316% entre 1980 y 2000, pero si la comparación para cada año se establece a precios del año anterior y se encadenan los resultados, el crecimiento se reduce al 143%, que es la tasa correcta. El primer resultado, basado en la estructura de precios relativos de 1980, sobreestima los crecimientos más recientes en la inversión en computadores, crecimientos que, por otra parte, se explican, precisamente, porque los precios relativos de los computadores han descendido.

Por esta razón los contables nacionales utilizan ahora lo que se denomina el "método de los índices encadenados", que, en su versión más utilizada, comprende tres fases. En la primera fase las cuentas se calculan a precios del

Gráfico 2.1. **Diferencia entre precios constantes 1980 y precios encadenados**
Francia, computadores y otros materiales

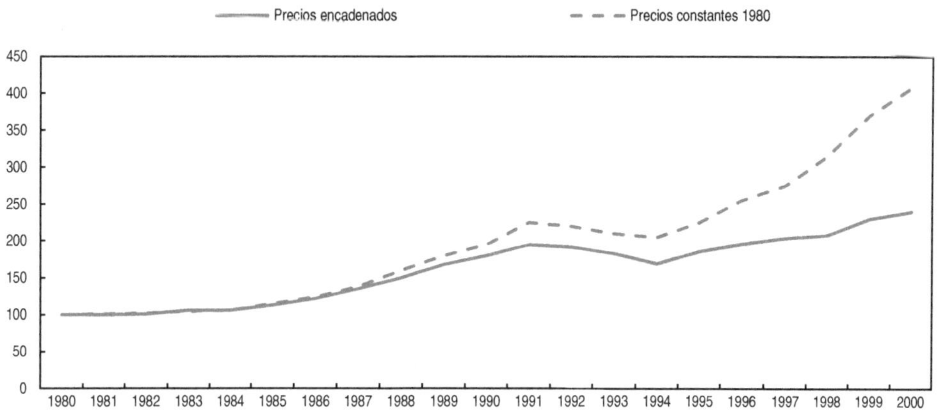

Fuente: OECD (2016), "Aggregate National Accounts: Gross Domestic Product", OECD National Accounts Statistics (database), *http://dx.doi.org/10.1787/data-00001-en*.

StatLink *http://dx.doi.org/10.1787/888933735614*

período anterior. La estructura de precios del período anterior es válida para ponderar las variaciones en cantidad durante el período corriente y de esta forma se obtienen las variaciones (normalmente, los incrementos) en porcentaje de los agregados entre el período anterior y el período corriente, que se denomina en las cuentas anuales "cuentas a precios del año anterior". Luego se procede al encadenamiento de estas variaciones (es decir, se multiplica cada tasa con la subsiguiente) agregado por agregado. Así se obtiene una serie de tasas de crecimiento cada una de las cuales utiliza la estructura de precios del período anterior. Por último, para obtener la serie de valores absolutos se multiplica esta serie de tasas por el valor de la variable a precios corrientes del año de referencia, o año base, que para muchos países es el año 2010 (pero hay que tener en cuenta que el año base cambia cada cinco años).

La ventaja del método de los índices encadenados es que la estructura de precios del período anterior es más relevante que la estructura de precios de un período fijo de un pasado más o menos remoto, aunque, en teoría, se obtendría una mejor medida de las variaciones en volumen si se utilizaran los precios promedios del período corriente y del anterior. Los índices de volumen encadenados, calculados utilizando la estructura del año anterior se suelen denominar "índices encadenados de Laspeyres" y cuando se calculan utilizando la estructura media del período corriente y del anterior se suelen denominar "índices encadenados de Fisher" (véase el Recuadro 2.3).

Por razones prácticas la mayoría de los países utilizan cadenas de Laspeyres. Sin embargo, Estados Unidos y Canadá están utilizando cadenas de Fisher (véase el Recuadro 2.3). Las diferencias entre ambas son generalmente

Recuadro 2.3. **Cómo se obtienen los volúmenes en las cuentas nacionales de Estados Unidos**

Las series de volumen de las cuentas nacionales de EE.UU. (NIPA, véase el Capítulo 12) se calculan utilizando índices de volumen encadenados tipo Fisher que normalmente están "referenciados" al año 2009 (en los Estados Unidos el término "referencia" se prefiere al término "base"). Estas series se titulan "dólares encadenados (2009)", o, simplemente, "dólares encadenados". La variación en volumen de cada trimestre se compila como un índice de volumen de Fisher, que es la media geométrica de un índice de volumen de Laspeyres y de un índice de volumen de Paasche. Este número índice tiene la ventaja de utilizar ponderaciones de precios que son representativos de los dos períodos para los que se calculan las variaciones. Este enlace trimestral se encadena (se multiplica cada índice por el siguiente) para formar una serie temporal de números índices en la que, convencionalmente, se le otorga el valor 100 al año de referencia, que al cierre de la edición en inglés de este Manual era el año 2009. El año de referencia cambia cada cuatro o cinco años, coincidiendo con una amplia revisión de las NIPA. Esta serie temporal se multiplica después por el valor a precios corrientes del agregado de que se trate para el año 2009. De este modo los usuarios disponen de series temporales expresadas en "miles de millones de dólares del año 2009". Como todas las series encadenadas, estos agregados no son aditivos. Al final del capítulo, el Ejercicio 7 muestra cómo trabajar con los datos de previsiones de EE.UU., teniendo en consideración estas series encadenadas tan complejas.

muy pequeñas. Las cadenas de Fisher se adaptan muy bien al método seguido en los Estados Unidos para elaborar las cuentas nacionales. Otros países estiman que es muy complicado calcular cadenas de Fisher porque no son aditivas, pues siguen procesos de elaboración de sus cuentas nacionales que requieren que se satisfagan determinadas identidades contables, para lo que se necesita disponer, al menos, de cuentas a precios del período anterior que sean aditivas.

Las cuentas basadas en volúmenes encadenados tipo Laspeyres deberían denominarse "cuentas a precios del año anterior, encadenadas, referencia 2010". Sin embargo, en la práctica, los economistas de los distintos países continúan utilizando el término "precios constantes" o, incluso, se refieren a que las series están expresadas "en euros del año 2010". (En el Ejercicio 5, que figura al final del capítulo, se realiza una presentación en tres etapas de volúmenes encadenados.) La ventaja de las cuentas encadenadas comparadas con las cuentas a precios constantes es que las primeras evitan las distorsiones que se originan en las variaciones en la estructura de precios a lo largo del tiempo, que, según se ha indicado, generan las sobreestimaciones que ya se han discutido. Estados Unidos, cuya oficina nacional de estadística fue la primera en introducir cuentas encadenadas, ha calculado que si hubiera utilizado el año 1996 como base fija en lugar de índices encadenados hubiera incrementado un 1.6% el crecimiento del PIB de EE.UU. entre 2001 y 2003: en lugar de crecer anualmente al 2.7% el PIB de EE.UU. hubiera crecido un 4.3%, lo que no parece realista. La mayor parte de esta diferencia proviene, una vez más, de los computadores, cuyos grandes crecimientos en cantidad en el período 2001-03 se habría sobreestimado de haberse utilizado los precios de 1996.

La gran desventaja del método de los índices encadenados es que no es posible mantener la aditividad de los niveles de volúmenes encadenados. En concreto, lo importante es que ya no es posible calcular un agregado en volumen a partir de una combinación de otros agregados (sea por suma o por diferencia), también expresados en volumen. Por ejemplo, un ítem de una clasificación poco detallada no es exactamente igual a la suma de los conceptos incluidos en ese ítem en una clasificación más detallada. Al final del capítulo, en el Ejercicio 6, se muestra cómo se puede calcular con el rigor debido un agregado que no ha sido suministrado por un instituto de estadística. El Recuadro 2.5. Contribuciones al crecimiento y aditividad, muestra que este problema afecta también el cálculo de las contribuciones al crecimiento.

2.7. Las desagradables consecuencias prácticas de los índices encadenados

El encadenamiento ha sido adoptado por casi todos los países de la OCDE, tanto para las cuentas anuales como para las trimestrales. Según se ha explicado, estos índices tienen una ventaja sustancial respecto a utilizar los precios de un año base porque se obtienen unas *tasas de crecimiento* más exactas de los agregados en volumen. El método tiene, sin embargo, un serio inconveniente, porque, debido a la pérdida de aditividad en los valores absolutos encadenados, los usuarios no pueden realizar cálculos simples basados en las identidades contables, lo que complica mucho la tarea de quienes se ocupan de estos temas. Por ejemplo, ahora que casi todos los países de la OCDE han adoptado el encadenamiento, no es posible que un economista meticuloso obtenga un simple total, como la serie temporal total de la demanda final, a partir de la suma de la demanda interior más la demanda exterior. En general, la segunda ecuación fundamental del Capítulo 1, PIB = C + FBCF + X – M no se cumple matemáticamente para las series temporales de valores absolutos de volúmenes encadenados, porque hay un término adicional, una discrepancia de carácter residual, entre los dos elementos de la igualdad. Este término residual carece de interpretación económica.

En la práctica los economistas utilizan regularmente totales, subtotales o diferencias para construir las funciones que incluyen en sus modelos económicos. Los menos escrupulosos (o los más apresurados) simplemente ignoran el problema de la no aditividad y utilizan estas identidades como si continuaran siendo válidas. Esa simplificación es aceptable en muchos casos porque el término residual es, con frecuencia, pequeño. Sin embargo, es imprudente trabajar con agregados que incluyen series temporales con importantes diferencias de precios relativos a lo largo del tiempo, como en el caso de los precios de los computadores comparados con los de otra maquinaria.

El principal modelo de previsión del Departamento de Economía de la OCDE ("Interlink") opera, al igual que modelos similares, con sumas y diferencias. Sin embargo, como la OCDE pretende reflejar exactamente lo que los países de la OCDE publican, la institución está obligada a ser tan escrupulosa como le sea posible. Por tanto, todos los totales, subtotales o diferencias se calculan siguiendo un proceso a dos niveles que replica casi exactamente los cálculos realizados en las cuentas nacionales de cada país. Así, como en el ejemplo anterior, el total de la demanda final no se compila directamente sino en dos etapas. En la primera se calculan separadamente la demanda interna y la demanda exterior en términos de volumen, expresadas *a precios del período anterior*. Esto se obtiene mediante la aplicación de la tasa de crecimiento de cada una de estas variables al nivel de precios corrientes del año anterior. En la segunda etapa, se calcula la suma de las dos cantidades de la que se deduce la tasa de crecimiento correcta. Este es un proceso válido porque los volúmenes expresados *a precios del año anterior* son aditivos, al menos para los países que utilizan índices de Laspeyres encadenados (la mayoría de los países de la OCDE). Para los pocos países que utilizan índices de Fisher (EE.UU. y Canadá) los resultados constituyen muy buenas aproximaciones.

Una interesante peculiaridad de esta aproximación tan respetuosa es que no utiliza las series temporales encadenadas de los valores absolutos en volumen. Solamente se usan las *tasas de crecimiento* y los *valores absolutos a precios corrientes*. La pregunta que se sigue de todo esto es: ¿Por qué las oficinas nacionales de estadística continúan publicando series temporales encadenadas de los valores absolutos en volumen? Aparentemente, por la fuerza de la costumbre adquirida cuando se publicaban series temporales a precios constantes del año base, ya que las series encadenadas de los valores absolutos en volumen, al margen de ser el medio para calcular tasas de crecimiento, no tienen ninguna otra utilidad práctica, dado que no pueden emplearse ni en las identidades contables ni para determinar el peso de un concepto dentro de un agregado. Siendo esto así, no se entiende por qué no limitarse a publicar las tasas de crecimiento. En esta línea el Bureau of

Economic Analysis (BEA) de los EE.UU. decidió recientemente dejar de publicar algunas series encadenadas de valores absolutos en volumen (es decir, en "dólares de 2009") porque estos resultados probablemente iban a ser malinterpretados por los usuarios.

Por último, no es menos importante estudiar el tratamiento que se otorga a la variación de existencias y a la variación neta de las exportaciones, que, por definición, carecen de sentido cuando se expresan en términos de tasas de crecimiento. A diferencia de las restantes, estas dos variables no se expresan en términos de tasas de crecimiento en los cuadros de los países que se publican en OECD *Economic Outlook*, sino en términos de *contribuciones al crecimiento del PIB*. La razón es que las tasas de estas variables no tienen ningún significado, porque pueden ser negativas en un período y positivas en el siguiente, o a la inversa. Por esa razón se expresan en términos de su contribución al crecimiento del PIB. Si se considera necesario presentar estas variables en términos de valores absolutos encadenados, una solución simple es calcular estos valores absolutos de forma que correspondan a los *valores absolutos* que generarían una contribución al crecimiento igual a la que se obtendría en el caso de que los datos fueran aditivos.

Actualmente, muchos países de la OCDE calculan el nivel neto encadenado de las exportaciones simplemente como la diferencia entre exportaciones encadenadas e importaciones encadenadas. Pero este procedimiento no produce una cantidad exacta para establecer la contribución de las exportaciones netas al PIB.

Esto puede parecer complicado, pero de hecho es bastante simple, según se ilustra en el Ejercicio 7. Véase también la sección: "Valores absolutos encadenados de la variación de existencias y de otras variables similares" en el Anexo 2.B.

En suma, este parágrafo ha querido mostrar que debido a la pérdida de aditividad originada por el encadenamiento, las series encadenadas en volumen de las cuentas nacionales expresadas en términos de valores absolutos deberían reemplazarse por series en términos de tasas de crecimiento y/o de contribuciones al crecimiento. En particular, los cuadros de contribuciones al crecimiento son los únicos que continúan siendo aditivos en volumen (al menos para datos anuales[1] y siempre que se hayan compilado correctamente utilizando cuentas aditivas), al margen de que se hayan utilizado en los cálculos índices de Laspeyres o índices de Fisher. Por tanto, es muy probable que en el futuro los modelos econométricos utilicen cada vez más las contribuciones al crecimiento y que las oficinas de estadística otorguen a estas una mayor prioridad.

2.8. Casos especiales

Puesto que las cuentas nacionales cubren toda la actividad económica, incluyen ciertos productos para los cuales la noción de cantidad no es siempre clara.

El primer caso especial es el de un producto único. Por ejemplo, es muy difícil calcular el cambio en volumen de la producción de un astillero porque nunca se construye el mismo barco a lo largo de los años. Cada barco es un producto único compuesto de una multitud de variables elementales, y en un caso como este, ¿cómo se puede hacer una comparación sobre la evolución entre dos años?

Un segundo ejemplo es el de los servicios que unas empresas prestan a otras, tales como los de mantenimiento de software o los servicios jurídicos que prestan bufetes especializados. ¿Cómo se define la cantidad prestada de estos servicios? Una posibilidad es basarse en indicadores auxiliares, o secundarios, como el número de horas trabajadas. Por ejemplo, puede considerarse que la cantidad de mantenimiento de software es igual al número de horas trabajadas por los expertos informáticos. Un resultado muy similar podría obtenerse utilizando un indicador de volumen obtenido mediante la deflactación de la cifra de negocios de las empresas de mantenimiento por un índice del salario hora. Esto es lo que los contables nacionales suelen hacer en la práctica, aunque los resultados que se obtienen no están exentos de controversia, fundamentalmente porque este indicador supone explícitamente que no hay ganancias de productividad en el trabajo que realizan los expertos informáticos, lo que no parece una hipótesis realista. Afortunadamente, la medición del volumen de estos servicios no afecta al PIB porque son consumos intermedios y solo los elementos que forman parte de la demanda final afectan el PIB (véase el Recuadro “Atajos” en el Capítulo 1). Sin embargo, la forma en que se miden estos servicios afecta la asignación del PIB entre los sectores.

Esta dificultad aflora especialmente cuando se mide la producción en volumen de los servicios de no mercado provistos por el gobierno, que representan una parte sustancial del PIB en tanto que incluyen gastos en educación, sanidad (o salud), defensa, orden público y administración general, todos los cuales son elementos de la demanda final. En estos casos no existe un precio disponible en tanto que, por definición, esta producción no se vende en el mercado. Por tanto, en principio, no se puede deflactar. No obstante, estos servicios tienen un costo, que consiste principalmente en la retribución recibida por los empleados públicos más varios tipos de consumo intermedios (por ejemplo, gastos en electricidad, telecomunicaciones, material de escritorio y en otros suministros) y también de consumo de capital fijo (el deterioro natural de las instalaciones en las que las administraciones prestan sus servicios, por ejemplo, el que sufren las escuelas y los hospitales). Para calcular la producción en volumen del gobierno general, cada uno de estos tipos de costo (o insumos) tiene que ser deflactado y después agregado. Por ejemplo, los salarios pueden deflactarse por índices de salarios para el personal docente, para el personal que trabaja en los hospitales públicos, para el personal militar y para otros trabajadores de las administraciones públicas. De la misma forma que en el caso de los proveedores de servicios de software, este método implica una productividad constante para estas categorías de personal lo que, por decir lo menos, es discutible.

Por esta razón muchas oficinas nacionales de estadística están considerando introducir indicadores directos de la evolución en volumen, conocidos como "indicadores directos de producción". Por ejemplo, en el caso de la educación un indicador directo podría ser el número de alumnos que completan sus estudios, a pesar de que este indicador tiene el inconveniente de considerar a todos los alumnos como idénticos y asumir que el nivel de los exámenes permanece constante. En el caso de los servicios prestados por los hospitales públicos, el indicador podría ser el número de pacientes ponderado por el costo de los tratamientos, distinguiendo cuidadosamente entre diferentes tipos de tratamiento. Se considera que estos indicadores directos son muy prometedores.

Desgraciadamente no es fácil encontrar indicadores adecuados para la producción de otros servicios prestados por el gobierno general. Por ejemplo, ¿cómo evaluar la producción de los inspectores de impuestos, los bomberos o los miembros de las fuerzas armadas? Para estas actividades del gobierno general lo único que cabe es deflactar los costos, en particular los salarios pagados con un índice de salarios. La práctica que se suele seguir es deflactar los salarios pagados con la tasa de crecimiento del salario base (o del salario mínimo) acordada entre el Gobierno y los representantes de los trabajadores. Sin embargo, la nómina de las administraciones públicas no solo se modifica por los cambios del salario base sino por los cambios en la composición de sus asalariados: si la nómina de las categorías superiores durante el año en curso se incrementa respecto a la del año anterior, la nómina del gobierno general se incrementará. Además, en la mayoría de los países los niveles de salarios de los empleados públicos se incrementan en función de los años de servicio. Obsérvese que un proceso de deflactación que dependa solo de las modificaciones del salario base significa, en la práctica, que un crecimiento en la nómina del gobierno general debido al reclutamiento de nuevo personal en las categorías superiores, o al envejecimiento de los empleados públicos (lo que, presumiblemente, los hace más productivos), aparecerá como un incremento de la producción en volumen del gobierno general. Sin embargo, no hay mucha evidencia empírica de que la producción de la administración pública se incremente porque aumente el número de empleados públicos de las categorías superiores o porque se incremente la duración media de los años de servicio. Puede o no ser cierto, pero esto es lo mejor que los contables nacionales pueden hacer por el momento.

La separación de la tasa de crecimiento en valor de un bien o servicio en la parte que corresponde al crecimiento en volumen y la que corresponde al crecimiento de los precios plantea aún mayores dificultades en el caso de la banca y los seguros. Se verá en el Capítulo 4 que los contables nacionales miden la producción de estas actividades "por diferencia": la diferencia entre los intereses recibidos y pagados, en el caso de los bancos, y entre las primas de seguro recibidas y las indemnizaciones pagadas, en el caso de los seguros. Esta forma de medir la producción a precios corrientes no brinda ninguna indicación de cómo asignar la producción entre volumen y precio. En consecuencia, la definición del volumen en el caso de estos servicios es imprecisa y los países utilizan diferentes métodos para estimarla.

Otros casos especiales se refieren a los márgenes de comercio y transporte y a los impuestos sobre los productos. Muchos países estiman sus cuentas nacionales utilizando lo que se conoce como un **balance, o tabla, de oferta/utilización** mediante la siguiente ecuación (véase el Capítulo 10):

Producción + Importaciones + Márgenes de comercio y transporte
+ Impuestos sobre los productos - Subsidios a los productos = Consumo intermedio
+ Utilización final excluyendo inventarios
+ Cambio en inventarios

Para establecer este equilibrio en volumen tienen que estimarse los "impuestos y subsidios a los productos en volumen" y los "márgenes en volumen". Estos conceptos son, cuando menos, extraños, porque se refieren, en la mayoría de los casos, a elementos ligados a los precios y que no incluyen elementos de cantidad.

La convención adoptada para calcular estos agregados en términos de volumen es la siguiente: los volúmenes se consideran iguales al impuesto (o tasa marginal de imposición) del año base (que, cuando se utilizan encadenamientos tipo Laspeyres, es el año anterior), aplicado a la base tributaria del año corriente, que se ha valorado en términos de volumen. Por ejemplo, el Impuesto sobre el Valor Agregado (IVA) sobre el consumo de automóviles en el año 2013 a precios del año 2012 es igual a la tasa del IVA del año 2012 aplicado al consumo de automóviles del año 2013 a precios del año 2012. Es decir que en el caso de un producto concreto, el índice de volumen del IVA es igual al índice de volumen de la variable en que recae. Lo mismo sucede en el caso de los subsidios y los márgenes (véase el Recuadro 2.4 que presenta una excepción). Los contables nacionales tratan de presentar impuestos y márgenes en volumen, y – lo que es aún más extraño crear índices de precios para impuestos y márgenes, solo porque se empeñan en facilitar una presentación de las cuentas en volumen con el mismo detalle de las cuentas a precios corrientes.

Recuadro 2.4. **El caso de los márgenes de los computadores**

Según se ha explicado más arriba, el volumen de los márgenes de comercio sobre las ventas de computadores evoluciona, por definición, en línea con el volumen de compras de computadores. Sin embargo, en muchos países los contables nacionales no estiman el volumen de compras de computadores basándose en el número de computadores vendidos, sino que, para simplificar, los estiman basándose en la potencia de cálculo de los computadores, que evoluciona mucho más rápidamente que el número de computadores vendidos. En este caso, ¿es razonable pensar que el volumen del margen de comercio de los computadores evoluciona en línea con el volumen de compras de computadores? Esto equivaldría a decir que el volumen de los servicios comerciales producidos por el vendedor de computadores en un punto de venta al por menor (o por medio de Internet) es proporcional a la potencia del computador, lo que no parece una hipótesis muy convincente. De hecho, el volumen de los servicios comerciales no depende de la potencia de los computadores. Según esto, parece que los contables nacionales sobrevaloran el volumen de producción de los servicios comerciales en el caso de los computadores. Afortunadamente, los montos que se derivan de estos cálculos son pequeños y solo afectan a la distribución del valor agregado entre industria y servicios pero no al monto total del PIB.

2.9. ¿Qué se puede decir sobre los índices de precios?

Hasta ahora no se ha hecho una amplia referencia a los índices de precios, ya que se ha preferido concentrar la exposición en la estimación de volúmenes. Sin embargo, en la práctica, al definir el método para calcular volúmenes también se ha determinado el método para calcular índices de precios, según se deduce de la primera ecuación fundamental recogida en el Capítulo 1: *la variación de una variable en valor está compuesta exactamente por su variación en volumen y por su variación en precios*. Este principio ha sido confirmado por la fórmula (4) en el presente capítulo. Como la variación a precios corrientes es una noción evidente y como ya se han definido las variaciones en volumen, no hay nada que añadir sobre índices de precios, salvo precisar que la variación en precios se obtiene dividiendo el índice de valor por un índice de volumen. Recuérdese que cuando el volumen se expresa mediante un índice de Laspeyres, el resultado de la división es – por definición – un índice de Paasche (encadenado, en el caso de cuentas encadenadas) y no un índice de Laspeyres.

De hecho, los analistas hacen menos uso de los índices de precios de las cuentas nacionales (a los que suelen denominar "índices de precios implícitos") que de los índices de volumen. Para realizar un seguimiento de la inflación, prefieren con frecuencia utilizar el Índice de Precios al Consumidor (IPC) en lugar del deflactor del consumo de los hogares, en parte porque se dispone mensualmente del IPC mientras que del deflactor del consumo de los hogares sólo se dispone, en el mejor de los casos, trimestralmente. Sin embargo, en Estados Unidos, los analistas están utilizando, en forma creciente, el deflactor del consumo de los hogares (llamado "Índice de Precios Implícito de los Gastos de Consumo Personal", véase el Capítulo 12). En las cuentas nacionales, el Índice de precios del consumo de los hogares se utiliza ampliamente para calcular el **poder de compra del ingreso bruto disponible de los hogares** (véase el Capítulo 6).

Recuadro 2.5. **Contribuciones al crecimiento y aditividad**

El problema de la no aditividad de las cuentas encadenadas también afecta el cálculo de las contribuciones al crecimiento. Recuérdese, en primer lugar, el método utilizado para calcular la contribución. Simplificando, se puede suponer que el PIB del año t (PIB_t) se compone solo de dos agregados: el consumo de los hogares (C_t) y las exportaciones (X_t). Δ indica la variación de un agregado y, por tanto, ΔPIB es la variación del PIB entre t y t + 1. Utilizando esta notación, la tasa de crecimiento del PIB se puede designar por $\Delta PIB \div PIB_t$.

Partiendo de la ecuación $PIB_t = C_t + X_t$ es posible escribir: $PIB_{t+1} - PIB_t = C_{t+1}$ $C_t + X_{t+1} - X_t$, de donde se obtiene $\Delta PIB = \Delta C + \Delta X$, o dividiendo por PIB_t:

$$\frac{\Delta PIB}{PIB_t} = \frac{\Delta C}{PIB_t} + \frac{\Delta X}{PIB_t}$$

Si se multiplican, y dividen, los dos términos de la derecha de esta ecuación por el mismo término (bien C o bien X), la ecuación se puede rescribir de la siguiente forma:

$$\frac{\Delta PIB}{PIB_t} = \frac{C_t}{PIB_t} \times \frac{\Delta C}{C_t} + \frac{X_t}{PIB_t}\frac{\Delta X}{X_t}$$

En definitiva, se ha obtenido el siguiente resultado: la tasa de crecimiento del PIB es igual al crecimiento del consumo, ponderado por el peso del consumo sobre el PIB del año anterior, más la tasa de crecimiento de las exportaciones ponderada por el peso de las exportaciones sobre el PIB del año anterior. Los dos términos de la parte derecha de la ecuación se conocen como "contribuciones al crecimiento del PIB" del consumo y de las exportaciones, respectivamente. La suma de ambas contribuciones es igual a la tasa del crecimiento del PIB.

Recuadro 2.5. **Contribuciones al crecimiento y aditividad** *(cont.)*

Como puede comprobarse, estos resultados derivan de la ecuación $PIB_t = C_t + X_t$. Sin embargo, con datos encadenados esta ecuación no se satisface de forma estricta porque las cuentas encadenadas no son aditivas. Por tanto, para calcular las contribuciones es necesario volver a cuentas aditivas (véase el Ejercicio 6). Solo partiendo de cuentas aditivas se pueden calcular correctamente las contribuciones y efectivamente este es el método que utilizan las oficinas nacionales de estadística que publican cuadros de contribuciones al crecimiento. Es importante tener en cuenta que estos cuadros no han sido calculados a partir de los valores absolutos de volúmenes encadenados que se difunden en los cuadros tradicionales, sino a partir de cuentas aditivas que no son fácilmente accesibles para los usuarios. Una ventaja de utilizar los cuadros adecuados para calcular las contribuciones al crecimiento es que estos son aditivos porque derivan de cuentas aditivas. Por tanto, los analistas pueden utilizar estos cuadros para calcular, mediante sumas y restas, varios tipos de contribuciones, incluidas la variación de existencias y de exportaciones netas, como se muestra en el Ejercicio 7.

Nota

1. Las contribuciones trimestrales generalmente no son completamente aditivas.

Referencias

INSEE (2016), National Accounts: Gross domestic product and main economic aggregates: Gross domestic product and its components in volume at chained prices (Billions of 2010 Euros), *www.insee.fr/en/statistiques/2387882?sommaire=2387999.*

OECD (2016), "Aggregate National Accounts: Gross Domestic Product", OECD National Accounts Statistics (database), *http://dx.doi.org/10.1787/data-00001-en.*

OECD (2013), "OECD Economic Outlook No. 93 (Edition 2013/1)", OECD Economic Outlook: Statistics and Projections (database), *http://dx.doi.org/10.1787/data-00655-en.*

Puntos clave

- Para realizar comparaciones utilizando tasas de crecimiento se recomienda utilizar series en volumen y no series a precios corrientes.
- En las cuentas nacionales los índices de volumen detallados suelen obtenerse deflactando las cifras a precios corrientes, para lo que se utiliza el índice de precios que se considera más adecuado.
- Para agregar cantidades, los contables nacionales utilizan una estructura de precios fija. Los volúmenes obtenidos de esta forma se conocen como cuentas a precios constantes. El año al que corresponde la estructura de precios fija se conoce como año base.
- Una variación en volumen no es lo mismo que una variación en cantidad ya que la variación en volumen toma en cuenta las diferencias de calidad y las del nivel de precios de los productos.
- El índice de volumen de Laspeyres es la fórmula más ampliamente utilizada para calcular índices agregados en volumen en las cuentas nacionales.
- Un índice de volumen de Laspeyres es una media ponderada de las variaciones en cantidades, utilizándose como ponderaciones los valores del año base a precios corrientes.
- El índice de precios de Paasche es la fórmula más utilizada para calcular índices agregados de precios en las cuentas nacionales.
- El producto de un índice de volumen de Laspeyres por un índice de precios de Paasche es el índice de valor.
- En la mayoría de los países de la OCDE se calculan las cuentas nacionales en volumen a precios del año anterior y posteriormente se encadenan estos resultados. Las cuentas encadenadas utilizan como ponderaciones los precios del año anterior y, por tanto, son válidas para medir las variaciones en volumen. Su inconveniente es su no aditividad.
- En los Estados Unidos también se elaboran cuentas nacionales en volumen por encadenamiento, pero se basan en los índices de volumen y de precios de Fisher. Sus valores absolutos tampoco son aditivos.
- Se recomienda que las tasas de crecimiento y las contribuciones al crecimiento que se utilicen se refieran al crecimiento en volumen. Las contribuciones al crecimiento son aditivas cuando se calculan a partir de cuentas aditivas.

Precisiones adicionales

Niveles de cambio en existencias y en otras variables similares por medio del encadenamiento

La compilación de series por encadenamiento para la variación de existencias es un problema. Si VE(A) es la variación de existencias del año A, al aplicar la fórmula general para volúmenes encadenados a precios del año anterior, entonces [VE(A) encadenada = VE(A – 1) encadenada × [VE(A) a precios del año anterior ÷ VE(A – 1) a precios corrientes].

Pero la experiencia enseña que esta fórmula multiplicativa no es aplicable a la variación de existencias. Conduce a valores extremos para los cambios en existencias par encadenamiento (por las razones que se recogen al final de esta sección). Estos valores extremos no pueden utilizarse para calcular contribuciones al crecimiento del PIB, aunque, como se ha explicado en el texto principal del capítulo, los economistas reportan los cambios de volumen en las existencias exclusivamente como "contribuciones al crecimiento del PIB". ¿Qué se puede hacer? Como también se ha explicado, una posible solución es no presentar estas series en términos de valores absolutos encadenados, aunque muchos estadísticos aún insisten en presentar las series en este formato. Hay una propuesta interesante: se basa en el hecho de que la multiplicación anterior es matemáticamente equivalente a la siguiente formula que incluye adiciones: VE(A) encadenada = VE(A – 1) encadenada + [VE(A) a precios del año anterior – VE(A – 1) a precios corrientes] ÷ Índice de precios encadenados de VE(A – 1).

Sin embargo, esta fórmula tampoco se puede utilizar porque el índice de precios encadenados de VE(A) también puede tomar valores extremos.

Otra posibilidad es sustituir, en la fórmula aditiva anterior, el índice de precios que puede dar lugar a valores extremos por un índice de precios encadenados razonable. Se podría utilizar el índice de precios al productor para los bienes para los que se estima la variación de existencias o el índice de precios encadenados del PIB para el total de la variación de existencias. Se puede demostrar que si se utiliza el índice de precios encadenados del PIB, la fórmula asegura que la contribución al PIB obtenida utilizando la VE(A) encadenada es la correcta.

Efectivamente, partiendo de la fórmula inicial, que se designa como "F":

VE(A) encadenada = VE(A – 1) encadenada + [VE(A) a precios del año anterior – VE(A – 1) a precios corrientes] ÷ Índice de precios del PIB(A – 1).

Esto es equivalente a:

VE(A) encadenada = VE(A – 1) encadenada + [VE(A) a precios del año anterior – VE(A – 1) a precios corrientes] ÷ [PIB(A – 1) a precios corrientes/PIB(A – 1) encadenado].

De esta última fórmula se puede derivar:

[VE(A) encadenada – VE(A – 1) encadenada] ÷ PIB(A – 1) encadenado = [VE(A) a precios del año anterior – VE(A – 1) a precios corrientes] ÷ [PIB(A – 1) a precios corrientes.

El segundo término de esta última ecuación es precisamente la fórmula para calcular correctamente la contribución de la VE(A) al crecimiento del PIB, porque las cuentas expresadas a precios del año anterior son aditivas. Por tanto, la fórmula F (aplicada como si las series en volumen fueran aditivas) asegura que las series encadenadas de la VE(A) se pueden utilizar para obtener fácilmente la correcta contribución al crecimiento. Se puede comprobar que la fórmula F muestra que la variación de existencias encadenada se puede calcular como la acumulación de las variaciones de existencias a precios del año anterior, deflactando cada índice con el índice de precios encadenado del PIB. Esta presentación de las series encadenadas de la variación de existencias es válida, porque presenta una relación razonable entre la variación en volumen de la variación de existencias a precios del año anterior y la variación de existencias en volúmenes encadenados expresada en valores absolutos.

La fórmula F se puede utilizar como alternativa a la que figura en el Ejercicio 7. De hecho, las dos son equivalentes y de ambas se obtienen series temporales de las que se puede deducir la correcta contribución al crecimiento. Por último, dos puntos antes de concluir. Primero, la fórmula F puede también emplearse para variables distintas de la variación de existencias, por ejemplo, para las exportaciones netas. Segundo, existen razones que explican por qué de la aplicación de la primera fórmula recogida en este recuadro se obtienen resultados extremos. Matemáticamente la razón es: como la variación de existencias puede ser positiva, negativa y también muy próxima a cero, el segundo término de la primera ecuación puede ser muy positivo o negativo, y muy sensible a revisiones de poca importancia. Estadísticamente, la razón es que los encadenamientos no son adecuados para medir la variación de existencias en volumen. Realmente, se puede demostrar que los encadenamientos solo se deberían utilizar cuando la estructura de precios está cambiando regularmente entre los diferentes bienes y servicios que se agregan. Un buen ejemplo son las habituales caídas en los precios de los computadores en relación con la fijación de precios de otros equipos. Es decir, las existencias no son una variable apropiada para los encadenamientos porque pueden incluir bienes muy heterogéneos en dos períodos consecutivos.

Ejercicios para el Capítulo 2

Ejercicio 1. Utilización de deflactores para obtener volúmenes

El uso de deflactores es un concepto fácil de aplicar. Supóngase que un vendedor de un tipo particular de caramelos tiene una cifra de negocios de 1 200 de euros en octubre y el 1 de noviembre decide subir el precio de los caramelos un 12%. Su cifra de negocios en noviembre es de 1 680 euros. Calcular por medio de la deflactación el crecimiento en volumen de las ventas de caramelos. Comprobar los resultados utilizando cantidades dado que el precio de un caramelo antes de la subida era de 1.25 euros. Suponga ahora que el vendedor, en lugar de incrementar sus precios el 12%, los reduce un 12%, manteniendo la misma cifra de negocios. ¿Cuál será ahora el incremento en volumen?

Ejercicio 2. Cálculo de volúmenes usando diferentes niveles de precios

Sean tres productos, A, B y C, cada uno con las siguientes series de cantidades y precios en cada uno de los tres períodos que se indican:

	Período 1		Período 2		Período 3	
	Cantidad	Precio	Cantidad	Precio	Cantidad	Precio
A	20	5	40	3	60	2
B	150	0.2	145	0.25	160	0.25
C	12	25	6	40	5	35

Calcular, para cada período, el valor de los productos a precios corrientes, el volumen a precios constantes del período 1, el volumen a precios constantes del período 2 y las tasas de crecimiento 2/1 y 3/2 del agregado constituido por la totalidad de los tres productos. Comente los resultados.

Ejercicio 3. Cálculo de un índice de Laspeyres y equivalencia de los métodos de cálculo

El objetivo de este ejercicio es mostrar la equivalencia entre las dos fórmulas de Laspeyres que se han presentado en la Sección 4 de este capítulo: la fórmula (1) que corresponde al cálculo de un índice ponderado y la fórmula (2) que corresponde al cálculo de tasas de crecimiento en cuentas a precios constantes.

Sea el caso de dos tipos de automóviles, uno pequeño y otro grande. En el cuadro siguiente se recogen las cantidades y los precios a que se han vendido cada uno de ellos en dos períodos consecutivos. Se requiere: primero, utilizar la fórmula (2) para calcular la tasa de crecimiento en volumen de todos los automóviles a precios constantes y después utilizar la fórmula (1) para calcular un índice ponderado de cantidad. Verifique contra el resultado teórico.

	Período 1		Período 2	
	Cantidad	Precio	Cantidad	Precio
Automóviles pequeños	1 000	10.0	600	10.5
Automóviles grandes	200	20.0	600	21.0

Ejercicio 4. *Cálculo de índices de Laspeyres, índices de Paasche y deflactación*

Considere de nuevo el Cuadro del Ejercicio 3 y calcule el índice de variación a precios corrientes (el índice de valor). Calcule también el índice de Paasche. Obtenga el índice de volumen de Laspeyres por deflactación. Verifique que el resultado es el mismo que el obtenido en el Ejercicio 3.

Ejercicio 5. *Cálculo de "cuentas encadenadas" (índices de Laspeyres encadenados)*

El Cuadro siguiente recoge una secuencia de precios y cantidades para tres productos A, B y C. El objetivo de este ejercicio es calcular el volumen del agregado formado por A + B + C adoptando el método utilizado en las cuentas nacionales de Francia, denominado "cuentas encadenadas, a precios del año anterior. Base 2010". Con este fin se debe utilizar la estructura de precios y cantidades del cuadro. Se propone calcular, primero, la cuenta de A + B + C a precios corrientes para los cuatro años, después los volúmenes de los tres últimos años a precios del año anterior y, tras esto, las tasas de crecimiento de estos volúmenes (¡cuidado con la trampa!). Finalmente, encadene estas tasas de crecimiento utilizando el año 2010 como base. De esta forma se obtienen las cuentas encadenadas a precios del año anterior, base 2010. ¿Hay alguna diferencia entre las tasas de crecimiento de estas series y las tasas de crecimiento en volumen a precios del año anterior?

Por último, compárense estos resultados con los obtenidos utilizando precios constantes (es decir, "cuentas a precios del año 2010"), para obtener valores absolutos y tasas de crecimiento.

	2009		2010		2011		2012	
	Cantidad	Precio	Cantidad	Precio	Cantidad	Precio	Cantidad	Precio
A	20.00	5.00	40.00	4.00	60.00	2.00	90.00	1.00
B	150.00	0.20	145.00	0.25	160.00	0.25	175.00	0.30
C	12.00	25.00	6.00	40.00	5.00	40.00	7.00	36.00

Agregado A + B + C	2009	2010	2011	2012
Cuentas a precios corrientes				
Cuentas a precios del año anterior				
Tasas de crecimiento				
Cuentas encadenadas, a precios del año anterior, base 2010				
Cuentas a precios del año 2010				
Tasas de crecimiento				

Ejercicio 6. Cuentas encadenadas y pérdida de aditividad

El Cuadro siguiente procede de una base antigua de las cuentas nacionales de Francia (SCN1993) y presenta el PIB en volumen (encadenado, a precios del año anterior, base 2005), las importaciones y la suma de ambos conceptos, que se conoce como oferta total.

Para cada uno de los agregados que figuran más abajo, se muestran también las variaciones año a año con un alto grado de precisión (tres cifras decimales). Calcular la oferta total sumando el PIB y las importaciones y comparar los resultados con el total obtenido por el INSEE, que es la oficina nacional de estadística de Francia. ¿Cree que el INSEE no es capaz de realizar una simple suma? En caso contrario, ¿dónde reside el problema? Trate de reconstruir las tasas de crecimiento obtenidas por el INSEE entre 2011 y 2012, utilizando las cuentas a precios del año anterior y sabiendo que el PIB a precios corrientes del año 2011 ascendió a 2 001.4 y que las importaciones para el mismo año fueron 597.6. ¿Cuáles son sus conclusiones?

(miles de millones de euros 2005)	2009	2010	2011	2012
Producto interno bruto	1 742.58	1 772.64	1 808.57	1 808.82
Crecimiento (%)		1.725	2.027	0.014
Importaciones	468.75	510.48	536.68	531.02
Crecimiento (%)		8.902	5.132	-1.053
Total de recursos	2 211.28	2 281.36	2 343.01	2 337.59
Crecimiento (%)		3.169	2.702	-0.232

Fuente: INSEE (2016), National Accounts: Gross domestic product and main economic aggregates: Gross domestic product and its components in volume at chained prices (Billions of 2010 Euros), *www.insee.fr/en/statistiques/2387882?sommaire=2387999.*

Ejercicio 7. Cambio de existencias en volumen: ¿niveles o contribuciones al PIB?

Suponga que el PIB está formado por: "la demanda final, excepto la variación de existencias" (DFEVE) y la variación de existencias (VE). Las cuentas a precios del año 1 son:

A precios del año 1	Año 1	Año 2
Demanda final menos variación de existencias (DFEVE)	1 430	1 468
Variación de existencias (VE)	-43	69
Producto interno bruto (PIB)	1 387	1 537

¿Es correcto decir que las cuentas del año 1 están expresadas a precios corrientes? ¿Es correcto decir que las cuentas del año 2 están expresadas en términos de volumen? ¿Por qué estas cuentas son aditivas (es decir, PIB = DFEVE + VE)? Calcular las tasas de crecimiento del año 2. ¿Por qué no es posible calcular una tasa de crecimiento para VE? Calcular la contribución al crecimiento del PIB tanto de DFEVE como de VE.

A continuación se presentan las cuentas en volumen para el año 3 a precios del año 2. Calcular las tasas de crecimiento y las contribuciones al crecimiento del PIB.

A precios del año 2	Año 2	Año 3
Demanda final menos variación de existencias (DFEVE)	1 490	1 363
Variación de existencias (VE)	123	148
Producto interno bruto (PIB)	1 613	1 511

¿Cómo presentaría el departamento económico de la OCDE un cuadro que incluyera los tres años? Explique por qué, a causa de la variación de existencias, no es posible presentar fácilmente el mismo cuadro, pero con todas las variables expresadas en valores absolutos encadenados (es decir, donde el año 1 es el año de referencia). Proponga soluciones que permitan que los valores absolutos de la variación de existencias se correspondan exactamente con aquellos de los que se pueden obtener contribuciones exactas a la variación del PIB.

Ejercicio 8. La aproximación de los EE.UU.: previsiones utilizando cuentas encadenadas

Según se ha explicado en este capítulo, la desventaja de utilizar cifras de volúmenes encadenadas es su falta de aditividad, una característica que complica la labor de quienes hacen previsiones. Este ejercicio, que está inspirado en un documento del Bureau of Economic Analysis (BEA) de los EE.UU., propone una forma simple de obtener una buena aproximación a los resultados del BEA, que están basados en unos índices encadenados de Fisher muy sofisticados. La aproximación simplificada utiliza cuentas aditivas a precios del "período anterior".

El Cuadro siguiente muestra la situación a principios de 2002. Las primeras dos columnas son datos publicados entonces por el BEA. La primera columna recoge datos a precios corrientes ("niveles en dólares corrientes"). La segunda columna contiene datos de "niveles en dólares encadenados". La tercera columna muestra un conjunto de previsiones para el segundo trimestre de 2002 (2002 Q2) elaboradas por un departamento de previsión desconocido. Estas previsiones están expresadas en forma de tasas de crecimiento (en términos de volumen, por supuesto). *Nota importante*: en las cuentas de EE.UU. el crecimiento trimestral se expresa en "tasas anuales". Esto significa que el crecimiento trimestre a trimestre se eleva a un exponente 4. Por ejemplo, 2.0 es la tasa de crecimiento prevista para los bienes duraderos en el segundo trimestre. De hecho, esto significa que el crecimiento trimestre a trimestre es igual a $(1 - (1 + 0.02)^{(1/4)}) = +0.496\%$. Solo esta tasa de crecimiento trimestre a trimestre debería aplicarse a los valores absolutos del trimestre anterior.

Utilizando los datos de las tres primeras columnas, calcular el crecimiento del PIB para 2002 Q2 en tasa anual, por dos vías. Primera, utilizando la aproximación correcta que consiste en aplicar tasas de crecimiento trimestre a trimestre a cada componente del PIB en 2002 Q1 *en nivel en dólares corrientes* para obtener la cuarta columna, que, por tanto, estará expresada en miles de millones de dólares a precios de 2002 Q1, o "niveles en dólares 2002 Q1". Ahora se pueden sumar estos números para obtener el PIB, a partir del cual se puede calcular la tasa anual de crecimiento. Estos números son aditivos porque reflejan cuentas a precios del período anterior. El resultado debería ser la tasa de crecimiento prevista, es decir, un crecimiento del 1.3% del PIB a tasa anual. Segundo, utilizando una solución incorrecta que consiste en aplicar la tasa de crecimiento trimestre a trimestre a cada componente del PIB en 2002 Q1 a precios encadenados. Obtener la tasa de crecimiento del PIB utilizando estos datos. Comente la diferencia entre los dos métodos para medir el PIB. ¿Cómo se puede realizar una previsión para 2002 Q3?

				Solución correcta	**Solución errónea**
	2002 Q1		2002 Q2		
	Valores a precios corrientes	Valores a precios encadenados	**Proyecciones de la tasa de crecimiento**	Valores a precios corrientes	Valores a precios encadenados
Gastos de consumo personal					
Bienes duraderos	859	976	**2.0**	?	?
Bienes no duraderos	2 085	1 921	**-0.1**	?	?
Servicios	4 230	3 642	**2.7**	?	?
Inversión interior bruta privada	1 559	1 551	**7.9**	?	?
Inversión fija					
Diferente de vivienda					
Estructuras	288	243	**-17.6**	?	?
Equipos y software	838	954	**3.3**	?	?
Vivienda	463	384	**2.7**	?	?
Variación de existencias privada		-29		?	?
Exportaciones netas de bienes y servicios					
Exportaciones					
Bienes	680	738	**15.9**	?	?
Servicios	298	292	**10.7**	?	?
Importaciones					
Bienes	1 102	1 250	**27.9**	?	?
Servicios	235	226	**-2.1**	?	?
Consumo e inversión del gobierno general					
Federal	672	598	**7.5**	?	?
Estatal y local	1 267	1 099	**-1.7**	?	?
Producto interior bruto sin ajuste por discrepancia estadística		9 343			?
Discrepancia estadística		20			?
Producto interior bruto	10 313	9 363		?	?
Crecimiento proyectado				??	??

Las soluciones a estos ejercicios están disponibles en el sitio web de la OCDE.

Capítulo 3

Comparaciones internacionales

Este capítulo trata de la comparación de los datos de cuentas nacionales entre varios países. Estas comparaciones son difíciles por varias razones: los métodos estadísticos para la estimación de las variables de las cuentas pueden variar de país a país; las instituciones nacionales pueden ser diferentes; no todos los países tienen la misma moneda ni los mismos niveles de precios. Sin embargo, las comparaciones se pueden hacer aún si en algunos casos es necesario hacer ajustes. Esto se logra comparando la tasa de crecimiento de algunas variables (tales como el PIB en volumen), algunas relaciones (tales como la tasa de ganancia o la tasa del endeudamiento público) y los niveles de ciertas variables nacionales (tales como el PIB per cápita).

En el Capítulo 2 se examinó la comparabilidad de los datos de las cuentas nacionales de *un país concreto* a lo largo del tiempo. Se explicó cómo separar los incrementos de volumen de los incrementos de precios. En este capítulo se examinará cómo se comparan *entre sí los datos de diferentes países*. Las comparaciones entre países son más difíciles que las comparaciones de los datos de un país a lo largo del tiempo. Hay por lo menos tres razones para ello: 1) los métodos que se utilizan para estimar las variables de las cuentas nacionales, a pesar de los esfuerzos para alcanzar su armonización total, varían de un país a otro; 2) la organización institucional de los países que se comparan puede ser diferente, y 3) los países no tienen ni la misma moneda ni el mismo nivel de precios.

A pesar de estas dificultades, es responsabilidad de la OCDE realizar comparaciones internacionales para poder recomendar las políticas económicas que han tenido éxito. Estas comparaciones se hacen en tres niveles. El primer nivel, el más simple, consiste en comparar la tasa de crecimiento de algunas variables como, por ejemplo, del PIB en volumen. En este caso no constituye mayor problema que los países que se comparan tengan diferentes monedas, o distinta organización institucional. Por otra parte, las diferencias en los métodos estadísticos aplicados por cada país pueden tener un efecto negativo sobre la comparabilidad, pero, como se verá en la primera sección de este capítulo, la importancia de este factor es limitada. El segundo nivel, que se examinará en la segunda sección, consiste en la comparación de tasas (razones o proporciones) entre países, por ejemplo, la tasa de interés de la deuda pública. En este caso, las diferencias tanto en los métodos estadísticos como en la organización institucional pueden tener un efecto negativo sobre las comparaciones, mientras que no lo tiene la existencia de monedas diferentes. El tercer nivel consiste en la comparación de los valores absolutos de variables de varios países, tal como el valor del PIB per cápita, o el del consumo de los hogares per cápita. Este último tipo de comparación es el que más problemas plantea porque, además de los dos antes mencionados, está el de la conversión de la moneda, que debe resolverse utilizando "**paridades de poder adquisitivo**" (o de poder de compra). Estas paridades permiten tener en cuenta una *diferenciación espacial* de la *descomposición* volumen/precio (es decir, la distinción entre países en un momento dado, en lugar de la distinción para un país concreto en diferentes períodos).

3.1. Comparación de tasas de crecimiento

La publicación semestral *OECD Economic Outlook (2013)*, una revisión de los países de la OCDE, inicia con el siguiente cuadro, en el que se comparan las tasas de crecimiento del PIB en volumen de tres principales países o áreas.

Cuadro 3.1. **Tasa anual de crecimiento del PIB en porcentaje**

	Promedio 1995-2012	2008	2009	2010	2011	2012
Japón	0.8	-1.0	-5.5	4.7	-0.6	2.0
Estados Unidos	2.5	-0.3	-2.8	2.5	1.8	2.8
Zona euro (17 países)	1.5	0.4	-4.4	2.0	1.6	-0.7

Fuente: OECD (2013), *OECD Economic Outlook*, Volume 2013, Issue 2, OECD Publishing, Paris, *http://dx.doi.org/10.1787/eco_outlook-v2013-2-en.*

StatLink http://dx.doi.org/10.1787/888933735633

El Cuadro 3.1 muestra la que parece ser una diferencia cuasi-estructural en el crecimiento de estas tres importantes áreas. Entre 1995 y 2012 el crecimiento medio anual de los Estados Unidos fue 1.7 puntos porcentuales más alto que el de Japón y 1.0 puntos más elevado que el de la zona euro. De persistir sistemáticamente en el futuro una diferencia aparentemente tan pequeña como 1 punto, daría lugar a que el poder económico relativo de los Estados Unidos llegue a ser rápidamente más considerable de lo que ya lo es. En el curso de 10 años, los Estados Unidos sobrepasarían a los otros por un total de 1.01^{10}, es decir, ¡+10.5 puntos! Esta diferencia es enorme y debería ser motivo de seria reflexión por parte de los otros países.

La comparación internacional anterior no es totalmente convincente. De hecho, hay una diferencia fundamental entre Estados Unidos, Europa y Japón que con frecuencia pasa inadvertida. Concretamente, la población de Estados Unidos es estructuralmente más dinámica, pues crece a una tasa del 1.0% anual, superior al crecimiento de solo 0.1% para Japón y 0.4% para la zona euro. Esto significa que es mejor comparar el crecimiento del PIB *por habitante (o per cápita)*, en lugar del PIB propiamente dicho, si se pretende derivar conclusiones válidas a largo plazo. Según este criterio, la diferencia entre las tasas de crecimiento per cápita fue solo de 0.8 puntos en el caso de Japón (en lugar de 1.7), y de 0.4 puntos en el caso de la zona euro (en lugar de 1.0 puntos).

Las diferencias siguen siendo apreciables, especialmente con relación a Japón. Son más pequeñas con respecto a la zona euro, pero esto esconde una importante disparidad entre las tasas de crecimiento dentro de la misma zona euro. La principal preocupación de la OCDE actualmente es utilizar estos resultados para persuadir a los países menos dinámicos para que lleven a cabo reformas estructurales con el fin de estimular su crecimiento y reducir sus tasas de desempleo.

Cuadro 3.2. **Crecimiento del PIB real y del PIB real per cápita**

Crecimiento anual promedio en %, 1995-2012

	PIB real	Diferencia con EE.UU.	PIB real per cápita	Diferencia con EE.UU.
Japón	0.8	-1.7	0.7	-0.8
Estados Unidos	2.5		1.5	
Zona euro	1.5	-1.0	1.1	-0.4

Fuente: OECD (2013), "Aggregate National Accounts: Gross Domestic Product", OECD National Accounts Statistics (database), *http://dx.doi.org/10.1787/data-00001-en.*

StatLink http://dx.doi.org/10.1787/888933735652

¿Pero, es válida estadísticamente esta comparación de tasas de crecimiento del PIB? Lo es en tanto que la adopción de manuales internacionales de estadística y de cuentas nacionales, permite que los estadísticos de todo el mundo utilicen definiciones y convenciones comunes. En el caso de las cuentas nacionales, el manual de referencia es la versión 2008 del Sistema de Cuentas Nacionales (SCN 2008). Su equivalente europeo es la versión 2010 del Sistema Europeo de Cuentas (SEC 2010); tiene el mérito de haber sido incorporado a la legislación de la Unión Europea, que hace que los Estados miembros lo tienen que aplicar obligatoriamente.

Véase el Recuadro 1.1: "Los Manuales de Referencia" en el Capítulo 1 y también el Capítulo 14.

Esto es fuente de tranquilidad para los usuarios. Un primer análisis muestra un alto grado de comparabilidad entre los países de la OCDE en lo relativo a las definiciones y convenciones, lo que permite que esta organización compile una base de datos internacionales de cuentas nacionales que constituye la mejor fuente para hacer comparaciones internacionales (véase el Recuadro 3.1).

Recuadro 3.1. **Las bases de datos internacionales de la OCDE**

La OCDE colecta de cada uno de sus países miembros varios miles de series de cuentas nacionales anuales y trimestrales y publica:

- Cada trimestre: Cuentas Nacionales Trimestrales.
- Una vez al año (febrero): "Cuentas Nacionales de Países de la OCDE", Volumen I: *Principales Agregados*; y (julio): "Cuentas Nacionales de Países de la OCDE", Volumen II: *Cuadros Detallados*.
- Una vez al año (diciembre): "Cuentas Nacionales de Países de la OCDE", *Cuentas Financieras*; "Cuentas Nacionales de Países de la OCDE", *Balances Financieros*; "Cuentas Nacionales de Países de la OCDE", *Gobierno General*.

Recuadro 3.1. **Las bases de datos internacionales de la OCDE** *(cont.)*

La base de datos de pronósticos de la OCDE se distribuye dos veces al año, como Cuadros Estadísticos Anexos del *Economic Outlook*, que se publica al mismo tiempo que el *Economic Outlook*.

Todas las bases de datos de la OCDE están disponibles en *www.oecd-ilibrary.org/fr*.

3.2. Comparación de relaciones: El ejemplo de la tasa de ahorro de los hogares, la tasa de ganancia y la tasa de endeudamiento público

La **tasa de ahorro de los hogares** es una de las variables fundamentales de las cuentas nacionales (véase el Capítulo 1). Se obtiene dividiendo el ahorro por el ingreso disponible (y multiplicando por 100), y representa la distribución del ingreso entre consumo y ahorro, lo que constituye un elemento de información fundamental en el análisis económico. La tasa de ahorro es significativamente más baja en Japón y en los Estados Unidos que en otros países, como Australia o Alemania.

Cuadro 3.3. **Tasa de ahorro de los hogares en porcentaje del ingreso disponible**

Ahorro neto salvo si se indica lo contrario

	2009	2010	2011	2012
Australia	9.8	11.0	11.7	10.5
Finlandia	4.2	3.6	1.3	0.9
Alemania	10.9	10.9	10.4	10.3
Italia	7.1	4.9	4.3	3.6
Japón	2.3	2.1	2.6	1.5
Reino Unido (*)	7.0	7.3	6.7	7.2
Estados Unidos	6.4	5.9	5.9	5.8

* Ahorro bruto.

Fuente: OECD (2013), "Detailed National Accounts: Non-financial accounts by sectors, annual", OECD National Accounts Statistics (database), *http://dx.doi.org/10.1787/data-00034-en*.

StatLink http://dx.doi.org/10.1787/888933735671

Si el Cuadro 3.3 incluyera las tasas de ahorro antes de la crisis de 2008, se vería que los hogares de los EE.UU. escasamente ahorraron algo y destinaron la casi totalidad de su ingreso al consumo. Antes de la crisis de 2008 se ahorraba cerca del 0% del ingreso disponible. Esto demostró, de una parte, la enorme confianza de los hogares de EE.UU. en el futuro y, de otra, su falta de preocupación por la financiación de la inversión en su país. De hecho, no eran los hogares estadounidenses los que financiaban esta inversión sino los inversionistas extranjeros quienes, teniendo confianza en esa economía, seguían comprando grandes cantidades de Bonos del Tesoro. Sin embargo, la crisis económica cambió este panorama. Frente a un desempleo persistente y dramáticamente creciente, la confianza de los hogares de EE.UU. en el futuro se redujo, lo cual se refleja ahora en mayores tasas de interés, pero que permanecen aún por debajo de las vigentes en Europa. Algunas personas se inquietan por el devastador impacto que sobre la economía mundial podría tener la erosión de la confianza de los inversionistas extranjeros en los Estados Unidos, mientras que otras piensan que este desequilibrio será absorbido gradualmente sin producir una nueva crisis.

En contraste, es sorprendente observar el comportamiento tan diferente de los hogares alemanes, que ahorran más del 10% de sus ingresos netos. Muchos economistas, dentro y fuera de la OCDE, están tratando de encontrar explicaciones para tan amplias diferencias entre países que son básicamente similares. Algunos economistas creen que cuando los hogares pierden confianza en la capacidad de su economía para garantizarles un trabajo y una buena pensión, la tasa de ahorro baja. Pero, ¿es este el caso de Alemania? El caso de Italia es también extraño pues el país ha estado enfrentado a una crisis seria. Los economistas de la OCDE han tratado de explicar la disminución en la tasa de ahorro como resultado de la crisis de 2008 que trajo consigo la caída del ingreso disponible italiano.

Una fuente de falta de comparabilidad se refiere al cálculo de la tasa de ahorro, que se puede calcular de dos maneras: 1) la aproximación "neta", que deduce el consumo de capital fijo (CCF) tanto del numerador (donde el ahorro se designa por A) como del denominador (ingreso disponible, designado por ID) y 2) la aproximación "bruta" en la que el consumo de capital fijo no se deduce ni del numerador ni del denominador. La primera aproximación arroja como resultado una tasa de ahorro "neto" igual a: (A – CCF)/(ID – CCF); la segunda arroja una tasa de ahorro "bruto": A/ID. El primer resultado es matemáticamente menor que el segundo. El Cuadro 3.3 muestra tasas "netas", excepto en el caso del Reino Unido, como es el caso de la tabla presentada en el *Economic Outlook*.

Mientras muchos países publican tasas "netas", que son las preferidas por la OCDE, el Reino Unido y otros países han optado por la tasa de ahorro "bruto". Hay varias razones para preferir una tasa de ahorro bruto. En primer lugar, porque corresponde más estrechamente a los flujos financieros observados, en tanto que la tasa neta es artificial en la medida que incorpora un flujo imputado, concretamente el consumo de capital fijo. En segundo lugar, porque es probable que las tasas netas sean menos comparables entre países que las tasas brutas, debido a los diferentes métodos utilizados por los distintos países para calcular el consumo de capital fijo. Sin embargo, en todos los casos se deben evitar comparaciones erróneas de una tasa bruta con una tasa neta. En este error se puede incurrir al consultar el Cuadro 3.3, que presenta la tasa bruta para el Reino Unido (según se indica en la nota de pie de página), mientras la de los restantes países es neta.

El Cuadro 3.4 rectifica el error presentando tasas netas para todos los países, incluido el Reino Unido. Como se puede comprobar, el comportamiento del ahorro en el Reino Unido se ubica por debajo del de Estados Unidos y no en alguna parte intermedia entre las tasas de Estados Unidos y de Alemania, como incorrectamente se podría inferir del Cuadro 3.3. La conclusión que se deriva de la lectura de estos cuadros es que cuando el analista busca hacer comparaciones internacionales es necesario que tenga muy en cuenta las notas a pie de página para no incurrir en errores burdos.

Cuadro 3.4. **Tasa de ahorro neto de los hogares en porcentaje del ingreso disponible**

	2009	2010	2011	2012
Australia	9.8	11.0	11.7	10.5
Finlandia	4.2	3.6	1.3	0.9
Alemania	10.9	10.9	10.4	10.3
Italia	7.1	4.9	4.3	3.6
Japón	2.3	2.1	2.6	1.5
Reino Unido (*)	2.3	2.9	2.2	2.8
Estados Unidos	6.4	5.9	5.9	5.8

* Ahorro bruto.

Fuente: OECD (2013), "Detailed National Accounts: Non-financial accounts by sectors, annual", OECD National Accounts Statistics (database), *http://dx.doi.org/10.1787/data-00034-en.*

StatLink http://dx.doi.org/10.1787/888933735690

La comparabilidad de proporciones es mucho más compleja cuando se trata de las tasas de ganancia. Como se verá en el Capítulo 7, los economistas usan una tasa calculada como el excedente bruto (o neto) de explotación dividido por el valor agregado bruto (o neto) para definir un indicador de la tasa de ganancia de una actividad. El Gráfico 3.1, que se apoya sobre la definición "bruta" y usa como base de comparación el sector de las "corporaciones no financieras", muestra una diferencia sustancial (y sorprendente) en el nivel de la tasa de ganancia entre los tres principales miembros de la Unión Europea: Francia, Alemania e Italia. Aparentemente la tasa de ganancia de las sociedades no financieras de Italia, aunque es decreciente, ha sido sistemáticamente mayor que la de Alemania y mucho mayor que la de Francia.

Sin embargo, esta comparación está sesgada porque la composición del sector de las "sociedades no-financieras" es diferente en cada uno de estos países. A diferencia de Francia, Alemania e Italia clasifican un número significativo de "cuasi-sociedades" en el sector de las sociedades no-financieras.

Gráfico 3.1. **Tasa de ganancia para sociedades no financieras**
Excedente bruto de explotación/valor agregado bruto, en %

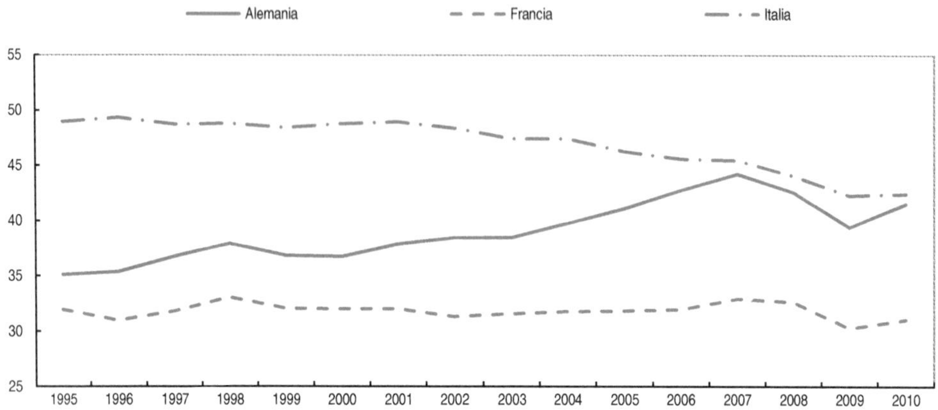

Fuente: OECD (2014), "Detailed National Accounts: Non-financial accounts by sectors, annual", OECD National Accounts Statistics (database), *http://dx.doi.org/10.1787/data-00034-en*. OECD calculations.

StatLink *http://dx.doi.org/10.1787/888933735709*

Se trata de unidades pequeñas con propietarios únicos, con muchos trabajadores no asalariados. La remuneración al trabajo correspondiente a estos trabajadores no asalariados está, por definición, incluida en el **excedente de explotación**. Por ello la tasa de ganancia en Alemania e Italia aparece inflada en comparación con la de Francia, en donde no hay trabajadores no asalariados clasificados en el sector de las sociedades no-financieras. El Gráfico 3.2 muestra la tasa de ganancia ajustada para Italia, calculada sin incluir el valor estimado de la remuneración de los trabajadores no asalariados. Se puede apreciar que la tasa de ganancia comparable para Italia está mucho más cerca de la de Francia. Tal ajuste requiere estimar el número de trabajadores no asalariados clasificados en el sector de las sociedades no-financieras. No ha sido posible hacerlo para Alemania, pero si se hiciera la curva para Alemania también se ajustaría hacia abajo.

Las comparaciones internacionales de la tasa de endeudamiento público (es decir, Deuda/PIB) tampoco son tan sencillas, aun si este es uno de los indicadores macroeconómicos de mayor relevancia. En primer lugar, la definición de "público" puede diferir de un país a otro. En Europa está basada estrictamente sobre el concepto de Gobierno General (véase el Capítulo 9). Fuera de Europa, el término tasa de endeudamiento está en ocasiones basado sobre un concepto amplio, e incluye instituciones de mercado controladas por el gobierno general. Otras convenciones de cálculo, tales como la consolidación, el uso de saldos y la cobertura de los instrumentos de deuda, pueden afectar la comparabilidad de esta tasa, tal como se explica en el Recuadro 13.3 del Capítulo 13.

Gráfico 3.2. **Tasa de ganancia ajustada para sociedades no-financieras**
Excedente bruto de explotación/Valor agregado bruto, sociedades no financieras (%)

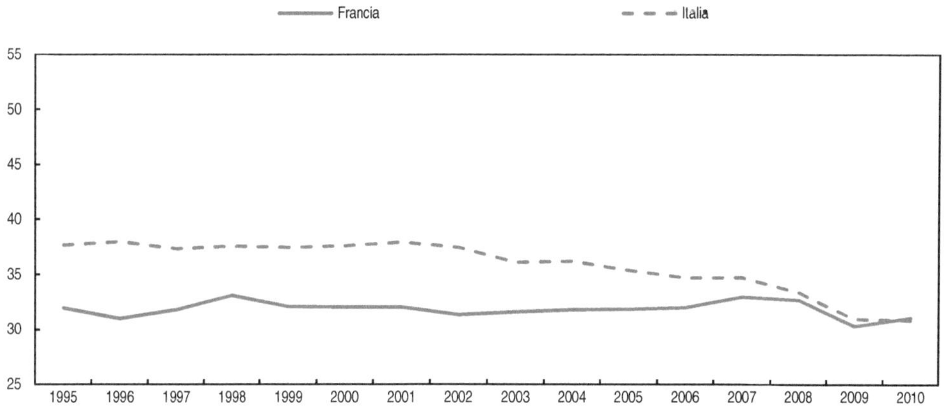

Fuente: OECD (2013), "Detailed National Accounts: Non-financial accounts by sectors, annual", OECD National Accounts Statistics (database), *http://dx.doi.org/10.1787/data-00034-en*. OECD calculations.

StatLink *http://dx.doi.org/10.1787/888933735728*

3.3. Comparación del nivel de las variables: PIB per cápita en volumen

El gráfico siguiente es simple pero elocuente. Muestra la evolución del nivel del PIB en volumen per cápita de Japón, la zona euro y el Reino Unido, en relación con el de Estados Unidos, que se ha hecho igual a 100. El gráfico muestra que el nivel del PIB per cápita de Japón y de la zona euro, así como el del Reino Unido, están entre el 66% y el 80% del nivel del PIB per cápita de EE.UU. También pone en evidencia que alrededor de 1995 los niveles relativos de PIB per cápita de la zona euro y el Reino Unido fueron aproximadamente iguales al 71% del nivel del de Estados Unidos y el de Japón era cerca del 80% del nivel del de los EE.UU.

Aunque no se muestra en el gráfico, entre 1980 y 1994 el PIB per cápita de Japón tendió a aproximarse al de Estados Unidos porque su crecimiento económico fue mucho más rápido que el del país norteamericano. No obstante, su nivel relativo alcanzó un máximo en 1994, cuando llegó, aproximadamente, al 82% del valor de referencia. A partir de entonces Japón sufrió un período de severa "deflación" (estagnación económica y caída de precios) y en 10 años perdió lo que había ganado en los 10 años anteriores. En consecuencia, entre 1980 y 2003 Japón solo ganó 2.5 puntos porcentuales en relación con Estados Unidos.

Antes de 1980 la zona euro también había mostrado algún crecimiento relativo comparado con los Estados Unidos, lo que hizo surgir expectativas de convergencia en algún momento. Pero la zona euro también empezó a

Gráfico 3.3. **PIB Real per cápita relativo a Estados Unidos**
Índices, basados en PPA y precios 2005 (EE.UU. = 100)

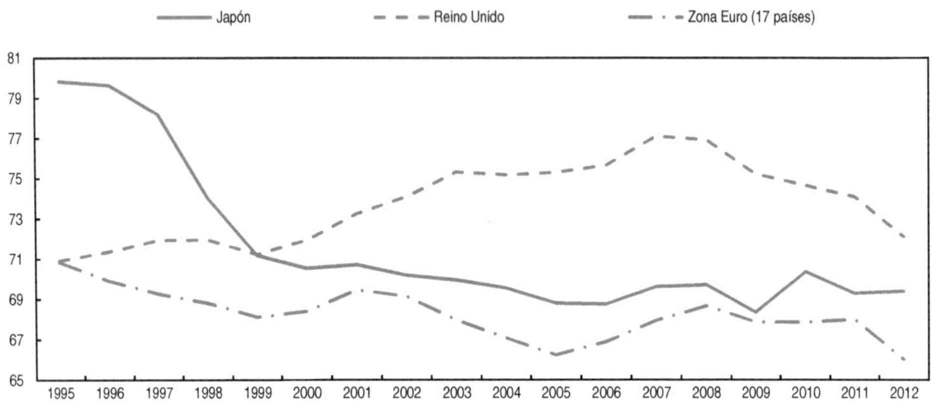

Fuente: OECD (2013), "Aggregate National Accounts: Gross Domestic Product", OECD National Accounts Statistics (database), *http://dx.doi.org/10.1787/data-00001-en.*

StatLink *http://dx.doi.org/10.1787/888933735747*

estancarse (si se comparan 1980 y 1984) y después declina en términos relativos. En relación con los Estados Unidos, el nivel del PIB per cápita de la zona euro en 2005 era 5 puntos porcentuales inferior al alcanzado en 1995. Esto fue causado, principalmente, por los grandes países de Europa continental (Alemania, Francia e Italia) y no por los más pequeños. En cambio, el Reino Unido, que había mostrado un descenso relativo en la década de los 70, se recuperó fuertemente a principios de la década de los 80 y ha ganado varios puntos porcentuales, en términos relativos, durante los últimos 25 años. Sin embargo, durante la gran recesión reciente, parece que los Estados Unidos han mantenido su PIB per cápita relativo comparado con Japón y la zona euro.

Recuadro 3.2. **El PIB y la medición del bienestar***

Con frecuencia se han expresado críticas en relación con las limitaciones del PIB per cápita como medida del bienestar, que es, de alguna forma, lo que se viene haciendo en los párrafos precedentes. En cierto sentido estas críticas están fundadas, pero debe tenerse en cuenta que el PIB per cápita no es una medida del "bienestar" económico y social, e incluso, no es una medida de riqueza. En sentido estricto, el PIB per cápita es una medida general de la producción de bienes y servicios. Sin embargo, no debe olvidarse que esta producción es por sí misma una importante dimensión del bienestar. Todos somos consumidores de bienes y servicios, y todos nos alegramos de disponer de más cantidades de unos y otros. Un fuerte crecimiento del PIB está ligado frecuentemente a una caída del desempleo. No obstante, está fuera de discusión que hay dimensiones del bienestar que no se reflejan en el PIB, tales como la realización de actividades recreativas, la desigualdad social, la seguridad de

Recuadro 3.2. **El PIB y la medición del bienestar*** *(cont.)*

bienes y personas y la calidad del medio ambiente. Por tanto, parece razonable plantearse cuestiones de fondo tales como preguntarse por la mejor manera de orientar el desarrollo económico, de forma que sirva al desarrollo humano y al bienestar.

¿Cómo pueden tomarse en consideración estos factores alternativos? Los estadísticos oficiales (es decir, los que desempeñan su función en las oficinas nacionales de estadística) suelen decir a los usuarios que, en lugar de explicar todo por medio de un solo indicador, tal como el PIB, deberían utilizar un conjunto de ellos que les permitan hacer comparaciones entre países para alguno o para todos estos factores, donde el PIB es uno de estos indicadores. Esto es, de hecho, lo que hace la OCDE.

Sin embargo, algunos economistas (que trabajan principalmente en universidades) proponen la construcción de un solo indicador, una especie de súper-PIB, que cubra no solo la producción de bienes y servicios sino también factores sociales y ambientales. Este indicador mostraría, por ejemplo, una caída como consecuencia del deterioro del medio ambiente, del incremento de la violencia o de la ampliación de las desigualdades socioeconómicas. A partir de aquí sería muy fácil ordenar a los países de acuerdo con su éxito a estos niveles. Algunas organizaciones han creado un índice de este tipo, un ejemplo de los cuales es el "índice de desarrollo humano" de las Naciones Unidas, que tiene tres componentes: calidad de vida, nivel de educación y calidad de la salud. Muchos economistas han propuesto indicadores con estas características.

Pero el problema del indicador "súper-PIB" es que no está claro cómo combinar la dimensión social y la de medio ambiente con la producción de bienes y servicios. En otras palabras, ¿qué "precios" pueden utilizarse para ponderar el medio ambiente y las desigualdades sociales en relación con la producción de leche o de maquinaria? Las ponderaciones que pueden proponerse no dejarían de ser arbitrarias y esto hace disminuir la credibilidad de tales índices. De hecho, se puede demostrar que si, al calcular los índices, se modifican las ponderaciones de los factores difíciles de cuantificar, se producen cambios sustanciales en la posición que los países ocupan en el ranking. En consecuencia, hasta que no se alcance un consenso en relación con el método de cálculo, hay pocas posibilidades de que un índice tipo súper-PIB sea calculado por los estadísticos oficiales.

* Los lectores interesados en el índice de "Mejor Calidad de Vida" pueden visitar el sitio: *www.oecdbetterlifeindex.org/es*.

En términos estrictamente estadísticos, el Gráfico 3.3 es una ingeniosa comparación de los valores absolutos del PIB per cápita de algunos países con el de los Estados Unidos y también implícitamente una comparación de las tasas de crecimiento del PIB per cápita a lo largo del tiempo, del país, o de la agrupación de países, de que se trate. Es importante tener en cuenta que lo que se está comparando son los *volúmenes* del PIB per cápita y no los valores monetarios, o nominales, del PIB per cápita. Para comparar el PIB en volumen de países con diferentes monedas – y con diferente poder de compra para cada una de ellas – hay que desagregar la tasa de crecimiento nominal del PIB de cada país en sus componentes de volumen y precio en un *momento determinado* (espacialmente), utilizando el método conocido como de "paridades de poder adquisitivo" (PPA).

3.4. La descomposición espacial entre volumen y precios: Paridades de poder adquisitivo[1]

El objetivo es comparar *niveles absolutos* del PIB per cápita (o de otras variables tales como el consumo) en *volumen* entre diferentes países o regiones para un período dado (normalmente un año). ¿Por qué en volumen? Porque el objetivo es comparar las cantidades de bienes y servicios producidos en cada país y no el valor monetario de esta producción, que, obviamente, estará afectado por las diferencias entre los niveles de precios. ¿Cómo se puede establecer esta comparación espacial (es decir, entre países, regiones o zonas geográficas) en volumen?

Cuando se analizó el crecimiento a lo largo del tiempo de un país concreto, el PIB en volumen se calculaba dividiendo el PIB a precios corrientes por un índice de precios igual a 100 para el período base. El procedimiento que se utiliza para las comparaciones espaciales es exactamente el mismo. Se obtiene el PIB en volumen dividiendo el PIB a precios corrientes por un índice de "paridad de poder adquisitivo", que se fija en 100 para un país dado. De este modo, así como un índice de precios refleja las variaciones de estos a lo largo del tiempo a partir de un período base (en el que el valor del índice se establece en 100), el índice espacial refleja las diferencias del "precio" constituido por el poder de compra, con relación a los precios de un país, o región, concreto que se toma como referencia, y no con relación a un período temporal. Normalmente la OCDE utiliza como base para las comparaciones espaciales el nivel medio de los precios de los países de la OCDE o, simplemente, el nivel de precios de los Estados Unidos. Por esta razón, en las "paridades de poder adquisitivo" que difunde la OCDE se tiene EE.UU. = 1 (o a 100).

Para mostrar de una forma sencilla el método de las paridades de poder adquisitivo (PPA), considérese el caso de países con la misma moneda, lo que evita la manipulación de tipos de cambio. También, para simplificar, puede suponerse que existe un solo producto: la hamburguesa. Se parte de que los PIB están expresados a precios corrientes en la misma moneda (por ejemplo, el euro) y que, en un período concreto, el PIB del país A es igual a 1 000 y el del país B es igual a 1 200. Esto puede escribirse como: $PIB_a = 1\ 000$, $PIB_b = 1\ 200$. Además, puesto que solo hay un producto, la hamburguesa, los PIB pueden escribirse como $P_a{}^*H_a$ y $P_b{}^*H_b$, donde P_a es el precio en euros de una hamburguesa en el país A, y H_a el número de hamburguesas producidas en el país A (y similarmente en el caso del país B).

El objetivo es comparar los volúmenes, es decir, determinar la relación que existe entre las cantidades H_a y H_b. Para ello se debe calcular la relación de precios PPA, llamada "la paridad de poder adquisitivo de B respecto de A", como PPA = $P_b \div P_a$. Al deflactar el PIB de B por este PPA, en otras palabras, dividiendo PIB_b por PPA, obtenemos $P_a \times H_b$, que es el PIB, en volumen, del país B expresado "en precios del país A". A partir de aquí, dividiendo este PIB en volumen del país B a precios del país A, por el PIB_a, resulta $H_b \div H_a$, que es exactamente la relación de volúmenes que estábamos buscando. Se puede observar que: 1) la PPA es una relación del nivel de precios de un mismo producto en dos países diferentes; 2) el volumen obtenido deflactando el PIB de un país por su PPA respecto del país base, es una valoración *a precios del país base*, es decir, del país que se toma como referencia. De este modo se eliminan las diferencias entre *los niveles de precios* en los dos países, y 3) de la relación entre monto del PIB en volumen del país que se pretende comparar y el PIB a precios corrientes del país base, se obtiene una comparación *en volumen* que es el objetivo.

Suponga ahora que los dos países no tienen la misma moneda. La moneda del país A (por ejemplo, los Estados Unidos) es el dólar, mientras que la del país B es el euro. Si el precio de la hamburguesa en el país A es P_a, en dólares, y el precio de las hamburguesas en el país B es P_b, en euros, la PPA de una hamburguesa entre el país A y el B será también igual a $P_b \div P_a$. Sin embargo, en este caso la PPA se expresa como una relación de monedas que recoge la cantidad de euros que corresponden a cada dólar. Esto debe interpretarse como la suma en euros que se tiene que gastar en el país B para obtener la misma cantidad de hamburguesas que se pueden adquirir por un dólar en el país A. Por tanto, la PPA es igual a un tipo de cambio, que iguala el poder de compra de los dos países. Cuando se divide el PIB del país B por la PPA se matan dos pájaros de un golpe: se elimina la diferencia en los niveles de precios en los dos países y se expresan los dos costos en la misma unidad monetaria, la del país base.

¿Por qué no, simplemente, utilizar los tipos de cambio en vigor en el mercado de divisas? Porqué el tipo de cambio del mercado no ajusta exactamente las diferencias en los niveles de precios entre dos países y, por tanto, no facilita una verdadera comparación del volumen de bienes y servicios producidos per cápita. Para comparar el PIB per cápita de Suecia con el de Estados Unidos usando solamente el tipo de cambio, se divide el PIB per cápita de Suecia, expresado en coronas suecas, por el tipo de cambio corona/dólar; se obtiene el PIB per cápita de Suecia expresado en dólares. Para una comparación directa del PIB per cápita de Suecia expresado en dólares, con el PIB de Estados Unidos, se divide el PIB per cápita de Suecia expresado en dólares, por el PIB per cápita en dólares de Estados Unidos (y se multiplica por 100). Así se ha calculado la curva punteada del Gráfico 3.4, que es un índice porcentual que representa el tamaño del PIB per cápita de Suecia en relación con el de Estados Unidos (que, como se ha dicho, es igual a 100). El valor de este índice figura en el eje izquierdo del gráfico.

Gráfico 3.4. **PIB per cápita usando tasas de cambio**

Suecia/EE.UU.

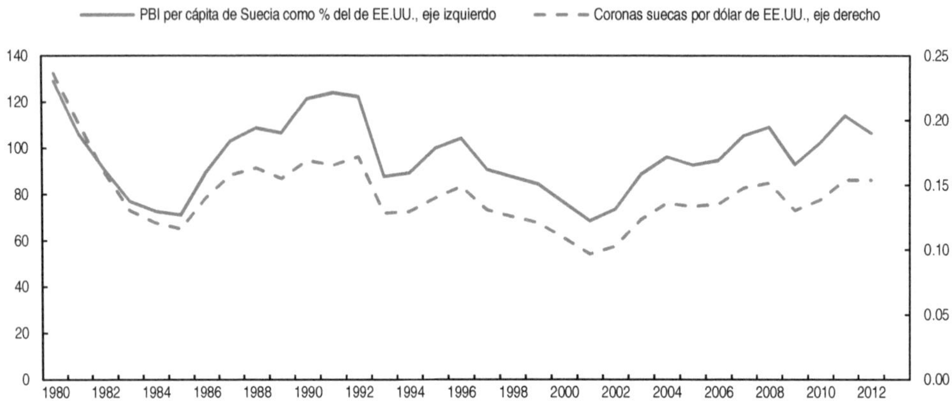

Fuente: OECD (2013), "Aggregate National Accounts: Gross Domestic Product", OECD National Accounts Statistics (database), *http://dx.doi.org/10.1787/data-00001-en*.

StatLink *http://dx.doi.org/10.1787/888933735766*

La forma de la curva muestra claramente que el cálculo antes descrito no conduce a un indicador adecuado de los PIB relativos en volumen. Claramente no es cierto que el PIB per cápita en volumen de Suecia (línea continua) fuera el 120% del de Estados Unidos en 1990, y cayera hasta el 71% diez años después y luego subiera de manera permanente hasta alcanzar un nivel cercano al de 1990 en el año 2011. Esta volatilidad se puede asociar con el movimiento del tipo de cambio entre el dólar de EE.UU. y la corona sueca (línea punteada) cuyos valores aparecen en el eje derecho. El Gráfico visualiza la correlación entre estas dos variables: es obvio que ambas curvas se mueven en la misma dirección. De allí se deriva que el tipo de cambio de la moneda no es un buen deflactor relativo.

No es posible entonces utilizar los tipos de cambio de mercado. Es necesario construir índices específicos para la distribución espacial volumen/precios que midan la paridad de poder adquisitivo (PPA). Estos índices de PPA son relaciones de precios referidos a productos idénticos en cada uno de los países que se comparan, basados en la relación presentada anteriormente. Los índices de este tipo se pueden calcular para cada uno de los principales agregados que componen el PIB (consumo final, formación bruta de capital fijo, exportaciones e importaciones). La media del conjunto de estos índices de PPA constituye la PPA del PIB. En consecuencia, la PPA es un deflactor espacial del PIB que permite comparar volúmenes en valores absolutos entre países, eliminando la diferencia entre los niveles nacionales de precios. Como se ha visto, la utilidad de este deflactor no se limita a las comparaciones entre países con diferentes monedas ya que es también válido para comparaciones entre países con una moneda única (como los de la zona euro) e, incluso, entre regiones o zonas geográficas de un mismo país, lo que se puede llevar a cabo sin mayores complicaciones porque los niveles de precios pueden diferir notablemente entre regiones geográficas, incluso si tienen la misma moneda. En el caso de Francia, el mismo salario en euros tiene más poder adquisitivo en las provincias que en París, simplemente porque el costo de la vivienda es más alto en París.

El Gráfico 3.5 muestra el PIB per cápita sueco en relación con el de Estados Unidos, utilizando dos métodos diferentes. El primero, representado mediante una línea continua, es el que se ha visto en el Gráfico 3.4, utiliza el método incorrecto que consiste en dividir el PIB per cápita de Suecia por el tipo de cambio. El segundo, representado por la línea discontinua, se calcula dividiendo las mismas cifras del PIB per cápita de Suecia por la PPA, en que EE.UU. = 1. Este método, que es el correcto, permite concluir que, durante el período 1980-2004, el PIB per cápita de Suecia, en volumen, ha permanecido estable alrededor del 80% del de Estados Unidos, y muestra una ligera tendencia al alza desde 2005.

Gráfico 3.5. **Relación entre PIB per cápita, correcta e incorrecta**

PIB per cápita sueco como porcentaje del de EE.UU., deflactado por tasas de cambio y PPAS

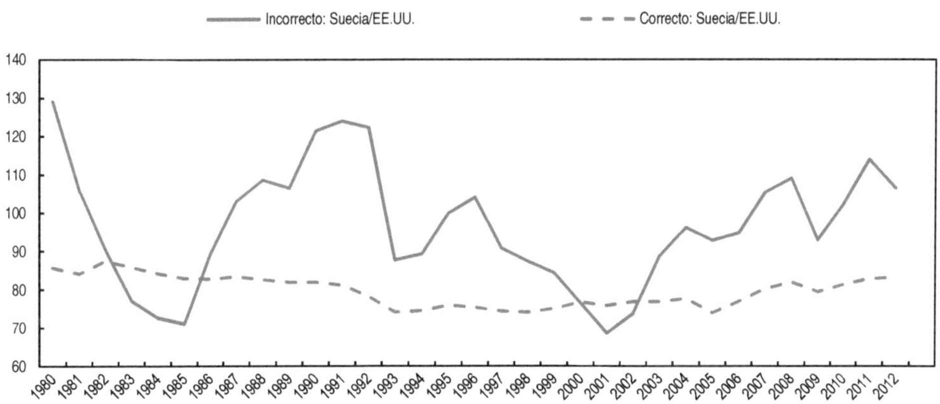

Fuente: OECD (2013), "Aggregate National Accounts: Gross Domestic Product", OECD National Accounts Statistics (database), *http://dx.doi.org/10.1787/data-00001-en*.

StatLink http://dx.doi.org/10.1787/888933735785

Se puede preguntar: ¿Cuál es la relación entre la PPA y el tipo de cambio? En el Gráfico 3.6, que aparece enseguida, se muestra la PPA de Suecia respecto a EE.UU. (línea discontinua) y la línea continua muestra el tipo de cambio entre el dólar americano y la corona sueca.

Gráfico 3.6. **Suecia: tasa de cambio y PPA**
Coronas suecas por dólar

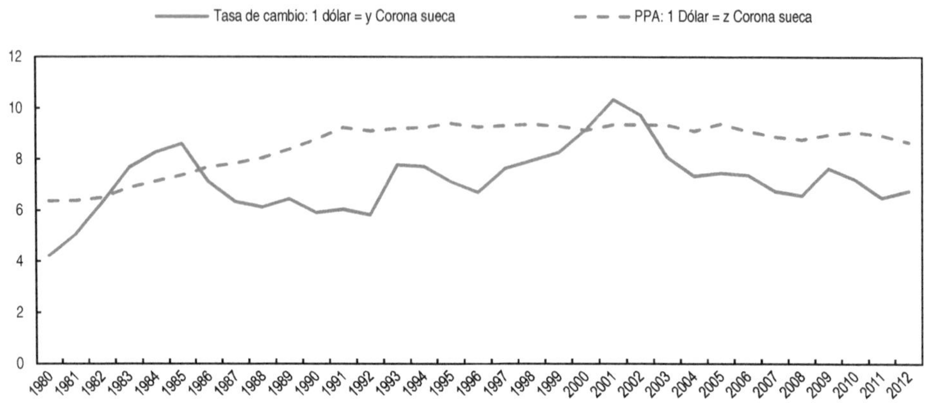

Fuente: OECD (2014), "Aggregate National Accounts. PPS and exchange rates", OECD National Accounts Statistics (database), *http://dx.doi.org/10.1787/data-00004-en.*

StatLink *http://dx.doi.org/10.1787/888933735804*

Los tipos de cambio del Gráfico 3.6 son el inverso (1/x) de los del Gráfico 3.4.

Ambos están expresados en la misma unidad, esto es, los dólares americanos que corresponden a una determinada suma en coronas suecas. Sin embargo, la PPA representa el monto, en coronas, que se tiene que gastar en Suecia para obtener la misma cantidad de bienes y servicios que se obtienen con un dólar en los Estados Unidos, mientras que el tipo de cambio es el resultado de la oferta y la demanda en el mercado de divisas entre coronas suecas y dólares americanos. A veces se afirma que la PPA es una especie de tipo de cambio de equilibrio. Se podría incluso decir que cabe esperar una elevación del tipo de cambio de una moneda cuando su cotización esté por debajo de la PPA (y viceversa), pues en este caso, los tenedores de dólares tendrían un incentivo en gastarlos en Suecia, o viceversa.

Sin embargo, a pesar de que el gráfico muestra que el tipo de cambio ha estado fluctuando alrededor de la PPA, es necesario evitar una interpretación simplista. Las fluctuaciones en los mercados de cambios dependen de muchos factores, por lo que sería imprudente especular ("tomar una posición") respecto a una determinada moneda, basándose, exclusivamente, en su comparación con la PPA calculada por la OCDE. Además, el mercado de monedas está dominado por las exportaciones, las importaciones y por los movimientos de capital, mientras que la PPA se calcula para todos los bienes y servicios, incluyendo aquellos que ni se importan ni se exportan.

En el mundo real el cálculo de las PPA conlleva una cierta complejidad. Está basado en encuestas para determinar los precios de una muestra representativa de productos que deben ser idénticos en cada uno de los países, y hacer que las comparaciones de estos sean válidas. La principal dificultad estriba en la elección de los productos que debe incluir la muestra. Estos deben ser comparables y representativos (es decir, deben ser productos de consumo generalizado en cada uno de los países). Esto es fácil para las hamburguesas, pero más difícil para otros bienes y servicios, que, con frecuencia, son diferentes de un país a otro. Además, las relaciones de precios tienen que elaborarse para un gran número de productos y para varias regiones o países. Si hay múltiples productos y regiones, la paridad de poder de compra conjunta es una media ponderada de las relaciones de precios entre los diversos países (regiones o zonas geográficas) para una "canasta" comparable de bienes y servicios. Esta canasta incluye todos los componentes de la demanda final (consumo, inversión y exportaciones netas). Por otra parte, la fórmula para obtener las PPA es más compleja que la que se utiliza para calcular la distribución del crecimiento entre volumen y precios a lo largo del tiempo (distribución temporal). Esto se debe a que se quiere llegar a una medida que sea tanto "simétrica" como "transitiva". Simétrica quiere decir que el volumen del país B respecto del país A debe ser igual a la inversa del volumen del país A respecto del país B. Transitiva significa que si el país C es equivalente al 80% del país B y el país B es el 75% del país A debería ser posible calcular directamente que el país C es igual a (0.8 × 0.75) × A.

A pesar de la dificultad para calcular la PPA se pueden establecer los siguientes principios generales extrapolando el ejemplo de la hamburguesa recogido más arriba: 1) la PPA es una relación de precios; 2) la PPA es el tipo de cambio que iguala el precio de una canasta determinada de bienes y servicios, y 3) para calcular la PPA se toma siempre como referencia a un país, o a un grupo de países, y por tanto, las magnitudes expresadas en PPA son siempre magnitudes relativas. Para los cálculos de la PPA la OCDE suele tomar a los Estados Unidos como país de referencia y por esta razón en los cuadros de la OCDE se indica "Estados Unidos = 100". Pero esto no tiene más alcance que una elección con fines de presentación. En ocasiones, los cuadros de la OCDE toman como referencia la media de los países de la OCDE, valorada como 100. Una vez más hay que insistir en que, al igual que en cualquier otra cifra en volumen, el nivel de la variable expresada en PPA en sí misma no significa nada. Solo los niveles *relativos* son significativos, y no dependen del país que se haya tomado como referencia. El que se establezca que EE.UU. sea igual a 100, o que la media de la OCDE sea igual a 100, no afecta los niveles relativos.

El Gráfico 3.7. muestra la diferencia entre los PIB per cápita de un grupo de países de la OCDE expresados en tipos de cambio corrientes y a paridades de poder adquisitivo. Se puede comprobar que el efecto principal de utilizar

PPA en lugar de tipos de cambio es un incremento en términos relativos de los PIB per cápita de los países más pobres, tales como Hungría, México, Polonia y Turquía. ¿Por qué sucede esto? Porque el nivel de precios relativos en los países más pobres está por debajo del nivel de precios de los países más ricos y esta diferencia no se ha incorporado totalmente en los tipos de cambio de mercado. Otro factor es que la PPA incluye todos los bienes, incluso aquellos que no se negocian internacionalmente, tales como la vivienda, que en los países pobres es más barata que en los países ricos. En conclusión, al utilizar la PPA como deflactor se obtiene una mejor representación del ingreso de cada país, especialmente en el caso de los países pobres.

Gráfico 3.7. **PIB per cápita usando tasas de cambio y PPA**

Como porcentaje del PIB per cápita de EE.UU., 2012

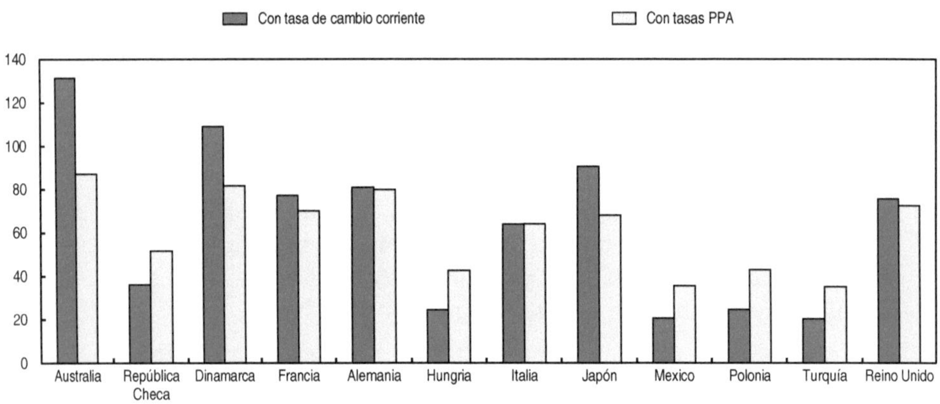

Fuente: OECD (2013), "Aggregate National Accounts: Gross Domestic Product", OECD National Accounts Statistics (database), *http://dx.doi.org/10.1787/data-00001-en.*

StatLink http://dx.doi.org/10.1787/888933735823

A pesar de que las PPA son más adecuadas para hacer comparaciones internacionales en volumen que los tipos de cambio, son una construcción estadística y no una medida precisa. En particular, es más difícil calcular PPA que índices de precios a lo largo del tiempo. Es relativamente fácil calcular incrementos de ingreso a lo largo del tiempo, pero ¿cómo se compara el arrendamiento de un apartamento en Londres con el de apartamentos situados en Varsovia o Madrid? Otra dificultad es que se asignan presupuestos limitados a las encuestas de toma de precios necesarias para calcular las PPA, lo que implica que el número de observaciones es pequeño en comparación con las que se realizan para calcular índices de precios a lo largo del tiempo. En términos generales, la varianza de un año a otro del resultado de los cálculos de la PPA es muy grande. Por tanto, la OCDE recomienda no deflactar las series del PIB per cápita con las series "corrientes" de las PPA cuando se pretende realizar comparaciones temporales del volumen del PIB, porque los resultados que se obtienen no son totalmente homogéneos a lo largo del tiempo, a pesar de que, teóricamente, tienen la ventaja de utilizar una estructura de precios que se va actualizando constantemente.

Es mejor utilizar las series nacionales del PIB en volumen a precios de un año base común (por ejemplo, 2000) y deflactarlas por la PPA de un año fijo (por ejemplo, 2000), aunque no sea necesario tomar el mismo año. De esta forma, se obtienen series que están expresadas en volumen por partida doble: volumen a lo largo del tiempo (volumen temporal) y volumen espacial. Estas series tienen la ventaja de presentar la tasa de crecimiento del PIB per cápita en volumen de cada país y, al mismo tiempo, permiten realizar comparaciones de los niveles de volumen entre países.

Por otra parte, tienen la desventaja de utilizar índices de precios de base fija. Por ejemplo, sobreestiman el más reciente PIB relativo en volumen de los países que son grandes productores de computadores, cuyos precios tienden a caer con el tiempo. Por referirse a un índice de precios basado en un período del pasado, tienden a atribuir una ponderación mayor a los computadores que el que realmente tiene su uso en períodos más recientes.

Este método, denominado por algunos como "a PPA constante", es el utilizado en el Gráfico 3.3 de este capítulo, y por ello el título del cuadro incluye la frase "basado en PPA 2005". De hecho, a pesar de que el gráfico muestra las series del PIB per cápita en relación con el de Estados Unidos para el período que va de 1995 hasta 2012, la PPA que se ha utilizado es únicamente la del año 2005. Los datos para otros años se han obtenido aplicando a los niveles de 2005 las variaciones del PIB per cápita en volumen del país en cuestión. El Ejercicio 1, al final de este capítulo, explica cómo aplicar este método. Pueden encontrarse más detalles en los documentos: *www.oecd.org/dataoecd/32/34/2078177.pdf* y *www.oecd.org/dataoecd/50/27/1961296.pdf.*

3.5. Comparación de variables en términos absolutos: El consumo de los hogares

Las comparaciones de niveles absolutos de variables entre países, plantean otras dificultades adicionales a la de la de encontrar un índice espacial de precios que sea válido para utilizarlo como deflactor. Estas dificultades están relacionadas con las diferencias institucionales entre los países. Por ejemplo, las comparaciones de los niveles absolutos del consumo de los hogares entre países, comportan una trampa en la que es fácil caer. Según se explica en el Capítulo 5, en las cuentas nacionales hay dos definiciones posibles de consumo de los hogares:

- **Gasto de consumo final de los hogares**, que corresponde a la compra de bienes y servicios por los hogares;
- **Consumo efectivo individual de los hogares**, que es igual al gasto de consumo final de los hogares más el "consumo individual", que está constituido por el gasto de las administraciones públicas y las ISFLSH (instituciones sin fines de lucro al servicio de los hogares) en rubros que directamente benefician a los hogares, tales como educación y salud. Los hogares no pagan directamente estos servicios (los pagan indirectamente vía impuestos), pero se benefician de ellos.

Las comparaciones internacionales sobre el consumo per cápita solo son significativas si se basan en el consumo efectivo individual. Es así porque en los distintos países existen diferencias en la proporción del gasto en educación y salud a cargo de los hogares y la que recae sobre las administraciones públicas. Si se utilizara el gasto en consumo final y no el consumo efectivo, se caería en la trampa de subestimar el consumo per cápita en países que, en gran medida, "socializan" este tipo de gasto (en particular, los países de Europa occidental), comparados con países que dejan este gasto a cargo del sector privado (Estados Unidos). Por esta razón, en las series de volumen de cuentas nacionales que publica la OCDE se compara el *consumo efectivo individual* per cápita, deflactado por una PPA apropiada.

El Gráfico 3.8 muestra el porcentaje del gasto de consumo final en relación con el PIB y el porcentaje del consumo efectivo individual para 10 países, en 2012 (precios corrientes, en moneda nacional). Para estos diez países, el gasto de consumo final de los hogares alcanza valores entre el 45% al 60% del PIB, mientras que el consumo efectivo individual es aproximadamente el 70%. Las diferencias más grandes son las que se producen en Francia y Dinamarca, dos países que, en gran medida, tienen "socializados" sus gastos en educación y salud.

Hablando en términos generales, las comparaciones de los niveles absolutos de las variables de las cuentas nacionales son problemáticas. La razón principal se encuentra en que no todos los países utilizan las mismas convenciones. Como se indicó en la primera sección de este capítulo, esta circunstancia tiene un impacto limitado en las comparaciones de las tasas de crecimiento, pero puede afectar las comparaciones de niveles absolutos en varios puntos porcentuales del PIB. Además de estas diferencias, hay que tener en cuenta que la calidad de los sistemas estadísticos que elaboran estas estimaciones es muy diversa. Algunas oficinas nacionales de estadística disponen de listados muy completos de las empresas y/o pueden acceder a declaraciones fiscales exhaustivas de las empresas (mediante acuerdos pertinentes con las autoridades fiscales). En consecuencia, estas oficinas nacionales de estadística disponen de datos que cubren la mayor parte de sus

Gráfico 3.8. **Hogares: Gasto de consumo final vs. Consumo efectivo individual**
Porcentaje del PIB, 2012

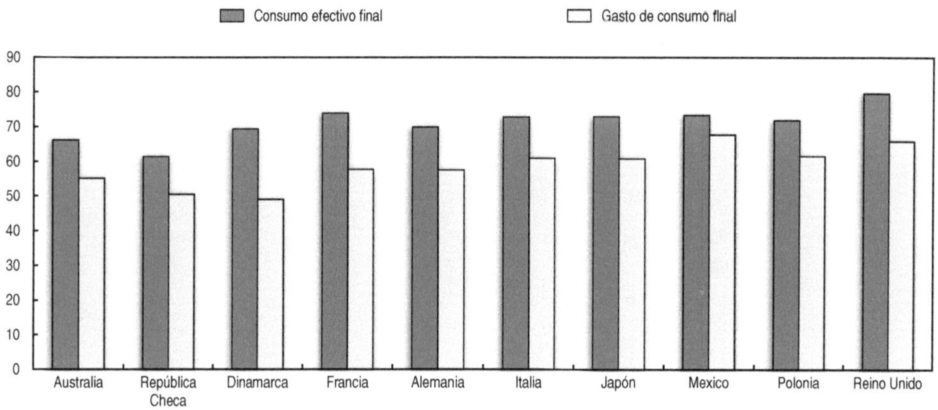

Fuente: OECD (2013), "Aggregate National Accounts: Gross Domestic Product", OECD National Accounts Statistics (database), *http://dx.doi.org/10.1787/data-00001-en.*

StatLink *http://dx.doi.org/10.1787/888933735842*

economías. Por el contrario, otros países, no tienen a su disposición una base de datos tan completa. En principio, se espera que los países ajusten sus PIB teniendo en cuenta la economía "no observada" (véase el Capítulo 4). Sin embargo, sería pretencioso esperar que los países sigan exactamente el mismo sistema para calcular estos ajustes. Considerando todo lo hasta aquí expuesto, sería ilusorio pensar que el grado de precisión con el que se estiman los niveles, o valores absolutos del PIB, sea inferior a varios puntos porcentuales.

Además de estos problemas, cuando se tiene en cuenta la falta de precisión de los cálculos de las paridades de poder adquisitivo, se llega a la conclusión de que no es posible tener una confianza ilimitada en las comparaciones de niveles absolutos. Por ejemplo, la OCDE considera que una diferencia entre el PIB per cápita de dos países inferior al 5% no es realmente significativa. Recuérdese, sin embargo, que una diferencia entre tasas de crecimiento en volumen del 0.2% se considera realmente significativa. Algunos periodistas, en ocasiones, otorgan una relevancia excesiva a noticias tales como que el PIB per cápita de un determinado país ha excedido al de otro en menos de un punto porcentual. Informaciones de este tipo deben tratarse con cautela y, si la diferencia se mantiene en una cantidad muy reducida, se debería comprobar si la tendencia del crecimiento en volumen confirma este resultado. En el caso de que no lo confirme, sería más razonable decir que los PIB per cápita de los dos países son "aproximadamente iguales".

Nota

1. Para una presentación completa, los lectores deben referirse a: OECD/Eurostat (2008), *Purchasing Power Parities and Real Expenditures 2007: 2005 Benchmark Year*, OECD Publishing, Paris, *http://dx.doi.org/10.1787/ppp-2007-en-fr*.

Referencias

OCDE (2014), "Aggregate National Accounts: PPPs and exchange rates", OECD National Accounts Statistics (database), *http://dx.doi.org/10.1787/data-00004-en*.

OCDE (2013a), *OECD Economic Outlook*, Volume 2013, Issue 2, OECD Publishing, Paris, *http://dx.doi.org/10.1787/eco_outlook-v20132-en*.

OCDE (2013b), "Aggregate National Accounts: Gross Domestic Product", OECD National Accounts Statistics (database), *http://dx.doi.org/10.1787/data-00001-en*.

OECD (2013c), "Aggregate National Accounts: Population and employment by main activity", OECD National Accounts Statistics (database), *http://dx.doi.org/10.1787/data-00003-en*.

OECD (2013d), "Detailed National Accounts. Non-financial accounts by sectors, annual", OECD National Accounts Statistics (database), *http://dx.doi.org/10.1787/data-00034-en*.

Puntos clave

- Las definiciones y convenciones que se utilizan para elaborar las cuentas nacionales son internacionales. Por tanto, en principio, es posible comparar los datos de cuentas nacionales de distintos países.
- En la práctica, los métodos que se utilizan en los distintos países no son exactamente los mismos, y las instituciones establecidas en cada uno de ellos también son distintas. Para los propósitos de análisis debe tenerse en cuenta que las tasas de crecimiento de las variables de las cuentas nacionales son más comparables que sus niveles, o valores absolutos.
- Es necesario llevar a cabo transformaciones apropiadas de determinadas variables: por ejemplo, dividir por el tamaño de la población (para obtener agregados "per cápita") o tener en cuenta las diferencias institucionales.
- Con el fin de comparar los niveles de los PIB per cápita en volumen de diversos países o regiones es fundamental deflactarlos por las paridades de poder adquisitivo (PPA) para el PIB, y no por los tipos de cambio de mercado en vigor.
- Dividir el PIB (u otras variables) por la PPA apropiada, elimina las diferencias en los niveles de precios entre dos países, lo que permite comparar el PIB (u otras variables) en volumen.
- La PPA se calcula también entre diferentes países que tienen la misma moneda (o entre regiones del mismo país), puesto que la misma moneda no tiene necesariamente el mismo poder adquisitivo en diferentes regiones geográficas.

Ejercicios para el Capítulo 3

Ejercicio 1. Cálculos del PIB per cápita en PPA constante y comparaciones con PPA corriente

Pregunta 1: El Cuadro del anexo 3.B.1, que figura más abajo, muestra las PPA de Estados Unidos, Suecia y Japón; el Cuadro del anexo 3.B.2 muestra el PIB en volumen (a precios del año 2005) para estos países; y el Cuadro del anexo 3.B.3 muestra sus poblaciones. Utilizando los datos de estos cuadros, crear uno nuevo donde figuren los índices relativos del PIB per cápita en volumen (EE.UU. = 100), a PPA constante del año 2005. Basados en los resultados que se obtengan dibujar un gráfico similar al Gráfico 3.3 de este capítulo.

Pregunta 2: El Cuadro del anexo 3.B.4 presenta el PIB de estos países, pero en esta ocasión a precios corrientes. Calcular una serie de PIB per cápita deflactado por la PPA corriente. Comparar los resultados con el cuadro creado como respuesta a la Pregunta 1. Comentar las diferencias.

Cuadro del anexo 3.B.1. Paridades de poder adquisitivo para PIB

	2000	2001	2002	2003	2004	2005	2006	2007	2008	2009	2010
Japón	155.11	149.86	143.77	139.82	134.16	129.55	124.86	120.22	116.85	116.35	112.42
Suecia	9.14	9.35	9.35	9.34	9.11	9.38	9.09	8.89	8.77	8.96	9.07
Estados Unidos	1.00	1.00	1.00	1.00	1.00	1.00	1.00	1.00	1.00	1.00	1.00

Cuadro del anexo 3.B.2. PIB en volumen, a precios 2005, miles de millones de unidades monetarias nacionales

	2000	2001	2002	2003	2004	2005	2006	2007	2008	2009	2010
Japón	474 830.2	476 518.1	477 897.8	485 950.9	497 422.9	503 903.0	512 433.6	523 667.1	518 212.4	489 570.9	516 346.3
Suecia	2 425.1	2 455.7	2 516.7	2 575.5	2 684.5	2 769.4	2 888.4	2 984.1	2 965.8	2 816.7	3 001.4
Estados Unidos	11 588.8	11 668.4	11 875.7	12 207.1	12 670.8	13 095.4	13 444.6	13 685.2	13 645.5	13 263.1	13 595.6

Cuadro del anexo 3.B.3. Población, en miles

	2000	2001	2002	2003	2004	2005	2006	2007	2008	2009	2010
Japón	126 926	127 133	127 401	127 635	127 734	127 755	127 839	127 980	128 046	128 034	128 043
Suecia	8 872	8 896	8 925	8 958	8 994	9 030	9 081	9 148	9 220	9 299	9 379
Estados Unidos	282 398	285 225	287 955	290 626	293 262	295 993	298 818	301 696	304 543	307 240	309 776

Cuadro del anexo 3.B.4. PIB a precios corrientes, miles de millones de unidades monetarias nacionales

	2000	2001	2002	2003	2004	2005	2006	2007	2008	2009	2010
Japón	509 860.0	505 543.2	499 147.0	498 854.8	503 725.3	503 903.0	506 687.0	512 975.2	501 209.3	471 138.7	482 384.4
Suecia	2 265.4	2 348.4	2 443.6	2 544.9	2 661.0	2 769.4	2 944.5	3 126.0	3 204.3	3 105.8	3 337.5
Estados Unidos	10 289.7	10 625.3	10 980.2	11 512.2	12 277.0	13 095.4	13 857.9	14 480.3	14 720.3	14 417.9	14 958.3

Las soluciones a estos ejercicios están disponibles en el sitio web de la OCDE.

Comprendiendo las Cuentas Nacionales
Segunda edición

Capítulo 4

El ámbito de la producción: ¿qué se incluye y qué no?

Este capítulo está enfocado hacia la medición de la producción. En términos amplios la producción es un proceso del cual se obtienen bienes y servicios, crea trabajo y genera ingreso. La producción es un concepto central de las cuentas nacionales, pero ¿qué cubre exactamente la noción de producción? Este capítulo define la "frontera de la producción", y examina como deciden los economistas que se incluye en el PIB y que se excluye. Trata además la relación de esta frontera con las economías ilegales y subterráneas, y considera también la medición de la producción y del valor agregado.

La producción es el proceso que conduce a la obtención de productos (en el sentido que este término tiene en cuentas nacionales), en el que se crean puestos de trabajo y se generan ingresos para los trabajadores y los propietarios del capital, y que culmina con los **bienes y servicios** que se encuentran en el comercio. El concepto de producción es central en economía. Se utiliza por los economistas, fundamentalmente, en términos de *volumen* (es decir, no se valora en términos de precios corrientes).

La producción es el resultado de tres *factores de producción*: trabajo, capital y consumo intermedio (insumos). Las presentaciones macroeconómicas utilizan con frecuencia una medida basada en el valor agregado (en lugar de la producción) lo que permite prescindir del consumo intermedio y, por tanto, mostrar solo al trabajo y al capital como factores de producción. Cuando se modela el crecimiento del producto en volumen (o, en su lugar, el crecimiento del valor agregado, una vez deducido el consumo intermedio de ambos lados de la ecuación), los economistas de la OCDE se valen de la siguiente fórmula:

$$Y' = \left[f(L,K) \times PMF\right]'$$

donde Y' es la tasa de crecimiento del valor agregado; L representa al trabajo y K al capital; f es la **función de producción**; y el signo (') significa "derivada de". El término "PMF" se refiere a la "productividad multifactorial", que está constituida por la parte de la variación del valor agregado que no puede atribuirse a variaciones del volumen del factor trabajo ni a variaciones del factor capital. La tasa de crecimiento de la productividad multifactorial representa la contribución al crecimiento del valor agregado de una combinación más productiva de trabajo y capital (por ejemplo, una mejor organización del trabajo o el empleo de nuevas técnicas). A la PMF se le llama a veces "progreso tecnológico inmaterial", por ser el resultado de un progreso técnico que no se refleja en la medición del trabajo y del capital. La PMF no se puede medir directamente y solo se puede obtener como un factor residual de la fórmula que figura más arriba. A pesar de ser difícil de captar, la PMF es el factor que determina el crecimiento a largo plazo del nivel de vida. En los últimos años se ha puesto de manifiesto que la PMF ha crecido más rápidamente en los Estados Unidos, Canadá, Australia y en los países del norte de Europa que en Francia, Alemania e Italia. Esta constatación ha puesto en evidencia la necesidad que tiene Europa continental tanto de invertir en nuevas tecnologías e I&D como de emprender reformas estructurales.

Los economistas de la OCDE también utilizan estadísticas de producción (valor agregado), en términos de volumen por supuesto, para estimar la "**brecha de producción**" como parte de su seguimiento regular de la situación económica en los Estados miembros. La idea básica es muy sencilla: dada la cantidad de trabajo y capital disponible en un momento dado, ¿cuál es la máxima tasa de crecimiento del PIB en volumen que se puede alcanzar sin estimular la inflación? El nivel del PIB que corresponde a esa tasa se denomina "**PIB potencial**", que se compara con el PIB observado. Si el PIB observado es inferior al PIB potencial, se dice que existe una **brecha de producción negativa**. En esta situación las autoridades tratan con frecuencia de estimular la demanda, bien reduciendo los impuestos o bien incrementando el gasto público (por ejemplo, en grandes proyectos de infraestructura y/o incrementando el número de funcionarios). Por su parte, el Banco Central puede decidir una reducción de sus tasas de interés. Si, por el contrario, se estuviera ante una "**brecha de producción positiva**" – es decir, cuando el crecimiento del PIB observado excede al del PIB potencial – será difícil elevar el gasto público o disminuir los impuestos sin generar automáticamente inflación, y por ello la decisión habitual de los bancos centrales suele ser la elevación de sus tasas de interés claves.

A pesar de que el concepto de PIB potencial es sencillo, su cálculo no está exento de una cierta complejidad, porque requiere la medición del stock de capital y el valor de los servicios prestados por este capital, además de la medición del factor trabajo. Este último no es simplemente el número de trabajadores sino por el número de horas trabajadas, ajustadas por la composición cualitativa de la fuerza de trabajo (niveles de destreza). Por otra parte, es necesario estimar la función de producción macroeconómica que relaciona estos factores con la producción. A pesar de estas dificultades, la OCDE estima el crecimiento del PIB potencial de sus Estados miembros, y publica regularmente las "brechas de producción" resultantes. Por ejemplo, en 2013, los economistas de la OCDE estimaban que la brecha de producción del Japón era imperceptible (es decir el crecimiento observado era igual al potencial), en tanto que era negativo en Estados Unidos (-3.1), Alemania (-0.8) y Francia (-2.4) (OCDE, 2013). Estas cifras varían de acuerdo con las fases del ciclo económico.

El crecimiento económico no es estable. Sigue los "ciclos económicos". Después de una recesión (menor crecimiento o aun una disminución del PIB), la economía se orienta por demandas crecientes (i.e. inversiones empresariales) y reacciona nuevamente, crece hasta un pico y luego declina, cayendo nuevamente en una recesión. El ciclo complete dura entre 6 y 10 años. Luego inicia nuevamente otro ciclo.

El crecimiento no-inflacionario, por encima del PIB potencial, solamente se puede lograr aumentando la productividad aparente del capital y del trabajo (véase el Recuadro 4.1), y las reformas estructurales son una de las vías para conseguirlo.

Recuadro 4.1. **Productividad aparente del trabajo**

La productividad aparente del trabajo se define como la relación entre la producción y el trabajo. Si se designa por Y el volumen de producción y por L el volumen de trabajo, la productividad del trabajo es igual a Y/L, es decir, la cantidad de producción por unidad de trabajo. Para el análisis macroeconómico los economistas prefieren utilizar como numerador el valor agregado en volumen (es decir, el PIB), en lugar de la producción. El denominador que se utiliza es el volumen de trabajo medido por el número de trabajadores multiplicado por el promedio de horas trabajadas (idealmente ajustadas según el nivel profesional de los trabajadores). Normalmente, en la práctica, se está más interesado en el crecimiento de la productividad del trabajo que en su nivel absoluto. Esto significa calcular Y' – L' (en lugar de Y/L), donde Y' es el crecimiento en volumen del valor agregado y L' es el crecimiento en volumen del trabajo.

Los estudios publicados por la OCDE incluyen sistemáticamente secciones sobre el progreso realizado por los Estados miembros en lo relativo a las "reformas estructurales". Esta expresión despierta las sospechas de los sindicatos, que la consideran un eufemismo que encubre ataques a los derechos sociales adquiridos, tales como el salario mínimo garantizado, la legislación relativa a la protección del empleo y el derecho a percibir prestaciones de desempleo cuando se ha perdido el empleo. No obstante, esta es una visión parcial del problema, puesto que las reformas estructurales implican no solo la desregulación del mercado de trabajo sino también la del mercado de bienes y servicios. Las reformas estructurales de los mercados de productos suponen un incremento de la competencia entre los productores por medio de la apertura de los mercados nacionales a la competencia extranjera, la abolición de cárteles y de otros acuerdos en contra de la libre competencia, y el abandono de los monopolios públicos, especialmente en campos tales como los transportes por ferrocarril y aéreo, las telecomunicaciones y la electricidad, gas y agua, por ejemplo.

Para identificar qué sectores específicos de la economía necesitan reformas estructurales, los economistas de la OCDE comparan la productividad de diversas industrias en diferentes Estados miembros. Prestan especial atención al crecimiento de los sectores construcción de automóviles, transporte aéreo y suministro de electricidad, y a partir de ahí tratan de determinar la estructura institucional de los países en que estos sectores crecen más rápidamente. Lo que aparentemente funciona en unos países debería probarse en otros. Todos estos análisis se basan, casi exclusivamente, en los datos de producción, o de valor agregado en volumen, que proveen las cuentas nacionales.

4.1. La frontera de la producción

De lo anterior debería quedar claro que la **producción** es un concepto central para los contables nacionales que pretenden elaborar datos útiles.

> *El concepto de "producción" es ajeno a la contabilidad de las empresas, que se concentra exclusivamente en las "ventas".*

Queda aún por establecer qué comprende exactamente el concepto de producción. Para ello se necesita trazar la "frontera de la producción", y decidir qué se incluye y qué no. La mayoría de lo que se incluye en el PIB no plantea ningún tipo de controversia. Para empezar, debe tenerse en cuenta que la producción, según las cuentas nacionales, es el proceso que crea los bienes y servicios que compran los hogares (para satisfacer sus necesidades cotidianas) y las empresas (para poder producir estos bienes y servicios). El término relevante en la frase precedente es el verbo "comprar", que implica que todas las operaciones "monetizadas" están incluidas en el PIB. Pero, puesto que nadie compra la producción de los ministerios o del ejército ¿qué se puede decir de la actividad de los funcionarios públicos y de los miembros de las fuerzas armadas? Otra zona gris de las cuentas nacionales es la de los servicios prestados gratuitamente por los hogares. Si una persona paga a otra por limpiar sus ventanas, se realiza una producción, porque se ha vendido un servicio. Pero ¿qué ocurre si la gente limpia sus propias ventanas? ¿Se incluye esa actividad dentro de la frontera de la producción?

Como se verá más adelante no hay un consenso general a favor de la inclusión de los servicios prestados por las administraciones públicas en el PIB. A pesar de que estos servicios no se venden, en las cuentas nacionales se incluyen como producción (y como valor agregado) y se denominan **servicios de no mercado** producidos por las administraciones públicas. El valor agregado por estos servicios es muy importante ya que representa, aproximadamente, entre el 15% y el 20% del PIB, dependiendo del país de la OCDE de que se trate. Por el contrario, la "producción de no mercado" de los hogares – cocinar, limpiar el hogar, cuidar a los niños, hacer compras, etc. – no está incluida en las cuentas nacionales, con excepción de los servicios de alojamiento que los propietarios de viviendas producen implícitamente para su propio uso. En las cuentas nacionales se hace *como si* los propietarios-ocupantes se prestaran a sí mismos servicios de alojamiento. Se establece que estas transacciones teóricas, o ficticias, que se denominan en la jerga de las cuentas nacionales "imputadas", son iguales a los alquileres que los propietarios de las viviendas tendrían que haber pagado para vivir en viviendas del mismo tipo, en la misma ubicación y dotadas de los mismos servicios. Para calcular la producción total de los "servicios de vivienda" (o "servicios de alojamiento"), estos alquileres imputados se añaden a los alquileres efectivamente pagados.

Las imputaciones se realizan solo cuando es absolutamente necesario para el análisis de los cambios de los agregados macroeconómicos a lo largo del tiempo, o para facilitar las comparaciones entre diversos países. Este es el caso de los alquileres imputados de los propietarios que ocupan sus propias viviendas. Si esta producción no se incluyera, mediante una imputación, el resultado sería una caída estructural del PIB a lo largo del tiempo, porque, a largo plazo, la tendencia al alza de la adquisición de viviendas en propiedad produciría automáticamente una tendencia a la baja en el valor de los alquileres efectivamente pagados y por tanto del PIB (si los demás factores permanecen constantes). Esto dificultaría las comparaciones de los PIB de diferentes países, porque la tasa de viviendas habitadas por sus propietarios varía notablemente entre los distintos países.

Otro ejemplo de imputación en las cuentas nacionales es la de los bienes (principalmente alimentos) que algunos hogares producen para su propio consumo. Esto representa solo una pequeña proporción de la producción de los Estados miembros de la OCDE, pero esta proporción es mucho más elevada en los países en vías de desarrollo, en los que los hogares que tienen pequeñas explotaciones agrícolas y ganaderas consumen buena parte de su propia producción. En algunos países, los hogares campesinos y otros producen incluso sus herramientas, sus viviendas y edificaciones anexas o sus propias prendas de vestir. Como resultado, la convención adoptada en cuentas nacionales al calcular el PIB ha sido imputar la producción de todos los bienes que constituyen el autoconsumo de los hogares, y atribuir a estos bienes el precio de mercado de bienes idénticos. Por otra parte, como se vio más arriba, los servicios producidos para sí mismos por los hogares no se imputan en las cuentas nacionales, con la notable excepción de los servicios de alojamiento, en el caso de los propietarios que ocupan su propia vivienda. Tampoco se tienen en cuenta los servicios que algunos hogares prestan gratuitamente a otros (reparación gratuita del goteo de un grifo del vecino).

Cuando se prestan servicios a cambio de un pago, se intenta incluirlos en la producción haciendo una estimación, por ejemplo, del valor de lecciones privadas o del cuidado de los niños por terceros.

Tales exclusiones pueden parecer arbitrarias, pero, al menos, tienen el mérito de que eximen realizar una multitud de imputaciones, algunas de ellas extremadamente arriesgadas (véase la sección "Los servicios de los hogares" en las Precisiones adicionales).

En conclusión, las cuentas nacionales definen la producción como el resultado de la utilización de uno o más de los tres factores de producción: trabajo, capital y consumo intermedio (insumos materiales). Esta condición necesaria lleva a una definición muy amplia de producción, que se limita posteriormente por la imposición de otros criterios, como se evidencia en el diagrama que figura a continuación (que debe leerse empezando por la esquina superior izquierda). La flecha más importante del diagrama, que puede considerarse el corazón de las cuentas nacionales, es la que figura en la esquina superior derecha, que indica que la producción consiste, fundamentalmente, en el valor de los bienes y servicios producidos por determinados agentes económicos **para ser vendidos** a otros agentes económicos (intercambiados por dinero o, excepcionalmente, mediante trueque). En las economías de los países de la OCDE estos bienes y servicios constituyen la mayor parte de la producción. Sin embargo, no se pueden pasar por alto los servicios de no mercado producidos por las administraciones públicas, ni los alquileres imputados que se aplican a los que habitan en viviendas de su propiedad.

Árbol de decisiones para definir la producción

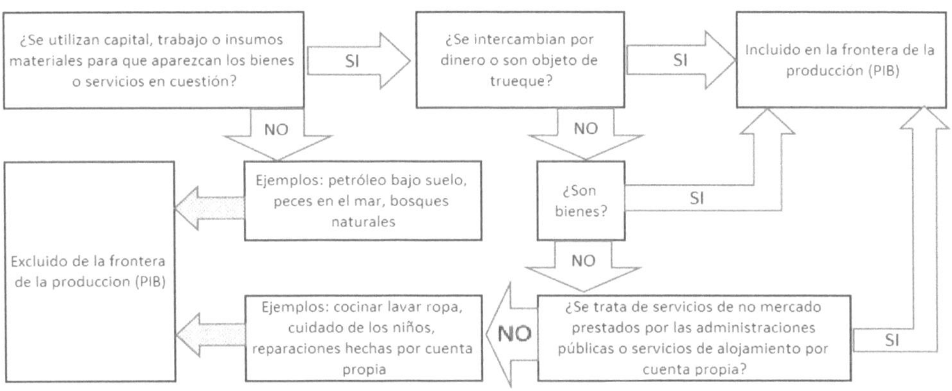

Antes de entrar en más detalles, es importante tener en cuenta que la producción en la contabilidad nacional mide el resultado de la actividad productiva *durante* un período, que puede ser un año o un trimestre. Se dice que la producción es una "variable de flujo", por oposición a una "variable de nivel", que, como indica su nombre, mide un nivel al final del período, tal como el inventario de productos terminados a 31 de diciembre de un año cualquiera. Las variables de flujo se pueden sumar: la producción de un año es la suma de la producción de los trimestres de ese año. No es el caso de las variables de nivel.

4.2. La economía ilegal y la economía subterránea

En el diagrama anterior no se distingue entre producción legal e ilegal, por lo que se puede concluir que las actividades ilegales están dentro de la frontera de la producción y que, por tanto, están incluidas en el PIB. Tales actividades son de dos tipos: 1) ilegales, tales como el comercio de bienes robados, la prostitución organizada (en países donde es ilegal) y la producción y el tráfico de drogas, y 2) legales, pero organizadas de forma ilegal, como el caso de los trabajos de fontanería o de reparación pagados en efectivo y no declarados a las autoridades fiscales.

En los países de la OCDE las actividades ilegales son marginales, en términos macroeconómicos. La mayoría de las estimaciones que se han realizado las sitúan por debajo del 1% del PIB. Aunque en teoría están incluidas en el PIB, en la práctica estas actividades no son objeto de estimación, por lo que puede considerarse que no figuran en el PIB[1]. Por otra parte, se conoce como economía **sumergida, subterránea**, "**en negro**" u "**oculta**" a las actividades legales que se desarrollan ilegalmente (para evitar pagar impuestos y contribuciones sociales), y se estima que alcanzan entre un 2% y un 15% del PIB en los países de la OCDE. Esta proporción es tan elevada que los contables nacionales han tenido que desarrollar técnicas especiales para asegurar que estas actividades se incluyen en las estimaciones del PIB. El Gráfico 4.1 muestra la proporción del PIB generado por las actividades ocultas o subterráneas. Se les denomina economía "no-observada" porque no pueden ser observadas por los tipos habituales de estudios y encuestas. En España, por ejemplo, la economía no observada representa el 11.2% del PIB oficial. Esta es la participación del valor agregado que se ha incorporado a las fuentes estadísticas oficiales utilizando técnicas especiales. Por lo tanto no se puede afirmar que las cuentas nacionales no incluyen la economía "subterránea". Como ejemplo concreto de cómo se realizan estas estimaciones que utilizan técnicas especiales se presenta la sección "Los ajustes para estimar la economía subterránea en el caso de Francia", que figura en las Precisiones adicionales del Anexo 4.B.

Gráfico 4.1. **Actividades no observadas incluidas en el PIB (selección de países)**

Ajuste por actividades no observadas (en %) alrededor de 2002

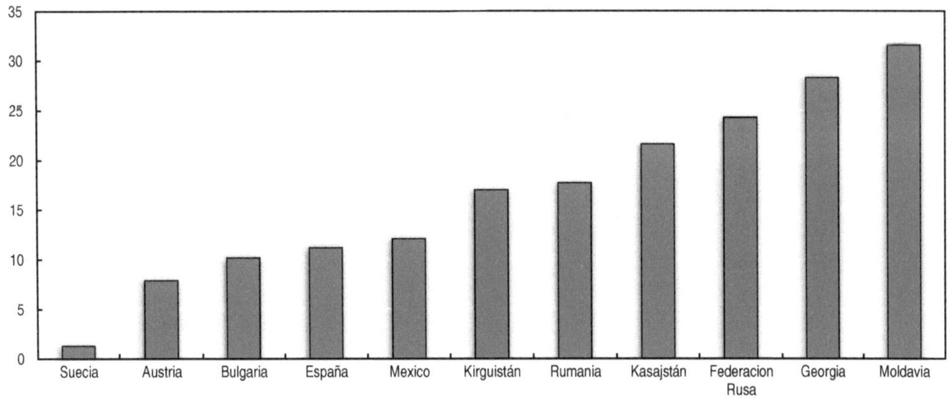

Fuente: United Nations Economic Commission for Europe (2008), Non-observed economy in national accounts: Survey of country practices.

StatLink http://dx.doi.org/10.1787/888933735861

4.3. Medición de la producción y del valor agregado: el caso general

Como se ha visto anteriormente, la producción en la contabilidad nacional está constituida fundamentalmente por el valor de los bienes y servicios producidos para ser *vendidos* a otros agentes (las producciones que no se destinan a ser vendidas no se registran, salvo algunas excepciones). Como se señaló en el Capítulo 1, esto plantea un problema de agregación, porque la suma de las producciones así medidas puede cambiar a lo largo del tiempo, no porque se hayan producido más bienes y servicios sino porque las empresas pueden "subcontratar" algunas de las actividades que venían realizando directamente en un período anterior (véase el Recuadro 4.2). Por esta razón, los contables nacionales han creado el concepto de **valor agregado**. Se vuelve sobre esto más adelante.

Recuadro 4.2. **La trampa de la internalización y de la externalización**

Al medir la producción, las cuentas nacionales no incluyen la que se realiza "por cuenta propia", es decir los bienes y servicios intermedios producidos para ser consumidos dentro de la misma unidad de producción. Las cuentas nacionales registran la producción por cuenta propia de las empresas solo cuando los bienes se destinan a la inversión. Por ejemplo, en una compañía que fabrica automóviles, las cuentas nacionales no contabilizarán la producción de los motores que se les incorpora, si estos han sido fabricados por la propia compañía. De forma similar, las cuentas nacionales no incluirán

Recuadro 4.2. **La trampa de la internalización y de la externalización** *(cont.)*

los servicios de gestión de personal de este fabricante de automóviles, si esos servicios se prestan internamente. La contabilización de la producción "por cuenta propia" de bienes y servicios intermedios inflaría indebidamente la cifra de la producción total. Sin embargo, si se subcontrataran la fabricación de motores y los servicios de gestión de personal, es decir, si el fabricante de automóviles adquiriese estos bienes y servicios a otra compañía, entonces se contabilizaría esta producción. El paso de una situación a otra inflará la producción total, cuando en realidad no se ha creado ningún nuevo bien o servicio. De ahí lo atractivo del concepto de valor agregado (véase el Capítulo 1), cuyo total es independiente del modo de organización de las empresas.

Es importante tener en cuenta que la producción por cuenta propia de bienes de capital, como máquinas o software, se contabiliza en las cuentas nacionales. Entonces, ¿por qué no se contabiliza la producción por cuenta propia de bienes intermedios y se contabiliza la producción por cuenta propia de los bienes de capital? Porque los bienes y servicios intermedios no tienen impacto en el PIB ya que, por definición, se consumirán dentro del proceso de producción. Por su parte, los bienes de capital se utilizan durante largos períodos.

Pero aunque el concepto de **valor agregado** se prefiere al concepto de **producción**, este último es muy utilizado en contabilidad nacional. ¿Cómo se mide? La producción a precios corrientes se mide, generalmente, por las ventas, aunque es necesario introducir un ajuste. En el caso de los bienes, al menos parte de la producción obtenida en el período puede no venderse, por lo que se almacena como existencias. De forma similar, algunos de los bienes vendidos en el período corriente pueden provenir de existencias previamente almacenadas (lo que implica que no han sido producidos en el período). Finalmente, parte de la producción durante el período puede no haberse terminado completamente, por lo que se almacena como trabajo en curso. Al final, la producción a precios corrientes se mide como: ventas más la variación (positiva o negativa) de existencias de productos terminados y de **trabajos en curso**. Esta fórmula se utiliza regularmente para calcular la producción, pues los datos requeridos están disponibles en la contabilidad de las empresas, aunque no siempre en una forma que facilite su utilización (véase el Recuadro 4.3).

En cuanto a los precios, la producción se mide a "precios básicos", que corresponden a los **ingresos por unidad de producto vendido**, que quedan en manos del productor.

Recuadro 4.3. **El problema de las variaciones del valor de las existencias**

Se podría pensar que utilizar los datos de la contabilidad de las empresas para determinar la variación de existencias carece de complicaciones. Sin embargo, en la práctica, esa estimación no es fácil porque las existencias generan **ganancias en tenencia**, cuando los precios suben, y pérdidas en tenencia, cuando los precios bajan. Es un principio fundamental de las cuentas nacionales excluir las pérdidas y ganancias en tenencia al medir la producción. Realmente, si una empresa obtiene una ganancia en tenencia simplemente por mantener productos en existencias, esto no constituye un proceso productivo y, en consecuencia, tal ganancia no puede ser incluida en el PIB. Por lo tanto, es necesario ajustar las cifras de la variación de existencias que figuran en la contabilidad de las empresas para eliminar las pérdidas y ganancias en tenencia de las existencias.

Una excepción entre los países de la OCDE es EE.UU., que calcula su producción y valor agregado a precios de mercado (es decir incluyendo los impuestos sobre los productos). Véase el Capítulo 12.

Por tanto, los precios básicos no incluyen los impuestos sobre los productos (por ejemplo, impuestos sobre el valor agregado o impuestos especiales sobre derivados del petróleo o bebidas alcohólicas), porque estas sumas no le pertenecen al productor, sino que, por el contrario, este debe remitirlos a las autoridades fiscales. Por otra parte, los precios básicos incluyen los subsidios recibidos sobre los productos. Por tanto, en cuentas nacionales, los precios de los productos agrícolas exportados no son los bajos precios que permiten los subsidios a la exportación otorgados a los dueños de explotaciones agropecuarias de países de la OCDE, sino los precios de venta efectivos más los subsidios, por tanto, un precio que está más cerca de los costos reales de producción. Finalmente, la producción en volumen se compila como producción a precios corrientes, deflactada por un índice de precios apropiado.

El **consumo intermedio** representa el valor de los materiales básicos, componentes y bienes semi-elaborados que se incorporan a los productos, así como la electricidad, el costo de los alquileres, los servicios informáticos (o de computación), los seguros, los servicios contables y legales, etc. En resumen, consumo intermedio es todo lo que se necesita para producir otros bienes y servicios destinados a ser vendidos, salvo el trabajo y los servicios prestados por las instalaciones industriales, la maquinaria, las oficinas y los edificios de las fábricas.

Así como la producción no es igual a las ventas, el consumo intermedio no es igual a las compras de bienes y servicios destinados a ser consumidos intermediariamente. Algunos bienes intermedios utilizados en la producción del período pueden haber sido comprados y almacenados en un período anterior. De igual forma, algunos bienes comprados durante el período pueden ser consumidos en un período ulterior, y permanecen almacenados mientras tanto. Al final, el consumo intermedio es igual a las compras durante el período *menos* la variación (positiva o negativa) en el valor de las existencias de bienes y servicios destinadas al consumo intermedio. Las empresas suelen denominar a estas existencias "existencias de materiales". Al igual que la producción, el consumo intermedio es un flujo que corresponde a lo que ha sido consumido *durante* un período (un año o un trimestre). Esto entraña, además, la exclusión de la definición de consumo intermedio de los bienes utilizados para la producción, pero que no han sido totalmente consumidos durante el período, tales como la maquinaria y el software. Estos bienes de capital se clasifican como "formación bruta de capital" o FBC.

El **valor agregado**, como su nombre indica, mide el valor que la empresa agrega a los productos que utiliza al elaborar su producción y es igual a la producción **menos** el consumo intermedio. Se puede deducir, utilizando las definiciones recogidas más arriba para la medición de la producción y de los consumos intermedios, que el valor agregado a precios corrientes es igual a las ventas *menos* las compras más la variación de las existencias totales (es decir, de productos terminados, de trabajos en curso y de materiales). El valor agregado es un concepto central de la contabilidad nacional. Sin embargo, a primera vista no parece claro lo que representa, porque se define como la diferencia entre dos valores monetarios (producción menos consumos intermedios). Una forma útil de definir el valor agregado a precios corrientes es considerarlo como el valor monetario generado por la producción que queda disponible para pagar:

- Los sueldos y salarios y las contribuciones sociales (*remuneración de los asalariados*);
- Los impuestos sobre la producción (excepto los impuestos sobre los productos), netos de subsidios a la producción (excepto los subsidios sobre los productos);
- El costo de reemplazar el equipo que progresivamente se ha ido deteriorando durante el proceso de producción (*consumo de capital fijo*);
- Los intereses pagados por los créditos recibidos;
- Los dividendos pagados a los accionistas;
- Las adquisiciones de nuevo equipo;
- El ahorro financiero, es decir, la inversión de las empresas en productos financieros.

A veces esta es la aproximación que se utiliza en la práctica para medir en las cuentas nacionales el valor agregado a precios corrientes por las empresas (véase la sección "Las fuentes de datos del valor agregado de las empresas no financieras. El ejemplo de Francia", que figura en las Precisiones adicionales del Anexo 4.B. El valor agregado en volumen es la diferencia entre la producción en volumen y el consumo intermedio en volumen.

4.4. La medición de la producción y del valor agregado: casos especiales

La definición de producción a precios corrientes, es decir, producción = ventas + variación de existencias de productos terminados y trabajos en curso, también es aplicable a la casi totalidad del sector empresas en las cuentas nacionales. Este sector también se conoce como el **sector de mercado**, para el que existe un mercado en el que se registran ventas, operaciones (o transacciones) y precios, lo que permite la medición directa de la producción. Sin embargo, debe tenerse en cuenta que, incluso en el sector de mercado, hay actividades cuya producción es difícil de medir, o incluso de identificar, como ocurre con bancos, compañías de seguros y comercio al por menor, para los cuales no funciona muy bien la definición de producción basada en las ventas. Todas las citadas son actividades de mercado, pero la mayor parte de su producción se adquiere indirectamente, y por ello se requiere una medida alternativa de producción. Además, hay grandes actividades para las cuales no existe la noción de ventas, que son las que constituyen el **sector de no mercado**, que comprende, principalmente, los servicios prestados por el gobierno general. Las organizaciones de este tipo no venden sus servicios y, por tanto, es necesario buscar otra medida de su producción.

Los **productores de no mercado** son aquellos que prestan servicios, y en algunos casos proveen bienes, sea gratuitamente, sea a precios que no son económicamente significativos, con lo que se quiere decir que estos precios no cubren la mitad del costo de producción de los citados servicios. Los organismos de las administraciones públicas constituyen la mayor parte de los productores de no mercado, pero hay otros como las instituciones sin fines de lucro al servicio de los hogares (véase el Capítulo 5). La mayoría de los servicios prestados por las administraciones públicas – defensa, política económica, política exterior, educación pública y salud pública – se prestan gratuitamente al público en general. Obviamente, estos servicios están financiados mediante impuestos y contribuciones sociales, pero no hay una relación directa entre el pago de un impuesto por un contribuyente y el nivel de servicios que este recibe. Ni los ciudadanos ni las empresas tienen derecho, por ejemplo, a modificar sus impuestos sobre la base de la cantidad de defensa o de orden público que ellos quieran consumir. Un impuesto es una transferencia a las administraciones públicas de carácter coactivo y no el precio de un servicio público.

Algunos servicios provistos por el gobierno general, como educación y salud, se prestan a los hogares sobre una base "individual", lo que significa que es posible saber quién los consume. Por ejemplo, si una familia envía a sus hijos a una escuela pública, ellos son quienes consumen estos servicios. Otros servicios se prestan solo en una base colectiva, lo que quiere decir que es imposible saber quién consume qué. Un ejemplo es el orden público: todos los agentes económicos, sean hogares o empresas, consumen parte de los servicios prestados por la policía, pero es imposible saber cuánto consume cada uno. En el caso de los servicios individualizados, a veces el gobierno puede cobrar al consumidor parte del precio (por ejemplo, cuando se obliga a contribuir al costo de una cama de hospital), pero este precio es normalmente muy inferior al costo de producción del servicio consumido, por lo que estos servicios se consideran como de no mercado.

Como en la práctica no hay ventas, en el caso de la producción de no mercado la producción a precios corrientes de los servicios de no mercado, tanto individuales como colectivos, se mide convencionalmente por la suma de sus costos de producción, que incluye a) el consumo intermedio; b) la remuneración de los asalariados; c) el consumo de capital fijo, que es el costo de utilización del equipo del que se han servido los productores de no mercado para realizar su producción (véase el Recuadro 4.4), y en pocos casos d) los otros impuestos pagados sobre la producción (es decir, los que son distintos de los que gravan los productos). El Ejercicio 4, que figura al final de este capítulo, muestra que para medir la producción de servicios de no mercado en las cuentas nacionales, básicamente se supone, de manera muy razonable, que no genera utilidad.

La fórmula general que se emplea para medir la producción a partir de las ventas no se puede utilizar para medir la **producción de los bancos**, porque los bancos facturan directamente a su clientela solo una porción limitada de los servicios que le prestan (por ejemplo, comisiones por tipo de cambio, comisiones por la tramitación de cheques, comisiones por operaciones de bolsa y cuotas por servicios de asesoramiento financiero), pero no la parte más importante de estos servicios, que consiste en la concesión de préstamos.

Una medición que utilizara la fórmula general daría como resultado, en el caso de los bancos, un valor agregado muy reducido o incluso negativo, lo que equivale a decir que ¡su consumo intermedio sería mayor que sus ventas! Puesto que los bancos son evidentemente empresas rentables, algo debe estar equivocado. El hecho es que los bancos obtienen la mayor parte de sus utilidades tomando fondos de sus depositantes con tasas de interés bajas y prestando esos fondos a su clientela a tasas de interés más altas. La diferencia entre esos dos tipos de interés (que se conoce en cuentas nacionales como **servicios de intermediación financiera**) constituye la parte fundamental de la remuneración que obtienen los bancos. De hecho, los bancos son intermediarios entre los que

Recuadro 4.4. ¿Está subestimada la producción del gobierno general?

Antes de decidir la adquisición de bienes de capital una empresa calcula el retorno, es decir, el rendimiento que puede obtener de los fondos que pretende invertir. Este rendimiento debe ser suficiente para cubrir el deterioro por el uso de los citados bienes (el consumo de capital fijo) más un ingreso neto que sea, al menos, igual al interés que podría obtenerse invirtiendo los fondos en productos financieros (por ejemplo, en bonos). Si el rendimiento no es suficiente para cubrir estos dos elementos, un empresario que actúe racionalmente comprará productos financieros en lugar de bienes de capital (es decir, activos materiales). A la suma del consumo de capital fijo más este retorno neto se le denomina servicios de capital.

En el caso del gobierno general, los costos de producción que se utilizan para evaluar la producción incluyen el consumo de capital fijo pero no el retorno neto. Para una empresa, el retorno neto está próximo a su excedente neto de explotación (véase el Capítulo 7). Como los servicios prestados por las administraciones públicas no se venden (o se venden solo de forma marginal), no tiene excedente neto de explotación, pero el rendimiento neto podría estimarse aplicando un tipo de interés apropiado al valor del capital de las administraciones públicas. Las opiniones pueden diferir respecto a cuál es el tipo de interés apropiado, pero puede decirse que el método que se viene utilizando para evaluar la producción de no mercado subestima la contribución del gobierno general al PIB. Por ejemplo, el método que se viene utilizando implica que los escáneres, o las máquinas de rayos X, no producen ningún retorno neto cuando se utilizan en hospitales públicos pero los producen cuando se utilizan en una clínica privada.

quieren ahorrar – principalmente hogares – y los que necesitan tomar dinero a préstamo – principalmente empresas –. Sin los bancos, estos agentes tendrían grandes dificultades para intercambiar sus fondos. Por tanto, las cuentas nacionales miden la producción de los bancos a precios corrientes como la suma de sus ventas (las comisiones por diversos conceptos que se han mencionado más arriba), **más**, aproximadamente, la diferencia entre los intereses recibidos de sus deudores (a quienes han concedido créditos) y los intereses pagados a sus acreedores (de quienes han recibido depósitos). Esta diferencia, que constituye, en la parte más importante del total de estos dos sumados, se conoce como "**Servicios de Intermediación Financiera Medidos Indirectamente**", o **SIFMI** (ver la sección sobre SIFMI al final del capítulo).

La medición de la producción de las **compañías de seguros** es todavía más problemática que la medición de la producción de los bancos. Para simplificar, solo se hará referencia al caso de los seguros generales (que comprenden, entre otros, la cobertura de vehículos, viviendas, etc.) y no al seguro de vida. El dinero recibido por los aseguradores de estos riesgos por concepto de primas de seguros no constituye el pago por un servicio de seguro ya que la mayor parte de cada prima se destina a constituir un fondo del que saldrán las indemnizaciones que habrán de pagarse en caso de siniestro. Dicho esto, se debe tener en cuenta que las primas de seguro cubren estas indemnizaciones *más* los gastos de gestión de los siniestros *más* las utilidades de las compañías de seguro. La producción a precios corrientes de las compañías de seguros corresponde a los dos últimos conceptos, es decir, a los gastos de gestión más las utilidades. Por tanto, la producción en cuentas nacionales se medirá como la *diferencia entre las primas recibidas y las indemnizaciones pagadas*, expresión que es matemáticamente igual a los gastos de gestión más las utilidades. En la realidad, las cosas son ligeramente más complicadas que todo esto, porque las compañías de seguros invierten inmediatamente las primas recibidas y las mantienen así hasta que llega el momento de pagar indemnizaciones. Por tanto, las compañías obtienen rentas que, en términos económicos, no les pertenecen a ellas sino a los asegurados. Por esta razón, los contables nacionales imputan los ingresos obtenidos de esta inversión como pagados por las empresas de seguros a los asegurados bajo forma de renta de la propiedad atribuida a los asegurados (hogares o empresas), pero como en realidad estos ingresos permanecen en poder de las compañías de seguros, de nuevo se imputa un pago de los asegurados a los aseguradores por ese monto bajo forma de prima complementaria. Es como si los hogares pagaran no solo las primas sino también la renta de la inversión. Al final, la producción a precios corrientes de las compañías de seguro es igual a las primas más la renta de inversión menos las indemnizaciones.

La medición de la producción del **comercio** (tanto al por mayor como al por menor) también constituye una categoría especial en las cuentas nacionales. Efectivamente, si se aplicara a esta actividad la fórmula general, los resultados sobreestimarían significativamente la producción total, porque las ventas del comercio ya están registradas en la producción de los que elaboran los bienes que se comercian. En consecuencia, la convención que se ha adoptado en este caso ha sido medir la producción como igual al **margen** obtenido sobre los productos vendidos. Es decir, la producción a precios corrientes del comercio es igual al valor de sus ventas menos el valor de los productos comprados para reventa.

Esto se hace suponiendo que la inflación es baja y por lo tanto no hay incrementos significativos en los precios de mercado entre los momentos de compra y de reventa. Si esta suposición no fuese válida, los aumentos deben tenerse en cuenta y las sumas involucradas deducidas del margen. Debe recordarse que las ganancias o pérdidas en tenencia no se deben tener en cuenta en la producción de las cuentas nacionales.

Esto es lo que se conoce como márgenes comerciales. Los consumos intermedios del comercio excluyen, por tanto, las adquisiciones de bienes para ser vendidos posteriormente y solo comprenden los gastos de alquiler, electricidad, publicidad, empaques y otros gastos operativos. Su valor agregado se calcula de la forma habitual, deduciendo de la producción los consumos intermedios.

4.5. Nomenclaturas y Clasificaciones

La amplitud de la frontera de la producción, según se define en cuentas nacionales, tiene varias ventajas. Facilita una medida útil, aunque solo aproximada, del total de la producción (o, en su lugar, del valor agregado), que es razonablemente comparable entre países a lo largo del tiempo. Sin embargo, para muchos economistas, este agregado constituye una referencia demasiado global, por lo que prefieren concentrarse en partes muy concretas de la economía. Por ejemplo, los estudios de productividad se concentran normalmente en el sector de mercado, excluyen la producción del gobierno general y prescinden de imputaciones tales como la de los alquileres por cuenta propia. En otros casos, los investigadores económicos ponen el énfasis en, por ejemplo, la agricultura, las industrias metálicas y los servicios prestados a las empresas.

Para satisfacer estas necesidades específicas los contables nacionales están utilizando las clasificaciones de actividades existentes a nivel internacional, adaptadas a la representación de la economía de cada país, sin perder la comparabilidad. La clasificación internacional de referencia para las industrias o ramas de actividad es la Revisión 4 de la CIIU (*Clasificación Industrial Internacional Uniforme de todas las actividades económicas*).

> *La referencia internacional para clasificación de productos es la Clasificación Central de Productos (CCP), que se describe en el Capítulo 11.*

El Cuadro 4.1 muestra los porcentajes del valor agregado total de las principales ramas de actividad de cuatro países de la OCDE. Se utiliza la clasificación internacional de actividades para cuentas nacionales (basada en la CIIU) al nivel A10 (son 10 las principales ramas que en el cuadro aparecen en negrita) y se divide en 21 secciones (las ramas enumeradas de A hasta U). Por ejemplo, el nivel 2 de A10 es "Manufactura, minas y canteras, y otras actividades industriales" que se subdivide en cuatro secciones: B. Minas y canteras, C. Manufacturas; D. Electricidad, gas, vapor y aire acondicionado y E. Suministro de agua; evacuación de aguas residuales, gestión de desechos y descontaminación. Las empresas operan con frecuencia en diversas ramas

Cuadro 4.1. **Valor agregado por ramas de actividad a precios corrientes**

Como porcentaje del valor agregado total, 2010

	Actividad	Francia	Corea	Italia	Estados Unidos
A	**Agricultura, ganadería, silvicultura y pesca**	**1.8**	**2.6**	**1.9**	**1.1**
	Industrias manufactureras, explotación de minas y canteras y otras actividades industriales	**12.8**	**33.1**	**19.0**	**15.5**
B	Explotación de minas y canteras	0.1	0.2	0.3	1.6
C	Industrias manufactureras	10.3	30.3	16.1	11.7
D	Suministro de electricidad, gas, vapor y aire acondicionado	1.6	1.8	1.7	1.8
E	Suministro de agua; evacuación de aguas residuales, gestión de desechos y descontaminación	0.8	0.8	0.8	0.3
F	**Construcción**	**6.1**	**6.3**	**6.1**	**3.5**
	Comercio al por mayor y al por menor; transporte y almacenamiento; reparación devehículos automotores y motocicletas	**18.4**	**15.4**	**20.4**	**17.6**
G	Comercio al por mayor y al por menor; reparación de vehículos automotores y motocicletas	11.0	8.9	10.7	11.6
H	Transporte y almacenamiento	4.8	4.2	5.6	3.2
I	Actividades de alojamiento y de servicio de comidas	2.5	2.3	4.1	2.9
J	**Información y comunicaciones**	**5.0**	**4.0**	**4.5**	**5.6**
K	**Actividades financieras y de seguros**	**4.8**	**6.8**	**5.3**	**8.5**
L	**Actividades inmobiliarias**	**13.2**	**7.1**	**13.4**	**10.8**
	Actividades profesionales, científicas y técnicas y actividades de servicios administrativos y de apoyo	**12.0**	**5.4**	**8.4**	**12.1**
M	Actividades profesionales, científicas y técnica	6.4	3.2	6.0	8.1
N	Actividades de servicios administrativos y de apoyo	5.6	2.1	2.5	4.0
	Administración pública y defensa; educación, salud humana y actividades de asistencia social	**22.6**	**16.8**	**17.4**	**21.9**
O	Administración pública y defensa; planes de seguridad social de afiliación obligatoria	7.8	6.2	6.8	8.8
P	Enseñanza	5.7	6.2	4.7	5.5
Q	Actividades de atención de la salud humana y de asistencia social	9.1	4.5	5.9	7.6
	Otras actividades de servicios	**3.4**	**2.4**	**3.5**	**3.4**
R	Actividades artísticas, de entretenimiento y recreativas	1.5	1.4	1.0	1.0
S	Otras actividades de servicios	1.6	1.1	1.4	2.3
T	Actividades de los hogares como empleadores; actividades no diferenciadas de los hogares como productores de bienes y servicios para uso propio	0.4	0.0	1.1	0.1
U	Actividades de organizaciones y órganos extraterritoriales	0.0	0.0	0.0	0.0
	Total de valor agregado	**100.0**	**100.0**	**100.0**	**100.0**

Nota: Las categorías en negrita corresponden a la clasificación A10.

Fuente: OECD, (2013), "STAN Industry Rev. 4", STAN: OECD Structural Analysis Statistics (database), *http://dx.doi.org/10.1787/data-00649-en.*

StatLink *http://dx.doi.org/10.1787/888933735880*

debido a su diversificación. En este caso se descomponen en partes, llamadas establecimientos, para los cuales se pueden identificar procesos de producción separados. Por ejemplo, la rama "Manufactura" incluye todas las unidades productoras que elaboran bienes industriales, sean estas unidades empresas completas o parte de ellas, que se denominan “establecimientos”. Se pueden notar diferencias estructurales entre países altamente desarrollados, como Estados Unidos y Francia, donde los servicios tienen un peso muy elevado y países menos desarrollados, como Corea, donde la industria es aún muy importante. Obsérvese que en los cuadros el valor agregado total no se denomina PIB. No se trata de una omisión, porque el PIB no es simplemente igual a la suma de los valores agregados, sino igual a la suma de los valores agregados más los impuestos, netos de subsidios sobre los productos (véanse los Capítulos 1 y 10).

Una información más detallada se presenta en el Cuadro 4.2, basado en el nivel “A38” de la clasificación internacional. En él figuran la producción, el consumo intermedio y el valor agregado de Bélgica, con datos del año 2002 detallados por sub-ramas de la industria manufacturera.

Cuadro 4.2. **Producción, consumo intermedio y valor agregado de las ramas de actividad industriales**

Bélgica, 2010, millones de euros

	Código y nombre de la rama	Producción	Consumo Intermedio	Valor agregado bruto
C	Industrias Manufactureras	198 876	155 126	43 751
CA	Elaboración de productos alimenticios, bebidas y productos de tabaco	32 685	26 069	6 616
CB	Fabricación de productos textiles, prendas de vestir, productos de cuero y productos conexos	5 648	4 145	1 502
CC	Fabricación de productos de madera y papel; impresión y reproducción de grabaciones	10 527	7 642	2 884
CD	Fabricación de coque y productos de la refinación del petróleo	30 397	29 048	1 349
CE	Fabricación de sustancias y productos químicos	26 857	20 603	6 254
CF	Fabricación de productos farmacéuticos básicos y de preparaciones farmacéuticas	9 364	5 270	4 095
CG	Fabricación de productos de caucho y de plástico y otros productos minerales no-metálicos	12 544	8 618	3 927
CH	Manufactura de metales básicos y productos metálicos, excepto maquinaria y equipo	33 057	26 571	6 486
CI	Fabricación de productos de informática, de electrónica y de óptica	3 559	2 302	1 257
CJ	Fabricación de equipo eléctrico	3 506	2 116	1 390
CK	Fabricación de maquinaria y equipo n.c.p.	8 070	5 131	2 939
CL	Fabricación de equipo de transporte	17 096	14 016	3 080
CM	Otras industrias manufactureras, reparación e instalación de maquinaria y equipo	5 567	3 595	1 971

Fuente: OECD, (2013), “STAN Industry Rev. 4”, STAN: OECD Structural Analysis Statistics (database), *http://dx.doi.org/10.1787/data-00649-en.*

StatLink http://dx.doi.org/10.1787/888933735899

Referencias

Ahmad, N. and S. Koh (2011), "Incorporating Estimates of Household Production of Non-Market Services into International Comparisons of Material Well-Being", *OECD Statistics Working Papers*, No. 2011/07, OECD Publishing, *http://dx.doi.org/10.1787/5kg3h0jgk87g-en*.

OECD (2013a), *OECD Economic Outlook*, Volume 2013, Issue 1, OECD Publishing, Paris, *http://dx.doi.org/10.1787/eco_outlook-v2013-1-en*.

OECD (2013b), "STAN Industry Rev. 4", STAN: OECD Structural Analysis Statistics (database), *http://dx.doi.org/10.1787/data-00649-en*.

United Nations Economic Commission for Europe (2018), *Non-observed economy in national accounts, Survey of country practices*, United Nations Publications Sales No. E.08.II.E.8- ISBN 978-92-1-116987-4 -ISSN 0069-8458.

Puntos clave

- La frontera de la producción que se utiliza en las cuentas nacionales incluye:
  - La producción de bienes y servicios destinados a ser vendidos, lo que se denomina producción de mercado.
  - La producción no vendida, que se denomina producción de no mercado, del gobierno general y de las instituciones sin fines de lucro.
  - La producción de bienes por los hogares para su autoconsumo y la producción por cuenta propia de bienes de capital por las empresas.
  - Los servicios de alojamiento (alquileres imputados) de los propietarios que habitan su propia vivienda, pero excluyendo los otros servicios producidos por cuenta propia por los hogares.
- La producción de mercado a precios corrientes se mide como: ventas más variación de existencias de productos terminados y de productos en curso.
- La producción se mide a precios básicos, que son iguales a los ingresos por unidad de producto percibidos por el productor, excluyendo los impuestos sobre los productos pero incluyendo los subsidios sobre los productos.
- La producción de no mercado (del gobierno general y de las instituciones sin fines de lucro) se mide por la suma de los costos incurridos en obtenerla, incluyendo el consumo intermedio, la remuneración de los asalariados, el consumo de capital fijo y los otros impuestos sobre la producción.
- Los servicios de alojamiento prestados por los propietarios que habitan su propia vivienda se imputan y se estiman por los alquileres que tendrían que haber pagado por viviendas similares.
- Simplificando, la producción de los bancos se mide como la diferencia entre los intereses recibidos y los intereses pagados, más los ingresos recibidos por los servicios facturados directamente.
- La producción de las compañías de seguros se mide como la diferencia entre las primas y las indemnizaciones, más las rentas de inversión.
- La producción del sector comercio se mide por los márgenes de distribución.

Nota

1. Debe anotarse sin embargo, que más y más países también están tratando de observar la economía ilegal. En la Unión Europea, con la introducción de nuevas normas, se hecho obligatorio para finales de 2014 incluir un estimativo de estas actividades.

Precisiones adicionales

Los servicios de los hogares

Las cuentas nacionales oficiales no comprenden ni los servicios domésticos ni los servicios personales prestados por los hogares para su autoconsumo. Esto implica que actividades como cocinar, limpiar la casa, lavar la ropa, cuidar niños y ancianos, no se incluyen en el PIB, salvo que estas actividades sean prestadas por individuos mediante una remuneración. Esto fue lo que llevó a decir a John Hicks, famoso economista y pionero de las cuentas nacionales, que cualquiera podía reducir el PIB casándose con su cocinera.

Los contables nacionales se han opuesto a la idea de incluir estos servicios en el PIB por la dificultad de imputar valores a tales servicios y por las consecuencias que esto traería para el análisis de las variaciones del PIB, pues una parte importante de este estaría completamente "inventada". ¿Cómo se pueden valorar los servicios prestados por una madre cuando cocina para la familia? ¿Según el sueldo de un empleado en una cadena de comida rápida o el de un chef de un restaurante de tres estrellas? Algunos han sugerido estimar un salario imputado según el "costo de oportunidad", en otras palabras, según lo que la madre hubiera ganado en el caso de haber estado trabajando fuera del hogar. Este método de estimación produciría una amplia gama de resultados. Por ejemplo, si la madre es una ejecutiva con mucha experiencia, el costo de oportunidad será mucho más alto que si es una cajera de supermercado. Otra dificultad es distinguir entre actividades cuando existe una producción conjunta. Por ejemplo, en el caso de un padre que, al mismo tiempo, prepara una ensalada para la comida de la familia, echa un ojo al bebé y ayuda a otro hijo con sus deberes escolares ¿Cuánto tiempo se debería asignar a cocinar, a cuidar del bebé y a la educación del otro hijo? ¿Debería reducirse el valor de estas actividades porque se llevan a cabo simultáneamente?

El *documento de trabajo de la OCDE* "Incorporating Estimates of Household Production of Non-Market Services into International Comparisons of Material Well-being" (Ahmad et al., 2011) analiza las diferencias de los dos enfoques, los cuales se ilustran en el Gráfico del anexo 4.B.1. El ejemplo del Reino Unido muestra muy bien el problema de la valoración. Mientras que la producción doméstica de servicios de no mercado alcanza 26.0% del PIB utilizando el enfoque del costos de remplazo, el enfoque de costo de oportunidad sugiere que estos servicios podrían llegar a una proporción tan elevada como el 68% del PIB.

La decisión de considerar fuera del ámbito de la producción a los servicios domésticos no pagados ha sido cuasi controversial. En la mayoría de los países estos servicios no pagados son realizados principalmente por mujeres y, obviamente, son tan importantes para el bienestar general como muchos de los servicios pagados que están dentro de la frontera de la producción.

Gráfico 4.B.1. **Gráfico del anexo 4.B.1. Producción de servicios de no-mercado**

Porcentaje del PIB, 2008

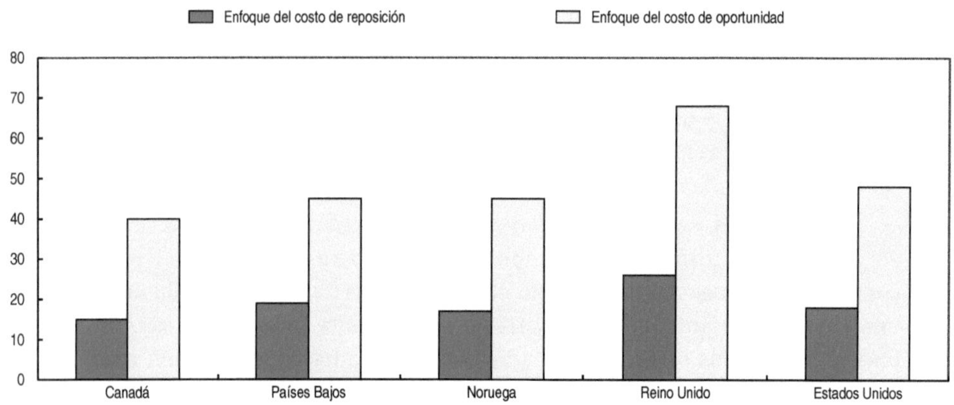

Fuente: Ahmad, N. and S. Koh (2011), "Incorporating Estimates of Household Production of Non-Market Services into International Comparisons of Material Well-Being", *OECD Statistics Working Papers*, No. 2011/7, OECD Publishing, Paris, *http://dx.doi.org/10.1787/5kg3h0jgk87g-en*.

StatLink *http://dx.doi.org/10.1787/888933735918*

Principalmente son razones de orden práctico las que justifican esta exclusión. Además, es necesario entender que la incorporación de estas actividades en el Sistema de cuentas nacionales cambiaría también el significado de un amplio rango de otros indicadores, tales como el ingreso disponible de los hogares y el de los gastos de consumo final. Como consecuencia alguien que quede desempleado podría ver su remuneración aumentar porque el valor de las actividades adicionales no remuneradas podría ser superior al de la pérdida de ingreso monetario. Sin embargo, para proporcionar al público una mejor información, varias oficinas nacionales de estadística compilan las llamadas cuentas satélites, donde se hace una estimación de estos servicios domésticos no pagados. Estas estadísticas, que constituyen un anexo a las cuentas nacionales, muestran cuál hubiera sido el PIB en el caso de haberse incluido el trabajo doméstico no remunerado.

Los ajustes para estimar la economía subterránea en el caso de Francia

Todos los países de la OCDE ajustan el PIB obtenido oficialmente para incorporar una estimación que corresponde a la economía subterránea. En el caso de Francia estos ajustes suponen alrededor de un +4% del PIB. Sin embargo, se debe tener en cuenta que esta cifra es una mera aproximación. Lo que el INSEE (que es la oficina nacional de estadística de Francia) llama economía subterránea comprende tres subgrupos: actividades ilegales (venta de drogas, prostitución organizada, etc.); trabajo negro (empresas clandestinas), y evasión fiscal. El INSEE, al igual que otros institutos nacionales de estadística, no trata de evaluar las actividades ilícitas. Para registrar el trabajo negro ajusta el PIB en +1%, aproximadamente. La aproximación que se sigue es fundamentalmente empírica: sobre la base de estudios oficiales y de investigaciones sociales, el INSEE ha seleccionado una serie de sectores en los que existe una presunción fundada de la existencia de economía subterránea para los que estima de forma muy burda, sector por sector, la magnitud de esta actividad basándose en la opinión de los expertos.

En el caso del fraude fiscal y la evasión de impuestos, el INSEE ajusta las cuentas en un 3% aproximadamente, del cual un 2.5% se funda en la disimulación de ingresos y el restante 0.5% en el no pago del IVA (Impuesto sobre el Valor Agregado). Con respecto a la disimulación de ingresos, las fuentes que se utilizan son datos que las autoridades fiscales han compilado en estudios sobre muestras de impuestos. Para el IVA, la fuente es la comparación entre el monto del IVA que teóricamente se debería recaudar de las transacciones sujetas al impuesto y el IVA que realmente se recauda por las administraciones públicas, además de varios ajustes menores. Aparte de estos ajustes, existen otros por gratificaciones (propinas) no declaradas y prestaciones en especie. Cada una de estas representa, aproximadamente, el 0.5% del PIB.

Las fuentes de datos del valor agregado de las empresas no financieras. El ejemplo de Francia

Uno de los elementos que mejora la calidad de las cuentas nacionales es que estas se basan en la agregación de las cuentas de las empresas individuales. En el caso de Francia (y también en el de otros países), el INSEE (la oficina nacional de estadística) tiene acceso, aunque con un cierto retraso, a todas las cuentas enviadas por las empresas a las autoridades fiscales como parte de su declaración de renta. Esta fuente es virtualmente exhaustiva en lo que respecta a las empresas y a los empresarios individuales. Por tanto, esta fuente es la base sobre la que se estima la mayor parte del PIB. Las ventas de las empresas no financieras, tal y como aparecen en sus cuentas oficiales, constituyen una fuente fundamental para el cálculo de la producción del sector de mercado no financiero en las cuentas nacionales. Sin embargo, esto no es tan simple como pudiera parecer, porque hay que realizar numerosos ajustes en las cuentas de las empresas ya que estas no utilizan las mismas definiciones que las cuentas nacionales. También hay que realizar ajustes para incluir a la economía subterránea y para tener en cuenta lo que se deduce de fuentes alternativas a veces más fiables, como las que derivan del presupuesto del gobierno general. Por ejemplo, los contables nacionales tienen que asegurarse de que los impuestos pagados por las empresas al gobierno general, tal como lo consignan las contabilidades de las empresas, son iguales a los recibidos por las autoridades. Cuando este no es el caso, son las cuentas del gobierno las que se toman como la referencia válida y se ajustan en consonancia los datos procedentes de las cuentas de las empresas. Estos ajustes modifican la medición de las utilidades de las empresas (el excedente bruto de explotación). Estas cifras deben complementarse con los resultados de la Encuesta Anual de Empresas, que lleva a cabo el INSEE, que se utilizan principalmente para hacer una discriminación detallada de las ventas por ramas de actividad.

Servicios de Intermediación Financiera Medidos Indirectamente (SIFMI)

SIFMI es el término que designa a los servicios que prestan los bancos a sus clientes y que no son facturados. En el caso de sus depositantes, estos servicios pueden incluir la gestión de cuentas corrientes, el envío de extractos bancarios y las transferencias entre cuentas. En estos casos, en lugar de facturar directamente estos servicios, los bancos reducen el interés que pagan a sus depositantes. Este interés es, de hecho, inferior que el que los clientes podrían haber obtenido prestando directamente el dinero a los prestatarios (en lugar de depositarlo en los bancos). Para los prestatarios de los bancos los servicios de intermediación financiera incluyen el seguimiento de su solvencia financiera, el asesoramiento financiero, la distribución a lo largo del tiempo de la amortización de los préstamos que han recibido y el registro de estas amortizaciones con fines contables. El costo de estos servicios es una parte inseparable del tipo de interés que los bancos cargan a los prestatarios.

Los SIFMI a precios corrientes se calculan a partir de la siguiente formula (simplificada):

$$(ip - ir) \times P + (ir - id) \times D$$

En la fórmula, ip es el tipo de interés observado de los préstamos, ir el llamado interés de referencia, id es el interés observado de los depósitos, P el monto de los préstamos, y D el de los depósitos. El interés de referencia ir es un estimativo de un interés puro que no incorpora ningún elemento de riesgo y que, por tanto, corresponde a la preferencia de los agentes económicos por el presente. La diferencia entre la tasa de interés pagado por los prestatarios (ip) y la tasa de interés de referencia (ir) se utiliza para medir el precio de los SIFMI para los prestatarios. La diferencia entre la tasa de interés de referencia (ir) y la tasa de interés recibido sobre los depósitos bancarios (id) se utiliza como precio de los SIFMI para los depositantes. Estos precios se multiplican después por los préstamos totales, y por los depósitos totales, para determinar el valor total de los SIFMI consumido por los diferentes agentes económicos.

La lógica de las cuentas nacionales requiere que si los SIFMI se contabilizan en la medición de la producción también deben registrarse como consumo de quienes utilizan estos servicios. Para una empresa que toma préstamos de un banco, los SIFMI serán parte de su consumo intermedio. Para un hogar que mantiene un depósito en un banco, los SIFMI son un elemento de sus gastos de consumo final. Durante mucho tiempo los contables nacionales no encontraron una forma convincente de asignar esta producción a sus consumidores y, excepto en los Estados Unidos, Canadá y Australia, los SIFMI no se distribuían entre hogares y empresas y se consideraban consumo intermedio de la economía como un todo. Afortunadamente, hace poco se ha encontrado una solución, que ha sido adoptada por los países de la OCDE a partir de 2005. Sin embargo sigue vigente el problema de la elección de la tasa de interés de referencia. Los países europeos han elegido un interés que es una media del interés interbancario a corto plazo y de algunos intereses a más largo plazo, mientras que Estados Unidos ha elegido el interés de los Bonos del Tesoro. La asignación entre hogares y empresas se hace mediante prorrateo basado en la participación de unos y otras en los préstamos y en los depósitos.

La crisis financiera de 2007-09 (véase el Capítulo 13) ha llamado la atención sobre el papel de los bancos en la economía y sobre la medición de su producción en las cuentas nacionales. Algunos comentaristas llegaron a decir que los bancos no tenían producción positiva en las cuentas nacionales, pues al final ellos fueron responsables de la gran recesión 2007-09. Sin ir tan lejos, otros comentaron que las cuentas nacionales no eran adecuadas puesto que mostraban un incremento de la producción de los bancos durante la recesión, lo cual es contradictorio. Estas afirmaciones deben ser rectificadas. A pesar de que se debe reconocer que los contables nacionales aún tienen dificultades para obtener una medición convincente del volumen de la producción bancaria, debe recordarse que la medición importante para las cuentas nacionales es la medición del volumen y no la medición a precios corrientes. En este contexto, cualquier aumento del margen entre ip, id e ir, será interpretado como un cambio en el precio de los SIFMI y no como un cambio en el volumen de ellos. En otras palabras, un cambio en la prima de riego es un cambio en el precio de los servicios de intermediación. En cualquier caso, la producción del sector financiero en los Estados Unidos no aumentó durante el período 2007-12; al contrario disminuyó tanto en precios corrientes como en volumen.

Ejercicios para el Capítulo 4

Ejercicio 1. Cambio en la estructura de producción

Este ejercicio se refiere al cuadro de la página siguiente, tomado de las cuentas nacionales de Austria a precios corrientes. Muestra como la economía austríaca se convierte, en forma creciente, en una economía de servicios. Ilustre el resultado gráficamente. ¿En qué ramas se encuentran actividades de no mercado? ¿Qué rama incluye la imputación de arrendamientos para propietarios/ocupantes? ¿Qué diferencia hay entre la suma de valores agregados en este cuadro y el PIB? ¿Cuál de las grandes ramas ha crecido más desde 1980? Exprese el resultado como una tasa promedia de crecimiento anual. ¿Cuál de las grandes ramas ha crecido menos? ¿Es este resultado en precios corrientes completamente convincente?

Ejercicio 2. Ramas y productos

El Cuadro 4.2 de este capítulo, muestra la producción, el consumo intermedio y el valor agregado de la industria manufacturera para Bélgica. Usando ejemplos de este cuadro, reconstituya la relación fundamental que asocia estas tres magnitudes. Ilustre para ciertas ramas las diferencias en las llamadas tasas de externalización. ¿Qué cambios habría que hacer a este cuadro si se hubiera querido presentar resultados por producto y no por rama?

Ejercicio 3. Cálculo de la producción

Los siguientes datos simplificados corresponden a una empresa productora de automóviles. Ventas: 1 353 500. Compras de materias primas: 540 000; servicios de empleados temporales 350 500; máquinas herramientas 264 000. Inventarios de productos terminados al principio del período: 245 000; al final del período 36 700. Inventarios de materias primas al principio del período: 73 200; al final del período 43 000. Calcule la producción, el consumo intermedio y el valor agregado a precios corrientes, suponiendo que no hay cambios de precios durante el período. ¿Por qué es importante esta última condición?

Ejercicio 4. Cálculo de la producción: un caso de producción de no mercado

Los que siguen son datos simplificados de una unidad del gobierno general. Sueldos y salarios brutos de los funcionarios 562 980; contribuciones sociales del empleador: 65 450; compra de materiales 85 430; ingresos por impuestos 485 770; depreciación 124 320. Calcule la producción, el consume intermedio y el valor agregado. Verifique que la medición de la producción corresponde al supuesto de que este ente administrativo no tiene ánimo de lucro.

Ejercicio 5. Cálculo de la producción: el caso de los bancos

Los que siguen son datos simplificados para un banco: comisiones de operaciones cambiarias: 32 980; comisiones de operaciones en bolsa de valores: 23 430; intereses recibidos: 357 850; intereses pagados: 204 650;

Cuadro del anexo 4.C.1. Austria: Valor agregado bruto por rama de actividad

	1980	1995	2011
Agricultura, ganadería, silvicultura y pesca	**3 400**	**3 883**	**4 494**
Industrias manufactureras, explotación de minas y canteras y otras actividades industriales	**19 139**	**37 199**	**61 376**
Explotación de minas y canteras	921	543	1 389
Industrias manufactureras	15 819	30 581	50 925
Suministro de electricidad, gas, vapor y aire acondicionado	1 899	4 192	6 082
Suministro de agua; evacuación de aguas residuales, gestión de desechos y descontaminación	500	1 883	2 980
Construcción	**5 755**	**12 758**	**18 499**
Comercio al por mayor y al por menor; transporte y almacenamiento; reparación de vehículos automotores y motocicletas, alojamiento y servicio de comidas	**16 458**	**35 210**	**61 080**
Comercio al por mayor y al por menor; reparación de vehículos automotores y motocicletas	9 931	20 478	34 911
Transporte y almacenamiento	3 854	8 531	12 819
Actividades de alojamiento y de servicio de comidas	2 673	6 201	13 350
Información y comunicaciones	**1 746**	**5 240**	**8 278**
Actividades financieras y de seguros	**3 532**	**8 997**	**13 876**
Actividades inmobiliarias	**3 011**	**13 013**	**26 050**
Actividades profesionales, científicas y técnicas y actividades de servicios administrativos y de apoyo	**2 225**	**9 023**	**29 043**
Actividades profesionales, científicas y técnica	1 318	5 154	12 642
Actividades de servicios administrativos y de apoyo	907	3 869	11 401
Administración pública y defensa; educación, salud humana y actividades de asistencia social	**11 024**	**28 754**	**47 219**
Administración pública y defensa; planes de seguridad social de afiliación obligatoria	3 940	10 632	15 545
Enseñanza	3 765	8 782	14 774
Actividades de atención de la salud humana y de asistencia social	3 319	9 339	16 900
Otras actividades de servicios	**1 642**	**4 295**	**7 617**
Actividades artísticas, de entretenimiento y recreativas	441	1 600	3 374
Otras actividades de servicios	1 149	2 630	4 136
Actividades de los hogares como empleadores; actividades no diferenciadas de los hogares como productores de bienes y servicios para uso propio	52	54	107
Total de valor agregado	**67 931**	**158 371**	**277 532**
PIB	76 359	174 794	299 240

Nota: Las categorías en negrita corresponden a la clasificación A10.

compra de materiales: 34 520; compra de servicios de consultoría informática: 32 890; compras de software: 12 590; inventario de materiales al principio del período: 7 420; inventario de materiales al final del período 3 860. Calcule la producción, el consume intermedio y el valor agregado. Suponga que el valor para los SIFMI es intereses recibidos menos intereses pagados.

Ejercicio 6. Cálculo de la producción: el caso del comercio

Los que siguen son los datos simplificados de una cadena de ventas al por menor: ventas: 4 567 800; compras totales: 4 120 500 (de las cuales, bienes para la reventa: 3 987 350), inventario de mercancía para la venta, al principio del período: 476 000, al final del período: 548 400; inventario de materiales al principio del período: 120; al final del período: 3 250. Calcular la producción, el consumo intermedio y el valor agregado. Se considera que la inflación es insignificante.

Ejercicio 7. Cálculo de la producción: el caso de las aseguradoras

Los que siguen son los datos simplificados de una aseguradora: primas recibidas: 210 400; indemnizaciones de siniestros: 187 500; ingresos de la inversión de reservas: 34 270; compras de bienes de consumo: 24 320; inventario de materiales al principio del período: 5 630; al final del período: 20. Calcule la producción, el consume intermedio y el valor agregado. Suponga ahora que una reclamación excepcional eleva el monto de las indemnizaciones de este período a 245 000. Recalcule la producción. ¿Cómo debe interpretarse este resultado?

Las soluciones a estos ejercicios están disponibles en el sitio web de la OCDE.

Capítulo 5

Definición de los usos finales del PIB

Los cambios en los usos finales del PIB, o de la demanda, determinan el crecimiento del PIB real a corto plazo. Los gobiernos por lo general tratan de influir en tres variables para conservar el crecimiento a una tasa que mantenga la inflación y el empleo en los niveles deseados: la demanda de los hogares, el consumo público y la inversión. Juntas, estas variables se conocen como demanda interna. Los economistas analizan esta demanda, como también la demanda externa y las exportaciones netas, cuando tratan de predecir desarrollos económicos futuros. Este capítulo trata de la medición y conformación de la demanda y de lo que contiene cada uno de los componentes de los usos finales.

Los cambios en los **usos finales** del PIB o **demanda**, para utilizar el término de los economistas, determina el crecimiento del PIB real a corto plazo. Este capítulo tiene por objeto recoger las definiciones de los componentes de esta demanda.

Los autores del informe *OECD Economic Outlook* para 2013, al comentar los últimos desarrollos económicos del Reino Unido, país que se ha tomado como referencia para este capítulo, escribían:

> *"La debilidad persistente de los socios comerciales de la zona euro, el lento crecimiento del ingreso real y el necesario desapalancamiento de los sectores público y privado generan vientos adversos para la economía. El crecimiento debería recuperarse gradualmente durante 2013 y 2014 a medida que la inversión bruta fija y las exportaciones ganen fuerza. Las expectativas de inflación están por encima del objetivo, pero esta debería ceder ante la persistencia de la disponibilidad de recursos económicos no utilizados. La discreta recuperación mundial, en particular en Europa, y el ajuste necesario de los balances públicos y privados, aún deficientes, continúan siendo un peso para el crecimiento. A pesar de la resistencia del mercado laboral, el consumo privado está frenado por la debilidad del ingreso promedio real, la fragilidad de la confianza y el desapalancamiento de los hogares. La inversión privada se ve obstaculizada por una demanda agregada débil y por fuertes incertidumbres. La depreciación de la tasa de cambio en estos últimos años no ha tenido un efecto positivo sobre las exportaciones, que se han visto frenadas por la falta de vigor de la demanda. Las exportaciones también son inferiores al crecimiento de los mercados externos del Reino Unido lo cual indica que existen obstáculos del lado de la oferta, notablemente en la exportación de servicios financieros y en el sector petrolero". (OECD, 2013)*

Son tres las variables objetivo que las autoridades tratan de controlar con el fin de situar el crecimiento a una tasa que mantenga la inflación y el empleo a los niveles deseados: 1) la demanda de los hogares (o, en términos de las cuentas nacionales, los "gastos de consumo de los hogares"); 2) el consumo público (o los "gastos de consumo del gobierno general"), y 3) la inversión (o la "formación bruta de capital fijo"). Para influir sobre estas variables, las autoridades se sirven de instrumentos de política económica y de política fiscal (véase en el Anexo 5.B, la sección: "¿Cómo funcionan la política monetaria y la política fiscal?").

El total de estas tres variables se conoce como **demanda interna**. Las exportaciones son también un componente principal de la demanda final, pero en este caso de la **demanda externa**. Convencionalmente se muestra a la demanda externa como igual a las exportaciones menos las importaciones, diferencia que se denomina **exportaciones netas**.

Estas son las variables que siguen los economistas cuando tratan de predecir la evolución económica futura. Las previsiones macroeconómicas se realizan estimando en un primer momento los usos finales basándose en su evolución reciente, teniendo en cuenta las últimas medidas de políticas monetaria y fiscal y las que se espera se adopten. Una vez se dispone de estas previsiones para cada Estado miembro, los economistas de la OCDE utilizan su conocimiento de las relaciones financieras y comerciales entre los países de la OCDE para comprobar si las previsiones obtenidas para cada país son coherentes para el área de la OCDE en su conjunto. Esto lleva a un proceso iterativo en el que las previsiones de cada uno de los países se ajustan para producir una serie de previsiones coherentes para el conjunto, teniendo en cuenta el probable impacto de las políticas monetaria y fiscal de cada país sobre todos los restantes.

Este capítulo profundizará en el contenido de cada uno de los componentes de los usos finales. Aunque no siempre se insista sobre ello, es muy importante tener en cuenta a lo largo de todo el capítulo que lo que más interesa a los economistas-analistas son las variaciones de estas variables en volumen y no sus movimientos a precios corrientes. Algunos cuadros de este capítulo utilizan datos a precios corrientes, pero, en el contexto de las previsiones macroeconómicas, la verdadera definición de la variable es la que se expresa en términos de volumen (es decir, después de deflactar la variable a precios corrientes por un índice de precios apropiado). El Ejercicio 1, que figura al final del capítulo, muestra cómo los usos finales de un cuadro a precios corrientes se convierten en usos finales en volumen.

5.1. Los usos finales en las cuentas nacionales

El Cuadro 5.1, referido al Reino Unido, muestra los principales componentes de los usos finales y su importancia en relación con el PIB. Una característica obvia es la importancia del rubro "Gastos de consumo final de los hogares", que representa más del 60% del PIB del Reino Unido, porcentaje similar al que este rubro tiene en otros países de la OCDE.

¿Qué significa el término "usos finales"?

En primer lugar, ¿por qué "**usos**"? Simplemente porque se está haciendo referencia a cómo se utilizan los recursos que llegan al mercado procedentes de la producción, las importaciones y las existencias previamente almacenadas. En gran parte, estos usos consisten en *adquisiciones* por los agentes económicos, razón por la que se habla de *gastos finales* – además de *usos finales* – dos términos que significan lo mismo.

Cuadro 5.1. **Reino Unido: Participación de los usos finales en el PIB**

Precios corrientes, porcentaje del PIB

Codigo SCN		1980	1990	2000	2005	2012
P31S14	Gastos de consumo final de los hogares	57.7	60.0	63.2	62.2	63.3
P31S15	Gastos de consumo final de las instituciones sin fines de lucro que sirven a los hogares (ISFLSH)	1.4	2.0	2.4	2.4	2.5
P3S13	Gastos de consumo final del gobierno general	21.9	19.6	18.3	21.0	21.8
P51	Formación bruta de capital fijo	19.2	20.4	17.4	16.8	14.3
P52	Variación de existencias	-1.1	-0.3	0.5	0.4	0.3
P53	Adquisiciones menos disposiciones de objetos valiosos	0.0	0.0	0.0	0.0	0.1
P6	Exportaciones de bienes y servicios	27.1	24.2	27.3	26.6	31.6
P7	Importaciones de bienes y servicios	-24.7	-25.9	-29.2	-29.4	-33.8
DB1_GE	Discrepancia estadística	0.0	0.0	0.0	0.0	-0.2
B1_GE	Producto interno bruto (enfoque del gasto)	100.0	100.0	100.0	100.0	100.0

Fuente: OECD (2013), "Aggregate National Accounts: Gross Domestic Product", OECD National Accounts Statistics (database), *http://dx.doi.org/10.1787/data-00001-en.*

StatLink http://dx.doi.org/10.1787/888933735937

¿Por qué "**finales**"? En cuentas nacionales los usos de los recursos se califican como *intermedios* o como *finales*. Los usos intermedios se componen de bienes y servicios consumidos por completo (se podría decir también destruidos o transformados) en un proceso de producción dentro del territorio económico y durante el período contable (normalmente, un año); los usos finales comprenden los demás bienes y servicios. Obsérvese que no es la naturaleza de los bienes o servicios lo que determina si su uso es intermedio o final. Un bistec adquirido por un hogar tiene un "uso final", pero si lo compra un restaurante tiene un "uso intermedio". De igual forma, una lámina de acero tendrá, en la mayoría de los casos, un uso "intermedio", pero puede tener un uso final si se almacena durante el período corriente para ser utilizado en otro posterior, o si se exporta. Por tanto, uso "final", simplemente, hace referencia a todos los bienes y servicios que se utilizan pero que no se consumen por completo (es decir, los que no se destruyen o transforman) en un proceso de producción que se lleva a cabo durante el período contable. Se verá más adelante que se han tenido que adoptar diversas convenciones para poder distinguir en la práctica entre bienes y servicios de uso "final" y bienes y servicios de uso "intermedio".

En el caso de los hogares, excluyendo sus actividades como empresarios individuales y el caso especial de las viviendas, se puede considerarse que todos los bienes y servicios que adquieren tienen "uso final", no porque en su mayor parte se consuman durante el período contable, sino porque no se utilizan en un proceso de producción. Es necesario recordar algunos elementos de la definición de producción que figuran en el Capítulo 4: en cuentas nacionales no se considera producción la elaboración de comidas y el lavado de ropa dentro del hogar. En consecuencia, un bistec crudo no se considera consumo intermedio en el proceso de elaboración de una comida por un miembro del hogar. Se puede objetar que algunos bienes adquiridos por los hogares no se consumen en su totalidad durante el período contable; por ejemplo, el vino y las conservas enlatadas pueden almacenarse durante varios años, mientras que los bienes duraderos, como automóviles, computadores y electrodomésticos prestan servicios a sus propietarios a lo largo de varios años. La respuesta a estas objeciones es que, *por convención*, se considera que todos los bienes y servicios, excepto la vivienda, se han consumido en su totalidad cuando han sido adquiridos por los hogares.

Otro punto importante es que el uso de la producción del gobierno general y de las instituciones sin fines de lucro se clasifica, *por convención*, como final, tanto si se trata de consumo final como de Formación Bruta de Capital (FBC). Podría discutirse si algunos de estos servicios se deberían tratar como de uso intermedio. Mientras es fácil aceptar que la educación y la salud son de naturaleza "final", muchos servicios públicos – que van desde defensa, seguridad ciudadana, alumbrado público, hasta mantenimiento de carreteras – tienen algunas de las características de los bienes y servicios "intermedios". Tales servicios claramente contribuyen a la producción, en tanto que esta sería menor si las autoridades fracasaran en defender el país de una invasión extranjera, o en mantener el orden público o en conservar la red de carreteras en buenas condiciones. Realmente la ausencia de tales servicios puede tener efectos catastróficos sobre la producción, como pone en evidencia la experiencia de muchos países en vías de desarrollo.

Es un problema no poder afirmar con certeza en qué medida estos servicios prestados por el gobierno general contribuyen a la producción de las empresas y en qué medida contribuyen al bienestar general de la población. Tanto los hogares como las empresas se benefician del orden público, de la red de carreteras y de las muchas otras contribuciones a la vida civilizada prestada por el gobierno general. Aun en el caso de que se pudiera separar la parte de los servicios del gobierno general que contribuyen a la producción, se estaría obligado a asignar los costos de producción entre los productores de una manera arbitraria. Estas son las razones que han conducido a los contables nacionales a tratar todos los servicios prestados por el gobierno general como "de uso final".

En cambio, todos los gastos de las empresas en bienes y servicios son "de uso intermedio", **excepto** la inversión, es decir, la Formación Bruta de Capital Fijo (FBCF), y la variación de existencias. Las adquisiciones de bienes de inversión se registran como *uso final* y no como intermedio porque el consumo de estos bienes (llamado *consumo de capital fijo* por los contables nacionales y *depreciación* por los economistas) tiene lugar a lo largo de un período superior a un año. La variación de existencias también forma parte de los usos finales porque se trata de productos que se mantienen varios períodos contables, durante toda la vida de la empresa.

Las exportaciones – bienes y servicios vendidos al exterior – se consideran "finales" (a pesar de que pueden ser utilizadas en el proceso de producción por el país importador) porque son finales desde el punto de vista del país exportador. Desde el punto de vista del país importador, el valor de estos bienes y servicios importados se incluye en bienes y servicios finales o en bienes y servicios intermedios y tienen que restarse del total de bienes y servicios para obtener su *Producto Interno Bruto*. Por esta razón las importaciones van precedidas de un signo negativo en el Cuadro 5.1.

En resumen, la definición de bienes y servicios de uso final se basa en diversas convenciones. Los puristas pueden encontrar esta práctica insatisfactoria porque un conjunto diferente de convenciones daría lugar a un conjunto diferente de cuentas nacionales. Sin embargo, debe tenerse en cuenta que, a lo largo de muchos años, las convenciones vigentes han dado lugar a una serie de estadísticas que han probado su utilidad para describir y gestionar las economías de los países.

5.2. Gasto de consumo final de los hogares

El gasto de consumo final de los hogares es el componente más importante de los usos finales e incluye:

1. *Las compras de bienes y servicios que utilizan los hogares para satisfacer sus necesidades cotidianas:* alimentación, vestido y calzado, bienes duraderos, alquileres, transportes, servicios personales, etc. Estas compras son el componente principal de los gastos de consumo de los hogares. Hay que hacer tres precisiones:
   - Algunas de estas adquisiciones se financian mediante crédito. En este caso los contables nacionales tienen que dividir la operación en tres partes: el precio del bien en sentido estricto (por ejemplo, un automóvil); los gastos administrativos de la institución financiera que concede el préstamo y el pago de intereses. La primera se asigna al gasto de los hogares en la categoría "automóviles"; la segunda, al gasto de los hogares en la categoría "servicios financieros", mientras que la tercera se excluye de los gastos de consumo de los hogares y se contabiliza como un pago de intereses[1] en la cuenta de distribución primaria del ingreso (véase el Capítulo 6, que trata de las cuentas de los hogares). Obsérvese que el gasto en automóviles se registra en el momento que el comprador toma posesión del vehículo y no en los períodos de amortización del préstamo, incluso cuando la adquisición se hace mediante un leasing, llamado también arrendamiento financiero, o alquiler con opción de compra.

- Las adquisiciones de viviendas son usos finales, pero se incluyen en formación bruta de capital fijo y no en gastos de consumo. Los contables nacionales consideran a los propietarios de viviendas como productores de servicios de alojamiento tanto para ellos como para sus arrendatarios o inquilinos. Estos hogares invierten (al comprar la vivienda) y llevan a cabo gastos intermedios, por ejemplo, compra de material de construcción o servicios de fontaneros y electricistas, que se necesitan para mantener la vivienda en buenas condiciones[2]. Tanto la compra de la vivienda (formación de capital), como los gastos de reparación y mantenimiento se excluyen de los gastos de consumo final de los hogares. El importe de la compra de la vivienda sigue siendo un uso final, mientras que los gastos de reparación y mantenimiento son un uso intermedio.
- En cuentas nacionales el sector hogares comprende a los empresarios individuales, es decir, a las empresas no constituidas en sociedades (véase el Capítulo 6). Sin embargo, el gasto de los hogares en bienes y servicios destinados a ser consumidos en el proceso de producción que llevan a cabo los empresarios individuales, no forma parte del consumo final de los hogares; se considera consumo intermedio de las empresas individuales.

2. *Los pagos parciales por los bienes y servicios* prestados por el gobierno general. Están en este ámbito los pagos parciales que realizan los hogares para acceder a determinados servicios públicos, por ejemplo, la entrada a un museo público, cuyo precio cubre solo una pequeña parte del servicio prestado. Si la prescripción de medicamentos y los servicios médicos se reembolsan parcialmente, la parte realmente pagada por los hogares debe incluirse aquí como pagos parciales[3]. Como se verá más adelante, la cantidad reembolsada forma parte de los gastos del gobierno general y del consumo *efectivo* de los hogares.
3. *Los pagos al gobierno general por varios tipos de licencias y permisos, cuando se realizan a cambio de un verdadero servicio.* Los pagos obligatorios destinados exclusivamente a producir un ingreso para el gobierno general se tratan como impuestos y, por tanto, quedan excluidos de los gastos de consumo de los hogares. La frontera entre las dos categorías es un tanto arbitraria: las licencias para la posesión de vehículos, barcos o aviones se consideran impuestos, mientras que las tasas por la emisión del pasaporte y de la licencia de conducir se consideran normalmente como pagos por servicios. En algunos países, los pagos obligatorios de los usuarios bajo forma de licencia por el acceso al servicio público de televisión se tratan como gastos de consumo final de los hogares, pero en el Reino Unido la licencia por televisión se registra como un impuesto (véase la sección: "Las limitaciones de las cuentas nacionales: el consumo de servicios de televisión o de Internet financiados por la publicidad", que figura en el Anexo 5.B).

Los gastos de consumo de los hogares también incluyen un cierto número de gastos imputados. Se denominan así las rubros de gastos que realmente no se han llevado a cabo, pero a los que se asigna – o "imputa"– un valor con el fin de mejorar la comparabilidad a lo largo del tiempo y entre países. Los principales tipos de **gastos imputados** son:

- *Los alquileres imputados a los propietarios que ocupan sus propias viviendas.* Se considera que la gente que ocupa viviendas de su propiedad se "vende" a sí misma servicios de alojamiento. Por tanto, los alquileres que se registran en las cuentas nacionales incluyen tanto los alquileres efectivamente pagados por los arrendatarios a sus arrendadores como los alquileres imputados, en el caso de los propietarios que habitan su propia vivienda. En la mayoría de los países los alquileres imputados constituyen el rubro imputado más grande de los que se incluyen en el consumo individual de los hogares. El importe de los alquileres imputados se estima tomando como referencia los alquileres pagados por viviendas comparables en la misma zona geográfica del país.
- *El consumo por cuenta propia.* Comprende el valor (estimado a partir de los precios de mercado correspondientes) de los gastos en bienes y servicios que la gente produce con el fin de consumirlos. Los ejemplos más importantes son los productos agrícolas producidos por los agricultores para ellos mismos y sus familiares. Obsérvese que las imputaciones se limitan a los bienes. Con la excepción de los servicios de alojamiento de los propietarios que habitan su propia vivienda, no se realiza ninguna imputación de otros servicios, tales como cocinar, cuidado de los niños y limpieza del hogar, cuando se producen y consumen dentro de los mismos hogares que los producen.
- *Los ingresos en especie.* Los empleados pueden recibir gratuitamente, o a un precio muy bajo, bienes y servicios como parte de su salario. Por ejemplo, los empleados de los ferrocarriles suelen tener derecho a viajar en tren más o menos gratuitamente, los miembros de las fuerzas armadas reciben a veces comidas gratuitas, etc. En cuentas nacionales estas prestaciones en especie se valoran según su costo para el empleador. Posteriormente se añaden a la remuneración de los asalariados y se registran también entre los gastos de consumo de los hogares.
- *Los Servicios de Intermediación Financiera Medidos Indirectamente (SIFMI).* Los bancos prestan habitualmente a su clientela ciertos servicios de manera gratuita o a precios que están por debajo de los costos de producción. En algunos países la tramitación de los cheques es aun gratuita. Los bancos cubren sus costos de producción cargando a los créditos que conceden un tipo de interés superior de él que aplican a los depósitos que reciben. En términos generales, los SIFMI (véase el Capítulo 4) en préstamos de los bancos se miden por la diferencia entre los intereses recibidos y los

intereses pagados (generalmente entre la tasa de interés activa y la tasa de interés pasiva). Algunos de estos SIFMI son consumidos por los hogares y, por lo tanto, deben incluirse entre los gastos de consumo de los hogares, o en el caso de créditos hipotecarios, por ejemplo, como un consumo intermedio relacionado con la producción de los servicios de alojamiento.

Consumo realizado fuera del territorio económico del país de residencia

Los gastos de consumo final de los hogares deben incluir todos los gastos de consumo realizados por los hogares residentes en el Reino Unido (por seguir con el país que se toma como referencia en este capítulo), tanto si se producen en el Reino Unido como en otra parte.

Para la definición de "residencia" y de "territorio económico", véase la sección 5.9 de este capítulo.

Esto implica que hay que sumar al consumo que se realiza en el territorio económico, el consumo realizado por los turistas del Reino Unido en otros países. Dado que los contables nacionales del Reino Unido no saben qué productos han consumido sus turistas en el extranjero, registran un valor estimado en el rubro "Viajes", que se contabiliza como una importación y se añade al consumo en el territorio económico (el cual está disponible con gran detalle). A la inversa, el consumo registrado en el territorio económico del Reino Unido debe reducirse en el valor de las compras de los turistas extranjeros (hogares no-residentes) y contabilizarse como exportaciones.

El sistema de precios aplicado a los usos finales

La norma general que se aplica en cuentas nacionales es que los usos finales se valoran a los precios acordados entre las partes al realizar las transacciones. Estos precios se denominan *precios de mercado, precios de adquisición o precios de comprador*. En el caso de pagos realizados por los hogares estos precios corresponden a los pagados al adquirirlos. Sobre este tema se debe tener en cuenta los siguientes puntos:

- Los precios de los usos finales incluyen el IVA no deducible y otros impuestos sobre los productos, tales como impuestos a las ventas, los impuestos sobre el consumo de tabaco, bebidas alcohólicas o combustibles. El Recuadro 5.1. Clases de impuestos, recoge la distinción entre impuestos sobre los productos, tales como impuestos a las ventas e IVA, los cuales se incluyen en los gastos de consumo de los hogares y los impuestos corrientes sobre el ingreso y la riqueza, que no se tienen en cuenta al valorar tales gastos.
- Los precios de los usos finales incluyen los costos de transporte y comercialización.

- Los precios de los usos finales son netos de descuentos, lo que implica que pueden ser menores que los precios oficiales (o de catálogo), tanto si la reducción se obtiene mediante regateo como si es el resultado de una oferta del vendedor para incrementar sus ventas.
- Los precios de los usos finales incluyen las propinas por encima de los precios oficiales. El ejemplo más común son las propinas entregadas en restaurantes, taxis y peluquerías.

Recuadro 5.1. **Clases de impuestos**

Los contables nacionales clasifican los impuestos pagados por los hogares y otros agentes en cuatro grupos: impuestos sobre los productos (D21); otros impuestos sobre la producción (D29), impuestos corrientes sobre el ingreso y el patrimonio (D5); e impuestos sobre el capital (D91). Los impuestos del primer grupo se suelen llamar “impuestos indirectos” y los del segundo “impuestos directos”. Aquí solo se tratará de los impuestos sobre los productos (D21) y sobre el ingreso y el patrimonio (D5), que son los más importantes.

En los países de la OCDE, los impuestos sobre los productos consisten, fundamentalmente, en el IVA, el impuesto a las ventas y en otros impuestos específicos, tales como los que recaen sobre los derivados del petróleo, tabaco o bebidas alcohólicas. A estos pueden agregarse algunos otros impuestos menores y los derechos de aduana. Estos impuestos se recaudan en el momento de la venta de los bienes y servicios correspondientes y, por tanto, son una parte integral de los precios que tiene que pagar el comprador para adquirirlos. Los precios, “que incluyen los impuestos sobre los productos”, son los más apropiados desde el punto de vista del análisis económico del consumo y son, por tanto, los utilizados en cuentas nacionales. Las ventas a turistas extranjeros, que no están gravadas por el IVA ni por los impuestos sobre las ventas, se contabilizan sin incluir estos impuestos, incluso cuando el comprador los paga inicialmente para ser reembolsados posteriormente. Estos impuestos se denominan “deducibles”. Solo los impuestos no deducibles se incluyen en los precios que se utilizan en cuentas nacionales.

Los impuestos corrientes sobre el ingreso y el patrimonio de los hogares incluyen principalmente los impuestos sobre el ingreso de trabajo y similares, y los impuestos sobre las utilidades de los empresarios individuales, pero incluyen también impuestos locales, impuestos sobre la propiedad, otros impuestos sobre el patrimonio y algunos menos importantes. Estos impuestos “directos” no se incluyen en los gastos de consumo, sino que son tratados como transferencias, es decir, como pagos por los que no se recibe nada a cambio. Estos impuestos se registran en la cuenta de distribución secundaria del ingreso, según se explica en el Capítulo 6, dedicado a la cuenta de los hogares.

Clasificación del gasto de los hogares

La clasificación principal del gasto de los hogares describe el gasto según su *finalidad* y se conoce por su acrónimo inglés COICOP – *Clasificación del Consumo Individual por Finalidades* –. En ella los productos se clasifican en grupos que responden mejor a las necesidades de los análisis del consumo que la clasificación normalizada de productos, más adecuada para analizar la producción. El Cuadro 5.2 ilustra los cambios en los gastos de consumo en el Reino Unido basándose en esta clasificación por finalidades.

Cuadro 5.2. **Reino Unido: Composición del gasto de los hogares según la clasificación por finalidad**

A precios corrientes, porcentaje del gasto total de consumo final

		1980	1995	2012
P31CP010	Alimentos y bebidas no alcohólicas	17.8	10.7	9.1
P31CP020	Bebidas alcohólicas, tabaco y narcóticos	5.7	4.1	3.6
P31CP030	Prendas de vestir y calzado	7.7	6.1	5.8
P31CP040	Vivienda, agua, electricidad, gas y otros combustibles	16.0	18.8	25.8
P31CP050	Mobiliario, equipamiento del hogar	6.9	5.9	4.9
P31CP060	Salud	0.9	1.5	1.6
P31CP070	Transporte	15.0	13.8	14.3
P31CP080	Comunicaciones	1.7	2.1	2.1
P31CP090	Ocio, espectáculos y cultura	9.9	11.2	10.5
P31CP100	Educación	0.9	1.3	1.5
P31CP110	Restaurantes y hoteles	10.7	11.0	9.8
P31CP120	Otros bienes y servicios	7.4	13.3	10.4
P33	Gastos de consumo final en el exterior, de los hogares residentes	2.0	3.0	2.9
P34	Gastos de consumo final, en el territorio económico, de hogares no residentes	-2.6	-2.9	-2.4
P31NC	Total gasto de consumo final de los hogares	100.0	100.0	100.0

Fuente: OECD (2014), "Detailed National Accounts: Non-financial accounts by sectors, annual", OECD National Accounts Statistics (database), *http://dx.doi.org/10.1787/data-00001-en.*

StatLink http://dx.doi.org/10.1787/888933735956

El Cuadro refleja que en 25 años se ha producido una caída espectacular en el peso que tienen dentro de los gastos totales los gastos dedicados a fines cotidianos (alimentación, bebidas alcohólicas y tabaco, vestido y calzado) a favor de los gastos en esparcimiento y en servicios en general. Este fenómeno se extiende a todos los países en los que el ingreso real ha estado creciendo. Los economistas dicen que "la elasticidad de la demanda de productos básicos respecto al ingreso tiende a ser menor que la elasticidad de la demanda de servicios respecto al ingreso". La elasticidad de una variable en relación con otra se mide por la relación entre la tasa de crecimiento de la primera y la tasa de crecimiento de la segunda. Por ejemplo, la **elasticidad** de la demanda de servicios en relación con el ingreso es igual a: (100 + tasa de crecimiento de la demanda de servicios) ÷ (100 + tasa de crecimiento del ingreso).

Este cuadro también pone en evidencia que se incurre en un error si solo se analizan los gastos realizados directamente por los hogares. En efecto, las participaciones de la salud (fila P31CP060 del Cuadro 5.2) y de la educación (fila P31CP100) son muy pequeñas porque lo que figura en el cuadro es solo la parte de estos servicios directamente pagada por los hogares. De hecho, la mayor parte de estos servicios se reciben gratuitamente, aunque financiados, indirectamente, por impuestos y cotizaciones sociales. El verdadero consumo de los hogares de servicios de salud y educación es, por tanto, mucho mayor, aunque la parte prestada por el gobierno general se contabiliza como *consumo individual del gobierno general* y no como *gastos de consumo de los hogares*. Se volverá sobre este punto en la Sección 5.5.

Por último, se debe observar que la segunda y la tercera fila, empezando por el final del Cuadro 5.2, se refieren al gasto de los viajeros. Según se ha explicado más arriba, para obtener los gastos de consumo final de los hogares residentes es necesario sumar al consumo en el territorio económico del país, el consumo de los hogares del Reino Unido en el exterior y deducir el consumo de los hogares no residentes en el Reino Unido (por eso aparece un signo negativo en esta línea).

5.3. Gastos de consumo final del gobierno general

Este es el segundo uso final en importancia, después del consumo de los hogares. *Por convención*, se considera que los gastos del gobierno general forman parte de los usos finales (como consumo o FBCF) del propio gobierno general. Por ejemplo, los gastos corrientes en policía y educación se consideran consumo del gobierno general. Cabe preguntarse: ¿Qué subyace detrás de esta extraña convención, puesto que estos servicios benefician a los hogares y a las empresas? La única explicación es que no se sabe cómo asignar estos gastos a los beneficiarios, debido a que estos no los adquieren, aunque paguen los impuestos que los financian. Por esta razón se ha acordado no asignar estos gastos a sus beneficiarios y, por convención, atribuirlos en su totalidad al gobierno general. Al no imputarlos, por ejemplo, a los hogares, esta convención tiene, entre otras, la ventaja de que permite que los gastos de las cuentas nacionales no se alejen en exceso de los flujos monetarios.

En términos contables, los gastos de consumo final del gobierno general son iguales a los costos en que se incurre al realizarlos, definidos como sigue:

- Remuneración de los asalariados del gobierno general;
- *Más* adquisición por el gobierno general de materiales y otros consumos intermedios;

- *Más* consumo de capital fijo del gobierno general;
- *Más* adquisición de bienes y servicios por el gobierno general en beneficio de los hogares (por ejemplo, reembolsos de servicios sanitarios, asignaciones por vivienda, etc.);
- *Más* otros impuestos sobre la producción (de poca importancia, en el caso del gobierno general);
- *Menos* pagos parciales por los hogares, o por las empresas, por servicios prestados por el gobierno general (entradas a museos, ventas de publicaciones etc.).
- *Menos* producción por cuenta propia de formación bruta de capital fijo.

Aunque este gasto se registra en su integralidad como consumo final por el gobierno general, en las cuentas y cuadros normalizados del sistema de cuentas nacionales, los contables nacionales vienen distinguiendo, desde hace unos años, dentro de los gastos de consumo del gobierno general, la parte que es consumo "colectivo" de la parte que es consumo "individual". Los gastos de consumo individual son gastos que claramente se llevan a cabo en beneficio de los hogares. El Cuadro 5.3 muestra *que los gastos de consumo individual* representan ahora más del 60% del total de los gastos en el Reino Unido, después de experimentar una importante subida en los últimos 25 años. Estos gastos comprenden, fundamentalmente, la educación pública y la salud pública. Estos gastos no aparecen incluidos en el Cuadro 5.2, pero deben tenerse en cuenta si se quiere mostrar la verdadera situación de los bienes y servicios consumidos por los hogares. Los gastos de consumo individual del gobierno general también incluyen los de ayuda a viviendas sociales, los de funcionamiento de los museos y los de otros servicios de las administraciones a los hogares.

Los Gastos de consumo colectivo comprenden los gastos relacionados con las actividades del gobierno general que no son atribuibles únicamente a los hogares, sino que también benefician a las empresas. Esto incluye gastos de los congresos, asambleas nacionales, parlamentos, etc., de los ministerios de asuntos exteriores, seguridad y orden público, defensa, interior, asuntos económicos, de protección del medio ambiente, etc., y también las actividades de I&D del gobierno general.

Estas dos categorías de gasto se distinguen por su relación entre costo del servicio y número de beneficiarios. En el caso de los gastos de consumo individual, el costo de los servicios que presta el gobierno general depende más o menos directamente del número de hogares que hacen uso de los servicios. Así, costará casi el doble enseñar a 10 000 niños que enseñar a 5 000. Por otra parte, el costo de los servicios colectivos depende menos del número de "clientes". Los servicios de defensa se establecen para todos los que viven en el país. Los países grandes pueden necesitar tener ejércitos más grandes que los países pequeños, pero no hay una relación directa entre el número de personas que se benefician del servicio y el costo de suministrarlo.

Cuadro 5.3. **Reino Unido: Composición de los gastos de consumo final del gobierno general**

		1980	2000	2012
P31S13	Gastos de consumo individual del gobierno general	47.5	57.5	62.6
P32S13	Gastos de consumo colectivo del gobierno general	52.5	42.5	37.4
P3S13	Gastos de consumo final del gobierno general	100.0	100.0	100.0

Fuente: OECD (2013), "Aggregate National Accounts: Gross Domestic Product", OECD National Accounts Statistics (database), *http://dx.doi.org/10.1787/data-00001-en*.

StatLink http://dx.doi.org/10.1787/888933735975

5.4. Gastos de consumo final de las ISFLSH

Las Instituciones Sin Fines de Lucro que sirven a los Hogares (ISFLSH) son unidades que se constituyen por grupos de hogares con el fin de suministrarse servicios, o de suministrarlos a otros hogares, sobre una base no comercial. Son ISFLSH los partidos políticos, los sindicatos, las organizaciones religiosas, los clubes deportivos, las asociaciones culturales, las organizaciones de caridad, las asociaciones filantrópicas (Cruz Roja, etc.) y ciertas fundaciones de beneficencia. En algunos países algunas universidades se clasifican también en este sector. Sin embargo, debe tenerse en cuenta que las ISFLSH están muy lejos de incluir a todas las instituciones con fines no comerciales. Esto es así porque para que una institución sea definida como ISFLSHs tiene que estar financiada principalmente por donaciones de los hogares o por suscripciones regulares. Las instituciones no lucrativas que no están directamente financiadas por hogares pero que, por ejemplo, están controladas o financiadas por empresas (cámaras de comercio, asociaciones profesionales, mutuales de seguros, etc.) se clasifican dentro del sector empresas. Las controladas o financiadas por el gobierno general se clasifican en el sector gobierno general. Como resultado, las ISFLSH constituyen solo un pequeño sector de las cuentas nacionales.

Al igual que el gobierno general, las ISFLSHs prestan servicios "de no mercado". Por esta razón, su tratamiento en cuentas nacionales es similar al del gobierno general. La producción de servicios por las ISFLSHs se valora según los costos incurridos para llevarla a cabo y, por convención, se hace "consumir" a las ISFLSHs los servicios que producen. El gasto de consumo final de las ISFLSHs es, por tanto, igual a sus gastos de funcionamiento. Obsérvese que las donaciones a organizaciones de caridad no son pagos por servicios, sino que se consideran transferencias y se contabilizan en la *cuenta de distribución secundaria del ingreso del sector hogares* (véase el Capítulo 6).

Se ha visto más arriba cómo el gasto de consumo del gobierno general se divide en gasto individual y gasto colectivo. Esta distinción es innecesaria en el caso de las ISFLSH porque estas organizaciones están al servicio de los hogares y, por tanto, todo su gasto se considera individual.

5.5. El paso de gasto de consumo a consumo efectivo

Para mejorar el análisis del gasto de consumo de los hogares mediante la incorporación del consumo individual financiado por el gobierno general o las ISFLSH, los contables nacionales han acuñado el concepto de **consumo efectivo**. El consumo efectivo de los hogares es igual al gasto de consumo de los hogares más el gasto de consumo individual del gobierno general y las ISFLSH. Estos *gastos de consumo individual* se denominan también "transferencias en especie". El Cuadro 5.4 muestra este paso de la noción de "quién gasta" a la de "quién consume".

Cuadro 5.4. **Reino Unido: De "quien gasta" a "quien consume"**
Miles de millones 2012, moneda nacional

(P3) Gasto de consumo final (¿Quién gasta?)			(P4) Consumo efectivo final (¿Quién consume?)	
Hogares (S14)	Gasto de consumo final de los hogares (P31S14)	991.0	(P4S14)	1 245.8
			Gasto de consumo final de los hogares (P31S14)	991.0
			Gasto de consumo final de las ISFLSH (P31S15)	38.8
			Gastos de consumo individual gobierno general (P31S13)	216.0
ISFLSH (S15)	Gasto de consumo final de las ISFLSH (P31S15)	38.8		Ninguno (0)
Gobierno General (S13)	Gasto de consumo final del gobierno general (P3S13)	341.2		
	Gasto de consumo individual del gobierno general (P31S13)	216.0	Gasto de consumo colectivo del gobierno general (P32S13)	125.2
	Gasto de consumo colectivo del gobierno general (P32S13)	125.2		

Fuente: OECD (2013), "Aggregate National Accounts: Gross Domestic Product", OECD National Accounts Statistics (database), *http://dx.doi.org/10.1787/data-00001-en*.

StatLink http://dx.doi.org/10.1787/888933735994

Las estadísticas sobre **consumo efectivo** tienen dos ventajas analíticas. La primera, que es un concepto más próximo al bienestar de los hogares (véase el Capítulo 15). Para analizar el consumo en salud y en educación no es suficiente tener en cuenta solamente el gasto *directo* de los hogares en salud o en educación y omitir el gasto con estos propósitos realizados por el gobierno general en beneficio de los hogares. Utilizar *el consumo efectivo de los hogares* permite salvar esta omisión. La segunda ventaja es que las comparaciones internacionales del consumo de los hogares tienen sentido solo cuando se basan en el consumo *efectivo* y no en el *gasto* de consumo, como se puso de manifiesto en el Capítulo 3.

5.6. Formación bruta de capital fijo

La inversión o, para ser más preciso, la Formación Bruta de Capital Fijo (FBCF), es una variable fundamental para el análisis económico de la demanda. La FBCF de los hogares, en sentido estricto (es decir, excluyendo a las empresas individuales), consiste en la adquisición de viviendas. Este es un buen indicador de la confianza de los hogares en el futuro y puede utilizarse para predecir movimientos de los gastos de consumo. La FBCF del gobierno general se compone principalmente de la infraestructura de transporte, de inversiones en sistemas de defensa (incluyendo los sistemas de armamento), edificios de oficinas, escuelas, hospitales, etc.

Sin embargo, en lo que los economistas están más interesados es en la formación bruta de capital del sector de los negocios (sociedades no financieras, instituciones financieras y empresas individuales). Esta gran agrupación institucional es la que realiza la mayor parte de la inversión. Son los movimientos de esta variable los que desencadenan el comienzo y el final de los ciclos económicos y los que determinan el crecimiento de la productividad aparente del trabajo.

Las cuentas nacionales definen a la formación bruta de capital fijo como la **adquisición neta de activos fijos producidos**, esto es, activos cuyo destino es ser utilizados, durante un período superior a un año, en el proceso de producción de otros bienes y servicios: maquinaria, vehículos, oficinas, edificios industriales, software, etc. Esta definición necesita de algunas aclaraciones:

> *El término "fijo" se escogió por contraste con capital "variable", que está conformado por las existencias. Estas expresiones probablemente datan de la época de Karl Marx, una de las fuentes distantes de inspiración para varias ideas de las cuentas nacionales.*

- La palabra *fijo* se utiliza para indicar que los incrementos de existencias no están incluidos en la FBCF, y no significa que el equipo en cuestión no se pueda mover. Por ejemplo, los equipos de transporte (automóviles, camiones, barcos, aviones) no son "fijos", según el estricto significado de la palabra, pero, no obstante, están incluidos en la FBCF. Lo mismo sucede con el ganado (principalmente las vacas lecheras), que está también incluido en la FBCF.
- *Adquisiciones netas* significa que la FBCF registra las compras de activos fijos después de la deducción de las *ventas* de activos fijos en el mercado de

segunda mano. Por tanto, es teóricamente posible que la FBCF sea negativa. Por ejemplo, las empresas de alquiler de vehículos renuevan su flota muy rápidamente. Compran un gran número de automóviles haciendo una contribución positiva a la FBCF, pero, al mismo tiempo, venden con la misma rapidez estos vehículos, lo que implica una contribución negativa. Por tanto, es perfectamente posible que, en un período concreto, sus compras sean menores que sus ventas. Sin embargo, es poco probable que se produzca esa situación en una escala macroeconómica porque los bienes de equipo de segunda mano vendidos por una empresa suelen ser adquiridos por otras empresas.

Este ejemplo ilustra que la FBCF incluye bienes de capital usados. Para algunos países en vías de desarrollo, la mayor parte de la FBCF en maquinaria y equipo puede estar constituida por equipo de segunda mano importado de países desarrollados.

- El término "*activos producidos*" quiere decir que solamente se incluyen en la FBCF los activos que son el resultado de un proceso de producción reconocido por los contables nacionales. Las cuentas nacionales también registran transacciones de "*activos no producidos*" tales como tierra, bosques primarios, petróleo y reservas minerales. Estos activos "*no producidos*" también se incluyen en las cuentas del balance, pero no se incluyen en la FBCF pues han sido producidos por la naturaleza y no por la actividad humana. Para los contables nacionales la naturaleza no es un productor.

Recuadro 5.2. **Un caso especial: el arrendamiento financiero (o leasing)**

En lugar de adquirir directamente un bien de capital, algunas empresas prefieren disponer del bien mediante una operación de arriendo financiero (leasing), que consiste en realizar pagos regulares por concepto de alquiler mientras se utiliza el bien, seguidos por la adquisición del bien al final del período de arrendamiento. Por ejemplo, muchas líneas aéreas adquieren sus aviones mediante operaciones de leasing financiero. Hay compañías financieras especializadas en este tipo de acuerdos. Estas compañías son las propietarias legales de muchos bienes de capital que no utilizan. Los ponen a disposición de quienes operan con ellos. Económicamente hablando tiene más sentido hacer figurar a las aerolíneas como propietarias de estos activos, a pesar de que, legalmente, esto no es cierto. Los contables nacionales, que otorgan prioridad a los aspectos económicos sobre los legales, registran estos activos como si estuvieran anotados en la contabilidad de las sociedades no financieras que efectivamente los utilizan, es decir, de las compañías aéreas en el caso de este ejemplo.

La frontera de la FBCF

Los economistas, los contables nacionales y los contables de empresa han dedicado mucho tiempo a discutir la definición de activos fijos, porque la FBCF determina la medición del stock de capital (véase el Capítulo 8), que, por su parte, determina el crecimiento. En principio, a mayor capital, mayor puede ser el crecimiento.

Hay un acuerdo general en lo que respecta a la mayoría de las clases de bienes de capital. Son claramente activos fijos el equipo de transporte, la maquinaria, las oficinas, las bodegas, las fábricas y las grandes obras de ingeniería civil. Subsisten desacuerdos en lo que respecta a ciertos tipos de gasto (software, marcas comerciales) que están en la "zona gris" entre la FBCF y el consumo intermedio. En principio, la diferencia entre estos dos factores de producción es que, a diferencia del consumo intermedio, la FBCF no se consume en su totalidad en el proceso anual de producción. Pero, ¿dónde se encuentra la frontera entre uno y otra?

Tradicionalmente solo se consideraban activos fijos los bienes materiales (también llamados bienes "físicos" o "tangibles"), es decir, los bienes relacionados al principio del párrafo anterior. Sin embargo, un número creciente de contables y economistas reconocen que varios gastos que no toman forma material no se consumen totalmente en el proceso de producción que se lleva a cabo durante el año. En consecuencia, estos gastos deberían ser capitalizados; se les conoce como "**activos intangibles**" o "**productos de propiedad intelectual**".

Los gastos en la exploración de minerales son un ejemplo característico. A pesar de que los contables que trabajan en empresas mineras han venido considerando tradicionalmente que los gastos en la exploración de minerales son gastos de capital (FBCF) y no usos corrientes (consumo intermedio), los contables nacionales solo han adoptado recientemente esta clasificación. Su renuencia a dar ese paso radica en que la exploración de minerales es, en su totalidad, una adquisición de conocimiento (a priori no se sabe si hay oro en una zona determinada). Este cambio de criterio fue adoptado por el SCN 1993 y ahora todos los gastos de exploración de minerales se consideran FBCF, *incluso cuando la búsqueda es infructuosa*. Este último punto no es tan extraño como pudiera parecer, porque la tecnología moderna de exploración garantiza, hasta cierto punto, una tasa de éxito constante: para un desembolso concreto en la prospección de minerales, las compañías saben por experiencia cuál es el porcentaje de descubrimientos susceptibles de ser explotados.

Otros tipos de activos inmateriales se incluyen ahora como FBCF en las cuentas nacionales. Estos son *el software, las bases de datos y los originales de obras de esparcimiento y de carácter artístico como literario*[4]. La adquisición o creación de software es un gasto que no se consume en el período en el que tiene lugar, ya que un programa se utiliza a lo largo de varios años. Todos estos gastos, sea en programas internos (como un sistema de reservas de una compañía aérea) o en software original diseñado para ser reproducido (como Windows, propiedad de Microsoft), o en reproducciones (los derechos de uso de Windows que las empresas compran a Microsoft), forman parte de la FBCF.

Un nuevo avance se ha logrado con la introducción del SCN 2008, que también reconoce el gasto en I&D como constitutivo de la FBCF. Claramente se pueden ver inversiones apreciables en I&D para desarrollar productos nuevos o mejorados, sin las cuales los flujos de ingresos futuros pueden estancarse. La industria farmacéutica y las empresas involucradas en las tecnologías TIC y sus productos son ejemplos obvios. Hubo alguna discusión sobre la inclusión del conocimiento disponible libremente, producido por los gastos en I&D del gobierno, pero al final se decidió capitalizar estos gastos, puesto que pueden proporcionar beneficios para la sociedad como un todo (de manera análoga a la infraestructura de transporte).

La dificultad, desde el punto de vista de las cuentas nacionales, no es tanto una cuestión de principios sino un tema puramente práctico, puesto que la contabilidad nacional se basa en convenciones diferentes a las de la contabilidad empresarial. En su contabilidad interna, que es una de las fuentes estadísticas de las cuentas nacionales, las empresas consideran que solo una parte de la adquisición o creación de software o I&D es gasto de capital. ¿Por qué? Por dos razones. Primera, porque los contables de las empresas aplican el principio de prudencia y, cuando no están seguros de que un programa de computador vaya a tener un valor real en el mercado, sus normas de contabilidad les recomiendan considerar ese gasto como consumo intermedio y no como inversión en capital fijo. Por esta razón, las empresas productoras de software, como Microsoft, no incluyen el software entre los activos de su balance. Segunda porque, a veces, las empresas tienen interés en tratar el software como un gasto corriente para reducir la utilidad, porque de ello se deriva una ventaja fiscal. En síntesis, los contables nacionales no disponen de fuentes estadísticas totalmente satisfactorias para evaluar la inversión en software y están obligados a adoptar las fuentes alternativas más próximas.

La clasificación de la FBCF

Los datos de la FBCF se presentan de diversas formas en la contabilidad nacional. En primer lugar, la FBCF puede descomponerse según la naturaleza del producto, utilizando la clasificación normalizada de productos. Pero esta clasificación es más útil para analizar la producción que para detallar la inversión. En segundo lugar, la FBCF se puede descomponer según la rama de actividad o el sector que realiza la inversión. Por ejemplo, en el Cuadro 5.5 se recoge la FBCF (más la variación de existencias), del Reino Unido clasificada según las ramas de actividad que realizan la inversión.

Cuadro 5.5. **Reino Unido: Formación bruta de capital fijo (P51) por ramas de actividad**

Millones de libras esterlinas, precios corrientes, 2012

Agricultura, silvicultura y pesca	3 262
Explotación de minas y canteras	17 556
Industria manufacturera	18 707
Electricidad, gas, vapor y aire acondicionado	16 988
Suministro de agua, alcantarillado, manejo de residuos y saneamiento	12 144
Construcción	8 547
Comercio por mayor y al detal, reparación de automotores y motocicletas	15 150
Transporte y almacenamiento	30 646
Hotelería y restaurantes	8 019
Información y comunicaciones	18 732
Actividad financieras y seguros	11 934
Actividades de finca raíz	72 223
Actividades profesionales, científicas y técnicas	6 271
Actividades administrativas y servicios auxiliares	1 736
Administración pública y defensa, seguridad social obligatoria	-31 953
Educación	2 543
Salud humana y actividades de trabajo social	2 476
Artes, ocio y recreación	7 397
Otras actividades de servicio	1 874
Total por ramas de actividad	224 252

Fuente: OECD (2014), "Detailed National Accounts: Capital formation by activity", OECD National Accounts Statistics (database), *http.//dx.doi.org/10.1787/data-0008-en.*

StatLink http://dx.doi.org/10.1787/888933736013

Como puede observarse, la manufactura está lejos de ser la principal actividad inversionista; la inversión realizada por las actividades de servicios, empresas de transportes y almacenamiento, y actividades en finca raíz fue sustancialmente más alta en el año 2012. Debe también observarse la "des-inversión" de 31 953 millones en la actividad "Administración Pública". En realidad, esta cifra no corresponde a una "des-inversión" efectiva del gobierno del Reino Unido sino a costos de transferencia globales que fueron clasificados por convención en este rubro por los contables nacionales del Reino Unido.

También es posible mostrar una matriz que combine las categorías: naturaleza del producto y del sector que realiza la inversión. El Cuadro 5.6 muestra la FBCF del Reino Unido detallada por sectores institucionales y por tipos de activos, utilizando una clasificación adaptada a los activos y distinguiendo entre:

- Activos fijos materiales:
  1. Viviendas (sin incluir los terrenos).
  2. Otras construcciones y estructuras.

3. Equipo de transporte
4. Otra maquinaria y equipo

- Activos fijos inmateriales[5]:
  1. Exploraciones mineras – gastos en la búsqueda de yacimientos petrolíferos o minerales.
  2. Software – estándar o desarrollados por cuenta propia, originales o copias de originales –.
  3. Originales literarios y artísticos tales como películas, novelas o música. Estos activos generan derechos de autor.

Es importante observar que la FBCF en viviendas y otras construcciones no comprende el valor de los terrenos sobre los que están edificadas. La razón es que los terrenos no son un activo producido. Mientras que *los activos no producidos* se excluyen de la FBCF, los costos asociados a las transferencias de propiedad de los activos *no producidos* (costos de transporte e instalación) y también los gastos administrativos (minutas pagadas a los abogados e impuestos ligados a la compra de estos productos) se incluyen en la FBCF como una categoría separada en las cuentas del Reino Unido. En el caso de los activos *producidos* estos gastos forman parte del precio de los propios activos.

Cuadro 5.6. **Reino Unido: Formación bruta de capital fijo por tipo de activo y sector institucional**

Millones de libras esterlinas, precios corrientes, 2012

	Empresas no-financieras		Instituciones Financieras	Gobierno Central	Gobierno Local	Hogares e ISFLSH	Total
	Públicas	Privadas					
Viviendas, excluidos los terrenos	3 017	1 011	0	94	0	47 012	51 135
Otras construcciones y estructuras	335	42 795	1 065	9 606	13 984	2 156	69 942
Equipo de transporte	223	5 054	41	36	420	270	6 043
Otra maquinaria y equipo	999	33 114	3 238	3 862	1 209	2 174	44 595
Activos fijos intangibles	1 987	28 188	3 539	575	288	1 843	36 421
Costos asociados con la transferencia de la propiedad de activos no producidos	-378	4 365	-884	1 393	8 769	8 769	16 116
Formación bruta de capital fijo	6 185	114 526	6 999	15 568	18 753	62 221	224 252

Fuente: Office for National Statistics (2013): United Kingdom National Accounts, The Blue Book, United Kingdom National Accounts – The Blue Book, 2013 Edition.

StatLink http://dx.doi.org/10.1787/888933736032

Sistema de precios utilizado

Como todos los usos finales, la *Formación Bruta de Capital Fijo* se valora a precios de adquisición. En la mayoría de los casos esto equivale a registrarlos excluyendo el IVA, pues este impuesto es generalmente deducible en el caso de la inversión de las empresas. Sin embargo, los precios de adquisición de los bienes de capital incluyen gastos de transporte e instalación y también todos los impuestos específicos asociados a la compra de estos bienes. Por ejemplo, los honorarios pagados a los abogados se incluyen en el valor de compra de las viviendas (pero no el valor de los terrenos sobre los que se construyen).

5.7. Variación de existencias

El siguiente elemento que aparece en el cuadro de usos finales, es la **variación de existencias**, que es la diferencia entre las entradas y las salidas de existencias. En el lenguaje económico común también se utilizan las expresiones "acumulación de stocks" o "variación de inventarios" para designar esta variable, pero la expresión más comúnmente utilizada es variación de existencias. En principio solo las adiciones a los inventarios deben ser parte de los usos finales, mientras que los retiros de existencias deberían clasificarse como recursos. Sin embargo, para disponer de cuentas más compactas se decidió contabilizar los retiros de inventarios como una contribución negativa a las existencias y combinar ambos flujos en un solo rubro.

Sobre la variación de existencias cabe precisar: primero, que incluye los inventarios de insumos que se pretende utilizar posteriormente en el proceso de producción como consumos intermedios (en la contabilidad interna de las empresas se les conoce como "existencias de materiales"). Segundo, que incluye los inventarios de bienes terminados que todavía no se han vendido. Tercero, que incluye los inventarios de mercancías adquiridas para ser revendidas, especialmente en el caso del comercio al por mayor y al por menor. Cuarto, que también comprende los inventarios de bienes estratégicos (alimentos, combustibles e inventarios para intervenir en mercados agrícolas) administrados por el Gobierno. Por último, la variación de existencias puede incluir también "trabajos en curso", que son los bienes que están en proceso de elaboración, por lo que no pueden todavía distribuirse a los usuarios al final del período contable. El valor de estos bienes está, por tanto, incluido en las existencias. Un componente importante de los trabajos en curso son bienes tales como barcos, plataformas de perforación para la extracción de petróleo y edificios, que se suelen terminar en un período de meses e incluso de años[6].

Se podría pensar que es fácil calcular la variación de existencias deduciendo del valor de las existencias al final del período contable su valor al principio de dicho período, que es una información que está disponible en la contabilidad de las empresas. Sin embargo, en la práctica, utilizar estos datos para estimar la variación de existencias es complicado porque las existencias generan pérdidas y ganancias en tenencia cuando suben, o bajan, los precios de mercado de los bienes mantenidos en stock. Estas pérdidas y ganancias no son resultado del proceso de producción y, por tanto, no pueden contribuir al PIB, que, fundamentalmente, es un indicador de producción.

El hecho de que estas ganancias y pérdidas en tenencia se eliminen del PIB no quiere decir que se les ignore en cuentas nacionales. Pueden tener un impacto importante sobre los ingresos cuando los precios de los bienes suben o bajan. Las expectativas de pérdidas o ganancias en tenencia y su liquidación pueden tener un impacto sustancial sobre el comportamiento de productores y consumidores. Sin embargo, los contables nacionales las registran no como elementos del PIB sino en una cuenta de "revalorización" (véase el Capítulo 8).

Supóngase que los precios están subiendo y que la variación de existencias se calcula tomando el valor de las existencias al final del período menos el valor al principio del período. El valor obtenido de esta forma incluirá una ganancia de capital ("apreciación de inventario") que tiene que ser eliminada para obtener la valoración correcta de la variación de existencias para los fines de las cuentas nacionales.

Este párrafo ilustra el caso de un aumento en el precio de los inventarios, pero hay también casos muy comunes de disminución del precio de los inventarios, que deben tratarse de manera simétrica. En este caso sería más preciso referirse a "pérdidas por tenencia de inventarios" y "depreciación del inventario".

Si las existencias al final del período fueran solamente de productos que ya estaban en existencia al principio del período, en otras palabras, si no se han añadido nuevos artículos a las existencias durante el período y no se ha retirado ningún artículo, sería fácil eliminar las ganancias en tenencia, dado que serían iguales a la tasa de inflación aplicada al valor de las existencias al principio del período. Pero, en realidad, los bienes entran y salen de existencias en diferentes momentos del período contable, y es muy posible que al final del período ninguno de los artículos que estaban al principio permanezca almacenado.

Hay tres vías para estimar la variación de existencias en las cuentas nacionales cuando los precios cambian y los productos continuamente entran y salen del almacén. La primera es teóricamente correcta, pero imposible de aplicar en la práctica. La segunda es ampliamente utilizada a pesar de que es una aproximación muy imperfecta. La tercera es fácil de llevar a cabo, pero muy indirecta y, por consiguiente, debe utilizarse con cautela.

- El método teóricamente correcto consiste en estimar los bienes que entran en las existencias a los precios que prevalecen en el mercado en el momento de entrar y estimar la salida de existencias a los precios de mercado vigentes en el momento del retiro. La suma algebraica de estos valores de entrada y de salida es la medida correcta de la variación de existencias para los propósitos de las cuentas nacionales. Desgraciadamente, esta información no está disponible en la práctica.
- Ante la imposibilidad de aplicar el primer método, se ha sustituido por otro aproximado, que consiste en estimar el valor de la variación de existencias aplicando a las cantidades en existencias, al principio y al final del período, sea el precio promedio del período, sea los precios a la mitad del período (véase el Ejercicio 3 en el Anexo 5.C).
- El tercer método es muy indirecto. Consiste en calcular todos los rubros restantes en la cuenta Oferta-Utilización (véase el Capítulo 10), y obtener la variación de existencias como residuo en esta ecuación contable. Este método es teóricamente exacto, pero implica llevar a "variación de existencias" todos los errores de estimación en que se ha incurrido al estimar los restantes ítems.

El análisis económico de la variación de existencias

La variación de existencias constituye un indicador muy valioso del cambio que puede experimentar la tasa de crecimiento. No obstante, la variación total de las existencias continúa siendo difícil de interpretar porque incluye dos tipos de bienes: insumos y productos terminados. Una variación positiva de los insumos incluidos en las existencias es una buena señal porque significa que los productores están esperando un incremento de la producción. Por el contrario, un incremento de los productos terminados incluidos en las existencias puede indicar que los productores están experimentando dificultades para vender su producción y, en consecuencia, pueden estar próximos a disminuir, o incluso interrumpir, la producción y despedir personal. La interpretación de estas cifras puede complementarse con otra información útil, como son las encuestas de opinión empresarial.

5.8. Adquisiciones netas de objetos valiosos

Este ítem es muy pequeño (véase el Cuadro 5.1) y constituye, más que nada, una curiosidad para los macroeconomistas. Los objetos valiosos son bienes que no se adquieren para ser consumidos o utilizados en el proceso de producción, sino con la expectativa de que incrementen su valor a lo largo del tiempo (o, al menos, que lo mantengan). Son ejemplos de estos objetos las piedras y los metales preciosos y las pinturas de los grandes maestros. En general, las operaciones con estos objetos tienen lugar entre hogares y, por tanto, en cuentas nacionales se consolidan (en otras palabras, se compensan o anulan), excepto cuando los bienes cruzan fronteras. En algunos países – principalmente en el Reino Unido y Hong Kong – los bancos comerciales invierten en metales preciosos clasificados como objetos valiosos. Sin embargo, debe tenerse en cuenta que las tenencias de oro mantenidas por los bancos centrales se clasifican como "oro monetario" y se registran como activos financieros y no como objetos valiosos.

5.9. Exportaciones e importaciones de bienes y servicios

Las exportaciones y las importaciones son agregados clave para el análisis de la situación económica de un país. En el mundo extremamente globalizado de hoy, cuando Estados Unidos (la primera potencia económica mundial, cuyo PIB representa más del 20% del PIB total) se desacelera, o acelera, todas las demás economías se afectan (véase el Capítulo 16). La misma relación aplica a los demás países porque todos intercambian cantidades crecientes de bienes y servicios. En esto desempeñan un papel importante las tasas de cambio. Si la libra esterlina, o el euro, se aprecian respecto al dólar, las exportaciones del Reino Unido, o de la zona euro, hacia los países de la zona dólar sufrirán las consecuencias. (Obsérvese, en cambio, que el precio de las importaciones de petróleo al Reino Unido y a la zona euro se reducirá, dado que el petróleo se factura en dólares). Como se puede apreciar en el Gráfico 5.1, el "grado de apertura" del Reino Unido alcanza el 65%, pero es todavía muy bajo comparado con el de un pequeño país europeo como Bélgica, que es más abierto a exportaciones y a importaciones. El "grado de apertura" se suele calcular según la relación: [(*Exportaciones* + *Importaciones*) ÷ *PIB*] × 100. Esta relación mide hasta qué punto un país depende de sus intercambios comerciales con sus clientes y proveedores en el exterior. La evolución del grado de apertura en el caso de Bélgica es el claro reflejo de la creciente apertura del país al comercio exterior, especialmente después de 1993, cuando se estableció el Mercado Único Europeo.

En las cuentas nacionales, "comercio exterior" significa comercio exterior de bienes y servicios. Sin embargo, como las cifras de comercio exterior en bienes han estado disponibles mucho antes de las del comercio exterior de servicios, la tradición – claramente discutible – se ha establecido de aplicar el término comercio exterior solamente al comercio de bienes. Se requiere prudencia en este manejo. Las estadísticas aduaneras generalmente no incluyen servicios y el comercio exterior basado en registros aduaneros puede que cubra bienes únicamente; las cifras de comercio exterior en la balanza de pagos de las cuentas nacionales incluyen los dos: bienes y servicios.

Gráfico 5.1. **Bélgica y Reino Unido: Grado de apertura**
Importaciones + Exportaciones como porcentaje del PIB (1970-2012)

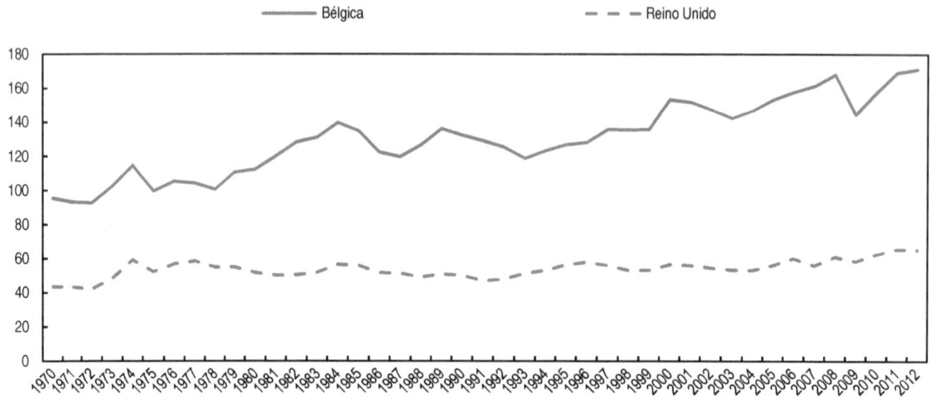

Fuente: OECD (2013), "Aggregate National Accounts: Gross Domestic Product", OECD National Accounts Statistics (database), *http://dx.doi.org/10.1787/data-00001-en.*

StatLink http://dx.doi.org/10.1787/888933736051

Estos comentarios ponen de manifiesto la importancia analítica de las exportaciones y las importaciones para los usuarios de las cuentas nacionales (véase el Capítulo 16). Tradicionalmente estos flujos se descomponen en cuatro partes: comercio exterior de bienes; comercio exterior de servicios; compras directas de los no residentes en el territorio económico del país (consideradas como exportaciones de servicios); y compras directas por residentes en el resto del mundo (consideradas como importaciones de servicios). Continuando con el caso del Reino Unido como país de referencia, los dos últimos rubros comprenden, de hecho, los gastos de los turistas extranjeros en el Reino Unido y también los de los turistas del Reino Unido en otros países, según se discutió en la sección 2 de este capítulo. No se volverá a tratar del cálculo de estas exportaciones/importaciones, pero la mención de estos rubros pone de manifiesto que se necesita definir tres conceptos importantes: *territorio económico, residencia y resto del mundo.* Estos conceptos son necesarios para una definición precisa de exportaciones e importaciones.

El **territorio económico** es el área geográfica que corresponde al Estado-nación. Comprende el espacio aéreo, las aguas territoriales, los enclaves territoriales en el resto del mundo (en el ejemplo que se viene desarrollando, las embajadas del Reino Unido en países extranjeros) y las zonas francas. A la inversa, el territorio económico no comprende a las embajadas extranjeras radicadas en el Reino Unido. La definición de territorio económico es importante porque en las cuentas nacionales solo se registra la producción que tiene lugar dentro de sus límites. La producción de una filial en el extranjero de una multinacional del Reino Unido no figura en sus cuentas nacionales sino en las del país en el que está radicada.

Se han introducido cambios en la delimitación del territorio económico que sirve de referencia a las cuentas nacionales. Por ejemplo, hace poco (1999) se incluyeron en las cuentas nacionales de Francia los departamentos de ultramar como parte del territorio económico. Con anterioridad, el territorio económico que figuraba en las cuentas nacionales de Francia estaba limitado a Francia metropolitana. Debido a que estos departamentos no estaban entonces incluidos en el territorio económico, las cuentas nacionales francesas no incluían la producción de las empresas localizadas allí y, por tanto, en la medida que esta se destinaba al territorio metropolitano se contabilizaba en las cuentas nacionales francesas como importaciones (y como exportaciones los insumos de estas empresas que procedían del territorio metropolitano). Una vez que estos departamentos se han incluido en las cuentas nacionales de Francia, la producción de las empresas de los departamentos de ultramar figura junto a la producción de la Francia metropolitana y han dejado de registrarse como exportaciones e importaciones los flujos entre la metrópoli y los departamentos. Este tipo de desajuste entre la definición oficial de un país y su definición económica para los efectos de las cuentas nacionales es bastante frecuente; por ejemplo, las cuentas nacionales de EE.UU. no incluyen a Puerto Rico. Sin embargo, en términos generales, el impacto cuantitativo sobre las cuentas del país es despreciable.

En cuentas nacionales el concepto de **residencia** se asocia al de territorio económico. Se dice que una unidad es residente en un país cuando su “centro de interés económico” está situado en el territorio económico de ese país. Normalmente se sobrentiende que la unidad ha desarrollado su actividad económica en el país durante más de un año. En las cuentas nacionales los sectores institucionales solo incluyen unidades residentes. La mayoría de las empresas, incluidas las no constituidas en sociedad (empresas individuales), que tienen una actividad en el territorio económico, se consideran residentes. Para los hogares es clave determinar dónde gastan sus ingresos. Solo se consideran residentes aquellos hogares que viven por más de un año y realizan la mayor parte de sus gastos de consumo en el territorio económico. Los hogares cuyos miembros trabajan en el país, pero realizan la mayor parte de sus gastos de consumo en el extranjero, no se consideran residentes. Esto implica que, por ejemplo, los trabajadores estacionales que dejan sus países para trabajar durante algunos meses en el Reino Unido no se consideran residentes del Reino Unido y su ingreso disponible no se incluye en el ingreso disponible en las cuentas nacionales del Reino Unido. Al contrario, trabajadores británicos que viven y consumen en el Reino Unido mientras trabajan en Irlanda, o en otros países, se incluyen como hogares residentes en el Reino Unido. No se consideran residentes los turistas extranjeros que consumen en el Reino Unido durante un corto período (generalmente, pocas semanas).

El **resto del mundo** se compone de todas las unidades no residentes que realizan operaciones con el país en cuestión, en este caso, el Reino Unido. Por tanto, el resto del mundo comprende todas las unidades no residentes que venden sus productos a unidades residentes en el Reino Unido (desde el punto de vista del Reino Unido estas ventas son importaciones) y las unidades no residentes que compran productos elaborados en el Reino Unido (para el Reino Unido estas compras son exportaciones). Las exportaciones y las importaciones de bienes y servicios constituyen las principales operaciones con el resto del mundo, pero hay muchas otras categorías de operaciones: pago de sueldos y salarios a hogares no residentes; transferencias de los trabajadores inmigrantes residentes en el Reino Unido a sus familias residentes en el extranjero; subsidios pagados al Reino Unido por la Unión Europea; IVA pagado por el Reino Unido a la Unión Europea, etc. Todas estas operaciones figuran en la cuenta del resto del mundo, que es una de las que se relacionan en las "cuentas económicas integradas (véase el Capítulo 10). Las estadísticas de balanza de pagos son la principal fuente estadística de la cuenta del resto del mundo.

Debe tenerse en cuenta que según las normas recientemente adoptadas para el sistema de cuentas nacionales (SCN 2008), las exportaciones e importaciones se registran estrictamente sobre la base del cambio de propiedad (económica) entre residentes y no-residentes. En este aspecto se separan de las llamadas "estadísticas del comercio de mercancías" que de manera característica registran las exportaciones e importaciones basadas en el tránsito de los bienes a través de las fronteras nacionales. La diferencia entre estas dos formas de registro puede ser muy importante, en particular en un mundo donde los acuerdos de producción global están creciendo. Para dar dos ejemplos: El primero se refiere a "la compra-venta internacional"; un comerciante mayorista en un país **A**, por ejemplo, que compra bienes en un país **B**, y que revende luego en un país **C**. En cuentas nacionales estos bienes deben tratarse como importaciones (exportaciones negativas) y exportaciones del país A, aunque los bienes no han cruzado las fronteras del país A. El segundo ejemplo se refiere a los "bienes para procesamiento": una empresa en un país A decide enviar bienes semi-elaborados a una empresa en el país B para para procesamiento adicional (ensamblado, por ejemplo). Posteriormente los productos terminados se regresan a la firma propietaria en A. En este caso se pueden observar bienes que cruzan fronteras, sin cambio alguno de propiedad. En cuentas nacionales, el pago hecho por la empresa principal a la procesadora debe registrarse como una importación de servicios, sin que haya registros de exportación o importación de bienes.

A pesar de que los flujos internacionales de servicios son crecientes, las exportaciones y las importaciones de bienes, el "comercio de mercancías" aún constituye el núcleo de las relaciones comerciales de cada país con el resto del mundo. Durante mucho tiempo las estadísticas de exportaciones e importaciones fueron las mejores estadísticas disponibles para estimar las cuentas nacionales, debido a que los servicios de aduanas las necesitaban como base para calcular los derechos de aduanas y para el seguimiento del comercio de bienes. En Europa esta calidad se ha deteriorado recientemente como resultado de la introducción del mercado único, porque ya no hay controles legales por los servicios aduaneros sobre las mercancías que se mueven dentro de la Unión Europea. Sin embargo, los servicios estadísticos, o los servicios aduaneros, de cada uno de los países europeos han introducido encuestas a los mayores exportadores e importadores, con el fin de poder continuar con el seguimiento de estos movimientos. Sin estas encuestas no sería posible elaborar las cuentas nacionales.

Las estadísticas aduaneras no solo recogen los valores de las importaciones y de las exportaciones, sino que también proporcionan información sobre las cantidades intercambiadas – toneladas, número de unidades, etc. – para una lista de productos muy detallada (una nomenclatura aduanera tipo contiene varios miles de ítems). Esta información se utiliza por los contables nacionales para calcular los precios de exportación e importación mediante la división de valores entre cantidades. Estos índices de precios se denominan "índices de valor unitario". Este procedimiento se suele criticar porque, a pesar de estar basado en estadísticas muy detalladas, mezcla precios de productos de diferentes calidades. En la práctica, el resultado es que los índices de valor unitario pueden variar considerablemente entre un período y otro, por lo que los contables nacionales se ven obligados a aplicar un proceso de suavización de las series para hacerlos comprensibles. Algunos países han desarrollado encuestas a los importadores y exportadores para obtener unos precios que les permitan reemplazar los "índices de valor unitario", con el fin de obviar las limitaciones reseñadas.

En las cuentas nacionales, los datos detallados de las importaciones de bienes se valoran a precios "CIF" (*cost, insurance, freight*), lo que significa que cuando pasan la frontera del Reino Unido el precio de los bienes importados incluye el costo de la mercancía, el del seguro y el de transporte o flete hasta el punto acordado de llegada. Por su parte, las exportaciones se valoran a precios "FOB" (*free on board*), que es un término de transporte mercante que significa que, cuando llegan a la frontera del país exportador, en este caso el Reino Unido, los precios de los bienes incluyen los costos de transporte y de seguro hasta esa frontera, pero no los costos de transporte y de seguro más allá de ese punto. Por esta razón, en los cuadros de las cuentas nacionales se indica "importaciones cif" o "exportaciones fob". Para complicar las cosas un poco más, el total de las importaciones de las cuentas nacionales (cuentas del resto del mundo) se calcula a precios fob, es decir, excluyendo el costo de transportes y seguros desde la frontera del exportador hasta la frontera del importador. La conversión a precios fob facilita la comparación de las cuentas nacionales con la balanza de pagos que se concreta en un rubro llamado "ajuste cif-fob", como se explica en el Capítulo 10.

La comparación de la evolución de los precios de las importaciones con la de los precios de las exportaciones permite calcular los denominados **índices de la relación de intercambio**. Esta se define como la relación entre el índice de precios de las exportaciones y el índice de precios de las importaciones. En el Ejercicio 4 se da un ejemplo de cómo se calculan estos indicadores.

Los montos involucrados en el *comercio exterior de servicios* son mucho menores que los del comercio de bienes. Sin embargo, estos flujos se están elevando de forma considerable como resultado de la creciente subcontratación (*outsourcing*) de las actividades de servicios. Hasta hace poco las exportaciones e importaciones de servicios incluían fundamentalmente servicios de transporte (por mar y aire) y de seguro (el reaseguro se suele contratar con empresas situadas en el exterior). Hay que recordar que, convencionalmente, los gastos de los turistas se clasifican como comercio en "viajes". Sin embargo, debido en gran parte al desarrollo de las comunicaciones a través de Internet, existe ahora un notable incremento de la externalización, es decir, de contratar en el extranjero determinados servicios a empresas y a particulares (procesamiento de bienes, centros de llamadas (*call centers*), comercio en software, procesamiento de datos). El "Turismo médico" también se expande, las personas viajan al exterior para recibir tratamientos que son ilegales o muy costosos en sus países de residencia.

Las fuentes estadísticas del comercio de servicios son de una calidad inferior porque este comercio es difícil de identificar. Hace mucho tiempo la fuente principal se basada en las declaraciones de operaciones de los residentes con el resto del mundo, que los bancos presentaban a sus bancos centrales, en el marco del seguimiento puntual del nivel de las reservas de moneda extranjera. Sin embargo, estas declaraciones han sido suprimidas en muchos países (fundamentalmente en aquellos que han abolido el control de cambios), por lo que es ahora necesario llevar a cabo encuestas a los principales operadores que se relacionan con el resto del mundo. El seguimiento del comercio exterior de servicios en un mundo crecientemente globalizado es un desafío al que los contables nacionales tendrán que hacer frente en las próximas décadas, aspecto que se retoma con más detalle en el Capítulo 16.

Notas

1. Aquí se hace caso omiso de la parte del interés que se registra como servicios de intermediación financiera medidos indirectamente (SIFMI, Capítulo 4), que se trata como consumo intermedio o como gasto de consumo final.

2. Debe notarse que las renovaciones mayores a las viviendas también se deben considerar como FBCF.
3. La porción reembolsada por las compañías de seguros también se incluye en los gastos de consumo de los hogares.
4. Los denominados originales de entretenimiento cobran forma material como novelas impresas, películas, discos compactos o cintas. Estas formas adquieren valor comercial solamente cuando están protegidas por un derecho de autor. Es esta protección la que les proporciona valor y la que explica su clasificación como bienes intangibles. La valoración de estos activos es, en la práctica, un problema bastante problemático para los contables nacionales.
5. Debe tenerse en cuenta que estos datos corresponden al SCN 93, y por tanto no incluyen aún inversiones en I&D.
6. La única excepción al registro de trabajos no concluidos como **trabajos en curso** corresponde a proyectos parcialmente desarrollados, en los cuales el propietario final esta supuesto asumir la responsabilidad, sea porque la producción es para su propio uso final o porque existe un contrato de compra o de venta.

Referencias

EC, IMF, OECD, UN and WB (2009), *System of National Accounts 2008*, New York, *https://unstats.un.org/unsd/nationalaccount/docs/sna2008.pdf*.

INSEE Databases (2013), Statistical indices and series: Macroeconomic Database: National Accounts, *www.insee.fr/en/information/2512785*.

OECD (2014a), "Detailed National Accounts: Capital formation by activity", OECD National Accounts Statistics (database), *http://dx.doi.org/10.1787/data-00008-en*.

OECD (2014b), "Detailed National Accounts: Non-financial accounts by sectors, annual", OECD National Accounts Statistics (database), *http://dx.doi.org/10.1787/data-00034-en*.

OECD (2013a), *OECD Economic Outlook*, Volume 2013, Issue 1, OECD Publishing, Paris, *http://dx.doi.org/10.1787/eco_outlook-v2013-1-en*.

OECD (2013b), "Aggregate National Accounts: Gross domestic product", OECD National Accounts Statistics (database), *http://dx.doi.org/10.1787/data-00001-en*.

Office for National Statistics (2013), *United Kingdom National Accounts – The Blue Book*, 2013 Edition.

Vanoli, A. (2005), *A History of National Accounts*, IOS Press.

Puntos clave

- En el caso de las unidades productivas, los usos pueden ser "finales" o "intermedios". El término final se aplica a los bienes y servicios que no se consumen en su totalidad en el proceso de producción durante el período – caso de la FBCF y de la variación de existencias –. El término intermedio se aplica a los bienes y servicios que se consumen en su totalidad en el proceso de producción durante el período.
- Por convención, todos los bienes y servicios adquiridos por los hogares, excepto aquellos directamente relacionados con las viviendas, se consideran como consumo final, incluso cuando se trata de bienes duraderos que no se consumen enteramente durante el período. Las adquisiciones de viviendas por los hogares son FBCF.
- Por convención, se considera que el gobierno general consume los servicios que produce. El consumo final del gobierno general es igual a la remuneración de los asalariados, más el consumo intermedio, más el consumo de capital fijo, más gastos del gobierno general en bienes y servicios de mercado para beneficio de los hogares, menos pagos parciales, menos la producción por cuenta propia de formación bruta de capital fijo.
- Los usos finales se valoran a precios de mercado (o de adquisición), incluyendo los márgenes de transporte y de comercio así como el IVA no deducible y los otros impuestos a los productos.
- El consumo individual efectivo es igual a los gastos de consumo de los hogares, más la parte correspondiente de los gastos de consumo individual de las ISFLSHS y del gobierno general.
- La formación bruta de capital fijo, que con frecuencia se designa simplemente como inversión, se define como las adquisiciones netas de activos fijos producidos.
- La variación de existencias es igual a las entradas de existencias en el almacén, menos las salidas de existencias del almacén. El valorar estas variaciones sobre la base del valor de las existencias al principio y al final del período contable de las empresas es problemático, porque las existencias experimentan pérdidas y ganancias en tenencia, que deben excluirse de la variación de existencias.

- A veces se distingue entre exportaciones e importaciones de bienes y exportaciones e importaciones de servicios. El detalle de las importaciones se valora "cif" y el detalle de las exportaciones se valora "fob". Al igual que el detalle de las exportaciones, el total de las importaciones se valora "fob".

Precisiones adicionales

¿Cómo funcionan la política monetaria y la política fiscal?

La política monetaria es la que llevan a cabo los bancos centrales cuando tratan de influenciar la evolución de las tasas de interés, directamente o actuando sobre la oferta monetaria. La política fiscal es la que llevan a cabo los gobiernos cuando modifican las tasas impositivas y cuando actúan incrementando o reduciendo el gasto público.

En lo que respecta a la política monetaria, un incremento en las tasas de interés tenderá a reducir los gastos de consumo de los hogares, porque incrementa el costo del endeudamiento de los consumidores y hace más atractivo el ahorro. También tenderá a reducir la formación bruta de capital fijo; primero, porque la caída del gasto de los hogares reduce el incentivo de las empresas a invertir en nuevas instalaciones y equipos, y segundo, porque incrementa sus costos de financiación. Por las mismas razones, una caída de los tipos de interés estimulará el gasto de los hogares y la inversión de las empresas.

En el pasado muchos gobiernos trataron de impulsar las exportaciones y reducir las importaciones mediante la manipulación de las tasas de cambio, que es otro instrumento de política monetaria. Más recientemente la mayoría de las autoridades de los países de la OCDE han tratado de mantener sus tipos de cambio estables frente a sus clientes y proveedores, política en la que se han destacado los países del área del euro, que han llegado tan lejos como a fijar de una vez por todas los tipos de cambio dentro del área.

La política fiscal opera por medio de dos canales: el aumento o reducción del ingreso o el aumento o reducción del gasto. Las reducciones de las tasas del impuesto sobre el ingreso tienen un impacto inmediato sobre el gasto de los hogares y un impacto secundario sobre la formación de capital (las empresas invierten más para satisfacer una demanda más elevada). Las reducciones de los impuestos sobre las utilidades estimulan a los productores a incrementar la producción, bien mediante una mayor inversión, o bien vía una mayor utilización de la capacidad instalada.

El gobierno general hace gastos corrientes (principalmente los salarios de los funcionarios) y gastos en formación bruta de capital (carreteras, autopistas, desarrollos urbanos, etc.). Estos dos tipos de gastos aumentan automáticamente el PIB y producen también efectos secundarios, puesto que los mayores salarios de los funcionarios incrementan el consumo de los hogares y la demanda de materiales de construcción estimula la actividad en las industrias que los producen.

Los países de la zona euro tienen ahora mucha menos libertad en lo relativo a la política monetaria y a la política fiscal. No tienen ninguna posibilidad de modificar sus tasas de cambio y tienen un control muy limitado sobre la tasa de cambio del euro. Las tasas de interés las fija exclusivamente el Banco Central Europeo. A pesar de que la política fiscal es menos restrictiva, el Pacto de Estabilidad y Crecimiento limita las posibilidades a este respecto mediante la fijación de un límite del 3% del PIB a los gastos menos los ingresos (es decir, al déficit) del gobierno general. Las autoridades pueden reducir los impuestos, pero están obligadas a realizar los recortes correspondientes en los gastos para compensar el impacto global sobre la economía.

Las limitaciones de las cuentas nacionales: el consumo de servicios de televisión o de Internet financiados por la publicidad

En la mayoría de los países, el consumo de servicios de televisión, en términos de horas de sintonía por los telespectadores, es grande y creciente – especialmente en hogares con niños pequeños –. Sin embargo, esto se refleja muy pobremente en las estadísticas nacionales sobre consumo de los hogares. Estas estadísticas solo recogen los pagos realizados por los hogares para acceder a las redes de TV por cable y, en algunos países, los gravámenes impuestos por las administraciones para financiar la televisión pública. El "consumo" de televisión por los hogares en las cuentas nacionales no refleja los servicios de televisión que están financiados por publicidad. Es cierto que el costo de la publicidad se incluye en el precio de los bienes y servicios que se anuncian y, por tanto, "aparecerá" como parte del consumo final de estos bienes y servicios, pero no como consumo de televisión y, especialmente, no en términos de volumen. En las cuentas nacionales las estaciones de televisión comercial se consideran únicamente como vendedores de soportes publicitarios (algunos cínicos sostienen que esto es muy cercano a la realidad).

El cuadro se complica en lo que respecta a las tasas recaudadas por algunas administraciones para financiar los servicios de televisión. Francia considera estas tasas un pago por servicios y como tales se incluyen en los gastos de consumo de los hogares. Por su parte, el Reino Unido las considera un impuesto directo y, en consecuencia, las excluye de los gastos de consumo de los hogares. En países tales como Francia, donde la administración impone gravámenes por la televisión pública, podría ocurrir una interesante paradoja si la administración decidiera abolir la tasa y reemplazarla por una financiación a cargo de su presupuesto o privatizar los canales públicos. Efectivamente, si se adoptaran esas decisiones, el consumo de televisión por los hogares, y por tanto el PIB, se reduciría, a pesar de que lo único que ha cambiado es la fuente de financiación. Para resolver el problema de carencia de registro de los servicios de televisión gratuita sería necesario imputar un valor a los servicios "gratuitos" e incluirlo en los gastos de consumo final de los hogares. No obstante, los contables nacionales no han ido tan lejos, a pesar de que se han propuesto soluciones prácticas (véase el Recuadro 28 del libro monumental de Vanoli (2005). El hecho cada vez más importante para las cuentas nacionales es que este tipo de servicio gratuito para los hogares, pero financiado esencialmente mediante publicidad, se está expandiendo, particularmente en los servicios de Internet. Se debe considerar que este tipo de servicios gratuitos, financiados por publicidad, se expanden enormemente, principalmente en forma de servicios de Internet (Google, Facebook, Wikipedia, etc.). Algunos economistas han estimado que hay miles de millones excluidos de la medición del consumo de los hogares y por lo tanto del PIB.

Fuentes de datos: ¿Cómo se obtienen las cifras?

Como en otros capítulos, las cuentas anuales de Francia se utilizan como ejemplo de las distintas clases de fuentes y métodos empleados para estimar los usos finales del PIB. Se empezará con el caso más fácil para posteriormente pasar a los más complejos.

Las estadísticas de comercio exterior (procedentes del servicio de aduanas) y las de balanza de pagos (elaboradas en Francia por el **Banco de Francia** (Banco Central)), proporcionan información no solo de las exportaciones e importaciones de bienes sino también de las exportaciones e importaciones de servicios. El Servicio Francés de Aduanas, en desarrollo de su función tradicional de controlar todos los movimientos de bienes en la frontera, tenía un excelente sistema de información muy adecuado para las necesidades de las cuentas nacionales. Sin embargo, como ya se ha indicado, la implantación del mercado único europeo en 1993 abolió la obligación de declarar los flujos de comercio dentro de Europa.

Para subsanar esta carencia, los servicios de aduanas europeos han llevado a cabo una encuesta, casi exhaustiva, en los países exportadores e importadores. Para Europa, en su conjunto, se ha abierto una importante "asimetría" en el comercio que se realiza entre los países que componen la región, de forma que las exportaciones totales registradas son, aproximadamente, un 2.5% más elevadas que las importaciones totales registradas. Se ha deducido de ello que algunos países deben estar sobrestimando sus exportaciones o subestimando sus importaciones. Algunos han evocado la posibilidad de que las asimetrías reflejan de hecho un fraude en las exportaciones (las declaraciones de las exportaciones pueden estar infladas por no estar sujetas al IVA). Aunque el resultado arroja algunas dudas sobre la fuente de la que se obtienen estos datos, los contables nacionales continúan dependiendo de ella, la única disponible, y a pesar de sus limitaciones, sigue siendo una de las mejores fuentes de las cuentas nacionales.

Hasta la primera década del siglo XXI, los datos de balanza de pagos publicados por el Banco de Francia incluyen todas las operaciones con el resto del mundo realizadas por los bancos comerciales y las más importantes empresas industriales. El suministro obligatorio de estos datos hace posible disponer de una cobertura casi exhaustiva de todas las operaciones financieras con el resto del mundo, y, al clasificarlas por tipo, es posible elaborar estadísticas sobre las compras y ventas de servicios internacionales, especialmente de transportes y seguros. Actualmente, en muchos países de la UE, este sistema, que se apoya sobre los pagos en efectivo, ha sido remplazado por una encuesta directa a los residentes que efectúan transacciones con el resto del mundo.

El Banco de Francia calcula también la balanza turística, es decir, los gastos realizados por los turistas franceses en el exterior y por los turistas extranjeros en Francia. Sin embargo, como en el caso de los bienes, este sistema de información se ha visto negativamente afectado por haber puesto fin a las declaraciones obligatorias de los bancos sobre los flujos intraeuropeos y por la introducción del euro, lo cual ha eliminado una de las fuentes que se venían utilizando para la estimación de la balanza turística –concretamente las estadísticas sobre las compras de moneda extranjera a cambio de francos (la antigua moneda nacional francesa) y viceversa –. Como el Servicio de Aduanas, el Banco de Francia ha introducido una serie de encuestas que aseguran la disponibilidad de los datos, de los cuales continúan dependiendo los contables nacionales, a pesar de que también utilizan otras fuentes cuando están disponibles.

Esto ilustra cómo la compilación de cuentas nacionales se verá cada vez más dificultada en una Europa crecientemente unificada y multinacional. Es posible que un día las cuentas nacionales de cada uno de los países europeos no sean sino las cuentas regionales que se elaboren con referencia a las cuentas nacionales de una Europa unida. Pero ese día está aún lejano. Mientras tanto, las actuales cuentas nacionales de cada uno de los países que componen la Unión Europea se continuarán publicando a costa de un deterioro gradual de su calidad, especialmente en lo que respecta a las operaciones con el resto del mundo.

Los gastos de consumo del gobierno general se estiman a partir de los datos de la contabilidad pública, que suele ser muy completa y de buena calidad (véase el Capítulo 9). La contabilidad pública (que recoge los datos de la ejecución del Presupuesto en sus distintas fases), suministra una buena fotografía de los sueldos y salarios, el consumo intermedio y las transferencias en especie, pagados por estas administraciones. La determinación del consumo de capital fijo del gobierno general, que es un componente del gasto de consumo final de estas administraciones, se realiza a partir de estimaciones de su stock de capital, al que se aplican determinadas reglas de depreciación, teniendo en cuenta la vida media esperada de estos activos. Este cálculo es, obviamente, solo una aproximación.

La fuente principal para estimar la formación bruta de capital fijo son los incrementos, menos los retiros del capital fijo, según se deduce de los datos que facilitan las empresas en sus declaraciones fiscales. Como se ha visto más arriba, el INSEE (Oficina Nacional de Estadística de Francia) tiene acceso a casi todas las declaraciones fiscales de las empresas, en las que se encuentran las variables que se necesitan. Por tanto, la fuente es de buena calidad, aunque no está exenta de limitaciones, especialmente en el caso de los productos de propiedad intelectual, tales como software e I&D, respecto de los cuales las empresas no siguen los requerimientos de las cuentas nacionales.

La misma fuente se utiliza para la variación de existencias. Sin embargo, el problema de la "apreciación de stocks" hace que esta utilización sea algo problemática.

En el caso de los gastos de consumo de los hogares la fuente es bastante indirecta. El punto de partida para estimar la mayoría de los bienes son las ventas al por menor, de las que se deducen, a veces con hipótesis algo atrevidas, la porción de las ventas que va a las empresas, como consumo intermedio, o como FBCF. Para otros productos se parte de varias fuentes de las empresas y del gobierno general, tales como la inmatriculación de vehículos, datos fiscales sobre ventas de tabaco y bebidas alcohólicas, ventas de las empresas de gas y electricidad EDF y GDF, que son en parte propiedad del estado, y ventas de las compañías de transporte. Se hace un uso muy reducido de la encuesta de presupuestos familiares (relativa a los ingresos y gastos de los hogares) que elabora el INSEE, debido a que este se ha visto obligado a reducir su frecuencia y el tamaño de la muestra. Esta encuesta es muy costosa y no está bien acogida por los hogares de la muestra.

Estas diversas fuentes de información se confrontan entre sí al elaborar los cuadros de oferta-utilización de bienes y servicios con sus usos finales e intermedios. El mecanismo de esta estimación se describe en el Capítulo 10.

Ejercicios para el Capítulo 5

Ejercicio 1: Usos finales en volumen (este ejercicio utiliza lo aprendido en el Capítulo 2)

El cuadro siguiente es la versión francesa en miles de millones de euros y a precios corrientes del Cuadro 5.1. El segundo cuadro muestra los índices de precios correspondientes. ¿Por qué es preferible analizar el crecimiento a partir de cuentas en volumen en lugar de hacerlo a partir de cuentas a precios corrientes?

Con base en estos dos cuadros calcular el cuadro de los usos finales en volumen a precios de 2005. La suma de los usos finales en volumen en 2005 y en 2006 es igual al PIB en volumen de 2005 y de 2006, pero, ¿por qué no es este el caso de 2007?

En la parte que queda del ejercicio se considera que los volúmenes son aditivos. A partir de este supuesto, calcular la demanda interna y la demanda externa. Calcular la contribución al crecimiento del PIB de la demanda interna y de la demanda externa en 2006 y en 2007.

Usos finales

Miles de millones de euros a precios corrientes

		2005	2006	2007
P31S14	Gasto de consumo final de los hogares	946.12	986.59	1 030.45
P31S15	Gasto de consumo final de las ISFLSH	31.57	33.44	35.48
P3S13	Gasto de consumo final del gobierno general	408.15	421.74	435.65
P51	Formación bruta de capital fijo	332.32	360.38	394.62
P52	Variación de existencias	9.81	13.73	18.74
P53	Adquisiciones menos disposiciones de objetos valiosos	0.97	1.03	1.05
P6	Exportaciones de bienes y servicios	452.87	485.91	506.72
P7	Importaciones de bienes y servicios	463.75	504.71	535.94
B1-GE	Producto interno bruto (enfoque del gasto)	1 718.05	1 798.12	1 886.79

Índices de precios de usos finales (2005 = 100)

		2005	2006	2007
P31S14	Gasto de consumo final de los hogares	100.00	102.02	104.13
P31S15	Gasto de consumo final de las ISFLSH	100.00	103.69	105.63
P3S13	Gasto de consumo final del gobierno general	100.00	101.92	103.72
P51	Formación bruta de capital fijo	100.00	104.32	107.43
P52	Variación de existencias	100.00	116.56	119.47
P53	Adquisiciones menos disposiciones de objetos valiosos	100.00	114.83	116.54
P6	Exportaciones de bienes y servicios	100.00	102.01	103.95
P7	Importaciones de bienes y servicios	100.00	103.60	104.27
B1-GE	Producto interno bruto (enfoque del gasto)	100.00	102.14	104.78

Ejercicio 2: Cierto, falso o alguna de las opciones indicadas

a) Cuáles de los siguientes rubros están incluidos en los gastos de consumo de los hogares: tasas recaudadas por el gobierno por la prestación del servicio público de televisión; compras de apartamentos; intereses pagados por los préstamos recibidos; multas de estacionamiento; tasas para obtener el permiso de conducir.

b) Un agricultor produce 300 litros de vino cada año, de los que vende 160 a sus vecinos y deja 140 para su propio consumo. ¿Qué cifra debería incluirse en el consumo de los hogares: 160 litros o 300 litros?

c) El gasto de consumo de los hogares incluye el gasto de los turistas extranjeros en Francia. ¿Cierto o falso?

d) El consumo efectivo de los hogares es igual a los gastos de consumo de los hogares más los del gobierno general. ¿Cierto o falso?

e) El consumo efectivo del gobierno general es igual a sus gastos en consumo colectivo. ¿Cierto o falso?

f) Cuáles de los siguientes elementos de gasto son “colectivos” y cuáles son “individuales”: educación primaria, investigación médica, reembolso de medicinas, policía y bomberos, costos de funcionamiento de los fondos de pensiones, costo de conciertos gratuitos en parques municipales, gastos de tropas al servicio de las fuerzas de Naciones Unidas.

g) La formación de capital fijo no incluye el equipo de transporte ni el ganado vivo. ¿Cierto o falso?

Ejercicio 3: Estimación de la variación de existencias, excluyendo la valorización de existencias

La primera fila del Cuadro siguiente muestra el precio de un artículo mantenido en existencias en cada uno de los seis sub-períodos y las filas siguientes las cantidades. Complete las celdas/filas sombreadas recordando que el *método correcto* consiste en estimar cada entrada y cada salida de existencias al precio del sub-período de que se trate. El *método aproximado* consiste en utilizar el precio medio para la totalidad de los sub-períodos y aplicarlo a la variación de existencias expresadas en cantidades. El *método erróneo* consiste en calcular la diferencia entre los valores al principio y al final del período completo. Comente las diferencias. Calcular la "valorización de existencias".

Sub-período	1	2	3	4	5	6
Precio	4	5	5	7	6	9
Cantidades						
Inventario al principio del sub-período	10					
Adiciones al inventario durante el sub-período(+)	3			1	6	3
Retiros del inventario durante el sub-período (-)		2	7		4	
Inventario al final del sub-período						
Valor de las adiciones (precios x cantidades)						
Valor de los retiros(precios por cantidades)						
Precio promedio de todos los sub-períodos						
Método erróneo						
a) Valor del inventario al principio del período a precios corrientes						
b) Valor del inventario al final del período a precios corrientes						
c) Diferencia (b)-(a) incluyendo la revaloración de existencias						
Método correcto						
a) Valor total de las adiciones						
b) Valor total de los retiros						
c) Medida correcta de los cambios en inventarios (sin incluir la revalorización de existencias)						
Método aproximado						
a) Cantidad al principio del período						
b) Cantidad al final del período						
c) Medida aproximada del cambio en existencias (incluyendo la revaloración de existencias)						

Ejercicio 4: Términos de intercambio

Utilizando los dos Cuadros siguientes (que muestran las importaciones y exportaciones de Francia de bienes y servicios a precios corrientes y en volumen), se le pide:

a) Deducir el índice de precios de las exportaciones para el período 2005-12.

b) Deducir el índice de precios de las importaciones para el período 2005-12.

c) A partir de los resultados obtenidos en a) y b), calcular la relación de intercambio para el período.

Importaciones y exportaciones a precios corrientes

Miles de millones de euros

	2005	2006	2007	2008	2009	2010	2011	2012
Importaciones	463.8	504.7	535.9	561.7	475.1	538.3	597.6	602.6
Exportaciones	452.9	485.9	506.7	521.0	440.7	494.5	538.3	557.6

Fuente: INSEE Databases (2013), Statistical indices and series: Macroeconomic Database: National Accounts, *www.insee.fr/en/information/2512785*.

Importaciones y exportaciones en volumen

Miles de millones de euros

	2005	2006	2007	2008	2009	2010	2011	2012
Importaciones	463.8	487.2	514	518.7	468.7	510.5	536.7	531.0
Exportaciones	452.9	476.3	487.5	485.9	427.1	467.6	492.8	504.6

Fuente: INSEE Databases (2013), Statistical indices and series: Macroeconomic Database: National Accounts, *www.insee.fr/en/information/2512785*.

Las soluciones a estos ejercicios están disponibles en el sitio web de la OCDE.

Comprendiendo las Cuentas Nacionales
Segunda edición

Capítulo 6

Las cuentas de los hogares

Este capítulo define los tres indicadores clave en la cuenta de los hogares: el gasto de consumo final de los hogares, el ingreso disponible de los hogares y el ahorro. Luego examina la forma en que se identifican y presentan estos indicadores en las cuentas del sector hogares. Finalmente, el capítulo revisa la alternativa a la forma de medir el ingreso disponible y el consumo que propone el SCN 2008.

Un **hogar** es un grupo de personas que asumen colectivamente la responsabilidad de alimentarse y alojarse. Un hogar puede estar constituido por una o más personas que viven bajo el mismo techo y que generalmente están unidas por lazos familiares. Hay también "hogares institucionales", que se componen, por ejemplo, de miembros de las fuerzas armadas que viven en cuarteles, o a bordo de barcos, los detenidos que viven en prisiones y las monjas que viven en conventos. Las cuentas nacionales no hacen distinción entre estas diferentes categorías de "hogares", y las reagrupan en lo que se denomina el "sector hogares", al que se asigna el código S14. Sin embargo, en la práctica el sector hogares comprende mayoritariamente a las familias.

Los otros sectores descritos en las cuentas nacionales – *sociedades, gobierno general e instituciones sin fines de lucro* – tienen un objetivo único: la producción de bienes y servicios. Por su parte, para los hogares las cosas son un poco más complicadas. Si los miembros de un hogar están empleados, perciben un ingreso que utilizan para adquirir bienes y servicios corrientes o para invertir en activos financieros. Sin embargo, los miembros de un hogar pueden también dirigir un negocio familiar, tal como una tienda, un café, una empresa de taxis o una explotación agraria. En las cuentas nacionales a este tipo de empresas se las denomina *empresas individuales*, que legalmente son *empresas no constituidas en sociedad*, que es la denominación alternativa con la que se designan también en este y otros capítulos del libro. Estas empresas no tienen accionistas y, en caso de quiebra, no tienen limitada su responsabilidad (véase el Capítulo 7, dedicado a las cuentas de las empresas). Los hogares también producen servicios de alojamiento (reales o imputados).

Como consecuencia, las cuentas del sector hogares tratan dos funciones muy diferentes: la producción de bienes y servicios, y la asignación del ingreso al consumo o al ahorro. En parte, por razones estadísticas no se hace distinción entre ambas funciones. En general, es posible separar qué parte de las operaciones relativas a la producción, el consumo intermedio, la remuneración y los impuestos corresponde a hogares "puros" y qué parte corresponde a empresarios individuales. De hecho, así lo hacen algunos países (como Francia y Estados Unidos) en los que se publica una cuenta incompleta de los empresarios individuales. A pesar de ello, en la práctica es imposible separar las operaciones distintas de las mencionadas, de ahí que las cuentas sean incompletas tanto para las empresas individuales como para los hogares "puros".

Otros países de la OCDE publican cuentas agregadas de los hogares y de las instituciones sin fines de lucro al servicio de los hogares (ISFLSH). Esta agregación se basa en que las cuentas de las ISFLSH pueden asimilarse a las de los hogares, puesto que estas instituciones están financiadas, en una alta proporción, por los hogares y porque su objetivo principal es servir a los hogares. Además, las ISFLSH constituyen un sector pequeño y su inclusión en la cuenta de los hogares no tiene mucha influencia en el resultado. Al final, a pesar de que el sistema internacional de cuentas nacionales (SCN) recomienda que las ISFLSH se publiquen separadas de los hogares, en la práctica los usuarios de cuentas nacionales que quieren realizar comparaciones internacionales tienen, en la mayoría de los casos, que limitarse a comparar el agregado "hogares + ISFLSH" (es decir, S14 + S15), en lugar del solo sector S14.

Para los economistas, la función de "consumidores" del sector hogares es de gran interés, en la medida que el crecimiento económico está influenciado de manera directa e inmediata por el crecimiento del *gasto de consumo final de los hogares*, que a su vez está determinado por el *ingreso disponible de los hogares* y por la manera en que este ingreso se divide entre *consumo* y *ahorro*. Los términos en cursiva, en esta última frase, identifican los tres indicadores clave de la cuenta del sector hogares, que se definen en este capítulo.

6.1. Los tres indicadores fundamentales de las cuentas de los hogares

El Cuadro 6.1 muestra, como porcentajes del PIB, los rubros de gasto de Japón; los principales son: *gasto de consumo final de los hogares; gasto de consumo final de las administraciones públicas; formación bruta de capital*, y, por último, *exportaciones*. Un aumento, o disminución, del PIB puede provenir de uno cualquiera de estos componentes. Al describir la evolución de la economía japonesa, los economistas suelen decir que el crecimiento ha sido "impulsado por las exportaciones", "impulsado" o "retardado" por el consumo, a veces incluso se hace referencia a si estuvo o no influenciado por una combinación de estos factores. No obstante, el Cuadro 6.1 pone claramente en evidencia el papel predominante que juega el gasto de consumo final de los hogares. Debido a que este gasto representa más del 55% del PIB, una variación de este agregado tiene que tener una importancia notable en el crecimiento del principal agregado macroeconómico.

Obviamente son muchas las razones por las que un hogar puede decidir incrementar, o reducir, su consumo. En primer lugar están las variaciones del ingreso o la realización de ganancias o pérdidas en sus inversiones financieras o inmobiliarias. Sin embargo, el nivel de consumo también está influenciado por las perspectivas que tienen los hogares sobre su futuro inmediato: la posibilidad de un aumento o disminución del ingreso; la percepción del riesgo de desempleo; las expectativas de inflación. La influencia del comportamiento del

Cuadro 6.1. **Japón: Usos finales**

Como porcentajes del PIB

Código	Transacción	2010	2011	2012
B1_GE	Producto Interno bruto (enfoque del gasto)	100.0	100.0	100.0
P31S14	Gasto de consumo final de los hogares	58.0	59.1	59.5
P31S15	Gasto de consumo final de las ISFLSH	1.2	1.4	1.5
P3S13	Gasto de consumo final del gobierno general	19.7	20.4	20.5
P5	Formación bruta de capital fijo	19.8	20.0	20.6
P6	Exportaciones de bienes y servicios	15.2	15.1	14.7
P7	(-) Importaciones de bienes y servicios	14.0	16.1	16.6

Fuente: OECD (2013), Gross domestic product – Aggregate National Accounts, OECD National Accounts Statistics (database), *http://dx.doi.org/10.1787/data-00001-en.*

StatLink http://dx.doi.org/10.1787/888933736070

consumidor en el PIB incita a los economistas a seguir de cerca los indicadores del "estado de ánimo de los hogares", que son el resultado de encuestas de opinión en las que se pregunta a los consumidores si tienen confianza en el futuro, si esperan realizar pronto compras importantes y si creen que su situación financiera ha mejorado o se ha deteriorado en los últimos tiempos.

Se debe mencionar una segunda característica: La importancia de la formación bruta de capital; una parte sustancial de ella es la adquisición de viviendas, que está directamente relacionada con los hogares y se contabiliza como formación bruta de capital fijo (FBCF) del sector. Esta inversión se financia parcialmente con el ahorro de los hogares.

El segundo indicador fundamental, el **ahorro** de los hogares, representa un importante porcentaje del total del ahorro en las economías de los países de la OCDE (más del 50%). El Cuadro 6.2 muestra la proporción del ahorro total originado en los hogares y las ISFLSH, en el caso de Japón. Esta proporción ha sido tradicionalmente alta en el Japón, pero llegó al 75% en el año 2010. Refleja una situación post-crisis, cuando el déficit del gobierno había alcanzado niveles nunca antes vistos (ahorro negativo) al igual que el superávit de las empresas

Cuadro 6.2. **Japón: Participación del ahorro neto en la economía interna por sectores**

En porcentajes del ahorro total neto

		1980	1990	2000	2010
B8N-S1	Total de la economía	100.0	100.0	100.0	100.0
B8N-S11_S12	Sociedades	28.3	14.7	61.3	504.9
B8N-S13	Gobierno General	10.1	34.8	-29.0	-479.7
B8N-S14-S15	Hogares e ISFLSH	61.5	50.5	67.7	74.8

Fuente: OECD (2013), "Detailed National Accounts: Non-financial accounts by sectors, annual", OECD National Accounts Statistics (database), *http://dx.doi.org/10.1787/data-00034-en.*

StatLink http://dx.doi.org/10.1787/888933736089

(ahorro positivo). Las sumas ahorradas por los hogares están disponibles para financiar la formación bruta de capital de otros sectores (maquinaria, fábricas, equipos de transporte, carreteras, autopistas, redes de comunicación, etc.) y también, en parte, la FBCF de los propios hogares (adquisición de viviendas). Desde el final de la Segunda Guerra Mundial ha habido una clara relación causal entre el nivel del ahorro de los hogares y la cuantía del incremento del PIB.

> *Los Estados Unidos son una excepción. Desde el final de la Segunda Guerra Mundial la tasa de ahorro de los hogares estadounidenses ha sido relativamente baja, en contraste con la elevada tasa de FBCF, lo que ha permitido que el PIB crezca de manera más o menos constante en este período. Esta situación se explica por la poderosa atracción que la economía americana ejerce sobre los inversionistas extranjeros. En otras palabras, los Estados Unidos han sido capaces de financiar su inversión con los ahorros de los inversionistas extranjeros.*

Desde la óptica microeconómica el ahorro es también importante en tanto que proporciona a las familias seguridad financiera en caso de pérdida de trabajo o de enfermedad, además de asegurar una parte de la jubilación. El sistema de seguridad social, que ha venido gestionando de forma satisfactoria la protección contra estos riesgos, está en una difícil situación en muchos países de la OCDE, debido al progresivo envejecimiento de la población. En los últimos años, los economistas de la OCDE han venido recomendando, en los "Economic Survey" consagrados a varios países, que las autoridades ofrezcan a los hogares incentivos para el fomento del ahorro, con el fin de que, una vez jubilados, puedan financiar con sus propios medios una mayor parte de sus necesidades

El tercer indicador fundamental, el ingreso disponible de los hogares, es la suma del *gasto de consumo final y del ahorro*. Como se ha visto, por diversas razones, son deseables los aumentos en los dos componentes: un incremento de los gastos de consumo final de los hogares estimula el crecimiento del PIB, mientras que un incremento del ahorro permite la financiación parcial de la inversión y, al mismo tiempo, alivia la carga sobre el sistema de seguros sociales. Parece evidente que este resultado solo se puede alcanzar si se incrementa el ingreso de los hogares, y este incremento se debe, en gran medida, a la capacidad de la economía de alcanzar ganancias de productividad por medio de una utilización más eficiente de los factores de producción, es decir, del trabajo y del capital.

6.2. Las cuentas del sector hogares

Los tres indicadores a que se viene haciendo referencia están explícitamente identificados en las cuentas del sector hogares. Es esencial tener en cuenta que, en lo que sigue en el resto del libro, estas cuentas e indicadores se expresan a precios corrientes y no en términos de volumen.

La secuencia de las cuentas de los hogares se divide en cuentas "no financieras" y cuentas "financieras". Las cuentas financieras se tratan en el Capítulo 8. Por el momento se examina solamente la secuencia de las cuentas no financieras, empezando por la *cuenta de producción* y terminando con la *cuenta de capital*. Las cuentas que se van a mostrar tienen forma de T. Esta es de hecho la presentación adoptada por la mayoría de los hogares al registrar ingresos y gastos:

Gasto	Ingreso
1.	a)
2.	b)
3., etc.	c) etc.

En cuentas nacionales los ingresos se denominan "*recursos*" y se colocan en la columna de la derecha, mientras que los gastos se denominan "*usos*" y se colocan en la columna de la izquierda. El último ítem de la columna de los usos es el "saldo contable", o simplemente, "el saldo", que es el monto necesario para equilibrar recursos y usos. Los saldos contables de las distintas cuentas (*valor agregado, excedente de explotación, ingreso disponible, ahorro y capacidad de financiación/necesidad de financiación*) son agregados particularmente interesantes para el análisis. A partir de ahora, en la presentación de las cuentas, estos elementos de balance se presentan en negrita.

Para entender completamente lo que contiene cada elemento de balance es necesario examinar la secuencia de cuentas que ha conducido a él. Por ejemplo, para responder a la pregunta: ¿Qué es el ahorro de los hogares?, es necesario examinar la serie de elementos que se han agregado, o sustraído del elemento inicial en la secuencia de cuentas. Esta noción se irá aclarando a medida que se progrese en el examen de las cuentas del sector de los hogares.

Para dar una idea de la importancia de los distintos elementos, se ha escogido el ejemplo de las cuentas de los hogares de Italia en 2012 (en miles de millones de euros, a precios corrientes). Los cuadros presentan el código de cada transacción (por ejemplo, P1 para la producción). Estos son los códigos empleados en los manuales internacionales (SCN 2008 y SEC 2010).

La letra inicial de cada código está basada en una terminología "Euro parlante". "P" indica producción; "D" transacciones de redistribución; "F" transacciones financieras; "B" saldos (balance); y "K" (proveniente de la palabra alemana "Kapital") indica elementos de acumulación de capital. Estos códigos cortos y definidos con precisión son muy útiles.

La cuenta de producción

La primera cuenta de la secuencia es la *cuenta de producción*. Es una cuenta muy reducida que se compone, en principio, de tres ítems: *producción, consumo intermedio* y el primer saldo contable, es decir, el *valor agregado bruto*, que es la diferencia entre los otros dos ítems. En el primer cuadro de los que figuran a continuación, se toma el sector agregado "Hogares más ISFLSH" para ilustrar el hecho que algunos países publican las cuentas de estos dos sectores con esta presentación. Una posible novedad respecto a lo que se ha venido reseñando es la inclusión del ítem "valor agregado neto", que es igual al valor agregado bruto menos el consumo de capital fijo.

Cuadro 6.3. **Italia: Cuenta de producción de los hogares y las ISFLSH (S14 + S15)**

Miles de millones de euros, 2012

Usos		Recursos	
P2. Consumo intermedio	136.6	P1. Producción	543.7
B1G. Valor agregado bruto	407.1		
K1P1. Consumo de capital fijo	89.6		
B1N. Valor agregado neto	317.5		

Fuente: ISTAT (2013), "National Accounts: Annual sector accounts", I.Stat (database), *http://dati.istat.it/Index.aspx?DataSetCode=DCCN_SEQCONTIASA&Lan.*

StatLink http://dx.doi.org/10.1787/888933736108

Si se excluyeran a las ISFLSH y se presentara exclusivamente la cuenta de producción de los hogares (S14), se obtendría la cuenta que figura a continuación. Se puede comprobar, por diferencia, que la importancia de las ISFLSH es muy reducida por lo que se van a ignorar a partir de ahora.

Cuadro 6.4. **Italia: Cuenta de producción de los hogares (S14)**

Miles de millones de euros, 2012

Usos		Recursos	
P2. Consumo intermedio	133.4	P1. Producción	536.2
B1G. Valor agregado bruto	402.9		
K1P1. Consumo de capital fijo	89.3		
B1N. Valor agregado neto	313.6		

Fuente: ISTAT (2013), "National Accounts: Annual sector accounts", I.Stat (database), *http://dati.istat.it/Index.aspx?DataSetCode=DCCN_SEQCONTIASA&Lan.*

StatLink http://dx.doi.org/10.1787/888933736127

Las partidas de esta cuenta de producción de los hogares muestran las actividades de las empresas individuales: explotaciones agrícolas, puntos de venta al por menor, empresas de taxis, salones de belleza, etc. Pero también incluyen la producción de bienes por cuenta propia por los hogares, y los servicios de alojamiento "producidos" por quienes alquilan alojamientos a otros, o que son propietarios de la vivienda (casa o apartamento) donde residen. Como consecuencia, el ítem "*producción*", del lado derecho de la cuenta, incluye los alquileres imputados a estos "propietarios-ocupantes", mientras que el consumo intermedio, del lado izquierdo, incluye (además del consumo intermedio de las empresas individuales) los gastos de mantenimiento que tienen los propietarios de esos alojamientos.

Cuenta de generación del ingreso

La siguiente cuenta en la secuencia es la de generación del ingreso, que muestra cómo el valor agregado se distribuye entre la remuneración a los factores de producción, trabajo y capital. Comienza mostrando en la columna de los recursos, que figura a la derecha, el saldo de la cuenta precedente, en este caso, el valor agregado neto.

Cuadro 6.5. **Italia: Cuenta de generación del ingreso de los hogares (S14)**
Miles de millones de euros, 2012

Usos			Recursos	
D1	Remuneración de los asalariados	50.1	**B1N. Valor agregado neto**	313.6
	D11. Sueldos y salarios	40.9		
	D12. Contribuciones sociales de los empleadores	9.2		
D2	Otros impuestos netos sobre la producción	20.7		
D3	(-) Subsidios	-3.8		
B2N.	**Excedente neto de explotación**	72.9		
B3N.	**Ingreso mixto neto**	173.7		

Fuente: ISTAT (2013), "National Accounts: Annual sector accounts", I.Stat (database), *http://dati.istat.it/Index.aspx?DataSetCode=DCCN_SEQCONTIASA&Lan.*

StatLink http://dx.doi.org/10.1787/888933736146

La columna de usos incluye dos ítems importantes: la remuneración de los asalariados y los *impuestos netos sobre la producción*. Cuando se deducen los montos de estos dos elementos del valor agregado se obtienen dos saldos denominados **excedente neto de explotación** e **ingreso mixto neto**.

La *remuneración de los asalariados* incluye en este caso solo a los empleados de las empresas individuales. La remuneración se concreta en sueldos y salarios en efectivo, ingresos en especie (alojamiento y comida gratuitos, por ejemplo) y las contribuciones sociales pagadas por los propietarios de las empresas individuales (empresas no constituidas en forma de sociedad) a favor de sus empleados. Por tanto, se puede comprobar que la remuneración de los asalariados no consiste exclusivamente en sueldos y salarios sino que representa el costo total del factor trabajo.

Los otros *impuestos netos sobre la producción* comprenden los impuestos que gravan la propiedad o la utilización de los factores de producción (trabajo y capital) –por ejemplo, los impuestos sobre la propiedad de edificios. La palabra "netos" significa que se han deducido las subvenciones a la producción. Obviamente, las subvenciones dan lugar a un incremento de los saldos contables *ingreso mixto* y *excedente de explotación*. En la *cuenta de generación de ingreso* de los hogares las subvenciones se pagan principalmente a los propietarios de explotaciones agrarias.

En el caso de los sectores sociedades no financieras e instituciones financieras, el saldo de esta cuenta consiste, exclusivamente, en el **excedente neto de explotación**, que mide la remuneración del capital utilizado en el proceso de producción, que es, en otras palabras, la principal medida del "beneficio" en las cuentas nacionales (véase el Capítulo 7). Sin embargo, la situación es más complicada en el caso del sector de empresas individuales, en las que les suele ser imposible separar la remuneración del capital de la remuneración del trabajo. Por ejemplo, en el caso de una familia que posee una tienda de venta al por menor, o una empresa familiar de taxis, una vez se han deducido del valor agregado la remuneración de los asalariados y los impuestos netos sobre la producción, lo que queda es tanto remuneración del capital invertido (en estos casos los locales, el equipamiento y los stocks o los vehículos) como la remuneración del trabajo realizado por los propietarios y sus familiares. A diferencia de los propietarios tanto de las sociedades no financieras como de las instituciones financieras, los propietarios de las empresas familiares no están obligados a mostrar en su balance el valor del capital fijo que utilizan – y, si se les obligara, sería prácticamente imposible que pudieran hacerlo, porque, por ejemplo, un taxi puede también utilizarse como vehículo familiar cuando no se necesita con fines profesionales y las instalaciones de los negocios pueden servir de alojamiento a miembros de la familia.

Esto explica por qué, cuando no es posible distinguir entre ingresos generados por el capital e ingresos generados por el trabajo, se denomina "mixto" al total de estos ingresos y el saldo contable de la *cuenta de producción* se denomina **ingreso mixto neto**. Por esta razón aparecen registrados 173.7 miles de millones de euros en la *cuenta de generación de ingreso* que se presentó más arriba. Sin embargo, hay un caso para el que no hay duda de que las rentas en cuestión son de capital, lo que obliga a crear un saldo contable que se denomina **excedente neto de explotación**. El caso en cuestión es el de la actividad imputada a los propietarios que habitan sus propias viviendas que, en el ejemplo que se viene siguiendo, suponen la mayor parte de los 72.9 miles de millones de euros de la cuenta.

Los macroeconomistas requieren, en ocasiones, que se distingan claramente, dentro del ingreso mixto, la remuneración del capital y la remuneración del trabajo que se han utilizado en el proceso de producción. Hay al menos dos métodos para atender esta demanda (véase la sección sobre "La descomposición del ingreso mixto bruto", al final del capítulo, en las "Precisiones adicionales").

Cuenta de asignación del ingreso primario

La siguiente cuenta de la secuencia es la cuenta de asignación del *ingreso primario*. Por ingreso "primario" se designa al ingreso generado por el proceso de producción propiamente dicho o por un proceso estrechamente relacionado con él. Por contraste, el ingreso "secundario" se compone del dinero transferido a, o desde, los hogares y que no está relacionado con la actividad productiva.

Cuadro 6.6. **Italia: Cuenta de asignación del ingreso primario de los hogares (S14)**

Miles de millones de euros, 2012

Usos		Recursos	
D4. Renta de la propiedad	15.0	**B2N.Excedente neto de explotación**	**72.9**
D41.Intereses	10.6	**B3N. Ingreso mixto neto**	**173.7**
D42. Renta de la tierra y de activos del subsuelo	4.4	D1. Remuneración de los asalariados	672.6
		D11. Sueldos y salarios	490.8
		D12. Contribuciones sociales de los empleadores	181.8
		D4. Renta de la propiedad	196.8
		D41. Intereses	52.1
		D42. Renta distribuida de las sociedades	124.6
		D43. Utilidades reinvertidas de la inversión extranjera directa	0.0
		D44.Renta de la propiedad atribuida a los titulares de pólizas de seguro	17.9
B5N. Saldo de ingresos primarios, neto	1 100.9	D45. Otros ingresos	2.1

Fuente: ISTAT (2013), "National Accounts: Annual sector accounts", I.Stat (database), *http://dati.istat.it/Index.aspx?DataSetCode=DCCN_SEQCONTIASA&Lan*.

StatLink http://dx.doi.org/10.1787/888933736165

Empezando, como es habitual, en el lado de los recursos, aparece al principio de la columna el saldo de la cuenta precedente, **ingreso mixto neto/ excedente neto de explotación**.

El ítem *remuneración de los asalariados*, que figura en la columna de los recursos, es más elevado que el que figura entre los empleos de la cuenta de generación de ingreso, lo que se debe a que comprende la remuneración recibida por todos los empleados en todas las empresas, en las administraciones públicas y en las instituciones sin fines de lucro – y no exclusivamente las que reciben los empleados en las empresas individuales –. Esta es el ítem de mayor importe del ingreso de los hogares. Como se ha visto más arriba, la remuneración de los asalariados representa el costo total del trabajo e incluye las contribuciones sociales pagadas por los empleadores a favor de sus empleados y también las contribuciones imputadas. Puede parecer extraño registrar que los hogares reciban contribuciones sociales. Para entender su fundamento se remite al lector a la sección sobre las "Contribuciones sociales efectivas y contribuciones sociales imputadas", que figura al final de este capítulo, en las "Precisiones adicionales".

El rubro "intereses" (D41), que figura entre los recursos de los hogares, incluye los intereses generados por las inversiones financieras de los hogares. El rubro D42 corresponde a los dividendos pagados por las sociedades a los hogares y a las rentas que los hogares "retiran de las cuasi-sociedades". Este último ítem se reserva, en principio, para registrar los pagos a los propietarios de las unidades conocidas como "cuasi-sociedades", que no son sociedades desde un punto de vista legal (y por lo tanto legalmente tampoco pueden distribuir dividendos), pero que tienen muchas similitudes con las sociedades. Este ítem es normalmente muy pequeño porque las cuasi-sociedades son bastante raras. Sin embargo, las cuentas nacionales italianas son especiales en este aspecto, debido a que las empresas individuales con más de cinco empleados se consideran "cuasi-sociedades" y, por tanto, se clasifican en el sector sociedades. El rubro D42, en el caso de Italia, se refiere, por tanto, al ingreso mixto de un grupo importante de pequeñas empresas individuales que, en otros países, se clasifican en el sector de los hogares[1].

El rubro D44 corresponde a los intereses imputados recibidos por los hogares que tienen suscritas pólizas de seguro de vida, de los cuales, a diferencia de los intereses generados por los bonos o por las cuentas de ahorro, no pueden disponer libremente. La sección "Seguros", que figura al final del capítulo, en las "Precisiones adicionales", explica cómo se tratan el seguro de vida y otros tipos de seguros. Finalmente, el rubro D45 se compone de alquileres y cánones percibidos como contrapartida de la cesión del uso de terrenos y yacimientos (por ejemplo, de carbón o de otros minerales). Si los propietarios de estos terrenos y de estos yacimientos permiten que sean utilizados por otros en el proceso de producción, se les considera beneficiarios de una renta primaria. Por otra parte, los alquileres recibidos como contrapartida de la cesión del uso de un alojamiento (o de la utilización temporal de bienes de capital fijo, tales como bienes personales o vehículos), se consideran pagos por la compra de servicios. En consecuencia, están incluidos como producción en la *cuenta de producción*, y no figuran en el rubro D45.

La columna de *usos* de la cuenta incluye el rubro D4 "rentas de la propiedad" pagadas por los hogares. Obsérvese que el elemento *intereses* comprende los pagados por los hogares cuando contraen préstamos para financiar su consumo o la adquisición de vivienda, y los pagados por las empresas individuales, principalmente como consecuencia del endeudamiento que contraen para financiar la adquisición de maquinaria o locales.

Cuando los usos se restan de los recursos se obtiene como resultado el **ingreso primario neto**. Este ítem se lleva a la primera fila de la columna de recursos de la cuarta cuenta, que se denomina *cuenta de distribución secundaria del ingreso.*

Cuenta de distribución secundaria del ingreso

La *cuenta de distribución secundaria* del ingreso recoge las diversas transferencias que tienen lugar tras la asignación del ingreso primario, con la finalidad de corregir desigualdades sociales. Dada su función, también se podría llamar "*cuenta de redistribución*". Las más importantes de estas transferencias se originan cuando el Gobierno decide redistribuir ingreso, de los hogares con mayores recursos a los hogares más necesitados, aunque las transferencias que figuran en esta cuenta pueden también incluir iniciativas privadas, principalmente regalos o donaciones de caridad y el envío de fondos por los trabajadores inmigrantes a sus familias residentes en sus países de origen.

Las transferencias registradas aquí se denominan "corrientes" (como opuestas a las transferencias de "capital"), bien porque proceden del ingreso corriente (y no del capital) o bien porque los beneficiarios las consideran como un elemento de su ingreso corriente.

Cuadro 6.7. **Italia: Cuenta de distribución secundaria del ingreso de los hogares (S14)**

Miles de millones de euros, 2012

Usos		Recursos	
D5. Impuestos corrientes sobre el ingreso, la riqueza, etc.	199.7	**B5N. Saldo de ingreso primario neto**	1 100.9
D61. Contribuciones sociales	252.3	D61. Contribuciones sociales	2.5
D6111. Contribuciones efectivas de los empleadores	167.5	D62. Prestaciones sociales otras que transferencias sociales en especie	345.1
D6112. Contribuciones sociales de los empleados	40.4	D7. Otras transferencias sociales	25.9
D6113. Contribuciones sociales de independientes y de desempleados	30.1	D72. Indemnización de seguros generales	17.6
D612. Contribuciones sociales imputadas	14.3	D75 Transferencias corrientes diversas	8.3
D62. Prestaciones sociales otras que transferencias en especie	1.9		
D7. Otras transferencias corrientes	40.2		
D71. Primas netas de seguros generales	16.7		
D75. Transferencias corrientes diversas	23.4		
= B6N. Ingreso disponible neto	980.4		
+ K1. Consumo de capital fijo	89.3		
B6G. Ingreso disponible bruto	1 069.7		

Fuente: ISTAT (2013), "National Accounts: Annual sector accounts", I.Stat (database), *http://dati.istat.it/Index.aspx?DataSetCode=DCCN_SEQCONTIASA&Lan.*

StatLink http://dx.doi.org/10.1787/888933736184

El tercer rubro de la columna de recursos es D62. *Prestaciones sociales distintas de las transferencias sociales en especie,* que incluye transferencias sociales corrientes que benefician a los hogares (pensiones de jubilación, prestaciones por desempleo, prestaciones de maternidad y ayuda familiar, prestaciones por ausencia laboral por enfermedad). Es de anotar que estas transferencias no incluyen ni el reembolso de medicinas y servicios sanitarios ni las ayudas a la vivienda, que se consideran transferencias sociales en especie y que se registran en otra cuenta, como parte del ingreso disponible ajustado. Al final del capítulo se volverá sobre este último concepto.

Las prestaciones sociales (D62) se descomponen en "prestaciones de seguros sociales" y "prestaciones de asistencia social". Las primeras se pagan por el sistema de seguridad social, que pertenece a las administraciones públicas, y por los planes de pensiones privados, como contrapartida a contribuciones abonadas con anterioridad. Las prestaciones de asistencia social intentan satisfacer el mismo tipo de necesidades que las prestaciones que otorgan el sistema de seguridad social y los planes de pensiones privados, pero los beneficiarios no han tenido que pagar ningún tipo de cotización y, además, estas prestaciones no constituyen un derecho de quienes las perciben. Algunas prestaciones de subsistencia otorgadas a demandantes de asilo o los ingresos mínimos pagados a gente muy pobre son ejemplos de prestaciones de asistencia social.

Los dos últimos rubros de la columna de recursos de esta cuenta incluyen las *otras transferencias corrientes*. Estas transferencias son de dos tipos: pagos a los hogares de las indemnizaciones de seguros de accidentes (incendio, robo, accidentes de carretera, etc.) y transferencias corrientes diversas (dinero enviado por parientes que residen en el extranjero y ayudas concedidas por instituciones sin fines de lucro a discapacitados o a familias desfavorecidas), y las ayudas otorgadas por el gobierno a hogares que son víctimas de inundaciones u otras catástrofes naturales.

El primer rubro de la columna de usos es D5. *Impuestos corrientes sobre el ingreso, la riqueza*, etc. Los impuestos corrientes sobre el ingreso comprenden el impuesto personal sobre el ingreso y los impuestos pagados por el "ingreso mixto" de las empresas individuales. Los impuestos corrientes sobre la riqueza son pagos regulares (normalmente anuales) realizados por los hogares, que gravan su patrimonio neto, o la riqueza neta (en el caso de Francia, este impuesto se denomina "*impuesto de solidaridad sobre la fortuna*"). Se debe tener en cuenta que los impuestos sobre las herencias no se incluyen en este grupo, puesto que, siendo pagos excepcionales, se registran como transferencias de capital.

El siguiente rubro en la columna de usos se denomina *Contribuciones sociales*. Como se explica al final del capítulo (en la sección "Contribuciones sociales efectivas e imputadas", incluida en las "Precisiones adicionales"), este ítem comprende: las contribuciones pagadas por los empleadores a los fondos de seguros sociales, en nombre de sus asalariados; las contribuciones pagadas por los propios asalariados; las contribuciones sociales imputadas, y las contribuciones pagadas por los propietarios de las empresas individuales (también llamados "autónomos").

El rubro *Prestaciones sociales* recoge los pagos directos por los empresarios individuales incluidos en el sector hogares a sus asalariados, que también forman parte del sector hogares. La contrapartida de estas prestaciones son contribuciones imputadas que figuran en el ítem D61 de recursos. De los 2.3 miles de millones que figuran en este último ítem, 1.8 miles de millones (importe de la rúbrica D62 de empleos) son la contrapartida de prestaciones sociales directas.

El último ítem de la columna de usos es *Transferencias corrientes diversas*. Las primas netas de seguros generales están constituidas por las primas pagadas al suscribir pólizas de seguros generales menos la remuneración estimada que los asegurados pagan por el servicio que les presta la compañía de seguros (para más detalles véase, al final de este capítulo, la sección "Seguros", en el apéndice "Precisiones adicionales"). El ítem *Transferencias corrientes diversas* comprende las transferencias de fondos realizadas por los trabajadores extranjeros a sus familias residentes en sus países de origen, donaciones a instituciones sin fines de lucro y multas de tráfico y otras.

La diferencia entre recursos y usos es igual al **ingreso disponible neto** (IDN), indicador clave que representa el monto que queda a disposición de los hogares para consumir y para ahorrar, una vez tomada en cuenta la parte del costo de reposición del stock de capital existente del período. Se denomina "neto" porque los montos necesarios para la reposición de los activos de capital (viviendas y equipos de las empresas individuales) asignados al período ya han sido deducidos. Sin embargo, algunos analistas prefieren utilizar el **ingreso disponible bruto** (IDB), que es igual al IDN más el consumo de capital fijo. Una razón que puede explicar esa preferencia es la incertidumbre que conlleva la estimación del consumo de capital fijo, y en particular la falta de homogeneidad en las estimaciones que realizan los diversos países. Otra razón para preferir el IDB es que se puede analizar mejor que el IDN en términos de poder de compra y en relación con el consumo final en volumen. El *poder de compra del IDB* es igual al IDB deflactado por el índice de precios de los gastos de consumo de los hogares. Si el poder de compra del IDB se incrementa, significa que la IDB se está elevando más rápidamente que la inflación, y por tanto hay una posibilidad de que los hogares consuman más en términos reales.

Otro aspecto que debe considerarse en el IDN es que este agregado del ingreso de los hogares incluye elementos que, por construcción, están afectados a unos usos determinados, por lo que los hogares no pueden disponer libremente de ellos para destinarlos a consumo o a ahorro. Por ejemplo:

- El rubro *producción* de la *cuenta de producción* incluye productos agrícolas retenidos por sus productores para su autoconsumo y los alquileres imputados de los propietarios que ocupan su propia vivienda. Como resultado, el valor agregado derivado de estas actividades, que acabará siendo un elemento del ingreso disponible, no puede ser asignado a usos distintos del consumo de productos de la agricultura y de servicios de alojamiento, respectivamente. En los países de la OCDE, el autoconsumo de productos agrícolas es casi insignificante, pero los alquileres imputados tienen montos muy considerables.
- La *remuneración de los asalariados*, que figura en la *cuenta de asignación del ingreso primario*, incluye ingreso en especie, pero este ya ha sido "gastado" en los correspondientes bienes y servicios que se suministran a los asalariados.
- Una parte del *ingreso por intereses* (D41.) que figura en la *cuenta de asignación del ingreso primario*, comprende los intereses imputados de las reservas gestionadas por las compañías de seguros de accidentes a favor de los suscriptores de las pólizas. Estos intereses imputados están destinados a remunerar una parte de los servicios prestados por las compañías de seguros de accidentes.

El último punto sobre el que hay que llamar la atención acerca del IDN es que el concepto de ingreso disponible que se utiliza en cuentas nacionales es distinto del concepto teórico definido por algunos economistas (véase, al final del capítulo, en las "Precisiones adicionales", la sección "El ingreso en cuentas nacionales y en la teoría económica"). En particular, el IDN no incluye las pérdidas y ganancias en acciones o en activos reales.

Cuenta de utilización del ingreso disponible

El saldo **ingreso disponible neto** figura en la primera línea de la columna de recursos de la cuenta siguiente, que es *la cuenta de utilización del ingreso disponible.*

Cuadro 6.8. **Italia: Cuenta de utilización del ingreso de los hogares (S14)**
Miles de millones de euros, 2012

Usos		Recursos	
P3. Gastos de consumo final	947.1	**B6N. Ingreso disponible, neto**	980.4
D8. Ajuste por cambio en los derechos de pensión	0.6	D8. Ajuste por los cambio en los derechos de pensión	3.4
B8N. Ahorro neto	36.2		

Fuente: ISTAT (2013), "National Accounts: Annual sector accounts", I.Stat (database), *http://dati.istat.it/Index.aspx?DataSetCode=DCCN_SEQCONTIASA&Lan.*

StatLink http://dx.doi.org/10.1787/888933736203

El ajuste que aparece en el segundo renglón de la columna de recursos (código D8.) es necesario por la forma en que, tanto los aportes a los fondos de pensiones, como las pensiones pagadas por estos fondos, se tratan en la *cuenta de distribución secundaria del ingreso*. En esa cuenta se asimilan ambos conceptos a las contribuciones pagadas al sistema de seguros sociales, y a las prestaciones recibidas de él, cuando debería haberse tratado igual que las operaciones de las compañías de seguros de vida. Se ha adoptado este tratamiento especial porque las contribuciones pagadas a los fondos de pensiones y las prestaciones recibidas de ellos, se perciben por los hogares de una forma similar a las contribuciones pagadas al sistema de seguridad social y a las prestaciones recibidas de él. En la medida que se estime que ambas operaciones tienen el mismo impacto sobre el comportamiento del consumidor parece lógico aplicarles el mismo tratamiento. Sin embargo, las operaciones de los fondos de pensiones también se registran en la cuenta financiera (véase el Capítulo 9). Por tanto, es necesario hacer un ajuste en las cuentas no financieras para que el valor del saldo (*ahorro*) que se transmite a las cuentas financieras sea correcto. El ajuste es igual a la variación de la participación neta de los hogares en las reservas de los fondos de pensiones y de ahí su nombre. Cuando se calcula la tasa de ahorro de los hogares es importante recordar que el rubro D8 debe añadirse al denominador de esta relación (ingreso disponible) puesto que está incluido en el numerador (ahorro).

La columna de usos de la cuenta de "utilización del ingreso disponible" contiene solo dos elementos importantes: el *gasto de consumo final* de los hogares y el saldo, el **ahorro neto**. En el Capítulo 5 se ha dado una definición completa de los gastos de consumo final de los hogares, pero cabe recordar que se compone principalmente de bienes y servicios de uso cotidiano (ropa, alimentos, bienes de consumo duradero, alquileres, transporte, servicios personales, etc.) *más*:

- los alquileres imputados "pagados" por los propietarios que habitan sus propias viviendas;
- el valor estimado de la producción por cuenta propia de los hogares, en particular las cosechas y los animales consumidos por los hogares propietarios de una explotación agrícola;
- el valor estimado de los bienes y servicios recibidos por los asalariados a título de remuneración en especie.

Por otra parte, los gastos de consumo final de los hogares no incluyen:

- las adquisiciones de viviendas que son activos fijos que se utilizan para producir servicios de alojamiento: se registran en la cuenta de capital (FBCF) y no se consideran consumo;
- las adquisiciones de otros tipos de edificios y equipos que se utilizan principalmente para la producción por empresas familiares y son también

FBCF (equipamientos agrícolas, instalaciones comerciales, taxis, vehículos utilitarios, etc.);

- las adquisiciones por empresas familiares de bienes de consumo intermedio (semillas y fertilizantes, en el caso de explotaciones agrícolas; pintura y pinceles, en el caso de pintores de edificios; carburantes y gastos de mantenimiento, en el de los taxistas, etc.) son consumo intermedio y no consumo final;
- las compras (menos las ventas) de "objetos valiosos" – incluyendo monedas de oro, antigüedades, sellos raros y obras de arte – adquiridos para servir como "depósitos de valor"; se consideran inversión de los compradores, que esperan que su valor se incremente a lo largo del tiempo (o, como mínimo, no disminuya).

El saldo, el **ahorro neto**, que es la diferencia entre el IDN y el consumo, es el tercer indicador clave de las cuentas de los hogares. Se obtiene como diferencia entre dos grandes agregados, y por ello está casi siempre afectado por errores. Incluso un ajuste relativamente pequeño en uno u otro de los dos agregados que definen el ahorro – el ingreso disponible y el gasto final de los hogares – motiva automáticamente un ajuste relativamente sustancial del saldo. En consecuencia, es necesario tomar con reservas las primeras estimaciones que se difunden sobre la evolución del ahorro, porque, con toda seguridad, se revisarán sustancialmente en los dos o tres años siguientes.

En la práctica, los analistas están más interesados en la tasa de ahorro de los hogares que en el nivel de este agregado. La tasa de ahorro de los hogares viene dada por el ahorro de los hogares dividido por el ingreso disponible (al cual se añaden los ingresos del ajuste D8.). Para facilitar las comparaciones internacionales es fundamental utilizar las mismas definiciones. El método preferido por la OCDE es utilizar el ahorro neto. El siguiente cuadro muestra la tasa de ahorro neto de los hogares de Italia y de otros países industrializados en los últimos años.

Cuadro 6.9. **Tasa de ahorro neto de los hogares**

Como porcentaje del ingreso disponible

	2006	2007	2008	2009	2010	2011	2012
Francia	11.2	11.7	11.7	12.6	12.1	12.2	
Alemania	10.8	11.0	11.5	10.9	10.9	10.4	10.3
Italia	9.5	8.9	8.5	7.1	4.9	4.3	3.6
Japón	1.3	1.1	0.6	2.3	2.1	2.3	
Estados Unidos	3.5	3.2	5.2	6.4	5.9	5.9	5.8

Fuente: OECD (2014), "Detailed National Accounts: Non-financial accounts by sectors, annual", OECD National Accounts Statistics (database), *http://dx.doi.org/10.1787/data-00034-en.*

StatLink *http://dx.doi.org/10.1787/888933736222*

Cuenta de capital

El saldo de la cuenta de utilización del ingreso de los hogares, el **ahorro neto**, se toma como primera línea de los recursos de la *cuenta de acumulación de capital*, que es la última de las cuentas no financieras de la secuencia de cuentas. Debido a que la formación bruta de capital fijo figura entre los usos, es preferible que esta cuenta se elabore en términos brutos. Por esta razón se ha incluido entre los recursos el **ahorro bruto**, agregado que es igual al ahorro neto más el consumo de capital fijo.

Cuadro 6.10. **Italia: Cuenta de acumulación de capital para los hogares (S14)**

Miles de millones de euros, 2012

Usos		Recursos	
P51. Formación bruta de capital fijo	102.0	**B8N. Ahorro neto**	36.2
P52. Cambio en inventarios	0.8	K1. Consumo de capital fijo	89.3
P53. Adquisiciones menos disposiciones de objetos valiosos	2.3	**B8. Ahorro bruto**	125.5
K2. Adquisiciones menos disposiciones de activos no financieros no producidos	0.1	D9. Transferencias de capital netas recibidas	-0.1
B9. Capacidad (+) Necesidad (-) de financiación	20.1		

Fuente: ISTAT (2013), "National Accounts: Annual sector accounts", I.Stat (database), *http://dati.istat.it/Index.aspx?DataSetCode=DCCN_SEQCONTIASA&Lan.*

StatLink http://dx.doi.org/10.1787/888933736241

El otro elemento de la columna de recursos es el D9. *Transferencias netas de capital recibidas*. La palabra "netas" indica que las transferencias de capital pagadas se han restado de las transferencias de capital recibidas. Las recibidas incluyen ayudas a la inversión y las pagadas comprenden, fundamentalmente, impuestos de sucesiones. En algunos países, las transferencias de capital recibidas incluyen también un ajuste entre impuestos y contribuciones sociales por cobrar y los impuestos y contribuciones sociales por pagar.

El *ahorro bruto* se usa para adquirir activos financieros y no financieros. Los primeros cuatro ítems de la columna de usos corresponden a la adquisición de activos no financieros. El primero de estos, la *formación bruta de capital fijo*, comprende la adquisición de viviendas y de equipamiento (por las empresas individuales), las huertas y las plantaciones de viñedos y de madera, entre otras cosas. La *variación de existencias* comprende stocks de productos terminados y bienes de consumo intermedio en poder de las empresas individuales. Los *objetos valiosos* son objetos tales como metales preciosos, antigüedades y obras de arte, que se han adquirido para servir como depósitos de valor y cuya compra se considera una "inversión", que se realiza, a veces, con el propósito de revenderla. Los *activos no financieros no producidos* comprenden los recursos naturales (tierra y recursos del subsuelo) los contratos, arrendamientos y otros contratos que se pueden ceder, que confieren a sus titulares el derecho a utilizar terrenos, edificios o yacimientos minerales.

El saldo contable **B9. Capacidad (+)/Necesidad (-)** de financiación (que también se designa como B9. Préstamo neto) recoge el monto disponible para la adquisición de activos financieros (por ejemplo, para la constitución de un depósito en una cuenta de ahorro) o para la cancelación de un préstamo (por ejemplo, para la amortización de un préstamo al consumo que financia la adquisición de un automóvil o la amortización de un préstamo hipotecario que financia la adquisición de una vivienda). Este monto es casi siempre positivo para el conjunto del sector hogares en su conjunto. Sin embargo, en algunos casos, tales como el de Irlanda y España en los años recientes, los hogares se han convertido temporalmente en deudores netos por la burbuja de la finca raíz. Al "préstamo neto" se le denomina "ahorro financiero". Algunos países publican una "tasa de ahorro financiero", que es igual a la capacidad de financiación de los hogares dividida por su Ingreso Disponible Bruto (multiplicado por 100).

6.3. Una forma alternativa de medir el ingreso disponible de los hogares y el consumo

El sistema internacional de cuentas nacionales (SCN 2008) propone un método alternativo para medir el ingreso disponible de los hogares y el consumo que toma en consideración el gasto de las administraciones públicas y las ISFLSH en beneficio de los hogares.

La idea que subyace en esta vía alternativa es que el gasto final de las administraciones públicas y el de las ISFLSH financian dos categorías de servicios completamente diferentes: *servicios colectivos*, cuya finalidad es beneficiar al conjunto de la sociedad, y servicios que utilizan individualmente determinados miembros de la sociedad. Son ejemplos de servicios colectivos la defensa, el orden público, la recaudación de impuestos, el control del gasto público, la supervisión de la calidad del aire y de la polución del agua, la preparación y promulgación de leyes y la administración pública en general. En teoría, es la sociedad en su conjunto la que se beneficia de estos servicios, y es imposible calcular en qué medida los utiliza un hogar concreto.

Los "servicios individuales" suministrados por el gobierno general incluyen la salud, la educación, los servicios sociales, los servicios de alojamiento y los servicios recreativos y culturales. En principio es posible calcular en estos casos en qué medida se hace uso de ellos en determinados hogares individuales. Los hogares utilizan estos servicios con diferente intensidad, dependiendo de su situación. Por ejemplo, a diferencia de las familias con muchos hijos, los hogares sin niños no harán gran uso de los servicios de educación. De forma similar, el consumo de servicios de salud depende de la frecuencia con la que se enferman los miembros de un hogar.

El SCN 2008 incluye estos servicios individuales, junto con otras transferencias, en una cuenta alternativa del ingreso de los hogares denominada *cuenta de redistribución del ingreso en especie*, en cuya columna de recursos se recoge el valor de estos servicios bajo la denominación de *transferencias sociales en especie*.

Las transferencias sociales en especie incluyen los gastos en que incurren el gobierno general y las ISFLSH al prestar los diversos servicios individuales que se han mencionado más arriba (salud, educación, etc.), pero también los reembolsos que hace la administración a los hogares por compras de bienes y servicios, tales como consultas médicas y medicinas y ayudas a la vivienda. El **saldo ingreso disponible neto ajustado** es igual al ingreso disponible, medido de la manera habitual, más las transferencias sociales en especie.

Cuadro 6.11. **Italia: Cuenta de redistribución del ingreso de los hogares**

Miles de millones de euros, 2012

Usos		Recursos	
		B6N. Ingreso neto disponible	980.4
B7N. Ingreso neto disponible ajustado	1 173.3	D63. Transferencias sociales en especie	192.8

Fuente: ISTAT (2013), "National Accounts: Annual sector accounts", I.Stat (database), *http://dati.istat.it/Index.aspx?DataSetCode=DCCN_SEQCONTIASA&Lan*.

StatLink http://dx.doi.org/10.1787/888933736260

En la medida que se dispone de este método alternativo de medir el ingreso disponible, es lógico que se cree una nueva cuenta en la que se ilustra esta nueva medida del ingreso. A esta nueva cuenta se la denomina cuenta de *utilización del ingreso disponible ajustado*.

Cuadro 6.12. **Italia: Cuenta de utilización del ingreso disponible ajustado de los hogares (S14)**

Miles de millones de euros, 2012

Usos		Recursos	
P41. Consumo individual efectivo	1 139.9	**B7N. Ingreso neto disponible ajustado**	1 173.3
D8. Ajuste por el cambio en los derechos de pensión	36.2	D8. Ajuste por el cambio en los derechos de pensión	3.4
B8N. Ahorro neto	36.2		

Fuente: ISTAT (2013), "National Accounts: Annual sector accounts", I.Stat (database), *http://dati.istat.it/Index.aspx?DataSetCode=DCCN_SEQCONTIASA&Lan*.

StatLink http://dx.doi.org/10.1787/888933736279

El primer renglón de la columna de usos es el *consumo individual efectivo*. Obsérvese que no se hace ahora mención del "gasto". El consumo individual efectivo mide el valor de los bienes y servicios efectivamente consumidos por los hogares, incluyendo los bienes y servicios que han sido financiados por el gobierno general y por las ISFLSH. Este valor adicional es igual a la parte del consumo de las administraciones públicas y las ISFLSH que puede considerarse "individual", según se ha descrito en los capítulos precedentes.

Hay que tener en cuenta que el saldo de esta cuenta alternativa, el **ahorro neto**, es idéntico al saldo de la presentación tradicional de la cuenta de los hogares. Esto se explica porque tanto el *ingreso disponible ajustado* como el *consumo final efectivo* se han incrementado en el mismo monto (el valor de las transferencias sociales en especie), por lo que la diferencia entre los dos conceptos, es decir, el **ahorro**, permanece invariable. Según se mencionó en el Capítulo 3, los conceptos de *ingreso disponible ajustado* y de *consumo individual efectivo* son útiles especialmente en comparaciones internacionales.

Nota

1. Esto también es cierto para Alemania. Véase en el Capítulo 3 las consecuencias sobre la comparabilidad de las tasas de ganancia.

Referencias

EC, IMF, OECD, UN and WB (2009), *System of National Accounts 2008*, New York, *https://unstats.un.org/unsd/nationalaccount/docs/sna2008.pdf*.

ISTAT (2013), "National Accounts: Annual sector accounts", I.Stat (database), *http://dati.istat.it/Index.aspx?DataSetCode=DCCN_SEQCONTIASA&Lan*.

OECD (2014), "Detailed National Accounts: Non-financial accounts by sectors, annual", OECD National Accounts Statistics (database), *http://dx.doi.org/10.1787/data-00034-en*.

OECD (2013), "Aggregate National Accounts: Gross domestic product", OECD National Accounts Statistics (database), *http://dx.doi.org/10.1787/data-00001-en*.

Puntos clave

- Un hogar es un grupo de personas que se ocupan colectivamente de su alimentación y alojamiento. Un hogar se compone de una o más personas que viven bajo el mismo techo, y que, generalmente, están ligadas por lazos familiares.
- La función principal del sector hogares es consumir, pero también realiza una función productiva.
- La producción del sector hogares comprende la de las empresas individuales (es decir, las empresas no constituidas en sociedad) y la de los hogares que producen su propio servicio de alojamiento (propietarios que habitan en su propia vivienda).
- El "ingreso disponible bruto" (IDB) y el "ingreso disponible neto" (IDN) son los saldos contables más importantes para analizar la situación de los hogares pues reflejan los montos disponibles para el consumo y para el ahorro.
- El factor determinante de la evolución del volumen de bienes y servicios consumidos por los hogares es la evolución del poder de compra del ingreso disponible bruto.
- El ahorro es igual al ingreso disponible menos los gastos de consumo, o también, el ingreso disponible ajustado menos el consumo individual efectivo. El ahorro financiero es otra de las denominaciones de la capacidad de financiación y del préstamo neto, en este caso, del sector hogares.
- La tasa de ahorro bruto es igual al ahorro bruto dividido por el IDB (más el ítem D8). La tasa de ahorro neto es igual al ahorro neto dividido por el IDN (más el ítem D8).
- Las transferencias sociales en especie son iguales al consumo "individual" del gobierno general y de las ISFLSH.

Precisiones adicionales

La conformación del ingreso mixto bruto

Los economistas se apoyan en las cuentas nacionales para medir los cambios en la participación de los salarios y las utilidades dentro del valor agregado y también para medir los cambios de la productividad a lo largo del tiempo y entre diferentes países (véase la introducción del Capítulo 4). Para llevar a cabo sus análisis necesitan distinguir en las cuentas nacionales entre los rendimientos de estos dos factores de producción, tanto para las empresas individuales como para las sociedades. Por esta razón tratan de desagregar el ingreso mixto en sus dos componentes: el salario implícito de los propietarios y la rentabilidad del capital.

Hay dos maneras de estructurar la composición del ingreso mixto de las empresas individuales. La primera consiste en estimar la remuneración de los empleados y los ayudantes familiares. En este caso, el rendimiento del capital se obtiene por diferencia entre el ingreso mixto y las remuneraciones estimadas. El segundo método se basa en la estimación del rendimiento del capital, suponiendo que el resto del ingreso mixto es el rendimiento del trabajo. Generalmente el primer método se basa en el número de trabajadores autónomos derivado de las encuestas de salarios o de registros administrativos, y del censo de población, suponiendo que estos trabajadores reciben la misma remuneración media que los trabajadores dependientes empleados en actividades similares. El segundo método se basa en una estimación del stock de capital fijo utilizado por las empresas individuales, ajustándolo a la baja para tener en cuenta que este capital también se puede utilizar con fines privados. Para obtener el rendimiento del capital, se aplican a los activos de las empresas individuales las tasas promedio de rendimiento de activos similares en poder de las sociedades constituidas como tales.

En teoría, estos dos métodos son igualmente válidos, pero en la práctica el que se utiliza es el primero, probablemente porque los datos que se necesitan para aplicarlo son más fáciles de obtener. Obviamente, estos dos métodos pueden utilizarse de manera simultánea, pero en este caso el total obtenido para el rendimiento del trabajo más el rendimiento del capital suele ser mayor – a veces considerablemente mayor – que el ingreso mixto registrado en las cuentas. Una posible explicación es que los propietarios de las empresas individuales ganan una "renta psicológica" concretada en la satisfacción que experimentan por ser sus propios jefes, por lo que aceptan una remuneración menor por su trabajo y por su inversión de capital de la que obtendría una sociedad.

Contribuciones sociales efectivas y contribuciones sociales imputadas

La "remuneración de los asalariados" se define en cuentas nacionales de manera que muestra explícitamente el costo total del trabajo como factor de producción. Por ejemplo, mientras en el mundo real las contribuciones sociales las pagan directamente los empleadores a los sistemas de seguros sociales, sin intervención de los asalariados, las cuentas nacionales las tratan como parte de los salarios pagados a los hogares. Como resultado el ítem "remuneración de los asalariados" comprende todas las contribuciones, incluyendo las contribuciones imputadas (ver más adelante), y por tanto refleja el costo total del trabajo. Los equilibrios finales de las cuentas obligan a que entre los usos de la "cuenta de distribución secundaria del ingreso" se incluya otro flujo ficticio que, en este caso, sale de los hogares con destino a los organismos de seguros sociales, de donde se concluye que las contribuciones sociales pasan por el siguiente circuito ficticio: Empleador   Hogares   Sistema de seguros sociales. Es muy importante tener en mente este circuito cuando se interpreten las cuentas de los hogares.

En la mayoría de los países, los asalariados y los empleadores están obligados a cotizar regularmente a un plan de seguro social, que reembolsa generalmente a los empleados los gastos en salud, paga prestaciones de desempleo y proveen pensiones de jubilación. Sin embargo, al margen del circuito de los seguros sociales, algunos empleadores pagan directamente prestaciones sociales a sus asalariados. En esta situación los contables nacionales consideran que estos asalariados y empleadores pagan una contribución social "imputada". Estiman su monto teniendo en cuenta lo que los trabajadores hubieran tenido que haber pagado para recibir las citadas prestaciones sociales. Estas contribuciones sociales imputadas también se pagan por los empleadores a los asalariados como parte de la "remuneración de los asalariados". De este modo el costo total del trabajo aparece registrado en las cuentas. Las prestaciones que los hogares reciben de los empleadores se registran en la columna de recursos de la "cuenta de distribución secundaria del ingreso", junto a las restantes prestaciones sociales. Como es difícil estimar las hipotéticas contribuciones que estos trabajadores tendrían que haber pagado a sus empleadores para recibir las prestaciones que estos les otorgan directamente, los contables nacionales suponen que las contribuciones sociales imputadas son equivalentes a las prestaciones efectivamente recibidas. Sin embargo, cada vez más contables nacionales estiman las contribuciones sociales relacionados con los esquemas de pensión definida (financiados o no) basándose en cálculos actuariales del costo de las futuras pensiones y no en contribuciones efectivas, lo cual introduce un elemento adicional de imputación.

Fondos de pensiones y sistemas de seguridad social

Un asunto complicado, especialmente para las comparaciones internacionales, es el registro de las contribuciones y de las prestaciones que reciben en contrapartida los empleados. Se pueden distinguir dos tipos de sistemas de pensiones: los que funcionan como "planes de ahorro" (también llamados sistemas de contribución definida, aunque también podrían ser de prestación definida cuando se manejan en un esquema de seguros sociales) y aquellos que funcionan como "planes de transferencia" (también llamados "de reparto", aunque también se podrían llamar sistema de prestación definida o, de pago sin estructuración formal de reservas individualizadas, en inglés, "pay as you go"). Si el plan de pensiones es un plan de ahorro (lo que también se denomina un "fondo de pensiones"), cada asalariado contribuye al fondo del cual se pagará su futura pensión. De este modo, las cuentas nacionales registran todos los aportes al plan (tanto de los asalariados como de sus empleadores) como una forma de ahorro (esto es, como un incremento de las reservas de pensiones de los asalariados y no como una contribución social), y el pago de las pensiones, como un "desahorro" (esto es, como una disminución de los activos pensionales de los pensionados).

Por el contrario, un plan de pensiones es un plan de transferencia (en lugar de un plan de ahorro) cuando las contribuciones de los empleados activos se utilizan para pagar las pensiones de los ya jubilados. En este caso (característico del régimen de pensiones de los sistemas de seguridad social), los contables nacionales deducen del ingreso las contribuciones que otorgan derecho a pensión (y, por tanto, también las deducen del ahorro), mientras que las prestaciones de jubilación, es decir, las pensiones, se consideran parte del ingreso (y, por tanto, se incluyen en el ahorro). Por consiguiente, hay una diferencia significativa en el impacto que tienen estos dos métodos de financiar el retiro de los empleados. Para armonizar la medición del ingreso, el SCN 2008 recomienda registrar también (en paralelo), las contribuciones y las prestaciones de los planes de ahorro (esto es, fondos de pensiones), como si fueran planes de transferencias (esto es, sistemas de seguridad social). Sin embargo, esta contabilización crea una asimetría en las cuentas que tiene que corregirse añadiendo el ítem "D8 ajuste por la variación en los derechos de pensión" en la cuenta de utilización del ingreso disponible. Debe tener en cuenta que los EE.UU., Canadá y Australia – tres países grandes con fondos de pensión – no registran este ítem porque no utilizan la contabilización paralela que la genera.

Debido a los grandes problemas financieros que causa el retiro inminente de la llamada generación del baby-boom (los nacidos entre 1945 y 1950 principalmente en Europa), muchos países están llevando a cabo importantes reformas de los sistemas de pensiones. Estas reformas van en dos direcciones: primera, reducir los compromisos de pensiones y/o elevar los aportes; segunda, transformar los "planes de prestaciones definidas" en "planes de contribuciones definidas". Esto último necesita una explicación.

- Un plan de **prestaciones definidas** es un plan de pensiones para el cual la prestación en que se concreta la pensión se calcula en términos de un porcentaje del salario final. En este tipo de plan es el promotor, normalmente el empleador, quien soporta el riesgo financiero de las citadas prestaciones. Los planes de prestaciones definidas son normalmente sistemas de reparto, que, por tanto, no constituyen reservas. Los sistemas de jubilación al amparo de los regímenes de seguridad social vigentes en la mayoría de los países de Europa continental son planes de prestaciones definidas sin constitución de reservas.
- Por el contrario, los planes de **contribuciones definidas** son planes de ahorro: la prestación en que se concreta la pensión es el resultado de la acumulación de los aportes realizados por los asalariados y por los empleadores a favor de sus asalariados. Como consecuencia, el empleador no soporta el riesgo financiero de los compromisos de pensiones. Por definición, los planes de contribuciones definidas constituyen reservas, lo que implica que mantienen activos, financieros o no financieros, que son el resultado de la inversión de los aportes acumulados. Es con cargo a estas reservas que se pagan las pensiones.

El SCN 2008 continúa siendo flexible sobre el registro de los planes de pensión sin fondos, lo que produce diferencias entre los países de la OCDE. Algunos países, de acuerdo con las recomendaciones de la contabilidad privada, registran todos los planes de prestación definida sin fondo por parte del empleador, como si se tratara de planes de ahorro, incluyendo los planes del gobierno para sus empleados. Esto requiere el cálculo de una obligación o pasivo pensional para estos planes (y por lo tanto de un activo pensional para los empleados) utilizando métodos actuariales. Los métodos actuariales para contabilizar las pensiones estiman los pasivos de pensiones contraídos en los planes de prestaciones definidas, basándose en los datos demográficos de los asalariados, a partir de los cuales se calculan los fondos que se espera tenga que inyectar el empleador para realizar el pago de las pensiones. Estos fondos se transforman en un pasivo del período y se descuentan utilizando una tasa de descuento. Algunos países (principalmente los de Europa continental) continúan registrando los planes de pensión como planes con un esquema "pay-as-you-go". Como resultado, no hay comparabilidad completa de los datos para los flujos de pensiones y de los pasivos pensionales entre países de la OCDE. El SCN 2008 insta a los países a producir un cuadro complementario donde todos los pagos de pensiones y todos los pasivos pensionales aparezcan en forma comparable. Sería prematuro concluir que esta tabla tan útil estará disponible en todos los países de la OCDE. Los países de la U.E. tienen la obligación, de acuerdo con los términos del programa de transmisión del ESA 2010, de producir esta tabla para 2017. Ojalá, pues si otros países de la OCDE logran el mismo objetivo, será finalmente posible la comparabilidad completa de los flujos y de los pasivos pensionales.

Seguros

Se distinguen dos tipos de seguro: el seguro de no vida (también denominado como seguro general) y el seguro de vida. En el seguro general, el tomador de la póliza, es compensado por robos, accidentes de carretera, incendios, catástrofes naturales, daños físicos, pérdidas de ingreso, etc. Estos seguros comprenden también un tipo de seguro de "vida", que sería más adecuado llamar de "muerte". Consiste en una póliza en la que la compañía de seguros acuerda pagar a los beneficiarios designados por la persona asegurada una suma determinada, en caso del fallecimiento de esta última (en el caso de seguro de vida "a término" la suma se paga antes de una determinada edad y a cualquier fecha, en el caso de un seguro de vida "vitalicio"). El seguro de vida a término no es más que una apuesta entre el tomador del seguro y la compañía de seguros. Si el tomador del seguro muere antes de la edad acordada, él "gana", en el sentido que la compañía de seguros estará obligada a pagar un capital determinado a los beneficiarios designados. Por el contrario, si el tomador de la póliza continúa con vida a la edad acordada, es la compañía de seguros la que "gana", en tanto que no tendrá que devolver nada como contraprestación a las primas que ha recibido del tomador del seguro durante el período de vigencia de la póliza. Este seguro funciona de forma similar a un seguro general y es completamente diferente del seguro de vida que se describe más adelante.

En el caso del seguro general, los contables nacionales dividen la prima pagada por el tomador en dos partes: la remuneración por el servicio prestado y la prima neta, esto es, el resto. La remuneración por el servicio prestado corresponde a lo que se estima que el asegurado paga a la aseguradora por la gestión de los fondos que esta recibe por concepto de primas, es decir, por el tratamiento de las demandas de indemnizaciones, por los servicios de asesoramiento y publicidad y por otros gastos corrientes. Por convención, se asume que el monto de la remuneración del servicio es igual a la diferencia entre las primas recibidas por las empresas y las indemnizaciones pagadas por ellas, más lo que se conoce como "la prima suplementaria". Esta prima suplementaria corresponde a la renta de la propiedad recibida por las compañías de seguros por invertir las primas en activos financieros y, eventualmente, no financieros. Los contables nacionales consideran que esta renta pertenece a los asegurados. Por eso la muestran como "recibida" por los asegurados (en la columna de recursos de la cuenta de distribución del ingreso primario) y después la "restituyen" a las compañías de seguros, cuando les remuneran los servicios prestados. La remuneración de los servicios de seguro es parte de los gastos de consumo final de los hogares. Las primas netas (primas menos remuneración de los servicios) se tratan implícitamente como una transferencia entre los asegurados que pagan las primas y los asegurados que reúnen los requisitos necesarios para recibir las indemnizaciones. Las primas netas se registran en el rubro "otras transferencias corrientes" en la columna de usos de la cuenta de distribución secundaria del ingreso, mientras que las indemnizaciones se registran en el rubro "otras transferencias corrientes" en la columna de recursos de la misma cuenta.

El seguro de vida funciona de forma muy diferente al seguro general. Una póliza de seguro de vida es una de las posibles formas en que una persona puede constituir un capital, que le será restituido en una fecha acordada, incrementado por los intereses generados por la inversión de las primas. Una póliza de seguro de vida normalmente implica el pago regular de primas o contribuciones. El seguro de vida definido aquí es, por tanto, un plan de ahorro, según se ha definido en la sección anterior, y por tanto es similar a cualquier otra inversión financiera (por ejemplo, semejante a hacer un depósito en una cuenta de ahorro, adquirir acciones o guardar monedas de oro debajo del colchón).

Las contribuciones y los retiros que se realizan cuando vence la póliza (o el contrato), son operaciones financieras que se registran en la cuenta financiera (véase el Capítulo 8). No obstante, el seguro de vida hace aparecer dos operaciones no financieras que deben registrarse en las cuentas no financieras. Primero, al igual que en el caso de los seguros generales, el asegurado tiene que pagar a la compañía de seguros por el servicio de gestión de los fondos que esta ha recibido. La mayoría de las veces las compañías de seguros registran separadamente esta remuneración de los servicios, en cuyo caso no es necesario hacer estimaciones sobre su monto. Esta remuneración se incluye como tal entre los gastos de consumo final de los hogares. Segundo, a pesar de que las compañías de seguros retienen los intereses recibidos que han sido generados por la inversión de lo recaudado por concepto de primas, y a pesar también de que los asegurados no tienen acceso a ellos antes de que venzan las pólizas, estos intereses son, desde un punto de vista legal, propiedad de los asegurados. Por esta razón, tales intereses se registran en el rubro "renta de la propiedad", que figura entre los recursos de la cuenta de distribución del ingreso primario de los hogares. Este proceder tiene no solo una justificación legal sino también una económica. Cuando una póliza (o un contrato) obtiene un rendimiento más alto de lo normal, el asegurado se siente más rico e incrementa su consumo (el llamado "efecto riqueza"), a pesar de que no va a recibir el dinero antes de la fecha fijada. Si el rendimiento es más bajo que el normal, el asegurado estará inclinado a reducir el consumo.

El ingreso en las cuentas nacionales y en la teoría económica

Las cuentas nacionales definen el ingreso como un flujo de recursos netos que se originan en la actividad normal de producción, bien directamente, o bien mediante la redistribución, y que está potencialmente disponible para el consumo. Por otra parte, algunos economistas definen el ingreso de un hogar como la cantidad máxima de dinero que se puede gastar a lo largo de un período, sin reducir su patrimonio neto (el patrimonio neto, o riqueza neta, de un hogar es la diferencia entre sus activos y sus pasivos; el patrimonio neto, o riqueza neta real es el resultado de deflactar este saldo contable por el índice de precios del consumo final). Dada esta dualidad es importante aclarar las diferencias que existen entre las dos definiciones:

- Las ganancias y pérdidas de capital, denominadas en las cuentas nacionales "ganancias y pérdidas en tenencia", están relacionadas con la evolución de los cambios de precios, bien sea de activos fijos (principalmente vivienda) o de activos financieros (principalmente acciones). En los países de la OCDE los hogares se han beneficiado en varias ocasiones, durante el pasado reciente, de los incrementos, o han sufrido con las caídas, de los precios de estos dos tipos de activos. En particular, merece la pena recordar la burbuja bursátil a finales de los 90 y la caída en picada de las cotizaciones bursátiles que se inició en el año 2000. Cuando las evoluciones de los precios de los activos fijos, o de las cotizaciones de las acciones, son positivas las ganancias en tenencia permiten a los hogares consumir por encima de su ingreso disponible, sin reducir su patrimonio neto. Por el contrario, ganancias en tenencia negativas (es decir, pérdidas) obligan a los hogares a consumir menos que su ingreso disponible, para compensar la caída de su patrimonio neto. Estos montos de ganancias y/o pérdidas pueden incluirse en la definición de ingreso que utilizan los economistas, pero no están incluidos en la definición de ingreso que utilizan las cuentas nacionales.
- Una segunda diferencia es que el ingreso teórico (definición de los economistas) comprende transferencias de capital, mientras que en las cuentas nacionales el cálculo del ingreso disponible incluye solamente transferencias corrientes.
- Por último, el patrimonio neto de un hogar puede verse afectado por acontecimientos completamente independientes de la actividad económica, que es la que constituye el objeto principal de las cuentas nacionales. Así, las inundaciones, los incendios forestales, las tempestades y los terremotos reducen el patrimonio neto, dada la destrucción de edificios y de otros tipos

de propiedad que ocasionan estos fenómenos de la naturaleza. Por el contrario, el patrimonio neto incrementa su valor cuando, por ejemplo, se descubre un yacimiento de petróleo en una explotación agrícola. En cuentas nacionales, las variaciones del valor de los activos, como consecuencia de acontecimientos de esta naturaleza, se registran en la cuenta "otras variaciones del volumen de activos", pero no se consideran ingreso.

Sin embargo, mediante la combinación de diferentes cuentas, el sistema de cuentas nacionales permite calcular, el patrimonio neto de los hogares basado en el concepto teórico de ingreso, de tal manera que sería posible utilizar el concepto de ingreso teórico en lugar del de ingreso disponible.

Ejercicios para el Capítulo 6

Ejercicio 1: ¿Verdadero o falso?

a) Cuando el precio de las acciones se eleva:

   i) El ingreso disponible de los hogares crece.

   ii) El ahorro de los hogares decrece.

b) Cuando un arrendatario adquiere el apartamento que tenía alquilado, el PIB crece porque ahora incluye, además, el alquiler imputado del nuevo propietario que habita su propia vivienda.

c) Cuando, en un año determinado, el número de accidentes de carretera es mayor de lo normal, el ingreso disponible de los hogares también tiende a ser más elevada de lo normal.

d) Un incremento de la tasa impositiva sobre el ingreso se traduce en una caída del ingreso disponible de los hogares.

e) El propietario de un olivar cuya cosecha de aceitunas ha sido destruida por una tormenta sufre, automáticamente, una caída de su ingreso disponible.

f) Una reducción de los derechos de sucesión se traduce mecánicamente en una reducción del ahorro de los hogares.

g) La reducción de los reembolsos por cuidados dentales implica:

   i) Un alza del PIB.

   ii) Una baja del ingreso disponible de los hogares.

Ejercicio 2: Compruebe su conocimiento de las cuentas de los hogares

Refleje las operaciones que se describen más abajo en la secuencia de cuentas desde la *cuenta de producción* hasta la cuenta de *utilización del ingreso disponible.*

La familia Devant se compone de Jacques, su esposa Monique, su hija Nicole, Simone, que es la madre de Monique, y Xavier, hermano de Jacques. Durante el año:

- Jacques recibe un salario de 2 000 por su trabajo como gerente de un comercio. Su empleador paga 20 por concepto de contribuciones sociales. Jacques paga 25 de impuesto sobre el ingreso, 15 de contribuciones sociales, gasta 100 en transporte y alimentación y 280 en comprar un coche nuevo. Él financia esta compra con un préstamo y paga 5 de intereses en el conjunto del año. Él confía el resto de su salario a Monique, que es quien lleva las cuentas de la casa.

- Monique ha estado desempleada todo el año y ha recibido 350 por concepto de subsidio de desempleo. Ella gasta 1 900 en alimentos, 120 en alquileres y 15 en seguros del hogar (aunque ella no es consciente, 5 de estos 15 corresponden a la remuneración del servicio que le presta la compañía de seguros).
- Simone recibe 45 de un fondo de pensiones al que estaba afiliado su fallecido esposo, así como una pensión de 265 del sistema de seguridad social. Ella gasta 130 en ropa y entrega a Nicole 25 en dinero de bolsillo.
- Nicole gasta todo el dinero que le da su abuela en bombones. Ella recibe también 30 en dinero de bolsillo de sus padres, pero lo ahorra para poder comprar una bicicleta.
- Xavier no tiene empleo fijo, pero realiza trabajos "en negro" (es decir, sin declarar fiscalmente) para los vecinos y conocidos (pintura de paredes, verjas, etc.). Esto le produce unos ingresos de 1 500 al año, de los que gasta 400 en pintura, pinceles y otro material de trabajo. Ocasionalmente se ayuda de un amigo al que paga 40. Cuando está en cualquiera de los sitios donde trabaja deja su automóvil en un estacionamiento no autorizado, por lo que su vehículo fue inmovilizado una vez por la policía y, para liberarlo, tuvo que pagar una multa de 20. Ha gastado 450 en tabaco, cervezas y entradas de fútbol. Paga 60 por concepto de pensión alimenticia a su ex-esposa.

Cuenta de producción

Usos	Recursos
Consumo intermedio Valor agregado	Producción bruta

Cuenta de distribución primaria del ingreso

Usos	Recursos
Remuneración de los empleados Sueldos y salarios Contribuciones sociales de los empleadores Impuestos netos sobre los productos Ingreso mixto/excedente de explotación	Valor agregado

Cuenta de asignación del ingreso primario

Usos	Recursos
Renta de la propiedad	Ingreso mixto/excedente de explotación
Intereses	Remuneración de los empleados
Alquileres	Sueldos y salarios
	Contribuciones sociales de los empleadores
	Renta de la propiedad
	Intereses
	Alquileres
Saldo del ingreso primario	

Cuenta de distribución secundaria del ingreso

Usos	Recursos
Impuestos corrientes sobre el ingreso, la riqueza, etc.	**Saldo del ingreso primario**
Contribuciones sociales	Prestaciones sociales otras que transferencias sociales en especie
Contribuciones sociales de los empleadores	Prestaciones de seguro social en dinero
Contribuciones sociales de los empleados	Prestaciones de asistencia social en dinero
Contribuciones sociales de los independientes	
Otras transferencias corrientes	Otras transferencias corrientes
Primas netas de seguros generales	Indemnizaciones de seguros generales
Otras transferencias corrientes	Otras transferencias corrientes
Ingreso disponible	

Cuenta de utilización del ingreso disponible

Usos	Recursos
Gasto de consumo final de los hogares	**Ingreso disponible**
	Ajuste por cambio en los derechos de pensión
Ahorro	

Las soluciones a estos ejercicios están disponibles en el sitio web de la OCDE.

Comprendiendo las Cuentas Nacionales
Segunda edición

Capítulo 7

Las cuentas de las empresas

El marco institucional en el cual operan las empresas tiene importancia para las cuentas nacionales. Para estos efectos se les clasifica en dos grupos: sociedades y empresas no constituidas en sociedad. Estas últimas son pequeñas y no tienen ni estatuto corporativo ni conjuntos completos de cuentas, pero hacen una contribución significativa al valor agregado total. Este capítulo analiza primero las cuentas de las sociedades no financieras y trata luego el caso de las empresas no constituidas en sociedad.

Los economistas de la OCDE están especialmente interesados en el ámbito institucional en el que operan las empresas con el fin de identificar cómo mejorar su desempeño y generar, entre otros beneficios posibles, un crecimiento del empleo. De acuerdo con este criterio, los autores de estudios recientes de la OCDE sobre Francia han sugerido un cierto número de reformas estructurales que podrían mejorar el desempeño de las empresas francesas. Por ejemplo:

- Reducir la protección de los contratos de trabajo permanentes (extender el período de prueba, ampliar la definición de redundancia económica, acortar el proceso de licenciamiento, reducir los procedimientos judiciales y los requisitos de reconversión), mientras se refuerza el vínculo entre ayudas, búsqueda de empleo y participación en medidas activas ampliadas; reformar los subsidios al desempleo de tal manera que sean generosos a corto plazo, pero menos llamativos posteriormente, en particular para los desempleados más antiguos, conjuntamente con el mejoramiento de la capacitación profesional.
- Permitir que el costo mínimo del trabajo caiga por debajo de la mediana, en particular para los jóvenes; a mediano plazo reducir más las contribuciones a la seguridad social y al mismo tiempo recortar el gasto público y los gastos fiscales ineficientes, y aumentar los impuestos ambientales, sobre la propiedad y los derechos de sucesión.
- Reducir las reglamentaciones de los servicios profesionales que van más allá de la estricta protección a los usuarios; suavizar las restricciones a la competencia de precios y al establecimiento de nuevos almacenes en el sector de comercio al por menor; eliminar barreras de entrada regulatorias en segmentos potencialmente competitivos de las industrias de la red.

En cuentas nacionales, las empresas se clasifican en dos subsectores: sociedades y "empresas no constituidas como sociedad" (empresas individuales). Las empresas individuales son normalmente empresas de pequeño tamaño, que no se rigen por las normas de las sociedades anónimas o colectivas y que no llevan un conjunto completo de cuentas. Estas empresas individuales se agrupan con los hogares a los que pertenecen y, en muchos casos, las transacciones de la empresa no se pueden segregar de las transacciones del respectivo hogar como consumidor. El hecho de que estén agrupados con los hogares implica que el análisis económico ha de limitarse, con frecuencia, a las empresas constituidas en sociedad, a pesar de que es evidente que las empresas individuales también contribuyen de forma significativa al valor agregado total. El cuadro siguiente muestra la importancia de los diferentes sectores institucionales, en términos del valor agregado, en determinados países de la OCDE.

Cuadro 7.1. **Estructura del valor agregado bruto por sector**

Como porcentaje del valor agregado bruto total, 2011

		Francia	Grecia	Países Bajos	Suiza
S11-S12	Sociedades*	61.1	44.1	70.7	75.4
S13	Gobierno general	18.2	17.4	14.0	10.2
S14-S15	Hogares	20.6	38.6	15.2	14.4
S1	Total de la economía	100.0	100.0	100.0	100.0

* Incluye empresas no constituidas en sociedad e ISFLSH.

Fuente: OECD (2014), "Detailed National Accounts: Non-financial accounts by sectors, annual", OECD National Accounts Statistics (database), *http://dx.doi.org/10.1787/data-00034-en*.

StatLink *http://dx.doi.org/10.1787/888933736298*

Como se puede comprobar con estos pocos ejemplos es el sector de las sociedades el que más contribuye al valor agregado del total de la economía, con mucha diferencia, respecto de la contribución del gobierno general. También puede comprobarse que el valor agregado generado por los hogares es importante, debido, en gran medida, a que incorpora el resultado de considerar que los propietarios que ocupan su propia vivienda "producen" unos alquileres imputados. Sin embargo, una parte adicional del valor agregado por los hogares la generan las empresas individuales. En particular, el hecho de que el valor agregado por los hogares de Grecia represente casi el 40% del valor agregado total puede explicarse por el gran número de empresas de ese país no constituidas en sociedad y que por tanto se han agrupado con los hogares en las cuentas nacionales.

En cuanto a las sociedades propiamente dichas, las cuentas nacionales las clasifican en dos subcategorías principales: sociedades no financieras (S11) e instituciones financieras (S12). Las instituciones financieras (bancos, empresas de seguros) juegan un papel fundamental en la economía, pero sus cuentas no son tan fáciles de analizar como las de las sociedades no financieras y por esta razón las cuentas nacionales las muestran separadas. La definición de las instituciones financieras se presenta en el Capítulo 10.

El Cuadro 7.2 muestra que el 7.6% del valor agregado bruto fue generado por las empresas individuales en Francia, una cifra aún mayor que la de las instituciones financieras. Las autoridades siempre han dedicado especial atención a las pequeñas y medianas empresas (PYME). Algunas PYME no son legalmente sociedades y, por tanto, no se clasifican en el sector sociedades no financieras (S11), sino como empresas no constituidas en sociedad que se incluyen dentro del sector de los hogares (S14). Estas pequeñas unidades desempeñan un papel muy importante en la agricultura y en las profesiones liberales y, a veces, dentro de la categoría especial de empresas incipientes o "start-ups" en la industria (después de todo, aún Microsoft empezó su vida como una empresa individual). Sin embargo, su contribución al valor agregado total permanece limitado, porque cuando estas pequeñas empresas se expanden, tienden a transformarse en sociedades. Por tanto, el sector sociedades, particularmente el sector sociedades no financieras, es el que constituye la espina dorsal del crecimiento económico en la mayoría de los países desarrollados. Este capítulo se ocupará, en primer lugar, de las cuentas de las sociedades no financieras, para posteriormente volver sobre las cuentas de las empresas individuales.

Cuadro 7.2. **Francia: Estructura del valor agregado bruto por sector**

Como porcentaje del valor agregado bruto, 2011

S11	Sociedades no financieras	56.1
S12	Sociedades financieras	5.0
S13	Gobierno General	18.2
S14	Hogares	18.9
S14A	Empresas individuales no financieras	7.6
S14B	Hogares "puros"	11.3
S15	ISFLSH	1.7
S1	Total de la economía	100.0

Fuente: INSEE Databases (2013), Statistical indices and series: Macroeconomic Database: National Accounts, *www.insee.fr/en/information/2512785*.

StatLink *http://dx.doi.org/10.1787/888933736317*

7.1. La relación entre empresa y sociedad

Para las cuentas nacionales, una empresa es una *unidad institucional*, es decir, un agente económico que tiene un poder de decisión económica independiente, y cuyo objetivo es *producir bienes y servicios de mercado*. El término "mercado" es muy importante; indica que los productos son vendidos en un mercado a precios económicamente significativos. Uno de los criterios utilizados por los contables nacionales para determinar si una empresa vende sus productos a un *precio económicamente significativo* es comprobar si el monto de sus ventas, en un período razonablemente largo, representa más del 50% de sus costos de producción. Esta definición excluye, por ejemplo, a las unidades del gobierno general que suministran productos de manera gratuita o casi gratuita. Aunque está lejos de basarse en la "búsqueda de utilidad" (si las ventas de una empresa solo cubren el 51% de sus costes tendrá que recibir una subvención importante para poder subsistir), esta definición implica, cuando menos, que el comportamiento de la empresa en el ámbito de las cuentas nacionales no se basa en el altruismo, a diferencia del gobierno general y de las ISFLSH.

Una *sociedad* es un tipo de empresa que tiene una personería jurídica distinta de la de sus propietarios. Esta separación otorga a los propietarios la importante ventaja de que en caso de quiebra del negocio, su responsabilidad frente a los acreedores de la empresa se limita a los aportes que han invertido en el negocio y no se extiende a sus activos personales (excepto cuando se ha cometido un delito, como una malversación de fondos). En el caso de las empresas no constituidas en sociedad no hay ninguna distinción entre la empresa y sus propietarios, y estos últimos son legalmente responsables de todas las deudas en caso de quiebra. Para llegar a ser una *sociedad*, una empresa tiene que someterse a un determinado número de condiciones legales, algunas de las cuales son costosas, y esto es lo que explica que los propietarios de empresas muy pequeñas renuncien a las ventajas que podrían obtener si cambiaran el estatus legal de su empresa.

Una de las principales obligaciones legales a que se ven sujetas las sociedades es la de hacer público un conjunto completo de cuentas en las que se registra el valor de su patrimonio financiero y no financiero al principio del período (balance de apertura) y al final del período (balance de cierre), y también los flujos de ingresos y gastos realizados entre estas dos fechas. El período es generalmente un año, que con frecuencia corresponde con el del año civil. Estas cuentas son la fuente que permite a los contables nacionales calcular las cuentas macroeconómicas del sector sociedades.

Por el contrario, la mayoría de las empresas individuales no llevan cuentas completas. Algunas de sus operaciones no se pueden separar de las de sus propietarios, en tanto que miembros de un hogar. Por esta razón, las cuentas nacionales las clasifican en el sector hogares. Hay dos puntos que merecen consideración:

- Algunas sociedades no financieras pueden ser total, o parcialmente, propiedad del Estado (o de otra parte del gobierno general). Este es el caso de las denominadas empresas públicas. A pesar de ello, estas empresas no se clasifican en el sector gobierno general en tanto que venden sus productos a precios económicamente significativos. Sin embargo, estas empresas plantean algún problema a los analistas porque, algunas veces, se comportan de forma diferente a las sociedades privadas. Por ejemplo, algunas empresas públicas realizan lo que denominan una misión de servicio público, que a menudo les impide facturar a sus clientes sobre la base de los costos marginales efectivos. En tanto que algunas empresas públicas no producen siguiendo las mismas reglas de las empresas privadas, el SCN recomienda que los contables nacionales elaboren una cuenta especial de las sociedades no financieras públicas. A pesar de ello, pocos países de la OECD siguen esta recomendación (Reino Unido, por ejemplo).
- En principio, la distinción crucial entre sociedades y empresas individuales, en lo que corresponde a los contables nacionales, no es su naturaleza jurídica

sino si hacen público o no un conjunto completo de cuentas. Un cierto número de grandes unidades (por ejemplo, ONG, grandes despachos de abogados, importantes, consultorios médicos e, incluso, algunas cooperativas) publican cuentas mostrando su situación patrimonial y sus operaciones, a pesar de que no están legalmente constituidas como sociedades. Estas unidades se denominan, a veces, "cuasi- sociedades" y se clasifican en el sector de las sociedades. Algunos países (Italia, Alemania) hacen extensivo este concepto de "cuasi-sociedades" a un subconjunto amplio de empresas no constituidas en sociedades, y modifican así la interpretación de la relación de participación en las utilidades (véase el Capítulo 3).

7.2. La estructura de las cuentas de las sociedades no financieras

Como ocurre con todas las unidades institucionales, la secuencia de cuentas nacionales para el sector sociedades no financieras se divide en *cuentas no financieras* y *cuentas financieras*. Las cuentas financieras se van a describir en el Capítulo 8 y en este se estudiará la secuencia de las cuentas no financieras, empezando por la *cuenta de producción* y terminando por la *cuenta de capital*. Estas cuentas muestran cómo el ingreso derivado de la producción se divide entre los factores de producción (trabajo y capital); el monto en que se incrementa o reduce el ingreso por las "rentas de la propiedad" o por varios tipos de transferencias (principalmente impuestos), y finalmente, cuanto le queda a la empresa para la adquisición de activos no financieros o financieros. Toda esta información se valora a precios corrientes.

En la presentación de la cuenta de producción y de las cuentas de distribución y utilización del ingreso, las entradas, designadas como *recursos*, aparecen en la columna de la derecha de cada cuenta. Los elementos del gasto se denominan usos y se muestran en la columna de la izquierda. La cuenta de capital muestra cómo se financia la formación de capital, de forma que las *variaciones de los activos* aparecen en la columna de la izquierda y las *variaciones de los pasivos y del patrimonio neto* en la de la derecha. En todas las cuentas, el último elemento de la columna de la izquierda es el *saldo contable*, que es igual a la diferencia entre el total de recursos (o, de las variaciones de los pasivos y del patrimonio neto, en el caso de la cuenta de capital) y el total de usos (o de las variaciones de los activos, en el caso de la cuenta de capital). Las cuentas están diseñadas para calcular saldos contables tales como el *valor agregado, el excedente de explotación, el ahorro o el préstamo neto (+)/endeudamiento neto*, agregados que son de especial interés para el análisis económico. En las cuentas que se presentan más adelante los saldos contables están en negrita. Para dar una idea de la importancia relativa de los diferentes elementos se muestran sus valores para 2011 en miles de millones de euros o de dólares. Para ilustrar este capítulo se han tomado, primero, las cuentas del sector sociedades no financieras de Francia, y después, las cuentas del sector sociedades no financieras de Australia.

La cuenta de producción del sector sociedades no financieras

La primera cuenta de la secuencia es la *cuenta de producción*, que contiene tres elementos: *producción* situada a la derecha (es decir, en la columna de *recursos*); *consumo intermedio*, que aparece a la izquierda (es decir, en la columna de *usos*), y el saldo contable, que es el *valor agregado bruto* (que figura en la columna de la izquierda y que es igual a la diferencia entre los otros dos ítems).

La producción de las sociedades no financieras ascendió a 2 548.7 miles de millones de euros en Francia en 2011, una cifra más alta que el PIB de Francia (2 001.4 miles de millones de euros). Esto no debería sorprender a estas alturas del libro, porque se sabe ya que la producción incluye contabilizaciones duplicadas, en tanto que la producción de una empresa puede ser consumo intermedio de otras. Esta cifra de la producción total no es, por tanto, un agregado macroeconómico que se deba utilizar con fines analíticos. En su lugar se utiliza el valor agregado bruto de las sociedades no financieras, que es igual a 1 006.5 miles de millones de euros.

La producción de las empresas se divide en producción de mercado y producción para uso final propio. Con la excepción de algunos servicios (por ejemplo, el comercio al por menor), para los que se aplica una convención especial, la producción de mercado, que constituye la mayor parte del total, se mide como la suma de las ventas y de la variación de existencias de productos terminados y de trabajos en curso. En el caso de las sociedades no financieras, la producción para uso final propio incluye el valor de los activos no financieros elaborados por las empresas para su propio uso (en particular, el software propio, o interno, de las empresas). El valor involucrado es muy pequeño (1% aproximadamente de la producción total)[1]. El consumo intermedio se mide por la diferencia entre las compras de bienes y servicios que se necesitan para realizar la producción y la variación de las existencias de estos productos.

Cuadro 7.3. **Francia: Cuenta de producción de las sociedades no financieras (S11)**

Miles de millones de euros, 2011

Usos		Recursos	
P2. Consumo intermedio	1 542.1	P1. Producción	2 548.7
B1. Valor agregado bruto	**1 006.5**		
K1. Consumo de capital fijo	160.1		
B1N. Valor agregado neto	**844.0**		

Fuente: OECD (2014), "Detailed National Accounts: Non-financial accounts by sectors, annual", OECD National Accounts Statistics (database), *http://dx.doi.org/10.1787/data-00034-en.*

StatLink http://dx.doi.org/10.1787/888933736336

Obsérvese que también es necesario tener en cuenta entre los usos, la depreciación del capital utilizado en el proceso de producción (*consumo de capital fijo*, en la terminología de las cuentas nacionales). El consumo de capital fijo representa la disminución del valor del capital producido (sin tener en cuenta a las existencias) como consecuencia del desgaste natural por el uso y la obsolescencia. Es un costo de producción, por lo que su monto aparece en la columna de la izquierda (al igual que el consumo intermedio), como una deducción del valor de la producción con el fin de obtener la "verdadera" cifra del valor agregado por las sociedades no financieras, conocido como *valor agregado neto*. Debido a la dificultad de estimar el consumo de capital fijo (véase la sección correspondiente en el apéndice "Precisiones adicionales"), es probable que las oficinas de estadística, prefieran publicar, en las cuentas del sector sociedades no financieras, las cifras "brutas" y no las "netas". Sin embargo, desde el punto de vista de quienes analizan la situación de las empresas, el más adecuado es el saldo contable neto. Al final del capítulo, el Ejercicio 1 muestra que es fácil pasar de saldos y relaciones contables brutos a sus equivalentes netos.

La cuenta de generación del ingreso para el sector de las sociedades no financieras

La siguiente cuenta de la secuencia es la de generación del ingreso. Esta cuenta muestra cómo el valor agregado generado en la cuenta anterior se distribuye entre los dos factores de producción: el factor trabajo (remuneración de los asalariados) y el factor capital (excedente bruto de explotación). La cuenta empieza, a la derecha, con el valor agregado bruto (este es a menudo el caso, pero también se puede utilizar el valor agregado neto). En los usos se encuentra la remuneración de los asalariados y sus componentes, a saber: sueldos y salarios, y contribuciones sociales de los empleadores. Debe tenerse en cuenta que los sueldos y salarios incluyen las contribuciones sociales correspondientes a los asalariados y las retenciones en la fuente del impuesto sobre la renta (es decir, las que efectúan los pagadores de salarios). De forma similar, y a pesar de que los asalariados no reciben efectivamente las contribuciones sociales de los empleadores (las cuales, al igual que las contribuciones sociales de los asalariados y las retenciones del impuesto sobre la renta, son pagadas directamente por las empresas a las administraciones de los seguros sociales y a las autoridades fiscales, etc., en nombre de sus asalariados), las cuentas nacionales las tratan *como si* los asalariados las recibieran, de manera que se hace aparecer en este rubro la totalidad del costo del trabajo para los empleadores. Las contribuciones a que se está haciendo referencia comprenden tanto las realmente pagadas por los empleadores como las llamadas contribuciones imputadas. El circuito de contribuciones se explica con detalle en el Capítulo 6.

Cuadro 7.4. **Francia: Cuenta de generación del ingreso de las sociedades no financieras (S11)**

Miles de millones de euros, 2011

Usos		Recursos	
D1. Remuneración de los asalariados	676.5	**B1. Producto interno Bruto**	**1 006.5**
D11. Sueldos y salarios	511.0		
D12. Contribuciones sociales de empleadores	165.5		
D29. Otros impuestos a la producción	53.2		
D39. Otros subsidios a la producción (-)	16.3		
B2. Excedente bruto de explotación	**293.2**		
K1. Consumo de capital fijo	160.1		
B2N. Excedente neto de explotación	**133.0**		

Fuente: OECD (2014), "Detailed National Accounts: Non-financial accounts by sectors, annual", OECD National Accounts Statistics (database), *http://dx.doi.org/10.1787/data-00034-en.*

StatLink http://dx.doi.org/10.1787/888933736355

Los otros impuestos y otros subsidios a la producción (D29 y D39) son la diferencia entre el total de impuestos y subsidios a la producción menos los impuestos y subsidios a los productos (D21 y D31) respectivamente. Los últimos (incluido el IVA) no aparecen en las cuentas de las sociedades, aún si ellas en la práctica, son las que colectan esos impuestos, porque la producción en las cuentas nacionales se valora a precios básicos, es decir, excluyendo los impuestos a los productos e incluyendo los subsidios a los productos.

Antes de llegar al excedente bruto de explotación, que representa la remuneración del factor capital, se debe mirar con atención los otros impuestos a la producción (D29) y los otros subsidios a la producción (D39). Estos impuestos sobre la producción comprenden los impuestos pagados por las sociedades sobre los salarios o el capital (en Francia consisten en contribuciones económicas territoriales, que remplazaron a la denominada "tasa profesional" desde 2010, impuestos sobre la tierra y las edificaciones y contribuciones de solidaridad de las empresas). Los subsidios a la producción en el caso de las empresas son subsidios pequeños otorgados por el gobierno para impulsar la producción de las empresas. En Francia, los mayores subsidios a la producción son los destinados a los agricultores, quienes, en su mayor parte no están clasificados como sociedades no financieras sino como empresas individuales. Obsérvese que los contables nacionales tienen, a veces, una mente retorcida, y en lugar de hacer aparecer los subsidios como recursos, se les hace figurar como usos negativos.

Una ventaja de esta forma de registro es que los otros impuestos y subsidios pueden combinarse en un solo rubro, es decir, "otros impuestos netos de subsidios a la producción".

El **excedente bruto de explotación** (o, tras la deducción del consumo de capital fijo, el **excedente neto de explotación**) es la medida principal de los resultados en términos de beneficios de explotación. Esta medida difiere de las utilidades, que se calculan en la contabilidad de las empresas, como se explica en la sección "Utilidades y excedente bruto de explotación: no confundirse", que figura al final del capítulo, en el apéndice "Precisiones adicionales". Esta nota explica por qué los contables nacionales han elegido dar a este rubro un nombre distinto al de "utilidad".

Es posible calcular a partir de estos resultados un *margen de utilidad* (denominado en Francia "*taux de marge*") igual al excedente bruto de explotación expresado como porcentaje del valor agregado bruto, que es un indicador clave de los resultados de las empresas en las cuentas nacionales. En concordancia con lo dicho arriba, es preferible utilizar un margen de utilidad neto, resultado de dividir el excedente neto de explotación entre el valor agregado neto, a pesar de que el INSEE prefiere utilizar los agregados brutos. El Gráfico 7.1 recoge, a partir de 1990, la evolución en Francia de los márgenes de utilidad, bruto y neto. Los dos se mueven virtualmente en paralelo, a pesar de que, en el período más reciente, la participación neta cae ligeramente más que la participación bruta. La elección entre margen de utilidad bruto y margen de utilidad neto es de especial importancia para realizar comparaciones internacionales, cuando interesan más los niveles de las variables que sus variaciones. También es importante para las comparaciones internacionales ajustar las diferentes definiciones del sector de "empresas no financieras". Como se mencionó en el Capítulo 3, algunos países (Alemania, Italia) incluyen en el sector a las cuasi-sociedades con un número considerable de trabajadores no-asalariados, por lo cual incorporan en su excedente bruto de explotación elementos de ingreso mixto. Sin embargo, cuando se estudia un país concreto, la evolución de la tasa de participación en utilidades se convierte en el centro de atención. El margen de utilidad para las sociedades no financieras en Francia se elevó entre 1996 y 1998, tanto en base bruta como en neta, para después estabilizarse. Hay dos cuadros muy interesantes en las cuentas nacionales trimestrales publicadas por Francia, que analizan el origen de la evolución del margen de utilidad. En estos cuadros se basan los Ejercicios 4 y 5 (cuya solución se sugiere consultar directamente, puesto que son difíciles).

Gráfico 7.1. **Francia: Margen bruto o neto de utilidad, sociedades no financieras**
Como porcentaje del valor agregado bruto

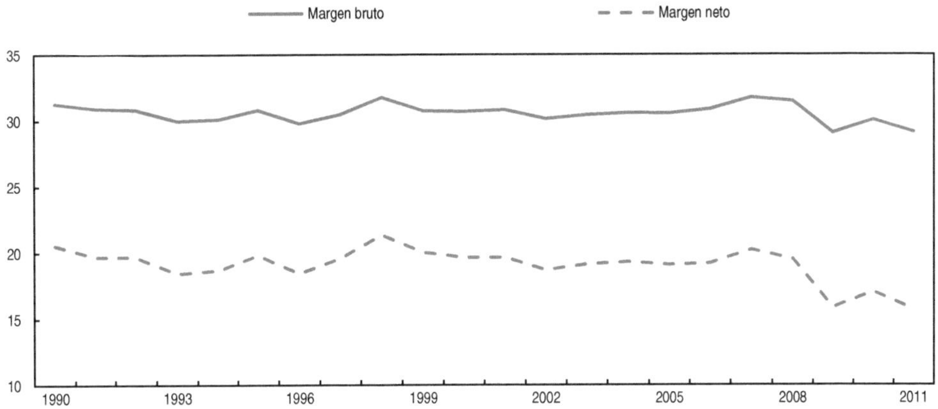

Fuente: OECD (2014), "Detailed National Accounts: Non-financial accounts by sectors, annual", OECD National Accounts Statistics (database), *http://dx.doi.org/10.1787/data-00034-en.*

StatLink http://dx.doi.org/10.1787/888933736374

La cuenta de distribución del ingreso

Dejando a un lado el caso de Francia, se continúa explorando las cuentas del sector sociedades no financieras, tomando ahora como referencia las cuentas de Australia. Aunque situados en las antípodas, los dos países siguen el mismo sistema de cuentas nacionales. Sin embargo, Australia no establece la cuenta de producción ni la de generación de ingreso para las sociedades; en su lugar empieza calculando las cuentas del sector sociedades no financieras en la tercera fase, con la denominada *cuenta de distribución del ingreso.* Esta cuenta de distribución de ingreso se inicia con el excedente de explotación y muestra después las transferencias corrientes que llevan a cabo las sociedades no financieras, ya sea como recursos o como usos.

En primer lugar, estas transferencias incluyen las *rentas de la propiedad.* Aunque en el Cuadro 7.5 figura solo el total (D4), debe tenerse en cuenta que hay cinco tipos de rentas de la propiedad: intereses (D41); dividendos (D42); utilidades reinvertidas de la inversión extranjera directa (D43); desembolsos por renta de la inversión (D44), y rentas de la tierra y del subsuelo (D45). La mayoría de estos elementos pueden aparecer tanto en el lado de los recursos de las sociedades no financieras (cuando son montos por cobrar) como en el lado de los usos (cuando son montos por pagar). Para analizar estos rubros es importante tener en cuenta que las cuentas de las sociedades no financieras no están "consolidadas" en las cuentas nacionales. "Consolidadas" quiere decir que cuando se agregan las cuentas de todas las unidades que componen un sector para construir las cuentas del conjunto, se eliminan los movimientos internos entre estas unidades. Estas eliminaciones dejan, por tanto, solo las

Cuadro 7.5. **Australia: Cuenta de distribución del ingreso, sociedades no-financieras (S11)***

Miles de millones de dólares australianos, 2012

Usos		Recursos	
D4. Impuesto a la propiedad, pagado	130.2	B2N. Excedente neto de explotación	192.1
D5. Impuestos corrientes, de ingreso, a la riqueza, etc.	47.1	D4. Renta de la propiedad por recibir	36.0
D62. Prestaciones sociales		D61. Contribuciones sociales	
D7. Otras transferencias locales, total	9.8	D7. Otras transferencias corrientes	4.4
B6N. Ingreso neto disponible = B8N. Ahorro neto	45.4		

* Año fiscal empezando el 1er de julio de 2012 y acabando el 30 de junio de 2013.
Fuente: Australian Bureau of Statistics (2013), Australian System of National Accounts: Table 17. Non-Financial Corporations Income Account, *www.abs.gov.au/AUSSTATS/abs@.nsf/DetailsPage/5204.02012-13?OpenDocument.*

StatLink http://dx.doi.org/10.1787/888933736393

operaciones entre las unidades del sector en cuestión con las unidades de *otros* sectores. Por el contrario, cuando se dice que las cuentas no se han consolidado se está diciendo que no se han llevado a cabo esas eliminaciones, es decir, que, simplemente, se han sumado todas las operaciones, sean internas o externas al sector en cuestión.

En este ejemplo concreto de cuentas no consolidadas, el importe de 36.0 miles de millones de dólares australianos de rentas de la propiedad que recibieron las sociedades no financieras de Australia en 2012 incluyen los dividendos por pagar por unas sociedades a *otras sociedades*. Es muy difícil consolidar las cuentas de las sociedades, porque, mientras se sabe si una sociedad es la que paga, o la que recibe, no se conoce a cuál se paga o de cuál se recibe ese monto. Por tanto, en las cuentas no consolidadas del sector sociedades no financieras de Australia, las rentas de la propiedad por pagar por las sociedades no financieras (130.2 miles de millones de dólares australianos) no solo son por pagar a los agentes agrupados en sectores distintos de las propias sociedades no financieras (es decir, a las instituciones financieras, hogares, gobierno general y el resto del mundo). Una parte importante de estas rentas de la propiedad son por pagar a otras sociedades no financieras, lo que explica el tamaño del rubro "rentas de la propiedad por recibir" (36.0 miles de millones de dólares australianos). Para obtener el monto aproximado de las rentas netas de la propiedad por recibir por otros agentes (instituciones financieras, hogares, gobierno general y resto del mundo) es necesario calcular la diferencia entre las rentas de la propiedad por pagar (130.2) y las rentas de la propiedad por recibir (36.0), es decir, 94.2 miles de millones de dólares australianos.

- D41 – *Intereses*. Son por ejemplo los pagados por los préstamos recibidos de los bancos (instituciones financieras) por las sociedades no financieras. Puede también referirse a los intereses pagados sobre bonos emitidos.

- *D42 – Renta distribuida de las sociedades no financieras*. Son una parte de las utilidades pagadas por las empresas a sus accionistas, principalmente como dividendos. Al mismo tiempo, las sociedades reciben dividendos por sus participaciones en otras sociedades. En este caso el rubro "Renta distribuida" incluye toda clase de métodos utilizados por las sociedades para distribuir parte de sus utilidades, incluyendo la emisión de nuevas acciones. Incluye también la renta que los propietarios pueden retirar de sus cuasi-sociedades.

> *Nota para los expertos: La contrapartida de este flujo aparece en el rubro F5 de las cuentas financieras (acciones y otras participaciones).*

- *D43 – Utilidades reinvertidas de la inversión extranjera directa*. Este ítem es interesante en tanto que refleja un nuevo campo de imputación en cuentas nacionales, que se origina por la consideración del fenómeno del *control* que ejercen algunas empresas multinacionales (conocidas como empresas matrices) sobre otras empresas (a las que se denomina filiales) situadas en el extranjero. Se considera que una empresa controla a otra cuando es capaz de influir significativamente en sus decisiones, en particular en lo relativo a la distribución del ingreso. En este caso, la empresa matriz puede decidir libremente si recibe un dividendo, o si mantiene este monto en su filial. Para reflejar el verdadero enriquecimiento de la sociedad matriz (o empobrecimiento si la sociedad filial genera pérdidas), se registran en este rubro las utilidades no distribuidas bajo forma de dividendos que se han mantenido en la filial.
- A pesar de denominarse utilidades reinvertidas, este rubro puede ser negativo cuando la filial incurre en pérdidas. El concepto aparece tanto entre los recursos como entre los usos de la cuenta. En recursos figuran las utilidades reinvertidas por las sociedades multinacionales australianas en sus filiales en el extranjero; y en usos, las utilidades reinvertidas por sociedades multinacionales extranjeras en sus filiales radicadas en Australia. A pesar de su interés, no se dispone de estimaciones de calidad para este rubro porque la información sobre las filiales en el extranjero de las sociedades multinacionales puede ser de calidad mediocre. Esto presenta una complejidad adicional por la globalización creciente y el establecimiento de "entidades con propósitos especiales" para minimizar el pago de impuestos. Otra característica de este rubro es que este raciocinio, basado en el control que unas empresas ejercen sobre otras, solo se aplica a las sociedades multinacionales (y a los fondos de inversión, ver más adelante), ya que los contables nacionales no la aplican a las relaciones entre sociedades matrices australianas y filiales australianas.

- *D44 – Desembolsos por renta de la inversión.* Esta categoría de transacciones incluye tres modalidades: renta de la propiedad asignada a los titulares de pólizas de seguros, renta de inversión a pagar sobre los derechos de pensión; y renta de inversión atribuida a los accionistas de los fondos de inversión colectiva. El primero corresponde a un flujo imputado que corresponde a las rentas de la propiedad obtenidas por las compañías de seguros cuando invierten sus reservas técnicas. Ya que estas reservas pertenecen a los asegurados y no a los aseguradores (en este caso los asegurados son las sociedades no financieras), las cuentas nacionales se elaboran como si las rentas de la propiedad obtenidas de estas inversiones se devolvieran a los asegurados que, posteriormente, las gastan en adquirir servicios de seguros. El segundo elemento es también un flujo imputado y se refiere al ingreso proveniente de la inversión de las reservas de pensión[2]. La tercera modalidad involucra los rendimientos de inversiones no distribuidos de fondos de inversión, los cuales, al igual que las utilidades de inversiones extranjeras directas reinvertidas, se tratan como si se hubiesen distribuido y después reinvertido.
- *D45 – Rentas de la tierra y de los activos del subsuelo.* El quinto tipo de rentas de la propiedad consiste en la renta percibida por los propietarios de la tierra y los activos del subsuelo (petróleo, carbón, yacimientos minerales), cuando se confía a otros su explotación. Obsérvese que este ítem no comprende los alquileres de los edificios administrativos, o de los vehículos de alquiler, utilizados por las sociedades. Estos alquileres son compras de servicios que se contabilizan como consumo intermedio en la cuenta de producción.

El siguiente rubro en el lado de los "usos" de la cuenta de distribución de la renta es el de "impuestos sobre la renta, el patrimonio, etc." (D5), que se compone principalmente del impuesto sobre las sociedades, cuyo recaudo ascendió a 47.1 miles de millones de dólares australianos en 2012. La cuenta de distribución del ingreso también incluye contribuciones sociales recibidas (D61) y prestaciones sociales pagadas (D62). Esto último puede parecer sorprendente dado que la inmensa mayoría de las contribuciones sociales se pagan a los sistemas de seguros sociales e, igualmente, la inmensa mayoría de las prestaciones sociales se reciben procedentes de estos sistemas, que no se clasifican en el sector sociedades no financieras. La explicación de la existencia de estos flujos es que, a veces, las grandes empresas establecen sus propios sistemas de pensiones o de seguros sociales. En este caso, las prestaciones las pagan directamente estas empresas a sus actuales, o antiguos, empleados. Sin embargo, las cuentas nacionales actúan como si unas contribuciones imputadas correspondientes a estas prestaciones se pagaran a los asalariados como parte de su remuneración (en la cuenta de generación de renta) y seguidamente fueran devueltas por los asalariados a estas mismas sociedades, que las utilizan para pagar las prestaciones sociales. Como ya se ha visto, este complicado sistema pretende hacer aparecer el costo total del factor trabajo en la cuenta de generación del ingreso de las sociedades. Sin embargo, Australia no sigue el SCN 2008 en lo que concierne a estos registros. Mientras sus cuentas nacionales actúan como si las contribuciones imputadas por los empleadores fueran pagadas a los asalariados en la forma descrita, no las registra como devueltas por los asalariados a los empleadores. Por eso no se registran partidas por concepto de contribuciones y prestaciones sociales (D61 y D62). Australia no es el único país que se desvía del SCN en esta materia.

Los restantes rubros que figuran en esta cuenta son "otras transferencias corrientes" (D7). Tales transferencias son flujos relacionados con las pólizas de seguros de accidentes suscritas por las sociedades no financieras. Las sociedades reciben indemnizaciones de seguro de accidentes y pagan primas de seguro de accidentes. Puesto que las cuentas nacionales se basan en el principio contable de causación (véase el Capítulo 10), no deben registrarse las indemnizaciones *pagadas* durante el período por las empresas de seguros a las sociedades, sino las indemnizaciones *incurridas* durante el período. Y, ¿por qué se añade la palabra netas a las primas de seguro? La respuesta es que las cuentas nacionales distinguen tres elementos en el pago de una prima de seguro: 1) el pago por la gestión del servicio de seguro; 2) la participación de cada asegurado en las indemnizaciones pagadas, y 3) el IVA y los impuestos específicos que gravan a los seguros. Las primas netas corresponden solo al segundo elemento (en tanto que son las que otorgan derecho a recibir las indemnizaciones), mientras que el primero se trata como consumo intermedio de servicios de seguro en la cuenta de producción de las sociedades no financieras. El tercer elemento se recauda por las empresas de seguros, pero no aparece en sus cuentas para efectos de la contabilidad nacional; en lugar de eso, tales impuestos se registran como recibidos por el gobierno general, sin identificar al pagador. Para poder comprender mejor el registro de los flujos relacionados con los seguros, se remite al lector a la sección Compañías de seguros: ¿Son las primas netas iguales a las indemnizaciones?, que figura al final del capítulo, en el apéndice Precisiones adicionales.

El saldo de la cuenta es el *ingreso disponible neto (B6N)*. Este saldo es exactamente igual, en el caso de las sociedades, a su *ahorro neto* (B8N) porque por definición las sociedades no tienen consumo final.

La cuenta de capital

La última de las cuentas de las sociedades no financieras, la cuenta de capital, describe cómo las sociedades utilizan el ahorro para financiar la inversión (FBCF) en bienes de capital y en variación de existencias. Por consiguiente, en lugar de referirse a "usos", la columna de la izquierda de la cuenta se ha titulado "variaciones de activos" (o "cambios en activos"), y en lugar de "recursos", la columna de la derecha de la cuenta se ha denominado "variaciones de pasivos y del patrimonio neto" (o "cambios en obligaciones y patrimonio").

Cuadro 7.6. **Australia: Cuenta de capital para sociedades no financieras (S11)**

Miles de millones de dólares australianos, 2012

Cambios en activos		Cambio en obligaciones y patrimonio	
P51. Formación bruta de capital fijo	230.7	B8N. Ahorro neto	45.4
P52. Variación de existencias	4.6	K1. Consumo de capital fijo	114.1
K2. Adquisiciones menos disposiciones de activos no financieros	-1.0	B8. Ahorro bruto	159.4
B9. Préstamo neto (+)/endeudamiento neto **(-)**	**-69.7**	D9. Total transferencias de capital netas	5.2

Fuente: Australian Bureau of Statistics (2013), Australian System of National Accounts: Table 18. Non-financial Corporations Capital Account, *www.abs.gov.au/AUSSTATS/abs@.nsf/DetailsPage/5204.02012-13?OpenDocument*.

StatLink http://dx.doi.org/10.1787/888933736412

Como puede comprobarse en el Cuadro 7.6, las empresas australianas ahorraron 45.4 miles de millones de dólares australianos en 2012. Sin embargo, es necesario reconstruir en el lado derecho del cuadro (variaciones de los pasivos y del patrimonio neto) el ahorro bruto (B8), añadiendo el consumo de capital fijo (K1), con el fin de compararlo con la formación bruta de capital fijo en la parte izquierda del cuadro.

Si se hubiera puesto en la parte izquierda del cuadro (en la columna de variaciones de activos) la formación neta de capital, no hubiera sido necesario este ajuste. Sin embargo, lo acostumbrado es mostrar, dentro de las variaciones de activos, la formación bruta de capital. Según estas cifras, hubo un ahorro bruto de 159.4 miles de millones de dólares australianos que fue utilizado para financiar una inversión en capital fijo de 230.7 mil millones de dólares australianos. La mayor parte del déficit (necesidad de financiación) que se origina por esta financiación insuficiente fue cubierto mediante un endeudamiento neto de 69.7 miles de millones de dólares australianos. También se llama "autofinanciación" al ahorro bruto, porque constituye la parte de la inversión que se financia con los recursos propios de las empresas. Es posible calcular la relación de "autofinanciación" dividiendo el ahorro bruto por la formación bruta de capital. Esta relación indica el porcentaje de la FBC que se financia con el ahorro generado por las empresas, sin acudir a la financiación bancaria o a la emisión de acciones o de bonos.

Las transferencias de capital por recibir (D9) incluyen, entre otros, edificios y equipos otorgados por las administraciones públicas a laboratorios de investigación. Por su parte, las transferencias de capital por pagar comprenden contribuciones a las corporaciones locales de promotores inmobiliarios en relación con el costo de la construcción de carreteras en sus parcelas y las contribuciones de compañías de la minería del carbón en relación con el costo de la construcción de líneas de ferrocarril.

El saldo de la cuenta de capital es el rubro B9 *Préstamo neto/Endeudamiento neto*, préstamo neto cuando es positivo y endeudamiento neto cuando es negativo. En el caso de las sociedades *no financieras*, este saldo suele ser negativo. De hecho, las sociedades no financieras acostumbran financiar sus inversiones con el ahorro generado por los hogares (intermediado por los bancos), ya que no pueden hacerlo con sus propios recursos. Esto se hace habitualmente por medio del endeudamiento con los bancos.

Si se consultan las cuentas *financieras* de Australia se puede comprobar que la necesidad de financiación (o endeudamiento neto) de las sociedades *no financieras* en el año 2012 ascendió a 69.4 mil millones de dólares australianos, cifra que es muy similar al saldo que figura en la cuenta de capital. No es extraño que, en algunos países, aparezcan discrepancias estadísticas de esta magnitud entre las estimaciones del préstamo/endeudamiento neto en la cuenta de capital y en la cuenta financiera. En ambas cuentas el préstamo/endeudamiento neto se obtiene como un saldo contable, por lo que las discrepancias estadísticas ponen de manifiesto inconsistencias entre las estimaciones de la economía "real", que se reflejan en la cuenta de capital, y los datos financieros que figuran en la cuenta financiera. Como se verá en el Capítulo 8, las cuentas financieras se basan en fuentes (que, fundamentalmente, proceden de los bancos) que son diferentes de las fuentes en que se basan las cuentas no financieras (que, proceden, principalmente, de las cuentas de las empresas).

7.3. De sociedades a empresas

Se ha visto con algún detalle las cuentas de las sociedades. Sin embargo, en la práctica, los macroeconomistas están interesados en tener a su disposición las cuentas de todas las empresas, estén o no constituidas en forma de sociedad, pues lo que les interesa cuando realizan sus análisis es el comportamiento económico y no los criterios legales. Las empresas no constituidas en sociedad, realizan, como cualquier otra, una función de producción. Desgraciadamente, hasta el presente, las cuentas nacionales no son capaces de elaborar la secuencia completa de cuentas para todas las empresas, porque las empresas individuales, por definición, no tienen la secuencia completa. Sin embargo, algunos países como Francia y los Estados Unidos calculan cuentas incompletas para todas las empresas, incluidas las individuales. En Francia esta agrupación se conoce por "SNFEI" ("*Sociétés non Financières et Entreprises Individuelles*"), que no incluye a las sociedades financieras. La agrupación similar existente en los Estados Unidos se denomina "business sector", que, por el contrario, incluye a las sociedades financieras (véase el Capítulo 12).

¿Quiénes son estos propietarios únicos que no tienen constituidas sus empresas en forma de sociedad (ENC: empresas no constituidas en sociedad)? Son, generalmente, miembros de un hogar que manejan empresas familiares tales como un comercio al detal, una explotación agrícola, un consultorio médico o una oficina de abogados, siempre y cuando no tengan un estatuto corporativo. Los agricultores forman una parte importante de las ENC, pero los médicos, abogados y arquitectos que trabajan como autónomos constituyen también una parte significativa de este grupo. Debe señalarse que las cuentas nacionales no clasifican a los propietarios que ocupan su propia vivienda como propietarios únicos. La producción imputada de los servicios de alojamiento, y todas las operaciones relacionadas con ella, forman parte del sector hogares "puro". Este es también el caso de la producción no imputada de los servicios de alojamiento, cuando un hogar que posee otra vivienda además de aquella en la que vive y la alquila a un inquilino. A pesar de que estos servicios de alojamiento se producen por una unidad (el propietario) para ser consumidos por otra (el inquilino), estos hogares no se consideran empresas individuales.

Desde un punto de vista económico, las ENC son tan productoras como las sociedades constituidas. Sin embargo, estadísticamente es imposible distinguir algunas operaciones de las ENC ligadas a su actividad empresarial de operaciones de las ENC relativas a sus funciones como hogares. Esto explica por qué no es posible elaborar una secuencia completa de cuentas ni para las ENC, ni para los hogares "puros" (esto es, hogares de los que se han excluido las operaciones relacionadas con la actividad productiva de las ENC).

A pesar de ello, Francia elabora una serie parcial de cuentas de las ENC, por lo que todo lo que se necesita es incorporarlas a las cuentas de las sociedades no financieras (SNF) para obtener las cuentas de las SNFEI, es decir, las cuentas de todos los productores de mercado no financieros. Esta cuenta parcial permite calcular, por ejemplo, el margen bruto de utilidad bruto (o, si se prefiere, el margen neto de utilidad) que se discutió previamente, pero esta vez referida a una agrupación que también incluye a las ENC.

Cuadro 7.7. **Francia: Comparación del margen de utilidad de sociedades no financieras y de sociedades no financieras incluyendo las empresas no constituidas en sociedad**

Como porcentaje del valor agregado

	2008	2009	2010	2011
Margen de utilidad sociedades no financieras, SNF (S11)	31.5	29.1	30.1	28.6
Margen de utilidad sociedades no financieras y empresas no constituidas en sociedad (S11 + S14A)	38.1	35.8	36.7	35.3

Fuente: INSEE Databases (2013), Statistical indices and series: Macroeconomic Database: National Accounts, *www.insee.fr/en/information/2512785*.

StatLink http://dx.doi.org/10.1787/888933736431

Puede comprobarse que el margen de utilidad de las SNFEI (sociedades no financieras y empresarios individuales) es, aproximadamente, siete puntos porcentuales más elevado que el de las SNF. A partir de esto, parece que se podría concluir que las ENC son más rentables que las sociedades no financieras, en tanto que la inclusión de las primeras explica este incremento en el margen de utilidad. Sin embargo, esto no es la explicación. El margen de utilidad de las SNFEI es más elevado, ya que, por definición, "la utilidad" de una empresa individual incluye, implícitamente, la remuneración del trabajo realizado por los empresarios individuales. Esta remuneración es un porcentaje muy elevado (alrededor del 80%) del total del excedente de explotación generado por las ENC, lo que incrementa la participación total en la utilidad. Por consiguiente, la validez analítica de este indicador es muy limitada. De hecho, el saldo de la cuenta de generación de ingreso de las ENC se designa como "ingreso mixto" (código B3), mientras que el saldo de la cuenta de generación de ingreso de las sociedades se denomina "excedente de explotación" (código B2). El uso del término "ingreso mixto" refleja claramente que esta forma de beneficio de explotación no es comparable con el de las sociedades pues "mezcla" la remuneración del factor capital con la remuneración del trabajo del propietario de la empresa individual.

Para lograr una comparación mejorada de la rentabilidad de las empresas constituidas como sociedad y las ENC, en algunas ocasiones se estima un ingreso para el insumo de trabajo provisto por el propietario y su familia, utilizando para ello el ingreso medio de los empleados. Este ingreso se sustrae del ingreso mixto. Cuando se comparan los márgenes de utilidad del sector de las sociedades no financieras entre países, es importante verificar que la clasificación de los empresarios individuales haya sido armonizada. El Capítulo 3 revisa este aspecto cuando se compara el margen de utilidad entre Francia, Alemania e Italia. La inclusión de muchas "cuasi-sociedades" con muchos empresarios individuales no asalariados en estos dos últimos países introduce un sesgo de medición en los resultados.

Notas

1. Este porcentaje será sustancialmente mayor una vez se introduzcan las nuevas normas del SCN 2008. La I + D que se produce a menudo en la misma empresa ("en casa") será considerada como Formación Bruta de Capital Fijo (FBCF).
2. En el caso de los esquemas de pensión de contribución definida (ver su definición en el Capítulo 6), este rubro es igual al ingreso obtenido por los fondos disponibles y se distribuye a los titulares de los esquemas. En el caso de los sistemas de prestación definida, en donde los derechos están relacionados con los (antiguos) salarios del afiliado, la renta de la inversión es igual a la tasa de descuento utilizada en el cálculo del valor presente de las prestaciones futuras.

Referencias

Australian Bureau of Statistics (2013a), Australian System of National Accounts: Table 17. Non-Financial Corporations Income Account, *www.abs.gov.au/AUSSTATS/abs@.nsf/DetailsPage/5204.02012-13?OpenDocument*.

Australian Bureau of Statistics (2013b): Australian System of National Accounts: Table 18. Non-financial Corporations Capital Account, *www.abs.gov.au/AUSSTATS/abs@.nsf/DetailsPage/5204.02012-13?OpenDocument*.

INSEE Databases (2013), Statistical indices and series: Macroeconomic Database: National Accounts, *www.insee.fr/en/information/2512785*.

OECD (2014), "Detailed National Accounts: Non-financial accounts by sectors, annual", OECD National Accounts Statistics (database), *http://dx.doi.org/10.1787/data-00034-en*.

Puntos clave

- Una empresa es una unidad institucional cuyo objetivo es producir bienes y servicios de mercado, es decir, vender productos en el mercado a un precio económicamente significativo.
- Uno de los criterios utilizados por los contables nacionales para decidir si un precio es económicamente significativo es calcular la relación ventas/costo. Si esa relación es mayor del 50%, se considera que la empresa es "de mercado".
- El sector sociedades está formado por empresas que están legalmente constituidas como sociedades y que elaboran series de cuentas completas, a diferencia de las empresas individuales, también denominadas empresas no constituidas en sociedad. El sector sociedades no financieras no incluye a los bancos, compañías de seguros y a otros intermediarios financieros (que forman parte del sector instituciones financieras), pero incluye a las empresas no financieras del sector público.
- Algunos países elaboran cuentas de la agrupación constituida por las sociedades y las empresas individuales. Esta agrupación se suele denominar "sector de los negocios" ("business sector"). Sin embargo, no es posible elaborar más que cuentas parciales de esta agrupación, en tanto que, por definición, las empresas individuales no tienen una secuencia completa de cuentas separada de las de sus propietarios.
- El margen de utilidad es el principal indicador del rendimiento, en lo que respecta a las utilidades de las sociedades no financieras en las cuentas nacionales. Normalmente se calcula en su versión "neta", es decir, dividiendo el excedente neto de explotación entre el valor agregado neto (y multiplicando por 100). Teóricamente, este margen neto de utilidad (neto del consumo de capital fijo) es preferible, a efectos analíticos, al margen bruto de utilidad (excedente bruto de explotación/valor agregado bruto), en tanto que tiene en cuenta la depreciación (es decir, el consumo de capital fijo).
- La tasa de "autofinanciación" mide la proporción de inversión fija financiada por el ahorro generado por las propias empresas. La autofinanciación es un concepto opuesto al de financiación externa (préstamos bancarios o emisión de acciones u obligaciones) y se calcula dividiendo el ahorro bruto entre la FBC (y multiplicando por 100).

Precisiones adicionales

Consumo de capital fijo, depreciación y amortización

El SCN 2008 define el consumo de capital fijo como "la disminución, en el curso del período contable, del valor corriente del stock de activos fijos, poseídos y utilizados por un productor como resultado del deterioro físico, de la obsolescencia normal o de daños accidentales ordinarios" (SCN 2008, párrafo 6.240). También define lo que los economistas denominan depreciación. Por tanto, se puede considerar que el consumo de capital fijo de las cuentas nacionales es sinónimo de depreciación. Por otra parte, los contables de las empresas usan el término "amortización", que se refiere al mismo concepto, pero medido de una forma ligeramente diferente a como se mide en las cuentas nacionales. Esta sección explica esa diferencia.

Una de las expresiones clave de la definición que figura más arriba es "disminución del valor corriente". Los contables nacionales miden el consumo de capital fijo aplicando un "coeficiente de depreciación" al valor corriente de cada bien de capital, es decir, a su costo de reposición, mientras que los contables de empresa aplican un coeficiente de depreciación al valor de los bienes de capital a su precio original de adquisición (al que suelen llamar "costo histórico"). Cuando los precios de los bienes de capital suben, la diferencia entre ambos costes puede ser significativa. El método seguido por los contables de empresa se explica, en parte, por razones fiscales. Las regulaciones a las que están sujetos los contables de empresa autorizan la revalorización de activos, pero ya que la revalorización está sujeta a un impuesto, normalmente se abstienen de llevarla a cabo y sus activos continúan, en la mayoría de los casos, siendo valorados a precios de adquisición. Las cuentas nacionales, que no están afectadas por estas normas fiscales, prefieren valorar estos ítems a su verdadero valor, es decir, a su valor corriente en el mercado o costo de reposición.

Tanto los contables de empresa como los contables nacionales suponen frecuentemente que los bienes de capital pierden cada año parte de su valor de una manera proporcional. A esta es a la que se denomina depreciación "lineal". Por ejemplo, si se considera que la vida media de un bien de capital es de 10 años, se supone que cada año pierde 1/10 de su valor. Supóngase ahora que este capital ha llegado a su noveno año de vida y que costó 100 cuando fue adquirido hace ocho años. Supóngase también que, como resultado de la inflación, el precio de mercado de este activo había estado elevándose un 4% cada año desde cuando fue comprado. En esta situación:

- Los contables de las empresas comerciales calculan la depreciación en el noveno año de vida haciendo 100 ÷ 10 = 10.
- Los contables nacionales calculan el consumo de capital fijo en el noveno año de vida como $[100 \times 1.04^8] \div 10 = 13.7$. Es decir, se revaloriza el activo al ritmo de la inflación antes de calcular la depreciación.

Esta diferencia se explica económicamente. Debido a la inflación, el verdadero costo de utilización de este capital en el curso del noveno año no es 10, sino 13.7, pues es esta última partida la que la empresa tiene que aprovisionar para reponer el activo cuando llegue al final de su vida productiva. Hay también otra diferencia importante entre los dos sistemas contables a la hora de registrar la depreciación. Concretamente, los contables de empresa aplican a los activos las tasas de mortalidad (u obsolescencia) que les son más favorables desde un punto de vista fiscal, mientras que los contables nacionales se esfuerzan en utilizar leyes físicas y económicas para determinar tasas de mortalidad sin esos sesgos. Por ejemplo, si las autoridades fiscales permiten depreciar (amortizar) un camión en tres años, los contables de empresa lo depreciarán en tres años, mientras que los contables nacionales estimarán que, de hecho, un camión dura 10 años y lo depreciarán a lo largo de 10 años. Al final los contables nacionales no pueden calcular el consumo de capital fijo simplemente sumando las depreciaciones (amortizaciones) que las empresas declaran en sus cuentas. Por eso han diseñado su propio método, conocido como "método del inventario permanente", denominado MIP (véase el Capítulo 8). Aunque este método es el mejor de los disponibles para calcular el consumo de capital fijo, se basa en numerosas hipótesis sobre la vida útil de los activos y las formas de depreciación. Probablemente esto es lo que explica que los contables nacionales prefieran publicar saldos contables incompletos (es decir, brutos en lugar de netos), ya que son más fiables que los saldos netos, a pesar de que estos últimos sean teóricamente más correctos.

Utilidad y excedente bruto de explotación: no confundirse

En las cuentas nacionales el excedente bruto de explotación es la parte del ingreso derivado de la producción que le corresponde al factor capital. El excedente difiere de la cifra de utilidad que figura en las cuentas de las empresas, por varias razones. Las ecuaciones siguientes (que constituyen solo una aproximación) muestran cómo se concilian los dos conceptos:

La primera etapa de esta conciliación consiste en añadir al excedente neto de explotación el consumo de capital fijo con el fin de obtener un saldo contable bruto, en este caso el excedente bruto de explotación. Tras eso se sustrae la depreciación, según la miden los contables de las empresas. Es entonces necesario añadir las pérdidas y ganancias por tenencia de las existencias, conocidas como "ajuste por valoración de las existencias (o "inventarios").

	excedente neto de explotación (cuentas nacionales)
más	consumo de capital fijo
=	excedente bruto de explotación (cuentas nacionales)
menos	depreciación (contabilidad de sociedades)
más	valorización de inventarios (cuentas nacionales)
menos	diferencias conceptuales o prácticas (tratamiento de productos de propiedad intelectual, fraude, contratos de arrendamiento financiero)
menos	rentas de la propiedad excluyendo rentas distribuidas y reinversión de utilidades de la inversión extranjera directa (cuentas nacionales)
más	rentas de la propiedad recibidas (cuentas nacionales)
más	pérdidas y ganancias excepcionales en particular pérdidas y ganancias de capital
=	utilidad antes de impuestos (cuentas de sociedades)
menos	impuestos sobre utilidades
=	**utilidad después de impuestos (cuentas de sociedades)**

Para los contables de empresas este ítem se incluye en los cálculos de la utilidad, mientras que para los contables nacionales se excluye de la medición de la producción, y por tanto del excedente de explotación. A continuación, es necesario ajustar algunas diferencias conceptuales. Por ejemplo, los contables nacionales tratan la mayor parte del gasto en productos de propiedad intelectual como inversión y no como consumo intermedio. De esta forma los gastos pertinentes no afectan al excedente de explotación (excepto por la depreciación), mientras que normalmente este gasto afecta de forma directa al cálculo de la utilidad de las empresas. De la misma manera, los contables nacionales ajustan los datos facilitados por las empresas para tomar en consideración la subvaloración de la utilidad por razones de fraude, en algunos sectores. Finalmente, los acuerdos de leasing pueden ser tratados de forma diferente en los dos sistemas contables.

El paso siguiente es añadir las rentas de la propiedad recibidas (intereses) y deducir las rentas de propiedad pagadas, excluyendo de estas últimas los ingresos distribuidos y las utilidades reinvertidas de la inversión extranjera directa. La utilidad, según lo miden los contables de las empresas se calcula teniendo en cuenta estos flujos. Finalmente, las normas contables de las empresas permiten tomar en cuenta algunas operaciones "excepcionales" al calcular la utilidad. Por ejemplo, las utilidades de las empresas pueden incluir ganancias de capital realizadas en la venta de filiales o en operaciones en divisas. Añadir estos elementos excepcionales supone muchas veces introducir importantes diferencias – en cualquier dirección – entre la medida de la utilidad en las cuentas nacionales y en las cuentas de las empresas.

Por último, y esta no es, en la práctica, una diferencia menor, nunca se debe olvidar que las cuentas nacionales solo incorporan el excedente de explotación de las empresas que realizan sus actividades en el territorio económico. Es, por tanto, imposible comparar la utilidad anunciada por una gran empresa multinacional cotizada en la bolsa de valores con el que se incluye en las cuentas nacionales, dado que las utilidades de las multinacionales incluyen las generadas por sus filiales en el resto del mundo.

Seguros: ¿son las primas netas iguales a las indemnizaciones?

La idea detrás de la modelización de las operaciones ligadas a los seguros de accidentes en las cuentas nacionales se puede resumir utilizando el siguiente ejemplo simplificado. En él : PB significa primas brutas, es decir, el monto que figura en la factura que paga un asegurado (en este ejemplo simplificado se omiten los impuestos tales como el IVA); S representa el servicio de seguro (es decir, la producción del seguro de accidentes en las cuentas nacionales se mide por los gastos administrativos más la utilidad de las compañías de seguros); RI representa las rentas de inversión; e IM representa las indemnizaciones a pagar. Las primas netas, PN, son iguales a las primas brutas más las rentas de inversión menos el servicio de seguro, de donde se obtiene la primera ecuación: (1) $PN = PB + RI - S$. El servicio de seguro se mide por $PB + RI - IM$, es decir las primas brutas más las rentas de inversión menos las indemnizaciones a pagar, lo que conduce a la segunda ecuación: (2) $S = PB + RI - IM$. Al reorganizar las dos ecuaciones se obtiene que $PN = IM$, es decir que las primas netas son iguales a las indemnizaciones. Esta “identidad contable” merece dos comentarios.

El primero es que solo se verifica para el conjunto de la economía y no para cada uno de los sectores institucionales ni, mucho menos, cliente a cliente de las compañías de seguros. Por ejemplo, con datos de Francia para el año 2011, el total de las primas de accidentes alcanzaron un monto de 36.0 miles de millones de euros y el total de indemnizaciones, 33.6 miles de millones de euros (la diferencia se explica por flujos hacia y desde el resto del mundo). Sin embargo, esto no implica que las primas netas pagadas por las sociedades no financieras sean iguales a las indemnizaciones incurridas a favor de las sociedades no financieras. Es muy posible que en este año sufrieran menos accidentes de diverso tipo de los que sufrieron otros agentes. Esto es realmente lo que parece haber pasado en Francia durante 2011, dado que las primas netas de las sociedades no financieras ascendieron a 9.9 miles de millones de euros y las indemnizaciones solo fueron de 4.5 miles de millones de euros. Sin embargo, no es probable que esta situación pueda durar: si por razones estructurales las sociedades no financieras incurren en menos gastos, como consecuencia de accidentes, de lo que pagan en concepto de primas, lógicamente se producirá una caída de las primas. El segundo comentario trata de poner en cuestión el que realmente se cumpla esta igualdad. ¿Por qué tipo de milagro deberían las indemnizaciones ser idénticas a las primas cuando el negocio de seguros es intrínsecamente impredecible? Algunos años son catastróficos; en otros hay relativamente pocas indemnizaciones. Todo es una cuestión de probabilidad – la teoría que subyace en el centro de la profesión del seguro –. Obviamente, la llamada ley de los promedios opera a favor de una cierta regularidad. Pero, en la práctica, la volatilidad de los accidentes, y por tanto de las indemnizaciones, implica que las primas y las indemnizaciones son iguales solo en muy raras ocasiones. Sin embargo, en cuentas nacionales el milagro se alcanza de una manera muy simple: esta diferencia tan volátil se asigna, por construcción, a la producción en que se concreta el servicio de seguro S, según se muestra en la ecuación (2). La contrapartida de la identidad contable $PN = IM$ es por tanto la volatilidad de la producción del servicio de seguro. Tras muchas discusiones de los contables nacionales, se ha propuesto invertir este convenio asignando la volatilidad a una transferencia en la cuenta de distribución del ingreso y no a los servicios de seguro S. Esta propuesta fue propiciada por el hecho de que la actual volatilidad de S estaba afectando adversamente a la interpretación del PIB. Esta reforma ya ha sido introducida en los Estados Unidos y se espera que se generalice con ocasión de la revisión inducida por el SNA 2008, cuya entrada en vigor en los países europeos está prevista para el año 2014.

Ejercicios para el Capítulo 7

Ejercicio 1. Saldos y proporciones contables: de bruto a neto

Este ejercicio está basado en las cuentas nacionales de Francia. Se trata de volver a calcular los saldos y los márgenes contables netos, a partir de los saldos brutos y el consumo de capital fijo que publica el INSEE. Primera pregunta: encontrar en la Web del INSEE (*www.insee.fr*) el cuadro de las cuentas nacionales anuales en el que figura el consumo de capital fijo de las sociedades no financieras entre 2009 y 2011. Segunda pregunta: encontrar en la web del INSEE los principales saldos contables brutos de las sociedades no financieras a lo largo del mismo período (valor agregado bruto y excedente bruto de explotación). Calcular los saldos netos. Deducir los márgenes de utilidad, brutos y netos.

Ejercicio 2. Comprobación de qué se ha comprendido del sistema de cuentas

La que sigue es una lista de operaciones realizadas por una empresa de publicidad. Clasifique correctamente estas operaciones en la estructura contable que figura más abajo, y muestre que el ahorro bruto de las empresas ascendió a 620 K$ (1 K$ = 1 000 USD).

Ingresos	K$
1. Ventas a consumidores	4 500
2. Intereses sobre cuenta bancaria	30
3. Indemnización por datos de incendio	10

Gastos	K$
4. Papel, tinta y otros suministros de oficina durante el año	380
5. Alquiler pagado por espacio de oficina adicional	150
6. Costo de energía eléctrica y teléfono	60
7. Remuneración del Director General	300
8. Sueldos y salarios brutos	1 500
9. Contribuciones del empleador al seguro social sobre sueldos y salarios	800
10. Dividendos pagados a los accionistas	420
11. Impuesto a las utilidades por pagar	180

Gastos	K$
13. Compras de computadores y programas	240
14. Interese pagados al banco por crédito para la compra de computadores	40
15. Pago a una aseguradora por seguros para protección de edificios	70
16. Impuesto predial correspondiente a las oficinas	20

Cuenta de producción

Usos	Recursos
P2. Consumo intermedio	P1. Producción
	P11. Mercado
	P12. Uso final propio
B1. Valor agregado bruto	

Cuenta de generación del ingreso

Usos	Recursos
D1. Remuneración a los asalariados:	B1. Valor agregado bruto
D11. Sueldos y salarios	
D121. Contribución efectiva de empleadores al seguro social	
D122. Contribución imputada de empleadores al seguro social	
D29. Otros impuestos a la producción	
D39. Otros subsidios a la producción (-)	
B2. Excedente bruto de explotación	

Cuenta de asignación del ingreso primario

Usos	Recursos
D4. Renta de la propiedad	B2. Excedente bruto de explotación
D41. Intereses	D4. Renta de la propiedad
D421. Dividendos	D41. Intereses
D43. Utilidades reinvertidas de la inversión extranjera directa	D421. Dividendos
D45. Rentas de la tierra y activos del subsuelo	D43. Utilidades reinvertidas de la inversión extranjera directa
B5. Saldo de ingresos primarios	D45. Rentas de la tierra y activos del subsuelo

Cuenta de distribución secundaria del ingreso

Usos	Recursos
D51. Impuestos sobre el ingreso	B5. Saldo de ingresos primarios
	D61. Contribuciones sociales:
D622. Otras prestaciones de seguros sociales	D611. Contribuciones sociales efectivas
D71. Primas netas de seguros de accidente	D612. Contribuciones sociales imputadas
D75. Transferencias corrientes diversas	D72. Indemnizaciones de seguros de accidentes
B6. Ingreso disponible bruto	D75. Otras transferencias corrientes 12

Cuenta de utilización del ingreso disponible

Usos	Recursos
	B6. Ingreso disponible bruto
B8. Ahorro bruto	

Ejercicio 3. Algunas comparaciones internacionales para todas las sociedades (financieras y no financieras), año 2011

A partir de los datos del Cuadro siguiente, calcule tres relaciones significativas para las sociedades de cada uno de los países que figuran en las columnas. El margen neto de utilidad $\left(\frac{ENE}{VAN}\right)$; la tasa de inversión $\left(\frac{FBCF}{VAB}\right)$; la tasa de autofinanciación $\left(\frac{Ahorro\ bruto}{FBCF}\right)$. Tenga cuidado: el margen de utilidad que se solicita es el neto, mientras que la tasa de inversión y la tasa de autofinanciación son relaciones brutas.

	Alemania	Francia	España
	Millones de euros		
Valor agregado bruto (VAB)	2 334 890	1 793 959	959 762
Excedente bruto de explotación e ingreso mixto	1 019 420	665 557	445 104
Ingreso mixto	229 000	121 699	153 136
Excedente bruto de explotación (EBE)	790 420	543 859	291 968
Ahorro neto	228 420	87 160	12 240
Consumo de capital fijo (CKF)	391 070	279 212	163 394
Formación bruta de capital fijo (FBCF)	473 170	399 953	216 695
Margen neto de utilidad			
Tasa de inversión			
Tasa de auto-financiamiento			

Ejercicio 4. (Difícil): El cálculo del margen de utilidad de las sociedades no financieras

El Cuadro 27 de la publicación del INSEE "Informations Rapides", que es la principal publicación de las cuentas nacionales trimestrales de Francia (resultados detallados) contiene la siguiente información:

Explicar cómo la variación del margen de utilidad se puede expresar como una función de la variación de la productividad del trabajo (expresado en términos de valor agregado) y del crecimiento en la remuneración del trabajo en términos reales, la relación del precio del valor agregado bruto al precio del consumo final y otros elementos. Para ello, parta de la definición de margen de utilidad y de la ecuación $VAB = RA + EBE + (I - S)$, donde VAB es el

Estructura del margen de utilidad de las sociedades no-financieras (%)

	2011	2012
Margen de utilidad	35.7	35.1
Cambio en el margen de utilidad	-0.9	-0.6
Elementos que contribuyen al cambio del margen de utilidad		
Productividad del trabajo (+)	1.1	0.2
Remuneración real de los asalariados (-)	0.8	0.2
Relación de precios del valor agregado bruto/precio del consumo final (+)	-0.8	-0.4
Otros elementos (+)	-0.5	-0.2

valor agregado bruto, RA la remuneración de los asalariados (incluidas las contribuciones sociales de los empleadores), EBE el excedente bruto de explotación y (T-S) los impuestos sobre la producción netos de subsidios a la producción (en adelante, este último término no se mostrará separadamente y se incluirá bajo la denominación "otros elementos"). Use la definición de productividad del trabajo (valor agregado en volumen/empleo) y de salarios reales (salario por hora trabajada dividido por el precio del valor agregado). A partir de estas variables, comentar la variación en el margen de utilidad para los años 2011 y 2012. Establecer la relación con el principio económico que rige las negociaciones salariales, que dice que el salario real (incluidas las contribuciones sociales de los empleadores) puede aumentar en línea con las ganancias de productividad.

Ejercicio 5. (Difícil): Precios de producción y costos de producción

El Cuadro 26 de la publicación del INSEE "Informations Rapides", en la parte relativa a resultados detallados, contiene la siguiente información. Tenga en cuenta que esta tabla es diferente de la que se incluye en el Ejercicio 4, los porcentajes de cambio de los diferentes elementos del costo unitario no se expresan en términos de contribuciones al total. Sin embargo, la discriminación del costo salarial unitario se expresa como contribuciones al costo salarial total.

¿Cuál es la definición implícita del costo total en este cuadro? ¿Cómo se deduce el costo unitario total? ¿Cómo el análisis del costo unitario permite comprender la evolución del precio de producción? Escribir la fórmula de la relación entre el costo unitario total y sus componentes. Escribir la relación entre el costo salarial unitario y las tres variables que lo componen (salario medio por persona, productividad y contribuciones sociales de los empleadores). Justificar los (+) y los (-). ¿Por qué la nota a pie del cuadro, relativa a la productividad, requiere que esta se defina "en términos de producción", cuando en el cuadro del ejercicio anterior de decía que allí se definía en "términos de valor agregado"?

Cambio en los costos de producción

En porcentaje

Sociedades no financieras	2011	2012
Precios productor	2.6	1.4
Costo unitario total	3.4	1.7
Del cual, consumo intermedio	4.2	1.1
Impuestos relacionados con la producción	18.8	9.6
Costos salariales	1.1	2.6
Componentes del costo salarial unitario		
Salario promedio per cápita (+)	2.7	1.9
Productividad* (-)	2.2	-0.5
Contribuciones sociales del empleador (+)	0.6	0.1

* La productividad se define en términos de producción.

Las soluciones a estos ejercicios están disponibles en el sitio web de la OCDE.

Capítulo 8

Las cuentas financieras y las cuentas de balance

Las cuentas financieras y las cuentas de balance de las Cuentas Nacionales son la fuente de datos de stocks financieros y no financieros de los hogares y otros sectores institucionales (sociedades financieras y no financieras y gobierno general). Estas cuentas hacen posible calcular no solo el patrimonio neto de los diferentes grupos en un momento determinado, sino también cual ha sido su evolución en el tiempo. Este capítulo describe la organización de estas cuentas.

El gasto de consumo final de los hogares alcanza 60% o más del PIB, por lo tanto, una variación de este agregado en uno o dos puntos porcentuales determina si una economía evoluciona bien o mal. Los economistas de la OCDE siguen muy de cerca los factores que influyen en el consumo de los hogares. El más importante de ellos es su renta disponible durante el período en cuestión, pero no es el único; la variación del patrimonio (o riqueza) de los hogares también influye sobre el consumo.

8.1. La importancia del patrimonio de los hogares para el análisis de la coyuntura económica

Los hogares poseen activos financieros y no financieros (los últimos, principalmente viviendas) que constituyen su patrimonio o riqueza. Cuando el valor de estos activos se eleva, debido, por ejemplo, al incremento de la cotización de las acciones o de los precios de las viviendas por encima de los incrementos de precios de otros bienes y servicios, los hogares se sienten más ricos y se muestran dispuestos a ahorrar menos y, por tanto, a consumir más. El patrimonio materializado en acciones es el más sensible a estas ganancias de capital, o ganancias por tenencia (véase al final del Capítulo, en el Anexo "Precisiones adicionales: Las ganancias y pérdidas por tenencia y los precios de mercado en las cuentas nacionales"). Estas ganancias fueron particularmente espectaculares en el primer quinquenio del siglo XXI, gracias a los precios crecientes de las viviendas. Desafortunadamente estas fueron seguidas de pérdidas espectaculares después de la explosión de la burbuja de las viviendas en el segundo quinquenio. Esta influencia en el comportamiento de los hogares es conocida como "efecto riqueza". Ha sido particularmente visible en los Estados Unidos, donde la burbuja de precios de la vivienda fue la más explosiva.

La OCDE publica regularmente indicadores de la evolución del patrimonio de los hogares. El cuadro siguiente, tomado de una publicación de la OCDE, recoge datos de Canadá, el Reino Unido y Estados Unidos.

Las cifras del Cuadro 8.1 están expresadas en porcentaje del **ingreso disponible neto**, lo que permite valorar el patrimonio en términos del número de años de ingreso anual. Por ejemplo, en 2010 el patrimonio neto de los hogares de Canadá equivalía al 578.3% de su ingreso anual neto disponible, es decir, un valor cercano a seis años de ingresos anuales. El patrimonio comprende activos financieros (depósitos bancarios, cuentas de ahorro, acciones cotizadas y no cotizadas y bonos y otros valores representativos de deuda) y activos no financieros (terrenos, viviendas, equipos productivos de los empresarios individuales, etc.). Pero los hogares también incurren en deudas (préstamos hipotecarios, préstamos de consumo, etc.) y nadie que posea un patrimonio considerable es verdaderamente rico si, al mismo tiempo tiene deudas importantes.

Cuadro 8.1. **Patrimonio y endeudamiento de los hogares**

Como porcentaje del ingreso disponible neto

	Canadá			Reino Unido			Estados Unidos		
	2000	2005	2010	2000	2005	2010	2000	2005	2010
Patrimonio neto	531.1	561.7	578.3	770.9	832.1	825.6	590.7	659.6	526.3
Patrimonio financiero neto	254.0	227.5	218.0	380.5	303.3	298.4	360.5	353.0	325.3
Activos no financieros	277.1	334.2	360.3	390.5	528.7	527.3	230.1	306.6	211.0
Activos financieros	373.1	363.5	377.3	498.4	467.4	464.8	460.9	484.0	448.0
de los cuales: Participaciones de capital y participaciones en fondos de inversión	89.1	83.4	96.3	114.4	76.9	71.1	148.1	127.4	119.4
Pasivos	119.1	136.0	159.3	117.9	164.0	166.4	100.4	131.0	122.7
de los cuales: Préstamos hipotecarios	73.6	83.2	99.8	86.0	122.6	..	67.5	97.9	90.5

Fuente: OECD (2013), "OECD Economic Outlook No. 93", OECD Economic Outlook: Statistics and Projections (database), *http://dx.doi.org/10.1787/data-00655-en.*

StatLink http://dx.doi.org/10.1787/888933736450

Por esta razón, los economistas estudian el patrimonio neto, que es igual a los activos totales (financieros y no financieros) menos los pasivos totales (como se indica más adelante, en la nota 3, todos los pasivos son financieros). Por ejemplo, en el año 2010 el total de los activos financieros y no financieros de los hogares de Canadá se elevaba al 736.7% (377.3% + 360.3%), pero una vez deducidos los pasivos, que en ese año ascendían al 159.3%, el patrimonio neto alcanzó solo el 578.3% antes reseñado, muy por debajo de las cifras que figuran en el Cuadro 8.1 para los hogares del Reino Unido y superiores a las de los hogares de los Estados Unidos.

El Cuadro 8.1 muestra también el impacto sobre el patrimonio de los hogares de la burbuja especulativa de las viviendas de principios de siglo. En Estados Unidos el valor de los activos no financieros en poder de los hogares se elevó, en términos de la renta disponible bruta, desde el 230.1% en el año 2000 al 306.6% en 2005 (en un lapso de apenas 5 años). De cierta forma, este incremento se debió a un aumento del volumen de viviendas adquiridas por los hogares, pero principalmente se debió a una subida en los precios de las viviendas. Sin embargo, la caída de los precios de la vivienda en 2007, barrió cerca de la mitad de las ganancias potenciales que se habían causado, de tal forma que las ganancias por tenencia no realizadas se transformaron rápidamente en pérdidas por tenencia no realizadas, llevando a un nuevo nivel bajo los activos no financieros en poder de los hogares americanos, 211.0% en 2010. Los precios de la vivienda son menos volátiles que los de los mercados bursátiles, pero también tienen sus alzas y sus bajas. Esto importaría menos si no fuera por el impacto que tienen estas oscilaciones sobre el crecimiento económico, fundamentalmente vía el "efecto riqueza". Desafortunadamente, el descenso de los precios de la vivienda en los Estados Unidos no solamente afectó directamente el consumo de los hogares, sino que condujo al colapso de grandes instituciones financieras, las cuales habían equivocadamente invertido en instrumentos financieros frágiles (las llamadas "sub-prime"). Este colapso condujo en 2008 y 2009 a la mayor recesión desde la Segunda Guerra Mundial.

Las cuentas de operaciones financieras, que se suelen denominar, simplemente, cuentas financieras (y también cuentas de flujos de fondos), y las cuentas de patrimonio (que también se denominan cuentas de balance, cuentas de activos y pasivos y cuentas de saldos), constituyen, dentro del Sistema de Cuentas Nacionales, la fuente de los datos que se acaban de comentar. Sin embargo, no solo existen cuentas financieras para los hogares, sino para todos los sectores institucionales (sociedades no financieras, instituciones financieras y gobierno general) y, parcialmente, para el resto del mundo. Estas cuentas permiten calcular no solo el patrimonio neto de los diferentes grupos de agentes (es decir, de los sectores institucionales) en un momento determinado, sino también cómo ha evolucionado este patrimonio a lo largo del tiempo. Este capítulo describe cómo están organizadas estas cuentas.

8.2. El principio del registro contable por partida cuádruple

Los capítulos precedentes han mostrado cómo se registran en las cuentas nacionales las operaciones de producción, consumo y distribución entre los diferentes sectores institucionales. Al final de estas operaciones, los agentes económicos se encuentran, o en situación de prestatarios, lo que quiere decir que han gastado más de lo que han recibido, o en situación de prestamistas, lo que implica que han gastado menos de lo que han recibido. Las cuentas financieras muestran cómo los sectores prestatarios obtienen los recursos financieros que necesitan y cómo los sectores prestamistas colocan sus excedentes. En general, las sociedades no financieras son, globalmente, prestatarias mientras que los hogares son, globalmente, prestamistas[1]. Globalmente quiere decir aquí que la condición de prestatario, o de prestamista, se aplica al sector en su conjunto, y no a cada una de las unidades que lo componen (por ejemplo, la inmensa mayoría de los hogares de bajos ingresos no están en condiciones de ser prestamistas).

Se verá aquí una sección en la cual quienes han trabajado en contabilidad de empresas reconocerán algunas convenciones que les son familiares (la llamada contabilidad por partida doble), que cada operación se registra dos veces: una como operación de producción, de consumo, etc., y otra como operación monetaria. Los contables nacionales suelen decir que cada operación se registra una vez como **operación no financiera** y otra como **operación financiera**. Este sistema de registro muestra el alto grado de integración de las cuentas nacionales.

En las sociedades actuales, basadas en el uso del dinero, cada transacción tiene como contraparte un movimiento de fondos (salvo si se trata de operaciones de trueque, que se registran únicamente como operaciones no financieras). Los contables nacionales dicen que *cada operación no financiera tiene una "contrapartida" financiera*. Por ejemplo, el hogar H compra un televisor por 300 USD. Esto da lugar al registro de una operación de consumo de 300 USD entre sus operaciones no financieras. Como consecuencia de la compra, la cuenta corriente del hogar H en el banco se reduce en 300 USD, que se refleja como una operación financiera, lo que equivale a decir que se registra en la cuenta financiera. Por tanto, cada una de las operaciones que realiza un agente da lugar a dos registros o anotaciones: uno en las cuentas no financieras y el otro en la cuenta financiera, como se muestra en las cuentas tipo T que figuran a continuación.

Cuentas del hogar H

Transacciones no financieras			Transacciones financieras		
Usos	Recursos		Usos	Recursos	
	Consumo	300		Disminución de depósitos bancarios	300

Enseguida se registra la misma operación, pero esta vez desde el punto de vista de la sociedad C, que es la que ha vendido el televisor al hogar H. Como en el caso del hogar, se realizan dos registros, que en el caso de la sociedad figuran ambos como "recursos": uno como producción, entre las operaciones no financieras, y el otro como un incremento de los depósitos bancarios de la sociedad, entre las operaciones financieras.

Cuentas de la sociedad C

Transacciones no financieras			Transacciones financieras		
Usos	Recursos		Usos	Recursos	
	Producción	300		Aumento del depósito en el banco	300

Esto quiere decir que, en total, una sola operación se registra cuatro veces en las cuentas nacionales, de ahí viene el cuádruple registro contable a que se alude en el título de esta sección. En suma, cada operación se registra dos veces en cada uno de los sectores que intervienen en ella.

En la práctica, las cuentas financieras son un poco más complicadas de lo que se ha ilustrado. Por una parte, y siguiendo con el ejemplo anterior, en lugar de registrar los movimientos de fondos en empleos y en recursos, según que correspondan a un aumento, o a una disminución, de depósitos bancarios, todas las operaciones de este tipo se registran en el mismo lado de las cuentas T.

Además, el equivalente de la columna de "usos" se ha denominado, por el momento "variaciones de activos" (que se designa por Δ Activos) y el equivalente de la columna de "recursos" se ha denominado "variaciones de pasivos" (que se designa por Δ Pasivos). Con estas denominaciones, el ejemplo anterior queda:

Cuentas del hogar H

Transacciones no financieras		Transacciones financieras	
Usos	Recursos	Δ Activos	Δ Pasivos
Consumo 300		Saldo en el banco -300	

Cuentas de la sociedad C

Transacciones no financieras		Transacciones financieras	
Usos	Recursos	Δ Activos	Δ Pasivos
	Producción 300	Saldo del banco +300	

Se verá que esto lleva a que en las cuentas financieras aparezcan operaciones con signo negativo. Así, la reducción de 300 USD en los depósitos bancarios de los hogares se registra como -300 en la columna de variación de activos. Puede que esto complique un poco las cosas, pero es perfectamente comprensible, ya que un número negativo muestra una disminución del activo financiero en cuestión – en este caso una disminución de los depósitos bancarios –. Puesto que en un período determinado habrá muchos movimientos en las cuentas bancarias, unos positivos y otros negativos, las cuentas financieras solo registrarán la suma algebraica (neta) de estos movimientos considerados en su conjunto.

En el lado del pasivo figuran las deudas. Para complicar un poco más el ejemplo, supóngase, como se hace más abajo, que el hogar H ha contraído un préstamo de 300 USD para pagar el televisor, lo que hace aparecer un incremento de deuda de 300 USD en la columna de "variaciones de pasivos", que corresponde a un incremento de la misma cuantía de los depósitos bancarios del hogar. Obsérvese que es completamente posible encontrar un número negativo entre las variaciones de pasivos. Por ejemplo, el reembolso de una deuda por un hogar se registra con un número negativo en la columna de la derecha, en la que se reflejan las "variaciones de pasivos" (un ejemplo más completo figura en la sección "Un ejemplo más completo de los registros en las cuentas financieras", que figura al final del capítulo, en el apéndice "Precisiones adicionales"). Un último cambio en la presentación de las cuentas consiste en colocar la cuenta financiera de cada agente debajo de las cuentas no financieras, y no al lado de ellas.

Cuentas del hogar H			**Cuentas de la sociedad C**		
Transacciones no financieras			Transacciones no financieras		
Usos		Recursos	Usos	Recursos	
Consumo	300			Producción	300

Cuentas del hogar H				**Cuentas de la sociedad C**		
Transacciones financieras				Transacciones financieras		
Δ Activos		Δ Pasivos		Δ Activos		Δ Pasivos
Saldo del banco (dinero del préstamo)	+300	Préstamo obtenido	+300	Saldo en el banco	+300	
(pago de TV)	-300					

Las cuentas tipo T facilitan visualizar todas las relaciones contables que intervienen en el registro cuádruple y que, en adelante, se denominarán "identidades contables". La *primera identidad contable* es la consolidación, o anulación, de la fila de las operaciones no financieras, donde se observa que el consumo de 300 USD que figura en la columna de los usos es igual a la producción de 300 USD que figura en la columna de recursos. En las cuentas no financieras, al contrario de lo que sucede en la cuenta financiera, no hay cifras negativas (aunque existen excepciones). Sin embargo, es válido colocar un signo negativo "virtual" en una operación de la columna de usos y un signo positivo, también "virtual", en una operación de la columna de recursos. De este modo, se puede anotar un consumo de "menos" 300 USD y una producción de "más" 300 USD, de donde resulta que (-300 + 300) = 0, lo que pone de manifiesto que se respeta la identidad contable.

Si, por el momento, no se tienen en cuenta las complicaciones que puede introducir la existencia de un préstamo contraído por los hogares, la *segunda identidad contable* consiste en la anulación de la fila de las operaciones financieras, en la que los -300 USD de los retiros bancarios del hogar H son iguales a los + 300 USD de los depósitos bancarios de la sociedad C: (-300 + 300) = 0.

Para visualizar mejor estas dos relaciones contables se puede introducir un saldo contable fundamental en tanto que proporciona el enlace entre las operaciones no financieras y las operaciones financieras, cual es la capacidad (+)/necesidad (-) de financiación, cuyo código es **B9**, y que también se conoce como **préstamo neto/endeudamiento neto**.

La capacidad (+)/necesidad (-) de financiación es el saldo de todas las transacciones no financieras. Una vez los distintos agentes han obtenido su producción, han sido remunerados por su trabajo, han consumido, han pagado sus impuestos y recibido las prestaciones sociales que pudieran corresponderles, etc., el resultado es que, o bien han gastado menos de lo que han recibido, en cuyo caso tienen capacidad de financiación (es decir, realizan un préstamo neto), o bien han gastado más de lo que han recibido, en cuyo caso han precisado endeudarse incurriendo en necesidad de financiación (es decir, han contraído un endeudamiento neto). Este saldo contable, como cualquier saldo similar de las cuentas no financieras, se anota, convencionalmente, en la columna de los usos y se calcula como la suma de los recursos menos la suma de los usos. Si el resultado es positivo, existe capacidad de financiación (es decir, se ha concedido un préstamo neto) y si es negativo existe necesidad de financiación (es decir, se ha incurrido en un endeudamiento neto). Las cuentas nacionales presentan la capacidad (+)/necesidad (-) de financiación como un solo elemento, simplemente para simplificar, asignando un signo positivo a la capacidad de financiación (o préstamo neto) y un signo negativo a la necesidad de financiación (o endeudamiento neto). El cuadro siguiente muestra las cuentas del ejemplo que figura más arriba incluyendo el saldo contable B9.

B9 es el saldo contable de todas las operaciones no financieras y, al mismo tiempo, el saldo de todas las operaciones financieras. Por esta razón aparece el mismo número al final de la cuenta de operaciones financieras, aunque en este caso el saldo se sitúa convencionalmente en la columna de la derecha y se calcula como la suma de las variaciones de activos menos las variaciones de pasivos. Desde el punto de vista de las cuentas financieras, este saldo se puede interpretar como una variación del patrimonio financiero neto (de la riqueza financiera neta). Si un agente está en situación de capacidad de financiación (es decir, de realizar un préstamo neto), esto quiere decir que, si todo lo demás sigue igual (es decir, si no se tienen en cuenta movimientos en el precio de los activos y otras variaciones en volumen), el citado agente ha aumentado su patrimonio financiero durante el período. Debe observarse que esto puede obedecer a diversos factores. El agente puede haber visto incrementados sus activos sobre otros agentes, haber reducido sus deudas, o una mezcla de ambos. Por el contrario, si un agente está en situación de necesidad de financiación (es decir, si ha incurrido en un endeudamiento neto), esto quiere decir que, si todo lo demás sigue igual, el citado agente ha disminuido su patrimonio financiero durante el período.

Cuentas del hogar H		**Cuentas de la sociedad C**	
Transacciones no financieras		Transacciones no financieras	
Usos	Recursos	Usos	Recursos
Consumo 300			Producción 300
B9. Préstamo neto/ ahorro neto -300		B9. Préstamo neto/ ahorro neto +300	
	Transacciones financieras		Transacciones financieras
Δ Activos	Δ Pasivos	Δ Activos	Δ Pasivos
Saldo banco -300		Saldo banco +300	
	B9. Préstamo neto/ ahorro neto -300		B9. Préstamo neto/ ahorro neto +300

La **última identidad contable** resulta de la estricta igualdad (teórica) entre el saldo contable de las cuentas no financieras y el saldo contable de la cuenta financiera. Por definición, estos dos saldos "B9s" son iguales. Esta igualdad se respeta para cada uno de los agentes – sociedades y hogares – en el ejemplo que se viene exponiendo en esta sección. Lamentablemente no se respeta en los cuadros de las cuentas nacionales que se vienen publicando. Esto no se debe a que existan excepciones a la regla general sino a que las fuentes estadísticas que se utilizan para los cálculos de las cuentas no financieras son diferentes de las que se utilizan para elaborar las cuentas financieras. La diferencia entre una y otra medición del B9 se denomina "discrepancia estadística", y su existencia explica por qué, para poder diferenciarlos, el saldo B9 de las cuentas no financieras se denomina, a veces, "B9A" y el de las cuentas financieras "B9B". Solo en el sector gobierno general no aparece, en algunos casos, una discrepancia estadística entre B9A y B9B, gracias tanto a la calidad y a la consistencia de la información disponible sobre las cuentas de este sector como a la necesidad de producir las cuentas más "limpias" posibles, como sucede en Europa, donde la elaboración de estas cuentas está sujeta a un estricto escrutinio por parte de la Comisión Europea (véase el Capítulo 9). Por lo tanto, en el caso del sector gobierno general, B9A suele ser igual a B9B.

Es esencial haber captado bien el sentido de las *tres identidades contables* que se acaban de exponer, para poder registrar de manera adecuada algunas operaciones muy complejas (véanse los Ejercicios 2 y 3 al final de este capítulo). Un importante corolario de estas tres identidades, o teoremas, contables es que en una economía cerrada (sin relaciones con el resto del mundo), la suma de la capacidad y de la necesidad de financiación de todos los sectores es cero por definición. Dicho de otra forma, el préstamo neto que realiza un agente (la capacidad de financiación que tiene un agente) es necesariamente el endeudamiento neto en que incurre otro agente (es la necesidad de financiación de otro agente), como puede comprobarse en el Recuadro 8.1. En una economía abierta, la suma del préstamo neto y del endeudamiento neto de los agentes residentes es igual al préstamo neto, o al endeudamiento neto, del resto del mundo, pero con distinto signo.

Recuadro 8.1. **Ahorro e inversión**

El modelo keynesiano básico que se enseña en las clases elementales de macroeconomía es: $Y = C + I$ e $R = Y$. Estas ecuaciones se leen de la siguiente forma: la demanda Y es igual al consumo C más la inversión I; el ingreso R es igual a la producción Y; la cual es, a su vez, igual a la demanda. De aquí se deriva la bien conocida ecuación:

$$Ahorro = R - C = I$$

que establece la ecuación básica de que el ahorro es igual a la inversión. Si se supone que las empresas no autofinancian sus inversiones y que los hogares no invierten, esta ecuación es equivalente al teorema que establece que la suma de la capacidad (+)/necesidad (-) de financiación es cero en una economía cerrada. En la práctica, los hogares ahorran y, al hacerlo, se convierten en prestamistas netos. Por su parte, las empresas tienen que encontrar financiación para poder llevar a cabo sus inversiones. Bajo las condiciones simplificadas que se presentan aquí, la capacidad de financiación de los hogares cubre, exactamente, por definición, la necesidad de financiación de las empresas. Esto es una reformulación del modelo keynesiano básico y una prueba de la convergencia que existe entre ese modelo y el de cuentas nacionales.

Es altamente recomendable que, tras realizar una primera lectura de este capítulo, se complete el Ejercicio 2, que, además de servir de ilustración de las identidades contables, pone de manifiesto que algunas operaciones son estrictamente financieras, en el sentido de que no tienen ninguna contrapartida no financiera. Por ejemplo, si un hogar vende acciones solo se registran en sus cuentas dos movimientos de activos financieros, sin ninguna anotación de contrapartida en sus cuentas no financieras.

8.3. Activos y pasivos financieros

En el ejemplo simplificado que se viene exponiendo, se ha introducido solo un tipo de activo financiero (la cuenta bancaria) y solo dos agentes. En realidad, existe una muy amplia gama de derechos y obligaciones y gran variedad de sectores institucionales. En particular hay un detalle considerable en las cuentas financieras que conciernen a las diferentes categorías de instituciones financieras. La lista completa de estos sub-sectores financieros se presenta en el Recuadro 10.2 del Capítulo 10.

El alcance completo de la información que proporcionan las cuentas financieras completas se puede observar en el recuadro "**Sistema integrado de cuentas financieras**", que figura en el apéndice "Precisiones adicionales", al final de este capítulo. Sin embargo, antes de entrar en sus detalles es útil empezar con una presentación simplificada de las cuentas de operaciones financieras para mostrar que las cosas no son tan complicadas como parecen en el sistema integrado.

Presentación simplificada de las cuentas financieras

	Δ Activos Financieros		Δ Pasivos	
	Instituciones Financieras (IF)	Agentes no financieros (ANF)	Instituciones Financieras (IF)	Agentes no financieros (ANF)
Depósitos		W	W	
Préstamos	X			X
Financiación interbancaria	Y		Y	
Títulos valores	Z1	Z2	Z3	Z4

En esta presentación simplificada se han indicado con letras mayúsculas las celdas del cuadro donde se producen la mayor parte de las transacciones y donde se encuentran las principales identidades contables. Como muestra la presentación, las cuentas financieras detallan las variaciones que tienen lugar en los activos y pasivos entre el *sector de las instituciones financieras* (principalmente bancos) y los *sectores no financieros* (hogares, sociedades no financieras, gobierno general). Los principales activos financieros se muestran en la columna de la izquierda: depósitos (incluyendo cuentas corrientes), préstamos (es decir, préstamos bancarios a sociedades y hogares), *financiación interbancaria* (todas las operaciones entre bancos que son necesarias para que el sistema financiero funcione adecuadamente, véase el Recuadro 8.2) y valores (acciones y obligaciones).

Por ejemplo, los depósitos (W) son activos de los sectores no financieros y pasivos de las instituciones financieras, y el total de unos es igual al total de otros. Los préstamos (X) son, principalmente, activos de las instituciones financieras y pasivos de los sectores no financieros y, de nuevo, los dos totales son iguales. Los montos involucrados en la refinanciación interbancaria (Y) son, con frecuencia, astronómicos, y aunque son, de hecho, internos y característicos del sector de las instituciones financieras, con aproximadamente las mismas sumas registradas como activos y pasivos, fueron, en parte, el origen de la crisis financiera de 2007-08. Solo los valores (Z) se contabilizan en el lado del activo y en el de los pasivos en prácticamente todos los sectores institucionales y en el sector resto del mundo. La excepción es el sector hogares, que no emite valores. Como en el caso de las identidades que se cumplen en las otras líneas del esquema, el total de valores emitidos (Z3 + Z4) es igual al total de valores adquiridos (Z1 + Z2).

Recuadro 8.2. **¿Hubieran podido utilizarse las cuentas financieras para anticipar la crisis financiera del 2007-08?**

Noventa y nueve por ciento de los macroeconomistas y expertos de auditoria no fueron capaces de anticipar la inminente crisis de 2007-08, que se inició en los Estados Unidos con la llamada crisis "sub-prime". Las sub-prime eran hipotecas de vivienda que se emitieron sin tomar precauciones sobre la posibilidad de pago de los beneficiarios. Se les "empaquetó" en activos financieros (valores respaldados con activos) y vendidos en el mercado con excelentes calificaciones, cuando en realidad eran tóxicos. ¿Se hubiera podido ver la tempestad ganando fuerza si se hubieran examinado las cuentas financieras con mayor cuidado? Cuando se estudia a posteriori un gráfico como el Gráfico 8.1, que muestra los nuevos préstamos a largo plazo (esencialmente hipotecas sobre vivienda) tomados por los hogares de Estados Unidos durante las últimas dos décadas, expresados en término de ingreso disponible, se ve claramente que la curva alcanza niveles altos inexplorados justo antes de la crisis. Quizás los economistas hubieran debido estudiar mejor las cuentas financieras. Sin embargo, es fácil ver el problema a posteriori cuando se ve la caída en la curva después de la crisis. Era más difícil antes, en particular porque las cuentas financieras no dan información sobre el nivel de riego asociado con los instrumentos financieros. Era fácil ver que las hipotecas tenían un crecimiento explosivo. No era fácil ver que eran tóxicas. Tal como se discute en el Capítulo 13, las cuentas financieras no son suficientemente detalladas, en particular respecto de los derivados financieros (la Reserva Federal de los Estados Unidos no publica ningún dato sobre derivados financieros en su "flujo de fondos") que fueron el epicentro de la crisis. Luego de la crisis, el G20 y las organizaciones internacionales comenzaron a desarrollar datos financieros más adecuados para un análisis de riesgo. ¿Evitarán la próxima crisis financiera?

De hecho, hay más filas y columnas en el cuadro de operaciones financieras del sistema de cuentas nacionales de las que figuran en el cuadro simplificado a que se ha hecho referencia. En particular, varios activos financieros se clasifican por su grado de "liquidez" (término financiero que mide la rapidez, y la facilidad, con la que un activo puede transformarse en caja o en otro medio de pago generalmente aceptado: un depósito a la vista en un banco es muy líquido, pero una acción lo es menos porque primero tiene que venderse, lo que, además, implica el pago de una comisión). La que sigue es la lista de los principales activos financieros que registran las cuentas nacionales. La lista de los pasivos es idéntica a la de los activos financieros, en tanto que los activos financieros de un sector o agente son, necesariamente, los pasivos de otro sector o agente (véase el Recuadro 8.3).

Gráfico 8.1. **EE.UU.: Préstamo de los hogares en términos de ingreso personal**

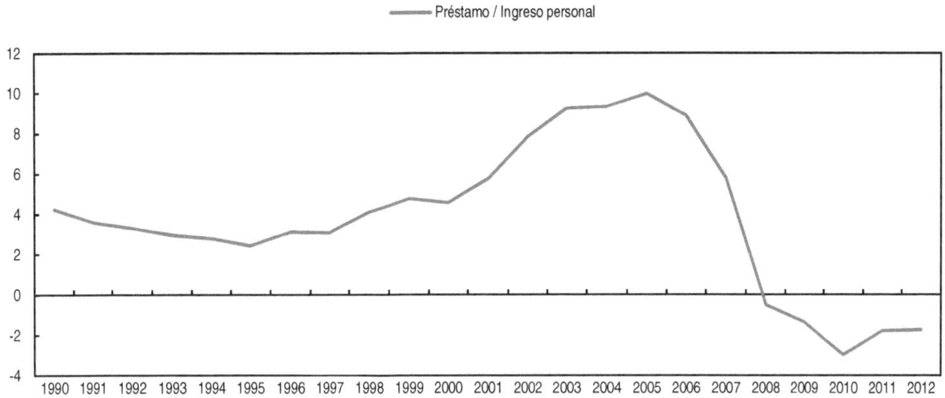

Fuente: Bureau of Economic Analysis (2013), National Income and Product Accounts Tables and OECD (2013), "Financial Accounts: Non-consolidated flows, annual", OECD National Accounts Statistics (database), *http://dx.doi.org/10.1787/data-00023-en.*

StatLink http://dx.doi.org/10.1787/888933736469

> Recuadro 8.3. **Trucos del oficio: cómo distinguir un activo financiero de uno no financiero**
>
> Un activo financiero de un agente siempre corresponde a un pasivo de otro agente. Por ejemplo, un depósito bancario es un activo de un hogar y un pasivo del banco donde se mantiene. Los billetes son activos de quienes los poseen y un pasivo del banco central que los emite. Un préstamo es un activo del prestamista y un pasivo del prestatario y así en todos los casos. La única excepción a esta regla es el oro "monetario" en poder de las autoridades monetarias, que normalmente son los bancos centrales (una adquisición de oro monetario incrementa los activos financieros de la autoridad monetaria y la contrapartida de esta anotación es una disminución de los activos financieros del resto del mundo). Por su parte, los activos no financieros no tienen una contrapartida que se pueda identificar. Si un hogar posee una vivienda, esta figura entre sus activos, pero no es pasivo de nadie. Una empresa posee una máquina, que forma parte de sus activos, pero no hay ningún agente para el que esta máquina constituya un pasivo.

La lista de los activos financieros se presenta a continuación, de acuerdo con la nueva clasificación del SCN 2008/ESA 2010 (*entre paréntesis aparece la clasificación anterior (SCN 1993/ESA1995) pero solo cuando es diferente de la nueva):*

F1 – Oro monetario y Derechos Especiales de Giro (DEG). Normalmente, este ítem solo figura en las cuentas de los bancos centrales. Incluye el oro que se conserva como reserva monetaria por un banco central más los Derechos Especiales de Giro (DEG). Estos últimos son unos activos especiales creados por el Fondo Monetario Internacional y mantenidos por los bancos centrales. Hay dos excepciones. En el Reino Unido, F1 se registra en el subsector S1311 (gobierno central), mientras que en Estados Unidos se divide entre el subsector S121 (banco central) y el S1311 (gobierno central).

F2 – Efectivo y depósitos. Este ítem comprende el "efectivo", código F21 (que es un activo del que lo mantiene en su poder y un pasivo del emisor, que suele ser el banco central). También incluye los "depósitos transferibles", código F22, que comprende los depósitos a la vista y los "otros depósitos" (F29). El ítem F2 no corresponde exactamente a los agregados monetarios (véase la Sección sobre las "Cuentas financieras y oferta monetaria: el ejemplo de la zona euro" en las Precisiones adicionales que figuran al final del capítulo).

F3 – Títulos de deuda (SCN 1993: Valores distintos de acciones). En el SCN 1993, este rubro se descomponía en dos subcategorías: F33 "valores distintos de acciones, excepto derivados financieros", y F34 "derivados financieros". En el SCN 2008, los derivados financieros no se clasifican en este rubro sino como F71 (ver más adelante). Por tanto, en el SCN 2008 este rubro incluye solamente títulos de deuda, divididos en dos subcategorías: títulos a corto plazo (F31) y títulos a largo plazo (F32) e incluye, en particular, los títulos emitidos por el Tesoro público para financiar el déficit público. Incluye también todo tipo de bonos emitidos por las sociedades no financieras y las instituciones financieras.

F4 – Préstamos. Se incluyen en este ítem todos los activos financieros que se crean cuando los acreedores prestan directamente dinero a los deudores. Comprende los créditos al consumo, créditos para la adquisición de viviendas y créditos a todo tipo de negocios. Como en el caso del rubro F3, el rubro F4 se descompone en dos subcategorías: Préstamos a corto plazo (a menos de un año) y préstamos a largo plazo (a más de un año). Esta descomposición tiene sus limitaciones ya que, por un lado, los préstamos pueden a veces renegociarse y, por otro, un préstamo a largo plazo se convierte, al final de su vida, en un préstamo a corto plazo.

F5 – Acciones y participaciones en fondos de inversión (SCN 1993: Acciones y otras participaciones). Este rubro incluye tanto las acciones cotizadas como las no cotizadas (F51) y las participaciones en los fondos de inversión (F52). La valoración de acciones no cotizadas es el talón de Aquiles de las cuentas financieras. La cuestión es que es muy difícil estimar cuál podría ser su precio de mercado dado que, por definición, no hay un mercado para las acciones no cotizadas. Por otra parte, debe tenerse en cuenta que las acciones aparecen como pasivos de las sociedades no financieras y de las instituciones financieras, a pesar de que no son una deuda de estos sectores, sino que forman parte de sus "fondos propios". Las participaciones en fondos de inversión (F52) son participaciones que se conservan de forma indirecta a través de carteras gestionadas por bancos y otras instituciones financieras (incluidos los portafolios de inmuebles). Este ítem es cada vez más importante, debido a que, aparentemente, los hogares prefieren este tipo de producto a la tenencia directa de acciones y obligaciones.

F6 – Sistemas de seguros, de pensiones y garantías estandarizadas (SCN 1993: Reservas técnicas de seguros). En el SCN 1993, este rubro lo conformaban dos elementos, el F61 "participación neta de los hogares en las reservas de seguro de vida y en las reservas de los fondos de pensiones" y el F62 "prepagos de primas y reservas para siniestros". En términos de tenencias, el rubro F61 representaba el valor acumulado de los ahorros invertidos por los hogares en contratos de seguros de vida y en los fondos de pensiones por capitalización. El valor de estos activos se atribuye, en cuentas nacionales, a los hogares, a pesar de que, en la contabilidad empresarial, figuran en los balances de las que los gestionan. Esta atribución es fiel reflejo de la realidad económica, en tanto que el ahorro pertenece a los hogares y no a las compañías que lo gestionan. Realmente, en un momento determinado, estas sumas habrán de volver a los hogares bajo forma de renta vitalicia o pensiones de jubilación. La deuda implícita de los planes de pensiones de prestación definida ("reparto") también conocidos como sistemas "pay as you go" (que en la mayoría de los casos corresponde al sistema de pensiones de la seguridad social obligatoria y al sistema en vigor para los funcionarios públicos, al menos en algunos países europeos), no se registran en las cuentas nacionales. Por el momento, las diferencias institucionales entre países, en lo que respecta a los planes de pensiones (capitalización frente a prestación definida), llevan a que aparezcan diferencias muy significativas en las cuentas financieras, que dificultan las comparaciones internacionales. En particular, los compromisos causados por concepto de pensiones (es decir, el derecho a recibir pensiones en el futuro) aparecen contabilizados como activos de los hogares en las cuentas de los países en los que predominan los sistemas de capitalización, mientras que estos derechos no aparecen registrados en las cuentas de los países que tienen establecidos sistemas de seguridad social de prestación definida (como Francia, Alemania, Italia y España). La dificultad para las comparaciones internacionales debería resolverse mediante la elaboración, por todos los países miembros de la OCDE, de un cuadro suplementario, en el cual se estimen todas las obligaciones de pensión, incluyendo la seguridad social. El rubro F62 representa el monto de las primas de seguros de accidentes que se pagan por adelantado y el de las indemnizaciones por siniestros todavía en trámite de liquidación por las compañías de seguros a sus beneficiarios.

En el SCN 2008, este rubro se denomina "Sistemas de seguros, de pensiones y garantías estandarizadas". El antiguo F62 es ahora F61 ("Reservas técnicas para seguros de accidentes"). El antiguo F61 se ha dividido en cuatro subcategorías (F62 a F65) y se ha creado la nueva categoría "F66 Provisiones para ejecuciones bajo sistemas de garantías estandarizadas". En el SCN anterior esta última modalidad no se reconocía como activo/pasivo financiero.

F7 – Derivados financieros y opciones sobre acciones asignadas a los asalariados (SCN 1993: F34). Este es un elemento bastante grande pero casi exclusivamente relacionado con refinanciaciones interbancarias, excepción hecha de la pequeña categoría de opciones sobre acciones (F72). La descripción de los derivados financieros es demasiado técnica para este manual.

F8 – Otras cuentas por recibir/por pagar (SCN 1993: F7). Este ítem se compone de los elementos F81 (SCN 1993: F71) "créditos comerciales y anticipos" y F89 (SCN 1993: F79) "otras cuentas por recibir/por pagar. El primero de estos es importante pues incluye los créditos relacionados con operaciones comerciales (en Francia, por ejemplo, los pagos entre empresas por bienes y servicios se realizan en un plazo de 60 días, lo que implica que el vendedor acepta entregar el producto 60 días antes de la fecha en que los va a cobrar). El segundo elemento incluye, en particular, todos los créditos implícitos relativos a los salarios, los impuestos, los alquileres, etc. Al igual que la contabilidad empresarial, las cuentas nacionales registran las operaciones siguiendo el "principio de causación". Esto significa que las operaciones se deben registrar de tal manera que las cuentas reflejen en cualquier momento el valor de los derechos y obligaciones de los agentes. Por ejemplo, incluso si el salario de un empleado se pagara con un retraso de dos o tres meses, el salario se tendría que contabilizar en el mes durante el que se ha realizado el trabajo que remunera ese salario, porque es en ese período en el que el empresario ha contraído la obligación de pagar. Puesto que el salario se ha registrado, pero no ha sido pagado, el asalariado ha otorgado un crédito a la empresa, que se registra en la subcategoría F89. Una contabilización similar se hace en el caso de un impuesto ya exigible pero que todavía no ha sido pagado.

8.4. El vínculo entre los flujos financieros y los stocks

Como se indicó al principio de este capítulo, el principal objetivo de las cuentas financieras completas es presentar información sobre el patrimonio neto – los activos *menos* los pasivos, o riqueza neta – de los sectores institucionales. El balance, o stock, de los activos y pasivos se registra en un momento dado del tiempo. En las cuentas nacionales este momento suele ser el 31 de diciembre, pero muchos países, y el Banco Central Europeo, publican también cuentas financieras trimestrales. Sirva como ejemplo el hogar H del Reino Unido, que el 31 de diciembre del año A tiene 2 000 GBP en una cuenta bancaria, posee acciones por valor de 13 500 GBP y bonos por 23 000 GBP, mientras que sus deudas a corto plazo ascienden a 3 500 GBP (por crédito al consumo) y sus deudas a largo plazo a 7 500 GBP (en concepto de crédito hipotecario).

Saldos de activos financieros y de pasivos al 31/12/A

Activos financieros	
F2. Efectivo y depósitos	2 000
F5. Acciones	13 500
F3. Valores diferentes de acciones	23 000
Pasivos	
F41. Préstamos a corto plazo	3 500
F42. Préstamos a largo plazo	7 500

Partiendo de esta situación al 31/12/A, supóngase que el hogar al que se viene haciendo referencia realiza la siguiente serie de operaciones financieras durante el año A + 1. Gasta 35 000 GBP en consumo, recibe 37 000 GBP en sueldos y salarios, vende 6 500 GBP de acciones y amortiza 1 500 GBP de su deuda a corto plazo y 2 500 GBP de su deuda a largo plazo. Estas transacciones (*flujos* financieros) se registrarán en las cuentas financieras como movimientos entre dos saldos financieros consecutivos (entre dos *balances* financieros).

Cuentas financieras de año A + 1

Δ Activos financieros (adquisición neta de activos financieros)y	Durante A + 1
F2. Efectivo y depósitos	-35 000
	+37 000
	+6 500
	-1 500
	-2 500
	=4 500
F5. Acciones	-6 500
Δ Pasivos (incurrencia neta en pasivos)	**Durante A + 1**
F41. Préstamos a corto plazo	-1 500
F42. Préstamos a largo plazo	-2 500

Las operaciones financieras se registran a los precios realmente pagados, es decir, en libras esterlinas corrientes. En el caso de las operaciones que utilizan instrumentos denominados en otras monedas (euros, dólares, yenes, etc.) se aplican las tasas de cambio en vigor el día en que tuvo lugar la operación, y en el caso de las operaciones con acciones y bonos, cuyo precio de mercado está sujeto a variaciones, se aplican los precios vigentes en el momento en el que tuvo lugar la compra o la venta.

Se podría pensar que la situación al 31/12/A + 1 es igual a la situación al 31/12/A más las operaciones que han tenido lugar durante el año A + 1. Sin embargo, debe tenerse en cuenta, al menos, el impacto de las variaciones de los precios de los distintos activos. Aplicando los principios generales de las cuentas nacionales, los saldos financieros (y no financieros) de activos y pasivos, se valoran a los precios de mercado en vigor a la fecha de referencia de las cuentas, que normalmente es el 31 de diciembre en las cuentas anuales y el último día del trimestre calendario en las cuentas trimestrales. Ahora bien, los precios de mercado de las acciones y de los bonos cambian (por ejemplo, el valor de un bono varía en proporción inversa a las variaciones de las tasas de interés; véase, al final del capítulo, la Sección "El valor de los activos y su relación con la teoría económica", en las Precisiones adicionales). Por tanto, el valor de un activo en poder de un agente puede variar entre el 31/12/A y el 31/12/A + 1, incluso en ausencia de operaciones de todo tipo, simplemente por las variaciones de precios que se producen en el mercado, que ocasionan ganancias por tenencia, en el caso de movimientos de precios al alza, y pérdidas por tenencia, en el caso de movimientos a la baja.

Volviendo al hogar al que se viene haciendo referencia, supóngase, por ejemplo, que el precio medio de las acciones que mantiene en su poder disminuye un 20% entre el 31/12/A y el 31/12/A + 1. Se puede también suponer que como anticipación a esta caída el hogar vendió una parte importante de sus acciones (y, para simplificar las cosas, que esta venta tuvo lugar al principio del año, antes de que cayeran los precios). El hogar habrá sufrido por tanto una pérdida por tenencia del 20% sobre las restantes 7 000 GBP que mantiene en acciones, es decir, una pérdida de 1 400 GBP. Supóngase además que el portafolio de bonos del hogar se compone de bonos del Tesoro al 6% y que el tipo de interés de los bonos cayó a 4% durante el año. En este caso, el valor de mercado de los bonos se habrá elevado (véase el Ejercicio 4 sobre el cálculo del valor de los bonos). Supongamos que esto produce una ganancia por tenencia de 3 200 GBP. Todos estos cambios de precios de los activos se registran en una cuenta especial conocida como "cuenta de revaluación". Como, en el ejemplo que se viene siguiendo, ni la posesión de efectivo, que figura en el lado del activo, ni los préstamos, que figuran en el lado del pasivo, están sujetos a variaciones de precios, no aparece ninguna revalorización para estos instrumentos.

Cuenta de revalorización para el año A + 1

Δ Activos financieros sujetos a revalorización	Durante A + 1
F5. Acciones	1 400
F3. Valores diferentes de acciones	+3 200

Se está ya en condiciones de determinar el valor del saldo financiero al final del período A + 1, que es igual al saldo, o stock, inicial a final del año A (o al principio del año A + 1) *más* las operaciones de activos y pasivos durante el año *más* las revalorizaciones. Por ejemplo, el importe de las acciones al

31/12/A + 1 es igual a 13 500 GBP (saldo al 31/12/A) *menos* 6 500 GBP (venta de acciones) *menos* 1 400 GBP (pérdidas por tenencia de las acciones que quedan en el portafolio), lo que asciende a 5 600 GBP.

	Activos financieros y pasivos 31/12/A	Transacciones financieras Durante A + 1	Revalorizaciones Durante A + 1	Activos financieros y pasivos 31/12/A + 1
Activos				
F2. Efectivo y depósitos	2 000	4 500		6 500
F5. Acciones	13 500	-6 500	-1 400	5 600
F3. Valores diferentes de acciones	23 000		3 200	26 200
Pasivos				
F41. Préstamos a corto plazo	3 500	-1 500		2 000
F42. Préstamos a largo plazo	7 500	-2 500		5 000

Este ejemplo presenta la información completa disponible con la que se elaboran las cuentas financieras de los hogares (con la excepción de una cuenta especial denominada "otras variaciones del volumen de activos", a la que se alude más adelante). Las cuentas financieras completas (sistema integrado de cuentas financieras) muestran las cuentas de operaciones financieras, las cuentas de revalorización, la cuenta de otras variaciones del volumen de activos (no incluida en este ejemplo) y las cuentas de patrimonio financiero (también denominadas balances financieros o "cuentas de activos y pasivos financieros", que se componen de los saldos, o stocks, de los distintos ítems) para todos los sectores institucionales – hogares, sociedades no financieras, instituciones financieras, gobierno general e ISFLSH –. Al conjunto de cuentas de revalorización y de otras variaciones del volumen de activos se les denomina cuentas de conciliación, porque, junto a las operaciones, "concilian" los activos y pasivos del principio con los del final del período. Como cabía esperar, todas estas cuentas son particularmente detalladas en el caso de las instituciones financieras, las cuales juegan un papel crucial en la gestión de las relaciones financieras entre los distintos sectores y constituyen la principal fuente estadística de las cuentas financieras.

Las cuentas financieras completas se componen de tres partes. Primero, están las transacciones financieras, que se reagrupan en la cuenta de transacciones financieras. A continuación, figuran tanto la cuenta de revalorización como la cuenta que refleja las otras variaciones en el volumen de activos financieros (es decir, la cuenta de conciliación) y, finalmente, los patrimonios financieros, que muestran las posiciones o saldos (stocks). El patrimonio financiero constituye el componente financiero de las cuentas de patrimonio que se describen en la sección final de este capítulo. Un ejemplo del sistema integrado constituido por las cuentas que se han mencionado se recoge, en la sección "Sistema integrado de cuentas financieras", que figura en el apéndice "Precisiones adicionales", que figura al final del capítulo. En esa sección se reproduce una síntesis de las "Cuentas Financieras de la Economía Española", que elabora el Banco de España, en la que se muestra el patrimonio financiero al principio de 2012, los flujos que lo modifican a lo largo del año 2012 (es decir, las operaciones financieras, las revalorizaciones y las otras variaciones en volumen) y el patrimonio financiero al final de 2012, resultado de estas modificaciones. Todas esas cuentas están referidas al total de la economía y del resto del mundo, y a cada uno de los sectores residentes que componen el total de la economía, es decir, sociedades no financieras, instituciones financieras, gobierno general, hogares e ISFLSH. Para simplificar, esta sección no cubre las sociedades no financieras ni el gobierno general.

En su conjunto, estos cuadros muestran para cada sector institucional los detalles de la contrapartida financiera de su capacidad/necesidad de financiación (préstamo neto/endeudamiento neto) y la composición del patrimonio neto. A la inversa, es posible conocer para un activo financiero concreto – por ejemplo, las acciones – emitido por un sector, o por el conjunto de ellos, el monto de las emisiones netas en el período y los sectores que las han adquirido, y finalmente, en los patrimonios financieros de la economía en su conjunto, el valor total de las acciones en circulación en la economía al principio y al final del período dado (en este caso el año 2012), los sectores que las han emitido y los que las mantienen en portafolio. Las cuentas financieras se empezaron a elaborar anualmente, referidas, en principio, al sector instituciones financieras (bancos centrales, bancos, otros intermediarios financieros, véase la Sección "Fuentes de datos: las fuentes estadísticas de las cuentas financieras", que figura en las Precisiones adicionales, al final del capítulo). Las cuentas que publican las instituciones financieras son la fuente de base sobre la que descansan las cuentas financieras de todos los sectores.

8.5. Los activos no financieros

El patrimonio neto de los diversos agentes, y específicamente el de los hogares, no se compone únicamente de activos *financieros* y de pasivos, sino que también incluye activos *no financieros* tales como las viviendas. Los activos no financieros del sector hogares incluyen viviendas, que para los hogares de algunos países constituyen un activo más importante que los activos financieros. Muchos hogares prefieren colocar sus ahorros en "ladrillos y cemento". Los activos no financieros de los hogares también comprenden las edificaciones, los equipos y el software propiedad de los empresarios individuales (que se clasifican en el sector hogares).

Las cuentas nacionales listan una amplia variedad de activos no financieros: edificios y otras construcciones, maquinaria y otros equipos, existencias, objetos valiosos, terrenos, yacimientos minerales, recursos biológicos no cultivados, reservas de agua cuya propiedad puede establecerse y transferirse y ciertos activos intangibles (software, patentes, licencias, contratos transferibles, I + D). Una característica peculiar de las cuentas nacionales es que distinguen entre el valor de los terrenos y el de las construcciones edificadas sobre ellos, aunque en la práctica ambos son indisociables.

Sin embargo, la definición de activos del SCN está restringida a los instrumentos "*que funcionan como reservas de valor, sobre los que las unidades institucionales ejercen derechos de propiedad, individual y colectivamente, y de los cuales sus dueños pueden derivar beneficios económicos por su posesión o utilización durante un período de tiempo*". Esta definición excluye, por ejemplo, al llamado capital humano, según se explica en la sección "Limitaciones de las cuentas nacionales: las exclusiones de las cuentas de patrimonio", en el apéndice "Precisiones adicionales", que figura al final del capítulo.

El valor de los activos no financieros (también llamado **stock de capital**) se suele estimar por el Método de Inventario Permanente MIP. Este se basa en la serie histórica de las operaciones de FBCF en volumen y sobre el simple principio de que el stock de hoy es igual a todo lo que se ha invertido hasta el momento menos lo que se ha deteriorado por el uso. Aplicando hipótesis sobre el tiempo en que se produce el deterioro físico y sobre las bajas causadas por cualquier otra razón, este método se basa exclusivamente en series muy largas de la FBCF, de las que, en principio, disponen los contables nacionales. Cada inversión anual constituye una adición al stock, mientras que cada los elementos que se han dado de baja (retirados) del stock de capital y los que han experimentado un deterioro físico (consumo de capital fijo) son una deducción.

Utilizando este método es posible calcular el stock de capital fijo bruto (o neto) al final del período n, que se designa por CB(n), como igual al stock de capital fijo bruto (o neto) al final del período anterior, es decir, CB (n – 1), más la FBCF del período n, es decir, FBCF(n), menos los elementos que han causado baja, es decir, RET(n) [o, respectivamente, el consumo de capital fijo CCF(n)]. De donde se deduce que, para el stock de capital bruto, se tiene que CB(n) = CB (n – 1) + FBCF(n) – RET(n), y para el stock de capital neto CN(n) = CN (n – 1) + FBCF(n) – CCF(n). Medido de esta forma el stock de capital neto es el valor de mercado del stock de activos fijos, un componente muy importante del patrimonio neto (o riqueza neta) de la nación y de los sectores institucionales que poseen estos activos. El stock de capital bruto no tiene un significado económico claro. A veces se ha utilizado para estimar la función de producción (véase la Introducción del Capítulo 4) pero la mayoría de los economistas vienen utilizando para este propósito medidas de los servicios de capital en lugar del stock de capital, ya sea este bruto o neto (OECD, 2001).

Al desarrollar estas fórmulas se puede ver que el stock de capital es función de la inversión realizada en el pasado, de los elementos que han causado baja y del deterioro físico del equipo capital. Si las series de la FBCF realizada en el pasado son suficientemente largas, el Capital Bruto (CB) o el Capital Neto (CN) inicial no importan demasiado, dado que al final de un cierto tiempo todos los activos iniciales habrán sido retirados del stock de capital. Sin embargo, todo depende de las estimaciones de las bajas RET(n) y de CCF(n), que a su vez se basan en hipótesis sobre la vida media útil de las diferentes clases de activos, las "funciones de mortalidad" (que en este caso concreto de activos intangibles quizás se deberían denominar "funciones de obsolescencia"), que describen la distribución de las bajas de capital alrededor de estos promedios, y el deterioro físico (también conocido como "wear and tear", es decir, deterioro por uso o envejecimiento). Los países de la OCDE utilizan diferentes tipos de funciones de mortalidad. Muchos países europeos usan una función de mortalidad log-normal, mientras otros países de la OCDE prefieren funciones tipo Weibull o Winfrey. Se supone normalmente que el deterioro físico es "lineal", lo que equivale a decir que se produce de manera uniforme a lo largo de la vida del activo, aunque algunos países, entre ellos los Estados Unidos, asumen que ocurre a una tasa constante. Las estimaciones de la vida media útil de las diferentes clases de activos son obviamente muy importantes al aplicar el MIP. En algunos países estos parámetros se basan en encuestas a las empresas. Los que siguen son ejemplos extraídos de la experiencia de Francia, donde se ha estimado que un equipo de Tecnologías de la Información (TI) tiene una vida media útil de 5 años; un equipo de transporte, entre 7 y 15 años; un edificio, 25 años, y las infraestructuras públicas, 60 años. A partir de estas hipótesis, se obtienen tasas de bajas de bienes de capital B_i, de forma que: $RET(n) = \sum_i FBCF(n-i) \times B_i$. Las tasas de consumo de capital fijo C_i se calculan como un ajuste lineal de estas "tasas de baja" de donde se obtiene $CCF(n) = \sum_i FBCF\ (n - i) \times C_i$. En suma, esto permite calcular los stocks de capital bruto CB(n) y neto CN(n) en volumen. Para obtener el stock de capital, y el consumo de capital fijo a precios corrientes, se utilizan las mismas fórmulas, pero aplicando índices de precios.

8.6. Las cuentas de balance

Las cuentas de balance son una síntesis de los cuadros de activos (financieros y no financieros) y de pasivos financieros de los distintos sectores institucionales y del sector resto del mundo. Estas cuentas engloban en un solo cuadro todos los activos y pasivos de cada sector y por tanto miden el patrimonio (o riqueza) total de los agentes macroeconómicos en una fecha dada (generalmente el 31 de diciembre). Las estimaciones se establecen a precios de mercado, lo que permite disponer de la mejor medida del patrimonio a la fecha de referencia (a pesar de que se trata del patrimonio potencial, ya que se refiere a potencialidades no necesariamente realizadas). No obstante, la estimación del patrimonio se limita a los ítems que los contables nacionales consideran válidos para clasificarlos como activos o pasivos (véase la sección "Limitaciones de las cuentas nacionales: las exclusiones de las cuentas de patrimonio", en las Precisiones adicionales, que figura al final del capítulo).

Se presenta a continuación un modelo resumen de las cuentas de patrimonio que se va a utilizar para introducir la definición de "patrimonio neto" (o "riqueza neta"), que es el concepto que más elementos sintetiza en las cuentas nacionales.

Cuentas de balance simplificadas para cualquier sector al 31/12/A

Activos		Pasivos	
Activos no financieros	ANF	Patrimonio neto (incluyendo acciones y otras participaciones)	C = A - L
Activos financieros	AF	Pasivos (excluyendo acciones y otras participaciones)	L
Total	A = ANF + AF	Total	A

Como muestra el precedente cuadro, el patrimonio neto de un sector institucional es igual al total de activos A (los activos financieros AF y los no financieros ANF) menos los pasivos totales P, excluyendo las acciones y otras participaciones que figuran entre los pasivos, aunque no son deudas, sino que forman parte de los fondos propios de las empresas. En el caso de las sociedades no financieras y las instituciones financieras, el patrimonio neto incluye acciones, porque el registro de las acciones en la columna de los pasivos es convencional y no significa que las sociedades no financieras y las instituciones financieras deban a alguien estas sumas. Dicho de otra manera, por su naturaleza, las acciones no son deuda de las empresas. Los tenedores de acciones (los hogares, las empresas no financieras y las instituciones financieras) no pueden requerir a las entidades que les hagan efectivo el monto de las acciones en tanto que ellas continúan en actividad. Puesto que los hogares no tienen acciones dentro de sus cuentas de obligaciones, el patrimonio neto, en su caso, es igual a los activos menos las obligaciones (siendo inexistentes las obligaciones accionarias).

A veces se hace referencia al patrimonio *financiero* neto (o riqueza *financiera* neta). Este es el patrimonio neto, pero limitado al ámbito de los activos financieros y los pasivos, sin tener en cuenta los activos no financieros. De alguna forma, este es un concepto más limitado que el de patrimonio neto, ya que los activos no financieros juegan en el comportamiento de los agentes un papel tan importante como los activos financieros.

Los cuadros en las cuentas de balance explican cómo se crea el patrimonio neto o, dicho de otra forma, la manera cómo se llega al stock de patrimonio neto al final de un período determinado, a partir del stock de patrimonio neto al final del período anterior. Las variaciones del stock de patrimonio neto se pueden deber a varios factores:

- Consumo de capital fijo. Este mide la depreciación física y la obsolescencia de los activos no financieros.
- Las variaciones efectivas de los activos no financieros y financieros. Se trata, por una parte, de la operación formación bruta de capital, en el caso de los activos no financieros y, por otra, de las operaciones financieras descritas más arriba.
- Revalorizaciones. Miden las ganancias y pérdidas en tenencia que han afectado durante el período a los activos y pasivos del sector que se esté considerando. Hay revalorizaciones y desvalorizaciones, de activos tanto financieros como no financieros.
- Otras variaciones en el volumen de activos. Esta cuenta recoge operaciones excepcionales, que, generalmente, no tienen un origen económico, pero que pueden afectar al patrimonio de los sectores institucionales y del sector resto del mundo. Por ejemplo, la destrucción de un edificio como resultado de una catástrofe natural o de una guerra, se recoge como una entrada negativa en esta cuenta; el descubrimiento de nuevas reservas de petróleo susceptibles de explotación, también se registrará en esta cuenta, pero esta vez con signo positivo. Un ejemplo de variación en volumen de un activo financiero es la cancelación de un crédito por insolvencia del deudor. En esta cuenta se registran también los efectos de los cambios en la clasificación sectorial de algunas unidades.

En conjunto, estos movimientos dan lugar al Cuadro que se muestra al final de la sección siguiente.

8.7. La secuencia completa de cuentas de un sector institucional

Se está ahora en condiciones de visualizar la secuencia completa de cuentas de un sector institucional (de las sociedades no financieras o de las instituciones financieras, por ejemplo), desde la cuenta de producción hasta las cuentas de patrimonio, por medio del diagrama simplificado que figura a continuación que incluye la totalidad de sus operaciones financieras y no financieras.

Observe la organización de las cuentas en forma T en el que el primer bloque de cuentas, constituido por las cuentas no financieras (desde la cuenta de producción hasta la cuenta de capital), muestra los usos a la izquierda y los recursos a la derecha, mientras que el segundo bloque, constituido por la cuenta financiera, muestra las “adquisiciones netas de activos financieros” (o “variaciones de activos financieros”) a la izquierda y los “pasivos netos contraídos” (o “variaciones de pasivos”) a la derecha.

El segundo Cuadro muestra el enlace entre las cuentas de balance al final del periodo anterior (columna 1) y las cuentas de balance al final del período corriente (columna 7). Las columnas 2 a 6 muestran las variaciones, o flujos, del período corriente, que son las operaciones de capital (columnas 2 y 3), las operaciones financieras (columna 4), y los movimientos o alteraciones patrimoniales originados en las cuentas de reconciliación (columnas 5 y 6), que no son debidos a operaciones. El Cuadro muestra en su primera fila como se verifica el enlace, según la presentación resumida que se describe en la sección anterior, e indica las celdas que pueden incluir datos.

Cuentas de los sectores institucionales

	Usos	Recursos
1. Cuentas no financieras		
Cuenta de producción	P2. Consumo intermedio	P1. Producción
	B1. Valor agregado, bruto	
Cuenta de producción del ingreso	D1. Remuneración de los asalariados	B1. Valor agregado, bruto
	D29. Otros impuesto a la producción (menos subsidios)	
	K1. Consumo de capital fijo	
	B2.N Excedente de explotación, neto	
Cuenta de distribución del ingreso	D4. Ingreso de la propiedad	B2.N Excedente de explotación, neto
	D5. Impuestos corrientes sobre el ingreso y el patrimonio	
	D6. Contribuciones sociales (pagadas por los empleadores)	D6. Contribuciones sociales (recibidas por los empleadores)
	D7. Transferencias corrientes	D7. Transferencias corrientes
	B8N. Ahorro, neto	
Cuenta de capital	P5. Formación de capital bruto	B8.N Ahorro, neto
	K1. Consumo de capital fijo (con un signo menos)	D9. Transferencias de capital
	B9.A Préstamo neto/endeudamiento neto	
	Adquisiciones netas de activos financieros (Cambios en activos financieros)	Incurrencia neta en pasivos (cambios en pasivos)
2. Cuentas financieras		
		F1. Oro monetario y DEG*
	F2. Efectivo y depósitos	F2. Efectivo y depósitos
	F3. Títulos de deuda	F3. Títulos de deuda
	F4. Préstamos	F4. Préstamos
	F5. Participaciones de capital y en fondos de inversión	F5. Participaciones de capital y en fondos de inversión
	F6. Sistemas de seguros, pensiones y de garantías estandarizadas	F6. Sistemas de seguros, pensiones y de garantías estandarizadas
	F7. Derivados financieros y opciones de acciones asignadas a asalariados	F7. Derivados financieros y opciones de acciones asignadas a asalariados
	F8. Otras cuentas por cobrar o por pagar	F8. Otras cuentas por cobrar o por pagar
		B9.B Préstamo neto/endeudamiento neto

* El "oro monetario" y los DEG aparecerán solamente en las cuentas del banco central o de instituciones similares y sus contrapartidas se presentan con signo diferente en los activos del resto del mundo.

Vínculo del balance al principio y al final de un período dado

	Balance 31/12 del año anterior	Menos consumo de capital fijo	Más formación bruta de capital fijo	Más transacciones financieras	Más revalorizaciones	Más otros cambios en volumen	= Balance al 31/12 del año dado
	1	2	3	4	5	6	7=1-2+3+4+5+6
Activos financieros	X			X	X	X	X
Activos no financieros	X	X	X		X	X	X
Pasivos en forma de acciones	X			X	X	X	X
Pasivos diferentes de acciones	X			X	X	X	X
Total patrimonio (incluyendo acciones)	X						X

Nota

1. En los países donde la burbuja de la vivienda de 2005-10 fue la más explosiva (Estados Unidos, España e Irlanda) los hogares estaban invirtiendo tanto en viviendas que se convirtieron globalmente en prestatarios.

Referencias

Banco de España (2014), Financial Accounts of the Spanish Economy, *www.bde.es/webbde/es/estadis/ccff/cf_2_1b.pdf*.

Bureau of Economic Analysis (2013), National Income and Product Accounts Tables, *www.bea.gov/iTable/iTable.cfm?ReqID=9&step=1#reqid=9&step=3&isuri=1&904=2012&903=58&906=a&905=1990&910=x&911=0*.

EC, IMF, OECD, UN and WB (2009), *System of National Accounts 2008*, New York, *https://unstats.un.org/unsd/nationalaccount/docs/sna2008.pdf*.

OECD (2013a), "OECD Economic Outlook No. 93 (Edition 2013/1)", OECD Economic Outlook: Statistics and Projections (database), *http://dx.doi.org/10.1787/data-00655-en*.

OECD (2013b), "Detailed National Accounts: Non-financial accounts by sectors, annual", OECD National Accounts Statistics (database), *http://dx.doi.org/10.1787/data-00034-en*.

OECD (2013c), "Financial Accounts: Non-consolidated flows, annual", OECD National Accounts Statistics (database), *http://dx.doi.org/10.1787/data-00023-en*.

OECD (2001), *Measuring Capital – OECD Manual: Measurement of Capital Stocks, Consumption of Fixed Capital and Capital Services*, OECD Publishing, Paris, *http://dx.doi.org/10.1787/9789264193260-en*.

Puntos clave

- En términos generales, en cuentas nacionales una operación realizada por un agente se registra dos veces: una vez en las cuentas no financieras y otra en las cuentas financieras. Sin embargo, cuando las transacciones son exclusivamente financieras se registran dos veces en las cuentas financieras, y en este caso sin ningún impacto en la capacidad/necesidad de financiación (o préstamo neto/endeudamiento neto).
- Cada operación involucra a dos agentes, por lo que se contabiliza cuatro veces, ya que se efectúan dos registros en las cuentas de cada uno de ellos.
- Las cuentas financieras completas registran primero las operaciones, y luego los stocks de activos financieros y pasivos de los agentes y las cuentas de reconciliación. El saldo contable de las operaciones financieras es el ítem B9B "capacidad/necesidad de financiación" (también denominada "préstamo neto/endeudamiento neto") y el saldo contable de los stocks financieros es el patrimonio financiero (también denominado riqueza financiera).
- Si un agente tiene una capacidad de financiación eso significa que su patrimonio financiero se ha elevado durante el período (suponiendo que no ha habido movimientos de revalorización y de otras variaciones en el volumen de activos o de pasivos). Por el contrario, si tiene una necesidad de financiación, significa que su patrimonio financiero ha disminuido durante el período (de nuevo, suponiendo que no ha habido movimientos de revalorización y de otras variaciones en el volumen de activos o de pasivos).
- El ítem B9B es igual, por definición, al saldo contable de las cuentas no financieras, es decir el ítem B9A. En la práctica, existe una diferencia entre ambos que se denomina discrepancia estadística.
- Teorema: en una economía cerrada la suma de los rubros B9 de los distintos agentes es cero.
- Las cuentas de patrimonio proporcionan un estimativo del patrimonio neto, o riqueza neta, de los sectores institucionales en una fecha dada.
- Los stocks, o posiciones, de activos (financieros y no financieros) y de pasivos se valoran a precios de mercado (que son los precios corrientes en el día a que se refieren las cuentas – usualmente el 31/12) y las operaciones

con activos (financieros y no financieros) y con pasivos se valoran a los precios corrientes en la fecha en la que se realiza la transacción.

- La diferencia entre el monto de los stocks financieros y no financieros al principio y al final de un período viene dada por las operaciones, las revalorizaciones y los otros cambios en volumen de los activos y los pasivos que han ocurrido en el período.
- El patrimonio neto de un sector institucional es igual al total de los activos financieros y no financieros, menos los pasivos (excluyendo acciones y otras participaciones, en el caso de las sociedades no financieras y las instituciones financieras). Este es el concepto más general de la riqueza de los sectores institucionales en una fecha determinada.

Precisiones adicionales

Las ganancias y pérdidas por tenencia y los precios de mercado en las cuentas nacionales

Los precios de los activos en poder de los hogares y las sociedades varían a lo largo del tiempo. Los precios de las acciones pueden subir y caer en la bolsa de valores al igual que los precios de los edificios y los de las viviendas, en respuesta a la ley de la oferta y la demanda y de la coyuntura económica. Cuando los precios de los activos en poder de los agentes económicos se elevan, el agente en cuestión experimenta una ganancia por tenencia y cuando caen sufre una pérdida por tenencia. Se distingue entre ganancias y pérdidas "realizadas" y "no realizadas". Una típica ganancia, o pérdida, no realizada ocurre cuando el precio de las acciones en poder de un agente varía, pero el agente todavía no las ha vendido. Por contraste, una ganancia, o pérdida, realizada es la que resulta de la venta de las acciones. En este caso, el agente recibe ingresos por concepto de ganancias por tenencia (que la mayoría de las veces están sujetos a impuestos). De esta forma, una ganancia no realizada se convierte en una ganancia realizada. Sin embargo, los contables nacionales no identifican las ganancias en tenencia realizadas, solo están interesados en las ganancias por tenencia no realizadas, en parte porque los agentes económicos se sienten más ricos cuando suben los precios de sus activos, los vendan o no. En cualquier caso, las ganancias por tenencia realizadas son difíciles de medir.

Los precios a los que se valoran los activos (y los pasivos) en las cuentas nacionales son los precios de una fecha específica de referencia (normalmente el 31 de diciembre). Esta es la regla para los activos tanto financieros como no financieros y para los pasivos. La diferencia entre el valor de apertura (1 de enero) y el de cierre, doce meses después (31 de diciembre), incluye, por tanto, las ganancias y pérdidas por tenencia, que se registran en las cuentas nacionales y cuyos datos pueden ser utilizados por los economistas para calcular el "efecto riqueza". Sin embargo, estas variaciones en valor no se registran en la cuenta de ingreso sino en una cuenta especial denominada "cuenta de revalorización", que, en la secuencia de cuentas, está situada después de la cuenta de ingreso. Como consecuencia, y a diferencia de lo que sucede en la contabilidad empresarial, en la contabilidad nacional estas ganancias y pérdidas por tenencia no afectan a la medición del ingreso de los agentes tanto si se realizan como si no se realizan. En cuentas nacionales el ingreso de los agentes procede casi totalmente de la producción y también de la redistribución de los ingresos de la producción y no de las ganancias por tenencia. Esta convención tiene sus ventajas, entre las que se destaca que evita introducir en la medición del ingreso un elemento volátil y que, además, puede ser solo potencial. También tiene inconvenientes, ya que los agentes modifican su comportamiento a la luz de las ganancias por tenencia. De hecho, para los agentes no existe diferencia real entre una ganancia por tenencia realizada y un ingreso laboral, salvo el carácter más impredecible de la primera (aunque algunos salarios e ingresos empresariales pueden también ser también difíciles de predecir). Además, existe una cierta contradicción en cuentas nacionales, dado que los impuestos que gravan las ganancias por tenencia realizadas se deducen del ingreso disponible, mientras que las ganancias por tenencia en que se basa el impuesto no forman parte de este ingreso disponible.

La valoración en las cuentas nacionales de los activos y pasivos a precios de mercado es un tema abierto a la discusión. En efecto, esta "riqueza" puede ser solamente potencial. Por ejemplo, la más leve sugerencia de que alguien que posee un portafolio importante de acciones de una empresa pueda proceder a su venta, puede ocasionar una caída en el precio de estas acciones y reducir las ganancias por tenencia potenciales de este inversionista. Lo mismo ocurre en el caso de la venta de un inmueble por un gran inversionista institucional (una compañía de seguros o un banco). Por esta razón, los contadores de las empresas son más cautos que los contables nacionales y aplican el principio de valoración al precio de adquisición (excepto en el caso de las acciones cotizadas, para las cuales las ganancias por tenencia potenciales es prácticamente seguro que se convertirán en ganancias reales). Pero esta prudencia de los contadores de las empresas lleva a la dificultad de interpretar la exacta cifra de activos y pasivos en las cuentas de las empresas. Estos totales no reflejan la realidad económica dado que suman activos y pasivos valorados en muy distintas fechas. Esta diferencia entre la contabilidad empresarial y las cuentas nacionales dificulta la utilización de los balances de las empresas al elaborar las cuentas de patrimonio. Sin embargo, es posible que los dos tipos de cuentas pudieran aproximarse próximamente con ocasión de la aplicación del principio del "valor razonable" ("fair value") en las cuentas de las empresas. La aplicación del "valor razonable" equivale a valorar los activos y pasivos de las empresas de forma similar a como lo que se viene haciendo en las cuentas nacionales. Este principio ha sido recomendado por la International Accounting Standards Board (IASB), organización internacional que establece las normas de contabilidad para las empresas inscritas en bolsa.

Un último detalle respecto a los precios a que se valoran los activos financieros, es que excluyen impuestos, tasas, comisiones y otros gastos, a diferencia de los precios de los activos no financieros. En ambos casos, las comisiones y otros gastos corresponden al pago de un servicio. En el caso de los activos financieros el servicio es explícitamente consumido como tal, pero en el caso de los activos no financieros este servicio se consume bajo la forma de bien de capital, puesto que están incluidos en el precio.

Un ejemplo más completo de los registros en las cuentas financieras

Se puede ilustrar mediante otro ejemplo la información suplementaria derivada de la presentación de las transacciones financieras en términos de "cambios en activos/cambios en pasivos" en cuentas nacionales comparada con la forma simplista en términos de "usos/recursos". Supóngase que, en el curso de un período, un agente (por ejemplo, un banco) contrae un préstamo de 100, reembolsa 20 de un préstamo recibido anteriormente, concede un préstamo de 50 y recobra 10 de un préstamo que realizó anteriormente.

Si se hiciera el registro simplista de usos/recursos daría:

Recursos: 110 = (100 + 10)

Usos: 70 = (20 + 50)

El banco recibe 100 originados en el préstamo contraído y 10 del pago del préstamo concedido, lo cual resulta en recursos de 110. Entrega 20 para cancelar el crédito anterior y 50 al receptor del crédito concedido, lo cual da unos usos de 70.

El registro en contabilidad nacional es como sigue:

Aumento en activos: 40 = (50 – 10)

Aumento en obligaciones: 80 = (100 – 20)

¿Cómo interpretar estas cifras en cuentas nacionales? Para obtener la información sobre la situación del agente, en términos de activos y pasivos, (lo que interesa para efectos de las cuentas financieras y de balance), la clave es notar que el agente ha aumentado sus activos al prestar 50 y los ha reducido en 10 por el pago parcial que le han hechos de préstamo que había hecho anteriormente. Ha aumentado sus pasivos en 100 (el préstamo recibido) y los ha reducido en 20 por el reembolso de un crédito anterior.

Solamente las cifras de la contabilidad nacional dan la información real en términos de activos y pasivos, en otras palabras, sobre el cambio de patrimonio neto de un agente (riqueza neta), que en este caso es cero, pues el cambio en pasivos por préstamos (80) es igual al cambio en activos por préstamos + 40, más el valor que cambia la tesorería, + 40.

Cuentas financieras y oferta monetaria: el ejemplo de la zona euro

Se habla con frecuencia del concepto de "oferta monetaria", que tiene definiciones más o menos amplias, como las que se recogen en los agregados

M1, M2 o M3. Estos agregados "M" corresponden a definiciones de dinero, cada una de ellas más amplia que la precedente, según se explica a continuación. Actualmente, en la zona euro solo tiene significado económico la oferta monetaria del área como un todo y no la de cada uno de los países que la componen (algunos bancos centrales de la zona euro publican su contribución a la oferta monetaria del área, pero las evoluciones de las contribuciones nacionales no se toman en cuenta en las decisiones de política monetaria). El Banco Central Europeo (BCE) realiza un atento seguimiento de la evolución de estos agregados, fundamentalmente del agregado M3, a pesar de que desde 2003 la evolución de la cantidad de dinero ha pasado a tener una importancia secundaria, comparada con la que tiene el indicador de inflación. Si M3 evoluciona a tasas demasiado elevadas, el BCE puede tomarlo en cuenta en sus decisiones sobre tasas de interés.

Evidentemente, existe una relación entre las cuentas financieras y la oferta monetaria y sus contrapartidas. Partiendo del esquema simplificado de las cuentas financieras, que figura en la parte principal de este capítulo, del que se toman las columnas relativas a las instituciones financieras, se obtiene:

Balance simplificado de las instituciones financieras (IF)

	Activos	Pasivos
	Instituciones financieras (IF)	Instituciones financieras (IF)
Depósitos		W
Préstamos	X	
Financiación interbancaria	Y	Y
Títulos valores	Z1	Z3

Conociendo que la financiación interbancaria es aproximadamente igual en el lado del activo y en el lado del pasivo, esta fila puede eliminarse. Adicionalmente se supone que los títulos valores en la columna de pasivos se han colocado allí por convención, aunque es preferible colocarlos en el lado del activo con signo menos, bajo la denominación "recursos estables". Se obtiene entonces el siguiente cuadro:

Oferta monetaria y sus contrapartidas

	Activos	Pasivos
	Instituciones financieras (IF)	Instituciones financieras (IF)
Depósitos		W
Préstamos	X	
Títulos valores	Z1	
Recursos estables	-Z3	

La oferta monetaria es igual al total de depósitos W que figuran en el lado del pasivo de las instituciones financieras. Sus contrapartidas son los tres rubros que figuran en la columna de activos: préstamos, más títulos valores, menos recursos estables (los valores del pasivo de las instituciones financieras). La definición exacta de la oferta monetaria depende de la amplitud de la definición de depósitos. Las que siguen son las definiciones de M1, M2, y M3, ordenadas en orden decreciente de liquidez, cuyo contenido en término de los componentes de W es el siguiente:

M1 = efectivo en circulación (F21) + depósitos a la vista (F22).

M2 = M1 + depósitos con preaviso hasta de tres meses (incluyendo productos clasificados en F29) + depósitos a plazo hasta de dos años.

M3 = M2 + acuerdos de recompra + participaciones en fondos del mercado monetario + títulos valores distintos de acciones y participaciones hasta dos años emitidos por instituciones financieras monetarias de la zona euro.

Algunos de los rubros que componen M2 y M3 tienen definiciones que no coinciden con categorías de las cuentas financieras (principalmente en lo referente a vencimientos inferiores a dos años). En consecuencia, no es fácil, para quienes no sean expertos en el tema, realizar la conciliación exacta entre las cuentas financieras y los agregados monetarios.

Fuentes de datos: las fuentes estadísticas de las cuentas financieras

Esta sección ilustra las fuentes estadísticas de las cuentas financieras tomando como ejemplo el caso de Canadá. Las fuentes estadísticas de las cuentas financieras de Canadá consisten principalmente en los estados financieros de los bancos, encuestas estadísticas a otros tipos de instituciones financieras y no financieras, y también encuestas y datos administrativos del gobierno general y sus agencias. Los datos sobre los no residentes son una reordenación de las cuentas de la balanza de pagos y de la posición de inversión internacional. Los datos sobre los hogares derivan fundamentalmente de los registros de contrapartida de los datos de los demás sectores, en particular de las instituciones financieras. El papel de las cuentas financieras es analizar la coherencia y la integración de los datos obtenidos de diversas fuentes con el fin de producir estimaciones exhaustivas, precisas y fiables de transacciones y de posiciones (stocks). Los datos de los bancos comerciales ("chartered") constituyen la fuente fundamental de las cuentas financieras. La obtención de los datos de los bancos comerciales es resultado de un acuerdo tripartito (entre el banco central, la agencia reguladora de las instituciones financieras y Statistics Canada) según el cual los bancos registrados en Canadá remiten trimestralmente a la oficina nacional de estadística sus balances y cuentas de resultados y otras informaciones complementarias. Estas proporcionan datos fundamentales sobre las actividades de captación de depósitos y concesión de préstamos que los bancos desarrollan con las distintas unidades de la economía (sectores/ramas de actividad/agentes). Por ejemplo, las estimaciones de los préstamos/deudas de los hogares (la mayor parte de estos recursos son suministrados por los bancos comerciales) se construyen a partir del detalle de los créditos activos de los bancos. Se realizan revisiones periódicas de este modelo de captación de datos. Statistics Canada realiza también encuestas muy completas a otros tipos de instituciones financieras, las más importantes de las cuales se desarrollan en el marco de un programa de encuestas trimestrales económicas a las empresas. Forman parte de estas encuestas: instituciones similares a los bancos (por sub-rama de actividad), compañías de seguros de vida (por segmentos), fondos de inversión, compañías de ventas a plazos, compañías de crédito al consumidor, gestoras de fondos de titularización de activos, sociedades de cartera, sociedades gestoras de inversión, y otras entidades financieras.

Los cuestionarios proporcionan un detalle considerable de los activos, lo que permite disponer de información fiable de contrapartida para los rubros de los sectores no financieros (tanto de préstamos como de depósitos), en particular del sector de los hogares. Por ejemplo, la encuesta a los fondos de inversión permite establecer los activos de los hogares en los fondos mutuos de inversión. Las estimaciones relativas a las sociedades no financieras derivan del programa de encuestas trimestrales a las empresas. Aunque las cuentas financieras de Canadá solo presentan cuentas totales para el sector de las sociedades no financieras, la encuesta cubre todas las actividades de las empresas con un detalle considerable. Se realizan también encuestas trimestrales detalladas sobre los fondos de pensión como parte del programa de estadísticas sociales de Statistics Canada, que permite conocer una parte muy importante de los activos en poder de los inversionistas institucionales. Los activos netos de los fondos de pensiones representan la parte más importante de los planes de pensiones de los empleadores, que figuran en las cuentas del sector hogares. Los datos del sector gobierno (federal, provincial y local) se establecen a partir de las Cuentas Públicas auditadas, anuales, así como de datos provenientes de registros administrativos y de encuestas, ambas con periodicidad infra-anual. Los datos de las empresas públicas proceden, principalmente, de encuestas trimestrales. Se mantienen también, como parte de las fuentes para elaborar las cuentas financieras, bases de datos muy detalladas sobre las posiciones y emisiones de valores (acciones, bonos de empresas y del gobierno). La parte fundamental de estas bases de datos es la amplia cobertura de las emisiones de valores y sus detalles, que se utiliza para complementar la información que procede de las encuestas.

La información sobre las operaciones financieras activas procede principalmente de datos de los balances obtenidos en las encuestas a las que se viene haciendo referencia, tras someterlos a una serie de ajustes (por ganancias de capital, tasa de cambio, etc.). En gran medida, los ajustes se basan en encuestas específicas sobre las revalorizaciones de activos y pasivos para cada instrumento. Además de las operaciones activas, el grupo de balanza de pagos utiliza también una base de datos que procede de la información en poder de los intermediarios sobre las nuevas adquisiciones de valores.

Las cuentas del sector hogares se elaboran por métodos indirectos. En gran medida, las estimaciones se basan en la información de contrapartida que facilitan las instituciones financieras sobre sus principales tenencias de activos (depósitos, reservas de fondos de pensiones, participaciones en fondos de inversión, reservas técnicas de seguros y bonos) y de pasivos. Sin embargo, algunos activos se calculan de forma residual, en particular, en el caso de los valores negociables. Mientras que la tenencia de instrumentos de deuda negociables no es significativa en el caso del sector hogares, las tenencias de acciones negociables son importantes y, ya que se obtienen de manera residual, dependen de la calidad de la información registrada en el resto del sistema. Las tenencias de acciones no negociables (no cotizadas) se obtienen también de forma residual. Se han empezado a utilizar encuestas directas a los hogares en el contexto de las cuentas financieras.

Al igual que en Canadá, las cuentas financieras de muchos países se elaboran a partir de estadísticas bancarias relativas a la financiación de la economía, mientras que las cuentas no financieras se basan en las estadísticas de las sociedades no financieras. Por tanto, no puede sorprender a nadie que los dos saldos contables B9, es decir, B9A y B9B, no coincidan en la práctica y que haya que incluir una línea que recoja la discrepancia estadística entre ambas. En muchos países europeos se produce una excepción a esta regla, ya que pueden conciliarse las fuentes bancarias y administrativas en que se basa la elaboración de las cuentas del gobierno general, hasta el punto de que la discrepancia estadística es pequeña en las cuentas de este sector. Por último, los datos disponibles en algunos países para elaborar las cuentas financieras se refieren exclusivamente a los activos/pasivos en circulación, es decir, a los saldos o stocks. En este caso, los datos de flujos tienen que calcularse por diferencia, imputando, cuando sea necesario un cambio en la valoración de activos/pasivos (véase el Ejercicio 6).

El valor de los activos y su relación con la teoría económica

En cuentas nacionales un activo económico se define como un bien, material o inmaterial, sobre el que se ejercen derechos de propiedad y cuya tenencia o utilización procura ventajas económicas a su propietario.

En teoría económica, el valor de un activo de esta naturaleza es igual al "valor presente" de las rentas futuras que este activo va a aportar a su tenedor.

Supóngase que un activo solamente genera una renta S, k años después del momento en que se está valorando. El valor actual, o presente, de ese activo será:

$$VP = \frac{S}{(1+r)^k}$$

en dónde r es la tasa de interés del mercado para inversiones líquidas de bajo riesgo. Esta definición equivale a decir que el valor presente es el valor que invertido durante k años, a una tasa de interés compuesto anual r, produce un valor de S.

De la misma manera si un activo genera una serie de rentas anuales en un período que va del año 1 al año T, estas rentas estarán representadas por:

$$S_1 + S_2 + \cdots + S_T$$

y el valor presente de tal activo será la suma de los valores presentes de cada una de estas rentas, es decir:

$$VP = \frac{S_1}{(1+r)} + \frac{S_2}{(1+r)^2} + \cdots + \frac{S_T}{(1+r)^T}$$

o sea:

$$VP = \sum_{t=1}^{T} \frac{S_t}{(1+r)^t}$$

Sea el caso de un bono comprado a 1 000 que genera el 10% al año, es decir 100, durante cinco años. Su valor presente será igual a la suma de los valores presentes de cada flujo anual, lo que equivale a cada flujo anual dividido por el factor de actualización igual a la tasa de descuento aplicada en forma compuesta durante el número de años que transcurren entre el presente y el año en que recibe ese flujo, tal como lo ilustra el siguiente cuadro.

Año (t)	Flujo annual	i = 10%	
		Factor de descuento $(1 + i)^t$	Valor presente (2) / (3)
(1)	(2)	(3)	(4)
1	100	1.1	90.909091
2	100	1.21	82.644628
3	100	1.331	75.131480
4	100	1.4641	68.301346
5	1 100	1.61051	683.013455
Valor presente a principios del año 1			1000.000000

Supóngase ahora que el interés cae en el mercado de capitales, que en el ejemplo anterior, la tasa de interés se reduce del 10% al 5%, a principios del tercer año. El bono que a principios del tercer año tenía un valor presente de 1 000 en unidades monetarias de ese momento pasa a ser de 1 136.16 según se muestra en el cuadro siguiente. No es de sorprender que el mercado encuentre el equilibrio a este nuevo valor, pues el bono que se adquirió dos años antes tiene un rendimiento anual que es el doble de uno que se emita a principios del tercer año. Es normal que el bono original adquiera mayor valor en el mercado secundario. Las cuentas nacionales registran el cambio (aumento o disminución según la modificación en la tasa de interés) en el valor del bono en sus cuentas de revalorización como una ganancia (o una pérdida) por tenencia. El ejercicio 4 muestra este caso extendiéndolo a casos más complejos emitidos bajo par o bonos de cupón cero.

Año (t)	Periodo	Flujo annual	i = 10%		i = 5%	
			Factor de descuento $(1 + i)^t$	Valor presente (2) / (3)	Factor de descuento $(1 + i)^t$	Valor presente (2) / (3)
(1)		(2)	(3)	(4)	(5)	(6)
1						
2						
3	1	100	1.1	90.909091	1.05	95.238095
4	2	100	1.21	82.644628	1.1025	90.702948
5	3	1 100	1.331	826.446281	1.157625	950.221358
Valor presente a principios del año 3				1000.000000		1136.162401

La irrefutable lógica del cálculo basado en la suma del valor presente tiene numerosas aplicaciones en cuentas nacionales. Supóngase, por ejemplo, que una entidad del gobierno, se compromete a pagar St por año, durante diez años, por concepto de pensiones de jubilación, contra la entrega este año de la suma A, que puede considerarse un pago anticipado de cotizaciones de jubilación. El Ejercicio 3 muestra que el registro de esta operación en cuentas nacionales obliga necesariamente a la contabilización de los intereses.

Limitaciones de las cuentas nacionales: las exclusiones de las cuentas de patrimonio

Una definición amplia de inversión como "gasto realizado hoy que producirá una renta mañana" habría podido conducir a una noción muy amplia del concepto de activos. Pero las cuentas nacionales no han ido tan lejos, de forma que los siguientes activos están excluidos de las cuentas nacionales a pesar de que satisfacen esta definición amplia: 1) el capital humano, que puede definirse como un gasto continuado en la formación de individuos; 2) el capital natural, que corresponde al valor de los recursos naturales no minerales (agua natural, aire, etc.); 3) monumentos públicos (el Castillo de Versalles en Francia, Stonehenge en Inglaterra, el Foro Romano en Italia, la Alhambra en Granada, Machu Pichu en Perú, el conjunto monumental de la Plaza del Zócalo en México, etc.); 4) bienes duraderos adquiridos por los hogares, que, convencionalmente, se registran como consumo, a pesar de que su vida útil es, por definición, superior a un año; 5) derechos causados de jubilación, en el caso de los sistemas de seguridad social (pay as you go); 6) algunos activos inmateriales, tales como las marcas, la imagen comercial, etc. Debe señalarse que las cuentas nacionales, con el SCN2008/ESA 2010, han extendido recientemente la frontera de los activos para incluir la investigación y desarrollo (I + D) y los equipos militares de importancia. En el lado del pasivo tampoco se contabilizan en cuentas nacionales los pasivos financieros contingentes tales como las garantías sobre la deuda (avales), o las provisiones que las empresas registran en su contabilidad. Por ejemplo, en las cuentas nacionales la deuda de las empresas públicas garantizada por el Estado no se registra como un pasivo del gobierno central.

En años recientes la investigación económica ha prestado atención considerable a la idea de medir el capital humano. Esto supone asignar un valor de mercado a cada persona de la población, especialmente como función de su nivel educativo. Los estudios sobre la aplicación de este principio han calculado el valor económico de la capacitación académica como el valor presente de los salarios adicionales que puede esperar una persona durante su vida como resultado de haber obtenido un diploma más alto. El SCN 2008 (§ 1.54) explica porque sería difícil incluir este valor en las cuentas nacionales:

> *"Con frecuencia se ha propuesto también clasificar los gastos de enseñanza y formación de personal como formación bruta de capital fijo, es decir como una forma de inversión en capital humano. La adquisición de conocimientos, habilidades y titulaciones eleva el potencial productivo de los individuos afectados, para los que constituye una fuente de beneficios económicos futuros. Sin embargo, si bien los conocimientos, habilidades y titulaciones son evidentemente activos en un sentido amplio del término, no pueden equipararse a los activos fijos tal como se entienden en el SCN. Se adquieren mediante el aprendizaje, el estudio y la práctica, actividades que no pueden ser realizadas por otra persona en lugar del estudiante, por lo que la adquisición de conocimientos no es un proceso de producción, aunque la formación impartida por los servicios de enseñanza si lo sea."*

Los activos educativos se incorporan en los individuos como personas. No pueden ser transferidos a otros y no se pueden registrar en los balances de las empresas en donde trabajan estos individuos (excepto en los pocos casos donde ciertos trabajadores altamente calificados tienen contratos para trabajar para ciertos empleadores por períodos definidos). Esta última aclaración explica porque ciertos jugadores son considerados como activos en las cuentas de balance de los principales clubes de fútbol. Claramente son los contratos los activos de los clubes y no los jugadores mismos.

El sistema integrado de cuentas financieras

El Banco de España publica un sistema integrado de cuentas financieras, que comprende las cuentas de patrimonio financiero (o balance financiero), las cuentas de operaciones financieras, las cuentas de revalorización de activos financieros y las cuentas de otras variaciones en volumen de activos financieros, referidas al total de la economía, al resto del mundo y a los distintos sectores residentes. Los cuadros de los Anexos 8.A.1, 8.A.2 y 8.A.3, que figuran a continuación, se han construido a partir de la publicación del Banco de España sobre las cuentas financieras de la economía española (Banco de España, 2014). Incluyen un resumen de los balances financieros al principio y al final del año 2012. Los códigos de estos cuadros corresponden a los del SCN 1993.

Una lectura de estos cuadros (en los que, por razones de espacio, se ha simplificado la presentación) puede dar una idea de cómo se articulan todas las cuentas entre sí y de su validez analítica. Para ello, el lector debe tener en cuenta que cuando los cuadros se refieren de forma genérica a "Activos financieros" y a "Pasivos" se está aludiendo: i) a los activos financieros y a los pasivos propiamente dichos (que están en las columnas 1 y 5 de los tres cuadros y que constituyen las cuentas de balance); ii) a las adquisiciones netas de activos financieros y a los pasivos netos contraídos (columnas 2, extraídas de las cuentas financieras); iii) a las cuentas de revalorización de activos financieros (columna 3), y iv) a las cuentas de otras variaciones en volumen de los activos financieros (columna 4). En los cuadros de los Anexos 8.A.1 y 8.A.2, las cuentas de las instituciones financieras no están consolidadas. Por simplificación no se muestran los otros sectores.

En el Cuadro del anexo 8.A.1 aparece la secuencia de cuentas para el Total de la Economía y para el Resto del Mundo. Las cuentas del Total de la Economía están consolidadas, lo que quiere decir que se han eliminado todos los movimientos internos entre los sectores residentes. La cuenta del Resto del Mundo, que aparece en ese cuadro, está consolidada por definición, ya que solo recoge las relaciones del país con el Resto del Mundo. En este cuadro se puede constatar que, una vez la cuenta del Total de la Economía se ha consolidado, los activos del Total de la Economía (excluyendo el oro monetario y los DEG) son iguales, por definición, a los pasivos del Resto del Mundo y, recíprocamente, los activos que detiene el Resto del Mundo sobre España son iguales a los pasivos de España con el Resto del Mundo.

Cada activo financiero tiene un pasivo contrapartida, excepto en el caso particular del oro monetario, que, por convención, solo es activo financiero. El Cuadro del anexo 8.A.1 muestra esa identidad entre los diferentes activos de la economía (cuyo total a principio de 2012 asciende a 1 343.9 miles de millones, una vez se deducen 14.2 miles de millones, que es el monto del oro monetario y

DEG) y los diferentes pasivos del resto del mundo (cuyo total asciende, efectivamente, a 1 343.9 miles de millones a principio de 2012. En el caso del oro monetario y los DEG la suma de los activos del total de la economía (los 14.2 miles de millones citados) más la suma de los activos del resto del mundo (-14.2 miles de millones) es igual a cero, dado que la convención para estos activos financieros es que son los únicos a los que no corresponde un pasivo. Por tanto, las operaciones con oro y DEG suponen siempre un cambio de propiedad de tales activos financieros. El Cuadro del anexo 8.A.1 muestra también (ver saldos contables) que la economía española tenía una posición neta frente al resto del mundo de -917.8 y -927.0 miles de millones de euros al principio y al final de 2012, respectivamente. Puede comprobarse que, a partir de la posición inicial, esa posición deudora se incrementó a lo largo del año no solo por operaciones (-6.7), sino también por revalorizaciones (-5.8) y por otras variaciones en volumen (3.3).

El Cuadro del anexo 8.A.2 destaca, entre otras cosas, que los préstamos constituyen el principal activo de las instituciones financieras (su saldo en circulación ascendía a 2 025.8 miles de millones de euros a principios de 2012, con 72.9 miles de millones en préstamos que habían sido redimidos en el período). Por su parte, el efectivo y depósitos figuran en la cartera (es decir, entre los activos) y son especialmente importantes en el sector hogares e ISFLSH (saldo en circulación de 855.4 miles de millones de euros a principios de 2012). Las acciones y participaciones están entre los principales activos de casi todos los sectores, fundamentalmente de los hogares e ISFLSH (saldo en circulación de 512.8 miles de millones de euros a principios de 2012 e instituciones financieras (380.4 miles de millones).

Desde el lado de los pasivos (Cuadro del anexo 8.A.3) se destaca que los principales pasivos de las sociedades financieras son el efectivo y los depósitos (2 817.6 miles de millones de euros a principios de 2012). Otros pasivos importantes de las sociedades financieras son los títulos valores distintos de acciones y préstamos (1 047.3 y 437.3 miles de millones de euros, respectivamente) mientras que los pasivos de los hogares y las ISFLSH son principalmente préstamos (874.3 miles de millones de euros Por último, debe tenerse en cuenta que las cuentas españolas, a las que se puede acceder desde *www.bde.es* tienen, entre otras, las siguientes características: 1) periodicidad trimestral. Las cuentas anuales son una derivación de las trimestrales, en las que los valores patrimoniales corresponden al último trimestre del año y los flujos (operaciones, revalorizaciones y otras variaciones en volumen) corresponden a la suma de los datos trimestrales; 2) se publican en fechas que figuran en un calendario preanunciado, que se cumple puntualmente; 3) presentan detalles de los sectores (por subsectores y, a veces, por agentes); por ejemplo se elaboran cuentas completas no solo para el total del gobierno general, sino para el gobierno central, las comunidades autónomas, los gobiernos locales y las administraciones de seguridad social, y 4) presentan detalles de los instrumentos: a) por naturaleza; por ejemplo, el rubro acciones y participaciones se detalla en acciones cotizadas, acciones no cotizadas, otras participaciones, excepto fondos de inversión, participaciones en fondos de inversión y acciones emitidas por las sociedades de inversión, y b) por sector contrapartida (principio de "quién a quién" o "whom to whom"), de forma que, por ejemplo, se puede saber que parte de las acciones y participaciones en poder de los hogares e ISFLSH han sido emitidas por el resto del mundo, por las sociedades no financieras y por las instituciones financieras.

Cuadro del anexo 8.A.1. España: Vínculo entre el balance de apertura y cierre, año 2012

Activos financieros, saldos contables y pasivos (miles de millones de euros 2012)

	Códigos	Patrimonio financiero al principio del período	Cuenta de transacciones financieras	Otros cambios en el valor de activos financieros: Cuenta de revalorización	Otros cambios en el valor de activos financieros: Cuenta de otros cambios en volumen	Patrimonio financiero al final del período
		1	2	3	4	5 = 1 más 2 a 4
Economía total (consolidada)	**S1**	**1 358.1**	**17.7**	**-9.1**	**3.3**	**1 370.2**
Oro monetario y DEG	F/FA.1	14.2	0.0	0.3		14.6
Dinero y depósitos	F/FA.2	256.8	6.5	-0.3	0.0	263.0
Títulos representativos de deuda	F/FA.3	283.3	-12.7	4.0		274.5
Préstamos	F/FA.4	197.9	19.3	-0.4	-0.3	216.5
Participaciones de capital y participaciones en fondos de inversión	F/FA.5	550.2	4.2	-12.7		541.6
Reservas técnicas de seguros	F/FA.6	5.3	0.4			5.7
Otras cuentas por cobrar/pagar	F/FA.7	50.6	0.1	3.6		54.3
Resto del mundo	**S2**	**2 261.7**	**24.4**	**-3.6**	**0.0**	**2 282.6**
Oro monetario y DEG	F/FA.1	**-14.2**	**0.0**	**-0.3**		**-14.6**
Dinero y depósitos	F/FA.2	642.4	5.9	-0.4		648.0
Títulos representativos de deuda	F/FA.3	680.5	-57.9	10.7		633.3
Préstamos	F/FA.4	382.1	42.3	-4.5		419.9
Participaciones de capital y en fondos de inversión	F/FA.5	521.7	35.4	-9.1	0.0	548.1
Reservas técnicas de seguros	F/FA.6	4.6	0.0			4.7
Otras cuentas por cobrar/pagar	F/FA.7	44.6	-1.3			43.3
Economía total (consolidada)	**S1**	**1 358.1**	**17.7**	**-9.1**	**3.3**	**1 370.2**
1. Saldos contables	**(AF P)**	**-917.8**	**-6.7**	**-5.8**	**3.3**	**-927.0**
Patrimonio neto al principio del periodo	BE.90	-917.8				
(Préstamo/endeudamiento) neto	B9.		-6.7			
Revalorizaciones	BE.10.3			-5.8		
Otros cambios en volumen	BE.10.2				3.3	
Patrimonio neto al final del periodo	BE.90					-927.0
2. Pasivos totales	**F/FA**	**2 275.9**	**24.4**	**-3.3**		**2 297.3**
Dinero y depósitos	F/FA.2	642.4	5.9	-0.4		648.0
Títulos diferentes de acciones	F/FA.3	680.5	-57.9	10.7		633.3
Préstamos	F/FA.4	382.1	42.3	-4.5		419.9
Participaciones de capital y participaciones en fondos de inversión	F/FA.5	521.7	35.4	-9.1	0.0	548.1
Reservas técnicas de seguros	F/FA.6	4.6	0.0			4.7
Otras cuentas por pagar	F/FA.7	44.6	-1.3			43.3
Resto del mundo	**S2**	**2 261.7**	**24.4**	**-3.6**	**0.0**	**2 282.6**
1. Saldos contables	**(AF P)**	**917.8**	**6.7**	**5.8**	**-3.3**	**927.0**
Patrimonio neto al principio del periodo	BE.90	**917.8**				
(Préstamo/endeudamiento) neto	B9.		**6.7**			
Revalorizaciones	BE.10.3			**5.8**		
Otros cambios en volumen	BE.10.2				**-3.3**	
Patrimonio neto al final del periodo	BE.90					**927.0**

Cuadro del anexo 8.A.1. España: Vínculo entre el balance de apertura y cierre, año 2012 *(cont.)*

Activos financieros, saldos contables y pasivos (miles de millones de euros 2012)

		Patrimonio financiero al principio del período	Cuenta de transacciones financieras	Otros cambios en el valor de activos financieros		Patrimonio financiero al final del período
				Cuenta de revalorización	Cuenta de otros cambios en volumen	
	Códigos	1	2	3	4	5 = 1 más 2 a 4
2. Pasivos totales	F/FA	1 343.9	17.7	-9.4	3.3	1 355.6
Dinero y depósitos	F/FA.2	256.8	6.5	-0.3	0.0	263.0
Títulos diferentes de acciones	F/FA.3	283.3	-12.7	4.0	-	274.5
Préstamos	F/FA.4	197.9	19.3	-0.4	-0.3	216.5
Participaciones de capital y participaciones en fondos de inversión	F/FA.5	550.2	4.2	-12.7	-	541.6
Reservas técnicas de seguros	F/FA.6	5.3	0.4	-	-	5.7
Otras cuentas por pagar	F/FA.7	50.6	0.1	3.6	-	54.3

Fuente: Banco de España (2014), Financial Accounts of the Spanish Economy, *www.bde.es/webbde/es/estadis/ccff/cf_2_1b.pdf*.

StatLink http://dx.doi.org/10.1787/888933736488

Cuadro del anexo 8.A.2. España: Vínculo entre el balance de apertura y cierre, año 2012

Sectores residentes (las instituciones financieras no están consolidadas)
Activos financieros (miles de millones de euros, 2012)

		Patrimonio financiero al principio del período	Cuenta de transacciones financieras	Otros cambios en el valor de activos financieros		Patrimonio financiero al final del período
				Cuenta de revalorización	Cuenta de otros cambios en volumen	
	Códigos	1	2	3	4	6 = 1 a 5
Instituciones financieras	**S12**	**4 924.8**	**206.6**	**14.5**	**-50.9**	**5 094.9**
Oro monetario y DEG	F/FA.1	14.2	0.0	0.3	-	14.6
Dinero y depósitos	F/FA.2	1 264.0	123.7	-0.5	-7.5	1 379.8
Títulos diferentes de acciones	F/FA.3	1 139.0	147.9	19.6	-1.2	1 305.2
Préstamos	F/FA.4	2 025.8	-72.9	-0.5	-39.7	1 912.8
Participaciones de capital y participaciones en fondos de inversión	F/FA.5	380.4	2.1	-4.5	-1.5	376.4
Reservas técnicas de seguros	F/FA.6	17.0	0.7	-	-	17.8
Otras cuentas por cobrar	F/FA.7	84.4	5.0	-	-1.0	88.4
Hogares e ISFLSH	**S14 + S15**	**1 764.6**	**-6.7**	**38.6**	**-1.2**	**1 795.2**
Dinero y depósitos	F/FA.2	855.4	3.3	-	-	858.7
Títulos diferentes de acciones	F/FA.3	69.8	-15.9	-	5.2	59.2
Préstamos	F/FA.4	-	-	-	-	-
Participaciones de capital y participaciones en fondos de inversión	F/FA.5	512.8	8.3	26.7	1.2	546.6
Reservas técnicas de seguros	F/FA.6	263.9	1.0	6.6	-	271.5
Otras cuentas por cobrar	F/FA.7	62.7	-3.5	-	-	59.3

Fuente: Banco de España (2014), Financial Accounts of the Spanish Economy, *www.bde.es/webbde/es/estadis/ccff/cf_2_1b.pdf*.

StatLink http://dx.doi.org/10.1787/888933736507

Cuadro del anexo 8.A.3. España: Vínculo entre el balance de apertura y cierre, año 2012

Sectores residentes (las instituciones financieras no están consolidadas)
Activos financieros (miles de millones de euros, 2012)

		Patrimonio financiero al principio del periodo	Cuenta de transacciones financieras	Otros cambios en el valor de activos financieros		Patrimonio financiero al final del periodo
				Cuenta de revalorización	Cuenta de otros cambios en volumen	
	Códigos	1	2	3	4	6 = 1 a 5
Instituciones financieras (1 + 2)	**S12**	**4 924.8**	**206.6**	**14.5**	**-50.9**	**5 094.9**
1. Saldos contables	(AF L)	151.3	66.1	-21.4	-39.7	156.4
Patrimonio neto al principio del periodo	BE.90	151.3	-	-	-	-
(Préstamo/endeudamiento) neto	B9.	-	66.1	-	-	-
Revalorizaciones	BE.10.3	-	-	-21.4	-	-
Otros cambios en volumen	BE.10.2	-	-	-	-39.7	-
Patrimonio neto al final del periodo	BE.90	-	-	-	-	156.4
2. Pasivos totales	F/FA	4 773.4	140.4	35.8	-11.2	4 938.5
Dinero y depósitos	F/FA.2	2 817.6	132.9	-1.0	-7.5	2 942.1
Títulos diferentes de acciones	F/FA.3	1 047.3	13.9	27.4	-2.6	1 086.1
Préstamos	F/FA.4	104.0	-8.9	-	-	95.1
Participaciones de capital y participaciones en fondos de inversión	F/FA.5	437.3	1.3	2.8	-0.7	440.7
Reservas técnicas de seguros	F/FA.6	311.0	1.8	6.6	-	319.4
Otras cuentas por pagar	F/FA.7	56.2	-0.6	-0.5	-	55.1
Hogares e ISFLSH (1+2)	**S14 + S15**	**1 764.6**	**-6.7**	**38.6**	**-1.2**	**1 795.2**
1. Saldos contables	(FA L)	827.9	21.7	39.1	5.2	893.8
Patrimonio neto al principio del periodo	BE.90	827.9				
(Préstamo/endeudamiento) neto	B9.		21.7			
Revalorizaciones	BE.10.3			39.1		
Otros cambios en volumen	BE.10.2				5.2	
Patrimonio neto al final del periodo	BE.90					893.8
2. Pasivos totales	F/FA	936.8	-28.4	-0.6	-6.4	901.4
Préstamos	F/FA.4	874.3	-35.5	-0.6	-1.4	836.8
Otras cuentas por pagar	F/FA.7	62.5	7.1	-5.0		64.6

Fuente: Banco de España (2014), Financial Accounts of the Spanish Economy, *www.bde.es/webbde/es/estadis/ccff/cf_2_1b.pdf*.

StatLink http://dx.doi.org/10.1787/888933736526

Ejercicios para el Capítulo 8

Ejercicio 1: ¿Son ciertas o falsas las siguientes afirmaciones?

En las cuentas nacionales: a) una ganancia por tenencia aumenta el ingreso de los agentes; b) Una pérdida por tenencia disminuye el ingreso de los agentes; c) en general, una operación se registra cuatro veces; d) toda operación no financiera tiene una contrapartida que se registra como una operación financiera; e) toda operación financiera tiene una contrapartida que se registra como una operación no financiera; f) el precio de un activo permanece constante e igual a su precio de adquisición; g) el capital humano se incluye en la valoración de la riqueza nacional; h) en una economía cerrada la suma de los saldos contables B9 es cero; i) cuando se reembolsa un préstamo, se registra un incremento del activo; j) en las cuentas de un agente, la diferencia entre los valores netos al 31 de diciembre del año corriente y el 31 de diciembre del año anterior se explica únicamente por el saldo contable B9.

Ejercicio 2: Registro cuádruple

Un miembro del hogar H trabaja en una empresa C, que vende directamente su producción (porque es también supermercado). Para simplificar los registros se supone que todas las relaciones económicas del hogar se realizan con esta empresa. H recibe de la empresa un salario de 40 000 y consume 30 000 en productos de la empresa. Con los restantes 10 000, el hogar compra nuevas acciones de C por un valor de 2 000, y con los restantes 8 000 cancela parte de una deuda de 15 000, que había contraído con su empleador el año anterior. La empresa paga a H un dividendo de 200 y H paga a la empresa intereses por la deuda que tiene contraída por valor de 300. Finalmente, la empresa concede a H otro préstamo de 9 000. Elaborar las cuentas T, tanto financieras como no financieras. Comprobar las identidades contables. La contabilización del préstamo de 9 000 que C ha concedido a H, ¿hubiera sido la misma en el caso de que C hubiera sido un banco? Entre estas operaciones encontrar una que sea puramente financiera y demostrar que no tiene impacto en B9 y, por tanto, que no lo tiene en el patrimonio neto.

Ejercicio 3 (difícil): Aplicación de la contabilización por causación

Suponga que un agente, en este caso el gobierno central, se compromete a pagar prestaciones de jubilación por un valor S durante un período de T años, en contrapartida por el pago por los hogares el año 0 de una suma A, lo que se puede asimilar a una cotización. Se pide registrar esta operación en cuentas nacionales teniendo en cuenta cuándo se causan los derechos y obligaciones.

Pregunta 1: mostrar la relación entre A y la serie de pagos S apoyándose en el cálculo del valor presente.

Pregunta 2: contabilizar la operación inicial y la serie de pagos S utilizando cuentas financieras tipo T, sin intervención de intereses.

Pregunta 3: calcular la deuda residual del gobierno central al final del primer período de pago de las prestaciones y mostrar que es diferente de su valor presente. Deducir que es necesario registrar intereses. Elaborar todas las correspondientes cuentas T. Hacer un ejercicio paralelo con un préstamo. Justificar por qué el saldo contable B9 del gobierno central es negativo. Concluir que si se tienen en cuenta intereses la operación no afecta al patrimonio (la riqueza) de los agentes.

Ejercicio 4: Cálculo del valor de un bono

Este ejercicio es una aplicación directa de la sección Precisiones adicionales en la que se discute el valor de un activo en la teoría económica. El interés de mercado es 4% anual. Sea un bono del Tesoro de 1 500 USD emitido en 2004 que incorpora cupones de 60 USD por año durante 10 años.

Pregunta 1: verificar que el bono fue emitido a la tasa del mercado y que su precio de emisión corresponde al valor presente de su renta futura.

Pregunta 2: suponga que en 2007 la tasa de interés de este tipo de bonos del Tesoro se eleva hasta el 6% anual. ¿Cuál será el nuevo precio del bono en el mercado secundario? ¿Cómo registrarán las cuentas nacionales esta diferencia en precio en el caso del tenedor y en del emisor del bono? Comentar.

Pregunta 3: regrese a la pregunta 1. Suponga que el estado emite el mismo bono a un precio de 1 250 USD ¿Cómo debería tratarse la diferencia entre este precio y el precio de mercado en contabilidad nacional?

Pregunta 4: suponga que el estado emite este bono en forma de bono cupón-cero y lo pone a la venta al precio de 1 014 USD. ¿Cómo debería tratarse este caso en cuentas nacionales?

Ejercicio 5: Tratamiento de la cancelación de deuda

Apoyándose en los principios del registro en partida cuádruple, registrar las operaciones por medio de las que el Gobierno español cancela una deuda de

1 000 concedida a una sociedad no financiera que no ha pagado sus impuestos. Elabore cuentas financieras simplificadas en T para los dos agentes antes de llevarse a cabo la operación y después describa los términos de la operación. Identifique el impacto sobre los saldos contables B9s del gobierno central y la empresa. Justificar económicamente estos resultados. Deducir de las identidades contables de los saldos B9s (no financiero y financiero) que es absolutamente necesario incorporar un registro de contrapartida en las operaciones no financieras (una transferencia de capital, código D99).

Extraiga las conclusiones pertinentes sobre el impacto en el gobierno central de una cancelación de deuda concedida por España a un país en vías de desarrollo. Discutir.

Ejercicio 6: Cálculo de operaciones a partir de stocks a valores de mercado

Las fuentes de las cuentas financieras son principalmente los estados financieros de los bancos. La diferencia entre el final de un año y el final del año anterior en estos balances ($S^t - S^{t-1}$) constituye el flujo (F), pero como se ha visto es necesario distinguir entre un flujo y una revalorización. Cada uno de estos dos elementos tiene que estimarse haciendo hipótesis simples. Este ejercicio busca mostrar este cálculo. El punto de partida es la siguiente ecuación:

$S^t = S^{t-1} + vS^{t-1} + F + \frac{v}{2}F$, donde v designa la variación de los precios entre t-1 y t. Esta ecuación expresa que el stock al final del período t, es decir, S^t, es igual al stock al final del período t-1, es decir, St-1, más la revalorización del stock mantenido al principio del período t (que es igual a la del final del período t-1), vS^{t-1}, más la transacción (F) más la revalorización de la operación $\frac{v}{2}F$. La hipótesis implícita es que la operación se realiza a la mitad del período, por eso se introduce el término $\frac{v}{2}$.

Aplicar esta ecuación para calcular F en el caso siguiente referido a un préstamo denominado en USD.

Se supone que S^{t-1} (en euros) = 1 000; S^t = 1 500; tasa de cambio $\frac{USD}{euro}$ al final de t – 1 = 1; tipo de cambio $\frac{USD}{euro}$ al final de t = 0.8.

Las soluciones a estos problemas se encuentran en el sitio web de la OCDE.

Comprendiendo las Cuentas Nacionales
Segunda edición

Capítulo 9

Las cuentas del gobierno general

Este capítulo describe las cuentas del gobierno general y esquematiza la composición de estas últimas. Explica luego, como calcular los cuatro principales indicadores de finanzas públicas: el déficit del gobierno general, la deuda del gobierno general, el gasto del gobierno general y los impuestos y contribuciones sociales obligatorias.

La OCDE publica los *Economic Surveys* sobre países miembros individuales que contienen siempre un análisis detallado de los datos de finanzas públicas, en el que, a veces, se critica la política fiscal de los gobiernos. Lo que sigue es un extracto del *Economic Survey* sobre Francia, publicado en marzo de 2013:

> *"Desde finales de los años setenta, el presupuesto del gobierno general siempre ha estado en déficit, resultado de una tendencia creciente en la relación entre deuda pública y PIB. El cumplimiento de los objetivos presupuestales durante los tres últimos años ha mejorado la credibilidad fiscal de Francia, tal como se refleja en las bajas tasas de interés de su deuda pública. La relación de la deuda pública al PIB (definición de Maastricht) proyectada por la OCDE, ha subido de 57% en 2001 a 91% en 2012, antes de alcanzar cerca del 96% del PIB en 2014. El recorte substancial del endeudamiento público es crucial para asegurar la estabilidad macroeconómica y el apoyo al crecimiento de largo plazo. La relación del gasto público al PIB se estabilizará en el 2013 al mismo nivel de 2011 y 2012, es decir, 56.3%. Debe reducirse progresivamente hasta 53.1% en 2017. Sin embargo, aún no se han decidido las medidas específicas para reducir el gasto. Los aumentos de impuesto pueden, en el corto plazo, ser más atractivos que los recortes del gasto puesto que despiertan una menor resistencia social que podría enervar a los mercados financieros. Pero se cree que en el mediano plazo los recortes del gasto afectan menos el crecimiento económico que los aumentos de impuestos, quizás por el hecho de reflejar un compromiso más fuerte y duradero. Frente a unos impuestos que ya son altos en Francia, depender demasiado de aumentos tributarios para la consolidación fiscal podría revelarse arriesgado en el mediano plazo."* (OCDE, 2013).

Como lo muestra el Cuadro 9.1 (publicado por el INSEE, la entidad oficial de estadística de Francia) el déficit público fue del 7.5% en 2009, pero se redujo a 4.8% en 2012, un nivel considerablemente más alto que el techo establecido por el Tratado de Maastricht para los países miembros de la Unión Europea (U.E). Además, la deuda pública francesa excedió el otro límite de Maastricht del 60%, en el 2009 y creció aún más entre 2010 y 2012. Estos resultados se deben a la continua deriva alcista del gasto público (56% del PIB en 2012), mientras que las contribuciones obligatorias (impuestos y contribuciones sociales), principal fuente de ingreso para el gobierno general, continúan aumentando como porcentaje del PIB (45.0% en 2012). Los economistas de la OCDE también utilizan un indicador denominado "*déficit estructural*", para entender mejor la tendencia subyacente de las políticas fiscales (véase el Recuadro 9.1. El saldo financiero ajustado cíclicamente (o déficit estructural)).

Todos los indicadores que se acaban de citar proceden directamente de las cuentas nacionales publicadas por el INSEE para el sector del gobierno general. Esto no es una sorpresa. Dado que el gobierno general es el mayor agente macroeconómico, es normal utilizar cuentas macroeconómicas para analizar su política. Pero son los criterios de Maastricht, basados en definiciones que pertenecen al ámbito de las cuentas nacionales, los que han favorecido la utilización de las cuentas nacionales por los Estados miembros de la U.E. para analizar sus finanzas públicas (véase la sección "Los criterios de Maastricht", en las Precisiones adicionales que figuran al final del capítulo). Desde la promulgación de estos criterios, el cálculo de las cuentas del gobierno se ha convertido en una parte muy importante del trabajo de los contables nacionales europeos, hasta el punto de que las cuentas nacionales se podrían apodar como las cuentas del PIB más "S13-B9" (que es el código para el superávit o el déficit del gobierno general). Los macroeconomistas deberían profundizar en el conocimiento de las definiciones si no quieren arriesgarse a hablar sin sentido.

Cuadro 9.1. **Francia: Las cuentas del gobierno general para 2012**

Porcentaje del PIB

	2009	2010	2011	2012
Déficit del gobierno general*	-7.5	-7.1	-5.3	-4.8
Deuda del gobierno general*	79.2	82.4	85.8	90.2
Gasto del gobierno general	56.8	56.6	55.9	56.6
Impuestos y contribuciones de seguridad social obligatorias	42.1	42.5	43.7	45.0

* De acuerdo con los Criterios de Maastricht.

Fuente: INSEE Databases (2013), Statistical indices and series: Macroeconomic Database: National Accounts, *www.insee.fr/en/information/2512785*.

StatLink http://dx.doi.org/10.1787/888933736545

Se inicia este capítulo con la descripción de las cuentas del gobierno general por medio de un esquema simplificado. Luego se esboza la composición del gobierno general, y se termina con la forma cómo se calculan los cuatro indicadores clave de las finanzas públicas que figuran en el Cuadro 9.1.

Recuadro 9.1. **El saldo financiero ajustado cíclicamente (o déficit estructural)**

Los ingresos y gastos del gobierno general suelen ser muy sensibles a la evolución de la economía. Los ingresos fiscales tienden a caer durante los períodos de recesión; el ingreso y el consumo se desaceleran, mientras que, al mismo tiempo, el gasto público puede crecer, ya que hay más gente desempleada y con derecho a asistencia social y a prestaciones de desempleo. Por otra parte, durante los períodos de auge, las finanzas públicas mejoran, ya

Recuadro 9.1. **El saldo financiero ajustado cíclicamente (o déficit estructural)** *(cont.)*

que los impuestos se disparan y el número de los que reciben prestaciones sociales suele disminuir. Estas fluctuaciones en los ingresos fiscales y en el gasto público – en ausencia de un cambio discrecional de la política económica – hacen difícil valorar si la política fiscal es expansiva, neutra o restrictiva para un período dado, y juzgar si los desequilibrios fiscales son sostenibles a largo plazo. Para responder a estas preguntas fundamentales los economistas han desarrollado el concepto de saldo fiscal, ajustado cíclicamente – también llamado "saldo estructural" o, cuando es negativo, "déficit estructural" – mediante la separación de los componentes cíclico y estructural de los saldos del sector gobierno general en las cuentas nacionales. Para obtener estos saldos públicos ajustados del ciclo se necesita: 1) definir cuál sería la producción potencial (o estructural) de un país (véase el Capítulo 4), y 2) estimar cómo reaccionan los ingresos fiscales y el gasto público cuando la producción efectiva se desvía de la producción potencial durante el ciclo económico. Girouard y André (2005) han explicado con detalle la metodología que utiliza la OCDE.

Se debe tener en cuenta que algunos factores excepcionales pueden hacer que sean discutibles las comparaciones de los datos de finanzas públicas ajustados cíclicamente entre países y a lo largo del tiempo, si estos no se corrigen. Los ejemplos incluyen las transferencias desde una empresa pública al sector gobierno general de los pasivos contraídos con su personal por concepto de compromisos de pensiones futuras, acompañadas de la transferencia de los activos actuales del fondo de pensiones de ese personal, desde la empresa pública al sector gobierno general. En el SCN 1993, esta última transferencia mejorará el saldo ajustado del ciclo en el momento de la transferencia, pero, a largo plazo, el saldo sufrirá un deterioro. Por lo tanto, los economistas en la Comunidad Europea y en la OCDE descartan no solo el impacto del ciclo económico, sino también el de estos casos únicos. Sin embargo, la definición de lo que se considera "excepcional" sigue siendo borrosa.

9.1. Un esquema simplificado de cuentas del gobierno general

El Gobierno general (GG) constituye un **sector institucional** muy importante, que comprende: el gobierno central, los gobiernos locales y los fondos de seguridad social. En los países federales (como Alemania), también incluye las autoridades estatales (llamadas "Länder"). El código oficial del sector gobierno general en las cuentas nacionales es "S13". En síntesis, se puede decir que este sector tiene dos funciones: la producción de servicios de no mercado (educación, salud, defensa nacional, policía, etc.) y la redistribución del ingreso (prestaciones sociales, subsidios). Para financiar el costo de estas funciones, el gobierno general recauda impuestos y contribuciones de seguridad social. Parte de estos recursos se utilizan para pagar los salarios de los empleados públicos y el consumo intermedio y la inversión necesaria para producir los servicios de no mercado prestados gratuitamente. El resto se redistribuye bajo forma de prestaciones sociales o de subsidios.

Los contables nacionales utilizan estructuras contables comunes para todos los sectores institucionales, estén estos conformados por sociedades privadas o por el gobierno. Sin embargo, hay que recordar que las agencias gubernamentales se estructuran de manera diferente a las empresas. Por una parte, los servicios del gobierno no tienen precios de venta, puesto que son gratuitos; por la otra, las unidades del gobierno general no tienen como fin obtener beneficios. De hecho, los economistas utilizan diferentes agregados, dependiendo de si están estudiando a las empresas o al gobierno: en el caso de las empresas tienen en cuenta el porcentaje de beneficios (excedente neto de explotación/valor agregado neto), mientras que en el caso del gobierno, miran principalmente la capacidad/necesidad de financiación (**préstamo neto/ endeudamiento neto**), cuyo código es B9.

Recuadro 9.2. **¿Por qué se concede tanta importancia al ítem B9?**

En lo que respecta al gobierno general, el saldo contable B9 (capacidad/ necesidad de financiación) es igual a los ingresos menos los gastos. Un B9 negativo muestra la existencia de un déficit público o una necesidad de financiación, y como su nombre lo indica el gobierno tiene que endeudarse para financiarlo. El gobierno general debe esforzarse, sobre una base estructural, por no gastar más de lo que recibe. En general, la necesidad de financiación produce un incremento de la deuda pública y, por tanto, de la carga de intereses a los que han de hacer frente las generaciones futuras. Un B9 positivo muestra la existencia de capacidad de financiación, es decir, de un superávit público, que permite al gobierno reducir su deuda. B9 es uno de los principales criterios del Tratado de Maastricht (véase las Precisiones adicionales que figuran al final del capítulo). Por esta razón, los países europeos siguen con mucha atención la evolución de este saldo contable.

Varios países no europeos – por ejemplo, los Estados Unidos – prefieren utilizar un saldo diferente, concretamente el ahorro neto (B8N). La desventaja del saldo contable B9 es que puede llegar a ser negativo como consecuencia de la inversión realizada por el gobierno, que, en la mayoría de los casos, se considera como algo esencialmente positivo porque puede estimular la producción futura. El ahorro neto (B8N) tiene la ventaja de no estar afectado por un determinado monto de la inversión realizada en un período determinado, limitándose a reflejar operaciones corrientes, a saber: ingresos y gastos corrientes (incluido el consumo de capital fijo). La regla que se imponen los

Recuadro 9.2. **¿Por qué se concede tanta importancia al ítem B9?** *(cont.)*

países que utilizan el saldo contable B8N es que los ingresos corrientes deberían, en promedio, cubrir los gastos corrientes, permitiendo que la inversión pueda ser financiada por medio de endeudamiento. Esta norma suele denominarse la "regla de oro".

El siguiente esquema simplificado de las cuentas del gobierno general ilustra cómo las cuentas nacionales introducen las operaciones de no mercado, que, en principio, son específicas de este sector, en la estructura general del Sistema. Como en el caso de los otros sectores institucionales, la cuenta se muestra en el formato tradicional tipo "T", donde figuras los "usos" a la izquierda y los "recursos" a la derecha. Las zonas sombreadas de la cuenta representan las operaciones monetarias realmente registradas (es decir, los ingresos y gastos) que son: en los "recursos", impuestos y contribuciones de seguridad social, y en los "usos", remuneración de los asalariados, consumo intermedio, subsidios, prestaciones sociales, intereses de la deuda pública y FBCF. Al final de esta zona sombreada hay una fila que muestra el saldo contable capacidad/necesidad de financiación. Todos estos montos se calculan a precios corrientes.

Ahora se debe agregar a esta estructura los elementos que no se basan en operaciones monetarias (ya que el precio es cero). Esta parte inventada (o "imputada") se muestra en letra cursiva en las zonas no sombreadas. En la esquina superior derecha de la cuenta, figura entre los recursos la producción de servicios de no mercado definida como igual a los costos totales (remuneración de los asalariados más consumo intermedio más consumo de capital fijo, véase el Capítulo 4). Como resultado, el beneficio – es decir, el excedente neto de explotación (ENE) – es cero, lo que no es una sorpresa, ya que las agencias gubernamentales son, fundamentalmente, instituciones sin propósito de lucro. Esta producción de servicios no de mercado se presta a los hogares y a las empresas, pero no se registra como consumo en las cuentas de estos sectores, sino que se contabiliza como consumo del gobierno mismo. Por tanto, para contrabalancear estos recursos por concepto de producción "imputada", se incluye, entre los usos de la cuenta, el consumo final del gobierno general, que es igual a la producción de no mercado (para completar lo que aquí se describe de forma simplificada, véase más adelante el Recuadro 9.4. Definición del gasto de consumo final del gobierno general).

Es muy importante tener en cuenta que el "gasto de consumo final del gobierno general" es una convención contable. En la práctica, el gobierno general no consume su producción. Son los hogares y las empresas los que la consumen en la forma de servicios públicos. Sin embargo, como no existen operaciones

Cuenta del gobierno general: Diagrama simplificado

Las áreas sombreadas indican flujos monetarios, las áreas sin sombra corresponden a flujos imputados

Usos	Recursos
	Producción de servicios de no mercado
Remuneración de los empleados	
Consumo intermedio	
Consumo de capital fijo	Beneficio = ENE = 0
Subsidios	Impuestos
Prestaciones sociales	
Interés de la deuda	
	Contribución social
Consumo final igual (con alguna simplificación) a la producción de servicios de no mercado	
Formación bruta de capital fijo FBCF	
Capacidad/necesidad de financiación	

monetarias (los servicios se prestan a título gratuito), los contables nacionales han abandonado la idea de atribuir este consumo a los hogares y a las empresas y han optado por asignarlo al propio gobierno general. Sin embargo, puede también observarse que si se incorporan a la cuenta los ítems "imputados" (producción de servicios de no mercado y consumo final) no se produce ninguna diferencia en el último ítem de la cuenta (es decir, en la capacidad/necesidad de financiación), porque los recursos adicionales se compensan con los usos adicionales. Al final, la capacidad/necesidad de financiación permanece igual a la diferencia entre los ingresos y los gastos efectivos.

Hay excepciones a la regla de que solo las operaciones efectivamente realizadas afectan el cálculo de la capacidad/necesidad de financiación. Por ejemplo, a pesar de que no se ha realizado ningún pago efectivo, cuando una unidad del gobierno general condona una deuda contraída por un país en vías de desarrollo, el monto de la deuda condonada se registra como un gasto (una transferencia de capital) en las cuentas nacionales y, por tanto, afecta la capacidad/necesidad de financiación.

Para concluir debe tenerse en cuenta que este esquema simplificado de las cuentas del gobierno general introduce cuatro importantes cuasi-principios: 1) el saldo contable más importante es la capacidad/necesidad de financiación, que es la diferencia entre los ingresos y los gastos efectivos; 2) la producción de servicios de no mercado es, por definición, igual a los costos incurridos para realizarla; 3) el excedente neto de explotación del gobierno general es cero, y 4) por convención, el gobierno general consume lo que produce.

9.2. Estructura detallada de las cuentas del gobierno general

Una serie completa de las cuentas de Francia referidas al año 2011 (que incluye las cuentas financieras y los balances) se muestra en las dos páginas siguientes. Estas cuentas ilustran como se integran las cuentas del gobierno general en las cuentas nacionales, desde la cuenta de producción hasta el balance. A diferencia del modelo de cuentas tipo T, que presenta los usos a la izquierda y los recursos a la derecha, en este caso se presentan los usos debajo de los recursos. Se trata simplemente de una cuestión de presentación que no afecta al análisis.

Como es característico, cada cuenta termina en un saldo contable, que está codificado con una B mayúscula (por ejemplo, "B1 Valor agregado bruto") que aparece, en el lado de los usos, en la parte más alta de la cuenta, y en el lado de los recursos, en la parte más baja. Por ejemplo, el saldo contable de la cuenta de producción es el valor agregado bruto, que se muestra de nuevo después en el lado de los recursos en la cuenta de generación del ingreso. Algunos saldos contables intermedios (por ejemplo, el ingreso disponible) también aparecen en las cuentas, a pesar de que no tienen un significado especial en el caso del gobierno general, por lo que raras veces los comentan los economistas. En contraste, el saldo contable final, "B9 Capacidad/ necesidad de financiación" es muy significativo. Algunas operaciones secundarias aparecen agrupadas en el rubro "diversos", porque son marginales e interesan solo a especialistas.

La cuenta empieza por la producción del gobierno general, que consiste fundamentalmente en **producción de no mercado** (376.8 miles de millones de euros en 2011), cuya definición y evaluación se han explicado en el esquema y en el Capítulo 4.

El nombre oficial de este rubro es "Otra producción de no mercado", pero en el texto y en el diagrama se ha simplificado.

Pero hay también un cierto monto de producción de mercado, y producción para uso final propio (que en conjunto representan 59.4 miles de millones de euros). La producción de mercado se compone de ventas realizadas por el gobierno general (de publicaciones, de medicinas por los hospitales, exportaciones de buques de guerra por los astilleros navales, ventas de agua por asociaciones de comunas). La producción para uso final propio consiste principalmente en los costos de producir software interno.

Después de deducir de la producción total un consumo intermedio de 109.6 miles de millones de euros (que representa la totalidad de los costos de funcionamiento operativo, tales como papel, teléfono, alquileres, etc.), el gobierno general obtiene un valor agregado de 326.7 miles de millones de euros, lo que equivale al 16.3% del PIB (véase el Recuadro 9.3. Limitaciones y dificultades en el uso de los porcentajes del PIB). La mayoría de los gastos que se reflejan en la cuenta de generación del ingreso corresponden a la remuneración de los funcionarios (262.7 miles de millones de euros), que incluyen contribuciones sociales, tanto efectivas como imputadas (véase el Capítulo 6) del empleador. Las contribuciones imputadas son bastante elevadas para el gobierno general porque, en Francia, el Estado es también el administrador del sistema de jubilación de sus propios empleados, por lo que no paga contribuciones como empleador. Debido a ello, este rubro tiene que imputarse para estimar el costo efectivo de emplear a los funcionarios.

Cuadro 9.2. **Cuentas no financieras del gobierno general**

Francia, 2011, miles de millones de euros

	Cuenta de producción	
	Total recursos	
P11_P12	Produccion de mercado y para uso final propio	59.4
P13	Producción de no mercado	376.8
	Total usos	
P2	Consumo intermedio	109.6
B1G	Producto interno bruto / Valor agregado bruto	326.7
K1	Consumo de capital fijo	53.8
B1N	Producto interno neto / Valor agregado neto	272.9
	Cuenta de generación del ingreso	
	Total recursos	
B1N	Producto interno neto / Valor agregado neto	272.9
	Total usos	
D1	Remuneración a los asalariados	262.7
	Gastos varios	6.3
B2N	Excedente neto de operación	3.8
	Cuenta de asignación del ingreso primario	
	Total recursos	
B2N	Excedente neto de operación	3.8
D2	Impuestos sobre la producción y las importaciones, por recibir	305.2
	Gastos varios	-13.4
	Total usos	
D41	Intereses	52.6
B5N	Ingreso nacional neto / Saldo neto de ingresos primarios	242.9
	Cuenta de distribución secundaria del ingreso	
	Total recursos	
B5N	Ingreso nacional neto / Saldo neto de ingresos primarios	242.9
D5	Impuestos corrientes sobre el ingreso, la riqueza, etc.	224.6
D61	Contribuciones sociales	375.6
D7	Otras transferencias corrientes	14.3

Cuadro 9.2. **Cuentas no financieras del gobierno general** *(cont.)*

Francia, 2011, miles de millones de euros

	Total usos	
D5	Impuestos corrientes sobre el ingreso, la riqueza, etc., por pagar	0.1
D62	Prestaciones sociales distintas de transferencias sociales en especie	388.7
D631	Transferencias sociales en especie (via productores de mercado)	122.0
D7	Otras transferencias corrientes	64.9
B6N	Ingreso disponible neto	403.7
	Cuenta de utilización del ingreso	
	Total recursos	
B6N	Ingreso disponible neto	403.7
	Total usos	
P3	Gasto de consumo final	490.0
P31	– Gasto de consumo individual	320.5
P32	– Gasto de consumo colectivo	169.5
B8N	Ahorro neto	-86.2
	Cuenta de Capital	
	Total recursos	
B8N	Ahorro neto	-86.2
	Transferencias de capital netas	-9.1
	Total usos	
P5	Formación de capital bruta	62.5
	– FBCF	62.7
	– Otra	-0.2
K1	Consumo de capital fijo	53.8
P5N	Formación de capital neta	8.7
B9	Capacidad (+)/Necesidad (-) de financiación	-105.9
	Cuenta financiera	
	Cambios en pasivos (flujos de transacciones)	133.3
F2	Dinero y depósitos	7.1
F3	Títulos Valores distintos de acciones	125.1
F4	Préstamos	-9.6
F5	Acciones y otras participaciones de capital	
F6	Reservas técnicas de seguros	
F7	Otras cuentas por pagar	10.8
	Cambios en activos (flujos de transacciones)	27.5
F1	Oro monetario y DEG	
F2	Dinero y depósitos	15.9
F3	Títulos valores distintos de acciones	-4.7
F4	Préstamos	7.0
F5	Acciones y otras participaciones de capital	-4.8
F6	Reservas técnicas de seguros	0.0
F7	Otras cuentas por recibir	14.1

StatLink http://dx.doi.org/10.1787/888933736564

Cuadro 9.3. **Balance del gobierno general, 2011**

	Valor al principio de 2011	Transacciones	Consumo de capital fijo	Revalorizaciones	Otros cambio en volumen y ajustes	Valor al final de 2011
Activos no financieros	1 693.8	63.0	53.6	54.6	5.6	1 763.4
Activos financieros (consolidados)	921.4	31.4	0.0	-30.0	-1.1	921.7
Pasivos financieros (consolidados)	2 030.9	135.3	0.0	11.6	0.1	2 177.8
Patrimonio neto	584.3	-40.9	53.6	13.1	4.4	507.2

Fuentes: INSEE Databases (2013), Statistical indices and series: Macroeconomic Database: National Accounts, *www.insee.fr/en/information/2512785*; OECD (2014), General Government Accounts: Main aggregates, OECD National Accounts Statistics (database), *http://dx.doi.org/10.1787/data-00020-en* and OECD (2014), Financial Accounts: Consolidated flows, annual, OECD National Accounts Statistics (database), *http://dx.doi.org/10.1787/data-00022-en.*

StatLink http://dx.doi.org/10.1787/888933736583

El excedente neto de explotación, que mide el beneficio, es igual a 3.8 miles de millones de euros, es decir, prácticamente cero a este nivel de cuentas macroeconómicas. Sorprende este resultado pues se había afirmado que debía ser cero, por definición. El hecho es que el esquema anterior supone una extrema simplificación, ya que algunas pequeñas unidades del gobierno operan como empresas de mercado (por ejemplo, algunas que se ocupan del tratamiento y distribución de agua) y obtienen beneficios o incurren en pérdidas. El monto es muy reducido, pero sin embargo se debe considerar como una cuestión de principio que, el **excedente neto de explotación del gobierno general es nulo**. Esta es una de las ecuaciones fundamentales de las cuentas nacionales.

Recuadro 9.3. **Limitaciones y dificultades en el uso de los porcentajes del PIB**

Normalmente todos los principales indicadores de finanzas públicas se expresan como porcentaje del PIB, es decir, dividiendo el monto del agregado de que se trate por el PIB a precios corrientes, y multiplicando por 100. Esto permite hacer comparaciones internacionales, tales como las que se realizan entre los déficits de diferentes países (expresados en miles de millones de euros, o de dólares, o en cualquier otra moneda), pues tendría poco sentido hacerlo de otra forma, ya que para el mismo valor absoluto del déficit un país grande es más capaz de financiar sus desequilibrios que un país pequeño, cuya recaudación fiscal y potencial de endeudamiento son más reducidos. La presentación en porcentaje del PIB se aplica a todos los indicadores de finanzas públicas y especialmente a los gastos totales del gobierno y al total de la presión fiscal, que es la suma de los impuestos y de las contribuciones sociales obligatorias. Estos dos últimos indicadores se utilizan ampliamente para medir la importancia del papel del gobierno en la economía, que en Francia es muy

Recuadro 9.3. **Limitaciones y dificultades en el uso de los porcentajes del PIB** *(cont.)*

elevado (el mayor entre los países de la OCDE). Sin embargo, esta aproximación es objeto de críticas. El PIB es la suma de los valores agregados. Por tanto, en sentido estricto la importancia de la actividad del gobierno en relación con el PIB debería medirse como la contribución de su valor agregado al PIB, esto es, en el caso de Francia, el 16.3%. Pero incluso usando esta referencia más estricta Francia continuaría teniendo una de las proporciones más elevadas de la actividad del gobierno en relación con el PIB en la OCDE.

Aparecen a continuación dos cuentas importantes, la de asignación del ingreso primario y la distribución secundaria del ingreso.

La diferencia entre "asignación del ingreso primario" y "distribución secundaria del ingreso" es un tanto artificial y no debería considerarse una característica relevante.

Entre los recursos de ellas están los denominados "impuestos indirectos" conocidos en cuentas nacionales como **impuestos sobre la producción y las importaciones** (305.2 miles de millones de euros) y que, en el caso de Francia, consisten fundamentalmente en el IVA (Impuesto sobre el Valor Agregado) y el IIPP (Impuesto Interno sobre Productos Petrolíferos). Entre los usos se destacan los intereses de la deuda pública (52.6 miles de millones de euros). Se debe observar, más abajo, la suma sustancial derivada de los llamados impuestos directos, que en cuentas nacionales se denominan **impuestos sobre el ingreso y el patrimonio** (224.6 miles de millones de euros), y que incluyen el impuesto al ingreso de las personas físicas y el impuesto de sociedades junto a otros, entre ellos, en el caso de Francia, el impuesto a la riqueza. Los recursos también incluyen un monto importante por concepto de contribuciones sociales recibidas por las administraciones de la seguridad social (375.6 miles de millones de euros), que se distribuyen posteriormente a los hogares. Hay que tener en cuenta que los fondos de seguridad social no se financian exclusivamente con contribuciones sociales, sino también mediante impuestos específicos y, a veces, mediante endeudamiento. Los impuestos y las contribuciones de seguridad social se miden aplicando el criterio de causación (ver al final del capítulo la sección La contabilización por causación en las cuentas del gobierno general).

El análisis de las prestaciones sociales en contabilidad nacional es algo complicado. La clasificación de las operaciones distingue entre **prestaciones sociales diferentes de las transferencias sociales en especie** (D62) y

transferencias sociales en especie (D631). Una gran parte de los pagos a los hogares por los fondos de seguridad social, otros seguros sociales y unidades de asistencia social (por concepto de pensiones, prestaciones de maternidad, subsidios familiares, auxilios por defunción, etc.) se recogen en el ítem D62. Esta parte (388.7 miles de millones de euros) aparece entre los usos de la cuenta del gobierno general como "prestaciones sociales" (y como un recurso en la cuenta de los hogares). Sin embargo, otra parte sustancial de las prestaciones sociales (122.0 miles de millones de euros) se clasifica en el rubro D631. Este rubro incluye reembolsos a los hogares por los pagos de servicios de salud que estos han realizado (medicinas, visitas médicas y costo del transporte de pacientes) y por gastos de asistencia médica a domicilio y subsidios de vivienda. Puede sorprender que estas prestaciones no figuren en las cuentas como prestaciones sociales recibidas por los hogares sino como "transferencias sociales en especie" en una cuenta complementaria denominada "ingreso disponible ajustado", y se contabiliza como gasto de consumo final de las gobierno general y no como consumo de los hogares.

Esto explica por qué el total registrado como **(P3) gasto de consumo final del gobierno general** (490.0 miles de millones de euros) es más elevado que la producción de no mercado (376.8 miles de millones de euros). Según se ha explicado en el párrafo anterior, la mayor parte de las **transferencias sociales en especie** corresponde a las compras hechas por el gobierno general, de bienes y servicios producidos por los productores de mercado, que después se suministran a los hogares, lo que se registra como gasto de consumo final del gobierno general y no como prestaciones sociales. Para complicar un poco más las cosas, las cuentas nacionales contabilizan como "pagos parciales" recibidos de los hogares, las ventas por parte del gobierno general de una pequeña parte de su producción de no mercado. En el caso de Francia, estos pagos parciales corresponden a tarifas por días de permanencia en hospitales, que representan una fracción muy reducida de los costos de hospitalización. Estos pagos parciales no deben figurar como parte del consumo final del gobierno general, sino que deben registrarse directamente como consumo de los hogares. Por lo tanto, la fórmula que define exactamente el gasto de consumo final del gobierno general es más complicada de lo que podía deducirse del esquema simplificado y se muestra en el Recuadro 9.4.

El gasto de consumo final del gobierno general se divide en **gasto de consumo individual** (320.5 miles de millones de euros) y **gasto de consumo colectivo** (131.8 miles de millones de euros). El primero de ellos incluye gastos del gobierno general que, sin duda alguna, pueden atribuirse a los hogares y consiste fundamentalmente en gastos en educación y en el cuidado de la salud. El segundo comprende todos los otros gastos, es decir, la parte de la que no se puede saber exactamente si los consumidores son hogares o empresas. Estos gastos de consumo colectivo incluyen conceptos tales como los gastos en

Recuadro 9.4. **Definición del gasto de consumo final del gobierno general**

P3/S13 Gasto de consumo final del gobierno general = P13/S13 Producción de no mercado – P131/S13 Pagos parciales por los hogares + [D6311 + D63121 + D63131]/S13 Transferencias sociales en especie, correspondientes a las compras de productos suministrados a los hogares vía productores de mercado. Aplicando esta fórmula resulta, en miles de millones de euros: 376.8 – 8.9 + 122.0 = 490.0. Desafortunadamente, las últimas dos cifras en el paréntesis no se muestran en el cuadro principal del gobierno general publicado por el INSEE y es necesario consultar cuentas auxiliares para encontrarlas.

administración general, defensa, orden público, etc. Como se indicó en los Capítulos 3 y 5, sumando el gasto de consumo individual del gobierno y el gasto de consumo final de los hogares, se obtiene el **consumo final efectivo de los hogares**, un concepto que, entre otras cosas, se utiliza en las comparaciones internacionales.

Como puede comprobarse en los siguientes ítems de la cuenta, en la columna de usos de la cuenta de capital figura la formación neta de capital del gobierno general, que es igual a la FBC (62.5 miles de millones de euros) menos el consumo de capital fijo (53.8 miles de millones de euros). Finalmente, se encuentra el saldo contable al que tantas referencias se han hecho en este y en los capítulos anteriores, es decir, la **capacidad/necesidad de financiación (B9A)**, que en 2011 fue negativo (-105.9 miles de millones de euros) y que representa el endeudamiento neto o, según se le suele llamar generalmente, el déficit público. Este saldo corresponde al más importante de los criterios de Maastricht. Con él se cierra la secuencia de cuentas del bloque constituido por las **cuentas no financieras** del gobierno general.

A continuación de las cuentas no financieras sigue la cuenta financiera, que muestra cómo el gobierno general ha financiado el déficit. Como puede comprobarse en la parte de "cambios en pasivos" (véanse las definiciones en el Capítulo 8), la financiación se basó principalmente en la emisión de valores – es decir, bonos del Tesoro, denominados en Francia BTF (corto plazo), BTAN (mediano plazo) o OAT (largo plazo) – por una suma de 125.1 miles de millones de euros. No se hará referencia a las operaciones financieras del gobierno general de poca importancia, pero vale la pena comentar el saldo contable "operaciones financieras netas", que no es sino otro nombre de la capacidad/necesidad de financiación (de hecho, tiene un código similar: B9B). Se verá que en el caso de Francia, y a diferencia de lo que sucede en las cuentas, tanto de los hogares como de las sociedades no financieras y de las instituciones financieras, el saldo B9B es exactamente igual al saldo B9A, lo que pone de manifiesto la mayor calidad de la información en que se basa la elaboración de las cuentas del gobierno general (véase, al final del capítulo, en las Precisiones adicionales, la sección "Fuentes: ¿Cómo se obtienen estos datos?").

Se puede comprobar en la fila "pasivos" de los balances, que la importante emisión de bonos del Tesoro durante el período ha contribuido a elevar la deuda pública (en 135.3 miles de millones de euros). El monto de la deuda pública, tal como se define en cuentas nacionales (la cual difiere de la definición de deuda pública según el Tratado de Maastricht) es de 2 177.8 miles de millones. El INSEE estima que el total de los activos del gobierno general a precios corrientes asciende a 2 685.0 miles de millones de euros, de los cuales, 1 763.4 miles de millones son activos no financieros (terrenos, edificios y otras construcciones) y 925.7 miles de millones son activos financieros (fundamentalmente acciones cotizadas y no cotizadas de las empresas públicas). Es interesante comprobar que el patrimonio neto del gobierno general que estima el INSEE ha crecido durante 2011, a pesar de que el gobierno ha incrementado significativamente su deuda durante el período. Ambos mensajes son contradictorios: el primero es positivo y el segundo negativo. El positivo debería tomarse con cautela porque el incremento del patrimonio neto se debe fundamentalmente a las revalorizaciones de los activos no financieros en poder del gobierno (+54.6 miles de millones), que, probablemente, corresponden a las ganancias por tenencia que se han estimado para los edificios públicos. Pero estas estimaciones son solo aproximaciones y como posiblemente sea muy difícil vender edificios gubernamentales, debe considerarse que estos ingresos por revalorizaciones son solo "potenciales".

9.3. ¿Cuál es el ámbito del sector gobierno general?

Las cifras totales del sector gobierno general de las cuentas nacionales dependen de la composición (y por ende de la dimensión) de este sector. Es obvio que unidades tales como el Ministerio de Finanzas o el de Educación forman parte del sector. De hecho, pertenecen a esta agrupación todas las unidades financiadas a través del presupuesto aprobado por el parlamento. Pero suele haber muchas unidades, especialmente en Francia, que están situadas "en la frontera" entre lo público y lo privado o, empleando la expresión propia de las cuentas nacionales, en la frontera "entre los sectores de mercado y de no mercado". Por ejemplo, ¿forman parte del gobierno general los monopolios públicos Électricité de France (EDF) y Servicio Nacional de Correos? ¿Forman parte del gobierno general una universidad o una escuela secundaria? Puesto que la capacidad/necesidad de financiación del gobierno general es igual a la suma de las capacidades/necesidades de financiación de las unidades que lo componen, es sumamente importante saber cuáles son estas unidades para disponer de un cálculo fiable del déficit público y, sobre todo, de un cálculo que sea internacionalmente comparable.

Los contables nacionales conceden especial atención al proceso de decisión por el que se determina cuáles son las **unidades institucionales** que forman parte del gobierno general. Una unidad institucional es un centro elemental de decisión económica caracterizado, por una parte, por la autonomía de decisión en el desempeño de su función principal y, por otra, por la existencia de una contabilidad completa. La autonomía de decisión se juzga por la capacidad de la unidad para asumir responsabilidades, endeudarse y realizar contratos en nombre propio. Si una unidad no tiene estas características, tiene que incluirse en la unidad institucional que toma esas decisiones por ella.

El sector institucional gobierno general se compone de unidades institucionales cuya actividad principal es producir bienes y servicios de no mercado o redistribuir el ingreso y la riqueza de la economía. Los productores de no mercado son los que prestan servicios –y a veces proveen bienes – gratuitamente, o a precios que no son económicamente significativos. Este concepto desempeña un importante papel al determinar si una unidad se clasifica o no dentro del gobierno general. El sistema internacional de cuentas nacionales define los precios que **no son económicamente significativos** como aquellos "que no tienen una influencia significativa en las cantidades que los productores están dispuestos a ofrecer, o en las cantidades que los compradores están dispuestos a comprar". En la práctica, muchos países interpretan que son económicamente no significativos "los precios que cubren menos de la mitad de los costos de producción". Considere el caso de EDF, la empresa eléctrica más grande de Francia, es sin lugar a duda una unidad institucional (tiene una serie completa de cuentas), pero no produce bienes y servicios de no mercado, ya que la electricidad se vende a precios económicamente significativos (los precios cubren los costos: la mayoría de las veces EDF obtiene beneficios). Como otras grandes empresas públicas no financieras francesas (Ferrocarriles, Correos), EDF se incluye en el sector empresas no financieras y no en el sector gobierno general. En el caso de una oficina nacional de estadística como es el INSEE, que no es una unidad institucional porque tiene una autonomía financiera muy limitada y no puede incurrir por cuenta propia en deudas importantes, se le incluye como parte de la unidad institucional que la supervisa, a saber, el Ministerio de Finanzas, que, a su vez, está incluido en la unidad institucional Estado, es decir, en la administración central. Por tanto, el INSEE es parte del gobierno general en tanto que parte de él por la vía de la unidad del gobierno general bajo la cual se ubica. Basados en estos principios generales los contables nacionales han desarrollado un árbol de decisión que contiene tres preguntas aún más precisas (véase el Recuadro 9.5).

El Cuadro 9.4 muestra el sector gobierno general en el caso de Francia (las cifras entre paréntesis indican el gasto total de cada elemento para dar una

Recuadro 9.5. **Árbol de decisiones para establecer si una unidad se clasifica en el sector gobierno general**

El cuestionario se compone de tres preguntas interrelacionadas.

Primera pregunta: ¿Es la unidad en cuestión una unidad institucional? En caso afirmativo, pase a la próxima pregunta; en caso negativo, la unidad se incluye en aquella que la controla (como en el caso de la oficina nacional de estadística discutido más arriba).

Segunda pregunta: ¿Es pública?, es decir, ¿está controlada por una unidad que es parte del gobierno general? En caso afirmativo, pase a la próxima pregunta; en caso negativo, la unidad no forma parte del gobierno general.

Tercera pregunta: ¿Produce bienes y servicios de no mercado? El criterio que se aplica aquí es si los bienes y servicios se venden a "precios que no son económicamente significativos". En la práctica, este concepto se mide teniendo en cuenta el porcentaje que cubren las ventas de los costos de producción. Si cubren menos del 50%, la unidad en cuestión se clasifica en el sector del gobierno general.

Por ejemplo, ¿se puede aplicar este cuestionario a un agricultor? ¿Es una unidad institucional? Sí. ¿Está controlada por una parte de la administración pública? No. Por tanto, los agricultores, cualquiera que sea la importancia de las subvenciones que reciben, no son gobierno general. Sea ahora el caso de la "Red de Ferrocarriles Franceses (RFF)", la empresa pública que gestiona la infraestructura ferroviaria en Francia, mientras la Sociedad Nacional de Ferrocarriles (SNCF) gestiona el transporte que se realiza sobre esa infraestructura. RFF es una unidad institucional controlada por el gobierno general (sus administradores son nombrados por la administración central). Sin embargo, sus ventas (canon de utilización pagado por la SNCF) cubren poco más del 50% de sus costos. Por lo tanto, no es parte del gobierno general. Sin embargo, incluso utilizando este cuestionario, no se llega a dilucidar algunos casos problemáticos, tales como los de algunas unidades financieras, porque la medición de sus ventas plantea problemas de orden práctico.

idea de su importancia[1]). Como puede comprobarse, el sector gobierno general se descompone en tres subsectores: gobierno central (S1311), gobierno local (S1313) y fondos de seguridad social (S1314).

La clasificación internacional tiene cuatro subsectores ya que incluye el subsector "gobierno estatal" (S1312) que corresponde con el nivel "estatal" en el caso de una federación. Por ejemplo, en Alemania, el subsector S1312 incluye los "Länders".

La administración central, es decir, "el Estado" en sentido estricto, es la unidad más grande de la administración pública y sus ingresos y gastos constituyen la mayor parte de la cuenta general del gobierno general (el gasto asciende a 414.6 miles de millones de euros). El gobierno general en Francia también incluye las cuentas de casi 800 organismos, que se conocen con el nombre genérico de "Organismos diversos del gobierno general". Estos organismos son unidades institucionales o cuasi-institucionales, que cumplen los criterios establecidos más arriba. Entre ellos se incluyen universidades, todas las escuelas especializadas en los niveles más altos de educación, el CEA (Comisariado de Energía Atómica) y el CNRS (Centro Nacional de Investigación Científica). Esto muestra claramente la importancia del sector público de educación e investigación en Francia.

Cuadro 9.4. **Composición del sector gobierno general en Francia**

Gobierno general (S13) (Gasto total en 2011: 1 118.5 miles de millones de euros)	Gobierno central (S1311)	Estado (S13111) (Gasto total en 2011 : 414.6 miles de millones de euros)	Presupuesto general Cuentas Especiales del Tesoro Presupuestos auxiliares Operaciones de Tesorería
		Diversas agencias del gobierno central (S13112) (Gasto total en 2011: 79.5 miles de millones de euros)	Comprende cerca de 800 unidades de naturaleza legal variable, en muchos casos establecimientos públicos, de naturaleza administrativa, que reflejan la tradición de un estado centralizado e intervencionista en Francia, especialmente en los campos de la educación superior, investigación y cultura.
	Gobierno local (S1313) (Gasto total en 2011: 253.3 miles de millones de euros)	Autoridades locales (S13131) (Gasto total en 2011: 215.7 miles de millones de euros)	Comunas, departamentos, regiones, asociaciones intercomunales, comunidades urbanas, y empresas semi-oficiales ("régies") de no mercado.
		Diversas agencias del gobierno local (S13132) (Gasto total en 2011: 34.1 miles de millones de euros)	Unidades de no mercado que son parte de comunas o están financiadas localmente; Cámaras de comercio; escuelas secundarias, etc.
	Fondos de seguridad social (S1314) (Gasto total en 2011: 532.1 miles de millones de euros)	Fondos de seguridad social (S13141) (Gasto total en 2011: 508.2 miles de millones de euros)	Sistema general de seguridad social; fondos especiales; otros fondos de pensión complementaria para empleados y trabajadores independientes
		Entidades bajo el control de la seguridad social (S13142) (Gasto total en 2011: 84.6 miles de millones de euros)	Hospitales públicos; otros cuerpos

Fuente: INSEE Databases (2013), Statistical indices and series: Macroeconomic Database: National Accounts, *www.insee.fr/en/information/2512785*.

StatLink http://dx.doi.org/10.1787/888933736602

Las autoridades locales comprenden las regiones (22 en 2014), los departamentos (100) y las "comunas" (36 000), junto con un numeroso grupo de organismos ligados a ellas. Finalmente, los fondos de seguridad social comprenden las grandes cajas (fondos) para asalariados y para trabajadores autónomos (CNAM: enfermedad, CNAF: familia, CNAVTS: jubilación), UNEDIC (seguro de desempleo), los regímenes complementarios de vejez (AGIRC, ARRCO) y el ítem más importante, los hospitales públicos o, para ser más precisos, los hospitales que participan del servicio público hospitalario.

9.4. Los principales indicadores de las finanzas públicas

Estos indicadores son los cuatro que aparecen en el cuadro que se publica al principio del capítulo: 1) el déficit público; 2) la deuda pública; 3) el gasto público, y 4) el total de impuestos más contribuciones sociales. Normalmente estos indicadores se elaboran en términos de porcentajes del PIB (es decir, dividiendo la estimación del agregado de que se trate por el PIB y multiplicando el resultado obtenido por 100). En el caso de los países de la U.E., los dos primeros indicadores están entre los denominados criterios de Maastricht que los países deben reportar (o "notificar") a la Comisión Europea. Los otros dos no forman parte del núcleo central de las cuentas nacionales, pero derivan de ellas. No están incluidos entre los criterios de Maastricht (véase el Recuadro 9.6).

Déficit público: rubro B9A "capacidad/necesidad de financiación del gobierno general". Cuando es negativo existe déficit público y cuando es positivo existe superávit público.

Deuda pública: es el monto total de los pasivos en el balance del gobierno general. En el caso de los países de la Unión Europea (U.E.) existen tres razones por las que la deuda pública notificada a la Comisión Europea sea diferente del total de los pasivos del gobierno general que aparecen en las cuentas nacionales. Primera, la deuda notificada está consolidada, es decir que lo debido por una unidad del gobierno general a otra se cancelan, por ejemplo, la deuda del gobierno central frente a las autoridades locales. Segunda, la deuda notificada se registra según su valor nominal y no según su valor de mercado, como se registra en cuentas nacionales. Por último, la deuda notificada incluye solo una parte de la deuda, al excluir las que se relacionan con pasivos pensionales, los intereses causados aún no pagados y alguna deuda a muy corto plazo (créditos comerciales y anticipos). El Ejercicio 8 al final de este capítulo muestra la conciliación de estas dos definiciones.

Gasto público: es el gasto total efectivo, es decir, los pagos monetarios, del gobierno general[2]. Este indicador se utiliza frecuentemente para dimensionar el papel que juega el gobierno general en la economía nacional. Los gobiernos franceses de las dos principales tendencias políticas lo han considerado siempre un indicador importante y han intentado hacerlo disminuir.

Total de impuestos y contribuciones sociales: este indicador tiene mucho en común con el anterior, pero se refiere a los ingresos del gobierno general y no a los gastos. Como su nombre indica, refleja los impuestos y contribuciones de seguridad social efectivas (es decir, sin incluir las contribuciones sociales imputadas) que los hogares y las empresas deben pagar a las distintas unidades del gobierno general. En Francia este total es muy elevado, en comparación con otros países (véase el Cuadro 9.5), y todos los gobiernos han tratado de reducirlo.

> *En Francia este indicador se denomina "prélèvements obligatoires", que se puede traducir por gravámenes obligatorios.*

Se debe subrayar que, para los países de la U.E., este total incluye también los impuestos pagados a las instituciones de la U.E. (entre ellos la parte del IVA que se destina a la Unión Europea). Por esta razón es más apropiado referirse a los impuestos y contribuciones sociales *a pagar al gobierno general y a las instituciones de la U.E.*

Cuadro 9.5. **Impuestos y contribuciones sociales obligatorias**

Porcentaje del PIB, 2010

Francia	42.9
Alemania	36.1
Italia	42.9
Suecia	45.5
Estados Unidos	24.8
Total OCDE	**33.8**

Fuente: OECD (2012), "Economy-wide regulation", OECD Product Market Regulation Statistics (database), *http://dx.doi.org/10.1787/data-00593-en.*

StatLink http://dx.doi.org/10.1787/888933736621

Recuadro 9.6. **Medición y comparación de la deuda pública**

La deuda pública como porcentaje del PIB es un indicador de primera importancia. Pero hay muchas formas (o convenciones) para medir el numerador de esta relación; todas ellas mostrarán más o menos la misma "historia": la deuda que aumenta más rápidamente que el PIB en un período reciente, de manera similar a lo que se ilustra en el Gráfico 9.1. Por ello, en términos de cambio de la deuda, todas las convenciones de medición tienden a dar el mismo mensaje. El gráfico mencionado se puede utilizar también para comparar los niveles de la deuda entre países.

Recuadro 9.6. **Medición y comparación de la deuda pública** *(cont.)*

Es aquí en donde la convención utilizada cambia dramáticamente las cosas. Algunas de las mediciones no permiten una buena comparabilidad internacional. El Gráfico 9.1 utiliza una de ellas, a pesar de reflejar la totalidad de las obligaciones del gobierno general tal como las reportan las bases de datos estadísticas de la OCDE.

Consolidación

Habitualmente la deuda pública se presenta en forma consolidada. Es decir que, si una unidad del gobierno le debe a otra unidad del gobierno, esta no se contabiliza en la deuda pública global; esta es una deuda interna del gobierno. Esta convención se ha desarrollado de manera amplia y el Gráfico 9.1 presenta los datos consolidados para todos los países, excepto Japón, país que no transmite cifras consolidadas a la OCDE. Mientras que la comparabilidad para otros países está garantizada, no es el caso de Japón, cuyos niveles de deuda están sobreestimados sistemáticamente como muestra el Gráfico 9.1 (entre 8% para 2002 y 17% en 2012).

Valoración neta de los activos

El Gráfico 9.1 muestra la deuda bruta. Quiere decir que refleja todas las obligaciones del gobierno sin tener en cuenta los activos de los que puede disponer. Por ejemplo, el gobierno puede emitir bonos en los mercados financieros para prestar a los bancos. En este caso, las obligaciones adquiridas con los bonos aumentan la deuda bruta, pero no la deuda neta, en la medida en que el gobierno tiene un activo (el crédito a los bancos) que es la contrapartida de los bonos. La mayor parte de las cifras comúnmente publicadas se refieren a la deuda bruta (en particular la deuda de Maastricht), pero la OCDE también publica una cifra de deuda neta, que es igual a la deuda bruta menos todos los activos financieros que posee el gobierno general. Esto disminuye el nivel de la deuda pública, y puede cambiar el nivel relativo de la deuda pública entre países. Los economistas están divididos entre quienes están a favor de hacer el seguimiento a la deuda bruta y quienes prefieren el control de la deuda neta.

Cobertura de los instrumentos de la deuda

El Gráfico 9.1 utiliza la convención más amplia para la medición de la deuda pública. Refleja el total de todas las obligaciones públicas del gobierno general tal como se registra en las cuentas nacionales. Esto cubre obligaciones en: dinero legal y depósitos (F2), bonos (F3-los cuales constituyen la parte esencial de la deuda pública), préstamos (F4), obligaciones pensionales (F6) y cuentas por pagar (F8 o F7 en el SCN 1993). La comparabilidad internacional de esta medición es problemática, en particular por el registro de las obligaciones pensionales de los empleados del gobierno. En los países no europeos de la OCDE, tales como los Estados Unidos, Australia y Canadá, las cuentas nacionales incluyen un

Recuadro 9.6. **Medición y comparación de la deuda pública** *(cont.)*

estimativo del valor de las obligaciones del gobierno en términos de futuras pensiones a sus empleados. En los países de la Unión Europea, las cuentas nacionales no incluyen esta partida. Es un monto bastante importante, que representa cerca del 14% del PIB de Canadá en 2012 y 20% en los Estados Unidos. En términos del nivel de la deuda, la convención utilizada para el Gráfico 9.1 está afectada por la no comparabilidad, pues incluye las cifras de obligaciones pensionales para Estados Unidos y Canadá, pero no para Francia, Alemania, Italia, Japón y el Reino Unido, aunque las obligaciones pensionales existen en esos países, pero no son registradas en las cuentas nacionales.

Convención de Maastricht

En la Unión Europea, el Pacto de Estabilidad y Crecimiento, piedra angular del seguimiento fiscal a los países miembros de la UE, utiliza una convención que es aún más restrictiva. Los instrumentos financieros que se incluyen son solamente F2 (dinero y depósitos), F3 (bonos) y F4 (préstamos). Excluye F8 (cuentas por pagar), además de F6 (obligaciones pensionales) como se mencionó arriba.

La deuda de Maastricht utiliza también el llamado valor "facial", mientras que otras valoraciones se hacen a valor "nominal" (es decir que incluye el interés causado no pagado) o aún, como es la teoría de las cuentas nacionales, a valor "de mercado" (los bonos se evalúan de nuevo si se intercambian en mercados secundarios). Sin embargo, solo unos pocos países aplican completamente la valoración a "valor de mercado" para la deuda pública en sus cuentas nacionales.

El Cuadro 9.6 da una idea del impacto de estas convenciones diferentes sobre el nivel de la deuda pública, utilizando tres países como ejemplo. Como se puede ver, el orden de clasificación, según el nivel de la deuda, cambia dramáticamente dependiendo de la convención usada. En particular, la situación de Canadá, se presenta mucho mejor cuando se utilizan datos más comparables. De hecho, el *Economic Outlook* de la OCDE no publica los datos correspondientes al Gráfico 9.1, pues no se consideran suficientemente comparables.

Cuadro 9.6. **Efecto de diferentes convenciones sobre el nivel de la deuda**

En porcentaje del PIB, 2012

	Estados Unidos	Canadá	Francia
1) Obligaciones totales brutas (Gráfico 9.1)	122.5	109.7	109.3
2) Deuda bruta excluyendo obligaciones pensionales (línea 1 – F6)	102.1	96.1	109.3
3) Deuda de Maastricht (línea 2 – F8 a valor facial)*	94.2	72.3	90.2
4) Deuda neta excluyendo obligaciones pensionales (línea 2 – activos financieros)	80.0	43.6	70.5

* Estimado por la OCDE para Estados Unidos y Canadá.

Fuente: OECD (2014), "Financial Accounts: Consolidated flows, annual", OECD National Accounts Statistics (database), *http://dx.doi.org/10.1787/data-00022-en.*

StatLink http://dx.doi.org/10.1787/888933736640

Gráfico 9.1. **Grupo de países del G7: Deuda del gobierno general**

En porcentaje del PIB, 2002-14

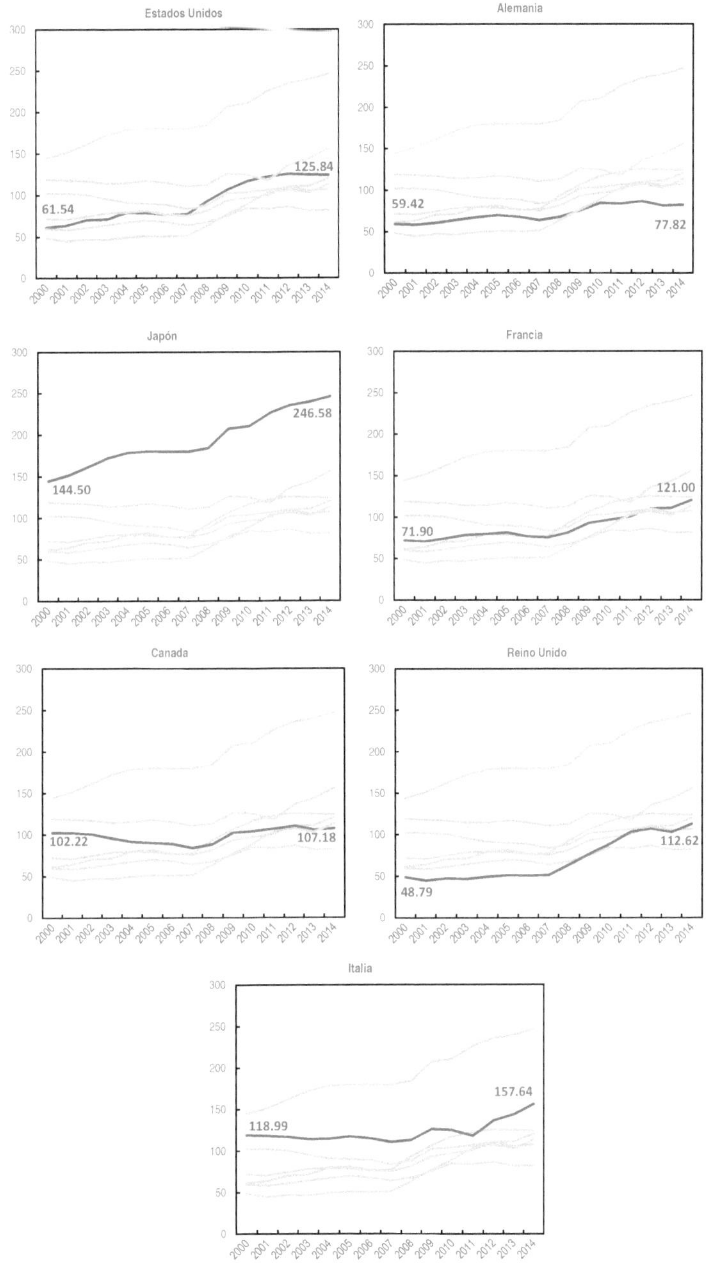

Fuente: OECD (2014), "Financial Accounts: Consolidated flows, annual", OECD National Accounts Statistics (database), *http://dx.doi.org/10.1787/data-00022-en.*

StatLink http://dx.doi.org/10.1787/888933736659

Notas

1. Debe tenerse en cuenta que, a veces, la suma de los elementos de una agrupación es más elevada que la cantidad que figura en el rubro que las agrupa. Esto es así porque al subir un nivel, algunas operaciones cruzadas se consolidan, es decir, se cancelan entre sí. Por ejemplo, algunas transferencias entre el gobierno central y el gobierno local se contabilizan como gastos del gobierno central, pero no como gastos del gobierno general, dado que este gasto aparece en otra parte como un ingreso del gobierno local, que es parte del gobierno general.
2. Solo en principio, porque en la práctica incluye algunos montos que no se pagan realmente, como es el caso de las contribuciones sociales imputadas (incluidas en la remuneración de los asalariados) o la formación bruta de capital en software producido por cuenta propia. Además, por muy extraño que parezca, esta partida incluye algunos "gastos negativos", tales como los ingresos procedentes de la venta de licencias de telefonía móvil.

Referencias

Girouard, N. and C. André (2005), "Measuring Cyclically-adjusted Budget Balances for OECD Countries", *OECD Economics Department Working Papers*, No. 434, OECD Publishing, *http://dx.doi.org/10.1787/787626008442*.

INSEE Databases (2013), Statistical indices and series: Macroeconomic Database: National Accounts, *www.insee.fr/en/information/2512785*.

OECD (2014a), "Financial Accounts: Consolidated flows, annual", OECD National Accounts Statistics (database), *http://dx.doi.org/10.1787/data-00022-en*.

OECD (2014b), "General Government Accounts: Main aggregates", OECD National Accounts Statistics (database), *http://dx.doi.org/10.1787/data-00020-en*.

OECD (2013), *OECD Economic Surveys: France 2013*, OECD Publishing, Paris, *http://dx.doi.org/10.1787/eco_surveys-fra-2013-en*.

OECD (2012), "Economy-wide regulation", OECD Product Market Regulation Statistics (database), *http://dx.doi.org/10.1787/data-00593-en*.

Puntos clave

- El sector gobierno general se compone de unidades institucionales que o bien producen bienes y servicios de no mercado o bien llevan a cabo operaciones de redistribución del ingreso, o de la riqueza nacional.
- El valor de la producción de no mercado es la suma de los costos en los que se incurrió para realizarla, a saber: consumo intermedio, remuneración de los asalariados y consumo de capital fijo.
- El excedente neto de explotación del sector gobierno general es, por definición, básicamente igual a cero.
- Las convenciones contables de las cuentas nacionales requieren que la producción de no mercado del gobierno general sea consumida por el mismo gobierno general.
- El gasto de consumo del gobierno general es igual a la producción no de mercado (menos los pagos parciales) más las transferencias sociales en especie adquiridas por el gobierno general en beneficio de los hogares.
- El déficit público se mide por el ítem B9 "capacidad/necesidad de financiación" del gobierno general. Si es negativo significa que existe déficit, y si es positivo, que existe superávit.
- El total de impuestos y contribuciones sociales se compone de los impuestos y las contribuciones sociales efectivas pagadas por los hogares y las empresas al gobierno general y, en el caso de los países de la U.E., a las instituciones europeas.

Precisiones adicionales

Los criterios de Maastricht

Cuando los países europeos decidieron introducir el euro como moneda común fue necesario acordar la política fiscal que iban a adoptar, con el fin de evitar que la mala gestión de un país miembro pudiera afectar a los restantes. En efecto, si un país permite que se eleve su déficit no solo está aumentando su deuda pública en perjuicio de las generaciones futuras, sino que puede desestabilizar la totalidad de la zona euro pues los mercados financieros presionarán las tasas de interés a niveles insostenibles que requerirán acudir al rescate del país. A pesar de las restricciones de los criterios de Maastricht, eso fue lo que sucedió en Grecia en el año 2009 y desde ese año la zona euro ha venido luchando contra el efecto dominó de esta catástrofe inicial. Esto ha llevado a la Comisión de la U.E. al endurecimiento de las restricciones y a extender sus análisis a los desequilibrios de productividad en la región. Estos desequilibrios habían quedado escondidos por la existencia de una moneda única. En cuanto a la medición estadística, las autoridades decidieron imponer a todos los gobiernos de la U.E. unas normas fiscales por medio del llamado "Tratado de Maastricht". Debido a que las cuentas nacionales proporcionan el mejor sistema contable armonizado internacionalmente, el Tratado de Maastricht estableció criterios basados en sus definiciones. En abril 1 y octubre 1 de cada año se notifica a la Comisión Europea el resultado de la aplicación de estos criterios. El primero de los criterios que se notifica es el déficit público, medido por el rubro S13-B9. Este debe ser inferior al 3% del PIB. El segundo criterio que se notifica es la deuda pública (ver definición en el texto), que ha de ser inferior al 60% del PIB. Desde la introducción de estos criterios, EUROSTAT ha realizado un esfuerzo considerable para promover un tratamiento comparable entre países, incluso en los casos más difíciles. La imaginación financiera de los Tesoros públicos es tan grande como la de otros importantes participantes en los mercados financieros. Al final, la relevancia, comparabilidad y transparencia de las cuentas públicas se han beneficiado considerablemente de la utilización de las cuentas nacionales.

Los dos criterios de Maastricht sobre el déficit y la deuda pública están ligados entre sí dado que un déficit ocasiona generalmente un aumento de la deuda. De hecho, en un principio, hubo una relación mecánica entre los límites del 3% y del 60%; 3% de déficit es el valor que estabiliza la deuda en 60%, suponiendo un crecimiento nominal del PIB del 5% (que era más o menos la situación en los años 1990). Algunos economistas han criticado los criterios de Maastricht, opinando que deberían tener en cuenta la situación económica. Piensan que es absurdo demandar a un país que reduzca sus gastos para satisfacer el criterio del déficit cuando está pasando por una recesión; como esto sucede cuando los ingresos fiscales están cayendo, esto tenderá a intensificar la recesión. Por ello la Comisión Europea está moviéndose hacia una interpretación basada más en la tendencia de largo plazo, estableciendo un objetivo de reducción del déficit estructural, es decir, el déficit ajustado del impacto del ciclo (el déficit estructural se explica en el Recuadro 9.1. El saldo financiero ajustado cíclicamente (o déficit estructural)). Al mismo tiempo, es interesante tener en cuenta que el criterio de deuda parece ir contra los fundamentos de la teoría de la gestión del capital, porque se centra en la "deuda bruta", sin tener en cuenta los activos poseídos. La teoría de gestión del capital prefiere el concepto de "deuda neta", que es igual a los activos menos los pasivos. Esto se debe a que, para un monto dado de deuda bruta, el diagnóstico sobre la situación de dos países puede diferir ampliamente dependiendo de sus activos.

Por ejemplo, un país puede no tener activos mientras que otro puede tener un portafolio considerable de acciones. Vendiendo estas acciones, el gobierno del segundo país puede reducir su deuda, lo que no puede hacer el primero. En la práctica, sin embargo, los activos financieros del gobierno general son difíciles de medir y algunos de ellos no son fáciles de vender. Probablemente esto es lo que explica por qué el tratado de Maastricht se refiere solo a la deuda bruta y no a la deuda neta. Sin embargo, esto puede dar lugar a algunas paradojas (véase el Ejercicio 7).

Fuentes de datos: ¿Cómo se obtienen las cifras?

Las cuentas del gobierno general son las más precisas de las cuentas nacionales. A diferencia de lo que sucede en el caso de los hogares y de las empresas, los contables nacionales disponen de todas las cuentas de base de las unidades que componen el sector y no de una simple muestra estadística. Por esta razón, el método de elaboración que se utiliza para el gobierno general tiene una orientación más contable que estadística. En Francia, las cuentas del gobierno central, del sistema de seguridad social y de miles de organismos locales se transmiten a la Dirección de la Contabilidad Pública del Ministerio de Finanzas. Allí, un servicio especial, formado por cerca de 30 personas, transforma los miles de cuentas y conceptos presupuestales en agregados de las cuentas nacionales, bajo la coordinación del INSEE. No obstante, el método de síntesis continúa siendo estadístico en lo que respecta a los estimativos iniciales, cuando no se dispone de todas las cuentas, en particular las de la seguridad social. Por ejemplo, el INSEE publicó sus estimativos iniciales de las cuentas del gobierno general para el año 2012 el 27 de marzo de 2013. Estos estimativos iniciales fueron revisados posteriormente.

La buena calidad de los datos de las cuentas del gobierno trae consigo dos consecuencias afortunadas: 1) La mayoría de los países no tienen necesidad de reconciliar el saldo de las cuentas no financieras y el de la cuenta financiera (B9A y B9B, respectivamente) del gobierno general, y 2) Los contables nacionales pueden utilizar los datos del gobierno general para mejorar la elaboración de las cuentas de los otros sectores. Por ejemplo, puesto que estas cuentas incluyen datos exhaustivos de las contribuciones de seguridad social recibidas por el gobierno general, que necesariamente corresponden a las contribuciones sociales pagadas por las empresas, estos datos pueden utilizarse para mejorar las cuentas de las empresas, que no son exhaustivas a este respecto. Por esta razón los contables nacionales suelen decir que la cuenta del gobierno general actúa como una cuenta "piloto".

Trucos del oficio: por encima y por debajo de la línea

Para los no especialistas en finanzas públicas, analizar las cuentas de la multiplicidad de organismos públicos es una pesadilla cuando se trata de agregar (o "consolidar") varias de ellas. Esto se debe a los numerosos flujos entre estos organismos, que hacen fácil perderse en la complejidad de sus relaciones, y que puede traer consigo errores en el cálculo del déficit global. Las cuentas nacionales ofrecen un punto de referencia muy sencillo que se puede expresar matemáticamente: la capacidad/necesidad de financiación es una variable aditiva. Dicho de otra forma, la capacidad/necesidad de financiación total de un grupo de organismos es igual a la suma de las capacidades/necesidades de financiación de cada uno de ellos. Por tanto, es fácil para los contables nacionales medir el impacto de la reclasificación de una unidad del gobierno. La capacidad/necesidad de financiación de esa unidad a reclasificar se puede sumar a la del gobierno general como un todo, sin necesidad de conocer sus complejas relaciones con otras unidades.

Algunas veces se hace referencia a la contabilidad "por encima de la línea" y "por debajo de la línea". ¿Qué significa esta jerga? ¿Se está tratando de ocultar algo? La respuesta es no. Estas expresiones se emplean, algunas veces, para describir si una determinada operación tiene o no impacto en el déficit. La "línea" en cuestión es el rubro B9A, la capacidad/necesidad de financiación, que constituye el saldo contable de la cuenta de capital. Una operación clasificada "por encima" de esta línea (es decir, físicamente por encima en la secuencia de cuentas) afecta al cálculo del rubro B9A y una clasificada "por debajo" no tiene impacto sobre él. Por ejemplo, el gobierno general puede obtener efectivo (por ejemplo, para recomprar una parte de su deuda) vendiendo acciones o vendiendo inmuebles. Si vende acciones la operación queda debajo de la línea (o como también dicen los contables nacionales, es enteramente financiera). En efecto, las acciones son un activo financiero; los activos financieros están clasificados en la cuenta financiera, es decir, debajo de la línea, y el efectivo obtenido es también un activo financiero que se trata de forma similar. La situación es completamente diferente si la administración central vende inmuebles. En este caso, el efectivo obtenido aparece de nuevo debajo de la línea, pero la venta del inmueble se recoge por encima de la línea, de donde resulta que el déficit público se reduce en el monto del inmueble vendido. El Ejercicio 6 explica este caso, que es interesante porque pone de manifiesto una de las limitaciones de la definición del déficit público. ¿Por qué tiene un impacto distinto sobre el déficit la venta de un activo financiero (por ejemplo, la venta de acciones) que la venta de un activo no financiero (por ejemplo, la venta de un inmueble)? La respuesta es que la definición de déficit es resultado de una convención y como cualquier convención tiene sus ventajas y sus inconvenientes.

La contabilización por causación en las cuentas del gobierno general

Las cuentas nacionales se elaboran sobre lo que se denomina **base de causación** (para más detalle sobre el principio de causación, véase la sección respectiva en las Precisiones adicionales del Capítulo 10). Aquí se describen las implicaciones para la cuenta del gobierno general. La contabilidad por causación es una práctica contable propia del sector privado que, hasta el momento, no ha sido completamente aceptada por la contabilidad pública, excepto en unos pocos países. En Francia las instituciones de la seguridad social la han adoptado pero todavía está pendiente de adoptar por el Presupuesto del Estado, que, en gran medida, continúa estableciéndose en una base de "caja", especialmente en el caso de los ingresos. Sin embargo, Francia ha desarrollado un sistema de causación para el Estado (llamada Contabilidad General de Ejercicio). Como se trata de cuentas recientes, el INSEE continúa utilizando las cuentas basadas en "caja", registrando así los ingresos por impuestos pagados y no el impuesto debido. Esto obliga a transformar los datos presupuestales, en casos como, por ejemplo, el IVA (Impuesto sobre el Valor Agregado). En la práctica, el IVA generado y recaudado por las empresas durante un mes determinado no se recibe por el gobierno hasta seis semanas después. En consecuencia, el INSEE adelanta seis semanas el IVA percibido (véase el Ejercicio 9 al final del capítulo). Para algunos de los demás impuestos, el INSEE registra en las cuentas nacionales su estimativo de los impuestos que se devengan en el período en lugar de los impuestos efectivamente percibidos en el período, por lo que tiene que introducir un rubro de ajuste denominado "impuestos causados que posiblemente no se recauden" (véase el Ejercicio 5). El INSEE debe también realizar importantes modificaciones en el monto de los intereses pagados por el gobierno con el fin de adecuarlos a la contabilización por causación. Por ejemplo, algunos bonos emitidos por el gobierno son del tipo "cupón cero", lo que quiere decir que los intereses no se pagan anualmente sino globalmente al vencimiento del bono. El INSEE distribuye estos intereses a lo largo de la vida del bono para contabilizar mejor las cargas anuales efectivas del Estado.

Ejercicios para el Capítulo 9

Ejercicio 1: Actualizar el primer cuadro

Acceda a la página Web del INSEE, *www.insee.fr*. Utilizando las páginas dedicadas a las cuentas nacionales anuales del gobierno general, encuentre los montos en millones de euros de los siguientes agregados referidos al sector en su conjunto: capacidad/necesidad de financiación (B9A); deuda pública; gasto público; impuestos y contribuciones sociales obligatorias. Encuéntrese también el PIB a precios corrientes. A partir de estos datos actualice los cuatro indicadores del Cuadro 9.1 de este capítulo.

Ejercicio 2: ¿Son las siguientes proposiciones verdaderas o falsas?

a) Déficit es lo mismo que "capacidad de financiación" (o préstamo neto").

b) Toda la producción del gobierno general es de no mercado.

c) Las prestaciones sociales están financiadas por contribuciones sociales.

d) En cuentas nacionales existe la convención de que el gobierno general consume su propia producción de no mercado.

e) B9A es el código oficial para el rubro capacidad/necesidad de financiación.

f) La suma de los rubros B9A de las unidades institucionales que componen el gobierno general es menor que el ítem B9A del gobierno general.

g) El monopolio estatal EDF, que genera y distribuye la electricidad en Francia, es una unidad institucional que forma parte del gobierno general.

h) La producción de no mercado se vende a precios económicamente significativos.

i) El excedente bruto de explotación del gobierno general es cero.

Ejercicio 3: Identificar el gasto del gobierno general en las cuentas del gobierno general (ejercicio difícil)

El cuadro siguiente muestra el total de los gastos del gobierno general francés en 2011, según cálculos del INSEE. Basándose en este modelo, encuentre los principales elementos de este cálculo (los que están en negrita) usando la serie completa de cuentas del gobierno general incluida en el texto del capítulo y otras informaciones. Explicar por qué el gasto de consumo final del gobierno general no se incluye en la cifra de gastos, a pesar de ser el rubro más elevado de las cuentas del gobierno general. Explicar por qué no está incluido el consumo de capital fijo.

Gastos del gobierno general

Miles de millones de euros, 2011

Consumo intermedio (P2)	**109.6**
Remuneración de los asalariados (D1)	**262.7**
de la cual: contribuciones sociales imputadas de los empleadores (D122)	39.1
Otros impuestos sobre la producción (D29)	9.5
Rentas de la propiedad distintas de intereses (D4, excepto D41)	0.1
Impuestos corrientes sobre el ingreso, el patrimonio, etc. (D5)	0.1
Intereses (D41)	52.6
Prestaciones sociales distintas de las transferencias sociales en especie (D62)	**388.7**
Prestaciones sociales en especie de bienes y servicios de mercado (parte de D63)	**122.0**
Subsidios (D3)	29.5
Otras transferencias corrientes (D7)	64.9
Transferencias de capital (D9, excepto D995)	14.5
Formación bruta de capital fijo (P51)	**62.7**
Adquisiciones netas de otros activos no financieros (P52, P53, K2)	**1.6**
Total gastos	1 118.5

Fuente: INSEE Databases (2013), Statistical indices and series: Macroeconomic Database: National Accounts, *www.insee.fr/en/information/2512785*.

Ejercicio 4: *Paso desde los gastos a los ingresos*

El total de los gastos del gobierno general figura al final del ejercicio anterior (1 118.5 miles de millones de euros). ¿Cómo se obtiene fácilmente el total de los ingresos del gobierno general a partir de las cuentas del sector?

Ejercicio 5: *Paso desde los ingresos a los gravámenes obligatorios (ejercicio difícil)*

Los gravámenes obligatorios son las sumas que recauda el gobierno de los hogares y de las empresas, por concepto de impuestos y contribuciones sociales. Son por lo tanto parte de los ingresos del gobierno. El ejercicio consiste en tratar de pasar del cuadro de los ingresos del gobierno general (véase más abajo) al total de gravámenes obligatorios en el caso de Francia, apoyándose en la información complementaria. Utilizar dos principios: 1) no incluir contribuciones sociales imputadas, y 2) incluir los impuestos pagados a las instituciones europeas. El resultado que se debe obtener es 875.4 miles de millones de euros.

Ingresos del gobierno general

Miles de millones de euros, 2011

Producción de mercado y ventas residuales (P11)	58.0
Producción para uso final propio (P12)	1.4
Pagos parciales de los hogares (P13 parcial)	8.9
Otros subsidios a la producción (D39)	3.1
Intereses (D41)	3.6
Renta de la propiedad distinta de intereses (D4 excepto D41)	12.6
Impuestos a la producción y las importaciones (D2)	305.2
Impuestos corrientes sobre el ingreso, el patrimonio, etc. (D5)	224.6
Impuestos al capital (D91)	10.3
Contribuciones sociales* (D61)	375.6
Impuestos y contribuciones sociales pero de recaudo poco probable (D995)	-6.2
Otras transferencias corrientes (D7 excepto D73)	14.3
Transferencias de capital (D9 excepto D91 y D995)	1.2
Ingresos totales	1 012.7
Para información:	
* de las cuales: Contribuciones sociales imputadas (D612)	39.1
Contribuciones obligatorias recibidas por instituciones de la Unión Europea	5.0

Fuente: INSEE Databases (2013), Statistical indices and series: Macroeconomic Database: National Accounts, *www.insee.fr/en/information/2512785*.

Ejercicio 6: Registro del déficit y de la deuda en cuentas tipo T

El objeto de este ejercicio es ilustrar las diferencias entre las operaciones "sobre la línea" y "por debajo de la línea". El ejercicio es un entrenamiento en la utilización de cuentas tipo T, un excelente instrumento que todos los contables nacionales deberían usar antes de responder a cualquier pregunta que presente alguna dificultad.

En primer lugar, suponga que el Estado vende acciones por un valor de 10 mil millones de euros para pagar parte de su deuda. Complete las cuentas no financieras y la cuenta financiera en las cuentas tipo T que figuran a continuación y demuestre que esto no tiene impacto sobre el déficit.

Cuenta no financiera del gobierno general

Usos	Recursos
B9A (Préstamo Neto)	

Utilizando las mismas cuentas, demuestre que las ventas de inmuebles por valor de 10 mil millones, también con el fin de disminuir la deuda, afectan al saldo contable B9A. Sacar las conclusiones pertinentes.

Cuenta financiera del gobierno general

Δ activos	Δ pasivos
Efectivo y depósitos	Efectivo y depósitos
Títulos valores diferentes de acciones	Títulos valores diferentes de acciones
Acciones y otras participaciones	
	B9B Saldo de la cuenta financiera

Ejercicio 7: (Continuación del Ejercicio 6, pero un poco más complicado)

El objetivo del ejercicio es completar las cuentas tipo T, que figuran a continuación, con los siguientes datos. El gobierno general vende inmuebles por 5 mil millones de euros, emite Notas del Tesoro a largo plazo por 30 mil millones y compra Notas del Tesoro por 10 mil millones. ¿Cuánto se reduce el déficit como consecuencia de estas operaciones? ¿Cómo cambiará la deuda? Calcular la variación del valor del patrimonio neto.

Cuenta no financiera del gobierno general

Usos	Recursos
Formación bruta de capital fijo	
	B9A (Préstamo Neto)

Cuenta financiera del gobierno general

Δ activos	Δ pasivos
Efectivo y depósitos	Efectivo y depósitos
Valores a corto plazo	Valores a corto plazo
Valores a largo plazo	Valores a largo plazo
Acciones y otras participaciones	
	B9B Saldo de la cuenta financiera

Ejercicio 8: Cálculo de ingresos fiscales por causación

El Cuadro siguiente recoge series trimestrales de ingresos del Tesoro por concepto del IVA (Impuesto sobre el Valor Agregado). Calcular el monto del IVA que se debe registrar en las cuentas nacionales del año n, teniendo en cuenta que existe un desfase de seis semanas entre el momento que se factura el IVA (cuando los hogares realizan sus compras) y el momento en que se recibe el IVA por el Tesoro. Suponga, además, que a principios de noviembre el gobierno eleva la tasa del IVA en 2 puntos porcentuales. Demuestre por qué las series del IVA causado son más útiles en términos macroeconómicos que las series de ingresos líquidos (caja).

Trimestre 1	Trimestre 2	Trimestre 3	Trimestre 4	Trimestre 1	Trimestre 2
15.420	16.658	14.548	16.510	18.540	19.870

Las soluciones a estos ejercicios están disponibles en el sitio web de la OCDE.

Capítulo 10

La matriz insumo-producto y la cuenta económica integrada

Las cuentas nacionales constituyen uno de los pocos casos en los cuales los estadísticos presentan cuadros que son (casi) completamente coherentes y es esto precisamente lo que genera su fortaleza. Este capítulo explora como se establecen estos cuadros, en particular los cuadros oferta – utilización, los cuadros de oferta y usos finales, los cuadros de uso intermedio, y la matriz de insumo – producto. Se termina con algunas consideraciones sobre el cálculo del PIB y el examen de la cuenta económica integrada.

Según Edmond Malinvaud, uno de los más distinguidos economistas franceses contemporáneos, las cuentas nacionales son "*la presentación en un marco contable coherente de toda la información cuantitativa relativa a la actividad económica de la nación*" (Malinvaud, 1973). Se llama la atención sobre la importancia de la expresión "marco contable coherente". De hecho, cualquier macroeconomista tiene en su cabeza un modelo simplificado de la economía en el que todo lo que es producido por unos es utilizado por otros, lo que es exportado por unos es importado por otros, todo lo que es ahorrado por unos es invertido por otros y así sucesivamente.

Sin embargo, las estadísticas básicas no se suelen presentar en un "marco contable coherente" y no suelen conciliarse unas con otras. Por ejemplo, para un producto concreto, la suma de las cifras de producción no corresponde con las cifras de consumo. La razón es, simplemente, que las estadísticas de producción se compilan en procesos diferentes que las de consumo: los cuestionarios estadísticos no se dirigen a las mismas personas, las clasificaciones son diferentes, los estadísticos aplican diferentes métodos, y así sucesivamente. Incluso algunos, con cierta dosis de ironía, han formulado un "teorema": si se entrega a dos estadísticos la misma serie de datos, ¡los resultados agregados que van a obtener son necesariamente diferentes!

Por estas razones los macroeconomistas valoran muy positivamente el que las cuentas nacionales constituyan una de las raras excepciones en las que los estadísticos producen tablas que son (casi) completamente consistentes.

> *"Casi" porque, a pesar de ello, subsisten algunas inconsistencias conocidas como "discrepancias estadísticas", que se discutirán más adelante en este capítulo. Ya se han visto algunas de ellas en el Capítulo 8, cuando aparecían como diferencia entre los saldos contables "B9s" de las cuentas no financieras y de las cuentas financieras.*

Los totales son iguales a la suma de los parciales, los recursos son iguales a los usos, y así sucesivamente. De esta forma se materializa el modelo simplificado que los macroeconomistas tienen en la cabeza, y esto es el gran valor de las cuentas nacionales.

Sin embargo, debe tenerse en cuenta que no hay milagros en el mundo de la estadística. Para obtener tablas coherentes los contables nacionales están obligados a cortar aquí, a reevaluar allá – a menudo arbitrariamente –, a pesar de que utilizan los mejores métodos posibles. El alto grado de coherencia entre las tablas de las cuentas nacionales (en el rango de pocos millones de la moneda nacional) no debe enmascarar lo que aún es solo una exactitud limitada (véase el Capítulo 11). Sin embargo, algunos estadísticos opinan que los trabajos para obtener la máxima consistencia son la fuerza propulsora de la calidad de las estadísticas. Esta consistencia se consigue utilizando varios cuadros globales que son el objeto de este capítulo.

10.1. Los cuadros oferta-utilización (COU)

El primer cuadro global de las cuentas nacionales se denomina "cuadro oferta-utilización" (COU). Una tabla de este tipo se aplica a cada producto de la clasificación, por ejemplo, el software. El equilibrio para este producto se establece como sigue:

Ecuación 1:

Producción + Importaciones = Recursos = Usos = Consumo intermedio + Consumo final + FBCF + Variación de existencias + Exportaciones.

En primer lugar, cabe interpretar esta ecuación en términos de *números*. En ese caso la ecuación significa que el *número* de programas de software producidos más el *número* de programas de software importados es *necesariamente* igual a la suma del número de programas de software adquiridos por las empresas utilizadoras. El software se emplea: 1) como consumo intermedio (los pequeños programas de "uso corriente"); 2) como inversión (los grandes programas para empresas); 3) como consumo final por los hogares (en particular, el software de juegos); 4) como parte de las existencias que almacenan las empresas productoras de software en forma de trabajos en cursos, o 5) se destina a la exportación.

Esta igualdad es absoluta: los recursos de productos (nombre alternativo a "oferta"), por definición, son *necesariamente* iguales a los usos de productos. Por esta razón los contables nacionales consideran esta ecuación una **identidad contable**. Ellos se sirven constantemente de ella para calcular un elemento a partir de los resultados de los otros. Por ejemplo, supóngase que no se dispusiera de estadísticas relativas a las variaciones de existencias de programas de software, pero si para los rubros restantes, esta carencia no es ningún obstáculo porque la "variación de existencias" se puede deducir a partir de la identidad contable, despejando ese concepto en la ecuación:

Variación de existencias = Recursos – Consumo intermedio – Consumo final – FBCF – Exportaciones

De esta manera se matan dos pájaros de un tiro: se obtiene una estimación de la variación de existencias y, al mismo tiempo, se verifica la identidad contable. Este ejemplo no se ha escogido al azar, porque en algunos países, como en Francia, esta es la manera cómo se calcula la variación de existencias. Incidentalmente, esto ilustra una de las paradojas de las cuentas nacionales, quienes las elaboran no están particularmente preocupados por disponer de datos de cada uno de los ítems de los cuadros de oferta-utilización. Para empezar, no hay duda que en este caso las estadísticas no van a ajustar espontáneamente. Será necesario llevar a cabo el difícil ejercicio de decidir qué estadísticas hay que retocar.

Por tanto, no se debe pensar que el método de la identidad contable sea perfecto. Si la variación de existencias se calcula como saldo entre los recursos y los otros usos, todos los errores de valoración en cualquiera de estos ítems se transmitirán a la variación de existencias, con los consiguientes efectos perniciosos. Por tanto, en este caso es mejor disponer de estadísticas directas con el fin de realizar "a mano" las correcciones del saldo entre recursos y usos. Como puede comprobarse, mientras, en teoría, el equilibrio entre recursos y usos es irrefutable, su aplicación práctica es parte del "arte" de los contables nacionales. El Recuadro 10.1 explica las fuentes estadísticas de los COU.

Recuadro 10.1. **Fuentes de los cuadros oferta-utilización**

En los Capítulos 1, 3 y 4 se han descrito las fuentes de cada uno de los rubros del cuadro oferta-utilización para el caso de Francia. Se dará aquí solo un breve repaso a esas fuentes, de nuevo referido al caso de Francia. La producción de mercado deriva principalmente de estadísticas de ventas. Los datos de mercancías importadas y exportadas proceden de las estadísticas aduaneras. Las importaciones y exportaciones de servicios proceden, principalmente, de las estadísticas de Balanza de Pagos que elabora el Banco de Francia. Tanto la producción de no mercado como el consumo por las administraciones públicas proceden de las cuentas públicas.

La asignación de los usos en el "mercado interior" (definido como producción + importaciones – exportaciones) depende de la naturaleza del producto. Cuando el producto es un bien de inversión el uso será FBCF. Cuando no es un bien de inversión se trata, bien como consumo de los hogares, bien como consumo intermedio. Generalmente la naturaleza del producto permite decidir si las ventas constituyen exclusivamente, o principalmente, consumo de los hogares o, por el contrario, consumo intermedio. Sin embargo, en casos donde la naturaleza del producto no es un criterio suficiente, es necesario hacer suposiciones arriesgadas para asignar las ventas entre consumo final y consumo intermedio. En Francia es difícil identificar el consumo intermedio porque ya no se realizan encuestas sistemáticas a las empresas, que son las que

Recuadro 10.1. **Fuentes de los cuadros oferta-utilización** *(cont.)*

permiten conocer la composición de sus compras. En consecuencia, muchas de las celdas de la matriz de consumos intermedios tienen que estimarse a partir de informaciones obtenidas en el pasado. Por esta razón, el INSEE es reacio a publicar tablas de usos intermedios a un nivel detallado. A veces, las variaciones de existencias se calculan como diferencia entre los otros rubros.

Los estimativos se compilan producto a producto, al nivel 332 de la clasificación de productos, lo que quiere decir que se componen de 332 COU. Estos se agregan y comparan con las estimaciones globales derivadas3 de los procesos estadísticos de las cuentas que las empresas transmiten a las autoridades fiscales. El oficio de los contables nacionales estriba en hacer corresponder las estimaciones globales con las estimaciones detalladas para obtener el alto grado de consistencia que muestran las tablas en las cuentas nacionales. Esta operación se conoce como "arbitraje" (véase el Capítulo 11).

Interpretar la identidad contable en términos del *número* de programas de software es algo muy simplista. En la práctica, los COU se elaboran en términos monetarios, es decir, para el caso expuesto, habría que referirse al valor de programas de software comprados o vendidos *en millones de la moneda nacional*, en otras palabras, en cantidades multiplicadas por precios. Cuando estos precios son los del período corriente se habla de "cuadro oferta-utilización a precios corrientes" y cuando están valorados a los precios de un período diferente (normalmente el año anterior), se habla de "cuadro oferta-utilización a precios constantes". Se vio en el Capítulo 2 la importancia de los datos a precios constantes en las cuentas nacionales, pues son fundamentales para el cálculo del crecimiento del PIB en volumen.

La identidad contable se cumple en ambos casos, es decir, tanto a precios corrientes como a precios constantes.

La identidad contable se cumple solamente en volumen calculado a precios constantes. No se cumple cuando se utilizan índices de volúmenes encadenados, que llevan a la no aditividad (véase el Capítulo 2).

Sin embargo, la introducción de los precios complica el equilibrio, porque las diferentes operaciones no se efectúan al mismo precio. La ecuación que figura a continuación es una versión más completa del equilibrio total entre la oferta y los usos de los productos, expresado esta vez en términos monetarios.

Ecuación 2:

Producción + Importaciones + IVA no deducible + Otros impuestos sobre los productos – Subsidios a los productos + Márgenes comerciales + Márgenes de transporte = Recursos = Usos = Consumo intermedio + Consumo final + FBCF + Variación de existencias + Exportaciones.

Análisis de la ecuación completa

Al comparar esta segunda ecuación con la primera se observa que las diferencias están en el lado de los recursos. Las incorporaciones comprenden el IVA no deducible (véase la sección sobre "El tratamiento del IVA en las cuentas nacionales" en las Precisiones adicionales, que figura al final del capítulo), otros impuestos (menos subsidios) sobre los productos, márgenes de comercio y transporte. ¿Por qué estas incorporaciones? La respuesta es: por las convenciones que se han adoptado para valorar los precios de cada operación. Las convenciones más importantes son las siguientes:

- En el lado de los recursos: una unidad de producto se valora al "**precio básico**", que se define como el monto que el productor puede obtener de la producción de esa unidad. Esta definición excluye los impuestos sobre los productos que los productores facturan pero que remiten a la administración fiscal. Las importaciones se valoran CIF (*cost, insurance and freight*, que significa costo, seguros y flete), es decir, al precio que el importador paga por ellas: este precio incluye, además del costo de la mercancía, los seguros y los gastos de transporte y de fletes, es decir, los gastos necesarios para transportar las mercancías desde el país de origen hasta la frontera del país importador.
- En el lado de los usos: todos los usos internos se valoran a su **precio de adquisición,** que también se denomina **precio de mercado** cuando se refiere al total de la economía, que incluye el IVA no deducible, otros impuestos y también los márgenes comerciales y de transporte. Las exportaciones se valoran FOB, (*free on board* que significa franco a bordo), es decir al precio en que la mercancía es puesta a bordo del medio de transporte por el exportador libre de todo gasto, es decir, al precio pagado por el cliente-importador incluyendo los gastos hasta tener la mercancía a bordo de un medio de transporte (barco, avión, o camión) en la frontera del país exportador.

Se puede observar que la diferencia entre los precios aplicados a los recursos y los aplicados a los usos incluye los impuestos a pagar sobre los productos (el IVA es uno de los más importantes, pero en algunos países existen impuestos especiales sobre los productos derivados del petróleo, el alcohol o el tabaco). Además de los impuestos, los precios en el lado de los recursos incluyen los correspondientes subsidios (que se tratan como impuestos negativos) y los márgenes de transporte y comercio. Para una mejor comprensión, se recogen a continuación algunos ejemplos:

- *Impuestos sobre los productos*. Una compañía produce combustibles para automóviles. Su precio básico por litro cubre el costo de refinación, que, por ejemplo, asciende a 20 centavos. El precio de compra para el consumidor es el precio de mercado, es decir, el precio a la salida del surtidor, que se compone del costo de refinación más el IVA y el impuesto especial a pagar a la administración fiscal por cada litro de combustible vendido. Estos impuestos ascienden a 80 centavos, por lo que el precio en la bomba (estación) es de 100 centavos. Por tanto, el equilibrio oferta-utilización es (por litro de combustible): 20 (*precio básico*) + 80 (*impuestos sobre los productos*) = 100 (*precio pagado por el consumidor*). Los impuestos no se incluyen en el precio básico, porque el productor se limita a recaudarlos por cuenta de la administración fiscal.
- *Márgenes comerciales*. En primer lugar, hace falta saber que, por convención, las cuentas nacionales consideran que los servicios de ventas al por menor y al por mayor no se consumen directamente, sino que el consumo de estos servicios se registra por el importe de los márgenes incluidos en el costo de los productos adquiridos. Sea, por ejemplo, el caso de los computadores. Es poco probable que los productores los vendan directamente a los hogares (con alguna excepción importante de las ventas por Internet). Lo normal es que estos equipos se vendan en tiendas especializadas y en supermercados. Supóngase que el productor vende un computador a un supermercado por 1 000 euros. El supermercado incorporará a este precio su margen, que se supone asciende a 500 (para cubrir gastos de almacenamiento, publicidad, etc., y su margen de utilidad). También tiene que añadir 225 de IVA (suponiendo una tasa de IVA del 15%). El equilibrio oferta-utilización del producto "computadores" se establece de la siguiente forma: 1 000 (*precio básico del productor*) + 500 (*margen comercial*) + 225 (IVA) = 1 725 (*precio pagado por el consumidor*).
- Una presentación alternativa a la que figura en el párrafo anterior hubiera sido establecer el equilibrio de los computadores excluyendo los márgenes comerciales de la siguiente forma: 1 000 (*precio básico del productor*) + 150 (IVA) = 1 150 (*precio pagado por el consumidor, excepto el margen comercial*), y en paralelo establecer otra ecuación que refleja el equilibrio oferta-utilización para el producto "distribución": 500 (*precio básico de los servicios comerciales*) + 75 (IVA) = 575 (*precio pagado por el consumidor por los servicios comerciales*). Esta presentación, muy artificial, no ha sido adoptada por los contables nacionales, por lo que, finalmente, las cuentas no muestran un consumo específico de servicios comerciales, a pesar de que hay una producción de servicios de comercio al por menor y al por mayor que es igual a la suma de los márgenes comerciales. Para resolver esta contradicción los contables nacionales añaden una

columna negativa a la matriz insumo-producto para anular convencionalmente la producción de comercio. Se volverá más adelante sobre este punto.

La ecuación completa a precios constantes

Los ejemplos anteriores están expresados a precios corrientes. Sin embargo, la Ecuación 2 puede aplicarse exactamente de la misma manera, pero utilizando precios de un período diferente, por ejemplo, el año anterior. De esta forma la ecuación sirve para calcular evoluciones en volumen.

El que sigue es un balance (simplificado) para el año A, a precios corrientes, para un producto dado, expresado en cantidades, precios y agregados monetarios. Se puede comprobar que los agregados monetarios son iguales a los precios unitarios multiplicados por las cantidades.

	Producción	Importaciones	Márgenes Comerciales	IVA	Total Recursos	Consumo Final	FBCF	Exportaciones	Total usos
Cantidad	35 900	12 800			48 700	42 150	854	5 696	48 700
Precio unitario	15 000	15 000				18 940	16 000	16 000	
Valor en millones	538.5	192.0	48.7	123.9	903.1	798.3	13.7	91.1	903.1

El que figura a continuación es el mismo balance, a precios corrientes, pero referido al año A + 1.

	Producción	Importaciones	Márgenes Comerciales	IVA	Total Recursos	Consumo Final	FBCF	Exportaciones	Total usos
Cantidad	42 000	14 100			56 100	43 580	950	1 1570	56 100
Precio unitario	15 500	15 500				19 538	16 500	16 500	
Valor en millones	651	218.6	56.1	132.4	1 058.1	851.5	15.7	190.9	1 058.1

El esquema que se presenta enseguida es el balance oferta-utilización para el año A + 1 a los precios del año A (a precios constantes), obtenidos reemplazando los precios del año A + 1 por los precios del año A.

	Producción	Importaciones	Márgenes Comerciales	IVA	Total Recursos	Consumo Final	FBCF	Exportaciones	Total usos
Cantidad	42 000	14 100			56 100	43 580	950	1 1570	56 100
Precio unitario	15 000	15 000				18 940	16 000	16 000	
Valor en millones	630	211.5	56.1	128.1	1 025.7	825.4	15.2	185.1	1 025.7

Por tanto, la última fila de este cuadro muestra los "volúmenes" a precios del año anterior. Lo que se necesita para obtener el crecimiento en volumen es dividir estos volúmenes del año A + 1 por los correspondientes valores a precios corrientes para el año A. Por ejemplo, el crecimiento del consumo final de los hogares en volumen entre el año A y el año A + 1 es 825.4/798.3 = 1 034.4, es decir, un incremento del 3.4%.

Hay que mencionar especialmente el significado de los datos relativos al IVA y a los márgenes comerciales expresados *en volumen*. Estos dos rubros (IVA y márgenes comerciales) son componentes de precios, por lo que cabe preguntarse cómo es posible hablar de volumen en estos casos. Este es otro ejemplo de las convenciones de las cuentas nacionales a las que, simplemente, hay que acostumbrarse. El volumen de IVA se define como el valor monetario obtenido aplicando al IVA en valor del año anterior la tasa de crecimiento en volumen del ítem de uso sobre el que se percibe el IVA. Por tanto, en el ejemplo anterior, el IVA en volumen para el año A + 1, es decir, 128.1, se obtiene aplicando la tasa de crecimiento del 3.4% a 123.9, que es el valor del IVA en el año A ¿Por qué 3.4%? Porque este es el incremento en volumen del consumo final de los hogares, que es el ítem por el que se paga el IVA. De forma similar, los márgenes comerciales en volumen del año A + 1 se obtiene multiplicando la tasa de crecimiento en volumen de cada uno de los elementos de demanda por el correspondiente margen comercial del año A.

A pesar de que el ejemplo anterior puede parecer difícil, debe tenerse en cuenta que, deliberadamente, se ha simplificado frente a la práctica real. El propósito es mostrar el balance oferta-utilización como pilar básico sobre el que se apoyan los cálculos de las cuentas nacionales, tanto a precios corrientes como a precios constantes.

10.2. Los cuadros oferta-utilización agregados

En las cuentas nacionales hay tantos cuadros oferta-utilización como categorías de productos. Por ejemplo, en el caso de Francia, se calculan cada año 332 COU tanto a precios corrientes como a precios del año anterior. Estos COU detallados se suman para obtener cuadros más agregados.

Los cuadros oferta-utilización que resultan de estas agregaciones se descomponen en tres partes. El cuadro de oferta, el cuadro de consumos intermedios, y el cuadro de usos finales (usos finales son todos los usos distintos de los consumos intermedios). Sin embargo, hay que reconocer que no todos los países presentan en sus cuentas nacionales este tipo de cuadros. Por tanto, los siguientes elementos no se pueden generalizar a todos los países de la OCDE, pero su utilidad deriva de que permiten destacar algunos problemas prácticos de presentación.

El cuadro de oferta es la parte de la izquierda del cuadro oferta -utilización.

En EE.UU., el cuadro de oferta se denomina "the make table".

Enseguida se presenta una versión del cuadro de oferta de Francia basada en un nivel de clasificación altamente agregado, que se denomina nivel E, y que se compone de 17 grupos de productos. Cuadros con un nivel menos agregado serían demasiado grandes para reproducirlos en una sola página. Este Cuadro 10.1 se debe leer como si los componentes de la oferta de cada COU se hubieran colocado unos encima de otros. Por ejemplo, la primera fila muestra la oferta de los productos agrícolas (rubro AZ de la clasificación), la tercera muestra los productos agro-alimentarios (rubro C1, Manufactura de productos alimenticios, bebidas y tabaco). Para cada fila se pueden encontrar, en la línea de cabecera cada uno de los componentes de la oferta de la Ecuación 2) que se han descrito más arriba, a saber: producción, importaciones, márgenes, impuestos y subsidios.

En el apéndice "Precisiones adicionales", que figura al final del capítulo, se explican las filas relativas al ajuste cif-fob (CIF/FOB) y al ajuste territorial.

El Cuadro 10.2 muestra los usos finales y es la contrapartida del Cuadro 10.1. Para cada categoría de producto, se muestra cada tipo de uso final.

Cuadro 10.1. **Francia: Cuadro de oferta**

Miles de millones de euros, 2011*

		Producción	Importaciones	Ajuste CIF/FOB	Márgenes Comerciales	Márgenes de transporte	Total impuestos sobre productos	De los cuales IVA	Subsidios a los productos	Total recursos
AZ	Agricultura, silvicultura y pesca	76	12	0	23	2	2	2	-1	**113**
DE	Minas y canteras; energía; suministro de agua, manejo de residuos y reciclaje	159	61	0	1	3	14	7	-4	**236**
C1	Manufactura de alimentos, bebidas y tabaco	165	35	0	74	7	29	13	0	**310**
C2	Manufactura de coque y productos refinados del petróleo	51	28	0	10	2	35	10	0	**126**
C3	Manufactura de equipo electrico y electrónico, de computadores. Manufactura de maquinaria	91	105	0	45	4	7	7	0	**252**
C4	Manufactura de equipo de transporte	126	70	0	26	1	13	13	0	**236**
C5	Manufactura de otros productos industriales	364	199	0	140	16	28	26	0	**747**
FZ	Construcción	271	0	0	0	0	23	21	0	**293**
GZ	Comercio y reparacion de vehículos automotores y motocicletas	369	3	0	-325	0	2	2	0	**50**
HZ	Transporte y almacenamiento	181	27	-16	0	-36	4	3	-9	**151**
IZ	Servicios de hotelería y restaurantes	89	0	0	0	0	4	4	0	**93**
JZ	Información y comunicación	184	9	0	5	1	12	10	0	**209**
KZ	Actividades financieras y de seguros	190	6	0	0	0	14	3	0	**209**
LZ	Finca raíz	293	0	0	0	0	3	3	0	**296**
MN	Actividades cientificas y técnicas, administración y servicios de apoyo	446	26	0	0	0	25	13	0	**496**
OQ	Administración pública, educación, salud, y trabajo social	508	0	0	0	0	1	1	0	**509**
RU	Otras actividades de servicios	94	2	0	0	0	7	3	0	**103**
PCHTR	Productos consumidos fuera del territorio nacional	0	32	0	0	0	0	0	0	**32**
PCAFAB	Ajuste CIF/FOB	0	-16	16	0	0	0	0	0	**0**
	Total	**3 656**	**598**	-	-	-	**223**	**141**	**- 15**	**4 461**

* Las sumas de columnas y filas pueden no corresponder con el valor indicado debido al redondeo.

Fuente: INSEE (2017), The National Accounts in 2016, Summary tables: SUT and TIEA in 2016, National accounts – Base 2010, *www.insee.fr/en/statistiques/2839361?sommaire=2839395.*

StatLink http://dx.doi.org/10.1787/888933736678

Cuadro 10.2. **Francia: Cuadro de utilización**

Miles de millones de euros, 2011*

		Gasto de consumo final de los hogares	Gasto de consumo final del gobierno general	Gasto de consumo final de las ISFLSH	Gasto de consumo final total	Total FBCF	Bienes valiosos	Cambios en inventarios	Total FBC	Exportaciones	Total usos finales
AZ	Agricultura, silvicultura y pesca	32	0	0	32	1	0	2	3	16	**51**
DE	Minas y canteras; energía; suministro de agua, manejo de residuos y reciclaje	46	0	0	46	0	0	1	1	12	**59**
C1	Manufactura de alimentos, bebidas y tabaco	167	0	0	167	0	0	1	1	41	**210**
C2	Manufactura de coque y productos refinados del petróleo	51	0	0	51	0	0	0	0	15	**67**
C3	Manufactura de equipo eléctrico y electrónico, de computadores. Manufactura de maquinaria	34	0	0	35	35	0	1	36	82	**153**
C4	Manufactura de equipo de transporte	67	0	0	67	31	0	4	35	83	**185**
C5	Manufactura de otros productos industriales	147	30	0	177	34	1	5	39	172	**388**
FZ	Construcción	13	0	0	13	210	0	0	210	0	**224**
GZ	Comercio y reparación de vehículos automotores y motocicletas	15	0	0	15	0	0	0	0	12	**27**
HZ	Transporte y almacenamiento	35	3	0	38	0	0	0	0	20	**58**
IZ	Servicios de hotelería y restaurantes	79	1	0	79	0	0	0	0	0	**79**
JZ	Información y comunicación	50	1	0	50	39	0	0	39	7	**96**
KZ	Actividades financieras y de seguros	56	0	0	56	0	0	0	0	10	**66**
LZ	Finca raíz	206	15	0	221	7	0	0	7	0	**228**
MN	Actividades científicas y técnicas, administración y servicios de apoyo	24	11	0	35	40	0	0	40	25	**100**
OQ	Administración pública, educación, salud, y trabajo social	57	409	24	490	0	0	0	0	1	**490**
RU	Otras actividades de servicios	43	20	18	80	3	0	0	3	2	**85**
PCHTR	Productos consumidos fuera del territorio nacional	-7	0	0	-7	0	0	0	0	39	**32**
PCAFAB	Ajuste CIF/FOB	0	0	0	0	0	0	0	0	0	**0**
	Total	**1 114**	**490**	**41**	**1 645**	**400**	**1**	**15**	**415**	**538**	**2 599**

* Las sumas de columnas y filas pueden no corresponder con el valor indicado debido al redondeo.

Fuente: INSEE (2017), The National Accounts in 2016, Summary tables: SUT and TIEA in 2016, National accounts – Base 2010, *www.insee.fr/en/statistiques/2839361?sommaire=2839395*.

StatLink http://dx.doi.org/10.1787/888933736697

10.3. La matriz de consumos intermedios (MCI)

Además de estos dos cuadros – el cuadro de oferta de productos y el cuadro de usos finales de los productos –, los contables nacionales separan el elemento "consumo intermedio" de un producto dado, en un número variable de consumos intermedios por **ramas de actividad**. Una rama de actividad se define como la agregación de las empresas, o parte de ellas, que fabrican un determinado producto. Para comprender mejor este concepto, se puede partir de un balance oferta-utilización ficticio, y simplificado, de la categoría "electricidad". En este caso se tiene: *Producción* (250) + Importaciones (15) = Consumo intermedio (142) + Consumo final (97) + Exportaciones (26). Los contables nacionales distribuyen los 142 de consumo intermedio entre las diversas ramas de actividad, registrando, por ejemplo, que la industria de construcción automóvil ha consumido 12 de electricidad, la industria textil 9, la industria de aluminio 26, y así sucesivamente (los datos de este ejemplo no pertenecen a ninguna de las tablas que se reproducen en este capítulo).

De esta forma, se compila una matriz que se denomina cuadro o matriz de consumos intermedios, que muestra el consumo *por productos* en las filas y el consumo intermedio por *ramas de actividad* en las columnas. El Cuadro 10.3, que figura a continuación, ilustra el caso de Francia usando el nivel E de clasificación (17 productos/17 ramas de actividad) para 2011.

El Cuadro 10.3 se debe leer de la siguiente manera: Primero, a lo largo de las filas se encuentran los consumos intermedios de un producto dado por las diferentes ramas de actividad. Por ejemplo, la fila C2 (que comprende Coque y productos refinados del petróleo), muestra que la rama de actividad AZ (Agricultura), que figura en la primera columna, tuvo un consumo intermedio de Coque y productos refinados del petróleo por un monto de 4 mil millones de euros; la rama de actividad C1 (Manufactura de alimentos, bebidas y tabaco) consumió mil millones (tercera columna), y la rama HZ (Transporte y Almacenamiento) consumió 15 mil millones, y así sucesivamente. El total del consumo intermedio de coque y productos refinados del petróleo ascendió a 60 mil millones de euros, que es el total de todas las cifras de esta fila.

En las columnas del Cuadro 10.3 se puede ver el consumo intermedio de todo tipo de productos para cualquier rama de actividad. En el caso de la rama "C2 Manufactura de coque y de productos refinados del petróleo", se puede comprobar que en 2011 su consumo intermedio de minas y canteras, energía, suministro de agua, manejo de residuos y reciclaje (DE) ascendió a 37 mil millones de euros, de transporte y almacenamiento a mil millones, de otros productos industriales a 2 mil millones, etc. Su consumo intermedio total ascendió a 49 mil millones de euros.

Observe la diferencia entre leer las filas, que muestran datos por categorías de productos, y leer las columnas, que se refieren a ramas de

Cuadro 10.3. **Francia: Matriz de consumo intermedio**

Miles de millones de euros, 2011*

		AZ	DE	C1	C2	C3	C4	C5	FZ	GZ	HZ	IZ	JZ	KZ	LZ	MN	OQ	RU	TOTAL
AZ	Agricultura, silvicultura y pesca	17	0	40	0	0	0	3	0	0	0	1	0	0	0	0	0	0	62
DE	Minas y canteras; energía; suministro de agua, manejo de residuos y reciclaje	2	66	5	37	1	1	26	4	5	2	2	4	1	2	4	11	2	176
C1	Manufactura de alimentos, bebidas y tabaco	9	0	39	0	0	0	5	1	3	1	26	1	0	0	4	8	2	99
C2	Manufactura de coque y productos refinados del petróleo	4	1	1	4	0	0	8	4	11	15	1	2	0	0	4	2	1	60
C3	Manufactura de equipo eléctrico y electrónico, de computadores. Manufactura de maquinaria	2	3	1	1	20	19	14	14	5	2	0	6	0	0	7	3	2	99
C4	Manufactura de equipo de transporte	0	0	0	0	1	35	1	0	4	2	0	0	0	0	2	5	0	51
C5	Manufactura de otros productos industriales	13	13	11	2	25	31	135	56	12	4	1	12	2	1	13	21	5	358
FZ	Construcción	0	4	0	1	1	1	2	39	1	1	0	2	1	4	4	7	1	70
GZ	Comercio y reparación de vehículos automotores y motocicletas	0	0	1	0	1	1	2	1	11	2	0	1	0	0	1	1	0	23
HZ	Transporte y almacenamiento	0	1	2	1	1	1	5	2	22	35	1	4	2	1	8	8	2	92
IZ	Servicios de hotelería y restaurantes	0	0	0	0	0	0	1	0	3	1	1	1	1	0	2	3	1	14
JZ	Información y comunicación	0	2	2	0	2	1	5	3	14	3	1	32	13	2	22	8	3	113
KZ	Actividades financieras y de seguros	2	2	3	0	1	1	5	5	14	7	2	5	53	18	15	6	2	143
LZ	Finca raíz	0	0	1	0	1	1	3	1	16	3	2	4	8	10	14	4	1	68
MN	Actividades científicas y técnicas, administración y servicios de apoyo	3	11	15	2	12	15	38	28	44	17	5	20	21	11	111	35	8	396
OQ	Administración pública, educación, salud, y trabajo social	0	0	0	0	0	1	1	1	1	2	0	1	1	0	2	7	0	19
RU	Otras actividades de servicios	0	0	1	0	0	1	1	1	2	1	0	1	1	1	3	1	4	17
PCHTR	Productos consumidos fuera del territorio nacional	0	0	0	0	0	0	0	0	0	0	0	0	0	0	0	0	0	0
PCAFAB	Ajuste CIF/FOB	0	0	0	0	0	0	0	0	0	0	0	0	0	0	0	0	0	0
	Total	**52**	**105**	**122**	**49**	**67**	**109**	**254**	**159**	**169**	**96**	**44**	**97**	**104**	**52**	**216**	**131**	**36**	**1 862**

* Las sumas de columnas y filas pueden no corresponder con el valor indicado debido al redondeo.

Fuente: INSEE (2017), The National Accounts in 2016, Summary tables: SUT and TIEA in 2016, National accounts – Base 2010, *www.insee.fr/en/statistiques/2839361?sommaire=2839395.*

StatLink http://dx.doi.org/10.1787/888933736716

actividad. Es fundamental no confundir las dos, incluso cuando los ítems de la clasificación tienen el mismo nombre. En nuestro ejemplo, tanto la categoría productos Agricultura como la rama Agricultura se denominan ambos AZ, la primera se compone de productos agrícolas y la otra de negocios que producen estos productos agrícolas. Las similitudes y las diferencias entre las clasificaciones de productos y de ramas de actividad se explican en un aparte de las Precisiones adicionales.

10.4. La matriz insumo-producto (MIP)

Ya se pueden sintetizar los tres cuadros que se acaban de exponer más otros dos. El resultado global se denomina matriz **insumo-producto (MIP)**, que engloba las que se podrían denominar **cuentas de bienes y servicios**, para distinguirlas de las "cuentas de los sectores institucionales" (que forman parte de las “cuentas económicas integradas”, que se presentan en la sección 7 de este capítulo). La organización de la MIP se muestra en el que sigue, en medio del cual está la matriz de consumos intermedios, a la izquierda el cuadro de oferta y a la derecha el cuadro de usos finales.

Matriz de insumo producto

Cuadro de oferta de productos	Cuadro de consumo intermedio	Cuadro de usos finales
	Cuenta de producción por actividad Cuenta de generación de ingreso por actividad	

Debajo del cuadro de consumos intermedios, hay dos cuentas que todavía no se han visto en este capítulo: la cuenta de producción por ramas de actividad y la cuenta de generación de ingreso por ramas de actividad (véase el Cuadro 10.4). Estas dos cuentas presentan la producción, el consumo intermedio y, sobre todo, el valor agregado de cada rama, así como la descomposición del valor agregado en remuneración de los asalariados y excedente bruto de explotación (o ingreso mixto). Todos estos conceptos se han examinado en los Capítulos 6, 7 y 9, que estaban dedicados a las cuentas de los hogares, las empresas y las administraciones públicas. De hecho, estos cuadros constituyen una descomposición de estas cuentas por ramas.

La presentación de la matriz insumo-producto (MIP), formada por cinco cuadros, ofrece una visión a la vez global y detallada de todas las relaciones económicas que hacen interactuar productos y ramas de actividad. Para dar una idea de la riqueza de los datos de las cuentas nacionales se puede observar que la MIP de Francia se calcula al nivel G, que equivale a decir para 139 productos y 139 ramas de actividad. Por tanto, la MIP francesa tiene 19.321 celdas (139 x 139), para cada uno de los 20 años de la serie.

Sin embargo, el INSEE no publica todos los cuadros detallados. Los cuadros de oferta y de usos finales están disponibles a nivel G, pero la matriz insumo-producto solo está disponible a nivel F (38 productos). Desgraciadamente, incluso en los niveles más agregados, la MIP no cabe en una página de este libro, por lo que no se puede reproducir aquí. A pesar de ello, el Ejercicio 1, que figura al final de este capítulo, propone la elaboración de una MIP utilizando el método de copiar y pegar. Se advierte al lector que relea los párrafos anteriores con una MIP completa al frente. Esto le mostrará la consistencia interna de las cuentas de bienes y servicios mucho más claramente que cualquier descripción verbal.

Cuadro 10.4. **Francia: Cuentas de producción y de generación de ingreso por actividad**
Miles de millones de euros, 2011

	Cuenta de producción por actividad																		
		AZ	DE	C1	C2	C3	C4	C5	FZ	GZ	HZ	IZ	JZ	KZ	LZ	MN	OQ	RU	TOTAL
P2	Consumo intermedio	52	105	122	49	67	109	254	159	169	96	44	97	104	52	216	131	36	1 862
B1	Valor agregado	34	44	32	2	23	17	109	111	200	85	44	85	86	237	221	403	61	1 794
P1	Producción por actividad	86	149	154	51	91	126	364	270	369	180	88	182	190	289	437	534	96	3 656
	Cuenta de generación del ingreso por actividad																		
		AZ	DE	C1	C2	C3	C4	C5	FZ	GZ	HZ	IZ	JZ	KZ	LZ	MN	OQ	RU	TOTAL
B1	Valor agregado	34	44	32	2	23	17	109	111	200	85	44	85	86	237	221	403	61	1 794
D1	Remuneración a empleados	8	20	21	1	19	15	77	68	126	58	30	54	51	14	154	307	44	1 064
B2 o B3	Excedente bruto de explotación o ingreso mixto	34	23	9	1	3	1	27	40	68	22	13	29	29	201	61	90	17	666
D29	Otros impuestos a la producción	1	3	2	0	1	1	6	4	8	5	2	3	6	23	8	11	2	87
D39	Subsidios a la producción	-9	-1	0	0	0	0	0	0	-1	-1	0	-1	0	0	-2	-4	-1	-23

* Las sumas de columnas y filas puede no corresponder con el valor indicado debido al redondeo.
Fuente: INSEE (2017), The National Accounts in 2016, Summary tables: SUT and TIEA in 2016, National accounts – Base 2010, *www.insee.fr/en/statistiques/2839361?sommaire=2839395.*

StatLink http://dx.doi.org/10.1787/888933736735

10.5. El uso de las tablas de insumo-producto en el análisis económico

¿Qué impacto tendrá la construcción de un enlace ferroviario de alta velocidad sobre diferentes ramas de actividad de la economía nacional o regional? Para construir la vía férrea de alta velocidad, la empresa de obras públicas necesitará acero para los rieles, postes eléctricos para alta tensión y hormigón pretensado para los puentes y otras importantes obras civiles. El resultado será un incremento de la demanda de los productos de las industrias de acero y de hormigón. Pero esto no es todo, porque la empresa también necesitará comprar nuevas grúas y excavadoras y, por otra parte, la producción de esta maquinaria requerirá a su vez más acero. Por tanto, la industria del acero experimentará un crecimiento sustancial de la demanda de sus productos y como ella consume carbón y electricidad, la demanda de la producción de estas ramas también se incrementará, y así sucesivamente.

Para responder a esta pregunta puede ser útil la matriz insumo-producto, una vez se acepten la hipótesis gruesa de una función de producción lineal y la hipótesis fundamental de que los "coeficientes técnicos" permanecen fijos (Malinvaud, 1973). Los "coeficientes técnicos" de cada rama de actividad son las relaciones obtenidas al dividir el valor de cada uno de los diversos productos consumidos por una rama por la producción de esa rama.

"Coeficiente contable" sería un término más adecuado que "coeficiente técnico" puesto que lo que tenemos son magnitudes monetarias y no cantidades (físicas). Sin embargo es corriente utilizar el término "coeficiente técnico".

Estos coeficientes técnicos se pueden expresar con la notación a_{ji}, donde j es el consumo intermedio del producto e i la rama de actividad (a_{ji} es, por tanto, el "coeficiente técnico" de la rama i para el producto j).

En este mundo simplificado se supone que las clasificaciones de productos y de ramas de actividad son idénticas, es decir, que la i y la j pertenecen al mismo conjunto, adoptando la i y la j los valores 1, 2..., hasta n. Las a_{ji} son iguales a X_{ji}/x_i donde X_{ji} es el consumo intermedio del producto j por la rama i, y x_i es la producción de la rama i. Se les denomina "coeficientes técnicos" porque se supone que representan una determinada técnica de producción: por ejemplo, para fabricar una tonelada de acero son necesarias 5 toneladas de carbón, 3 toneladas de hierro, 10 megavatios de electricidad, etc. La relación entre el valor de las cinco toneladas de carbón y el valor de la tonelada de acero que se obtiene en este proceso constituye un coeficiente técnico que es representativo de esta técnica de producción y que se supone fijo en volumen. Sobre las limitaciones de estos supuestos ver la sección "Relaciones con la teoría económica", en las "Precisiones adicionales".

Utilizando estas notaciones, y añadiendo la variable yj para representar la demanda final del producto j (no la intermedia), se puede escribir de la siguiente forma el balance simplificado de recursos y empleos:

$$x_j = X_{j1} + X_{j2} + \ldots + X_{jn} + y_j \qquad (3)$$

Esta expresión indica que la producción del producto j es igual a la suma del consumo intermedio del producto j por las diversas ramas, de la 1 a la n, más la demanda final de este mismo producto j.

Como $a_{ji} = X_{ji} \div x_i$, la Ecuación 3 se puede escribir de la siguiente forma:

$$x_j = a_{ji}x_1 + a_{j2}x_2 + \cdots + a_{jn}x_n + y_j \qquad (4)$$

Utilizando una notación matricial y designando por [A] a la matriz cuadrada de los coeficientes [a_{ji}], por [x] al vector columna de las producciones [x_j] y por [y] al vector de la demanda finales [y_j], se tiene:

$$[x] = [A] \times [x] + [y] \qquad (5)$$

Reorganizando la expresión anterior, denominando I a la matriz diagonal unitaria y expresando [x] en función del resto, se obtiene:

$$[x] = [I - A]^{-1} \times [y] \qquad (6)$$

Es decir, la producción es igual a la inversa de la matriz [I – A] multiplicada por el vector de demanda final. Si se hace la hipótesis un tanto gruesa de que los coeficientes técnicos son fijos, o estables, a lo largo del tiempo, esta ecuación también se cumple para un incremento de la demanda Δy. Se obtendrá entonces:

$$[\Delta x] = [I - A]^{-1} \times [\Delta y] \quad (7)$$

$[\Delta x]$ es por tanto el valor en que se tienen que incrementar las producciones, como consecuencia de una variación Δy de la demanda.

La respuesta a la pregunta inicial sobre el impacto de las obras de un enlace de alta velocidad se obtiene mediante un cálculo de este tipo. Se establece el valor de la variación de la demanda final que necesita este proyecto (Δy_j) y se aplica la Ecuación 7. El Ejercicio 4, que figura al final de este capítulo, se basa en una simulación de esta naturaleza.

10.6. El paso de la suma de los valores agregados al PIB

El Cuadro 10.4 presenta la cuenta de producción por ramas de actividad y el valor agregado bruto de cada una de las ramas. Según se explicó en el Capítulo 1, el PIB es el agregado de la producción (del que se han eliminado las dobles contabilizaciones) que se obtiene como *suma de los valores agregados brutos*. A este valor se le ha denominado aproximación al *PIB vía producción* (o desde la óptica de la oferta). La columna total de la fila "valor agregado bruto" de la cuenta de producción en el Cuadro 10.4 da un valor de 1 794. ¿Es este el valor del PIB de Francia?

La respuesta es no, porque los contables nacionales han decidido arreglar las cosas para que el PIB corresponda *también* a la suma de los usos finales, de forma que la *aproximación al PIB vía producción* sea igual a la *aproximación al PIB vía gasto*. Sin embargo, se ha visto que tanto el valor agregado como la producción utilizan precios básicos para calcular el PIB, mientras que la aproximación vía los usos finales utiliza precios de adquisición, que incluyen los impuestos sobre los productos netos de subsidios a los productos.

Esto explica por qué la definición exacta del PIB no es la suma de los valores agregados, sino la suma de los valores agregados *más* los impuestos sobre productos (D21) *menos* los subsidios a los productos (D31).

> *Los EE.UU. son una excepción a esta regla. El valor agregado en las NIPA (ver Capítulo 12) se valora a precios de mercado no a precios básicos.*

Este ajuste de precio hace posible la igualdad entre el PIB estimado por el enfoque de producción y por el enfoque de los usos finales.

El Cuadro 10.5 muestra la reconciliación del enfoque vía producción y la aproximación vía gasto, en este caso utilizando datos de Corea referidos al año 2012. Para mayor ilustración, el cuadro muestra los dos estimativos, con el SCN

1993 y con el SCN 2008 (Corea publicó sus estimados SCN 2008 unas semanas antes de la publicación de este libro en inglés). Los comentarios utilizan las cifras para el SCN 1993 pero bien hubieran podido referirse al SCN 2008: las conclusiones serían las mismas, aunque los datos sean diferentes. La primera parte de la tabla muestra claramente la adición a los valores agregados a precios básicos, de los impuestos sobre los productos menos los subsidios a los productos ((D21 – D31). Es esta corrección que hace posible obtener el valor del PIB a precios de mercado (como se denomina frecuentemente), que es igual a la cifra que se obtiene por la vía de los usos finales.

Cuadro 10.5. **Corea: Producto interno bruto: los tres enfoques**

Miles de millones de won, 2012, SCN 2003 y SCN 2008

		SCN 1993	SCN 2008
	Producto interno bruto (enfoque de la producción)	**1 272 459.5**	**1 377 456.6**
B1	Valor agregado bruto a precios básicos	1 145 970.9	1 251 455.2
D21-D31	+ Impuestos menos subsidios a los productos	126 488.6	126 001.5
	Producto interno bruto (enfoque del gasto)	**1 272 459.5**	**1 377 456.6**
P3	Gasto de consumo final	882 232.5	911 938.1
P5	+ Formación bruta de capital	350 616.8	427 028.6
P6	+ Exportaciones de bienes y servicios	718 967.0	776 062.5
P7	- Importaciones de bienes y servicios	679 786.1	737 572.5
	+ Discrepancia estadística	429.3	-0.1
	Producto interno bruto (enfoque del ingreso)	**1 272 459.5**	**1 377 456.6**
D1	Remuneración de los empleados	583 377.0	599 308.5
B2 + B3	+ Excedente bruto de explotación e ingreso mixto	548 480.5	636 915.0
D2-D3	+ Impuestos menos subsidios sobre la producción e importaciones	140 602.0	141 233.3
D29-D39	de los cuales: otros impuestos menos subsidios sobre la producción	14 113.4	15 231.9
D21-D31	de los cuales: impuestos menos subsidios sobre los productos	126 488.6	126 001.4
	+ Discrepancia estadística	0	0

Fuente: OECD (2013), "Aggregate National Accounts: Gross domestic product", OECD National Accounts Statistics (database), *http://dx.doi.org/10.1787/data-00001-en* and OECD calculations from Bank of Korea source.

StatLink *http://dx.doi.org/10.1787/888933736754*

El Cuadro 10.5 también muestra la igualdad de estas dos aproximaciones o enfoques con el "enfoque del ingreso", que también se basa en la matriz insumo-producto. Los tres PIB son, obviamente, iguales, tanto si se sigue el SCN 1993 como con el SCN 2008. La cuenta de generación del ingreso por ramas de actividad (Cuadro 10.4) muestra, para cada rama, la descomposición del valor agregado entre los dos factores de producción – trabajo ("Remuneración de los asalariados", código D1) y capital ("Excedente bruto de explotación e ingreso mixto", código B2/B3) – más "Otros impuestos sobre la producción" (D29) netos de "Otros subsidios sobre la producción" (D39).

Esta descomposición puede también encontrarse en el Cuadro 10.5. Realmente, el valor agregado a precios básicos utilizado para calcular el PIB por el enfoque de la producción (1 272 459.5) es igual a la suma de: "D1 Remuneración de los asalariados" o 583 377.0; más "B2/B3 Excedente bruto de explotación e ingreso mixto", o 548 480.5; más "D29-D39 Otros impuestos sobre la producción", neto de subsidios, o 14 113.4. Estos "otros" impuestos y subsidios sobre la producción (D29 o D39) no deberían confundirse con los impuestos y subsidios sobre los productos (D21 o D31). D29 y D39 son impuestos y subsidios específicos, generalmente de poca cuantía, que no gravan el producto sino el proceso de producción. Un ejemplo de estos impuestos son los que recaen sobre la nómina. La aproximación al PIB por el ingreso puede también obtenerse como suma de la remuneración a los factores de producción, más todos los impuestos sobre la producción, que, utilizando los códigos, puede expresarse como: D1 + B2/B3 + D2 – D3. Ya se había visto en el Capítulo 1 esta aproximación a la determinación del PIB desde los tres enfoques. El Ejercicio 2 al final del capítulo muestra estos cálculos.

El Cuadro 10.5 también incluye una "discrepancia estadística" típica. El PIB de Corea por el enfoque del gasto solo es igual al obtenido por los enfoques de la producción y del ingreso, si se añade a los diversos elementos de la demanda una cantidad adicional que asciende a 429.3 (en el SCN 1993; en el SCN 2008 esta es, por suerte, muy pequeña en 2012) denominada "discrepancia estadística". La razón es que las cuentas nacionales de Corea se obtienen a partir de dos fuentes estadísticas distintas. Concretamente, los datos para las cuentas de producción y de ingreso proceden de una base de datos de cuentas de las empresas, que estas remiten a las autoridades fiscales, mientras que los elementos de la demanda (consumo, FBCF) se obtienen a partir de encuestas.

En consecuencia, el PIB de Corea según el enfoque del gasto difiere ligeramente del obtenido por los otros dos enfoques. Como los contables nacionales coreanos no han encontrado un método satisfactorio para distribuir esta diferencia entre los otros rubros, han optado por mostrar de forma explícita esta discrepancia. Esta práctica de conservar rubros de "discrepancia estadística" entre las tres aproximaciones ha sido también adoptada por otros países de la OCDE (en particular los EE.UU.). Por el contrario, otros países utilizan varios métodos para eliminar esas diferencias y no publican las discrepancias que derivan de las distintas formas de medir el PIB. Estas diferencias metodológicas no implican que las fuentes estadísticas del primer grupo de países sean menos fiables que las del segundo grupo. Se trata más bien de una cuestión práctica y de una opción de presentación de resultados.

Estas discrepancias son contrarias al "marco contable coherente" propuesto por Edmond Malinvaud, pero es razonable dejar un cierto margen de maniobra al elaborar las cuentas nacionales. Alan Greenspan, que fue Presidente de la Reserva Federal de EE.UU., acostumbraba decir: mostrar las discrepancias estadísticas tiene la ventaja de recordar a los usuarios que las cuentas nacionales están lejos de ser 100% fiables. Greenspan incluso añadía que el análisis de estas discrepancias puede constituir una fuente de información. De hecho, algunos observadores han mostrado una cierta correlación entre el valor de las discrepancias estadísticas y el ciclo de los negocios.

Las tres aproximaciones al PIB reflejan la valoración del PIB a precios de mercado como opuesta a la valoración al "costo de factores". En la valoración a costo de factores, ahora abandonada, el valor agregado se calculaba a los precios que remuneraban cada uno de los factores de producción, es decir, el trabajo y el capital, y no se tomaban en cuenta los impuestos. Algunos lamentan que se haya dejado de calcular el PIB al costo de factores como indicador agregado de la producción. En realidad, desde el punto de vista del productor, los impuestos sobre los productos no tienen gran influencia en las decisiones de producción. Pero esto no ha evitado que la mayoría de los economistas y contables nacionales hayan decidido utilizar el PIB a precios de mercado como el principal indicador de la producción, porque es sumamente práctico que el PIB sea igual a la suma de los usos finales. Sin embargo, algunos consideran que esta práctica ha conducido a alguna duplicación al estimar el PIB (véase la sección "Limitaciones de las cuentas nacionales, en las "Precisiones adicionales", al final del capítulo).

Si en lugar de sumar los valores agregados brutos se hubieran sumado los valores agregados netos del consumo de capital fijo, se habría obtenido el Producto Interno Neto (PIN). Desgraciadamente este agregado se utiliza muy poco, a pesar de ser más correcto conceptualmente que el PIB tanto en la aproximación de la producción como en la del ingreso. Sin embargo, el PIN es estadísticamente menos robusto debido a la dificultad de calcular el consumo de capital fijo.

10.7. La cuenta económica integrada (CEI)

Se acaba de ver que la matriz insumo-producto constituye una presentación internamente consistente de las cuentas de bienes y servicios. El segundo cuadro en importancia, también internamente consistente, está constituido por la cuenta económica integrada (CEI), que recoge una síntesis de todas las cuentas de los sectores institucionales (véase el Recuadro 10.2. Unidades institucionales y sectores institucionales). El cuadro que recoge la CEI es demasiado grande para que pueda ser reproducido en una página de este libro. De hecho, ocupa dos páginas, a la izquierda un cuadro de usos cuyas columnas están constituidas por cada uno de los sectores institucionales y cuyas filas están constituidas por las operaciones; a la derecha figura un cuadro de recursos cuyas columnas son de nuevo cada uno de los sectores institucionales y cuyas filas son también cada una de las operaciones. Se puede resumir diciendo que una tabla de este tipo es la yuxtaposición de las cuentas de los hogares, sociedades (no financieras e instituciones financieras) y administraciones públicas, presentadas en los Capítulos 6, 7 y 9. Además de los sectores institucionales, las columnas de las CEI muestran la cuenta del total de la economía (total de los sectores residentes) y la cuenta del resto del mundo (se volverá más tarde sobre ella). La ventaja de la CEI es que facilita una visión inmediata y consistente de todos los movimientos relativos a una determinada operación. Una de las reglas más importantes de las cuentas nacionales que encuentra su aplicación en las CEI es la **contabilización por causación**. (Véase las "Precisiones adicionales").

Recuadro 10.2. **Unidades institucionales y sectores institucionales**

La unidad económica básica de las cuentas nacionales es la **unidad institucional**, que se define como "un centro elemental de decisión económica caracterizado por una unidad de comportamiento y una autonomía de decisión en el ejercicio de su función principal". Un hogar es una unidad institucional en el sentido de que se deciden en su seno los detalles de su función económica principal cual es consumir. Para que una "persona jurídica" (es decir, no una persona física) sea una unidad institucional debe, entre otras cosas, disponer de contabilidad completa. Si la unidad en cuestión no tiene contabilidad completa, se la considera como formando parte de una unidad más grande que la engloba. Por ejemplo, el INSEE, la oficina nacional de estadística de Francia, no es una unidad institucional. En efecto, es una Dirección General del Ministerio de Finanzas, que, a su vez, forma parte del Estado (administración central). El Estado tiene contabilidad completa pero no el INSEE.

Los **sectores institucionales** son agrupaciones de unidades institucionales. Son seis: hogares (S14); sociedades no financieras (S11); instituciones financieras (S12); gobierno general (S13); instituciones sin fines de lucro que sirven a los hogares (S15); y resto del mundo (S2). En realidad, el resto del mundo no es un sector institucional en tanto que solo incluye la parte de las cuentas de las unidades no residentes que refleja sus relaciones con las unidades residentes. La noción de residencia se explicó en el Capítulo 4. Las definiciones de todos los sectores institucionales (excepto las instituciones financieras se han recogido en los Capítulos 5, 6, 7 y 9.

Las **instituciones financieras** son las unidades institucionales que se especializan en la intermediación financiera (bancos) y en seguros. El sector de las instituciones financieras (S12) incluye al banco central, los bancos comerciales, corporaciones financieras especializadas, fondos mutuos (llamados UCITS en Europa – *Undertakings for Collective Investment in Transferable Securities*), entidades auxiliares, que incluyen algunas empresas de gestión de portafolios, compañías de seguros y fondos de pensión.

Si, de entre las 60 filas (aproximadamente) de la CEI de Dinamarca, se toma la fila "intereses" (D41) se puede comprobar que, en el lado de la izquierda, muestra los montos de los usos y, en el lado de la derecha, los montos de los recursos. El Cuadro 10.6 muestra, simplemente por razones de espacio, los recursos debajo de los usos, aunque en el cuadro real aparecen al lado del uno y del otro.

Cuadro 10.6. **Dinamarca: Extracto de la cuenta económica integrada, fila "D41 intereses"**

Miles de millones de coronas danesas, 2011

Usos								
		S1: Economía nacional	S11: Sociedades no financieras	S12: Sociedades financieras	S13: Gobierno General	S14_S15: Hogares e ISFLSH	S2: Resto del mundo	Total
D.41	Intereses	305.5	47.1	141.1	37.5	79.8	62.1	367.6
Recursos								
	Total	S2: Resto del mundo	S14_S15: Hogares e ISFLSH	S13: Gobierno General	S12: Sociedades financieras	S11: Sociedades no financieras	S1: Economía nacional	
	367.6	56.9	19.9	23.7	245.1	21.9	310.7	Intereses

Fuente: OECD (2014), "Detailed National Accounts: Non-financial accounts by sectors, annual", OECD National Accounts Statistics (database), *http://dx.doi.org/10.1787/data-00034-en.*

StatLink http://dx.doi.org/10.1787/888933736773

El cuadro se debe leer de la siguiente forma: El primer sub-cuadro muestra los "usos", es decir, los intereses pagados por los sectores institucionales. La primera columna se llama "Total de la economía" y tiene el código S1, que es la agregación de los cuatro sectores institucionales residentes, que es la opuesta al "Resto del mundo" (penúltima columna, código S2), que recoge los no residentes. Los cuatro sectores residentes son las sociedades no financieras, las instituciones financieras, el gobierno general y los hogares e instituciones sin fines de lucro que sirven a los hogares. La cifra de 305.5 miles de millones de DKK de intereses es el monto total de los intereses pagados por cada uno de los sectores residentes, es decir, 47.1 + 141.1 + 37.5 + 79.8 cifras estas que aparecen en la misma fila.

> *La igualdad entre S1 y la suma de los sectores residentes se debe a que las cuentas nacionales no se han "consolidado" (véase las "Precisiones adicionales").*

La columna siguiente indica los intereses pagados a Dinamarca por el resto del mundo, que ascienden a 62.1 miles de millones de DKK. En suma, 367.6 miles de millones de intereses pagados por los diversos sectores.

El segundo sub-cuadro ("recursos") muestra los intereses recibidos, detallados por sectores institucionales. Obviamente, el total de intereses recibidos, 367.6 miles de millones, es igual al total de intereses pagados, de acuerdo con el principio de consistencia de las cuentas nacionales.

Este cuadro es interesante porque permite visualizar cómo los flujos de intereses se distribuyen entre los sectores, aunque tiene dos limitaciones. La primera es que no se ha consolidado, (véase las "Precisiones adicionales") y por eso es importante no malinterpretar los datos. La gran suma de intereses pagados por las instituciones financieras no significa que estos intereses se paguen a los otros sectores institucionales. Por el contrario, como puede comprobarse en el cuadro, la mayoría de los intereses pagados por las instituciones financieras se pagan a otras instituciones financieras, como consecuencia de la complejidad de los modernos sistemas financieros.

La segunda limitación, ligada a la primera, es que estos cuadros no muestran los sectores de contrapartida de los recursos, o usos, de cada sector, que es lo que los contables nacionales denominan "de quién a quién" ("*whom-to-whom*"). Por ejemplo, el Cuadro 10.6 no indica "a quién" (to whom) pagan las instituciones financieras los 245.1 miles de millones. Según se ha dicho, es probable que una gran parte de ellos se paguen a las propias instituciones financieras, pero también a los hogares, a las sociedades no financieras y al resto del mundo. Sin embargo, estas cantidades no aparecen reflejadas en el cuadro y solo una matriz "de quién a quién" podría responder a esta cuestión. Las oficinas estadísticas disponen de este tipo de información para algunas operaciones, pero generalmente no la publican.

10.8. La transición del PIB al ingreso nacional

Sería redundante comentar todas las filas de la cuenta económica integrada (CEI), ya que cada una de las cuentas de los principales sectores institucionales se ha descrito en los Capítulos 6, 7 y 9. Aquí solo se comentarán las cuentas del "Total de la economía" (S1), que es interesante en tanto que incluye agregados tan importantes como el Ingreso Nacional Bruto, el Ingreso Disponible Bruto, el Ahorro Nacional y la Capacidad/necesidad de financiación de la nación.

Ingreso Nacional Bruto

Como el PIB es igual a la suma de los valores agregados, más los impuestos sobre los productos netos de subsidios, ocupa un lugar importante en la cuenta de producción del sector S1, un extracto de la cual se muestra en el Cuadro 10.7, referida a Corea (en SCN 1993 pero las conclusiones serían las mismas en el SCN 2008). El segundo agregado importante de esta cuenta es el Ingreso Nacional Bruto (INB), o el Ingreso Nacional Neto (INN), si se substrae del INB el consumo de capital fijo. Este agregado (INB) se llamaba Producto Nacional Bruto, al que mucha gente confundía con el Producto Interno Bruto. Por esta razón se ha dado a este agregado el nuevo y más adecuado nombre de INB.

Cuadro 10.7. **Corea: El tránsito desde el PIB hacia el INB y otros agregados principales**

Miles de millones de won, precios corrientes, 2012, SCN 1993

B1_G	Producto interno bruto	1 272 459.5
D1_D4	+Ingresos primarios por recibir del resto del mundo	25 156.6
D1_D4	-Ingresos primarios por pagar al resto del mundo	18 069.7
B5_G	Ingreso nacional bruto a precios de mercado	1 279 546.4
K1	-Consumo de capital fijo	164 262.5
B5_N	Ingreso nacional neto a precios de mercado	1 115 283.9
D5_D7	+Transferencias corrientes por recibir del resto del mundo	17 891.8
D5_D7	-Transferencias corrientes por pagar al resto del mundo	21 009.1
B6_N	Ingreso nacional disponible neto	1 112 166.6
P3	-Gastos de consumo final	882 232.5
B8_N	Ahorro neto	229 934.2
D9	Transferencias de capital netas del resto del mundo	802.5
P5	-Formación bruta de capital	350 616.8
K2	-Adquisiciones menos cesiones de activos no financieros no producidos	122.9
K1	+Consumo de capital fijo	164 262.5
B9	Préstamo neto	44 259.6

Fuente: OECD (2013), "Aggregate National Accounts: Disposable income and net lending/borrowing", OECD National Accounts Statistics (database), *http://dx.doi.org/10.1787/data-00002-en.*

StatLink http://dx.doi.org/10.1787/888933736792

El Producto Interno Bruto (PIB) es el resultado de la riqueza económica creada por la producción de los agentes económicos sobre el territorio económico. El Ingreso Nacional Bruto (INB) es la suma de los ingresos primarios de los agentes económicos residentes en el territorio. En el caso de Corea la diferencia entre los dos agregados se muestra claramente en la primera parte del Cuadro 10.7. Para obtener el INB a partir del PIB son necesarios los siguientes pasos:

1. partir del PIB (1 272 459.5 en 2012);
2. agregar los ingresos primarios recibidos del resto del mundo (+25 156.6). Estos ingresos primarios se componen de sueldos y salarios, rentas de la propiedad (intereses, dividendos) e impuestos y subsidios;
3. deducir los ingresos primarios pagados al resto del mundo (-18 069.7);
4. finalmente se obtiene el INB (1 279 546.4).

Lo anterior hace más fácil interpretar el INB, que se compone de la totalidad de los ingresos recibidos por los agentes residentes en el territorio, sin que importe si estos se obtienen o no en el territorio. Se incluyen en el INB, además de los ingresos derivados de la producción que se realiza dentro del territorio (que está incluida en el PIB), los ingresos derivados de la producción realizada fuera del territorio (que no está incluida en el PIB). Esto explica que se sume la remuneración de los asalariados recibida del resto del mundo, constituida principalmente por los sueldos y salarios de los trabajadores residentes en Corea pero que trabajan en los países vecinos. Inversamente, para calcular el INB hay que deducir del PIB los sueldos y salarios de los trabajadores que no son residentes en Corea, pero que trabajan allí. Hay que hacer la misma operación de añadir/deducir flujos transfronterizos en el caso de las otras dos formas de ingresos primarios, a saber, la renta de la propiedad y los impuestos sobre la producción netos de subsidios. De esta forma se obtiene finalmente el INB, que es un *concepto basado en el ingreso* (a diferencia del PIB, que es un *concepto basado en la producción*), en tanto que incluye la renta derivada de la producción en el extranjero (y, por tanto, no registrada en su totalidad sino sólo en la medida que se recibe por residentes) y excluye el valor de la producción en el territorio que retribuye a factores de producción situados fuera del territorio. Esta es la razón de usar la palabra "Ingreso", en lugar de "Producto", para designar a este agregado macroeconómico. Dicho esto, en el caso de Corea la diferencia entre el PIB y el INB es muy pequeña. Ya se vio en el capítulo 1 que esta diferencia es mayor en un país como Luxemburgo, por la importancia de los trabajadores transfronterizos en relación con la economía de ese país.

El INB es un agregado importante para los países de la Unión europea (U.E.), ya que es uno de los indicadores que se utilizan para asignar el presupuesto y los costos operativos de las instituciones de la U.E. entre los países miembros.

A partir del Ingreso Nacional Bruto es posible obtener el Ingreso Nacional Neto (INN) deduciendo del primero el consumo de capital fijo.

El resto del Cuadro 10.7 describe la transición desde el INN al Ahorro nacional. Adiciones y deducciones como las que se acaban de describir se llevan a cabo con las operaciones con el resto del mundo para obtener el Ingreso Nacional Disponible Neto, del que se deduce el total del gasto de consumo final con el fin de obtener el Ahorro nacional, que es igual a la suma de los ahorros de los diferentes sectores institucionales. Finalmente se llega al Préstamo Neto de la Nación, esencialmente mediante la deducción de la formación bruta de capital. Se puede ver en el Cuadro 10.7 que en 2012 Corea tuvo en el año 2012 un préstamo neto de 42 259.6 miles de millones de wons. En otras palabras, Corea, en términos netos, no tenía necesidad de financiación para llevar a cabo sus inversiones. Por el contrario, Corea globalmente proporcionó más financiación a otros países que lo que estos proporcionaron como financiación a Corea.

Referencias

Ahmad, N. and A. Wyckoff (2003), "Carbon Dioxide Emissions Embodied in International Trade of Goods", *OECD Science, Technology and Industry Working Papers*, No. 2003/15, OECD Publishing, *http://dx.doi.org/10.1787/421482436815*.

INSEE (2017), The National Accounts in 2016, Summary tables: SUT and TIEA in 2016, National accounts – Base 2010, *www.insee.fr/en/statistiques/2839361?sommaire=2839395*.

Malinvaud, E. (1973), "Initiation à la Comptabilité Nationale", INSEE.

OECD (2013a), "Aggregate National Accounts: Gross domestic product", OECD National Accounts Statistics (database), *http://dx.doi.org/10.1787/data-00001-en*.

OECD (2013b), "Aggregate National Accounts: Disposable income and net lending/ borrowing", OECD National Accounts Statistics (database), *http://dx.doi.org/10.1787/data-00002-en*.

Puntos clave

- Los saldos que figuran en los cuadros de oferta-utilización por productos (COU) constituyen la identidad contable básica de las cuentas de bienes y servicios. Ellos revelan el resultado de comparar recursos (producción e importaciones) con usos (consumo intermedio y usos finales). Estas ecuaciones se calculan a precios corrientes y en volumen.
- La producción se valora a precios básicos. Los usos se valoran a precios de mercado.
- Los márgenes comerciales y de transporte, así como los impuestos (netos de subsidios) sobre los productos están incluidos en el cálculo de los productos en los cuadros de oferta – utilización.
- La matriz insumo-producto (MIP) consiste en la yuxtaposición de los balances de oferta-utilización (cuadro de recursos y cuadro de usos finales) y de la matriz de consumos intermedios. Esta matriz muestra en sus columnas los diversos consumos intermedios de cada una de las ramas.
- La matriz insumo-producto también incluye las cuentas de producción y las cuentas de generación de ingreso (o de explotación) por ramas de actividad.
- La matriz insumo-producto está disponible a precios corrientes y en volumen.
- Cuando el valor agregado se calcula a precios básicos (como es generalmente el caso), el Producto Interno Bruto es la suma de los valores agregados de las ramas, más los impuestos sobre los productos netos de los subsidios a los productos.
- El Ingreso Nacional Bruto (INB) es el nuevo nombre del agregado Producto Nacional Bruto (PNB), el cual no debe confundirse con el Producto Interno Bruto (PIB). El INB es igual a la suma de los ingresos primarios de los agentes económicos residentes en el territorio, sin importar si estos ingresos fueron obtenidos dentro o fuera del territorio. El INB no incluye los ingresos primarios generados en el territorio por los agentes no residentes.
- El cuadro que recoge la Cuenta Económica Integrada (CEI) es una reagrupación de las cuentas de los sectores institucionales. Presenta los montos de todas las operaciones de recursos y de usos de cada uno de los sectores institucionales, incluido el resto del mundo. Se calcula solo a precios corrientes.

Precisiones adicionales

El tratamiento del IVA en las cuentas nacionales

En muchos países, el Impuesto sobre el Valor Agregado (IVA), es uno de los principales impuestos sobre los productos. Se recauda por las empresas por cuenta del Estado en varias fases. El principio es el siguiente. Todos los productores de mercado (incluidos los de las actividades de distribución o comercialización) están obligados a facturar un cierto porcentaje de IVA sobre los precios de los bienes y servicios que venden. El IVA se identifica separadamente en las facturas de las empresas vendedoras y de esta forma las empresas compradoras conocen cuánto han pagado por concepto de IVA. Las empresas pagan al Estado solo la diferencia entre el IVA que han recaudado sobre sus ventas y el IVA que han pagado por sus compras. De ahí el nombre de impuesto sobre el "valor agregado". En efecto, el impuesto recae sobre la diferencia entre la producción (ventas) y el consumo intermedio y la inversión, una noción que se aproxima al valor agregado en las cuentas nacionales. El IVA no se factura sobre las exportaciones; sin embargo, se aplica a las importaciones.

Gracias a esta construcción, el IVA es un impuesto económicamente más racional que los antiguos impuestos basados en los valores de las ventas, las cuales, por ejemplo, podían experimentar un incremento simplemente por la incorporación de un nuevo intermediario a la cadena entre el productor y el consumidor. Esto no puede suceder con el IVA. El éxito de este impuesto, en vigor en más de 100 países, se basa en el hecho de que dificulta más el fraude que los impuestos tradicionales. Esto se debe a que las empresas que realizan compras están interesadas en que las empresas vendedoras registren el IVA correctamente porque de esta forma pueden reclamar su reembolso.

Se llama "IVA deducible" al IVA a pagar sobre los consumos intermedios o la formación bruta de capital de las empresas, pues estas sumas son deducibles de los montos por pagar al Estado, por el IVA que han recaudado sobre sus ventas. Inversamente, se llama "IVA no deducible" al IVA que el comprador no puede deducir de los montos por pagar al Estado por el IVA recaudado. En consecuencia, y por definición, el IVA pagado por los hogares es no deducible en su totalidad, dado que los hogares son consumidores finales de bienes. Por otra parte, también por definición, es virtualmente deducible todo el IVA pagado por las empresas sobre sus compras. A pesar de ello, existen casos especiales en los cuales las empresas no pueden deducir enteramente el IVA sobre sus compras, por lo que soportan una pequeña parte de IVA no deducible.

En el sistema de cuentas nacionales solo se registra el IVA no deducible. Hubiera sido muy complicado, y, a fin de cuentas, de poca utilidad analítica, seguir el rastro de los flujos del IVA deducible. Esta decisión tiene tres consecuencias. Primera, en cuentas nacionales el IVA pagado por el consumo de los hogares figura íntegramente en las cuentas porque es totalmente no deducible. En contraste con esto, en las cuentas nacionales el consumo intermedio y la inversión de las empresas no soportan sino una pequeña parte del IVA porque la mayoría del IVA sobre estas operaciones es deducible. Finalmente, el IVA no se registra como recibido por el Estado de tal y tal empresa, sino como recibido globalmente del "total de la economía".

El breve ejemplo a continuación muestra tanto el mecanismo efectivo de recaudación del IVA como su registro en cuentas nacionales (se ha supuesto una tasa de IVA del 20%):

- Mecanismo efectivo del IVA: La empresa A vende por un monto de 120 a la empresa B, incluyendo 20 de IVA, que A reintegra al Estado. La empresa B vende al consumidor final por un total de 270, incluyendo 45 de IVA. Por lo tanto, paga al Estado (45 – 20) = 25. En total el Estado recibe 45 en concepto de IVA no deducible.
- Tratamiento en cuentas nacionales: La empresa A vende por 100 a la empresa B (y no por 120, que es lo que realmente ocurre). Los 20 del IVA no se registran porque se trata de IVA deducible. La empresa B realiza una venta al consumidor final de 270, incluyendo 45 de IVA. Este importe de 45 se registra en su totalidad porque se trata de IVA no deducible. Además, el IVA se registra como si hubiera sido recibido por el Estado procedente del total de la economía y no de la empresa B.

Como puede comprobarse, el tratamiento en cuentas nacionales no corresponde a los movimientos monetarios. Sin embargo, desde el punto de vista de lo que ingresa el Estado en concepto de IVA, el resultado es el mismo. Pero hay algo mejor: esta presentación es la más adecuada para el análisis macroeconómico, porque implica que, virtualmente, la totalidad del IVA en las cuentas nacionales aparece afectando al consumo de los hogares. En efecto, el IVA recibido por el Estado recae sobre los consumidores finales, es decir, sobre los hogares, y no sobre las empresas, que se limitan a recaudar el impuesto.

Hay que tener en cuenta que, en Europa, una pequeña parte del IVA se destina a financiar el presupuesto de la U.E. En la práctica, esta parte se recibe por el Estado, que la transfiere al organismo de la U.E. que gestiona el presupuesto comunitario. En cuentas nacionales estos movimientos se registran como un pago directo del total de la economía a las instituciones europeas (es decir, sin la intermediación del Estado).

Ramas de actividad, productos y operaciones específicas en la matriz insumo-producto

Esta sección explica, a partir del ejemplo de Francia, algunas nociones adicionales que son indispensables para comprender totalmente los cuadros que componen la matriz insumo-producto.

La clasificación de las ramas de actividad es casi el reflejo de la clasificación de productos. De hecho, una rama se define como la totalidad de las empresas, o parte de ellas, que produce un producto determinado. Para comprender adecuadamente las relaciones entre las dos, lo mejor es visitar la página web del INSEE: *www.insee.fr/fr/methodes/default.asp?page=nomenclaturesc/naf2008/naf2008.htm*.

El INSEE presenta sus clasificaciones como si fueran simultáneamente clasificaciones de productos y clasificaciones de ramas. Si, en la página web que se acaba de citar, se toma como ejemplo, dentro de la clasificación a nivel G, el rubro "C21 Industria farmacéutica", se puede observar que esta posición contiene, dentro del nivel F, el ítem "C21.1 "Manufactura de productos farmacéuticos básicos". La terminología utilizada en este último caso, incluyendo la palabra "manufactura", parece sugerir que este sub-ítem es una rama de actividad, pero no hay que confundirse, ya que este sub-ítem debe también interpretarse como la producción de esta rama, que, en este caso, son medicamentos. Por tanto, se trata al mismo tiempo de la actividad (rama) y de su resultado (el producto medicamentos).

En suma, el principio que hay que tener en cuenta es que, por definición, la producción de la rama de actividad X es (virtualmente) igual a la producción del producto X. La palabra "virtualmente" es necesaria porque esta igualdad no se cumple para algunas ramas, dada la complejidad de las cuentas nacionales. Esa complejidad exime de explicar aquí esos detalles.

Sin embargo, hay un caso en el que existe una rama de actividad sin que haya un producto correspondiente. Este es el caso del "comercio" (al por menor y al por mayor). Obviamente, en las cuentas nacionales hay una producción de servicios de comercio (medida por los márgenes comerciales) pero no hay un producto "comercio", dado que, según se ha explicado en el texto del capítulo, el margen comercial se incluye en el precio de adquisición de los productos comercializados. Por esta razón, el cuadro de recursos (de productos) de Francia (Cuadro 10.1) tiene una fila "GZ Comercio, reparación de automotores y motocicletas" con un valor de 369 en la columna producción, pero este monto se cancela tres columnas más adelante, tras la introducción, meramente convencional, de un margen de -325. Los dos montos no son exactamente iguales porque el rubro GZ contiene otros elementos además del comercio en sentido estricto, pero la idea es esa: hay una producción de comercio, pero no hay un producto comercio. A pesar de que en el caso del transporte (para el que existe una rama de actividad y un producto), no existe la misma dicotomía, se aplica a los usos finales de márgenes de transporte una eliminación convencional similar a la del comercio. Esto explica la cifra de -36 que aparece en la columna "márgenes de transporte".

Las dos últimas filas en la matriz insumo-producto para Francia requieren explicaciones adicionales. Son las dos últimas filas de los Cuadro 10.1 y Cuadro 10.2: "Productos consumidos fuera del territorio" y "Ajuste cif-fob". La primera está relacionada con los productos consumidos fuera del territorio, en la práctica, con los gastos de turismo (ver Capítulo 5). Convencionalmente, el gasto en el extranjero de los turistas franceses se registra como una importación de servicios (por un valor de 32) en la tabla de recursos de productos (Cuadro 10.1). El gasto en Francia de los turistas extranjeros se registra como exportación de servicios (por un valor de 39) en el cuadro de usos finales Cuadro 10.2. La diferencia entre las dos (-7) se registra en la tabla de usos finales en la misma fila y en la columna "gastos de consumo de los hogares". Esta suma se añadirá a los otros gastos de consumo (en el caso de Francia este valor es negativo, por lo que sería más correcto decir que se sustrae. Es negativo porque el gasto de los turistas extranjeros en Francia es mayor que el gasto de los turistas franceses en el extranjero. Esta situación también se puede describir diciendo, simplemente, que, en el caso de Francia, el balance del turismo es positivo) con el fin de obtener, al final de esta columna, el total de los gastos de consumo de los hogares residentes en Francia. Esto es así porque las otras filas de productos en el Cuadro 10.2 incluyen compras de turistas no residentes que deben deducirse para obtener el consumo de los residentes. Inversamente, las otras filas de productos no contienen el consumo de los turistas franceses en el exterior, que debe añadirse para obtener su consumo total. Esta doble operación se lleva a cabo en la matriz insumo-producto con la ayuda de esta fila.

El ajuste CIF/FOB también se inscribe en el ámbito de las relaciones con el resto del mundo. Como se ha visto en el texto del capítulo, las importaciones de bienes se calculan CIF, es decir, incluyendo los costos de seguros y fletes hasta la frontera del país importador, es decir que este precio incluye servicios de transporte desde la frontera del país exportador hasta la frontera francesa. Para dar una imagen más exacta de la importación de servicios se decidió mostrar el total de importaciones a precios FOB (franco a bordo), que no incluyen estos costos de transporte, y mostrar los gastos por los servicios de transporte importados en el total de la fila "transporte". Esto explica la sustracción de 16 mil millones de euros en la celda que constituye la intersección de la columna "importación de bienes" y la fila "ajuste CIF/FOB" del Cuadro 10.1. Si los servicios de transporte los prestan transportadores residentes, el valor de este servicio se incluirá en la producción de la rama "HZ Transporte y Almacenamiento". Si los prestan transportadores no residentes, se incluirá en importaciones de servicios de transporte. En cualquier caso, estos montos tienen que deducirse de la fila productos de transporte, en tanto que no existen usos correspondientes a estos recursos. Esto explica la anotación, por el mismo monto de -16 mil millones en la celda que constituye la intersección de la columna "ajuste CIF/FOB" y la fila "transporte" en el Cuadro 10.1. En relación con la celda que se encuentra en la intersección de la columna "ajuste CIF/FOB" y de la fila "ajuste CIF/FOB" en el Cuadro 10.1, esto es puramente convencional y sirve solo para asegurar que la fila de totales y la columna de totales de esta operación concreta se cancelan. Este ajuste CIF/FOB es muy complicado, pero no tiene un impacto global. Su única finalidad es hacer una presentación más clara del agregado total de importaciones y exportaciones de bienes y servicios.

Limitaciones de las cuentas nacionales ¿Hay una doble contabilización al calcular el PIB?

El PIB es igual a la suma de los componentes de la demanda final, expresados a precios de comprador, que incluyen los impuestos sobre los productos, tales como el IVA. Al mismo tiempo, el PIB incorpora una estimación del valor de la producción (y del consumo) de los servicios de no mercado, financiados parcialmente por estos impuestos. ¿Al hacerlo, no se están contabilizando dos veces estos impuestos?

El siguiente ejemplo simplificado permitirá comprender el problema. Sea una economía muy sencilla en la que solo hay dos productos, los bienes manufacturados y la educación. En esta economía los bienes manufacturados están sujetos al IVA del 20% y las autoridades destinan los ingresos por este concepto a adquirir servicios de profesores para prestar una educación gratuita a los hogares. Se supone que en la economía no hay consumo intermedio.

Una economía simplificada: Financiación de la educación mediante el IVA sobre productos manufacturados

	Producción = Valor agregado	IVA	Consumo final
Bienes manufacturados	100	20	120
Educación	20		20
PIB	140		140

Los contables nacionales calculan el PIB siguiendo el enfoque de la producción, es decir, como suma de valores agregados + IVA, de lo que resulta en el ejemplo actual: (120 + 20) = 140. Este resultado corresponde al enfoque de demanda, ya que la suma de todos los componentes de la demanda final, reducidos en este caso al consumo final, asciende también a 140. Pero, ¿no hay algo extraño en la inclusión de 20 de IVA en el valor final en el consumo de bienes manufacturados cuando también se incluyen estos 20 en el consumo de educación, a pesar de que esta última es gratuita? Además, ¿es correcto hablar de PIB a precios de mercado cuando el consumo de servicios de educación se valora a un precio que no es el observado en el mercado, ya que la educación es gratuita?

Para comprender las implicaciones de este problema, se puede suponer que las autoridades deciden suprimir el IVA y que los hogares pagan directamente a los profesores. Además, se supone que el volumen y los precios permanecen inalterados. Según esto (véase el cuadro que figura a continuación) se obtendría un PIB a precios corrientes de 120, lo que representa una caída de 20 con relación a la estimación anterior.

Eliminación del IVA y remplazo por compra directa de servicios de salud

	Producción = Valor agregado	IVA	Consumo final
Bienes manufacturados	100		100
Educación	20		20
PIB	120		120

Esta caída del PIB es extraña porque, desde el punto de vista del productor, el valor de su producción no ha cambiado y, desde el punto de vista del consumidor, el valor de su consumo total tampoco ha cambiado. En efecto, lo que se ha producido es una disminución del precio de comprador de los bienes manufacturados como consecuencia de la supresión del IVA, pero esta disminución se ha compensado con el incremento de los precios de los servicios de educación que antes eran gratuitos y ahora tienen que pagarse. La caída total del PIB por un monto de 20 es, pues, difícil de interpretar.

La conclusión es que desafortunadamente la presente definición de "PIB a precios de mercado" se ve afectada por esos cambios institucionales. No hay doble contabilización sino una debilidad en la definición del PIB. ¿Hay que inquietarse por ello? En principio no, porque la variación en volumen no ha sido afectada. El PIB en volumen a los precios del año anterior sigue siendo igual a 140 después del cambio institucional. En total, el crecimiento en volumen será cero, lo que es satisfactorio intelectualmente. En lo que respecta a la comparación con otro país, el problema también se resolverá, si (como parece deseable) se aplican las paridades de poder de compra (PPA), ya que como las PPA se calculan después de impuestos se corregirá automáticamente cualquier "doble contabilización".

Sigue siendo cierto que no deberían hacerse comparaciones directas del PIB a precios corrientes si no se realizan los correspondientes ajustes de las PPA, a pesar de que esto es algo que se ve con frecuencia. Además, no está claro cómo interpretar el índice de precios del PIB cuando se elimina el IVA (el deflactor implícito del PIB decrecerá, cuando debería permanecer constante). No obstante, no hay otra definición de PIB que permita verificar que el PIB = producción = ingreso = gasto. Cabría preguntarse: ¿es esta ecuación puramente teórica debido al sesgo introducido por los impuestos?

Relaciones con la teoría económica: Wassily Léontieff y la utilización de las matrices insumo-producto

Las primeras matrices insumo-producto fueron desarrolladas por el economista americano, de origen ruso, Wassily Léontieff, que publicó en la década de los 30 del siglo pasado la matriz insumo-producto de los Estados Unidos para los años 1919 y 1926, de las que se sirvió para describir la estructura de la economía. Sin embargo, fue en su país de nacimiento, ya convertido en la Unión Soviética, en el que se hizo un uso más intensivo de las matrices insumo-producto. El Ministerio Soviético de Planificación (Gosplan) elaboró un plan quinquenal que fijó objetivos sobre la disponibilidad de bienes de consumo y de capital y usó las matrices insumo – producto para evaluar la producción necesaria para alcanzar esos objetivos, mientras que cada rama de actividad recibía los objetivos de producción que tenía que satisfacer. Otros países, tales como India, Egipto, China, Vietnam y Cuba, adoptaron métodos similares.

Francia y los Países Bajos también tenían sus planes quinquenales, pero el propósito de estos no era imponer objetivos sobre las ramas de actividad sino proveer patrones de referencia y establecer incentivos. Francia y los Países Bajos son economías de mercado en las que no se les indica a las ramas lo que tienen que producir. En la actualidad estos planes quinquenales han desaparecido totalmente. Al mismo tiempo, la utilización de las tablas insumo-producto para estimar la producción necesaria para satisfacer una demanda determinada es algo muy raro, aunque no ha desaparecido completamente.

La hipótesis de coeficientes técnicos fijos es una limitación del método, excepto a corto plazo. En particular, no toma en cuenta los movimientos de precios relativos entre bienes intermedios, aunque estos pueden generar cambios técnicos que ponen en duda esta hipótesis. Además, análisis de los coeficientes técnicos sobre el largo plazo muestran que varían sustancialmente a lo largo del tiempo. En efecto, una de las principales tendencias de las empresas industriales en las últimas décadas ha sido la creciente externalización de grandes partes de sus sistemas de producción, (el "*outsourcing*" o externalización). Por ejemplo, las empresas han reducido drásticamente sus servicios internos de tecnología de la información (TI) y han pasado a adquirirlos a firmas externas especializadas, que se estima tienen una mejor relación calidad/precio. Este mismo fenómeno ha ocurrido en el caso de las auditorías financieras, servicios de limpieza, servicios de seguridad, entre otros. Por último, más y más empresas industriales han pasado a demandar los servicios de las empresas de trabajo temporal (que se consideran más flexibles), incluso para el núcleo de sus actividades productivas. En todos estos casos, la externalización incrementa los consumos intermedios de las empresas industriales sin que, como consecuencia, se incremente su producción. El resultado es un incremento lento pero inexorable de los coeficientes técnicos.

A pesar de que la utilización de las matrices insumo-producto para el análisis económico ha tendido a disminuir, existen ejemplos de lo contrario. La OCDE ha publicado recientemente un estudio muy interesante utilizando esta técnica en un marco que incluye variables económicas y del medio ambiente. (Ahmad et al., 2003). El protocolo de Kyoto sobre el medio ambiente establece objetivos para la reducción de emisiones de CO_2 (causa principal del "efecto invernadero") en los países industriales. La mayoría de los firmantes han hecho progresos para alcanzar dichos objetivos, aunque estos pueden no corresponder a una reducción genuina en las emisiones de CO_2 atribuibles a un país.

El problema es que el protocolo de Kyoto se centra en las emisiones dentro de las fronteras de un país, mientras que la globalización implica la localización en países pobres de empresas que antes estaban localizadas en países ricos, incrementando las emisiones en los primeros (especialmente si utilizan técnicas de producción ineficientes) y reduciéndolas en los últimos. En total, las emisiones de CO_2 son más elevadas que antes. El estudio de la OCDE se refiere a las emisiones de CO_2 que son atribuibles no a la producción, sino al consumo de los países ricos. Los autores del estudio han utilizado las matrices insumo-producto para determinar qué industrias intervienen para asegurar ciertos tipos de consumo, incluyendo aquellas situadas en otros países. El estudio concluye que las emisiones de CO_2 atribuibles al consumo de los países ricos fueron unos 5% más elevadas que las emisiones derivadas de su producción interior.

Contabilización por causación

El llamado principio de causación se aplica al conjunto de las cuentas nacionales y se basa en el método empleado en las cuentas de las empresas. El principio es como sigue: una operación se registra por su monto, en el momento de creación del derecho (para el acreedor) o de la obligación (para el deudor). Por ejemplo, las ventas de la empresa A a la empresa B se registrarán en el momento del cambio de propiedad, es decir, cuando se firma el contrato de venta, sin esperar al pago del dinero que corresponda a la venta. En el período que media entre el momento de la venta y el momento en que se transfiere el dinero, las cuentas mostrarán que el vendedor ha otorgado un crédito al comprador. Este es el principio general que, en teoría, se aplica a todas las series de las cuentas nacionales.

Hay una doble justificación para adoptar este principio. En primer lugar, esta regla es completamente indispensable si se considera que uno de los objetivos de las cuentas nacionales es mostrar el estado patrimonial de los agentes al final del período. El patrimonio de un agente al final del período debe incluir, como positivos, todos los derechos ciertos que tiene sobre otros agentes (por ejemplo, si los contratos de venta se han firmado y los productos se han entregado, el vendedor tiene un derecho cierto sobre el comprador) y, como negativas, las obligaciones contraídas frente a otros agentes (por ejemplo, aunque no se hayan pagado, el agente debe al Estado los impuestos del período). En segundo lugar, su aplicación permite una mejor correspondencia analítica entre las variaciones de las series macroeconómicas. Por ejemplo, si el Estado sube la tasa del IVA en diciembre de un año dado, la repercusión en los ingresos del IVA se sentirá en el primer trimestre del año siguiente, dado el desfase entre el pago del IVA por los agentes y la llegada de estos impuestos a las arcas del Estado. Sin embargo, sería analíticamente incorrecto registrar el aumento de la tasa del IVA solo en el año siguiente al que se produce, ya que el consumo ha estado afectado por el nuevo tipo de IVA desde el año en el que se aprobó el aumento. En la jerga de los contables se dice que los ingresos del IVA tienen que "ajustarse" con el fin de vincularlos al período en el que generaron los flujos (es decir, al momento cuando, por ejemplo, un hogar compró el producto).

En la práctica, las cosas no son tan simples. De una parte, los contables nacionales se basan en cuentas de empresas, para las que esta regla es primordial. Aunque se podría pensar que la regla se respeta, la verdad es que esto no es totalmente cierto, ya que en muchos países uno de los más grandes agentes de la economía, es decir, el gobierno general, no la aplica sistemáticamente. Por esta razón, muy acertadamente, los contables nacionales consideran que para determinadas operaciones (por ejemplo, los impuestos), las estadísticas del gobierno general son mejores que las que se deducen de la agregación de las cuentas de las empresas. La contabilidad nacional tiene que ser internamente consistente y sustituye, en este caso, los datos, en términos de causación, suministrados por las empresas, por las estadísticas del gobierno general, que son mejores en términos de cobertura, aunque peores en lo que respecta al principio de causación. Esta sustitución se realiza, por ejemplo, introduciendo un desfase en los ingresos del IVA por parte del Estado, con el fin de que correspondan mejor al período de generación del impuesto.

También se debe señalar otra dificultad práctica, que encuentran los contables nacionales al aplicar el principio de causación sin tener en cuenta las "provisiones". En efecto, cualquier empresa trata con malos pagadores y al momento de registrar todos sus créditos sobre sus clientes, por precaución, crea una "provisión", es decir, reserva unos fondos, para cubrir las eventuales deficiencias de pago, y los registra en su cuenta de resultados. Pero las cuentas nacionales no autorizan el registro de estas provisiones, que, por definición, reflejan la opinión que un agente tiene de otros, y que trae consigo una falta de simetría. Las cuentas nacionales para mantener la consistencia interna, solo registran movimientos que sean simétricos. Esta es una contradicción que es necesario resolver.

¿Qué significa "consolidación"?

Hay dos formas de agregar las cuentas de los sectores institucionales. La primera de ellas es, simplemente, hacer la suma de todos sus elementos. La segunda consiste también en hacer esa suma, pero eliminando las operaciones que se realizan entre las unidades institucionales que se agregan. Este segundo método es el que se conoce como "consolidación". Cuando se ha realizado la consolidación solo quedan en las cuentas las operaciones entre la agrupación que se ha creado y las unidades situadas fuera de esta agrupación. Por ejemplo, en el extracto de la cuenta económica integrada relativo a los intereses que se discute en el texto del capítulo (véase el Cuadro 10.6), si el total de la economía (S1) se hubiera calculado a partir de cuentas consolidadas, la cifra hubiera sido mucho más pequeña que 305.5 miles de millones de DKK, porque la mayoría de los intereses se pagan por unas unidades residentes a otras unidades residentes, es decir, se realizan en el interior de S1.

Es bastante fácil encontrar una cifra consolidada para S1, porque si se eliminan las operaciones entre los sectores residentes, lo que queda, en principio, son las operaciones con los no residentes, que se agrupan en el sector resto del mundo (S2). Por tanto, las cuentas consolidadas de S1 son la contrapartida de las cuentas de S2, y, por tanto, los intereses, una vez consolidados, pagados por el "Total de la Economía (S1)" son necesariamente iguales a los intereses recibidos por el "Resto del Mundo (S2)", es decir, 56.9 miles de millones de DKK. Obsérvese que los sectores hogares y resto del mundo, debido a su composición, están consolidados. El resto del mundo lo está por definición, porque las cuentas nacionales de un país no se ocupan de las operaciones internas de otros países ni de las operaciones entre otros países; los hogares están consolidados debido a una pura necesidad estadística, porque sus cuentas se obtienen por residuo, ya que, en la práctica, no se dispone de información directa referida a los hogares. Como las cuentas de los hogares se obtienen por residuo, forzosamente están consolidadas. Sin embargo, es muy difícil consolidar agregados de cuentas de empresas, por lo que, con frecuencia, estas cuentas figuran en las cuentas nacionales como no consolidadas.

Debe tenerse también en cuenta que los saldos contables de las cuentas (valor agregado, excedente bruto de explotación, ahorro, préstamo neto) no se modifican que las cuentas estén o no consolidadas. Esto es así porque son el resultado de la diferencia entre recursos y usos, y si los recursos se concretan en operaciones internas al sector, los usos tienen necesariamente que incluirlas.

Ejercicios para el Capítulo 10

Ejercicio 1: Reconstrucción de una matriz insumo-producto mediante el procedimiento de "copiar y pegar"

El objetivo de este ejercicio es establecer una matriz insumo-producto de tamaño real (es decir, superando las limitaciones de una presentación fraccionada, que es la que se ha hecho en el capítulo) al nivel E de la clasificación francesa (16 productos/ramas de actividad). Se invita al alumno a que visite la página web del INSEE (*www.insee.fr*), encuentre las cuentas nacionales anuales y después busque la síntesis de los cuadros y en ella la matriz insumo-producto" ("tableau des entrées et sorties"), el cuadro de usos finales ("tableau des emplois finals, par produits"), el cuadro de recursos de productos ("tableau des ressources en produits"), el cuadro de consumos intermedios ("tableau des entrées intermédiaires") y, más abajo, las cuentas de producción ("comptes de production") y de generación de ingreso ("comptes d'exploitation") por ramas de actividad ("branche"). Imprima estas tablas separadamente y por el procedimiento de copiar y pegar intente ensamblarlas para obtener la imagen de la matriz insumo-producto que aparece en la sección 4 de este capítulo. Hay que tener cuidado en asegurar la correspondencia entre las filas y las columnas. Releer las secciones 1 a 4 de este capítulo teniendo delante esta nueva serie de cuadros. Para aquellos que se atrevan, la página web del INSEE permite llevar a cabo la misma manipulación al nivel F (38 productos). El resultado es una tabla realmente grande. ¡El lector puede imaginar cómo será de grande la tabla a nivel G (88 productos)!

Ejercicio 2: Reconstrucción de las cuentas de los sectores institucionales

Sea el caso de una economía con tres sectores institucionales: hogares (incluyendo las ISFLSH), sociedades (no financieras *e* instituciones financieras) y gobierno general.

Se han utilizado varias fuentes y procesado los datos siguiendo las definiciones de las cuentas nacionales, con el siguiente resultado:

	Sociedades	Gobierno General	Hogares
Gasto			
Intereses	162	35	20
Contribuciones sociales de los empleadores	129	53	11
Dividendos	60		
Otros impuestos menos subsidios a la producción	54	2	2
Excedente de explotación	?	?	65
Sueldos y salarios brutos	431	87	51
Retiros de la renta de las cuasi-sociedades	24		
Impuestos corrientes sobre el ingreso, el patrimonio, etc.	34		178
Otros impuestos a la propiedad	25		
Ingresos de la tierra y de los activos del subsuelo	31	7	27
Gasto de consumo final		368	1 031
Reembolsos de la seguridad social		57	
Prestaciones		162	
Otras transferencias corrientes	57	159	73
Prestaciones sociales diferentes de transferencias sociales en especie	43	289	
Ajuste por la variación en los derechos de pensión	11		
Recursos			
Valor agregado (a precios básicos)	780	158	561
Contribuciones sociales	54	268	
Dividendos	28	5	13
Impuestos menos subsidios a los productos		133	
Otras transferencias corrientes	59	109	72
Ingresos de la tierra y de los activos del subsuelo	44		21
Otras rentas de la propiedad	16		23
Intereses	139	14	56
Retiro de la renta de las cuasi-sociedades		13	44

Además, la balanza de pagos facilita los siguientes datos:

Débito (recursos del resto del mundo)	
Sueldos y salarios brutos	2
Intereses	21
Dividendos	14
Otras transferencias corrientes	59
Retiro de la renta de las cuasi-sociedades (dentro de la economía)	3
Crédito (usos del resto del mundo)	
Sueldos y salarios brutos	6
Intereses	14
Dividendos	13
Retiro de la renta de las cuasi-sociedades (ubicadas en otros países)	36
Otras transferencias corrientes	10

Este ejercicio consiste en completar las cuentas de los tres sectores institucionales que figuran en las páginas siguientes.

Se reseñan algunas indicaciones que pueden ser de utilidad para realizar el ejercicio:

1. los datos del primer cuadro no están completos, por lo que hay que recomponer algunas cifras adicionales;
2. los sueldos y salarios que figuran en el cuadro de la balanza de pagos son, por naturaleza, pagados a, o recibidos por, el resto del mundo, y los restantes son pagados a los hogares;
3. por definición, las prestaciones sociales son recibidas por los hogares;
4. las contribuciones sociales recibidas por las sociedades y el gobierno general son pagadas por los hogares;
5. el ajuste por la variación en la participación neta de los hogares en las reservas de los fondos de pensiones se aplica, por definición, a los hogares;
6. el ingreso disponible ajustado de los hogares es igual al ingreso disponible más las transferencias sociales en especie (reembolsos de la Seguridad Social, otras prestaciones sociales en especie).

Hogares

Cuenta de generación del ingreso	
Usos	**Recursos**
Remuneración a los asalariados	Valor agregado
Sueldos y salarios brutos	
Contribuciones sociales de los empleadores	
Otros impuestos a la producción, menos subsidios	
Excedente de explotación	
Ingreso mixto	

Cuenta de asignación del ingreso primario	
Usos	**Recursos**
	Excedente de explotación bruto e ingreso mixto
	Remuneración a los asalariados
	Sueldos y salarios brutos
	Contribuciones sociales de los empleadores
Renta de la propiedad	Renta de la propiedad
Intereses	Intereses
Renta de la tierra y de activos del subsuelo	Dividendos
	Retiro de la renta de las cuasi-sociedades
Saldo de ingresos primarios	Renta de la tierra y de los activos del subsuelo
	Otras rentas de la propiedad

Hogares *(cont.)*

Cuenta de distribución secundaria del ingreso	
Usos	Recursos
	Saldo de ingresos primarios
	Impuestos corrientes sobre el ingreso, el patrimonio, etc.
Prestaciones sociales diferentes de transferencias sociales en especie	Contribuciones sociales
Otras transferencias corrientes	Otras transferencias corrientes
Ingreso disponible	

Cuenta de utilización del ingreso	
Usos	Recursos
	Ingreso disponible
Gasto de consumo final	Ajuste por la variación en los derechos de pensión
Ahorro	

Cuenta de utilización del ingreso ajustado	
Usos	Recursos
	Ingreso disponible ajustado
Consumo efectivo	Ajuste por la variación en los derechos de pensión
Ahorro	

Sociedades

Cuenta de generación del ingreso	
Usos	Recursos
Remuneración a los asalariados	Valor agregado
Sueldos y salarios brutos	
Contribuciones sociales de los empleadores	
Otros impuestos a la producción, menos subsidios	
Excedente de explotación	

Cuenta de asignación del ingreso primario	
Usos	Recursos
Renta de la propiedad	Excedente de explotación
Intereses	
Dividendos	Renta de la propiedad
Retiro de la renta de las cuasi-sociedades	Intereses
Otras rentas de la propiedad	Dividendos
	Renta de la tierra y de los activos del subsuelo
	Otras rentas de la propiedad
Saldo de ingresos primarios	

Sociedades *(cont.)*

Cuenta de distribución secundaria del ingreso	
Usos	Recursos
Impuestos corrientes sobre el ingreso, el patrimonio, etc.	Saldo de ingresos primarios
Prestaciones sociales diferentes de transferencias sociales en especie	Contribuciones sociales
Otras transferencias corrientes	Otras transferencias corrientes
Ingreso disponible	

Cuenta de utilización del ingreso	
Usos	Recursos
Ajuste por la variación en los derechos de pensión	Ingreso disponible
Ahorro	

Gobierno general

Cuenta de generación del ingreso	
Usos	Recursos
Remuneración a los asalariados	Valor agregado
Sueldos y salarios brutos	
Contribuciones sociales de los empleadores	
Otros impuestos a la producción, menos subsidios	
Excedente de explotación	

Cuenta de asignación del ingreso primario	
Usos	Recursos
Renta de la propiedad	Excedente de explotación
Intereses	
Renta de la tierra y de los activos del subsuelo	Impuestos menos subsidios a la producción y exportaciones
Otras rentas de la propiedad	Impuestos menos subsidios a los productos
	Otros impuestos menos subsidios a la producción
	Renta de la propiedad
	Intereses
	Dividendos
	Retiros de la renta de las cuasi-sociedades
Saldo de ingreso primarios	Otras rentas de la propiedad

Cuenta de distribución secundaria del ingreso	
Usos	Recursos
	Saldo de ingresos primarios
	Impuestos corrientes sobre el ingreso, el patrimonio, etc.
Prestaciones sociales diferentes de transferencias sociales en especie	Contribuciones sociales

Gobierno general *(cont.)*

Otras transferencias corrientes Ingreso disponible	Otras transferencias corrientes

Cuenta de utilización del ingreso	
Usos	Recursos
Gasto de consumo final Ahorro	Ingreso disponible

Cuenta de utilización del ingreso ajustado	
Usos	Recursos
Consumo efectivo Ahorro	Ingreso disponible ajustado

Ejercicio 3: Elaboración de la cuenta económica integrada

Utilizar las cuentas de los tres sectores institucionales del ejercicio anterior para completar la cuenta económica integrada que figura en las páginas siguientes:

Cuenta económica integrada (extracto) (1/3)

Total	Resto del mundo	Economía total	Sociedades	Gobierno general	Hogares	Cuenta de producción	Sociedades	Gobierno general	Hogares	Economía total	Resto del mundo	Total
540	540					Importaciones				499		499
						Exportaciones						
						Producción	1 708	410	1 264	3 382		3 382
1 883		1 883	928	252	703	Consumo intermedio						
						Impuesto menos subsidios sobre las productos				133		133
1 632		1 632	780	158	561	Valor agregado/PIB						
-41	-41					Balanza Comercial (bienes y servicios)						
						Cuenta de generación de ingreso						
						Valor agregado						
						Remuneración de asalariados						
						Sueldos y salarios brutos						
						Contribuciones sociales de los empleadores						
						Impuesto menos subsidios sobre los productos						
						Otros impuestos netos de subsidios						
						Excedente de explotación						
						Ingreso mixto						

Cuenta económica integrada (extracto) (2/3)

Total	Resto del mundo	Economía total	Socie-dades	Gobierno general	Hoga-res	Cuenta de asignación del ingreso primario	Socie-dades	Gobierno general	Hoga-res	Economía total	Resto del mundo	Total
						Excedente de explotación/Ingreso mixto						
						Remuneración de los asalariados						
						Sueldos y salarios brutos						
						Contribuciones sociales de los empleadores						
						Impuesto menos subsidios sobre los productos						
						Otros impuestos a la producción						
						Renta de la propiedad						
						Intereses						
						Dividendos						
						Retiro de la renta de las cuasi-sociedades						
						Renta de la tierra y de los activos del subsuelo						
						Otras rentas de la propiedad						
						Saldo de ingresos primarios/Ingreso Nacional						

Cuenta económica integrada (extracto) (3/3)

Total	Resto del mundo	Economía total	Socie-dades	Gobierno general	Hoga-res	Cuenta de asignación secundaria del ingreso	Socie-dades	Gobierno general	Hoga-res	Economía total	Resto del mundo	Total
						Saldo de ingresos primarios						
						Impuestos corrientes sobre el ingreso, el patrimonio, etc.						
						Contribuciones sociales						
						Otras prestaciones sociales						
						Otras transferencias corrientes						
						Ingreso disponible						
						Cuenta de utilización del ingreso						
						Ingreso disponible						
						Gasto de consumo final						
						Variación en los derechos de pensión						
						Ahorro						
						Saldo en cuenta corriente						

Ejercicio 4: Utilización de la matriz insumo-producto en el llamado modelo de Léontieff

Sea la siguiente matriz insumo-producto que se compone de: [M] matriz de consumos intermedios; [Y] vector de la demanda final de bienes intermedios, bienes de capital y bienes de consumo; y, finalmente [X], que es el vector de producción de las ramas de actividad que producen estos mismos bienes (en el siguiente orden: bienes intermedios, bienes de capital y bienes de consumo).

	[M]			[Y]
Productos intermedios	5	20	20	5
Bienes de capital	5	10	12	33
Productos de consumo	10	6	15	89
[X]	50	60	120	
	Productos intermedios	Bienes de capital	Productos de consumo	

A partir de estos datos, y con la ayuda de la ecuación que figura en la sección 5 de este capítulo, hacer lo siguiente:

1. Calcular la matriz de coeficientes técnicos [A].
2. Utilizar la ecuación 7 para calcular el impacto sobre [X] de un incremento de 20 en la demanda final de bienes de consumo (se podría suponer que este aumento viene de una disminución de impuestos por parte del Gobierno).

Las soluciones a estos ejercicios están disponibles en el sitio web de la OCDE.

Comprendiendo las Cuentas Nacionales
Segunda edición

Capítulo 11

Los engranajes de las cuentas nacionales: Elaboración y difusión

Este capítulo revisa los engranajes de la "maquinaria" de las cuentas nacionales. Explica cómo se elaboran las cuentas y describe las principales consecuencias de este proceso para el usuario. Después de presentar las cuentas trimestrales, se examina la relación que existe entre estas y las cuentas nacionales anuales. Finalmente, se tratan las revisiones ordinarias y las revisiones globales de las cuentas nacionales. Se toma a Francia como ejemplo, pero las enseñanzas que se derivan son también aplicables en otros países.

Los capítulos precedentes se centraban en la definición de las variables de las cuentas nacionales. Este capítulo es completamente diferente ya que su propósito es explicar cómo se compilan *en la práctica* las cuentas nacionales y describir las principales consecuencias que tiene este proceso para los usuarios. Se empieza discutiendo las cuentas trimestrales y se pasa a examinar la relación entre las cuentas nacionales trimestrales y las cuentas nacionales anuales. Finalmente, se repasan las revisiones de las cuentas nacionales, tanto las ordinarias como las más completas. El país que se toma como ejemplo es Francia, pero lo que se deduce de esta experiencia es también aplicable a otros países.

11.1. Las cuentas nacionales trimestrales

En los Estados Unidos o en el Reino Unido, la casi totalidad de las cuentas que componen el sistema de cuentas nacionales se han elaborado desde el principio con periodicidad trimestral. En Francia, y en muchos otros países, se han elaborado durante mucho tiempo cuentas nacionales anuales, pero, gracias a los progresos alcanzados en los últimos años en la recolección y procesamiento de las estadísticas, las cuentas de la mayoría de los países han pasado a elaborarse con periodicidad trimestral. Por tanto, es muy importante que los macroeconomistas estén bien informados sobre los calendarios de difusión, el formato y, en definitiva, la publicación de las cuentas nacionales trimestrales.

¿Por qué cuentas trimestrales?

Uno de los principales objetivos de la estadística macroeconómica es ayudar a las autoridades a adoptar las decisiones correctas en el momento adecuado. No sería lógico emprender una política de despegue de la economía cuando el movimiento al alza ya se ha producido o, por el contrario, "enfriar" la economía cuando esta ya ha entrado en recesión. Por tanto, es deseable disponer de la información más refinada posible en relación con el ciclo económico y sus puntos de inflexión. En este contexto, las cuentas nacionales anuales, que en Francia se publican en mayo del año siguiente, llegan demasiado tarde. Además, la dependencia exclusiva en promedios anuales puede, de hecho, inducir a error sobre el verdadero estado de la economía (véase el Ejercicio 1 al final de este capítulo). De aquí la importancia de elaborar cuentas más oportunas que las anuales. La situación actual en lo que respecta a los recursos disponibles y a la fiabilidad de las estadísticas limita este esfuerzo a la compilación de cuentas trimestrales, pero algunos países, como Canadá, calculan el PIB mensualmente.

Las cuentas nacionales trimestrales constituyen para la OCDE la herramienta fundamental para el análisis económico a corto plazo. Las primeras páginas del número 93 del *Economic Outlook*, de mayo de 2013, se inician con el gráfico que figura a continuación y con el siguiente comentario: *"La recuperación económica global se ha venido dando a trompicones, especialmente en el área de la OCDE, con tasas de crecimiento de la producción que fluctúan alrededor de una modesta tasa positiva. La recuperación ha mantenido una trayectoria divergente entre las principales economías de la OCDE y dentro de la zona de euro, reflejando, entre otras cosas, las diferencias entre países en materia de políticas macroeconómicas y estructurales, como también otros factores que afectan las condiciones financieras"* (OCDE, 2013a).

Gráfico 11.1. **PIB trimestral real, EE.UU., Zona Europea, Japón y Canadá**
Trimestre 1 de 2008 = 100

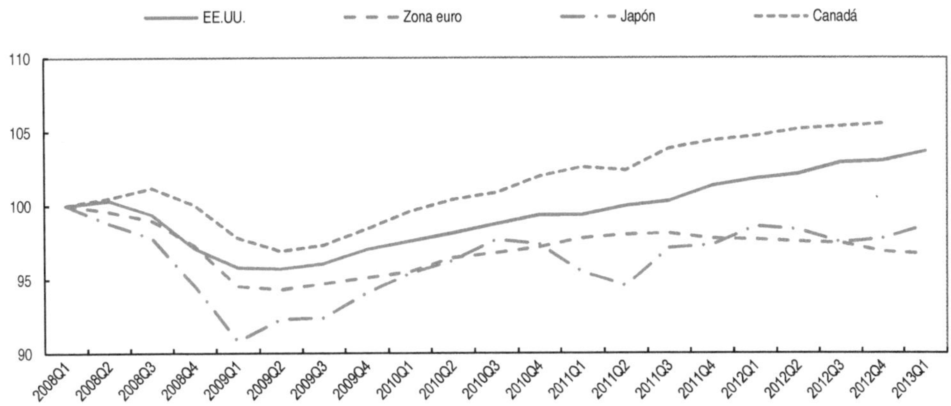

Fuente: OECD (2013), "OECD Economic Outlook No. 93", OECD Economic Outlook: Statistics and Projections (database), *http://dx.doi.org/10.1787/data-00655-en.*

StatLink http://dx.doi.org/10.1787/888933736811

Las cuentas trimestrales son muy utilizadas por quienes realizan previsiones tanto para los Ministerios de Finanzas y similares, en la preparación del presupuesto del Estado, como para los centros de investigación privados, como los vinculados con los grandes bancos, o con organizaciones internacionales como la OCDE. Gracias a las cuentas trimestrales estos economistas están en posición de actualizar sus previsiones para el año siguiente cuando disponen de la información trimestral del año en curso.

Una buena predicción es, por encima de todo, la que se basa en los datos más recientes del pasado.

En Francia, las cuentas trimestrales se utilizan también en las predicciones, a seis meses, realizadas por el Departamento de Coyuntura del INSEE. Estas previsiones se presentan en una publicación regular titulada *Conjoncture en France* (Coyuntura en Francia) que contiene numerosas series trimestrales acompañadas por comentarios sobre los cambios promedio de año a año o statistical carryover ("*arrastre*") (véase el Recuadro 11.1. Anualización y otros indicadores de crecimiento). De hecho, el INSEE es uno de los pocos institutos nacionales de estadística autorizado a realizar proyecciones.

Características específicas de las cuentas trimestrales

En algunos países tales como los Estados Unidos y el Reino Unido, el usuario de las cuentas nacionales no encuentra una verdadera diferencia entre las cuentas anuales y las cuentas trimestrales. Ambos países desarrollaron, desde el principio, las cuentas nacionales *simultáneamente* en base trimestral y en base anual. En Francia y en muchos otros países, las cuentas trimestrales se han desarrollado más tarde que las cuentas anuales (a mediados de la década de los 70 del pasado siglo, comparado con 1950 en los Estados Unidos y el Reino Unido). De hecho, solo recientemente el INSEE ha asignado a un mismo departamento los equipos que se ocupan de la elaboración de las cuentas anuales y de las cuentas trimestrales. Por eso, el usuario podía pensar que se trataba de dos series de publicaciones separadas.

Sin embargo, en lo que respecta a los principios básicos y en la definición de las variables, *en sentido estricto*, no hay ninguna diferencia entre las cuentas trimestrales y las cuentas anuales. La diferencia estriba en que la magnitud de las operaciones que figuran en las cuentas trimestrales es, aproximadamente, un cuarto de la que figura en las cuentas anuales (como es lógico, ya que cada trimestre calendario se compone de tres meses, de un total de 12).

> *Esto no se aplica a las cuentas trimestrales de Estados Unidos, que son cuentas "anualizadas", es decir, multiplicadas por 4 (véase el* Recuadro 11.1. Anualización y otros indicadores de crecimiento).

Recíprocamente, las operaciones anuales son iguales a la suma de las operaciones de los cuatro trimestres (en teoría, como se verá más adelante).

El objetivo de las cuentas trimestrales es suministrar, lo antes posible, cifras fiables de las variaciones de los principales agregados macroeconómicos. Por este motivo, las cuentas trimestrales son más simplificadas que las cuentas anuales y se presentan de forma ligeramente diferente. En Francia, por ejemplo, las cuentas trimestrales se calculan utilizando una clasificación que se compone de 38 rubros y las cuentas que se ponen a disposición de los usuarios

Recuadro 11.1. **Anualización y otros indicadores de crecimiento**

La utilización más importante de las cuentas nacionales es servir de base para la realización de previsiones sobre la evolución del año siguiente, con el fin de proveer el escenario macroeconómico para la elaboración del presupuesto del Estado. El primer objetivo es estimar cuál será el crecimiento del PIB en volumen, en el año siguiente, sobre una base "media anual". Esta expresión quiere decir que de lo que se trata es de estimar cuál va a ser el crecimiento del PIB del año Y + 1, con respecto al PIB del año Y, que es el año corriente, es decir, de prever cuál será la tasa (Y + 1)/Y. La información que proveen las cuentas trimestrales muestra generalmente variaciones entre dos trimestres consecutivos, es decir (Q + 1)/Q. En la medida en que se avanza hacia el final del año corriente se dispone, gracias a las cuentas trimestrales, de información de más trimestres, lo que permite actualizar las previsiones del año siguiente y, en definitiva, ir afinando más y más la previsión del crecimiento medio anual.

Algunos contables nacionales (los de Canadá, Japón, México y Estados Unidos) suelen expresar los datos trimestrales en términos anuales, es decir que los niveles trimestrales se multiplican por cuatro y, además, la tasa de variación inter-trimestral se expresa en forma anualizada, lo que equivale a elevar la tasa de variación inter-trimestral a la potencia 4. La ventaja de este método es que coloca la tasa de crecimiento trimestral sobre una pendiente que usa la misma estructura que los datos anuales. Esta práctica sin embargo no se ha generalizado a otros países. Esta práctica no está exenta de problemas, pues se basa en la hipótesis de que la evolución observada para el trimestre va a continuar, lo que dista de ser seguro. Por esta razón, quienes se ocupan del análisis de la coyuntura prefieren calcular "variaciones año a año" y/o utilizar el método del "remanente" estadístico (*statistical carryover*), con el fin de extraer indicaciones sobre la evolución de la tasa anual. Las variaciones año a año en las cuentas trimestrales se determinan calculando la variación del trimestre corriente con respecto al mismo trimestre del año anterior (Q/Q – 4). El método del "remanente" estadística consiste en calcular una media anual para el año corriente bajo la hipótesis de que los trimestres pendientes tienen el mismo nivel que el último trimestre conocido. Cuanto más avanza el año más se acerca el remanente a la futura media anual, siendo iguales cuando se conoce el último trimestre. El Ejercicio 1, al final de este capítulo, brinda la oportunidad de trabajar con estos conceptos. Una de las principales conclusiones que se deducen de lo anterior es que hay que evitar caer en la trampa de comparar una tasa de crecimiento americana (que está elevada a la potencia 4) con una tasa de crecimiento francesa, o europea, que no lo está. Para hacer comparaciones válidas, o se toma la raíz cuarta de la tasa de crecimiento americana, o se elevan las tasas europeas a la potencia 4.

están basadas en una clasificación de 17 rubros. Los análisis detallados de los cambios estructurales en la economía se dejan a las cuentas anuales, que se calculan sobre la base de una clasificación de 332 rubros y se publican en una clasificación de 88 rubros. De la misma forma, el detalle de las operaciones en las cuentas de los sectores institucionales no es tan grande en las cuentas trimestrales como en las cuentas anuales. Esto permite al INSEE reducir la carga de trabajo derivada de la elaboración más frecuente de las cuentas trimestrales que, según se indica en el cuadro siguiente, se calculan dos veces cada trimestre. Esta frecuencia de cálculo puede llevarse a cabo debido a unos métodos de estimación muy eficientes, que utilizan con gran rapidez los indicadores disponibles (véase la sección "Fuentes y métodos de las cuentas trimestrales de Francia" que figura en las Precisiones adicionales).

El PIB y una serie completa de cuentas de bienes y servicios se publican en Q + 30 días, al tiempo de la publicación de los "primeros resultados" complementada por algunos elementos limitados relacionados con las utilidades y la masa salarial. La primera revisión tiene lugar en Q + 90 días en la forma de "resultados detallados", que en esta ocasión incluyen cuentas bastante completas de los sectores institucionales. Como resultado, las cifras para la tasa de ahorro de los hogares o para la tasa de utilidades de las sociedades se publican en Q + 90 días. En otros países se publican calendarios similares (véase el Cuadro 11.2). Para completar, es necesario mencionar la existencia, en algunos países, de series mensuales de cuentas nacionales. En Francia se limitan al "gasto de consumo de los hogares de bienes manufacturados". Esta serie de cuentas nacionales mensuales hace posible conocer, aproximadamente 23 días después de terminado el mes, el cambio en los gastos de consumo – limitado, es cierto – a los bienes de consumo. Sin embargo, dado que los cambios en el consumo total están estrechamente relacionados con el consumo de bienes manufacturados, este indicador es valioso para los análisis de coyuntura.

Cuadro 11.1. **Francia: Calendario de publicación de las cuentas para el trimestre Q**

Q + 30 días	Q + 90 días
Primeros resultados PIB + cuentas de bienes y servicios + ciertos elementos del enfoque del ingreso para el PIB	Resultados detallados PIB revisado + cuentas de bienes y servicios revisadas + cuentas bastante completas de sectores institucionales

A pesar de que las definiciones de las variables son las mismas en las dos series de cuentas, lo que sucede en la práctica es que la suma de los cuatro trimestres de las cuentas trimestrales no es igual a las correspondientes cifras anuales, porque las cuentas trimestrales de Francia están "ajustadas por días trabajados" (wda). Para ser más precisos, las cuentas nacionales trimestrales de Francia se calculan ahora "wda-sa", es decir, corregidas tanto del número de días trabajados como de variaciones estacionales[1]. En la terminología de los estadísticos y en este contexto, las series "wda" (*working days adjusted*) y "sa" (de *seasonally adjusted*) son series alternativas a las series originales, brutas o sin corregir. **La corrección por días hábiles** consiste en calcular las cuentas trimestrales como si cada trimestre tuviera el mismo número de días hábiles. Esto significa que las variaciones del PIB no están afectadas por diferencias en el número de días hábiles en cada trimestre. La corrección permite un mejor análisis de la tendencia real de la economía y conduce, además, a variaciones trimestrales más suaves que las variaciones sin corregir de días trabajados. Son muchos los países que llevan a cabo este tipo de correcciones (véase el Cuadro 11.2).

En algunos países (Francia, Italia y Alemania) la corrección por días hábiles plantea la dificultad de que la suma de los datos de los cuatro trimestres no es igual por definición a los datos sin corregir para el año, porque con frecuencia hay diferencias en el número de días trabajados entre un año y el siguiente, en parte por los años bisiestos, aunque este no es el factor más determinante. Más importante es, por ejemplo, el hecho de que los días festivos caigan unos años en fines de semana y otros en días laborables. La diferencia puede ser bastante significativa, como en el caso de 2004 respecto a 2003 (véase el Recuadro 11.2. Efectos calendario: los años 2003 y 2004). ¿No sugiere esto que todas las cuentas nacionales, incluyendo las anuales, deberían calcularse después de corregirse por el número de días trabajados? Los economistas están divididos sobre este asunto, porque mientras los datos corregidos son más útiles para analizar la tendencia, algunos de los principales agregados económicos son datos sin corregir. Por ejemplo, el presupuesto del Estado, que se vota en el Parlamento, no está corregido de los días trabajados. La mejor solución sería poder decidir entre utilizar cifras corregidas o sin corregir, como ocurre en Francia, donde hay dos series de cuentas: una (wda) para las cuentas trimestrales y otra (sin corregir) para las cuentas anuales. Para obtener las cuentas anuales en una base wda, solo hay que sumar los cuatro trimestres de las cuentas trimestrales wda; para disponer de las cuentas anuales sin corregir, todo lo que se necesita es tomar los datos de las cuentas nacionales anuales. En algunos países, por ejemplo, en los Estados Unidos, o bien las correcciones por días trabajados se realizan por trimestres y los datos se calibran con las cifras anuales sin corregir, o los datos anuales se obtienen por suma de los trimestres, de manera que, al final, no hay diferencia entre la suma de los cuatro trimestres y el total anual.

La otra corrección de calendario en las cuentas trimestrales es la **corrección por estacionalidad**. Esta consiste en eliminar, por medio de procesos estadísticos complejos basados en medias móviles, las variaciones entre un trimestre y el siguiente, que se deben, exclusivamente, a efectos estacionales. Por ejemplo, antes de Navidad y durante las vacaciones de verano se eleva sistemáticamente la producción de servicios de transporte. Por tanto, es mejor eliminar el impacto de estos efectos estacionales con el fin de saber si quienes

Recuadro 11.2. **Efectos calendario: los años 2003 y 2004**

En Francia los años 2003 y 2004 fueron muy especiales desde el punto de vista del calendario. En efecto, el año 2003 tuvo un número de días laborables ligeramente inferior a la media (252, frente a 253). El año 2004 fue excepcional, ya que tuvo 255 días laborables, lo que no se había visto desde 1976. El impacto de este mayor número de días laborables en la tasa de variación anual del PIB, si todo lo demás permanece igual, se estima en 0.2/0.3 puntos porcentuales, lo que no es despreciable. No obstante, este impacto es menor que la simple relación del número de días trabajados: 255 ÷ 252 = + 1.2%. Esto se debe a que la estimación que hace el INSEE del impacto del número de días trabajados asigna diferentes ponderaciones a cada día de la semana, especialmente a los de los meses de julio y agosto, y a las recuperaciones que tienen lugar entre diferentes meses. Esa estimación se realiza mediante un método econométrico. Las series mensuales sin corregir se proyectan sobre variables que representan los diferentes tipos de días de la semana (número de lunes no hábiles, número de martes no hábiles, etc.) y el número de domingos.

han tomado vacaciones han consumido realmente más, o menos, servicios de transporte durante el trimestre en cuestión que en el trimestre previo. A diferencia de la corrección por días trabajados, en la corrección de estacionalidad se arreglan las cosas de modo que la suma de las series trimestrales corregidas de estacionalidad sea igual a la suma de las series anuales sin corregir.

Cuadro 11.2. **Algunas características de las cuentas nacionales trimestrales en países seleccionados de la OCDE**

	Primera estimación (Q + 60 quiere decir publicado 60 días después de terminado un trimestre)	Segunda estimación	Tercera estimación	Ajuste por días laborables (con (*) países donde la suma de 4 trimestres no igualan el valor anual)[c]	Media absoluta revisión del crecimiento del PIB[b] (en %)
Australia	Q + 60				0.38
Canadá	Q + 60				0.23
Francia	Q + 30	Q + 90		(*)	0.27
Alemania	Q + 44	Q + 54		(*)	0.34
Italia	Q + 44	Q + 70		(*)	0.24
Japón	Q + 44	Q + 70			0.65
Corea	Q + 26	Q + 66[a]			0.62
Reino Unido	Q + 25	Q + 56	Q + 86		0.18
EE.UU.	Q + 30	Q + 60	Q + 90		0.29

Nota: a) Q + 80 para el cuarto trimestre; b) En términos de tasas trimestrales, (o sea Q/Q – 1) primera estimación vs. Tres años después (véase la *Revision Database* en el sitio web de la OCDE). Es diferente de lo que aparece en las tablas de revisión publicadas para EE.UU., en las cuales las tasas trimestrales se anualizan sistemáticamente (véase el Recuadro 11.1); c) En todos los países citados se realiza el ajuste.

11.2. Las cuentas nacionales anuales

Si todo lo que se necesita son los principales agregados económicos, no hace falta buscar más allá de las series y publicaciones de las cuentas trimestrales. Sin embargo, si se quiere disponer de resultados detallados es necesario consultar las series y publicaciones de las cuentas nacionales anuales. En particular, en muchos países de la OCDE, las cuentas del gobierno general, que son especialmente importantes, solo están disponibles en base anual, y lo mismo sucede con las cuentas financieras y las cuentas de patrimonio. Sin embargo, los países de la OCDE realizan un esfuerzo permanente para incrementar el número de cuadros y cuentas que elaboran trimestralmente. Por tanto, es posible que pronto, las cuentas del gobierno general estén disponibles trimestralmente para la mayoría de los países de la OCDE.

En Francia, como en todos los países de la OCDE, se ha establecido un calendario que presenta las fechas en que aparecen las cuentas nacionales anuales. La principal publicación relativa a las cuentas anuales es el informe titulado *L'économie française*, publicado en el mes de junio y que facilita un análisis indispensable sobre la evolución económica reciente. Esta publicación se distribuye conjuntamente con la difusión en el sitio Web del INSEE de una serie de cuadros con determinados detalles de las cuentas de los sectores institucionales, las operaciones de bienes y servicios con el exterior, la formación bruta de capital fijo por productos y sectores institucionales, el gasto en consumo final, la población y el empleo.

Las cuentas anuales, que son la espina dorsal de todo el sistema de cuentas nacionales, se basan en cuatro fuentes: 1) la agregación de las cuentas de las empresas (en Francia, el INSEE recibe y procesa cada año las cuentas de más de dos millones de sociedades y empresas individuales); 2) las cuentas completas de todo el gobierno general, que se compone del gobierno central y de sus organismos adscritos, de las corporaciones locales y de todas las administraciones de Seguridad Social (alrededor de 120 000 organismos); 3) las cuentas detalladas de las instituciones financieras, que están supervisadas por el Banco Central (Banque de France), cuya dirección de estadística es, al igual que ocurre en todos los países con instituciones similares, la principal colaboradora de la Oficina Nacional de Estadística (el INSEE en el caso de Francia) en la tarea de elaborar las cuentas nacionales, y 4) la balanza de pagos (generalmente publicada por el Banco Central, que es también el caso de Francia), que permite disponer de las relaciones con el resto del mundo.

Sin embargo, muchos de estos datos están disponibles con un cierto desfase, lo que genera un calendario específico de elaboración y publicación. En lo que sigue se designa por Y al año para el que se calculan nuevas cuentas. En Francia, cada año, en mayo del año Y + 1, se publican: las primeras cuentas anuales, con nuevos datos, para el año Y (que se denominan "cuentas provisionales"), las cuentas del año Y – 1 (denominadas cuentas "semi-finales") y las cuentas del año Y – 2 (denominadas cuentas "finales"). Por tanto, el mecanismo utilizado para las cuentas anuales supone la realización de dos revisiones sistemáticas por cada serie de publicaciones, que obviamente tienen, por definición, un impacto en las cuentas trimestrales. Por ejemplo, el PIB anual para el año Y se publica como "provisional" en mayo Y + 1, como "semifinal" en mayo Y + 2 y como "final" en mayo Y + 3 (como se verá más adelante, en realidad el término "final" es inapropiado). Esta secuencia se explica en gran medida por las demoras en obtener los datos de las principales fuentes mencionadas más arriba, es especial los de las cuentas de las empresas. Otros países pueden tener algunas diferencias en los plazos de publicación y en la terminología de las diferentes fases del proceso de revisiones, pero, básicamente, el sistema es similar al de Francia.

En Francia las cuentas "provisionales" son, fundamentalmente, la combinación de las cuentas trimestrales de bienes y servicios más las cuentas completas del gobierno general más las cuentas financieras. Cuando se publican las cuentas provisionales, el INSEE no ha recibido todavía ninguna cuenta de las empresas, y tiene que esperar hasta el trimestre Q4 del año Y + 1 para recibir y procesar un bloque importante de cuentas de empresas (de aproximadamente 400 000 grandes empresas), que no incluye todavía a las empresas pequeñas. Esta información se procesa y se publica en abril del año Y + 2, cuando se difunden las cuentas provisionales del año Y + 1. Finalmente, la totalidad de las cuentas de las empresas (más de 2 500 000) se recibe y procesa por el INSEE en el trimestre Q4 del año Y + 2. El Cuadro 11.3 recapitula esta secuencia. En total, es necesario esperar dos años y cinco meses para que las cuentas nacionales "asimilen" la totalidad de las fuentes estadísticas disponibles que se utilizan para elaborar las cuentas nacionales del año Y.

Cuadro 11.3. **Francia: Secuencia de los cálculos de las cuentas anuales para el año Y**

Mayo Y + 1	Mayo Y + 2	Mayo Y + 3
Cuentas provisionales	Cuentas semifinales	Cuentas finales
Cuentas al nivel F (38 rubros)	Cuentas revisadas al nivel G (88 rubros correspondientes a NACE)	Cuentas nuevamente revisadas al nivel G.
Cuentas completas para los sectores institucionales	Cuentas completas revisadas para los sectores institucionales	Cuentas completas revisadas para los sectores institucionales
Fuente: Cuentas trimestrales, cuentas del gobierno general, cuentas de las sociedades financieras	Fuente: Primera versión de las cuentas de sociedades, con cobertura parcial para las empresas más pequeñas. Versión revisada completa de las cuentas del gobierno general	Fuente: Versión completa de las cuentas de sociedades, con cobertura completa para las empresas más pequeñas

11.3. Las revisiones de las cuentas nacionales y su precisión

Como se acaba de ver para el caso de Francia (y la situación es similar en otros países), las fuentes completas para elaborar las cuentas nacionales anuales del año Y no están disponibles hasta el trimestre Q4 del año Y + 2. Si los que se ocupan de analizar la evolución de la macroeconomía a corto plazo tuvieran que esperar tanto para disponer de esta información, las cuentas nacionales no se utilizarían. Esto explica la compleja secuencia de cuentas anuales y trimestrales sucesivas con el objetivo de poner a disposición de los analistas la información más fiable lo más rápidamente posible. Sin embargo, el precio que hay que pagar por esta rapidez es la necesidad de revisar las estimaciones iniciales. Algunos macroeconomistas se quejan de las revisiones de las cuentas nacionales, pero no es posible "repicar y andar en la procesión" (es decir, obtener el producto final con rapidez sin hacer revisiones). Además, no hay que engañarse: los países que no hacían revisiones (o muy pocas), eran los países del bloque soviético, donde por razones políticas los estadísticos tenían prohibido hacer revisiones. Esto no quería decir que las cuentas nacionales de estos países fueran fiables, más bien lo contrario. Obviamente, las revisiones de cierta envergadura no son una buena cosa. La profesionalidad de los contables nacionales se juzga por su capacidad de combinar un alto grado de fiabilidad con una oportunidad satisfactoria.

¿Cuándo se considera "final" una estimación del PIB trimestral? La respuesta puede parecer sorprendente, pero es: nunca. Para ilustrar esto, obsérvese la secuencia de acontecimientos que provoca la revisión del crecimiento del PIB trimestral: (1) primera publicación en Q + 30 días; (2) primera revisión al tiempo de los "resultados detallados" en Q + 90 días (fuente: disponibilidad de nuevos indicadores); (3) revisiones menores debido a cambios en los coeficientes de ajuste estacional[2] se presentan al tiempo de publicación para los trimestres siguientes; (4) revisión mayor en mayo del año siguiente debido al contraste con las cuentas anuales semifinales; (5) revisiones significativas en mayo del año siguiente debido al contraste con las cuentas anuales finales; (6) aun más tarde, posibles revisiones menores debidas a los cambios de los coeficientes estacionales, etc.

Claramente, las dos primeras revisiones son las más importantes, seguidas, en mayo del año siguiente, de la revisión en que se lleva a cabo el proceso de calibración ("*benchmarking*") de las series trimestrales no ajustadas sobre las cuentas anuales. Las revisiones restantes son muy pequeñas. Aun así, si el usuario de las cuentas nacionales quiere estar realmente al día, debe buscar en cada nueva publicación las últimas actualizaciones que se han llevado a cabo y no contentarse con añadir a una serie preexistente el último dato aparecido. Hoy en día, gracias a la ayuda de la informática e Internet, cuesta lo mismo descargar una serie entera que su observación más reciente, por lo que no hay que temer reacciones negativas por parte de los usuarios a quienes se aconseje esta práctica. La política francesa en lo relativo a las revisiones es un caso extremo, ya que algunos países no realizan tantas revisiones sistemáticas.

Muchos estudios se han ocupado de la escala y el signo de las revisiones. En Francia se considera que la revisión media de la tasa de crecimiento del PIB en volumen de un trimestre dado (por ejemplo, Q/Q – 1) es de un 0.3% en valor absoluto. Es decir, hay un 90% de probabilidades de que, pasados unos años, la revisión de la tasa de crecimiento trimestral se sitúe entre +0.6% y –0.6% comparada con la tasa publicada inicialmente. Este rango es comparable con el de las cuentas trimestrales americanas (véase el Cuadro 11.2). Otros países de la OCDE realizan revisiones que, en promedio, son ligeramente mayores. En lo que respecta a las cuentas anuales el siguiente gráfico ilustra, para el caso de Francia, una secuencia de revisiones entre las cuentas provisionales y las cuentas finales. En promedio, la revisión a lo largo de este período ascendió al 0.4% (en valores absolutos). Como se puede comprobar no hay revisiones que puedan considerarse un terremoto, lo que no impide que alguna vez (por ejemplo, en 1988, que fue un año en el que se produjo una fuerte recuperación), las revisiones hayan ascendido al 1%, un monto bastante significativo. Algunos observadores han creído apreciar signos de que los primeros resultados de las cuentas nacionales están subestimados en los años de recuperación y sobrestimados en los años de recesión, porque las fuentes utilizadas en las primeras estimaciones no incluyen a las pequeñas empresas, que son más afectadas por la evolución del ciclo que las grandes empresas.

Gráfico 11.2. **Francia: Comparación de los estimativos de la tasa de crecimiento**

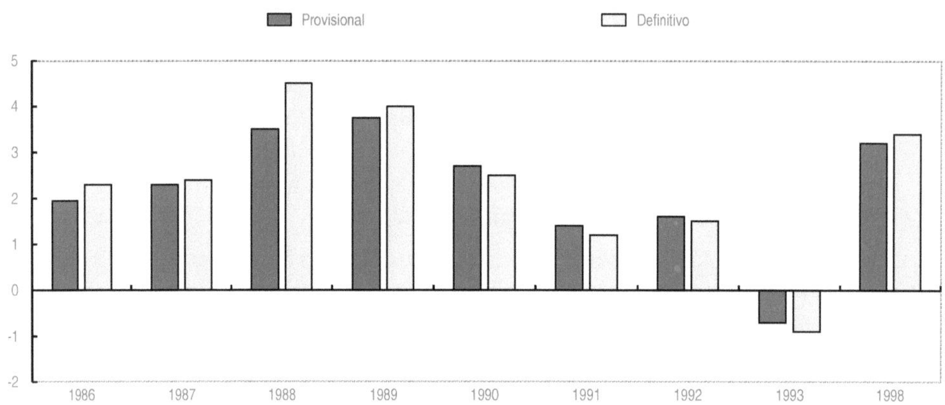

Fuente: INSEE.

StatLink http://dx.doi.org/10.1787/888933736830

Las varias revisiones de la *tasa de crecimiento* del PIB que figuran más arriba muestran que las cuentas nacionales no son de una precisión absoluta.

En efecto, por lo que se dice en los párrafos precedentes, no es exagerado concluir que las estimaciones iniciales de la tasa de crecimiento del PIB que se realizan en Francia, se deberían presentar haciendo constar que el dato se ha estimado con un rango de ± 0.5% (con una amplitud aún mayor para los otros rubros de las cuentas, especialmente para la FBCF). Las cuentas trimestrales de los EE.UU. se presentan, de hecho, con una nota que recoge la amplitud del rango de la estimación de los principales agregados.

Según se ha explicado en los EE.UU. se anualizan sistemáticamente las tasas de crecimiento trimestral (véase el Recuadro 11.1. Anualización y otros indicadores de crecimiento)*, por lo que el rango que aparece publicado en sus cuentas trimestrales puede (erróneamente) parecer más grande que el de Francia o que el de otros países.*

Sería bueno saber la precisión asociada al nivel, o valor absoluto, del PIB. Desgraciadamente no hay medio de saberlo. Mientras que es posible calcular científicamente la precisión de la extrapolación a la población total de una encuesta por muestreo, es imposible hacer un cálculo de este tipo para las cuentas nacionales, cuyas fuentes son una mezcla de encuestas y bases de datos exhaustivos que son objeto de "conciliación" con otras fuentes.

"Conciliación" es una palabra clave en la mecánica de las cuentas nacionales anuales. En Francia se siguen dos procedimientos para estimar el PIB: la aproximación basada en la producción y los usos finales y la aproximación basada en el ingreso. Es por lo tanto necesario arbitrar entre los dos valores resultantes. Esta una operación que el INSEE está tratando de hacer de una manera cada vez más científica. Algunos países, como Estados Unidos, no llevan a cabo ninguna conciliación y, por consiguiente, se producen oficialmente dos PIB, y una discrepancia estadística entre los dos.

Otra consideración es que, como se vio en el Capítulo 4, se intenta tomar en consideración la "economía subterránea", pero los cálculos para estimarla están, inevitablemente, afectados por errores de una cierta magnitud. Al final, el "verdadero" nivel del PIB puede diferir del monto publicado en varios puntos porcentuales, aunque, en el caso de Francia, probablemente en menos del 5%. Así como no hay que reaccionar a todas las acusaciones que se dirigen a los estadísticos, hay que reconocer las limitaciones de las cuentas nacionales y, en particular, reconocer que se estiman mejor las variaciones que los valores absolutos. Por tanto, como se explicó en el Capítulo 3, las comparaciones internacionales basadas en los niveles (del PIB o de otras variables) deben realizarse con más cautela que las comparaciones entre las variaciones de los agregados nacionales. Además, en todos los países se otorga preferencia a las variaciones sobre los niveles cuando hay que elegir entre ambas. Es decir, que si se descubre un error en una cifra de las cuentas nacionales y, por razones técnicas, no es posible corregir todas las series hacia atrás, los contables nacionales no las corregirán, porque de otro modo se introduciría un sesgo en las variaciones. En lugar de eso, y con el fin de preservar las evoluciones, mantendrán el error en valor absoluto, o nivel, hasta la próxima revisión exhaustiva (en la práctica, hasta el próximo cambio de año base). Los contables nacionales franceses denominan a esta aproximación con el extraño título de "cálculo a error constante".

11.4. Revisiones exhaustivas

Además de las revisiones descritas en las secciones precedentes, que se podrían calificar de "ordinarias", los contables nacionales llevan a cabo de vez en cuando "revisiones exhaustivas", también llamadas cambios de "base" o "de año de referencia", que implican una renovación sustancial y la puesta al día del sistema. Para todos los países de la OCDE, se ha presentado o presentará una revisión exhaustiva con la incorporación del nuevo SCN 2008. A mediados de 2014, el manual ya había sido incorporado en EE.UU., Australia, Canadá, México, Israel y Corea. En Europa, el manual correspondiente ESA 2010 ya ha sido incorporado por ley en septiembre de 2014 en todos los países miembros de la Unión Europea. Para dar una mirada rápida a los cambios que ha traído consigo este proceso, véase el Capítulo 14. Además de estos cambios excepcionales en el marco global, hay cambios regulares "de base". En Francia, el INSEE ha decidido recientemente cambiar de base cada cinco años aproximadamente. El penúltimo se produjo en 2011 y el más reciente tuvo lugar en mayo 2014 con la introducción de las recomendaciones del ESA 2010 (véase el Recuadro 11.3. Francia: Cambios de base recientes). Un cambio de año base supone cuatro operaciones distintas: (1) los niveles absolutos para el año denominado "año base" se re-estiman a partir de fuentes estadísticas que no están disponibles cada año (la población o, el censo económico, las encuestas a los hogares, etc.) y se corrigen los errores del pasado; (2) se introducen cambios convencionales en conformidad con la evolución de los manuales internacionales sobre cuentas nacionales; (3) se modifica el año de referencia de los índices de precios encadenados, y (4) se re-estiman todos los datos del pasado utilizando las variaciones pasadas, modificándolos cuando sea necesario para calibrarlos sobre el nuevo nivel del año base. Esta última operación, conocida como "retropolación" o "cálculos hacia atrás", es muy costosa en términos de recursos.

Por tanto, un cambio de base conduce a una modificación bastante general de todas las series, con frecuencia acompañado por cambios en las clasificaciones. Los macroeconomistas que utilizan estas series necesitan un cierto tiempo para actualizar sus bases de datos y re-estimar sus modelos. Desde su punto de vista, la principal dificultad con que se encuentran es que las oficinas de estadística no siempre facilitan inmediatamente las series largas, debido a los problemas que les plantea la operación de "retropolación".

Recuadro 11.3. **Francia: Cambios de base recientes**

En Francia el último cambio de base (la llamada base 2005) fue introducido en mayo de 2011 e incorporó un cambio en la clasificación de las actividades económicas (NACE, rev. 2). Se presentaron modificaciones en niveles absolutos, en particular el PIB (-0.8%) derivado de una mejor evaluación de la actividad de los hogares y de las ISFLSH, un estimativo revisado de la economía no observada (ENO) y la integración de un nuevo marco para las estadísticas empresariales (ESAME). Todas las series en volumen se presentaron tomando el año 2005 como base (en lugar del año 2000, la base precedente). El cambio más reciente (base 2010) tuvo lugar en mayo 2014 y ha incorporado el ESA 2010. Se introdujeron cambios importantes, tales como el registro de I + D, y los gastos en armamento militar como FBCF y la nueva descripción del comercio exterior (bienes para procesamiento, compraventa internacional, véase el Capítulo 14).

11.5. Otras bases de datos relacionadas con las cuentas nacionales

Por razones de espacio, solo se describe en este manual el cuadro central de las cuentas nacionales. Sin embargo, existen otras muchas bases y conjuntos de datos que gravitan alrededor de este cuadro central y que utilizan las mismas definiciones de cuentas nacionales, aunque, al mismo tiempo se adaptan a sus propios propósitos especiales. A estas bases y conjuntos de datos se los conoce como "cuentas satélites". Se relacionan a continuación las cuentas satélites que existen en Francia, incluyendo en cada caso la agencia que las elabora:

- Cuentas regionales, o PIB por regiones. La mayoría de los países de la OCDE calculan cuentas regionales. En Europa, la Comisión Europea utiliza estas cuentas como base de la asignación de los fondos estructurales; en Canadá se utilizan para asignar el IVA.
- Cuentas de la vivienda – datos publicados por los servicios estadísticos del Ministerio de Equipamiento y Vivienda.
- Cuentas de la salud – servicios estadísticos del Ministerio de Salud.
- Cuentas de la protección social – servicios estadísticos del Ministerio de Salud.
- Cuentas de la defensa nacional – servicios estadísticos del Ministerio de Defensa.

- Cuentas de la educación – servicios estadísticos del Ministerio de Educación Nacional.
- Cuentas de la investigación – servicios estadísticos del Ministerio de Investigación.
- Cuentas del medio ambiente – IFEN (Instituto Francés del Medio Ambiente).

Estas cuentas no están necesariamente disponibles cada año. En lo que respecta a otros países, la amplitud de las cuentas satélites dista de ser homogénea. La mayoría de los países compilan cuentas satélites de la salud, del turismo y del medio ambiente. Algunos investigadores (tales como los de EE.UU.) publican una cuenta satélite de los hogares, que incluye una estimación de los servicios de no mercado producidos en el seno de los hogares.

Notas

1. En la metodología utilizada para las cuentas trimestrales francesas (véase la Sección "Fuentes y métodos utilizados por las cuentas trimestrales francesas", en el Anexo al final del capítulo) son los indicadores los que se ajustan, primero por el número de días hábiles y luego por variaciones estacionales. La calibración (véase la definición de este término en la sección del Anexo ya mencionada) se aplica a cada tipo de indicador no ajustado, sa, wda, wda-sa. Por lo tanto, hay tres series de cuentas trimestrales: cuentas sin ajustar, cuentas ajustadas por estacionalidad y cuentas wsa-sa. Los residuos trimestrales de calibración son los mismos en los tres casos. Las cuentas wda-sa son las que aparecen en la publicación principal y se someten a comentarios. Las cifras sin ajuste están disponibles para quien las solicite.
2. Los "coeficientes de ajuste estacional" son los coeficientes que se aplican a las series sin ajustar para eliminar las variaciones estacionales. En la metodología utilizada para las cuentas trimestrales francesas se recalculan trimestralmente, lo cual lleva a ligeras revisiones que en ocasiones afectan trimestres anteriores, tan lejanos como los de los años 1970, aunque en grado casi imperceptible.

Referencias

INSEE (2014), *L'économie française*, *www.insee.fr/fr/publications-et-services/sommaire.asp?ref_id=ECOFRA14*.

INSEE Databases (2013), Statistical indices and series: Macroeconomic Database: National Accounts, *www.insee.fr/en/information/2512785*.

OECD (2013a), *OECD Economic Outlook*, Volume 2013, Issue 1, OECD Publishing, Paris, *http://dx.doi.org/10.1787/eco_outlook-v2013-1-en*.

OECD (2013b), "OECD Economic Outlook No. 93", OECD Economic Outlook: Statistics and Projections (database), *http://dx.doi.org/10.1787/data-00655-en*.

Puntos clave

- Las cuentas nacionales trimestrales constituyen la más importante fuente de datos para los macroeconomistas.
- La mayoría de los países de la OCDE publican tasas de crecimiento inter trimestral como la relación del tipo Q/Q – 1. Sin embargo, algunos países "anualizan" esta tasa. La OCDE utiliza a veces datos anualizados. Otro indicador del crecimiento es la variación interanual, que es la variación entre el trimestre corriente y el mismo trimestre del año anterior (Q ÷ (Q – 4)).
- La mayoría de las cuentas trimestrales están corregidas por estacionalidad ("sa"); además, algunas se corrigen de días trabajados, o "wda". En este caso, la suma de los cuatro trimestres puede no ser igual a la correspondiente cuenta anual.
- Las cuentas nacionales están sujetas a revisiones regulares. Por tanto, es necesario utilizar todas las series recién publicadas y no contentarse con añadir a la serie previa el último dato difundido.
- En Francia, las revisiones de las tasas de crecimiento de las cuentas nacionales promedian, aproximadamente, un 0.3% en valores absolutos para las cuentas trimestrales (Q ÷ (Q – 1)) y un 0.5% para las cuentas anuales (Y ÷ (Y – 1)). La escala de las revisiones en otros países es ligeramente diferente.

Precisiones adicionales

Las Fuentes y métodos utilizados en las cuentas trimestrales de Francia

En ningún país existe una riqueza de datos trimestrales similar a la disponible en base anual. Por ejemplo, no existe una base de datos importante de cuentas trimestrales de las empresas como la disponible en base anual, que es con frecuencia una de las principales fuentes de las cuentas anuales. En su lugar, las cuentas trimestrales utilizan "indicadores" mensuales o trimestrales cuyas evoluciones anuales son similares a la evolución de los correspondientes datos de las cuentas anuales. Por ejemplo, el INSEE en Francia publica índices mensuales de producción, basados en encuestas a pequeña escala a una muestra de empresas. Los elaboradores de las cuentas trimestrales utilizan la evolución de este indicador para deducir los movimientos de las cuentas trimestrales, apoyándose en la estructura preexistente de las cuentas anuales (de hecho, las cuentas trimestrales no son capaces de suministrar niveles, por lo que, para este propósito, dependen de las cuentas anuales).

Muchos países utilizan indicadores de una manera muy simple: se sirven de la evolución del indicador para extrapolar la cuenta trimestral. En Francia, y en algunos otros países de la OCDE, se ha desarrollado un método estadístico más sofisticado sobre cómo utilizar indicadores para obtener las cuentas trimestrales. Este método se denomina en francés *étalonnage/calage* (en inglés, *calibration/fitting* o *benchmarking*), términos que se refieren, respectivamente, a "conciliar la serie del indicador (de periodicidad mensual o trimestral) con la serie anual" y a "ajustar la serie trimestral resultante de la conciliación a la serie anual" y que aquí se ha optado por denominar como método de "calibración/ajuste". La calibración consiste en estimar un modelo econométrico que relacione el valor anual del indicador con la serie anual de las cuentas nacionales. Una vez se han estimado los coeficientes del modelo, se hace la hipótesis de que los mismos coeficientes (divididos por cuatro) se pueden aplicar a la serie trimestral, calculándose de esta forma las cuentas trimestrales "sin ajustar". La suma anual de las cuentas trimestrales sin ajustar no es igual a la cuenta anual, pues no hay razón para que la suma anual de los residuos estimados por el método econométrico sea nula. Por tanto, hay que proceder al ajuste de la serie trimestral (que los franceses denominan *calage*), que consiste en interpolar la suma de los residuos anuales de una manera relativamente "suave" (se habla de suavizado trimestral) para obtener una serie de residuos trimestrales que, sumados a las cuentas sin ajustar, produzcan las cuentas trimestrales ajustadas. Estas son iguales, por definición, a las series de cuentas anuales (ignorando en esta etapa el ajuste por días trabajados). El Ejercicio 3 proporciona un ejemplo muy simplificado de "calibración/ajuste". Debido a la sofisticación del método utilizado en las cuentas trimestrales francesas, algunos consideran que las cuentas trimestrales se asemejan a un modelo econométrico. Afortunadamente, no es así, porque si ese fuera el caso, se confundirían los cálculos estadísticos y el modelo. De hecho, no hay ninguna relación de "comportamiento" en el cálculo de las cuentas trimestrales. La relación de "calibración/ajuste" es puramente estadística entre dos series temporales que pretenden medir más o menos lo mismo.

Los principales indicadores utilizados en las cuentas trimestrales de Francia son los siguientes: para la producción, los índices de producción industrial y los índices de la cifra de negocios obtenidos a partir de la explotación de las declaraciones del IVA; para el consumo, una variedad de fuentes derivadas de paneles de comerciantes (encuestas de coyuntura de la Banque de France) o de datos administrativos (por ejemplo, immatriculación de automóviles nuevos); para las importaciones y las exportaciones, las fuentes son las mismas que para las cuentas anuales y como los datos de aduanas están disponibles mensualmente el trabajo de "calibración" es de excelente calidad; la inversión (FBCF) se estima, bien a partir de fuentes sobre la cifra de negocios o bien utilizando índices de las disponibilidades en el mercado interior (producción + importaciones – exportaciones). En Francia, a diferencia de lo que sucede en otros países que tienen mejores encuestas, no existen fuentes directas de la variación de existencias, por lo que este ítem se estima como saldo contable en el balance de recursos y usos. Los indicadores de precios son los principales índices de precios compilados por el INSEE (índices de precios al consumidor o índices de precios al productor) que están disponibles mensualmente o trimestralmente. También en este caso, las fuentes son las mismas que las de las cuentas anuales, por lo que la "calibración" es casi perfecta.

El valor agregado de los sectores institucionales se obtiene por diferencia entre la producción y los consumos intermedios. Los sueldos y salarios en el sector de mercado se estiman a partir de estadísticas de horas trabajadas combinadas con las de salarios por hora trabajada. Recientemente, en Francia se ha introducido un indicador trimestral de la masa salarial pagada por el gobierno general en la elaboración de las cuentas trimestrales. Los impuestos, las cotizaciones sociales y las prestaciones sociales están, en la mayoría de los casos, disponibles en base trimestral. El excedente bruto de explotación se obtiene como diferencia entre recursos y usos y no de una encuesta directa sobre los beneficios, que es lo que se hace en otros países. Las relaciones con el resto del mundo se obtienen vía la balanza de pagos, de la que se dispone mensualmente. Para algunos ítems no existen indicadores trimestrales. En este caso se interpola trimestralmente la serie anual por un método automático que se denomina de suavizado trimestral; por consiguiente, para estos casos, las cuentas trimestrales no suministran ninguna información sobre el perfil infra-anual de la serie. A partir de 2014 el INSEE publicará el préstamo neto para el sector gobierno, pues una directiva europea impone a todos los estados miembros de la Unión Europea publicar trimestralmente el déficit/superávit del gobierno.

Ejercicios para el Capítulo 11

Ejercicio 1: Resultados trimestrales versus resultados anuales

Calcular los promedios anuales para los años A y B de las series del PIB en volumen que se recogen en el cuadro siguiente. Hacer un gráfico que muestre la diferencia entre la variación media anual y la situación económica dentro de cada año.

A Q1	600.00
A Q2	420.00
A Q3	300.00
A Q4	150.00
B Q1	180.00
B Q2	250.00
B Q3	380.00
B Q4	450.00

Ejercicio 2: Anualización, variaciones interanuales y arrastre estadístico (statistical carryover)

El cuadro siguiente muestra las series trimestrales del PIB en volumen de Francia para los años 2010, 2011 y 2012. Pregunta 1: Calcular el PIB anual de los años 2010 y 2011. Pregunta 2: Mostrar los niveles absolutos en 2010 "a nivel anual". Pregunta 3: Calcular el promedio anual de 2010 sobre la base de estos datos y determinar el PIB de 2010. Pregunta 4: Calcular la variación media anual entre 2010 y 2011. Pregunta 5: Calcular las variaciones trimestrales entre Q3 2012 y Q2 2012. Pregunta 6: Expresar esta variación a una "tasa anualizada". Pregunta 7: Calcular la variación interanual para Q3 2012. Pregunta 8: Calcular el arrastre estadística (*the Statistical carryover*) en Q3 2012. Comentar estos resultados.

Cuadro del anexo 11.C.1. PIB a precios constantes de 2005, volúmenes encadenados a precios del año anterior

	2010	2011	2012
Q1	439.22	451.30	453.03
Q2	441.82	451.04	451.50
Q3	444.09	452.11	452.21
Q4	446.33	452.91	

Fuente: INSEE.

Ejercicio 3: Calibración/ajuste: el método francés para calcular cuentas nacionales trimestrales

Este ejercicio consiste en descomponer las etapas del método de calibración/ajuste de las cuentas trimestrales francesas que se describen en la Sección "Las fuentes y métodos utilizados en las cuentas trimestrales de Francia" que figura en las "Precisiones adicionales". Téngase en cuenta que los métodos estadísticos utilizados en este ejercicio están ultra simplificados en comparación con los métodos utilizados en el INSEE y en otros países, pero, al menos, el ejercicio permite comprender los principios en que se basan.

El cuadro siguiente muestra la serie de un indicador trimestral (QI) y el rubro anual correspondiente de las cuentas nacionales (AA). Etapa 1: calcular promedios anuales para la serie del indicador. Etapa 2: hacer un gráfico mostrando la nube de puntos considerando la abscisa AI y la ordenada AA. Verificar que la ecuación de una recta de regresión AA = a × AI + b es una aproximación aceptable. Etapa 3: estimar, por el método de los mínimos cuadrados, los parámetros a y b del modelo AA = a × AI + b. Etapa 4: calcular la serie trimestral no ajustada (QA) aplicando el mismo modelo a los datos trimestrales absolutos $QA = \frac{a}{4} \times QI + \frac{b}{4}$ y calcular los residuos anuales. Etapa 5: deducir de estos los residuos trimestrales (simplemente dividiéndolos por 4). Etapa 6: calcular las series resultantes del método de calibración/ajuste. Estas series constituyen la cuenta trimestral final.

Indicador trimestral IT (sobre 5 años)

	Y1	Y2	Y3	Y4	Y5
Q1	105.2	103.9	111.5	117.6	116.3
Q2	106.7	105.9	117.2	118.1	115.8
Q3	104.3	107.8	117.3	119.1	114.2
Q4	104.2	109.6	117.5	117.4	112.0

Cuentas anuales, series AA (sobre los mismos cinco años)

Y1	Y2	Y3	Y4	Y5
6658.1	6813.2	7435.4	7455.9	7302.4

Las soluciones a estos ejercicios están disponibles en el sitio web de la OCDE.

Comprendiendo las Cuentas Nacionales
Segunda edición

Capítulo 12

Las cuentas del ingreso y del producto interno de los Estados Unidos

Este capítulo se enfoca en los Estados Unidos y sus cuentas del ingreso y producto interno, conocidas como NIPA. Presenta primero la historia de las NIPA desde 1930 hasta hoy. Examina los cuadros de síntesis de las NIPA, y explica la forma en que se diseminan. Seguidamente, considera otros conjuntos de cuentas nacionales, regionales, por ramas de actividad e internacionales producidas por la BEA (la Oficina de Análisis Económico) e integradas con las NIPA, como también los programas que proveen los datos fuente para la elaboración de las NIPA. Finalmente el capítulo estudia la importancia del avance de la BEA en el estimativo trimestral del PIB y explica la metodología utilizada en su elaboración.

Durante la recesión global, la economía de Estados Unidos, medida por el PIB real, declinó 4.3%, desde su punto máximo en el cuarto trimestre de 2007 hasta su punto mínimo en el segundo trimestre de 2009. Posteriormente, el PIB comenzó a crecer nuevamente. Desde el segundo trimestre de 2009 hasta el cuarto trimestre de 2013, el PIB real alcanzó un nivel 6.5% superior al nivel que tenía seis años antes, en el momento que precedió la recesión.

Los estimativos que se presentan en este capítulo reflejan los estimativos oficiales del PIB disponibles a enero 31 de 2014. Para una definición de las tasas anuales véase el Capítulo 11.

Debido a que el PIB real creció con tasas anuales de 4.1% en el tercer trimestre y 3.2% en el cuarto trimestre de 2013, los analistas fueron en general optimistas sobre las perspectivas de crecimiento para el año 2014.

En las previsiones publicadas en el *Economic Outlook* de noviembre de 2013, la OCDE observó que la contracción fiscal y la baja de confianza de los consumidores y de las empresas, habían limitado el crecimiento en 2013, pero se suponía que estos limitantes probablemente disminuirían en el 2014 (OCDE, 2013). Se esperaba que el des-apalancamiento de la deuda y el aumento en el precio de los activos impulsen un crecimiento del consumo y de la inversión y contribuyan a una recuperación gradual del mercado laboral. Estos factores se reflejaron en los pronósticos de un crecimiento del PIB real de 2.9% para 2014 y de 3.4% para 2015. La previsión de la OCDE para el crecimiento del PIB real para los cuatro trimestres, terminando con el cuarto trimestre de 2014, fue de 3.2% y 3.5% para los cuatro trimestres, terminando con el cuarto trimestre de 2015.

El pronóstico de la OECD, en noviembre de 2013, fue ligeramente mejor que la mediana del pronóstico de los analistas de EE.UU. publicado en diciembre del mismo año. En EE.UU., la *National Association for Business Economics* (NABE) publica regularmente proyecciones de la actividad económica desde 1965, basadas en encuestas a un panel de expertos en previsiones[1]. De acuerdo con la encuesta difundida el 9 de diciembre de 2013, el crecimiento anual para 2014 se proyectó en 2.5%, y el crecimiento para los cuatro trimestres, terminando en el cuarto trimestre de 2014, se proyectó en 2.8% (NABE, 2013).

Así, a finales de 2013, muchos analistas tanto en la OCDE como en los Estados Unidos, predecían que la economía estadounidense continuaría creciendo en los años siguientes. Los pronósticos están, obviamente, sujetos a error. Quien lea este manual después del 2015 estará en una buena posición para juzgar si las previsiones eran acertadas. En cualquier caso, todas estas previsiones están basadas principalmente en el PIB y otras mediciones realizadas dentro del marco de las cuentas de Producto e Ingreso Nacionales, o NIPA, de los Estados Unidos, que son las cuentas no financieras de las cuentas nacionales de los EE.UU. Las NIPA son utilizadas por los poderes ejecutivo y legislativo para preparar estimativos y previsiones del presupuesto; por el Banco Central (Federal Reserve Board) con el fin de fijar tasas de interés y tipos de cambio; por las organizaciones internacionales y por el sector privado para emprender y desarrollar estrategias de inversión y financiación.

12.1. Antecedentes

La historia de las NIPA se inicia con la Gran Depresión de los años 1930, que evidenció la carencia de datos nacionales económicos completos. Para satisfacer esta necesidad, el Departamento de Comercio comisionó al Premio Nobel Simon Kuznets, del *National Bureau of Economic Research* (NBER), para desarrollar una serie de estadísticas del ingreso nacional. Kuznets dirigió un pequeño grupo de economistas del *Bureau of Foreign and Domestic Commerce* del Departamento de Comercio. La primera serie de estimativos se presentó en un informe al Congreso en 1934, *National Income*, 1929-32, y al principio de 1935 la NBER publicó actualizaciones de estas series. A finales de esa década se ampliaron los estimativos para incluir el ingreso por Estado y una serie mensual de ingresos.

Para apoyar los esfuerzos de planeación de la Segunda Guerra Mundial, se introdujeron estimativos anuales del PIB por demanda en 1942, para complementar los estimativos del ingreso nacional. Hacia 1943 se habían elaborado los principales elementos para una serie de cuentas que incluían una cuenta consolidada de producción a precios corrientes y constantes, una cuenta de ingresos y gastos de los sectores, y una cuenta consolidada de ahorro e inversión. Estas cuentas se utilizaron para analizar los objetivos de producción en tiempos de guerra y el desarrollo de políticas anti inflacionistas. Las NIPA fueron introducidas formalmente por la *Office of Business Economics* (OBE, creada en el Departamento de Comercio en 1945), con la publicación del *National Income Supplement to the Survey of Current Business*, 1947.

Durante las tres décadas siguientes, la OBE amplió las cuentas de EE.UU. y mejoró su exactitud mediante el desarrollo de tablas insumo-producto oficiales, estimativos del stock de capital y estimativos más detallados y actualizados del ingreso personal por estado y localidad, y mediciones más elaboradas de los precios y de la producción real, es decir, ajustada por inflación. Por otra parte, durante ese período los Estados Unidos optaron por la no adopción de los estándares internacionales que emergían (*Sistema de*

Cuentas Nacionales 1953 y *SCN 1968* – véase el Capítulo 14) y mantuvieron la estructura contable que habían introducido en 1947.

En la década de 1980 la BEA, que se había organizado en 1972 como la sucesora de la OBE, amplió la información sobre el comercio internacional de servicios tanto en las Cuentas de Operaciones (o de Transacciones) Internacionales (ITA) como en las NIPA. Para mejorar la medición de la producción real, la BEA trabajó con la empresa IBM para desarrollar precios ajustados por calidad y mediciones de la producción de computadores. La BEA también se ocupó de responder a la preocupación creciente sobre el impacto de la economía subterránea en las estadísticas económicas de EE.UU., mediante la mejora del procedimiento utilizado para ajustar la información sobre las declaraciones de impuestos que se utilizan para elaborar las NIPA.

En 1993, la BEA participó activamente en la revisión del SCN y anunció que planeaba acercarse gradualmente a él[2]. Desde principios de la década de 1990 la BEA ha hecho muchos cambios que han aproximado las mediciones de las NIPA (en materia de PIB, la inversión y el ahorro) al *SCN 1993* y luego al *SCN 2008*. En 1991 la BEA reconoció el PIB como la medida más apropiada de la producción y en 1996 adoptó una fórmula de índices encadenados tipo Fisher para medir los cambios en precios y en el PIB real. En 1999 la BEA reconoció la inversión en "software". En 2003, la BEA adoptó el método de la tasa de referencia para medir los servicios financieros implícitos que los prestatarios y ahorradores reciben de los bancos, modificó los nombres y revisó las cuentas de síntesis para mejorar el grado de compatibilidad con la clasificación de transacciones del SCN. Adicionalmente, la BEA expandió el marco de las NIPA, como se aprecia en el paso de cinco a siete cuentas e hizo varios cambios en el campo de las definiciones para mejorar la correspondencia con el SCN, y también con las matrices insumo-producto de la BEA, las cuentas financieras del FRB, y con las estadísticas de productividad del BLS (Oficina de Estadísticas Laborales). La BEA inició también la presentación de estimativos de la industria basándose en el nuevo sistema norteamericano de clasificación industrial (NAICS), adoptado en 1997 por los Estados Unidos, Canadá y México.

A pesar de que estos cambios han mejorado la consistencia tanto de las NIPA como del SCN, subsisten algunas diferencias. A medida que la BEA trabaja por una mayor correspondencia con el SCN, la mayoría de las diferencias finalmente desaparecerán, aunque en algunos casos especiales la presentación de las cuentas se conservará para responder a las necesidades de los usuarios de EE.UU. Al final de este capítulo se presenta en las Precisiones adicionales una sección "Diferencias entre las NIPA y el SCN" que recoge una perspectiva general de estas diferencias. Muchas de ellas afectan solo a la terminología y no al fondo. Por ejemplo, las NIPA denominan Gastos de Consumo Personal (GCP) a lo que el SCN llama Gastos de Consumo Final de los Hogares.

La BEA, agencia estadística que forma parte del Departamento de Comercio, elabora la mayoría de las cuentas económicas de EE.UU. Además de las NIPA, la BEA hace estimativos para las cuentas de transacciones internacionales de los EE.UU. (ITA), que recogen las operaciones y saldos frente al resto del mundo e incluyen las cuentas corrientes, de capital y financiera así como la posición internacional neta de los EE.UU. El FRB elabora las cuentas financieras de los EE.UU. (*Financial Accounts of the United States, FAUS*), anteriormente conocidas como cuentas de flujos de fondos (FoFA), que comprenden cuentas de operaciones de capital, de operaciones financieras, cuentas patrimoniales y balances, por sectores institucionales. La BEA y el FRB preparan conjuntamente las cuentas macroeconómicas integradas (IMA), que combinan las NIPA, las cuentas financieras y los datos del balance en una presentación de tipo SCN. Los estimativos de productividad los elabora el BLS, agencia estadística adscrita al Departamento de Trabajo (*Department of Labor*). A pesar de que tanto las cuentas financieras como los estimativos de productividad se elaboran separadamente de las NIPA, hay una estrecha coordinación entre la BEA y las otras agencias.

La misión de la BEA consiste en elaborar y difundir datos de cuentas económicas que sean a la vez actuales, relevantes y fiables, haciendo todo ello de manera objetiva e incurriendo en los mínimos costos posibles. Al publicar las cuentas que elabora, la BEA se preocupa también de promover una mejor comprensión del funcionamiento de la economía de los EE.UU[3].

Aunque las NIPA son el principal proyecto de la BEA, esta ha ampliado sus estimativos para cubrir una amplia gama de actividades económicas. Además de las NIPA, la BEA elabora ahora cuentas nacionales, regionales, cuentas por industria y cuentas internacionales, y provee información sobre temas tales como crecimiento económico, desarrollo económico regional, relaciones inter-industriales y la posición de EE.UU. en la economía global.

Para llevar a cabo estos programas, la BEA recopila datos de otras agencias estadísticas y de las empresas. Estos datos proceden de más de 400 encuestas y de datos recopilados por otras agencias federales de estadística, de datos agregados de impuestos, datos procedentes de fuentes administrativas y de regulación y datos de fuentes privadas. La BEA también realiza sus propias encuestas, principalmente sobre inversión directa y sobre el comercio internacional de servicios.

Para asegurar que las cuentas siguen proporcionando mediciones apropiadas de una economía cambiante, el personal de la BEA participa en trabajos de investigación y en consultas con investigadores de otras agencias del Gobierno. La BEA colabora también en las actividades de la Conferencia de Investigación sobre el Ingreso y la Riqueza y de la Asociación Internacional para la Investigación sobre el Ingreso y la Riqueza (IARIW). La BEA recibe un apoyo más directo a través del Comité de Asesores de la BEA y de la participación de la BEA, junto con la Oficina del Censo y el BLS, en el Comité Asesor de las Estadísticas Económicas Federales. Ambos comités, compuestos por economistas y estadísticos procedentes de la academia y de las empresas, se reunen regularmente para emitir sugerencias y recomendaciones sobre la política a seguir por la agencia.

12.2. Los cuadros de las NIPA

Las NIPA se componen de las Cuentas de Síntesis (véanse los Cuadro 12.1 y Cuadro 12.2) y de otros cuadros. Las cuentas de síntesis proporcionan una presentación simplificada de los agregados más importantes de las NIPA e ilustran las relaciones contables entre cuentas. Los otros cuadros, casi 300, que componen las NIPA, presentan estimativos detallados con periodicidad mensual, trimestral y anual, entre las que se incluyen mediciones claves no recogidas en las Cuentas de Síntesis. Los estimativos de las NIPA se publican regularmente en el *Survey of Current Business*; estimativos complementarios, con detalles adicionales, también están disponibles en el sitio Web de la BEA[4]. Como en la mayoría de los países, la frecuencia, oportunidad, cobertura y presentación de las cuentas nacionales de los EE.UU. reflejan en gran medida cuáles son los datos fuentes confiables de que se dispone y las necesidades de los usuarios.

Las siete cuentas de síntesis de las NIPA presentadas comprenden las operaciones que se agrupan en el SCN en las cuentas de producción, de distribución y utilización del ingreso y de capital. En relación con el SCN (Cuadro 12.2), la cuenta de producto e ingreso de los sectores residentes de las NIPA (Cuenta de Síntesis 1) provee estimativos del PIB por componentes del gasto final y es similar a la cuenta de producción del SCN para el total de la economía. La Cuenta de Síntesis 1 proporciona también información sobre el ingreso generado en el proceso de producción del PIB; en el SCN, estos rubros se incluyen en la cuenta de generación del ingreso. La cuenta de ingresos y gastos personales (Cuenta de Síntesis 3) de las NIPA y la cuenta de ingresos y gastos corrientes del gobierno general (Cuenta de Síntesis 4), y parte de la cuenta de ingresos de las empresas privadas (Cuenta de Síntesis 2) corresponden, aproximadamente, a las restantes cuentas de distribución y utilización del ingreso de los sectores residentes (la Cuenta de Síntesis 2 corresponde más directamente a la cuenta de ingreso empresarial del SCN). La cuenta de capital de los sectores residentes (Cuenta de Síntesis 6) de las NIPA corresponde a la cuenta de capital para el total de la economía del SCN. Tanto las NIPA como el SCN incluyen una cuenta corriente y una cuenta de capital para el sector del resto del mundo (Cuentas de síntesis 5 y 7). Se describen, a continuación, cuenta por cuenta, los principales rubros que figuran en las Cuentas de Síntesis de las NIPA[5].

Cuadro 12.1. **Resumen de las cuentas del ingreso nacional y del producto, 2012**

Miles de millones de dólares, precios corrientes

Cuenta 1. Cuenta del ingreso interno y del producto

Línea			Línea		
1	Remuneración de los empleados (pagada)	8 620.0	15	Gasto de consumo personal (3-3)	11 149.6
2	Sueldos y salarios	6 935.1	16	Bienes	3 769.7
3	Internos	6 920.5	17	Bienes duraderos	1 202.7
4	Resto del mundo (5-11)	14.6	18	Bienes no duraderos	2 567.0
5	Complementos de sueldos y salarios (3-14)	1 684.9	19	Servicios	7 379.9
6	Impuestos sobre la producción y las importaciones (4-15)	1 122.9	20	Inversión interna privada bruta	2 475.2
7	Menos subsidios (4-8)	57.3	21	Inversión fija (6-2)	2 409.1
8	Excedente de explotación neto	4 033.2	22	No-residencial	1 970.0
9	Empresas privadas	4 060.9	23	Edificaciones	437.3
10	Superávit corriente de empresas públicas (4-25)	-27.7	24	Material y Equipo	907.6
11	Consumo de capital fijo (6-14)	2 542.9	25	Productos de propiedad intelectual	625.0
			26	Residencial	439.2
12	**Ingreso Interno Bruto**	**16 261.6**	27	Cambio en inventarios privados	66.1
			28	Exportaciones netas de bienes y servicios	-547.2
13	Discrepancia estadística (6-20)	-17.0	29	Exportaciones (5-1)	2 195.9
			30	Importaciones (5-9)	2 743.1
			31	Gasto de consumo del gobierno e inversión bruta (4-1 más 6-3)	3 167.0
			32	Federal	1 295.7
			33	Defensa nacional	817.1
			34	Diferentes de defensa	478.6
			35	Estatal y local	1 871.3
14	**Producto Interno Bruto**	**16 244.6**	**36**	**Producto Interno Bruto**	**16 244.6**

Cuenta 2. Cuenta del ingreso de las empresas privadas

Línea			Línea		
1	Pago de ingresos sobre activos	2 654.2	19	Excedente de operación neto empresas privadas (1-9)	4 060.9
2	Intereses y pagos varios (2-21 y 3-20 y 4-20 y 5-13)	2 407.2	20	Recibo de ingresos sobre activos	2 475.8
3	Pago de dividendos al resto del mundo (5-14)	141.1	21	Intereses (2-2 y 3-4 y 4-7 y 5-5)	1 809.9
4	Utilidades de la inversión extranjera directa reinvertidas en los Estados Unidos (5-15)	105.9	22	Dividendos recibidos del resto del mundo (5-6)	297.9
5	Pagos de transferencias comerciales corrientes (neto)	106.9	23	Reinversión utilidades de la inversión directa de EE.UU., en el extranjero	368.1
6	A personas (neto)(3-24)	41.4			
7	Al gobierno (neto)(4-23)	70.6			
8	Al resto del mundo (neto) (5-19)	-5.1			

Cuadro 12.1. **Resumen de las cuentas del ingreso nacional y del producto, 2012** *(cont.)*

Miles de millones de dólares, precios corrientes

9	Ingreso de los propietarios por ajuste por valoración de inventarios y por consumo de capital (3-17)	1 224.9			
10	Ingreso de personas por arriendos con ajuste por consumo de capital (3-18)	541.2			
11	Utilidades de las empresas con ajustes por valoración de inventarios y por consumo de capital	2 009.5			
12	Impuestos sobre las utilidades de las empresas	434.8			
13	Al gobierno (4-16)	402.4			
14	Al resto del mundo (5-19)	32.4			
15	Utilidades después de impuestos con ajustes por valoración de inventarios y consumo de capital	1 547.7			
16	Dividendos netos (3-21 mas 4-21)	770.3			
17	Utilidades de las empresas no distribuidas con ajuste por valoración de inventarios y consumo de capital (6-12)	804.3			
18	**Utilización del ingreso de las empresas privadas**	**6 536.7**	**24**	**Fuentes de ingreso de las empresas privadas**	**6 536.7**

Cuenta 3. Cuenta del ingreso y del gasto personal

Linea			Linea		
1	Impuestos corrientes a las personas (4-14)	1 498.0	10	Compensación de trabajadores recibida	8 611.6
2	Gastos personales	11 558.4	11	Desembolsos de sueldos y salarios	6 926.8
3	Gasto de consumo personal	11 149.6	12	Internos (1-3)	6 920.5
4	Pago personal de intereses (2-21 y 3-20 y 4-20 y 5-13)	248.4	13	Resto del mundo (5-3)	6.3
5	Pagos de transferencias personales corrientes	160.4	14	Complementos de sueldos y salarios (1-5)	1 684.9
6	Al gobierno (4-24)	88.5	15	Contribuciones de los empleadores para los fondos de pensión y otros seguros de los empleados	1 170.6
7	Al resto del mundo (neto) (5-17)	71.9	16	Contribuciones de los empleadores para el seguro social del gobierno	514.3
8	Ahorro personal (6-11)	687.4	17	Ingreso de los propietarios con ajuste por valoración de inventarios y por consumo de capital (2-9)	1 224.9
			18	Ingreso de personas por arriendos con ajuste por consumo de capital (2-10)	541.2
			19	Ingreso personal recibido por activos financieros	1 958.5
			20	Ingreso personal por intereses (2-2 más 3-4 más 4-7 más 5-5 menos 2-21 menos 4-20 menos 5-13)	1 211.6

Cuadro 12.1. **Resumen de las cuentas del ingreso nacional y del producto, 2012** *(cont.)*

Miles de millones de dólares, precios corrientes

			21	Ingreso personal por dividendos (2-16 menos 4-21)	746.9
			22	Transferencias corrientes personales recibidas	2 358.3
			23	Prestaciones sociales del gobierno (4-4)	2 316.8
			24	De las empresas (neto) (2-6)	41.4
			25	Menos: Contribuciones para el seguro social del gobierno, interno (4-18)	950.7
9	**Impuestos a las personas, gastos y ahorros**	**13 743.8**	**26**	**Ingreso personal**	**13 743.8**

Cuenta 4. Cuenta de ingresos y gastos del gobierno

Linea			Linea		
1	Gasto de consumo (1-29)	2 548.0	13	Impuestos corrientes recibidos	3 041.2
2	Pagos de transferencias corrientes	2 384.7	14	Impuestos personales corrientes (3-1)	1 498.0
3	Prestaciones sociales del gobierno	2 334.8	15	Impuestos a la producción y a las importaciones (1-6)	1 129.9
4	A personas (3-23)	2 316.8	16	Impuestos al ingreso de las empresas (2-13)	402.4
5	Al resto del mundo (5-18)	18.0	17	Impuestos del resto del mundo (5-18)	17.8
6	Otros pagos de transferencia corriente al resto del mundo	49.9	18	Contribuciones para el seguro social del gobierno (3-25 y 5-18)	955.3
7	Pagos de intereses (2-21 y 3-20 y 4-20 y 5-13)	631.6	19	Ingresos recibidos por activos financieros	131.4
8	Subsidios (1-7)	57.3	20	Intereses e ingresos diversos (2-2 y 3-4 y 4-7 y 5-5)	107.9
9	Ahorro neto del gobierno	-1 362.3	21	Dividendos (2-16 menos 3-21)	23.4
10	Federal	-1 109.7	22	Transferencias corrientes recibidas	159.1
11	Estatal y local	-252.7	23	De las empresas (neto) (2-7)	70.6
			24	De las personas (3-6)	88.5
			25	Excedente corriente de las empresas públicas (1-10)	-27.7
12	**Gastos corrientes y ahorro del Gobierno**	**4 259.2**	**26**	**Ingresos corrientes del Gobierno**	**4 259.2**

Cuenta 5. Cuenta de operaciones corrientes con el exterior

Linea			Linea		
1	Exportaciones de bienes y servicios (1-29)	2 195.9	9	Importaciones de bienes y servicios (1-30)	2 743.1
2	Ingresos recibidos del resto del mundo	818.6	10	Pago de ingresos al resto del mundo	566.7
3	Sueldos y salarios recibidos	6.3	11	Sueldos y salarios pagados (1-4)	14.6
4	Ingresos recibidos sobre activos	812.3	12	Ingresos pagados sobre activos	551.1
5	Intereses (2-21 y 3-20 y 4-20)	146.3	13	Intereses (2-2 y 3-4 y 4-7)	304.1
6	Dividendos (2-22)	297.9	14	Dividendos (2-3)	141.1
7	Reinversión de utilidades de inversiones directas de EE.UU., en el exterior	386.1	15	Reinversión de utilidades de la inversión extranjera directa en los Estados Unidos (2-4)	105.9

Cuadro 12.1. **Resumen de las cuentas del ingreso nacional y del producto, 2012** *(cont.)*

Miles de millones de dólares, precios corrientes

			16	Impuestos corrientes y pagos de transferencia al resto del mundo (neto)	144.6
			17	De personas (neto) (3-7)	71.9
			18	Del gobierno (neto) (3-25 más 4-5 más 4-6 menos 4-17 menos 4-18)	45.4
			19	De empresas (neto) (2-8 mas 2-14)	27.3
			20	Saldo en cuenta corriente, ingreso nacional y cuentas de producción (7-1)	-439.0
8	**Ingresos corrientes del resto del mundo**	**3 014.5**	**21**	**Pagos corrientes al resto del mundo y saldo en cuenta corriente**	**3 014.5**

Cuenta 6. Cuenta de capital de sectores residentes

Linea			Linea		
1	Inversión interior bruta	3 094.2	10	Ahorro neto	129.4
2	Inversión fija privada (1-21)	2 409.1	11	Ahorro personal (3-8)	687.4
3	Inversión fija del gobierno (1-31)	619.0	12	Utilidades de las empresas no distribuidas con ajuste por valoración de inventarios y consumo de capital (2-17)	804.3
4	Cambio en inventarios privados (1-27)	66.1	13	Ahorro neto del gobierno (4-9)	-1 362.3
5	Transacciones en la cuenta de capital (neto)	-6.6	14	Más: Consumo de capital fijo (1-11)	2 542.9
6	Pagos de transferencia para pérdidas catastróficas (7-3)	7.7	15	Privado	2 049.3
7	Otras transacciones en la cuenta de capital (7-4)	-14.2	16	Gobierno	493.6
8	Préstamo/endeudamiento neto, NIPA (7-5)	-432.4	17	Gobierno General	434.2
			18	Empresas públicas	59.4
			19	Igual: ahorro neto	2 672.2
			20	Discrepancia estadística (1-13)	-17.0
9	**Inversión interna bruta, cuenta de transacciones de capital (neta) y préstamo neto**	**2 655.2**	**21**	**Ahorro bruto y discrepancia estadística**	**2 655.2**

Cuenta 7. Cuenta de operaciones de capital con el exterior

Linea			Linea		
			2	Cuenta de transacciones de capital (neta)	-6.6
			3	Pagos de transferencia por pérdidas catastróficas (6-6)	7.7
			4	Otras transacciones en la cuenta de capital (6-7)	-14.2
			5	Préstamo/endeudamiento neto, NIPA (6-8)	-432.4
1	**Balance en cuenta corriente, NIPA (5-20)**	**-439.0**	**6**	**Cuenta de transacciones de capital (neta), préstamo neto, NIPA**	**-439.0**

Cuadro 12.2. **Las cuentas de síntesis de las NIPA**

	Cuentas de sectores residentes			Resto del mundo
Transacciones		Sectoreseconómicos		
	Empresas	Gobierno	Personas	
Producción	Producto e ingreso de los sectores residentes (Cuenta de Síntesis 1)			Transacciones con el exterior. Cuenta corriente (Cuenta de Síntesis 5)
Ingresos y gastos	Ingreso de empresas privadas (Cuenta de Síntesis 2)	Ingresos y gastos del gobierno (Cuenta de Síntesis 4)	Ingresos y gastos personales (Cuenta de Síntesis 3)	
Ahorro e inversión	Operaciones de capital de los sectores residentes (Cuenta de Síntesis 6)			Transacciones con el exterior. Cuenta de capital (Cuenta de Síntesis 7)

"1-36" significa renglón 36 de la Cuenta de Síntesis 1.

La Cuenta 1, cuenta del producto y del ingreso interno, muestra al lado derecho, la consolidación de la producción de todos los sectores de la economía como suma de los bienes y servicios vendidos a los usuarios finales y, al lado izquierdo, el ingreso generado por esa producción. El PIB (1-36), la variable característica de la producción de EE.UU., es el valor de mercado de los bienes y servicios producidos por el trabajo y el capital residente en Estados Unidos. El PIB se mide mediante la suma de los bienes y servicios producidos en los Estados Unidos y vendido a los usuarios finales (enfoque del gasto o de la demanda final). Las NIPA utilizan el Ingreso Interno Bruto (IIB) (1-12) para referirse a la medición del PIB por el enfoque del ingreso, es decir, los costos incurridos y los ingresos generados al producir el PIB.[6] Aunque, en teoría, el PIB debería ser igual al IIB, en la práctica ambas mediciones difieren porque sus componentes se estiman a partir de datos fuente independientes y no exentos de limitaciones. En las cuentas de EE.UU. esta diferencia, la "discrepancia estadística", no se asigna a ninguno de los componentes del PIB o del IIB, sino que se recoge como un componente del "ingreso". La sección "Discrepancias estadísticas en las NIPA", que figura en las "Precisiones adicionales", al final del capítulo, proporciona información adicional sobre este tema.

La Cuenta 2, es decir, la cuenta del ingreso (fuentes y usos del ingreso) de las empresas privadas, provee información adicional sobre las fuentes y usos del ingreso de las empresas privadas, que explica la mayor parte de la producción de la economía de EE.UU. Esta cuenta muestra, del lado derecho, las fuentes de ingreso de las empresas privadas (2-24), y en el lado izquierdo los usos del ingreso de las empresas privadas (2-18). Puede interpretarse como una consolidación de las cuentas de las sociedades no financieras, las sociedades financieras y las empresas no constituidas en sociedad, incluidas las viviendas ocupadas por sus propietarios. Las empresas públicas (del gobierno general) no están incluidas en esta cuenta porque no se dispone de estimativos completos de las fuentes y usos de ingresos de las sociedades públicas.

Las Cuentas 3, 4 y 5 muestran los ingresos y gastos de los otros sectores principales de la economía de EE.UU. La Cuenta 3, es decir, la cuenta de ingreso y gasto personal, comprende lo que las NIPA denominan el "sector personal", compuesto de hogares e instituciones sin fines de lucro que sirven a los hogares. La Cuenta muestra, del lado derecho, el "ingreso personal" (3-26), y, en el lado izquierdo, el uso de este ingreso en términos de impuestos, gastos y ahorro personal (3-9). La Cuenta 4, es decir, la cuenta de ingresos y gastos del gobierno general, muestra, en el lado derecho, los ingresos corrientes del gobierno general (4-27), y, en el lado izquierdo, los gastos corrientes y el ahorro neto del gobierno general (4-13). La Cuenta 5, es decir, la cuenta de operaciones corrientes con el exterior, muestra, en el lado derecho, los pagos corrientes al resto del mundo y el balance en cuenta corriente (5-21), y, en el lado izquierdo, los ingresos corrientes procedentes del resto del mundo (5-8).

La Cuenta 6 es la cuenta de operaciones de capital de los sectores residentes que muestra el ahorro y la inversión del total de la economía. La Cuenta 7 recoge las operaciones de capital con el exterior y facilita información de las operaciones de capital con el resto del mundo. La Cuenta 6 muestra, en el lado derecho, el ahorro bruto y la discrepancia estadística (6-20), y, en el lado izquierdo, la inversión interna bruta, la cuenta de operaciones de capital (neta) y el préstamo neto (6-7). El préstamo neto (+), o el endeudamiento neto (-), de las NIPA (6-8) es igual al saldo de la cuenta de operaciones corrientes (5-20) menos las transferencias de capital al resto del mundo (netas) (6-5). La Cuenta 7 muestra, en el lado derecho, la suma de dos rubros de la cuenta 6, pagos de transferencias de capital al resto del mundo (netos) y el préstamo neto (+) o endeudamiento neto (–); el lado izquierdo presenta el saldo en cuenta corriente con el resto del mundo de las cuentas de producto e ingreso nacionales (7-1).

Todos los cuadros de las NIPA, incluidos los estimativos más actualizados, están disponibles en el sitio web de la BEA. Hay alrededor de 100 cuadros con estimativos mensuales y trimestrales. Los restantes cuadros muestran estimativos anuales con detalles adicionales a los que figuran en las series trimestrales, y cuadros sobre temas de especial interés, tales como empleo y horas trabajadas, y sobre comparaciones de datos fuente con agregados obtenidos en las NIPA. Varios cuadros de las NIPA se refieren a mediciones suplementarias que no corresponden a rubros de las siete Cuentas de Síntesis. Información sobre estas mediciones, que también se difunden en los comunicados de prensa de la BEA, se recoge en el Recuadro 12.1 que figura a continuación.

Recuadro 12.1. **Mediciones características de los cuadros de las NIPA**

Las *compras brutas internas* están constituidas por el valor de mercado de los bienes y servicios adquiridos por los residentes en EE.UU., sin que importe dónde han sido producidos. Son iguales al PIB menos las exportaciones netas de bienes y servicios y equivalen a la suma de los gastos de consumo personal (GCP), de la inversión privada interna y de los gastos de consumo e inversión bruta del gobierno. El SCN llama este agregado el gasto final interno. La BEA utiliza las compras brutas internas por su medición característica de las variaciones de precios pues excluye los precios pagados por los no residentes por las exportaciones de EE.UU. e incluye los precios de importación. Las *ventas finales internas a compradores* son iguales a las compras brutas internas menos la variación de existencias privadas. Algunos analistas se refieren a esta medición como "**demanda interna**" o "**demanda final interna**". Las *ventas finales de la producción interna* son iguales al PIB *menos* la variación de existencias privadas, lo que equivale a la suma de los gastos de consumo personal, la inversión fija privada bruta, los gastos de consumo y de formación bruta del gobierno y las exportaciones netas de bienes y servicios. El Producto Nacional Bruto es el valor de mercado de los bienes y servicios producidos por el trabajo y el capital de los residentes en EE.UU. En el SCN este agregado se denomina Ingreso Nacional Bruto (INB). En las NIPA, el INB (basado en el enfoque del ingreso) y el PIB (basado en el enfoque del gasto) difieren en la discrepancia estadística. El *ahorro personal como porcentaje del ingreso personal disponible*, que normalmente se designa como la "**tasa de ahorro personal**", es la relación entre el ahorro personal y el ingreso personal disponible. El *ahorro bruto como porcentaje del ingreso nacional bruto*, que, a veces, se denomina la "**tasa de ahorro nacional**", se calcula como la relación entre el ahorro bruto (que es la suma del ahorro bruto privado y el ahorro bruto del gobierno general) y el INB.

12.3. Difusión de las NIPA

Cada mes, la BEA difunde estimativos trimestrales de la mayoría de los cuadros de las NIPA y estimativos mensuales de la cuenta de ingresos y gastos personales. Los estimativos trimestrales del PIB se publican en comunicados de prensa, según el siguiente calendario: los estimativos de "avance" aparecen hacia el final del primer mes posterior al trimestre en cuestión. Cuando se dispone de datos más detallados y completos, el "segundo" y "tercer" estimativos se publican cerca del final del segundo y del tercer mes respectivamente[7]. La BEA denomina "estimativos corrientes" al conjunto de los tres estimativos trimestrales del PIB (de avance, el segundo y el tercero)[8].

Para el avance, no hay estimativos para el INB, el IIB, el ingreso nacional, el excedente neto de explotación, las utilidades de las sociedades, y los intereses recibidos y pagados. Con excepción de los estimativos para el cuarto trimestre, los estimativos iniciales de estas series se comunican al tiempo con el segundo estimativo del PIB, y los estimativos revisados se difunden con el tercer estimativo del PIB. Los estimativos del cuarto trimestre se publican solamente con el tercer estimativo del PIB. Los estimativos mensuales de la cuenta de ingresos y gastos personales se difunden en otro comunicado de prensa, usualmente un día hábil después de la publicación de los estimativos trimestrales y un mes después de la terminación del mes de referencia.

Cuando se comunica el PIB trimestral, los estimativos de los trimestres o meses anteriores no se revisan, con las siguientes excepciones: cuando se publica el segundo estimativo del PIB trimestral, se revisan los sueldos y salarios privados y los componentes del ingreso relacionados correspondientes al trimestre anterior y los meses correspondientes para mostrar con detalle los datos fuente más recientes sobre sueldos y salarios. (Véase la sección 5. Elaboración del Producto Interior Bruto trimestral). Los ingresos y gastos personales mensuales se revisan para los meses de los mismos trimestres que se revisan en los estimativos del PIB. Normalmente, en el mes de julio de cada año se hace una revisión anual de las NIPA, en la que se examinan los meses y trimestres de por lo menos los últimos tres años anteriores. Estas revisiones incorporan los nuevos datos fuente disponibles, la calibración de las cuentas de insumo-producto que se preparan a intervalos quinquenales, los cambios conceptuales (tales como las actualizaciones del SCN), otras mejoras en la metodología estadística y cambios en las tablas que presentan los estimativos. Los cambios conceptuales de las cuentas se hacen hacia atrás, tanto como sea necesario y posible, en ciertos casos incluso hasta 1929.

Se preparan los comunicados de prensa relativos al PIB trimestral y a la serie mensual de ingresos y gastos personales. A las 8.30 de la mañana de cada día de difusión, el comunicado se publica en el sitio web de la BEA y se distribuye a los medios una copia impresa del comunicado en la oficina principal del Departamento de Comercio en Washington, DC. El comunicado del PIB se acompaña de una nota técnica, que provee información sobre los supuestos incorporados por la BEA cuando no ha podido disponer de datos fuente fundamentales para realizar los estimativos y, además, explica las metodologías utilizadas en la preparación de los estimativos más recientes.

Más tarde, en la misma mañana y en los días siguientes, se difunde un bloque de información adicional en el sitio web de la BEA. Este bloque se inicia con los 106 cuadros de las NIPA que se publicarán en el siguiente número del *Survey of Current Business*. Los cuadros están disponibles como "cuadros interactivos" que le permiten al usuario especificar opciones tales como detalles como frecuencias y rangos, y el uso de varios formatos (PDF, por ejemplo). Cada mes el *Survey* incluye un artículo "El PIB y la Economía", que brinda un análisis de los estimativos más recientes.

Los cuadros restantes de las NIPA dan principalmente estimativos anuales y se publican generalmente en la entrega del *Survey* del mes de agosto, junto con una revisión anual o completa de las NIPA.

Adicionalmente, después de cada estimativo mensual, la BEA difunde en su sitio Web lo que denomina "estimativos complementarios". Estos estimativos comprenden detalles mensuales y trimestrales que no se han diseminado en los cuadros de las NIPA, información complementaria sobre los supuestos utilizados por la BEA cuando no se disponía de todos los datos fuente necesarios para llevar a cabo los últimos estimativos de avance del PIB y de los datos de las NIPA relacionados con el SCN. Los detalles complementarios (subyacentes) de las NIPA consisten, principalmente, en estimativos utilizadas por la BEA para preparar los estimativos mensuales y trimestrales y que la BEA considera menos confiable como serie individual. La información sobre "Principales datos fuente y supuestos" de la primera estimación (la de avance) de cada trimestre reporta los principales datos fuente y los supuestos sobre los que la BEA basa sus estimativos trimestrales del PIB y de sus principales componentes e incluye información sobre más datos fuente mensuales que la nota técnica.

La información sobre los estimativos relacionados con el SCN consta de dos bloques. El primero es "Estimativos preparados por la BEA para facilitar las comparaciones internacionales basadas en el Sistema de Cuentas Nacionales (SCN)". Estos estimativos se basan en el SCN y se elaboran anualmente, usualmente varias semanas después de la difusión a finales de julio de los datos anuales revisados. Los estimativos se preparan para responder a un cuestionario utilizado por la OCDE y son ligeramente diferentes de los estimativos oficiales de las NIPA publicados por la BEA, con el fin de mejorar la comparabilidad con las cuentas de otros países. El segundo bloque de estimativos relacionados con el SCN se publica en el cuadro "Producto Interno Bruto por categorías del gasto final (Formato Internacional)". Estos cuadros recogen los datos trimestrales de gasto final de las NIPA en un formato más coherente con las cuentas y con el formato de presentación de la OCDE. Los estimativos muestran los gastos de consumo final (del gobierno general y los gastos de consumo personal) y la inversión interna bruta (del gobierno general y la inversión bruta).

Las Cuentas Macroeconómicas Integradas (CEI, en inglés IMA) se publican trimestralmente en el sitio web de la BEA, pocos días después de que el FRB publique las FAUS. El FRB también publica las CEI en su sitio web *www.federal reserve.gov*.

12.4. Otros programas relacionados con las NIPA

Además de las NIPA, la BEA produce otras series de cuentas nacionales, por ramas de actividad, regionales, e internacionales que se integran con las NIPA, así como programas que proveen datos fuente utilizados en la elaboración de las NIPA. La discusión que sigue, resumida en el Gráfico 12.1, cubre los programas que producen estos estimativos, como son las ITA, las cuentas de insumo-producto de referencia, las cuentas de activos fijos y el programa de las cuentas anuales industriales. La información detallada de cada uno de los programas está disponible en el sitio web de la BEA.

Gráfico 12.1. **Integración de las Cuentas Nacionales de Estados Unidos**

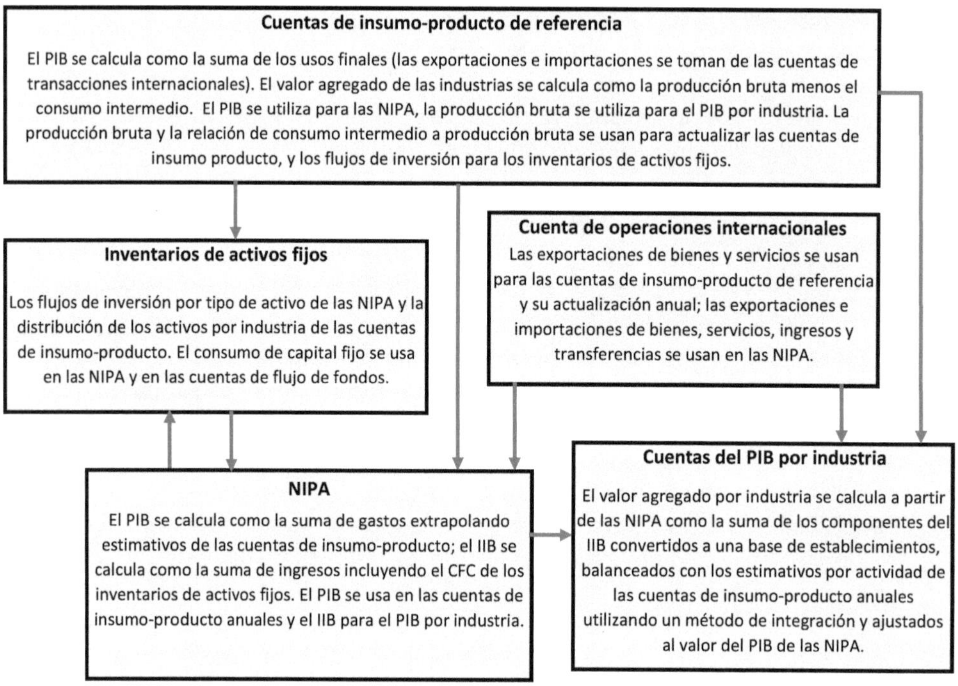

Cuentas de Transacciones Internacionales (ITA)

Las ITA proveen estimativos mensuales del comercio internacional de bienes y servicios (preparadas conjuntamente por la BEA y el Departamento de Comercio) y estimativos trimestrales y anuales de las cuentas de operaciones internacionales de los EE.UU. Las ITA se revisan también anualmente. Los datos revisados aparecen en el *Survey* del mes de julio. La cuenta corriente, que mide ingresos y gastos de bienes, servicios, rentas y transferencias corrientes unilaterales, es la base de todas las operaciones internacionales que figuran en las NIPA como también en las cuentas de insumo-producto de referencia y anuales. Anualmente, el cuadro 4.3 de las NIPA reconcilia las diferencias entre las dos cuentas. Trimestralmente se publica en el apéndice A del *Survey* una reconciliación abreviada, bajo el título "Información adicional sobre los estimativos de las NIPA".

Cuentas de insumo-producto de referencia (Benchmark I-O accounts)

El SCN incluye un bloque integrado de cuadros oferta – utilización, en donde se equilibran la producción de cada bien con sus usos finales (véase el Capítulo 10). Las cuentas de insumo-producto detalladas de la BEA proveen cuadros oferta-utilización, con una frecuencia quinquenal, que corresponde con los censos económicos. A diferencia del SCN que recomienda la valoración de los recursos a precios básicos y los usos a precios de mercado, la BEA utiliza los precios de mercado para valorar recursos y usos. Los cuadros de oferta-utilización establecen estimativos de referencia de la producción bruta y de los consumos intermedios consistentes con las cuentas anuales de las ramas de actividad y estimativos de los usos finales consistentes con las NIPA. Las cuentas de insumo-producto de referencia detalladas para 2002 y 2007 fueron publicadas en 2007 y en 2013 respectivamente.

Activos fijos

La BEA prepara estimativos anuales del stock de maquinaria y equipo, de edificaciones y de productos de propiedad intelectual poseídos por las empresas y por el gobierno[9]. Los estimativos se presentan a precios corrientes y a precios constantes, expresados ambos como índices encadenados de cantidad e índices encadenados de precios. Las cuentas incluyen estimativos de la depreciación (consumo de capital fijo) y de la inversión, e incluyen también estimativos del costo histórico y la depreciación de los stocks privados netos, con el fin de hacer comparaciones con la contabilidad empresarial. Se obtienen estimativos detallados para stocks netos, depreciación, e inversión por actividad y por clase de activos. Los estimativos del stock neto y de la depreciación se obtienen aplicando el método del inventario permanente, que se basa en los flujos de inversión bruta, tomados de las NIPA, y una fórmula geométrica de depreciación. Los estimativos de depreciación se utilizan en los estimativos de CCF, que a su vez sirven para establecer el ingreso, el ahorro y la inversión en términos netos.

Cuentas anuales de las ramas de actividad

En 2004, la BEA introdujo cuentas anuales integradas de las ramas de actividad, que presentan el PIB por rama de actividad y cuentas insumo-producto anuales. La integración provee una información detallada y coherente sobre la estructura de la economía de los EE.UU., incluida la contribución anual al PIB de las ramas de actividad privadas y del gobierno y los flujos anuales de bienes y servicios que se utilizan en los procesos de producción de las ramas de actividad y aquellos destinados a los usos finales que constituyen el PIB[10]. Hay que tener en cuenta que cuando las cuentas anuales por ramas de actividad que elabora la BEA están balanceadas, no proporcionan una medición independiente del PIB; utilizan el PIB medido por las NIPA a partir del enfoque del gasto. Se exceptúan los años de referencia, cuando las mediciones del producto y la demanda final están totalmente conciliadas en las cuentas de insumo-producto detalladas. La BEA no utiliza la aproximación vía la producción para determinar el PIB, porque los datos fuente sobre consumo intermedio que se necesitan no están disponibles a tiempo y son menos confiables que los datos fuente empleados en el enfoque del gasto. Como en las cuentas de insumo-producto detalladas, los estimativos del valor agregado por ramas de actividad publicadas por la BEA se calculan a precios de mercado y no a precios básicos como lo recomienda el SCN. Las diferentes definiciones del valor agregado por ramas de actividad se discuten en la sección "Métodos alternativos de valoración de la producción y el valor agregado: Precios básicos y Precios de mercado", que figura al final del capítulo, en las Precisiones adicionales.

12.5. Elaboración del Producto Interior Bruto trimestral

Según se mencionó en la sección anterior, la BEA elabora series de estimativos del PIB para cada trimestre. La primera estimación (avance) se publica al final del mes siguiendo el final del trimestre. La segunda estimación se publica al final del segundo mes posterior al trimestre. La tercera estimación se publica al final del tercer mes posterior al trimestre. Estimativos adicionales de cada trimestre se publican como parte de las revisiones anuales (al final de julio de cada año) o tras una revisión completa (cada cinco años).

Aunque el estimativo del PIB trimestral del avance se basa en una combinación de resultados preliminares de encuestas y de proyecciones de la BEA para suplir los meses faltantes en las encuestas, estimaciones que se revisan posteriormente en la secuencia de estimaciones del PIB, es el que recibe la mayor atención de los usuarios. Esta preferencia refleja la oportunidad de los estimativos del avance (uno de los más oportunos entre los países de la OCDE), la transparencia de la BEA en la elaboración de sus estimativos y su historia de confiabilidad. Por ejemplo, un aspecto clave de la transparencia de los estimativos trimestrales es la disponibilidad pública de los datos fuente y de los procedimientos de estimación que utiliza la BEA para elaborar sus estimativos. La política de transparencia de la BEA se concreta en: 1) la publicación anual en el *Survey* de los datos fuente y los métodos de estimación de los principales componentes de las NIPA; 2) el anuncio público, preferentemente con la anticipación debida, de cualquier cambio en los datos fuente o en los métodos de estimación, incluidos los ajustes especiales; 3) la publicación de los supuestos que hace la BEA cuando faltan datos fuente para las series de indicadores principales al momento de la difusión de los resultados del avance, y 4) la publicación de los detalles subyacentes utilizados para preparar los estimativos corrientes del PIB trimestral.

En lo que respecta a la confiabilidad del avance y de los otros dos estimativos del PIB, debe tenerse en cuenta que estos tienen una larga historia de confiabilidad, entendida ésta como el reflejo coherente de la evolución de la economía en general. Esta historia, que se basa en los estudios publicados sobre confiabilidad, muestra que los estimativos de avance han indicado de manera consistente si el crecimiento es positivo o negativo, si se está acelerando o desacelerando o si es alto o bajo en relación con la tendencia y dónde está la economía en relación con el ciclo económico[11]. Un estudio de 2011 muestra que en 97% de las veces, los estimativos trimestrales indican correctamente la dirección del cambio del PIB real, si el PIB se está acelerando o desacelerando en 72% de las veces, y si la tasa de crecimiento real del PIB está por encima, cerca o por debajo de la tendencia de crecimiento, más del 80% de las veces. Otros resultados de estos estudios se sintetizan en una sección especial del comunicado de prensa del PIB trimestral, según se muestra en la sección "Revisiones del PIB", que figura a continuación.

Revisiones del PIB

En el comunicado de prensa de avance del PIB trimestral, la BEA presenta información resumida sobre las revisiones, mediante la comparación de los estimativos sucesivos del PIB en dólares corrientes y en términos reales. Basados en datos del período 1983-2010, desde los estimativos de avance hasta la estimación preliminar (que se elaboran un mes después), la modificación media de la tasa de crecimiento anual del PIB en términos reales, sin tener en cuenta el signo, es de 0.5 puntos porcentuales; desde la estimación de avance hasta el estimativo final (que se elabora dos meses después), es de 0.7 puntos porcentuales en términos de la tasa anual y, por último, desde la estimación de avance a la última estimación, es de 1.3 puntos porcentuales. Como puede comprobarse, las revisiones más grandes corresponden a los últimos estimativos y ponen de manifiesto que las revisiones integrales incluyen en las NIPA mejoras conceptuales tales como la introducción de índices encadenados, la capitalización del software y de la Investigación y Desarrollo.

Los estimativos del PIB trimestral corriente se obtienen al agregar cada uno de los componentes de gasto del PIB. Los estimativos de cada uno de estos componentes se calculan mediante la extrapolación de los estimativos del trimestre anterior usando, por ejemplo, indicadores directos derivados de encuestas, mensuales o trimestrales, e indicadores indirectos, tales como tendencias pasadas. En la siguiente sección de este capítulo se da información específica sobre estos datos fuente. El procedimiento de extrapolación que se utiliza está diseñado para calcular estimativos con el "método del mejor cambio", partiendo de los estimativos del trimestre anterior. Con este método, los estimativos para el trimestre más reciente se determinan calculando la evolución (normalmente en términos porcentuales) de las series de un indicador válido para el componente de que se trate, y multiplicando esta evolución por el valor del estimativo publicado del trimestre anterior[12]. Este cálculo implica que, si se revisa posteriormente el nivel del indicador utilizado en la estimación de un componente del PIB, el "mejor nivel" revisado no se refleja en la estimación actual hasta que no se realice una revisión anual o completa. La incorporación de datos fuente con el criterio del "mejor cambio" da lugar a mediciones exactas del cambio del PIB, aunque los niveles que se deducen de estos estimativos no sean consistentes con los datos fuente. En general, la BEA incorpora datos fuente con base en el "mejor cambio" con el fin de preservar la exactitud de los estimativos del crecimiento y de disponer de serie de tiempo consistentes[13].

El proceso de elaboración de todos los estimativos del PIB trimestral empieza con un grupo de especialistas de la BEA quienes preparan estimativos para componentes específicos. Este proceso de estimación tiene lugar durante un período de dos semanas, establecido de manera que coincida con la disponibilidad de los principales datos fuente. Los especialistas aplican metodologías normalizadas, obtienen los datos fuente y aplican la metodología de estimación, la cual, dependiendo del estimativo trimestral que estén elaborando, puede incluir el desarrollo de hipótesis juiciosas para los datos fuente faltantes. Los estimativos se elaboran utilizando valores de los datos fuente ajustados por estacionalidad (cuando están disponible) para garantizar la comparabilidad entre los datos fuente y los estimativos del PIB. Si no están disponibles los datos fuente ajustados por estacionalidad, los especialistas aplican ajustes estacionales a los datos fuente antes de extrapolarlos. Los especialistas también examinan si los datos fuente incorporan cambios que pudieran afectar la consistencia de los estimativos, tales como la implantación de una nueva metodología en una encuesta, problemas de confiabilidad (como sería una elevada tasa de no respuesta) o hechos relevantes que se deben tener en cuenta al estimar los componentes del PIB de un período concreto, tal como un desastre natural. Sobre la base de este análisis, el especialista determina si son necesarios ajustes especiales. Por ejemplo, la encuesta de sueldos y salarios mide el promedio de horas semanales trabajadas pero solo en una semana a mitad del mes. Si esta semana no es representativa del mes en su conjunto, debido po ejemplo a malas condiciones atmosféricas que han tenido lugar al final del mes, el especialista podrá recomendar la introducción de un ajuste.

Los estimativos recomendados por los especialistas están luego sujetos a un proceso de revisión en dos etapas: la primera revisión la lleva a cabo un equipo especial de revisión constituido por economistas senior que trabajan con los especialistas. Este equipo revisa todos los estimativos recomendados para asegurar que los supuestos para completar todos los componentes de los datos fuente faltantes se han realizado de forma consistente, que se han introducido ajustes donde era necesario y que las relaciones económicas entre los componentes, por ejemplo, entre la variación de existencias y las ventas, son coherentes con la situación de la actividad económica que se deduce de la estimación del PIB total. Frecuentemente, esta revisión conduce a una corrección por parte de los especialistas de sus estimativos iniciales. Esta revisión se extiende a lo largo de un período de tres o cuatro días y termina dos días antes de la publicación de la estimación del PIB. El equipo concluye su trabajo preparando un conjunto completo de estimativos de las NIPA que se presentan a la segunda fase de revisión. Esta segunda revisión se realiza el día anterior a la difusión de los estimativos, por altos responsables de la BEA. Estos llevan a cabo una revisión de alto nivel sobre el impacto que las hipótesis sobre datos fuente tienen en los principales agregados y comparan los estimativos que se proponen para el PIB con mediciones alternativas de la producción, tales como horas trabajadas, producción industrial y previsiones de crecimiento del PIB por el sector privado. Aunque la revisión de los altos responsables de la BEA raras veces cambia los estimativos propuestos por el equipo de revisión, este ejercicio los prepara para responder a las preguntas de los usuarios sobre las implicaciones de los estimativos.

A pesar de que las etapas de estimación del PIB son las mismas en cada uno de los tres procesos, hay algunas diferencias importantes entre ellos. Al preparar el estimativo de avance, muchos de los principales datos fuente mensuales solo están disponibles para los dos primeros meses del trimestre, y, además, son susceptibles de revisión en meses futuros. En consecuencia, los especialistas, y los dos grupos que revisan los estimativos, se concentran en las hipótesis que se han realizado sobre los datos fuente no disponibles, basados en la información histórica y en revisiones posibles de los datos fuente disponibles. En el caso de series con datos para los tres meses del trimestre, las diferencias entre los datos fuente y el correspondiente componente de las NIPA se revisan para detectar anomalías. Por ejemplo, se podrían revisar las diferencias entre el Índice de Precios al Consumidor (IPC) y las medidas de las variaciones de precios de los gastos de consumo personal (GCP)[14].

Para los estimativos segundo y tercero, hay más datos fuente para reemplazar las hipótesis de los especialistas sobre faltantes y para los tres primeros trimestres del año, se dispone también de estimativos directos de las utilidades de las sociedades. En consecuencia, la revisión de los estimativos de los especialistas se desplaza de los supuestos sobre los datos-fuente no disponibles a la incorporación de nuevos datos fuente y de datos revisados. La disponibilidad de estimativos directos de las utilidades de las sociedades también desplaza el centro de atención de las revisiones, que antes se centraba en las hipótesis sobre las utilidades de ciertas actividades. La diferencia más importante entre la revisión de los estimativos de avance y el segundo estimativo del PIB es que la disponibilidad de información sobre las utilidades de las sociedades permite estimar el IIB y la discrepancia estadística. Debido a que grandes cambios en la discrepancia estadística ponen de manifiesto problemas en los datos fuente, cuando estos se producen, el equipo de revisión examina la confiabilidad de los componentes de las NIPA para determinar si se necesitan nuevos ajustes. Para el tercer estimativo del PIB hay aún menos datos fuentes faltantes y menos hipótesis para revisar. Además, los especialistas y los equipos de revisores estudian las revisiones de los datos fuente realizadas en el pasado para determinar si existe algún patrón de futura revisión que pudieran requerir ajustes adicionales.

Como en otros países de la OCDE, uno de los principales objetivos del proceso de difusión es asegurar la integridad de estos estimativos[15]. Este proceso se compone de varias etapas para asegurar que los estimativos han sido preparados sin ninguna interferencia o influencia de personas externas a la BEA y que los estimativos que se van a publicar no se facilitan a nadie no autorizado. En particular, dada la importancia que se le otorga en los mercados financieros a los datos de avance del PIB trimestral, por ejemplo, el acceso previo de operadores en los mercados de valores y de obligaciones a información confidencial, les daría una injusta ventaja y transgrediría el correcto funcionamiento de estos mercados y de otros relacionados con ellos. Para descartar cualquier influencia o interferencia exterior, la BEA ha establecido las siguientes restricciones: 1) imponer un estricto cumplimiento del calendario anunciado para la difusión de los datos; 2) limitar el acceso a los datos antes de la fecha de difusión exclusivamente a los miembros del staff de la BEA que los necesiten; 3) de acuerdo con la Disposición 3 de Política Estadística emitida por la Oficina Presidencial del Presupuesto y la Gestión, el acceso de funcionarios está limitado a los datos suministrados al Consejo de Asesores Económicos en la tarde previa a su publicación; y 4) adoptar las medidas de seguridad necesarias para limitar el acceso a la información, físicamente y por computador, a aquellos autorizados que la necesiten.

Una característica fundamental de la seguridad del procedimiento que sigue la BEA se refleja en la forma en que los funcionarios superiores manejan la revisión de los estimativos del PIB. La reunión en que se realiza esa revisión (que se denomina "reunión bajo llave"), tiene lugar el día anterior a la difusión, con una asistencia limitada y en un lugar seguro de la sede de la BEA. Cuando los asistentes han recibido los estimativos propuestos, estos no pueden ponerse en contacto con nadie externo a la BEA y tienen acceso limitado y controlado al personal de la BEA. Estas reuniones empiezan generalmente antes de mediodía y continúan hasta que se terminan los estimativos, se elabora el comunicado de prensa y los materiales de apoyo se completen y se envíen al Consejo de Asesores Económicos. El envío se suele hacer al final de la tarde por un miembro del equipo de revisión.

No hay ninguna distribución adicional del comunicado de prensa, o de los estimativos, hasta la mañana siguiente. Si los responsables del Departamento de Comercio lo requieren, la BEA puede exponerles un resumen de los estimativos una hora antes de su difusión, bajo la condición de que permanezcan en el lugar donde se les ha presentado el resumen, sin que puedan entrar en contacto con nadie hasta la hora de difusión. Esta reunión, en la que se expone a los responsables del Departamento de Comercio una síntesis de los resultados, se realiza en una sala segura que impide establecer contacto con nadie del exterior hasta la hora de difusión; la sala en cuestión está equipada con computadores para que los periodistas preparen sus artículos y líneas de teléfono para que los representantes de las cadenas de televisión graben sus reportajes a la hora de su difusión.

12.6. Metodologías para la elaboración del PIB trimestral

La BEA publica metodologías detalladas y resumidas – ambas incluyen datos fuente y métodos de estimación – que se utilizan para elaborar el PIB y otros componentes de las NIPA. Las metodologías detalladas se publican en *Concepts and Methods of the U.S. National Income and Product Accounts*, y en documentos metodológicos separados. Puesto que las mejoras metodológicas se incorporan regularmente como parte de cada revisión anual o completa, la BEA incluye las descripciones de los cambios de metodología en artículos anuales que publica en el *Survey of Current Business*, y también en un artículo anual, separado, en el mismo *Survey*, un resumen de las metodologías para obtener los componentes del PIB y del IIB[16].

Las metodologías utilizadas para calcular el avance trimestral constituyen la última etapa de un proceso de revisión completa que empieza con la incorporación de la más reciente cuenta de insumo-producto de referencia. Primero, se calculan los estimativos anuales revisados extrapolando (hacia adelante) los estimativos de los componentes de las NIPA a partir de la cuenta de insumo-producto de referencia[17]. Segundo, los estimativos trimestrales se calculan por interpolación de estos nuevos estimativos anuales. Tercero, los estimativos trimestrales se calculan extrapolando los últimos estimativos trimestrales interpolados. Finalmente, el estimativo trimestral de avance para el último trimestre se calcula por extrapolación. En las revisiones anuales, el cálculo de los estimativos revisados anuales y trimestrales sigue la misma secuencia, pero solo cubre los años abiertos para revisión (generalmente los tres años más recientes).

Esta sección presenta información sobre las metodologías utilizadas para preparar ciertos componentes de los estimativos trimestrales de avance del PIB en dólares corrientes y en valores reales. En la sección 2 se llamó la atención sobre tres aspectos de las NIPA: el PIB en dólares corrientes se mide utilizando la aproximación vía gasto; la aproximación vía ingreso, se llama IIB y difiere del PIB en el monto de la discrepancia estadística; finalmente los estimativos de los valores agregados por industrias no se basan en una aproximación separada vía producción, pero dependen del PIB obtenido por la aproximación vía gasto. Por tanto, la discusión de las metodologías utilizadas para el PIB se limita a los componentes que son elementos de la demanda final (gasto de consumo de los hogares, consumo del gobierno, formación bruta de capital y exportaciones menos importaciones).

Para el PIB real, trimestral y anual, las metodologías se centran en el cálculo de los componentes detallados del gasto del PIB real. La estimación de los precios y las cantidades de estos componentes se agregan para determinar el PIB y sus mayores componentes, utilizando una fórmula de agregación de número índices. La BEA utiliza una fórmula de índice de Fisher, que tiene en cuenta los efectos de la variación de los precios relativos y de la composición de la producción a lo largo del tiempo. Como resultado, las variaciones de precios o cantidades no están afectadas por el sesgo de sustitución que se asocia con las variaciones de precios y cantidades cuando se calculan utilizando una fórmula de ponderación fija (Laspeyres). Los cambios anuales en precios y cantidades se calculan utilizando una fórmula de Fisher que incorpora ponderaciones de dos trimestres consecutivos, y los índices trimestrales se ajustan por consistencia con los índices anuales antes de que se calcule el porcentaje de variación.

La suma de los valores en dólares encadenados de los componentes detallados del PIB no necesariamente coincidirá con la estimación del PIB en dólares encadenados (o con la de cualquier agregado intermedio), porque los precios relativos que se han utilizado como ponderaciones para cualquier período distinto del de referencia difieren de los del año de referencia. Una medida del efecto de tales diferencias aparece en una línea "residual" que recoge las diferencias entre los valores en dólares encadenados del principal agregado del cuadro y la suma de los componentes más detallados. Para períodos próximos al año de referencia, cuando los precios relativos que se utilizan como ponderaciones no han cambiado mucho, los residuos tienden a ser pequeños y los estimativos en dólares encadenados se pueden utilizar para aproximar las contribuciones al crecimiento y agregar los detalles estimados. Para períodos alejados del año de referencia, los residuos tienden a ser más grandes, y los estimativos en dólares encadenados son menos útiles para el análisis de las contribuciones al crecimiento (véase el Capítulo 2). Por consiguiente, la BEA provee cuadros presentando las "contribuciones al cambio porcentual" que se pueden utilizar como mediciones exactas de la contribución de componentes individuales.

Para los estimativos de las NIPA en dólares corrientes, los 14 componentes de la demanda final que figuran al final de esta sección se han seleccionado como representativos de los métodos de estimación utilizados por la BEA y de la disponibilidad de datos para elaborar la estimación de avance del PIB. En su presentación anual de una síntesis de las metodologías empleadas, la BEA muestra las fuentes de datos y los métodos de estimación de los componentes agrupados según los métodos de estimación para el proceso completo de cálculo y revisiones de las NIPA. Las presentaciones comprenden alrededor de 50 agrupaciones de componentes del PIB y 40 del IIB.

Disponibilidad de datos fuente

La BEA utiliza un amplio espectro de datos fuente (mensuales, trimestrales y anuales) y series de indicadores para extrapolar los estimativos a partir de los resultados de los años de referencia. Estos datos proceden de agencias estadísticas, de la administración fiscal, de programas de regulación de la administración federal y de fuentes privadas, cuyas prácticas de publicación y revisión son muy diferentes.

La disponibilidad oportuna de los datos fuente determina su utilización en el cálculo de los estimativos. Para la mayoría de los componentes, los datos fuente no están disponibles para todos los meses del trimestre cuando se prepara la estimación de avance del PIB, por lo que la BEA calcula datos basados en la tendencia para suplir los faltantes, algunos de los cuales son trimestrales y otros mensuales. Para la mayoría de los componentes, estos estimativos basados en la tendencia se reemplazan en revisiones posteriores por series de indicadores. Por ejemplo, para una estimación de avance del PIB, alrededor del 46% del PIB se calcula usando indicadores trimestrales o indicadores mensuales disponibles para los tres meses de un trimestre; alrededor del 30% se calcula usando indicadores disponibles para dos meses del trimestre y un mes de datos basados en tendencia, y 24% se calcula utilizando solamente datos de tendencias[18]. Para el tercer estimativo trimestral del PIB, que se publica dos meses después, cerca del 90% del PIB se calcula a partir de series de indicadores, 9% está basado en la tendencia, y menos del 1% en una combinación de indicadores y datos de tendencia. Solo unas pocas series de nuevos indicadores, tales como la encuesta trimestral de servicios de la Oficina del Censo y los datos mensuales del consumo de electricidad, están disponibles para el segundo y tercer estimativo trimestral.

Para permitir a los usuarios evaluar la validez de los datos basados en tendencias, normalmente de acuerdo con el criterio de los especialistas de la BEA, la institución facilita a los usuarios las "hipótesis sobre los datos de base no disponibles", y publica las más importantes de esas hipótesis simultáneamente con la difusión del comunicado de prensa del PIB.

Métodos de estimación

La BEA selecciona el método de estimación de un componente determinado dependiendo de la disponibilidad y fiabilidad de los datos fuente disponibles y de la medida en que esos datos fuente satisfacen las definiciones de las NIPA. Dentro de los métodos de estimación utilizados por la BEA para calcular las variables a precios corrientes, se pueden mencionar los siguientes: *método del flujo de mercancías*; método del control de las ventas al por menor; método del inventario permanente, y el método del análisis del año fiscal. El método del flujo de mercancías empieza con la estimación de la producción interna, los ajustes de la producción por importaciones, exportaciones y variación de existencias y la asignación del resultado a las compras de los hogares, de las empresas y del gobierno. El método completo del flujo de mercancías se utiliza para la mayoría de los componentes del gasto de las "cuentas de Insumo Producto de referencia"; una forma abreviada de este método se utiliza para preparar los estimativos anuales y trimestrales de los componentes para los que los datos fuente necesarios están disponibles.[19] El *método de control de las ventas al por menor* utiliza los datos de ventas de los almacenes de ventas al por menor, una vez ajustados para reflejar las ventas a los hogares, y estimar así las compras anuales y trimestrales que realizan los hogares de determinados productos. El *método del inventario permanente*, que acumula flujos para obtener stocks, se utiliza para generar estimativos del stock de capital fijo, que se usan para elaborar los estimativos anuales y trimestrales del consumo de capital fijo. El *método de análisis del año fiscal* se aplica para estimar los gastos de consumo y la inversión bruta de la administración federal. Los estimativos del gasto se establecen mediante un análisis de los datos detallados derivados de estados presupuestales. La BEA ajusta estos gastos del presupuesto a las definiciones de las NIPA y los asigna a los componentes que corresponden, tales como gastos de consumo o transferencias. El método del análisis del año fiscal suministra también una serie de totales de control para los estimativos trimestrales de las NIPA.

Para los estimativos del PIB en términos reales, la BEA utiliza tres métodos: la deflación, la extrapolación de cantidades y la evaluación directa. El más utilizado es el *método de la deflación*, por el que se calculan los índices de cantidad dividiendo el índice en dólares corrientes por un índice de precios adecuado. En el *método de extrapolación de la cantidad*, los índices de cantidad se utilizan para realizar extrapolaciones a partir del año base. En el *método de evaluación directa*, los índices de cantidad se calculan multiplicando el precio del año base por las cantidades reales del período a que va referido el índice. En los tres métodos, los índices de cantidad se convierten en PIB real o encadenado, multiplicando el número índice por el valor de la variable en dólares corrientes en el año base.

Metodologías para componentes seleccionados del PIB en dólares corrientes

En el número de noviembre de 2013 de *Survey of Current Business*, el cuadro 1 del artículo sobre metodología resume las metodologías de unos 50 grupos de componentes del PIB. Los componentes que se presentan más abajo ilustran las diversas combinaciones de métodos de estimación y datos fuente utilizados para los estimativos anuales distintos del año de referencia, y para los estimativos de avance del PIB trimestral. Los primeros 13 componentes se han ordenado según el número de meses de datos disponibles para la estimación de avance. Para los primeros cuatro componentes, los datos fuente clave están disponibles para los tres meses del trimestre. Para los componentes del quinto al décimo, solo están disponibles datos fuente clave para dos meses del trimestre. Para los componentes 11 a 13, la estimación de avance trimestral se basa fundamentalmente en datos de tendencia calculados por la BEA. El último componente, relativo a la inversión en software, muestra la utilización de diferentes datos fuente para los estimativos anual y trimestral.

1. *Gastos de Consumo Personal (GCP) en la mayoría de bienes duraderos y no duraderos.* Tanto los estimativos anuales como trimestrales de estos componentes de los GCP se calculan utilizando el método de control de las ventas al por menor. Para todos los años, excepto el más reciente, los estimativos anuales se basan en estimativos de las ventas del comercio al por menor derivados de la encuesta anual de la Oficina del Censo (*Census Bureau*, en adelante CB). Para el año más reciente, la estimación anual se basa en la encuesta mensual del CB sobre comercio al por menor. Para la estimación trimestral de avance, se dispone de los tres meses de la encuesta, aunque sujetos a revisiones posteriores.
2. *Gastos de Consumo Personal (GCP) en gasolina y aceites.* Tanto los estimativos anuales como trimestrales de estos componentes de los GCP se calculan como producto de las cantidades físicas adquiridas por el precio promedio de venta al por menor. Para la estimación trimestral de avance, están disponibles para los tres meses tanto los galones consumidos como los precios medios de venta al por menor, aunque sujetos a revisiones posteriores.
3. *Automóviles nuevos y camionetas (tanto los incluidos en GCP como los que constituyen inversión fija privada).*Tanto los estimativos anuales como trimestrales de estos componentes se calculan como producto de las cantidades adquiridas por un precio promedio. Las fuentes privadas suministran información sobre las unidades vendidas, distribución de las ventas entre consumidores y otros compradores y una lista de precios promedios. Para la estimación trimestral de avance, se dispone de los datos de unidades vendidas y precios para los tres meses, y datos para asignar las ventas entre los consumidores y otros compradores para dos meses.

4. *Remuneración de los asalariados del gobierno estatal y local.* La estimación anual de los sueldos y salarios proceden de las tabulaciones que hace el BLS del censo trimestral de salarios y empleo (QCEW). Respecto a los otros componentes de la remuneración, las contribuciones de los empleadores a los seguros sociales del gobierno proceden de las agencias federales que administran estos programas; las contribuciones de los empleadores para pensiones y otros seguros proceden de estudios actuariales de los planes de pensión estatales, de fuentes empresariales, de los Centros para Servicios de *Medicare* y *Medicaid*, y de la encuesta anual del *Census Bureau* (CB) a las administraciones estatales y locales. Para la estimación de sueldos y salarios del avance trimestral, la BEA combina tres meses de datos de empleo de la encuesta del BLS, con datos de ingresos trimestrales derivados del índice de costos del empleo del BLS. Los datos de empleo mensual están sujetos a revisiones posteriores. Para los demás componentes, la BEA calcula estimativos basados en la tendencia.
5. *Inversión fija en la mayoría de las edificaciones nuevas.* Los estimativos anuales y trimestrales son provistos por encuestas mensuales del *Census Bureau* sobre el valor de las construcciones en sitú (construcciones instaladas o erigidas en un sitio durante el período). Para los estimativos trimestrales de avance se dispone de dos meses de datos fuente de la encuesta mensual de construcción del CB, sujetos a revisiones posteriores.
6. *Inversión fija privada en maquinaria y equipo, excepto vehículos de transporte.* Para la estimación anual de todos los años, excepto el más reciente, los estimativos se obtienen utilizando el método abreviado del flujo de mercancías, tomando los despachos de la encuesta anual de industria manufacturera del CB ajustados por las exportaciones e importaciones provenientes de los datos de comercio exterior del CB. Para el año más reciente y la estimación trimestral de avance se utiliza un método abreviado de flujo de mercancías a partir de los despachos de la encuesta mensual de la industria manufacturera del CB. Para la estimación trimestral de avance, hay datos de dos meses de despachos mensuales, exportaciones e importaciones, y datos de tres meses de ventas y precios de transporte, todos ellos sujetos a revisiones posteriores.
7. *Exportaciones e importaciones de bienes y servicios.* La BEA estima este componente del PIB como parte de la preparación de las ITA. Los estimativos de bienes, tanto los anuales como los trimestrales, se calculan utilizando los datos mensuales de comercio exterior del CB, con ajustes de la BEA por cobertura y valoración para convertir los datos a una base de Balanza de Pagos y de NIPA. Para el estimativo de avance, dos meses de datos de comercio exterior están disponibles y sujetos a revisiones posteriores. Para servicios, los estimativos anuales de las transacciones del gobierno se basan en reportes de las agencias federales, y para la mayoría de los otros servicios, se basan

en encuestas anuales y trimestrales de la BEA. Para el avance de estimativos trimestrales, la BEA calcula estimativos para el tercer mes basados en tendencia tanto para bienes como para servicios.

8. *Gastos de consumo e inversión bruta para la mayoría de los tipos de gasto de la administración federal.* Para el gasto, excepto en edificaciones, software, I+D, consumo de capital fijo (CCF) y los servicios de intermediación financiera medidos indirectamente (SIFMI), la BEA utiliza el método de análisis del año fiscal. En el marco de un total controlado establecido para este análisis, los estimativos de los sueldos de las fuerzas armadas se basan en datos del *Presupuesto de los Estados Unidos* y las de los salarios y prestaciones del personal civil se basan en datos de las agencias federales. Los estimativos de las contribuciones del empleador para pensiones y para otros seguros proceden de informes actuariales de los diversos planes de pensión federales, y de otras agencias federales. Para el estimativo trimestral de avance, los estimativos de la remuneración se basan en datos de empleo de tres meses del Departamento de Defensa (DOD) y del BLS. Otros componentes se basan en los totales de control del método de análisis fiscal anual y en tres meses de datos del informe mensual del Departamento del Tesoro y de informes de otras agencias federales. Los estimativos relativos a edificaciones se explican más arriba en el ítem 5; el software, (I+D) y el CCF se explican más abajo.

9. *Consumo de Capital Fijo (CCF) de la administración estatal y local.* Los estimativos anual y trimestral se calculan por el método del inventario permanente a precios corrientes, basado en la inversión bruta y en los precios de la inversión.

10. *Alquileres imputados de las viviendas por cuenta propia y alquileres de las viviendas arrendadas.* Para todos los años, salvo el más reciente, los estimativos se basan en datos del stock de viviendas y de los alquileres promedios anuales derivados de la encuesta bianual de vivienda del CB así como de la encuesta corriente de población. El alquiler anual promedio de las viviendas por cuenta propia refleja el crecimiento basado en las cuentas de activos fijos de la BEA y el rubro del Índice de Precios al Consumidor (IPC) del BLS para el alquiler imputado de las viviendas por cuenta propia; el alquiler promedio de la viviendas arrendadas refleja los datos derivados de la encuesta bianual de vivienda y el rubro del IPC del BLS correspondiente a alquiler de la vivienda principal. Los estimativos para el año más reciente se basan en el número de viviendas privadas nuevas de la encuesta mensual del CB y en el índice de precios al consumidor (IPC) del BLS para los alquileres. Para el estimativo trimestral de avance, hay datos del IPC para tres meses del IPC y se estima el número de unidades utilizando la tendencia.

11. *Consumo e inversión del gobierno estatal y local, excepto CCF, remuneración de los empleados, productos de propiedad intelectual y SIFMI.* Para todos los años,

excepto para los dos más recientes, los estimativos finales se basan en los gastos totales provenientes de la encuesta anual del CB a los gobiernos estatales y locales. Para los estimativos de los dos últimos años y el avance trimestral, se utilizan datos basados en la tendencia, excepto para las edificaciones que se basan en la encuesta del CB sobre construcciones in sitú.

12. *Gastos de Consumo Personal (GCP) en médicos, dentistas, laboratorios médicos, oculistas y otros servicios médicos profesionales, excepto asistencia médica a domicilio.* Para todos los años, los gastos en servicios profesionales no lucrativos y los ingresos de los otros servicios, ajustados por el consumo del gobierno, proceden de la encuesta anual de servicios del CB. Los estimativos para el estimativo de avance y para el segundo estimativo se basan principalmente en datos de tendencia; el tercer estimativo se basa en datos de la encuesta trimestral de servicios del CB.

13. *Inversión privada y del gobierno en investigación y desarrollo.* La inversión en investigación y desarrollo (I + D) incluye tanto las compras como los desarrollos por cuenta propia y se estima midiendo los costos de producción asociados con el gasto en I + D. Los valores de la inversión en dólares corrientes provienen principalmente de datos sobre gastos en (I + D) de las empresas y del gobierno, a través de unas encuestas de la *National Science Foundation* (NSF). Se hacen ajustes por diferencias en cobertura y alcance, que incluyen: la contabilización de la (I + D) importada y exportada, los gastos en (I + D) no capturados por la NSF en ciertos años – por ejemplo la I+D en ciencias sociales – para alinear las mediciones de la BEA sobre (I + D) con las correspondientes en el SCN; la conversión de la depreciación de edificaciones y equipos utilizados para producir (I + D) sobre la base de un costo económico y no de un costo histórico; la reconciliación de los datos de la NSF con los datos de las encuestas económicas del CB; la eliminación de los gastos en software de (I + D) que la BEA ya tiene incluida en una categoría separada de la inversión en software; y en ciertos casos la conversión de las mediciones para la (I + D) comprada de una base de valor de costo a una base de valor de compra. Para los años en que los datos de la NSF no están disponibles, los estimativos se extrapolan usando los datos de gastos en (I+D) de los estados financieros de las empresas, de los datos del presupuesto federal y de los datos de sueldos y salarios pagados por la actividad de (I+D). Los estimativos del avance se basan en las estadísticas corrientes de empleo, que se remplazan con datos de los informes financieros de las empresas en el segundo y tercer estimativo.

14. *Inversión privada y del gobierno en software.* La inversión en software se estima en dos partes: el software comprado y el software producido por cuenta propia. Con excepción del año más reciente, el software comprado se calcula utilizando el método simplificado de flujo de mercancía, basado principalmente en los ingresos de la actividad según la encuesta anual de

servicios y los datos de comercio exterior del CB. Para el año más reciente, los datos de ingresos se toman de la encuesta trimestral de servicios del CB. Los estimativos trimestrales del avance y de la primera revisión trimestral se basan en los ingresos tomados de los reportes de las empresas y el tercer estimativo se basa en la encuesta trimestral de servicios. Para todos los años, los estimativos anuales para el software producido por cuenta propia, se basan en los costos de producción anual derivados de los datos de empleo del censo trimestral sobre empleo y salarios del BLS. La estimación trimestral de avance del software por cuenta propia se basa en los datos mensuales de empleo del BLS, que son disponibles para los tres meses.

Metodologías de los estimativos del PIB real

A diferencia de los datos fuente que se utilizan para calcular el PIB en dólares corrientes, los datos fuente que se utilizan para calcular los deflactores del PIB real para la estimación trimestral de avance están generalmente disponibles para los tres meses del trimestre, así que es menos probable que se sometan a revisión y se reemplacen por fuentes de datos anuales. En consecuencia, los estimativos trimestrales, anuales y del año de referencia se calculan, casi en todos los casos, utilizando la misma fuente de datos y el mismo método de estimación.

Para el método de deflación, el más ampliamente utilizado, los índices de precios están disponibles principalmente a través de los programas de índices de precios del BLS – el índice de precios al consumidor IPC, el índice de paridades de poder de compra IPPC, y índice de precios internacionales IPI. Los elementos del IPC y del IPPC se utilizan no solo para los componentes de los GCP y de la inversión bruta, sino también para los componentes del gasto y la inversión del gobierno, para los que no se dispone de índices más apropiados. Elementos del IPI se utilizan para las exportaciones e importaciones de bienes y servicios y para otros componentes donde se utilizan estimativos explícitos de las importaciones para calcular los correspondientes estimativos en dólares corrientes. Para los componentes para los que el BLS no facilita una cobertura completa, tales como la inversión en edificaciones, la BEA utiliza índices de costos procedentes de fuentes privadas, o índices especiales ajustados por calidad, elaborados por el CB. Para los gastos de las instituciones sin fines de lucro, tales como los de tipo educacional, religioso y de asistencia social, la BEA utiliza su propio índice de costo de los inputs o índices de costos de otras fuentes. Para la defensa nacional y los gastos e inversiones relacionados con la defensa (aunque no sean gastos de defensa), la BEA ha desarrollado un conjunto de índices de precios especialmente diseñados[20]. Para la (I+D), la variación de precios se mide utilizando un enfoque de costo-insumo con un ajuste de productividad multifactorial.

Los componentes del PIB para los que la BEA utiliza el método de extrapolación de cantidades incluyen: los SIFMI; las comisiones de corretaje; la mayor parte de los seguros; la exploración de petróleo, gas natural y otras explotaciones mineras, y la remuneración de los asalariados de las administraciones federal, estatal y local. Los componentes para los cuales la BEA utiliza el método de evaluación directa incluyen las compras netas de vehículos automotores usados, la variación de existencias de las empresas de servicios públicos, el CCF del gobierno general y algunos gastos de defensa en bienes y servicios[21].

Notas

1. NABE es una asociación profesional de más de 2 500 miembros, quienes utilizan elementos económicos en su trabajo.
2. "New International Guidelines in Economic Accounting", *Survey of Current Business*, February 1993, p. 42.
3. Las cuentas y la información de soporte, incluyendo la publicación mensual en línea del *Survey of Current Business*, están disponibles, gratuitamente, en su sitio web: *www.bea.gov*.
4. El *Survey of Current Business* mensual no está disponible en formato impreso, pero se puede descargar gratuitamente en el sitio web de la BEA: *www.bea.gov/scb/date_guide.asp*.
5. Para informarse de cada una de las líneas de las Cuentas de Síntesis véase "A Guide to the National Income and Product Accounts of the Unites States" en el sitio web de la BEA: *www.bea.gov/national/pdf/nipaguid.pdf*.
6. En contraste, el SCN utiliza el término "ingreso interno bruto real" para referirse a la capacidad de compra de la totalidad de los ingresos generados por la producción interna – es decir, una medida del PIB que ajusta por las pérdidas y ganancias comerciales debido a los términos de intercambio.
7. La BEA y otras agencias estadísticas que elaboran indicadores económicos de importancia, como el PIB y la cuenta de ingresos y gastos personales, están obligados a publicar, en septiembre de cada año, las fechas de difusión para el año siguiente.
8. El FRB difunde los estimativos trimestrales de las FAUS a principios del tercer mes después del trimestre. Se suele publicar en septiembre las revisiones anuales. El BLS difunde los estimativos trimestrales de productividad una semana después del avance y del segundo estimativo preliminar del PIB.
9. Este programa también proporciona el inventario neto de los bienes duraderos adquiridos por los hogares. Se publicaron estimativos para el período 2003-12 en "*Fixed Assets and Consumer Durable Goods*", en la edición del *Survey of Current Business* correspondiente a octubre de 2013. Se difunden estimativos para años anteriores en el sitio web de la BEA: *www.bea.gov*.
10. Para una descripción del programa que se utiliza para llevar a cabo esta integración, véase Strassner et al., 2013 y Rassier et al., 2007.
11. Para más detalles sobre los estudios de confiabilidad que realiza la BEA, véase Fixler et al., 2011.

12. Otros países, como es el caso de Francia, utilizan métodos econométricos para estimar el mejor cambio en la tasa trimestral del PIB (véase el Capítulo 11).

13. Para información adicional véase el Capítulo 4 de "*Concepts and Methods of the U.S. National Product and Income Accounts*", noviembre de 2012, disponible en el sitio web de la BEA: *www.bea.gov*.

14. Para una explicación de las diferencias entre el IPC y el índice de precios del PCE, véase McCully et al., 2007.

15. Según lo estipula la *Statistical Policy Directive Number 3*, todas las fechas de difusión de los principales indicadores económicos de un año, que comprenden el PIB trimestral y otros informes de la BEA, se establecen en el otoño del año precedente y se ponen a disposición del público en ese momento. Este avance del calendario de difusión pretende evitar que los políticos favorezcan la publicación interesada de las "buenas noticias" y el retraso en la difusión de las "malas noticias".

16. El último resumen aparecido, al redactar este capítulo, se difundió en "*Updated summary of NIPA methodologies*", incluido en el *Survey of Current Business* correspondiente a noviembre de 2013. (BEA 2013).

17. Los estimativos para períodos comprendidos entre las cuentas de insumo-producto de referencia, se calculan por un proceso similar de interpolación.

18. Estos porcentajes son del Capítulo 3 de *Concepts and Methods of the U.S. National Product and Income Accounts*, noviembre de 2012, disponible en el sitio web de la BEA: *www.bea.gov*.

19. Véase Horowitz and Planting.

20. Información adicional sobre estos índices especiales puede encontrarse en "*MP-5, Government Transactions*", en el sitio de la BEA: *www.bea.gov*.

21. El cuadro 2, del artículo donde se resumen las metodologías en el número de noviembre de 2013 del *Survey*, facilita una lista detallada de los métodos de estimación y de las fuentes de datos utilizados para preparar el PIB real.

Referencias

Aruoba, S.B. et al. (2011), "Improving GDP Measurement: A Forecast Combination Perspective", *NBER Working paper 17421*, *www.nber.org/papers/w17421.pdf*.

BEA (1993), *Survey of Current Business*, *www.bea.gov/scb/date_guide.asp*.

Fixler, D.J., R. Greenaway-McGrevy and B.T. Grimm (2011), "Revisions to GDP, GDI, and Their Major Components", in *Survey of Current Business*.

Guo, J. and M.A. Planting (2006), "Integrating U.S. Input-Output Tables with SNA: Valuations and Extensions," presented at the International Association for Research in Income and Wealth, August 2006.

Horowitz, K.J. and M.A. Planting (2006), *Concepts and Methods of the Input-Output Accounts*, *www.bea.gov/papers/pdf/IOmanual_092906.pdf*.

Landefeld, J.S. (2010), "Comment" in *Brookings Papers on Economic Activity*, Spring 010.

McCully, C.P., B.C. Moyer and K.J. Stewart (2007), "Comparing the Consumer Price Index and the Personal Consumption Expenditures Price Index", *Survey of Current Business*, *www.bea.gov/scb/pdf/2007/11%20November/1107_cpipce.pdf*.

Mead, C.I., K.E. Moses and B.R. Moulton (2004), "The NIPAs and the System of National Accounts", *Survey of Current Business*, *www.bea.gov/scb/pdf/2004/12December/1204_NIPA&SNA.pdf*.

Mead, C.I., C.P. McCully and M.B. Reinsdorf (2003), "Income and Outlays of Households and Nonprofit Institutions Serving Households", *Survey of Current Business*, *www.bea.gov/scb/pdf/2003/04April/0403household.pdf*.

Nalewaik, J.J. (2010), "The Income- and Expenditure-Side Estimates of U.S. Output Growth", *Brookings Papers on Economic Activity*, Spring 2010.

National Association for Business Economics (2013), *NABE Outlook December 2013*, available at *www.nabe.com*.

OCDE (2013), *OECD Economic Outlook*, Volume 2013, Issue 2, OECD Publishing, Paris, *http://dx.doi.org/10.1787/eco_outlook-v20132-en*.

Rassier, D.G. et al. (2007), "Integrating the 2002 Benchmark Input-Output Accounts and the 2002 Annual Industry Accounts", *Survey of Current Business*, *www.bea.gov/scb/pdf/2007/12%20December/1207_indyaccount.pdf*.

Strassner, E.H. and D.B. Wasshausen (2013), "Preview of the 2013 Comprehensive Revision of the Industry Economic Accounts", *Survey of Current Business*, *www.bea.gov/scb/pdf/2013/06%20June/0613_preview_comprehensive_iea_revision.pdf*.

Precisiones adicionales

Diferencias entre las NIPA y el SCN

Por varias razones, los Estados Unidos no han adoptado todas las recomendaciones relativas a la contabilidad nacional que se recogen en el *SCN 2008*, aunque los usuarios no deberían sobreestimar el impacto de tales diferencias. Los principales agregados, tales como el PIB, se calculan de acuerdo con la mayoría de las recomendaciones del SCN. Durante los últimos veinte años la BEA ha dado muchos pasos para mejorar la consistencia con el SCN, mientras que al mismo tiempo se ha esforzado por mantener las series temporales largas y consistentes que los usuarios de las NIPA esperan.

Las discrepancias que subsisten con los lineamientos del SCN se encuentran principalmente en el campo de las cuentas de los sectores institucionales, en la presentación de las cuentas y en la valoración de la producción en las cuentas de las ramas de actividad. La mejora en la consistencia de las NIPA con el SCN forma parte de la misión de la BEA de producir "estadísticas precisas, relevantes y oportunas, de atender las demandas de los interesados y de hacer frente a los desafíos de una economía cambiante"[1].

Esta sección identifica algunas de las principales diferencias entre las NIPA y el *SCN 2008*[2]. Se revisan las diferencias que afectan: 1) el nivel del total del PIB y de sus componentes de gasto; 2) la valoración; 3) las definiciones de los sectores, y 4) la presentación de las cuentas. Desde luego, además de las diferencias en conceptos contables y en presentación, las cuentas nacionales también pueden diferir entre países debido a las diferencias en datos fuente y en metodología, tales como las diferencias en el uso de índices de precios ajustados por calidad (véase el Capítulo 3), pero esta sección no discutirá diferencias estadísticas o metodológicas.

La única diferencia conceptual mayor entre las NIPA y el SCN en el marco del PIB es que los activos cultivados, tales como las huertas y el ganado lechero, se tratan en el SCN como inversión, mientras que en las NIPA se les trata como consumo intermedio. Sin embargo, la BEA realiza actualmente investigaciones para desarrollar estimativos para estos activos y es probable que se reconozcan los activos cultivados en una revisión futura. Otras diferencias que existieron anteriormente, tales como tratar como inversión los gastos en el armamento militar en las NIPA, se han armonizado con la actualización del SCN 2008 y las subsiguientes revisiones extensas de las NIPA. Como en otros países hay también algunas diferencias con el SCN que existen por vacíos de información.

Por ejemplo, la producción ilegal, tal como la prostitución o el cultivo o la manufactura de drogas ilegales, debería, en teoría, estar incluida de acuerdo con el SCN, pero actualmente está excluida de las NIPA debido a la falta de datos fuente. Otro ejemplo es que las NIPA no incluyen los inventarios del gobierno en las mediciones de variación de inventarios. Debido a la poca información disponible sobre los inventarios del gobierno, las NIPA contabilizan los bienes adquiridos por el gobierno como consumo intermedio en el momento de su compra y no en el momento de su utilización.

Tanto las NIPA como el SCN valoran el total del PIB a precios de mercado (o de comprador). Sin embargo, para valorar la producción de los sectores y las industrias, el SCN recomienda la valoración a precios básicos. La BEA utiliza precios de mercado para las NIPA y en sus cuentas de insumo-producto y del PIB por industrias. En consecuencia, las NIPA incluyen impuestos sobre los productos y excluyen los subsidios a los productos para calcular el valor agregado de las industrias; en el SCN, se excluyen los impuestos sobre los productos y se incluyen los subsidios sobre los productos. Esta diferencia es muy importante para los usuarios. Significa que en las cuentas de los EE.UU. el PIB es igual a la suma de los valores agregados de las diversas industrias, mientras que, para otros países de la OCDE, es igual a la suma de los valores agregados más el total de impuestos menos subsidios sobre los productos. El uso de precios básicos podría facilitar las comparaciones internacionales debido a que los impuestos varían significativamente entre países. La valoración a precios de mercado ocasiona adiciones significativas a la producción de las actividades de mercado en los EE.UU., lo que hace que las comparaciones en las estadísticas de industria y los cálculos de productividad resultantes sean difíciles de establecer.

Recientemente la BEA ha realizado investigaciones sobre el cambio de precios de mercado a precios básicos en la valoración de sus cuentas de insumo-producto[3]. De acuerdo con datos entregados a la OCDE, en 2011, los impuestos menos los subsidios sobre productos representaron cerca del 7% del PIB publicado de Estados Unidos. Sin embargo, hay un impacto mayor sobre las actividades de comercio, donde se asignan gran parte de los impuestos. Si los Estados Unidos adoptaran el uso de precios básicos, el valor agregado del comercio, mayorista y minorista, se reduciría en cerca del 20%, reduciendo así la participación en el PIB que les corresponde a las actividades de servicios.

Las NIPA tienen dos maneras de agrupar los sectores institucionales. Para la producción, las NIPA se enfocan en tres sectores principales: empresas, hogares e instituciones sin fines de lucro y gobierno general. El sector empresas está compuesto por todas las entidades privadas que se constituyen con el propósito de obtener beneficios, incluyendo a las empresas no constituidas en sociedad (empresas individuales), y otras unidades (tales como las empresas públicas) cuyo objetivo principal es producir bienes y servicios destinados a ser vendidos a un precio que pretende cubrir sus costos de producción. Por tanto, el sector empresas de las NIPA se diferencia del sector de las sociedades del SCN en que incluye a las empresas no constituidas en sociedad, que, en principio, se clasifican en el SCN dentro del sector de los hogares. El sector empresas de las NIPA también excluye a las instituciones sin fines de lucro que sirven a los hogares (ISFLSH). La presentación de las NIPA tiene la ventaja de ofrecer una medida de la producción de mercado total, que se utiliza como numerador en los cálculos de la productividad del trabajo y de la productividad multifactorial. Otros países también elaboran cuentas para esta agrupación (véase el Capítulo 7). El sector de hogares e instituciones incluye las actividades de los hogares, que no corresponden a actividades de producción de mercado (específicamente los servicios de alquileres de vivienda por cuenta propia y los trabajadores domésticos) y la producción de las ISFLSH. El sector gobierno general se compone de todas las agencias del gobierno, excepto las clasificadas como empresas públicas. Las NIPA tampoco basan la distinción entre productores de mercado y de no mercado estrictamente en la regla del 50% que se utiliza para determinar precios económicamente significativos en muchos países. En las NIPA, los productores del gobierno y de las ISFLSH, cuya financiación depende de una combinación de donaciones y ventas, se tratan generalmente como productores de no mercado, aun cuando el valor de sus ventas supera la mitad de los costos de producción.

Segundo, en las NIPA, para medir el ingreso, el gasto y el ahorro, las unidades institucionales se agrupan en tres sectores: personas, gobierno y sociedades. El sector de las personas (o personal) incluye el ingreso generado por los hogares, o transferido a ellos y a las ISFLSH y también el ingreso neto de las empresas propiedad de los hogares, incluido el de los propietarios que habitan su propia vivienda. El sector de las personas es, por tanto, próximo a la combinación de los sectores hogares e ISFLSH del SCN, pues incluye el ingreso de las empresas no constituidas en sociedad. Adicionalmente, las NIPA incluyen anualmente un cuadro que muestra los ingresos y gastos de las ISFLSH separados de los ingresos y gastos de los hogares[4]. El sector gobierno de las NIPA incluye al gobierno general y las empresas públicas, mientras que el sector gobierno general del SCN excluye a las empresas públicas. Este tratamiento refleja el hecho de que los datos fuente disponibles para los gobiernos de los estados y municipalidades en los EE.UU. generalmente consolidan sus empresas públicas con las agencias del gobierno general. El sector sociedades de las NIPA está compuesto por las empresas que se crean con el fin de obtener beneficios y que se constituyen legalmente como sociedades, sujetas al impuesto sobre las sociedades. Por tanto, el sector empresas de las NIPA en esta segunda acepción se diferencia del sector de las sociedades del SCN en que no incluye ni las empresas del gobierno, ni las empresas no constituidas en forma de sociedad que operan como sociedad (cuasi-sociedades). Aunque las NIPA no hacen énfasis en la distinción entre sociedades financieras y no-financieras, los datos están disponibles para los dos tipos de sociedades.

Además de las diferencias sustantivas descritas arriba, hay también varias diferencias en presentación entre los dos sistemas. Es importante comprender que se trata solo de diferencias de presentación que pueden superarse fácilmente, reorganizando los diferentes cuadros. De hecho, tanto las Cuentas Macroeconómicas Integradas (IMA) como las cuentas anuales que la BEA suministra a la OCDE adoptan un estilo de presentación SCN más tradicional. Para la presentación principal de las NIPA, la BEA utiliza siete cuentas de síntesis que ilustran las principales relaciones contables. La sección de este capítulo sobre la presentación de las NIPA y los cuadros relacionados incluye una discusión sobre las principales diferencias de presentación entre la organización de estas cuentas síntesis de las NIPA y las cuentas de producción, distribución y utilización del ingreso, y las cuentas de capital del SCN.

En particular, la presentación del PIB por tipos de gasto en las NIPA difiere ligeramente de la del SCN. Las NIPA muestran el PIB como suma de sus cuatro componentes principales: gastos de consumo personal; inversión interna bruta privada; exportaciones netas de bienes y servicios, y gastos de consumo e inversión bruta del gobierno. El SCN muestra un agrupamiento diferente de estos mismos agregados. Concretamente, el PIB aparece como suma de los gastos de consumo final, formación bruta de capital (FBC), y exportaciones de bienes y servicios menos importaciones de bienes y servicios. Los gastos de consumo final del SCN vienen dados por la suma de los gastos de este tipo en que incurren hogares, ISFLSH y gobierno. Como se ha indicado más arriba, la FBC se compone de tres ítems: formación bruta de capital fijo, variación de existencias y adquisiciones menos cesiones de objetos valiosos.[5]

Las NIPA incorporan también algunas diferencias terminológicas, tales como "Producto Nacional Bruto", que es el nombre por el que las NIPA designan lo que el SCN denomina "Ingreso Nacional Bruto", y varios agregados que no figuran en el SCN, tales como utilidades de las sociedades e ingreso personal (el Recuadro 12.1. Mediciones características de los cuadros de las NIPA se refiere a los agregados que no figuran en el SCN). En las NIPA y en el SCN figuran mediciones similares del ingreso disponible. Sin embargo, estas medidas – el Ingreso Personal Disponible (IPD) de las NIPA y el Ingreso Disponible de los Hogares (IDH) del SCN – se diferencian no solo en que el IPD incluye a las ISFLSH sino también en la forma en que se calculan las dos mediciones. La medición del IPD de las NIPA considera todas las fuentes de ingreso personal, menos las contribuciones a los seguros sociales y los impuestos a las personas e incluye los intereses y otras transferencias pagadas por los individuos. El IDH del SCN excluye los intereses y otras transferencias pagadas por los hogares. El IPD de las NIPA incluye también las contribuciones a los fondos de pensiones, pero no incluye las prestaciones de pensiones, mientras que, por el contrario, el IDH excluye las contribuciones a los fondos de pensiones e incluye las prestaciones de pensiones. A pesar de estas diferencias en la forma de medir el ingreso disponible, las mediciones del ahorro en las NIPA y en el SCN son comparables. Las NIPA tienen en cuenta los intereses pagados por los individuos y los pagos de transferencias personales como un tipo de gasto, mientras que el SCN incluye un ajuste por pensiones (denominado "D8. Ajuste por la participación de la variación neta de los hogares en las reservas de los fondos de pensiones"), por lo que las cifras de ahorro que obtienen ambos sistemas muestran a los hogares como dueños de las reservas de pensiones.

También son diferentes las clasificaciones normalizadas que se utilizan en las NIPA y en el SCN para presentar las ramas de actividad (clasificación de actividades) y los tipos de productos (clasificación de productos). Por ejemplo, los detalles por ramas de actividad que figuran en las NIPA se basan en el Sistema de Clasificación Industrial de Actividades de América del Norte o SCIAN), que utilizan Canadá, México y los Estados Unidos, mientras que las presentaciones del SCN por ramas de actividad se basan en la Clasificación Internacional Industrial Uniforme de las actividades económicas, conocido por sus siglas CIIU (ISIC en inglés).

Otra diferencia entre la presentación de las NIPA y las presentaciones de las cuentas nacionales de otros países se refiere a la utilización de saldos contables en los dos sistemas. Como se indica en la sección siguiente de este apéndice, "Discrepancias estadísticas en las NIPA", el IIB (ingreso interno bruto), que es como se denomina en las NIPA lo que se ha venido llamando en este libro "el enfoque del ingreso" (es decir, el PIB como suma de los ingresos), no coincide con el PIB, que se calcula como suma de los gastos, porque los componentes se miden de forma independiente. En las NIPA se denomina discrepancia estadística a la diferencia entre el PIB y el IIB y aparece en las cuentas como si fuera un tipo de ingreso. No todos los demás países miembros de la OCDE incorporan un rubro como este, sea porque uno o más gastos o tipos de ingreso, se calculan por residuo o porque asignan esa discrepancia a otros componentes. Por tanto, es importante tener en cuenta que en los Estados Unidos el término PIB está asociado estrictamente al "enfoque del gasto".

Finalmente, es muy importante llamar la atención de los usuarios internacionales de las cuentas nacionales de los EE.UU. que todas las variaciones trimestrales de las NIPA se presentan en tasa anual. Muchos otros países de la OCDE se limitan a utilizar tasas trimestrales.

Como se ha señalado en otras partes de este capítulo, la BEA elabora un conjunto especial de estimativos anuales de las NIPA para las organizaciones internacionales, tales como la OCDE, que son más consistentes con el SCN. Estos estimativos se incluyen en la base de datos de cuentas nacionales anuales de la OCDE.

Discrepancias estadísticas en las NIPA

En las NIPA, a la diferencia entre el Ingreso Interno Bruto (IIB), que es la suma de los ingresos generados en la producción, y el Producto Interno Bruto (PIB), que, a su vez, es la suma de los gastos, se denomina "discrepancia estadística". Esta no es la única discrepancia estadística que hay en las NIPA, ya que existe otra entre el préstamo neto/endeudamiento neto obtenido como saldo contable tanto de la cuenta de capital como de la cuenta financiera. Sin embargo, esta sección se centra en la discrepancia estadística entre el PIB y el IIB. En teoría, el PIB debería ser igual al IIB, pero ambos agregados difieren en la práctica, porque sus componentes se estiman utilizando fuentes de datos independientes y no exentas de limitaciones.

En la Cuenta de Síntesis número 1 de las NIPA (Cuadro 12.1), la discrepancia estadística se registra como si fuera una categoría del ingreso. Esta ubicación refleja la opinión de la BEA de que el PIB es una medición más confiable de la producción que el IIB, y que no ha desarrollado una metodología satisfactoria para asignar la discrepancia entre los componentes del PIB o de la IIB[6]. Ambos aspectos se explican a continuación.

A mediados de los años 1990 se debatió mucho sobre el crecimiento de la economía americana debido a que, medido por la evolución del IIB real, había crecido más rápido que medido por la evolución del PIB real[7]. El debate amainó por un tiempo, pero se reavivó después de que Jeremy Nalewaik y otros realizaran una investigación que sugería que el IIB era más confiable que el PIB[8].

La opinión de la BEA de que el PIB es más confiable que el IIB se basa en el análisis de los datos fuente que subyacen cada uno de los agregados[9]. Para los estimativos trimestrales iniciales, hay extrapoladores directos para la mayoría de los componentes del gasto. Los estimativos del PIB carecen de datos fuente directos para algunos componentes de los gastos de consumo en servicios, mejoras habitacionales y en la mayoría de los gastos del gobierno estatal y local. Para el IIB no se dispone de datos fuente directos para la mayoría de las contribuciones de los empleadores a los fondos de pensión y otros seguros de los empleados y para la mayor parte del excedente de operación neto de las empresas privadas. Además, la tendencia pasada de estos componentes indica que es más difícil hacer hipótesis confiables sobre los datos que faltan de los componentes del IIB que hacerlas para los componentes del PIB.

En el caso de los estimativos anuales, están disponibles datos fuente más completos con una mayor disponibilidad, aunque con un retraso. La mayoría de datos fuente anuales empleados para estimar el PIB se basan en enumeraciones anuales completas, tales como los del presupuesto del gobierno federal, o que se calibran regularmente con enumeraciones completas, como es el caso de los censos económicos y los censos del gobierno, que se realizan cada cinco años y que están incorporados en los otros componentes del gasto que se reflejan en las cuentas de insumo-producto de referencia que elabora la BEA cada cinco años. Para el IIB solo hay datos completos en el caso de la tabulación anual de los sueldos y salarios de las declaraciones fiscales y del presupuesto del gobierno federal; para la mayoría de los componentes restantes del IIB, los datos fuente son tabulaciones de muestras de declaraciones del impuesto de renta. Además, al usar datos tributarios y administrativos para preparar los estimativos anuales del IIB, la BEA necesita hacer ajustes significativos para tener en cuenta las diferencias en conceptos y prácticas contables entre las cuentas nacionales y los datos tributarios y administrativos. Muchos de los datos fuente para el PIB se obtienen de encuestas que se han diseñado, en parte, para utilizarse en el cálculo del PIB.

La BEA ha continuado sus trabajos para reducir el tamaño de la discrepancia estadística, pero no es muy probable que pueda eliminarla completamente, en buena parte debido al uso de muestreos, los errores de no-respuesta, las limitaciones de cobertura en los datos fuente subyacentes, y los ajustes que la BEA debe hacer a las definiciones NIPA basándose en información incompleta. Muchos usuarios han expresado la necesidad de publicar las dos mediciones de tal forma que ellos puedan sacar sus propias conclusiones sobre la exactitud de los dos estimativos. Como respuesta, la BEA ha agregado información adicional sobre el IIB a los boletines de prensa del PIB trimestral.

Notas

1. Para información adicional, véase Mead et al., 2004. Sin embargo, desde la publicación de este artículo, se completó la actualización del SCN 2008 y la BEA introdujo dos revisiones completas, y por ello alguna información del artículo está ya desactualizada.
2. Las diferencias que se discuten en esta sección se basan principalmente en el artículo aparecido en el *Survey* de diciembre de 2004 y en un documento de investigación de *Statistics Canada*, publicado en junio de 2003, titulado "Measurement of Output, Value Added, and GDP in Canada and the United States", que se puede encontrar en el sitio web de *Statistics Canada*.
3. Guo et al., 2006.
4. Mead et al., 2003.

5. Las NIPA no incluyen cuentas separadas para objetos valiosos, pero incluyen ajustes para evitar, por ejemplo, que las exportaciones e importaciones de oro no-monetario, que se mantienen como objetos valiosos, afecten el PIB.

6. En el cuadro de las NIPA que muestra el valor agregado bruto por grandes sectores (Cuadro 1.3.5), la BEA elimina la discrepancia al calcular el valor agregado del sector empresas como un residuo. En los datos que la BEA suministra a la OCDE en términos del SCN, la BEA no elimina la discrepancia estadística. En las cuentas del PIB por industrias, que están basadas en la distribución del IIB por industrias, la BEA distribuye la discrepancia estadística entre las industrias, de manera a que la suma de los valores agregados de las industrias sea igual al PIB.

7. La BEA estima el IIB real utilizando el deflactor del PIB; los estimativos se muestran en el Cuadro 1.7.6 de las NIPA.

8. Nalewaik et al., 2010 y Aruoba et al., 2012.

9. Landefeld, 2010.

Capítulo 13

Sistemas Internacionales de cuentas nacionales: Pasado y futuro

Este capítulo presenta la historia de los sistemas de cuentas nacionales, desde el siglo XVII hasta hoy. Después de una mirada a las primeras cuentas, se ofrece un análisis detallado de los sistemas de cuentas nacionales SCN de 1953, 1968, 1993 y 2008. También se examinan los Sistemas Europeos de Cuentas (SEC/ESA) 1995 y 2010. Para ambos sistemas, se explica claramente qué aspectos de los SCN y de los SEC/ESA han evolucionado a lo largo de los años, con recuadros útiles que subrayan los cambios en cada iteración, en particular la última (SCN 2008/ESA 2010).

Se dispone de cuatro estudios recientes sobre la historia de las cuentas nacionales. El prólogo al *Sistema de Cuentas Nacionales 1993* ("Perspectivas del SCN 1993: Mirando atrás y mirando adelante") describe el desarrollo de las versiones del SCN de 1953, 1968 y 1993. André Vanoli, el experto francés en cuentas nacionales, presenta en *A History of National Accounts* (Vanoli, 2005), una visión general impresionante. Angus Maddison, en su introducción a *The World Economy: Historical Statistics* (OECD, 2003), describe los primeros intentos de medir el ingreso nacional, una historia muy entretenida de las cuentas nacionales, relacionándolas con los primeros desarrollos de la teneduría de libros y la contabilidad comercial en la época dorada de los mercaderes de Venecia (Glesson-White). Maddison es la fuente principal de la siguiente sección.

13.1. Desde el comienzo mismo...

Históricamente han sido las guerras y las amenazas de guerra las que han dado un mayor ímpetu al desarrollo de las cuentas nacionales. Estas eran vistas como un marco cuantitativo para establecer políticas de movilización de los recursos de una nación, tanto para involucrarse en guerras como para reparar los daños que de ellas se derivan. Las primeras cuentas nacionales fueron desarrolladas en el siglo XVII por William Petty. Su *Verbum Sapienta* (1665) presentaba un conjunto de cuentas nacionales de Inglaterra y el país de Gales, diseñado para la movilización de recursos durante la segunda guerra Anglo-holandesa, que tuvo lugar entre 1664 y 1667. En 1694, Charles Davenant publicó un conjunto rudimentario de cuentas nacionales en su *Essay upon Ways and Means of Supplying the War* (se refería a la guerra de la Liga de los Augsburgo, que tuvo lugar entre 1668 y 1697), y esto estimuló a su amigo Gregory King a producir un conjunto más detallado de cuentas económicas y demográficas en *Natural and Physical Observations and Conclusions on the State and Condition of England* (1696). En 1707, Sebastien le Prestre de Vauban publicó estimativos del ingreso nacional de Francia en *La dîme royale*. El interés de Vauban por este tema surgió de su experiencia en movilizar recursos para la construcción de fuertes militares en las fronteras norte y este de Francia.

13.2. ...hasta las primeras cuentas modernas

Saltando algunos siglos hasta la era moderna, las primeras estadísticas oficiales del ingreso nacional fueron publicadas en los Estados Unidos en 1934 por Simon Kuznets (Premio Nobel 1971) y en el Reino Unido en 1941 por Richard

Stone (Premio Nobel 1984). El objetivo también era establecer un marco cuantitativo para la movilización en tiempos de guerra y la reconstrucción en tiempos de paz.

En 1947, Richard Stone escribió el informe "Definición y medición del ingreso nacional y los agregados con él relacionados", para el Subcomité de Estadísticas del Ingreso Nacional del Comité de Expertos Estadísticos de la Liga de las Naciones. Este fue el primer paso hacia un sistema internacional de cuentas. Posteriormente, Stone fue invitado por la Organisación para la Cooperación Económica Europea (OCEE que posteriormente se convertiría en la OCDE) para desarrollar un sistema de cuentas nacionales que pudiera ser utilizado por los países miembros en el seguimiento de la reconstrucción posbélica bajo el Plan Marshall, denominado así en honor del Secretario de Estado de los Estados Unidos. Este plan consistía en un ambicioso programa de ayuda financiera de los Estados Unidos y Canadá a los países europeos que habían sido devastados en la Segunda Guerra Mundial. El resultado de los trabajos de Stone, publicado por la OCEE en 1952 bajo el título *A Standardized System of National Accounts*, puede considerarse en justicia como el primer sistema international de cuentas nacionales. Al año siguiente las Naciones Unidas publicaron una versión revisada del sistema de la OCEE bajo la denominación de *A System of National Accounts and Supporting Tables*. A este último se hace referencia a continuación, bajo la denominación *SCN 1953*.

13.3. El SCN 1953

El principal autor del *SCN 1953* – Richard Stone – observaba que los intentos de cuantificar la economía nacional habían seguido cuatro trayectorias distintas:

1. medición del ingreso nacional;
2. construcción de tablas insumo-producto (input-output);
3. análisis de flujos de fondos, y
4. elaboración de hojas de balance.

Para Stone, las cuatro aproximaciones estaban estrechamente ligadas y esperaba que, después de algún tiempo, se combinarían en un solo sistema. Sin embargo, el *SCN 1953* se limitó a la primera de las aproximaciones reseñadas. Los autores del texto reconocieron otra limitación: la ausencia de cuentas a precios constantes, que se consideraban otra área que podría desarrollarse en el futuro.

El *SCN 1953* se compone de un conjunto sencillo de seis cuentas: el PIB como suma de los gastos finales, el ingreso nacional, la formación interna de capital, el ingreso disponible, y la capacidad/necesidad de financiación (o préstamo neto/endeudamiento neto) de los hogares y del gobierno general y la cuenta del resto del mundo. A estas cuentas se añadía un conjunto de cuadros normalizados que los países debían utilizar para remitir estos datos a la oficina estadística de Naciones Unidas. Además de establecer las relaciones contables de base – que continúan sin cambios fundamentales hasta el presente –, el *SCN 1953* ha tenido el mérito de resolver un cierto número de problemas que eran objeto de debate en esta época. Por ejemplo:

- La producción se definió en forma tal que incluyera dos tipos importantes de producción por cuenta propia: la producción agrícola de subsistencia y los servicios de alquileres de vivienda por cuenta propia. Sin embargo, la producción de otros servicios para autoconsumo de los hogares (cocinar, limpiar, cuidar niños y otras tareas domésticas) fue excluida de la producción que se mide por el sistema.
- No se hizo ninguna distinción entre producción legal y producción ilegal. Las actividades se consideran productivas desde el momento en que los bienes y servicios se intercambiaban voluntariamente entre productores y consumidores. A pesar de esta recomendación tan oportuna, es interesante comprobar que no todos los grandes países de la OCDE incluyen, hoy en día, estimativos completos de la producción ilegal en el PIB.
- Los gobiernos fueron tratados como productores, pero, como los servicios que producen no se venden, se decidió medirlos por la suma de sus costos de producción – remuneración de los asalariados, consumo intermedio y consumo de capital fijo –. La misma aproximación debía utilizarse para las instituciones sin fines de lucro. Sin embargo, esta extensión no fue aplicada inmediatamente en todos los países. Por ejemplo, Francia no consideró al gobierno como productor sino hasta 1976.
- La formación de capital se definió como los gastos realizados sobre objetos físicos – construcciones, maquinaria, carreteras – que pueden producir servicios productivos durante varios años. Otros tipos de gasto que pueden también producir un flujo futuro de servicios, pero que no se materializan físicamente (la publicidad, la investigación y el desarrollo, por ejemplo), se trataban como consumo corriente. Los gastos en educación, o la inversión en capital humano, como a veces se denominan estos gastos, se excluyeron de la formación de capital "porque los seres humanos no son asimilables a activos económicos".

En la década que siguió a la publicación del *SCN 1953*, unos 60 países comenzaron a publicar de manera regular algunos elementos de las cuentas nacionales. Muchos países de la OCDE eran capaces de completar todos los cuadros previstos por el *SCN 1953*, mientras que otros se contentaban con publicar estimaciones del PIB, obtenidas como suma de los valores agregados de las diferentes industrias, con un detalle muy sumario por tipo de gasto final. A pesar de su simplicidad, estas cuentas se revelaron útiles para seguir los desarrollos económicos y los efectos de las políticas monetaria y fiscal.

Igualmente, fue importante el papel creciente de la contabilidad nacional como sistema que permite estructurar a las otras estadísticas económicas, como los índices de producción industrial, los índices de precios, los datos de ventas al por menor y los datos de empleo. Las definiciones y clasificaciones del *SCN 1953* fueron aplicadas en estas áreas.

13.4. El SCN 1968

A principios de los años 1960 se llegó al consenso entre los contables nacionales de que había llegado la hora de revisar el *SCN 1953* para tomar en cuenta los desarrollos alcanzados en materia de tablas insumo-producto (en Francia y en Holanda, por ejemplo), en estadísticas de flujos de fondos (en el Reino Unido) y en cuentas de patrimonio (en Estados Unidos). Además, la mayoría de los países de la OCDE habían desarrollado cuentas a precios constantes y habían publicado cuadros mucho más completos que los sugeridos por el *SCN 1953*.

También se produjo un cambio en materia de política económica. De una utilización de las cuentas nacionales como instrumento para comprender lo ocurrido en el pasado reciente y para prever el futuro inmediato, quienes tomaban las decisiones políticas empezaron a interesarse por una política activa de planificación económica. Detallados planes quinquenales se pusieron en marcha en Egipto o la India, por ejemplo, mientras que una forma más flexible de "plan indicativo" fue implantada por Francia y otros países occidentales. El nuevo sistema fue diseñado para apoyar este creciente interés por la planificación económica.

El *SCN 1953* era una obra de 46 páginas, cuyas cuentas solo ocupaban 2 de ellas. El *SCN 1968* (titulado *A System of National Accounts*, United Nations, 1968) estaba compuesto por 250 páginas, de las que solo las cuentas ocupaban 12. Además de describir con gran detalle las diversas operaciones y sus fuentes – tales como las tablas insumo-producto y los balances – el *SCN 1968* introdujo numerosas innovaciones (véase el Recuadro 13.1). Pero el nuevo sistema no cambió las identidades contables, ni el tamaño de la frontera de la producción, ni la distinción entre formación de capital y gastos corrientes, todos los cuales fueron heredados del sistema precedente.

Recuadro 13.1. **¿Qué era nuevo en el SCN 1968?**

- Todas las unidades que intervienen en operaciones monetarias se clasificaron en **sectores institucionales**. En el *SCN 1953*, solo los hogares y el gobierno habían sido identificados explícitamente. En el *SCN 1968*, las sociedades fueron divididas en dos sectores, el sector sociedades no financieras y el sector sociedades financieras, y las instituciones sin fines de lucro se identificaron como un sector separado.

Recuadro 13.1. **¿Qué era nuevo en el SCN 1968?** *(cont.)*

- Las cuentas de los sectores institucionales se ampliaron para incluir: una cuenta de producción; una cuenta de ingresos y gastos, cuyo saldo contable es el ahorro bruto; una cuenta de capital con la capacidad/necesidad de financiación como saldo contable, y la cuenta financiera, que muestra la adquisición de activos financieros y cuando se contraen pasivos.
- El SCN 1968 hizo una distinción entre **productores de mercado** y **productores de no mercado**. Los primeros (que se detallan por industrias) venden bienes y servicios obteniendo beneficios, mientras que los segundos (denominados "otros productores"), típicamente entidades del gobierno y de las instituciones sin fines de lucro, prestan servicios y, a veces, proveen bienes gratuitamente o a un precio nominal. Se hace una distinción similar entre "mercancías" (vendidas con beneficio) y "otros bienes y servicios".
- El SCN 1968 dedicó un capítulo completo al "Sistema como base para las comparaciones de precios y cantidades", es decir, las cuentas nacionales a **precios constantes**. Aunque el sistema proponía algunas recomendaciones prácticas, el texto era esencialmente teórico. Una importante contribución fue indicar los límites de la medición a precios constantes. Los gastos finales pueden convertirse a precios constantes deflactándolos con los índices de precios apropiados. El valor agregado puede expresarse a precios constantes por el ingenioso método (aparentemente inventado por la oficina nacional de estadística de Irlanda) de deflactar la producción bruta y el consumo intermedio por sus propios índices de precios, obteniendo por diferencia el valor agregado bruto a precios constantes. Ambas estadísticas se pueden calcular a precios constantes porque se refieren a flujos que se pueden descomponer en un componente de precio y un componente de cantidad. No es ese el caso de otros agregados de las cuentas, remuneración de los asalariados, renta de la propiedad, impuestos, excedente de explotación, etc. Sin embargo, estos últimos agregados se pueden expresar en términos de poder de compra constante – que responden a la pregunta: ¿qué cantidad de bienes y servicios se puede comprar con el salario de este año, comparada con el salario del año precedente?, pero poder de compra constante es un concepto diferente de precios constantes.
- El SCN 1968 fue una etapa importante en la integración de las cuatro aproximaciones que Stone había identificado en 1953. Las tablas **insumo-producto** se integraron en las cuentas de bienes y servicios; las cuentas financieras se integraron igualmente en la tabla de **flujo de fondos** mostrando las dos partes de cada operación para los diversos instrumentos financieros; y se explicaron (parcialmente) los enlaces entre los balances, o posiciones patrimoniales, de apertura y los **balances**, o posiciones patrimoniales, de cierre y las operaciones registradas en las cuentas durante el año.

13.5. El SCN 1993

El *SCN 1968* representó un gran avance en la medición de los fenómenos macroeconómicos, pero ningún sistema puede sobrevivir sin cambios. Las economías se transforman y los sistemas contables internacionales se tienen que adaptar a las nuevas realidades con el fin de representarlas. La decisión de revisar el *SCN 1968* se adoptó a principios de los años 1980, en gran parte como resultado de las discusiones de las reuniones anuales de contables nacionales de los países miembros organizadas por la OCDE, y en el curso de las conferencias bianuales de la *International Association for Research on Income and Wealth* (IARIW). Los archivos de las reuniones de la OCDE están disponibles en el sitio Web de la OCDE.

El *SCN 1953* había sido escrito por un comité de cinco expertos y el *SCN 1968* por un grupo de, aproximadamente, quince expertos. Para el *SCN 1993* se decidió ampliar el grupo y más de 50 estadísticos y economistas estuvieron vinculados al proceso de revisión. Un grupo más amplio que en el pasado de oficinas nacionales de estadística tomaron parte en el proceso de revisión. Las dos versiones previas habían sido publicadas solo por Naciones Unidas, mientras que el *SCN 1993* fue publicado conjuntamente por la OCDE, la Comisión Europea (es decir, EUROSTAT), el Banco Mundial, el Fondo Monetario Internacional y las Naciones Unidas. Otras organizaciones internacionales fueron también consultadas, incluyendo la Organización Internacional de Trabajo, las comisiones regionales de Naciones Unidas y la *Commonwealth of Independent States*.

Mientras el proceso de revisión seguía su curso, las aspiraciones de convertir el SCN en un verdadero sistema internacional recibieron un fuerte impulso por la caída del muro de Berlín. Los países del bloque soviético habían venido utilizando su propio sistema de Cuentas Nacionales – el denominado *Sistema del Producto Material* –, pero a principios de los años 1990, estos países anunciaron que habían decidido adoptar el SCN. China, Mongolia y Vietnam tomaron poco más tarde la misma decisión. Actualmente solo dos países no han adoptado formalmente el *SCN 1993* como base de sus cuentas nacionales – Cuba y Corea del Norte –.

Una particularidad importante del *SCN 1993* es que es consistente con otros sistemas estadísticos, tales como las recomendaciones de la OCDE sobre las Estadísticas de Inversión Directa, y los manuales del FMI sobre Balanza de Pagos y Estadísticas de Finanzas Públicas. Evidentemente, esto constituye una gran ventaja, tanto para los usuarios de estos datos como para las oficinas nacionales de estadística. El *SCN 1993* es más explícito sobre casos que han planteado dificultades a muchos países, como: las operaciones de seguro, los cargos por servicios bancarios imputados (que ahora se denominan servicios de intermediación financiera medidos indirectamente o "SIFMI"), el arrendamiento (leasing) financiero frente al arrendamiento operativo y el consumo de capital fijo. Además, hay capítulos separados sobre cuentas satélites y las matrices de contabilidad social, o "SAM". Obviamente, todo esto se ha hecho al precio de un aumento considerable del número de páginas (el *SCN 1993* tiene unas 700). El Recuadro 13.2 recoge las principales innovaciones de esta revisión.

Recuadro 13.2. **¿Cuáles eran las novedades del SCN 1993?**

- Los **Balances** se han integrado totalmente en el sistema. Para enlazar los stocks de activos al principio del período con los stocks de activos al final del período, además de tener en cuenta las operaciones realizadas durante el período, se requiere no solo una cuenta de revalorización (que ya se había introducido en el *SCN 1968*), sino también una cuenta adicional para registrar las variaciones en el volumen de los activos. Estas variaciones aparecen en casos como el descubrimiento de reservas minerales, el crecimiento natural de recursos biológicos no cultivados (como, por ejemplo, los aumentos del bosque natural) y las pérdidas catastróficas originadas por terremotos o tempestades, el agotamiento de las reservas de petróleo, y así sucesivamente. La cuenta adicional, extrañamente denominada "Cuenta de otras variaciones en el volumen de activos", para distinguir estos cambios de los cambios en volumen debido a inversiones, por ejemplo, fue introducida en el sistema para registrar fenómenos de este tipo.
- Las cuatro cuentas de los sectores institucionales del *SCN 1968* se ampliaron hasta un total de dieciséis. Lo esencial de este aumento proviene de una fragmentación de las cuentas del *SCN 1968*. Las cuentas de ingresos y gastos del *SCN 1968* se descompusieron en seis cuentas separadas, con el fin de hacer aparecer nuevos saldos contables que se pensaba eran relevantes para el análisis económico.
- En los sistemas previos, se mostraba el gobierno como consumidor de toda su producción. En el *SCN 1993* se hace una importante distinción entre servicios del gobierno que se prestan individualmente a los hogares (educación y servicios de salud, por ejemplo) y servicios que se prestan colectivamente a la comunidad como un todo (seguridad y defensa, por ejemplo). Aunque el gobierno paga por la producción tanto de los servicios individuales como de los colectivos, se puede considerar que los hogares son los verdaderos consumidores de los servicios individuales. Por consiguiente, se introdujo en el sistema un nuevo concepto, el "consumo efectivo de los hogares", que equivale al valor de los servicios individuales prestados por el gobierno, más los bienes y servicios que los hogares adquieren pagándolos de su bolsillo.
- El *SCN 1993* prestó mucha más atención a los estimativos en volumen, con la recomendación, que tiene su origen en los últimos resultados de la teoría de números índices, de utilizar índices de Fisher o, al menos, el encadenamiento anual de índices de Laspeyres.

Recuadro 13.2. **¿Cuáles eran las novedades del SCN 1993?** *(cont.)*

- El *SCN 1993* amplió la frontera de los activos para incluir gastos en software, en exploraciones minerales y en objetos de valor. En los sistemas precedentes, los gastos en software (insignificantes antes de los años 1970), se trataban como gastos corrientes. En el *SCN 1993* todos los gastos en software – no importaba si se tratara de software comercial, software desarrollado en casa o software desarrollado a petición de un cliente por una compañía especializada – se consideraban como formación de capital. Las empresas mineras habían venido registrando como gastos de capital los gastos de exploración (es decir, los fondos gastados en la búsqueda de nuevos depósitos de minerales, yacimientos de gas, etc.), cualquiera que sea el resultado de las prospecciones, y esta aproximación es la que ha adoptado el *SCN 1993*. Los originales artísticos tienen que ver con la producción de películas, grabaciones musicales, manuscritos, etc. originales, que dan lugar a flujos futuros de ingresos, por ejemplo bajo la forma de regalías, Objetos valiosos son objetos tales como cuadros, antigüedades, joyas y metales preciosos, que se adquieren como "reservas de valor". En los sistemas precedentes, la mayoría de estos objetos formaban parte de los gastos de consumo de los hogares.

13.6. El Sistema Europeo de Cuentas 1995

En los años 1960, la naciente Unión Europea llegó a la conclusión de que necesitaba armonizar las estadísticas de cuentas nacionales de sus Estados miembros. Fruto de este impulso fue la creación en 1970 del Sistema Europeo de Cuentas SEC (ESA en inglés), del cual se hizo una versión revisada en 1979. Esta última fue reemplazada por el *European System of Accounts* 1995, o 1995 ESA, que es la versión europea del *SCN 1993*. En adelante, el sistema europeo se designa por las siglas ESA/SEC.

El ESA/SEC 1995, es compatible en un 99% con el *SCN 1993*, pero, además, imparte recomendaciones más precisas en ciertos casos dudosos que el *SCN 1993* había dejado deliberadamente abiertos. Por ejemplo, en el *SCN 1993* la distinción entre productores "de mercado" y "de no mercado" se basa en la noción de precios "económicamente significativos". El ESA/SEC 1995 precisa que un productor de no mercado es aquel cuya producción se vende a un precio que cubre menos del 50% de sus costos de producción. Lo que ha sucedido en este caso es que el ESA/SEC 1995 ha definido que un precio es "económicamente significativo" cuando cubre más del 50% de los costos de producción. Estas recomendaciones más precisas son necesarias porque las estadísticas de cuentas nacionales se utilizan por la Comisión Europea para asignar los fondos de desarrollo regional, calcular la contribución al presupuesto europeo y, más recientemente, en el seguimiento de la sostenibilidad de las finanzas públicas (véase el Recuadro 9.1, relativo a los criterios de Maastricht) y, recientemente, los desbalances macroeconómicos.

Que las cuentas nacionales se utilicen en Europa con fines administrativos ha supuesto, por una parte, un gran estímulo para la armonización y la utilización de estas estadísticas y, por otra, ha introducido una cierta rigidez en su elaboración. El ESA/SEC 1995 está incorporado en la legislación de la UE, lo que implica que la armonización de las cuentas nacionales constituye un requerimiento legal, tanto para los Estados miembros de la UE como para los países que soliciten incorporarse en el futuro. El SCN 1993 fue diseñado para que tuviera suficiente flexibilidad, de forma que pudiera aplicarse en países con sistemas económicos muy diferentes y en diversas fases de desarrollo económico. En consecuencia, el SCN 1993 es algo menos efectivo que el ESA/SEC 1995, en asegurar la comparabilidad internacional.

13.7. El SCN 2008

En 2009 se decidió reemplazar el *SCN 1993* con el *SCN 2008*. Al final del 2014, la mayoría de los países de la OCDE se habían acogido a las normas revisadas. Las excepciones, Chile, Japón y Turquía proyectaban implementar el *SCN 2008* hacia finales de 2015. Respecto de las diferencias entre el *SCN 1993* y el *SCN 2008*, las más importantes se refieren a la contabilización de activos y pasivos, la inclusión de los nuevos desarrollos del sector financiero, algunos aspectos relacionados con la creciente globalización de la economía y mejores descripciones de las finanzas gubernamentales y del sector informal. El Recuadro 1.4 ilustra el cambio para Francia. El incremento en el número de páginas (inflación de páginas), ya mencionado en la sección sobre el *SCN 1993*, se pudo detener solamente al utilizar un formato en dos columnas, con más palabras por página. El *SCN 2008* completo, introduce más de 50 cambios al *SCN 1993*. Los principales cambios incluyen:

- *Tratar como activo la Investigación y el Desarrollo (I+D)*. Tras décadas de discusión, se ha decidido registrar los gastos en I+D como formación bruta de capital (FBCF) y no como consumo intermedio, a pesar de las dificultades que implica este cambio. Una de las dificultades es que, en la mayoría de los países, las normas contables no hacen la misma recomendación (I+D se trata como un gasto corriente). Como consecuencia, es más difícil obtener datos adecuados. Sin embargo, muchos países tienen ya una larga historia de recolección de datos de acuerdo con el llamado Manual Frascati, que se ha revelado como una invaluable fuente de información. Este cambio ha aumentado el nivel del PIB, pero difícilmente afectará el PIN.
- *Tratar como activos los gastos en sistemas de armamento militar mayor*. El nuevo SCN registra los ítems de defensa – naves de guerra, misiles balísticos y

tanques, etc. – como bienes de capital fijo. Esto elevará el nivel del PIB, no por el cambio de estos montos de gasto de consumo final a FBKF sino porque se registrará un consumo de capital fijo adicional que se añade al valor de la producción y del consumo del gobierno.

- *Tratamiento de los bienes enviados para procesamiento en el exterior.* El *SCN 1993* trataba los bienes enviados para procesamiento en el exterior, y ulterior retorno al país de donde se habían enviado, como si se estuvieran afectados por un cambio de propiedad. Los bienes se registraban en las exportaciones y en las importaciones. El *SCN 2008* recomienda que el comercio exterior se registre sobre una base estricta de cambio de propiedad. Esto puede tener un impacto importante sobre la distinción entre comercio de bienes y comercio de servicios, principalmente para países que están fuertemente comprometidos en el procesamiento de bienes. De manera más general, el *SCN 2008* ha también generado mucha discusión sobre el tratamiento de los arreglos de producción global, por ejemplo como tomar en cuenta los llamados "productores sin plantas de producción" (*factory-less producers*).
- *La valoración de la producción del gobierno y de la producción para uso propio.* Como se explicó en el Capítulo 4, el *SCN 1993* había sido criticado por subestimar el costo del uso del capital del gobierno, pues no agregaba al consumo de capital un retorno sobre el capital para reflejar el costo completo de los "servicios del capital". No se pudo sin embargo llegar a un acuerdo sobre la inclusión de un retorno sobre el capital para los activos fijos del gobierno. Por otra parte, se acordó incluir tal retorno sobre el capital para los productores de mercado (hogares y sociedades) cuando se mide la producción para uso final propio.
- *Ampliación de los pasivos pensionales.* El *SCN 1993* solo registra pasivos pensionales a los planes con fondos especiales. El *SCN 2008* extiende este tratamiento a todos los esquemas de pensiones de empleadores privados (con o sin fondos especiales), mientras que a los esquemas del gobierno para sus propios empleados y los esquemas de seguridad social, se les permite una cierta flexibilidad. Para llegar a cifras comparables internacionalmente para los esquemas del gobierno, se ha decidido introducir un "cuadro complementario" en el cual se contabilicen todos los esquemas de pensión, con o sin reservas. Esta ampliación puede tener un impacto importante sobre la medición de la deuda del gobierno, porque en algunos países esquemas pensionales para los empleados del gobierno sin reservas, involucran obligaciones cuantiosas. Otro cambio que en algunos países puede tener un impacto sustancial sobre el déficit del gobierno, está relacionado con el registro de cuantiosos pagos únicos que hacen las empresas públicas al gobierno para compensarlo por asumir las obligaciones pensionales de esas empresas. El registro de estos pagos no había quedado claro en el *SCN 1993* y en Europa se decidió tratarlos como transferencias de capital; las

transacciones relevantes deben tratarse en el *SCN 2008* como transacciones financieras que no afectan el déficit del gobierno.

- *Suavizado en la medición de la producción de los seguros generales*. En el *SCN 1993* la producción de los seguros generales (denominados en el SCN como seguros no de vida) se mide esencialmente como la diferencia entre primas e indemnizaciones. El ataque terrorista del 11 de septiembre de 2001 evidenció un problema que había inquietado a los contables nacionales de varios países – específicamente las variaciones bruscas de la producción de un período a otro, y aún llegar a niveles negativos, dependiendo de la magnitud de los siniestros cubiertos por las pólizas. En el *SCN 2008*, se ha acordado medir la producción deduciendo las indemnizaciones *incurridas ajustadas* y no las *efectivas*.
- *Inclusión de las opciones sobre acciones como parte de la remuneración de los asalariados*. Durante la burbuja de los mercados de valores de finales de los años 1990, los empleados en muchas compañías de alta tecnología aceptaron bajos salarios a cambio de tener la oportunidad de adquirir acciones de sus compañías a un precio reducido. La lógica del *SCN 1993* requería que las opciones sobre acciones se trataran como operaciones financieras, excluidas de la remuneración de asalariados. Sin embargo, los empleados que reciben opciones sobre acciones las consideran parte de su remuneración. Por tanto, las opciones sobre acciones se incluyen como remuneración de los asalariados en el nuevo SCN.
- *Clasificación de las sociedades de cartera en el sector de las sociedades financieras*. El *SCN 1993* recomendaba que las sociedades de cartera (*holding companies*) fueran clasificadas en el sector institucional en el que se concentrara la principal actividad del grupo de subsidiarias. De acuerdo con *SCN 2008*, estas sociedades de cartera siempre deben incluirse en el sector de las sociedades financieras.

A la par que el SCN, el *Sistema Europeo de Cuentas (ESA) 1995*, también ha sido revisado y remplazado por el *ESA 2010* para mantener la coherencia entre el conjunto de normas globales y su equivalente europeo. El Recuadro 13.3 ilustra el impacto de la implementación del *SCN 2008/ESA 2010* en el caso de Francia.

En conclusión, el SCN es un sistema de estadísticas que se actualiza permanentemente, que es usado también de manera más extensa, y que evoluciona en paralelo con los nuevos desarrollos de la economía. Un aspecto interesante es que la medición del PIB se ha modificado de manera sistemática en las diferentes versiones del SCN hacia un concepto más amplio, extendiendo progresivamente la frontera de la producción, lo que aumenta el PIB. Esto ha ocurrido una vez más con el *SCN 2008*, con la capitalización de la (I + D) y del armamento militar. Es posible que este proceso siga. Por ejemplo, es posible que el concepto de capital humano que no se ha incorporado dentro de la frontera de

Recuadro 13.3. **Revisiones de las cuentas nacionales de Francia debidas a la implementación del SCN 2008/ESA 2010**

Francia publicó sus nuevos datos basados en el SCN 2008/ESA 2010 en mayo de 2014. Como en todos los estados miembros de la OCDE, el resultado de la implementación del nuevo SCN/SNA fue el incremento del valor del PIB, en Francia del 3.2% (61.2 miles de millones de euros), comparado con el estimativo previo. Esta cifra se refiere al año 2010. Sin embargo, como el cambio es estructural, en el sentido de que el PIB está revisado al alza sistemáticamente en una proporción similar, se trata de algo representativo. Una consecuencia de este "cambio de nivel" es que el crecimiento del PIB no se ve globalmente afectado. No todo el cambio se debe al nuevo SCN. Parte de este cambio se debe a una revisión por nuevas fuentes de información, para la estadística empresarial y otros factores (inclusión de la isla Mayotte), por un valor equivalente a 0.8% del PIB (15.4 miles de millones de euros). Estrictamente hablando, el impacto de los cambios conceptuales en el SCN 2008/ESA 2010 está limitado a 2.4% de PIB (46.4 miles de millones de euros). El Cuadro 13.1 muestra el cambio en otras variables. Un impacto interesante es que las relaciones que utilizan el PIB como denominador disminuyen, simplemente por el aumento del PIB. Este es en particular el caso de la deuda pública, que disminuye 1.5 puntos porcentuales. Esto es menor que el aumento del PIB (3.2%), porque algunas reclasificaciones han contribuido al aumento de la deuda pública (el numerador).

Cuadro 13.1. **Francia: Revisiones de las cuentas nacionales SCN 2008/ESA 2010, mayo 2014**

Cifras en miles de millones de euros en %

	Revisión del nivel de 2010 en %	Nuevo nivel para 2010	Fuente de revisión	Valor
PIB	3.2%	1 996.5	Capitalización de I+D. Sistemas de armamento. Bases de datos. Nuevas fuentes estadísticas de empresas.	41.5
INB	3.2%	2 039.3	Capitalización de I+D. Sistemas de armamento. Bases de datos. Nuevas fuentes estadísticas de empresas.	3.3
Tasa de utilidad de empresas no financieras	1.5%	31.6%	Capitalización de I+D y Bases de datos. Nuevas fuentes estadísticas de empresas.	1.2
Participación de la manufactura en el valor agregado total	0.7%	13.5%	Capitalización de I+D y Bases de datos. Nuevas fuentes estadísticas de empresas.	41.5
Exportaciones totales	5.2%	520.5	Bienes para procesamiento. Nuevas fuentes estadísticas.	3.3
Importaciones totales	3.7%	558.1	Bienes para procesamiento. Nuevas fuentes estadísticas.	1.2
FBKF	16.9%	441.1	Capitalización de I+D. Sistemas de armamento. Bases de datos. Nuevas fuentes estadísticas de empresas.	-9.9
Déficit público/PIB	-0.3%	6.8%	Impacto variable dependiendo del año debido al nuevo tratamiento de las transferencias pensionales y de créditos tributarios.	30
Deuda pública/PIB	-1.5%	80.8%	Incremento del PIB. Reclasificaciones.	-8.6

Fuente: INSEE (2014), "Les comptes nationaux passent en base 2010", L'économie française – Comptes et dossiers, *www.insee.fr/fr/themes/comptes-nationaux/default.asp?page=base_2010/methodologie/methodo-2010.htm.*

los activos en el *SCN 2008* se vuelva cada vez más relevante en las economías de la OCDE en el futuro. Su incorporación a las cuentas nacionales incrementaría otra vez la frontera de la producción. Pero esto no va a ocurrir mañana...

Referencias

EC, IMF, OECD, UN and WB (2009), *System of National Accounts 2008*, New York, *https://unstats.un.org/unsd/nationalaccount/docs/sna2008.pdf*.

EC, IMF, OECD, UN and WB (1993), *System of National Accounts 1993*, Brussels/Luxembourg, New York, Paris, Washington, D.C., *http://unstats.un.org/unsd/nationalaccount/docs/1993sna.pdf*.

Gleeson-White, J. (2011), *Double Entry: How the Merchants of Venice Shaped the Modern World – and How Their Invention Could Make or Break the Planet*, ASIN: B005ZLZJ46.

INSEE (2014), "Les comptes nationaux passent en base 2010", L'économie française – Comptes et dossiers, *www.insee.fr/fr/themes/comptes-nationaux/default.asp?page=base_2010/methodologie/methodo-2010.htm*.

Maddison, A. (2003), *The World Economy: Historical Statistics*, OECD Publishing, Paris, *http://dx.doi.org/10.1787/9789264104143-en*.

Vanoli, A. (2005), *A History of National Accounts*, IOS Press.

Comprendiendo las Cuentas Nacionales
Segunda edición

Capítulo 14

El PIB como medida de bienestar: La agenda para "después del PIB"

Este capítulo examina las limitaciones del PIB para medir la "prosperidad" y el "bienestar". Ilustra los desarrollos de indicadores de "una vida mejor", tanto al interior como fuera del marco de las cuentas nacionales, lo que permite medir estos dos conceptos tan complejos y al tiempo tan importantes para la sociedad.

El concepto de "prosperidad" (es decir, el bienestar económico) ha sido entendido, típicamente, por economistas y estadísticos, como el control de la gente sobre los bienes y servicios. Este concepto describe la "fortuna" de una persona (que tan pudiente es) como opuesta al concepto más amplio de bienestar (que tan bien está), que comprende aspectos solamente relacionados de manera indirecta con los haberes, tales como los derechos políticos y sociales, o el rango de atributos que moldean su vida (por ejemplo, salud y educación). En este capítulo se conservará la distinción entre bienestar económico (welfare) y bienestar en general (well-being).

Aunque el PIB, como se argumentó en los primeros capítulos de este manual, es principalmente una medida de la producción económica, está asociado al bienestar económico de varias maneras. A un nivel muy elemental, la teoría económica convencional postula que, cuando se dispone de información perfecta y las preferencias de los consumidores satisfacen necesidades relativamente simples, los precios del mercado son iguales a los cambios en la utilidad que la gente deriva de los diferentes bienes y servicios consumidos: de ello se deprende que el consumo final de los hogares, una parte considerable del PIB, este ligado con el bienestar económico de los hogares y que, para un consumidor con unas preferencias determinadas, un mayor ingreso monetario corresponde a canastas de bienes y servicios sobre una curva de indiferencia mayor, lo cual implica un mayor bienestar económico para esa persona.

A pesar de estar relacionadas con el bienestar económico, las cuentas nacionales se centran en la medición de la actividad económica y no en el bienestar económico *per se*. Históricamente, las raíces de las cuentas nacionales modernas, desarrolladas en los años 1930 y 1940, se encuentran en la macroeconomía Keynesiana y en la necesidad para los responsables de la política de administrar los esfuerzos de la guerra y de la reconstrucción, para brindar pleno empleo y elevados recursos fiscales y que, en un contexto amplio, aseguraran la gestión de la economía dentro de los límites de su capacidad productiva. El manual de referencia de las cuentas nacionales, SCN 2008, (véase el Capítulo 13), señala "*... no considera al PIB como una medida de bienestar económico, y de hecho son varias las convenciones del SCN contrarias a una interpretación de las cuentas en términos de bienestar económico*".

Conceptualmente el PIB es solo una medida parcial del bienestar económico por muchas razones, entre ellas:

- Las diferencia entre el concepto de la **producción económica "interna"**, es decir, realizada por unidades residentes y no residentes dentro del territorio de un país, y "**bruta**", es decir, sin deducir de la producción lo que se requiere guardar para remplazar el inventario de capital utilizado en la producción, – y el concepto de **ingreso neto** (el valor máximo que un hombre puede consumir durante una semana y estar tan bien al final de la semana como se estaba al principio de ella, de acuerdo con la definición de John Hicks en 1939), el concepto más directamente asociado con el bienestar económico de los individuos.
- El hecho de que el PIB proporciona información de agregados totales (o per cápita) en lugar de presentar la distribución de estos agregados entre las diferentes personas u hogares. La distinción entre magnitudes agregadas y a nivel individual es importante desde la perspectiva del bienestar económico pues, aun suponiendo que el bienestar económico de una persona esté adecuadamente expresado por su ingreso, al igual que cualquier evaluación del "bienestar social" (es decir, el bienestar económico de una comunidad como un todo) requiere juicios normativos sobre la distribución, pues la utilidad marginal del ingreso difiere entre personas (un dólar adicional aumentará el bienestar económico de una persona pobre en mayor proporción que lo que una pérdida de un dólar reduce el bienestar económico de una persona rica).
- El hecho de que algunas actividades de producción quedan dentro de la frontera de producción de las cuentas nacionales e incrementan el PIB aun cuando, desde el punto de vista de bienestar económico, están simplemente neutralizando algunas "pérdidas de bienestar" ocasionadas por el mayor crecimiento económico (por ejemplo, los flujos de consumo relacionados con el desplazamiento de la gente a su trabajo) o las consecuencias de accidentes humanos o naturales. Recíprocamente, el bienestar económico de la gente se mejora tanto por flujos de producción que van más allá de la frontera de producción de las cuentas nacionales (por ejemplo, servicios producidos por los hogares para su propio uso), como por actividades de no mercado (ocio, por ejemplo) que no pueden concebirse como producción.
- Conceptualmente, los precios de mercado que se usan para ponderar las diferentes cantidades de bienes y servicios en el PIB, reflejan el valor para los consumidores de la última unidad consumida. Aunque este enfoque tiene sus raíces en la teoría del consumidor, deja de lado la totalidad de los consumidores que querrían pagar por la cantidad total del bien considerado (o sea que no representa el valor total de las unidades consumidas antes de la última), que es un concepto más cercano al bienestar económico de las personas.
- Puede haber externalidades y otras desviaciones del equilibrio de mercado, lo cual implica que los precios de mercado no pueden interpretarse siempre

como reflejo del valor relativo (en el margen) de los diferentes bienes y servicios producidos y consumidos. En otros casos pueden no existir mercados tanto para los bienes insumos de la producción (recursos de uso común) y para los activos que mejoran el bienestar económico que están afectados por las actividades humanas (por ejemplo, el sistema climático).

- Finalmente, la medición estática del bienestar económico no dice mucho sobre la permanencia de ese nivel en el tiempo. La "sostenibilidad" exige tener en cuenta la forma en que las actividades económicas están afectando los diferentes tipos del inventario de capital, que pueden entrar al proceso de producción (cuando el interés se centra en la sostenibilidad del crecimiento del PIB), o, que son, en términos más generales, importantes para el bienestar económico de la gente o para el planeta en el futuro. Esta preocupación es de particular relevancia cuando se reconoce la importancia de los recursos limitados (capital natural no renovable), cuyos servicios no pueden obtenerse mediante otro tipo de recursos (producidos).

Todos estos argumentos son bien conocidos de los economistas y estadísticos profesionales. Están, sin embargo, olvidados en los medios y en las discusiones políticas, en donde el PIB se toma como la medida general del "éxito", perdiendo de vista hasta qué punto el PIB es una construcción empírica, no un "hecho", así como los argumentos y razonamientos que han llevado a su construcción (Coyle, 2014). Aunque ya se habían discutido en los años 1970 (Nordhaus and al, 1973), los límites del PIB como medida del bienestar económico han sido objeto reciente de una gran visibilidad, dadas las recomendaciones de una comisión internacional establecida en el 2008 por el presidente francés Nicolas Sarkozy, sobre las medidas del desempeño económico y el progreso social. Las recomendaciones más importantes se resumen en el Recuadro 14.1. De hecho, la mayor parte de las iniciativas estadísticas adelantadas en los últimos años para mejorar las medidas de bienestar económico, de la calidad de vida y de la sostenibilidad, se pueden relacionar, directa o indirectamente, con esas recomendaciones.

Son notables dentro de estas iniciativas las propuestas por la OCDE en el contexto de su proyecto "Better Life Initiative", (www.oecd.org/statistics/betterlifeinitiativemeasuringwell-beingandprogress.htm) y aquellas por el Sistema Estadístico Europeo en el contexto del "Grupo de Apoyo en la Medición del Progreso, el Bienestar y el Desarrollo Sostenible".

No se debe ver en las cinco primeras recomendaciones un rechazo definitivo de las variables actuales de las cuentas nacionales, sino un apoyo a una mayor visibilidad para algunas partes de las cuentas nacionales que aún se mantienen en un plano posterior y desarrollar nuevas dimensiones de los agregados existentes, para enriquecer su potencial de medición del bienestar económico. Las últimas cinco recomendaciones están relacionadas con el desarrollo de medidas relacionadas con el bienestar en general (wellbeing), más allá de los elementos económicos.

Este capítulo describe algunos de los enfoques que se han propuesto o desarrollado dentro del sistema de cuentas económicas para derivar medidas que reflejen mejor el bienestar económico de las personas. En primer lugar, el capítulo describe aquellas medidas de bienestar (a nivel de los hogares) que ya están disponibles dentro del sistema de cuentas nacionales. En segundo lugar, el capítulo revisa algunos de los enfoques que se han utilizado para ir más allá de las cuentas, o sea "más allá del promedio" (para tener en cuenta las desigualdades en las condiciones económicas entre personas de características diferentes), "más allá del mercado" (para tener en cuenta flujos e inventarios que no se intercambian en el mercado" y "más allá del aquí y ahora" (para tener en cuenta la sostenibilidad). Finalmente, el capítulo trata algunos de los enfoques que han sido utilizados por economistas y estadísticos para medir el bienestar de la gente en sentido amplio (well-being) (lo que la gente hace, lo que la gente es y no los bienes que posee). Estos indicadores estadísticos son nuevos y aún están en proceso de elaboración, comparados con las "viejas" variables de la contabilidad nacional descritas en los capítulos anteriores. Sin embargo, como se muestra en este capítulo, ya han salido de la primera fase de desarrollo, la de investigación/experimentación, para pasar a la segunda fase, la de producción regular, en particular por parte de la OCDE.

Recuadro 14.1. **Recomendaciones de la Comisión sobre las Medidas de Desempeño Económico y de Progreso Social**

Recomendación 1: Cuando se evalúe el bienestar material, se debe estudiar el ingreso y el consumo en lugar de la producción. Vincular PIB y bienestar económico puede conducir a indicaciones engañosas sobre que tan bien está la gente e inducir decisiones de política equivocadas;

Recomendación 2: Se debe enfatizar en el punto de vista del hogar, pues las condiciones de vida de los ciudadanos se pueden seguir mejor mediante mediciones del ingreso y del consumo de los hogares;

Recomendación 3: Tener en cuenta el ingreso y el consumo juntamente con el patrimonio, lo cual requiere información sobre balances y una valoración adecuada de estos inventarios;

Recomendación 4: Destacar más la distribución del ingreso, el consumo y el patrimonio, lo cual requiere que las mediciones del ingreso promedio, del consumo y del patrimonio estén acompañadas de indicadores sobre su distribución;

Recuadro 14.1. **Recomendaciones de la Comisión sobre las Medidas de Desempeño Económico y de Progreso Social** *(cont.)*

Recomendación 5: Ampliar las mediciones del ingreso a las actividades de no mercado, tales como los servicios recibidos por las personas de otros miembros del hogar, así como el tiempo de ocio;

Recomendación 6: La calidad de vida depende de las condiciones objetivas y de las capacidades, tales como la salud de las personas, la educación, las actividades personales y las condiciones ambientales, pero también de sus vínculos sociales, su participación política y su inseguridad;

Recomendación 7: Los indicadores de calidad de vida, en todas sus dimensiones, deberían evaluar las desigualdades de manera exhaustiva, teniendo en cuenta vínculos y correlaciones;

Recomendación 8: Se deben diseñar encuestas para evaluar la conexión entre los diferentes dominios de la calidad de vida de una persona, una información que se debe utilizar en el diseño de políticas;

Recomendación 9: Las Oficinas Nacionales de Estadística deben suministrar la información necesaria para agregar transversalmente las dimensiones de calidad de vida, permitiendo así la construcción de diferentes índices;

Recomendación 10: Las medidas tanto objetivas como subjetivas del bienestar proveen la información clave acerca de la calidad de vida de las personas, y las Oficinas Nacionales de Estadística deben incorporar en sus propias encuestas preguntas para captar las evaluaciones sobres sus condiciones de vida, experiencias hedónicas y prioridades de las personas;

Recomendación 11: La evaluación de la sostenibilidad requiere una tabla bien identificada de indicadores, cuyos elementos deben ser interpretables en término del "stock" subyacente;

Recomendación 12: Los aspectos ambientales de la sostenibilidad requieren de un seguimiento separado, basado en un conjunto de indicadores físicos muy bien escogidos.

Fuente: Stiglitz, J.E., A. Sen and J.-P. Fitoussi (2009), Report by the Commission on the Measurement of Economic Performance and Social Progress, *www.insee.fr/en/information/2662494*.

14.1. Mejoramiento de las medidas de bienestar económico dentro de las cuentas nacionales

Mediciones a nivel de los hogares

El PIB es solamente una medición dentro de un conjunto plenamente desarrollado de cuentas referidas al sistema económico como un todo. Dentro de este conjunto de cuentas hay mejores aproximaciones de medición del bienestar económico que el mismo PIB: son las mediciones que se refieren específicamente a los hogares (y no a la economía como un todo) puesto que las personas y los hogares son la base natural de todas las evaluaciones de bienestar económico. Como se explicó en el Capítulo 5, las cuentas nacionales permiten ilustrar como el *ingreso primario* generado mediante la producción económica (tanto por flujos efectivos como imputados) lleva al ingreso disponible que queda en manos de los hogares. Como la noción de bienestar económico se refiere a las personas, estas cuentas a nivel de hogar constituyen el punto de partida para derivar mediciones que tienen una relación más cercana con el concepto de bienestar económico. Las mediciones del ingreso disponible del hogar (o sea, la parte del ingreso que queda después de deducir los impuestos y las contribuciones obligatorias al seguro social a cargo del hogar), y de los gastos de consumo (es decir, el valor de los bienes y los servicios de consumo adquiridos por los hogares para satisfacer sus necesidades), son importantes puesto que pueden evolucionar de manera diferente al PIB, tanto a lo largo del ciclo de los negocios como a mediano plazo (véase el Gráfico 14.1), por ejemplo, por cambios en la política fiscal o en los pesos relativos de los salarios y de las utilidades. Dependiendo de su objeto, las mediciones de los hogares se pueden corregir por el tamaño de la población, lo cual se puede obtener mediante cifras expresadas per cápita, por hogar o por unidades de consumo[1].

Dos tipos adicionales de ajustes se pueden aplicar a las mediciones del SCN para el sector de los hogares, para entregar variables que posean una relación más cercana con el concepto de "bienestar económico".

- El primero consiste en ajustar el ingreso disponible bruto de los hogares con el monto que debe reservarse para compensar el desgaste del capital utilizado en la producción. Este ajuste, que en el caso de los hogares se refiere principalmente a la depreciación del stock de vivienda, se requiere para acercar la medición de las cuentas nacionales del ingreso bruto de los hogares a la definición de ingreso de J.R. Hicks, es decir el *ingreso neto disponible de los hogares*.
- El segundo ajuste es el agregar a los flujos monetarios correspondientes a los hogares (el ingreso monetario que reciben y sus gastos de consumo) el valor imputado de los servicios que el hogar recibe del gobierno y de las instituciones sin fines de lucro que sirven a los hogares. Este ajuste lleva a mediciones promedio del *ingreso disponible neto ajustado de los hogares* y del *consumo efectivo de los hogares* (véase el Capítulo 5). Los servicios en especie agregados para derivar estas mediciones son aquellos que benefician a consumidores individuales (por ejemplo, educación) y no los servicios colectivos que benefician a todos los hogares de la economía como un todo (por ejemplo, defensa). Aunque, desde un punto de vista de bienestar económico, estos servicios individuales deben valorarse al precio de servicios equivalentes adquiridos en el mercado, generalmente se les valora por sus costos de producción; esto implica que los cambios en el volumen

Gráfico 14.1. **Tendencias del PIB y del Ingreso disponible de los hogares (IDH), per cápita**

Índices, Estados Unidos 1990 = 100 y Zona Euro 2007 = 100

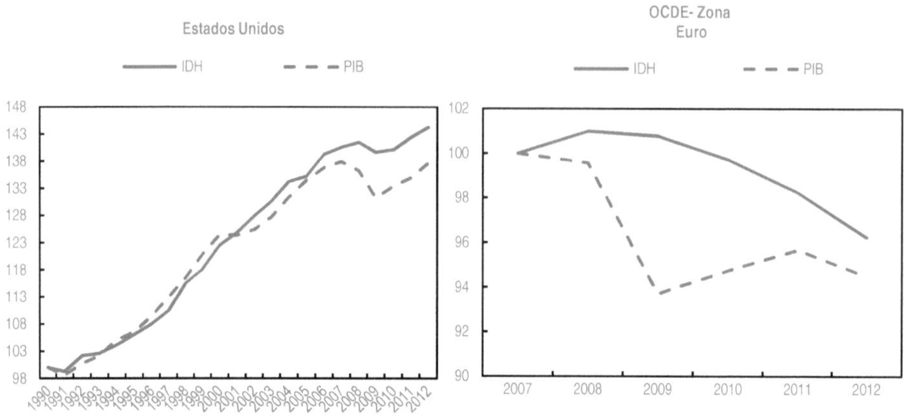

Fuente: OCDE (2013a), "Aggregate National Accounts: Gross Domestic Product", OECD National Accounts Statistics (database), *http://dx.doi.org/10.1787/data-00001-en* y OECD (2014), "Detailed National Accounts: Non-financial accounts by sectors, annual", OECD National Accounts Statistics (database), *http://dx.doi.org/10.1787/data-00034-en.*

StatLink *http://dx.doi.org/10.1787/888933736849*

del *ingreso disponible neto ajustado y del consumo efectivo de los hogares* estará subestimado cuando la calidad de estos servicios en especie (o la productividad con la cual se producen) mejora con el tiempo.

Los dos conceptos (ingreso disponible neto ajustado y consumo efectivo de los hogares) producen mediciones válidas del *flujo* de bienestar económico de los hogares, y se han emprendido varias iniciativas por las Oficinas de Estadística en los años recientes para mejorar su uso y la frecuencia y oportunidad de su estimación. Pero el nivel del patrimonio del hogar (o sea la diferencia entre los activos del hogar, financieros y no-financieros, y sus obligaciones, véase el Capítulo 8) es también de importancia para el bienestar económico de la gente, tanto por sí mismo (los hogares con un mayor patrimonio neto están mejor que aquellos que tienen ingreso y consumo similares pero un patrimonio menor) como también porque los cambios en el valor de los stocks están afectados por los flujos (el capital, la retención de pérdidas/ganancias) que no se contabilizan como ingreso en el SCN, y que pueden ser muy grandes en los períodos de precios de activos cambiantes.

Mientras que estas mediciones a nivel de los hogares del SCN brindan un punto de partida para evaluar el bienestar económico, queda mucho por hacer para que estén disponibles de manera más amplia, y varios factores limitan su uso. Primero, no todos los países de la OCDE calculan cuentas completas para el sector de los hogares. Segundo, aun dentro de los países que lo hacen, hay diferencias en términos de frecuencia (las cuentas sectoriales generalmente están disponibles 1 a 2 años después del primer estimativo del PIB) y de alcance (algunos países no hacen distinción entre los hogares y las ISFLSH, o se basan en definiciones diferentes de las cuasi-sociedades o de los servicios individuales del gobierno). El cálculo de las hojas de balance de los hogares se caracteriza por diferencias aún más grandes.

Incorporación de la información sobre disparidades entre los hogares dentro de las cuentas nacionales.

Una limitación de las cuentas nacionales desde el punto de vista de la información sobre el bienestar económico es que no proporcionan información sobre la distribución de los recursos económicos entre unidades con características diferentes. Esta es una limitación importante porque *cualquier* evaluación del bienestar social requiere juicios normativos sobre la distribución de los recursos económicos. El hecho de ver solamente cantidades totales o promedios (per cápita, por ejemplo) no impide las selecciones normativas, pero implica que las unidades dentro de una comunidad sean "ponderadas" por el monto de sus ingresos (es decir que, mientras más rico se es, mayor es el peso que se tiene cuando se estima una variable por su promedio), una situación objetable desde la mayoría de las perspectivas normativas.

Más allá de razones conceptuales, la integración de la información sobre desigualdades en las cuentas económicas es también importante por varias razones prácticas:

- En primer lugar, hay una tendencia hacia mayores desigualdades en la distribución del ingreso de los hogares y esto se ha observado en la mayoría de los países de la OCDE desde mediados de los 80 (OCDE, 2011). Estas desigualdades implican que, mientras que las tasas de crecimiento del ingreso fueron relativamente uniformes a través de la distribución, en la mayoría de los países de la OCDE desde mediados de los 50 hasta los primeros años de los 80 (lo que hacía admisible para los macroeconomistas ignorar la desigualdad y adherir a la suposición de un simple "agente representativo") ya no es admisible hoy, pues las ganancias de la parte superior de la distribución han dejado de "escurrir" a todos los demás.
- En segundo lugar, el hecho de que las mediciones del ingreso y del consumo de los hogares que se obtienen de fuentes micro, (generalmente encuestas de hogares, registros administrativos y de los diferentes métodos para integrar estas dos), han crecido a un ritmo más lento que las mediciones globales de cuentas nacionales para los mismos rubros. Aunque esto puede reflejar el deterioro en la propensión de los hogares más ricos a participar en las encuestas utilizadas para evaluar la distribución de los recursos económicos (posiblemente asociado con el aumento de su ingreso relativo al del resto de la población), y la importancia creciente en los totales de las cuentas nacionales de rubros que no se registran en las micro-fuentes (por ejemplo, imputaciones a los tenedores de pólizas de seguros de vida, o de

los servicios de viviendas ocupadas por el propietario), implica también que una parte creciente de los recursos económicos de los hogares no estaría incluida en los datos de las encuestas.

- En tercer lugar, los desarrollos en las últimas décadas se han caracterizado, en varios países de la OCDE, por tendencias diferentes en la desigualdad del ingreso, del consumo y del patrimonio de los hogares. Estas diferencias subrayan la importancia de examinar las desigualdades en la distribución de los recursos económicos de manera conjunta, en lugar de suponer que ellas siempre se parecen.

Todos estos factores han motivado las Oficinas Nacionales de Estadística y los investigadores independientes para tratar de integrar mejor los datos macro y micro sobre los recursos de los hogares, y superar una prolongada separación entre los dos tipos de enfoques. En particular, el trabajo emprendido por el Grupo de Expertos OCDE/EUROSTAT sobre Disparidades en la Cuentas Nacionales, que funcionó en el período 2012-14, y que ahora se ha continuado dentro del esquema de OCDE, tenía dos objetivos críticos:

El primero era evaluar exhaustivamente el tamaño de las diferencias entre las mediciones micro y macro de los diferentes tipos de recursos económicos de los hogares. Estas pueden reflejar a su vez diferencias en el alcance y en las definiciones en las dos fuentes (por ejemplo, que un tipo específico de ingreso de los hogares está incluido en las estadísticas macro y excluido de las micro), y diferencias en las mediciones efectivas de un mismo agregado por las dos fuentes (por ejemplo, aún si las dos fuentes consideran el mismo tipo de ingreso). Las diferencias entre las fuentes micro y macro reflejan parcialmente tradiciones diferentes y aspectos de investigación seguidos por dos corrientes de trabajo, y se relacionan con:

- Diferencias en el alcance de los dos tipos de mediciones. Las fuentes micro generalmente excluyen a los hogares que viven en instalaciones colectivas (hoteles, casas de huéspedes) o en instituciones (cuarteles militares) como también a las personas que viven en áreas muy alejadas o escasamente pobladas, y que están incluidas en las estadísticas macro para el sector de los hogares.
- Diferencias en la composición de los rubros incluidos. Las fuentes macro incluyen varios rubros imputados (tales como alquileres imputados, ingresos de capital atribuidos a los tenedores de pólizas de seguros, o servicios financieros medidos indirectamente) los que no son siempre incluidos en las fuentes micro pues los entrevistados individuales no son los calificados para responder sobre ellos.
- Diferencias en los enfoques de las investigaciones. Las estadísticas micro generalmente se usan para mostrar las diferencias en la distribución de los recursos en un punto del tiempo, mientras que la estadísticas macro se

orientan a describir los cambios que ocurren a lo largo del tiempo, lo cual exige una serie de mediciones consistentes de precios y volúmenes, y mediciones muy consistentes a lo largo del tiempo.

- Finalmente, aun cuando el mismo tipo de recurso económico está cubierto tanto por el SCN como por los microdatos, la medición efectiva de su tamaño total puede también ser diferente. Esto se debe a que los datos de las cuentas nacionales, como un conjunto de cuentas coherentes, hace uso de la información (contrapartidas) de otros sectores institucionales (por ejemplo, en el caso de activos y pasivos financieros detenidos por los intermediarios financieros), mientras que las encuestas cuentan solamente con la información suministrada por los entrevistados.

El Gráfico 14.2 muestra la brecha promedia (en una muestra de países de la OCDE hacia mediados de los 2000) entre las cuentas nacionales y las mediciones micro del ingreso disponible ajustado de los hogares, consumo de los hogares y patrimonio neto de los hogares, basado en los estimativos suministrados por Fesseau, Wolff y Mattonetti (2013). Este estudio muestra que:

- En el caso del ingreso disponible ajustado de los hogares, la brecha promedia (en una muestra de 20 países de la OCDE) está cerca del 40%. Esta brecha se reduce a menos del 20% cuando la comparación se limita a aquellos rubros cubiertos tanto por las cuentas nacionales como por los microdatos. La diferencia varía considerablemente entre países, desde 5% en Japón hasta 57% en México. La concordancia entre los totales macro y micro es "buena" (entre 80 y 120%) en más de 4/5 de los países para "sueldos y salarios" y "contribuciones sociales efectivas de los empleadores" pero de solo 2/3 de los países para "impuestos sobre el ingreso y la riqueza" y "prestaciones sociales en dinero por recibir"; la correspondencia es mucho menor en "ingresos y otras rentas de la propiedad recibidos" (buena concordancia en solamente 1/3 de los países) y en un grado aún menor para los "ingresos del trabajo por cuenta propia" y de "viviendas arrendadas" (con una correspondencia buena en solamente ¼ de los países).
- En el caso del gasto de consumo efectivo de los hogares, la brecha promedia (en una muestra de 21 países de la OCDE) es ligeramente superior al 40%. Esta diferencia se estrecha a menos de 30% cuando la comparación se basa en rubros "ajustados" para reflejar las diferencias en alcance entre las dos fuentes, y se ubica entre un mínimo de 16% en Australia y un máximo de 62% en México. En general la correspondencia entre totales micro y macro es "buena" para los componentes más grandes (alimentación, vivienda y transporte) pero considerablemente menor para "bebidas alcohólicas y tabaco" y para "otros bienes y servicios".

- En el caso del patrimonio de los hogares, la brecha entre los dos tipos de fuentes es marginalmente mayor (cuando se tienen en cuenta las diferencias en cobertura y en definiciones) que la obtenida al tratar ingreso y consumo, aunque en este caso la fuente se limita a 7 países de la OCDE. El rango de la brecha es similar a los reportados para ingreso y consumo de los hogares.

Gráfico 14.2. **Brecha promedio entre el SCN y las mediciones micro de diferentes tipos de recursos económicos de los hogares**

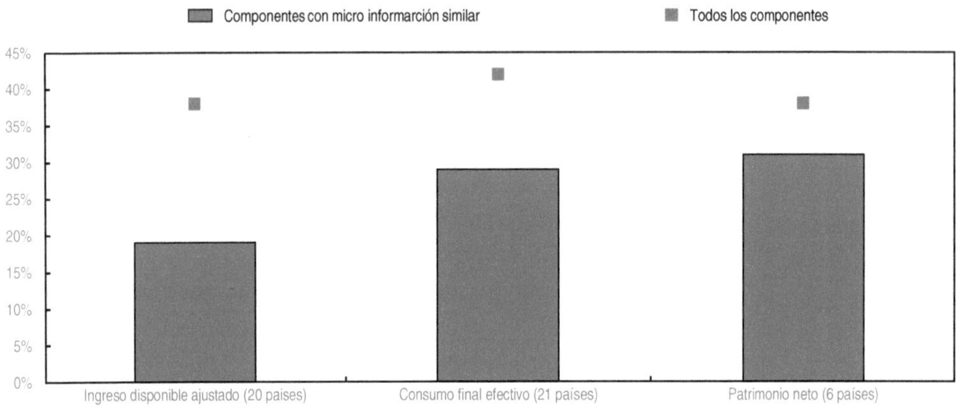

Nota: El gráfico muestra la diferencia promedio entre las medidas basadas en el SCN y en microdatos de varios tipos de recursos económicos de los hogares cuando se incluyen todos los componentes del SCN o de las encuestas (círculos) y cuando se incluyen solamente los componentes incluidos tanto en el SCN como en las encuestas (histograma).
Fuente: Datos tomados de Fesseau, Wolff y Mattonetti (2013).

El segundo elemento del trabajo emprendido por el grupo de trabajo OCDE/EUROSTAT fue reunir la información sobre las discrepancias en la distribución de los distintos tipos de recursos económicos, tratando de ceñirse de manera tan estricta como posible a la definición y a los montos totales disponibles en las cuentas nacionales. Este ejercicio, realizado por expertos de 16 países de la OCDE, basado en información detallada de las fuentes macro y micro en sus países respectivos, llevó a estimativos experimentales de discrepancia, al principio o a finales de los 2000, para diferentes grupos de hogares (por quintiles de ingreso, por fuente principal de ingreso y por tipo de hogar) basados en selecciones comunes de unidades de análisis (individuos u hogares), criterios de agrupación de los hogares con características diferentes, y tipo de micro-fuentes empleadas en el ejercicio (Fesseau y Mattonetti, 2013).

Aunque la magnitud de las disparidades de ingreso que se muestran en este ejercicio, eran, en general, muy parecidas a las que indican las micro fuentes generalmente utilizadas en los países de la OCDE, hay un perfil que se destaca – generalmente omitido en los análisis que tratan separadamente las desigualdades entre ingreso y entre consumo – que es la prevalencia de las tasas de ahorro negativas en las partes baja y media de la distribución del ingreso en todos los países de la OCDE; en otras palabras, los ahorros están altamente concentrados en la parte superior de la distribución del ingreso, mientras que el desahorro es más frecuente en los hogares de las partes medias y bajas. Aunque esto puede en parte mostrar algunas particularidades metodológicas del ejercicio (inconsistencias de las micro fuentes y pasar por alto las transferencias entre hogares), también sugiere que, en muchos países, los hogares de ingresos medios y bajos pueden haberse endeudado para sostener sus condiciones de vida en el período previo a la crisis de 2007 (un período caracterizado por mayores desigualdades de ingreso y un ingreso medio estancado), elemento identificado por muchos analistas como uno de los elementos que contribuyeron de manera importante a la crisis financiera en los Estados Unidos.

Gráfico 14.3. **Ahorro como porcentaje del ingreso disponible ajustado por quintiles de este tipo de ingreso**

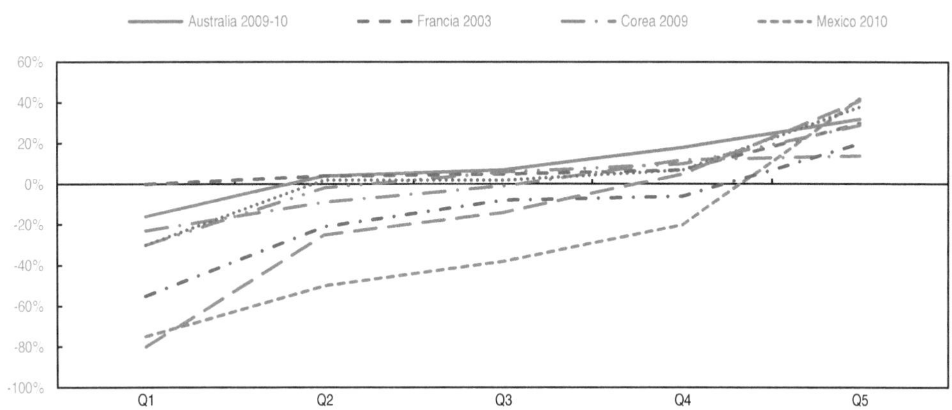

Fuente: Fesseau, Wolff y Mattonetti (2013).

14.2. Mediciones de bienestar económico fuera de las cuentas nacionales

El diseño de mejores mediciones del bienestar general de las personas puede requerir también ir más allá de los límites y convenciones de las cuentas nacionales. Desde una perspectiva de las cuentas nacionales, algunas de estas extensiones traen, conceptualmente, menos problemas que otras. Este es el caso de aquellas actividades de producción que no están incluidas dentro de la frontera de producción del SCN o de los productos naturales comerciales que se intercambian en los mercados. Otras extensiones, tales como las relacionadas con actividades de "no producción", o de las funciones de apoyo proporcionadas por la naturaleza, son más controversiales e implican separaciones más importantes del marco del SCN.

Contabilización de flujos de producción fuera de las cuentas nacionales

Las actividades de producción se definen, convencionalmente, como aquellas cuyo resultado pudo haberse obtenido por una persona diferente, contratada para hacerlo (el criterio de la "tercera persona"). Existen actividades que satisfacen esta condición, pero no quedan incluidas por las dificultades prácticas de su medición. Este es el caso en particular de la **producción de servicios de los hogares** por cuenta propia. En tanto que la producción de bienes para su propio uso (agricultura de subsistencia, por ejemplo) y la producción de servicios de las viviendas ocupadas por sus propietarios están incluidos en el PIB, esto no se aplica a los servicios producidos por los hogares tales como la cocina y los cuidados de salud provistos en la casa, o a los insumos suministrados por los padres para el desarrollo de sus hijos. La exclusión es importante tanto para las comparaciones de bienestar económico entre países en un momento dado (las mujeres en algunos países proveen mucho más estos servicios que en otros), así como para interpretar los cambios en el bienestar económico a lo largo del tiempo (cuando la producción se desplaza de los hogares al mercado, las cuentas nacionales tendrán en cuenta la producción de mercado adicional pero no harán la deducción por la menor producción de servicios domésticos, sobrestimando por tanto el crecimiento del bienestar económico).

Apoyándose en un enfoque basado en insumos para valorar los servicios de no mercado de los hogares, Ahmad y Koh (2011) concluyeron que la **valoración de estos servicios** reduce la brecha de bienestar económico para todos los países de la OCDE en relación con los Estados Unidos (donde los gastos de consumo final por persona son los más elevados). En Turquía, (el país con el menor consumo de servicios de no mercado por los hogares, 30% del valor de los Estados Unidos (con PPC de 2008 EE.UU. = 100), el ajuste podría llevar este nivel al 50%, dependiendo de la valoración utilizada (véase el Gráfico 14.4). Los estimativos de los mismos autores sugieren que, si no hay cambio en la productividad de estos servicios, la disminución observada en el volumen de producción de estos servicios de no mercado en las últimas cuatro décadas en cinco países de la OCDE que tienen series disponibles sobre el uso del tiempo, implicaría que la tasa de crecimiento para este "PIB ampliado" (es decir, incluyendo estos servicios de no mercado), sería aproximadamente menor en un 40% que la del PIB solo.

Gráfico 14.4. **Brecha relativa a EE.UU. en el volumen del consumo total de los hogares per cápita (Índice EE.UU. = 100)**

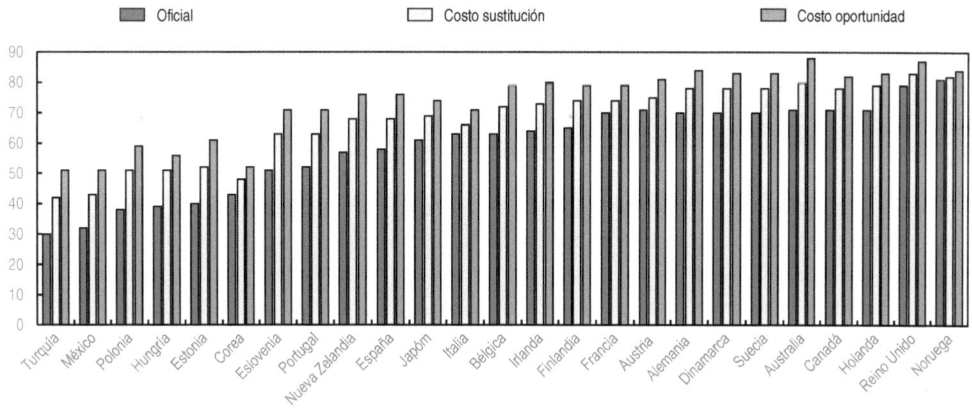

Nota: El consumo total del hogar de refiere a la suma del consumo individual ajustado (CIA) y de la producción de servicios de no mercado. El enfoque utilizado valoró los insumos de trabajo a la producción de estos servicios del hogar (basado en los datos de las encuestas de Uso del Tiempo) y los servicios del capital basados en los estimativos del stock de bienes de consumo durable de los hogares). Los costos del trabajo se valoraron bien a los costos de sustitución (basados en un salario horario después de impuestos, representativo de un amplio rango de actividades cubiertas por la producción de estos servicios de no mercado), o a costos de oportunidad (tomando el salario horario promedio en toda la economía). La serie denominada "oficial" se refiere a la medida del CIA per cápita.
Fuente: Ahmed y Koh (2011).

Contabilización de los flujos de no-producción

Otras actividades que no representan producción económica (es decir, no satisfacen el criterio de la "tercera persona") son también importantes para el bienestar económico de las personas, pues implican mayores posibilidades de consumo. Este es el caso del ocio, o sea el tiempo que la gente dedica a actividades que no están relacionadas con la producción ni con mantener la integridad física (tales como comer, dormir). Esto implica que cuando los trabajadores obtienen un mayor ingreso trabajando más horas o disponiendo de menos días festivos (en lugar de un mayor salario por un determinado número de horas trabajadas), algo que no está medido en las cuentas nacionales, el tiempo de ocio se "pierde" para los trabajadores a medida que aumenta su ingreso. Como tanto los niveles como la tendencia de la duración del tiempo de trabajo difieren entre países, cualquier ajuste que atribuya un valor al tiempo de ocio (comparado con el valor cero implícito en las cuentas nacionales convencionales) está llamado a tener un impacto amplio sobre las mediciones del bienestar económico[2].

> *Como argumentan Stiglitz, Sen y Fitoussi (2009): "Consumir el mismo conjunto de bienes y servicios, trabajando 1 500 horas al año en lugar de 2 000 implica un mejoramiento de las condiciones de vida".*

Obtener un estimativo monetario para el tiempo de ocio trae consigo dificultades de medición tanto de cantidades como de precios. En cuanto a la primera, si bien las encuestas de uso del tiempo permiten derivar el tiempo que la gente dedica a las diferentes actividades, estas encuestas se realizan de manera muy poco frecuente, y su comparabilidad entre países es limitada. Para un mismo individuo la frontera entre tiempo de ocio y otras formas de uso del tiempo (por ejemplo, el tiempo dedicado a los niños) son también en parte arbitrarias, e igualmente, cuando se compara gente en diversas situaciones, el tiempo libre de un desempleado tendrá una naturaleza diferente que el mismo tiempo disponible para una persona con un trabajo bien remunerado. En cuanto a la valoración, atribuir un valor monetario al tiempo de ocio, de tal manera que se pueda comparar con los beneficios económicos de un mayor consumo de bienes y servicios de mercado es un desafío mayor que el de valorar el tiempo dedicado a la producción de bienes y servicios para el hogar, pues no existen mediciones equivalentes de mercado.

Aunque no existe un consenso internacional sobre cómo manejar estos retos, se han hecho en el pasado estimativos monetarios del tiempo de ocio y su impacto en una medida más amplia del bienestar económico. Aunque en los primeros intentos se medía el tiempo total de ocio, los más recientes se han concentrado más en la valoración del impacto de los cambios en el ocio a lo largo del tiempo, con diferentes mediciones referidas a los costos de oportunidad. Boarini et al. (2006) estimaron, con varios métodos de valoración, que ajustar el PIB por el tiempo de ocio de los trabajadores podría aumentar las condiciones de vida de varios países europeos (Holanda, Dinamarca) por encima de los niveles de EE.UU., y también que mientras la mayor parte de los países europeos estrecharían la brecha relativa con los EE.UU. estas brechas se ampliarían en otros países (como México y Corea) donde el tiempo de trabajo excede los niveles de los Estados Unidos.

Contabilización de las diferencias dentro de los bienes consumidos

El enfoque normal de la teoría del consumidor supone que las preferencias de las personas están **dadas**, y son independientes de las de otros, y que los beneficios marginales de las diferentes unidades de consumo adicional de bienes son iguales. Todas estas suposiciones contribuyen a la opinión de que "a mayor consumo, mayor bienestar", una suposición que esta implícitamente reflejada en la metodología de las cuentas nacionales. En realidad, la naturaleza de los bienes y servicios consumidos puede impactar el bienestar económico de los consumidores en varias formas. Por ejemplo, más allá de los *bienes privados* tratados por la teoría económica, se encuentran los *bienes posicionales* (es decir, bienes cuya utilidad se ve negativamente afectada por el consumo de otros) y los *bienes de estatus* (es decir, bienes que se definen por su estilo, la moda y la marca), los cuales suponen un mayor gasto, pero no llevan a mayor bienestar para la comunidad como un todo. Hay además bienes cuya oferta está *inherentemente restringida*, tales como la vivienda localizada en inmediaciones de comodidades específicas, donde el ingreso relativo y no el ingreso absoluto es lo que cuenta para tener acceso a ellos; como también *bienes públicos* (por los que no se compite y su uso no es excluyente) y *bienes en copropiedad* (por los que se compite, pero no son excluyentes) y los dos tienden a ser insuficientes en el mercado. Para todos estos tipos de bienes, la evaluación convencional que realiza las Cuentas Nacionales (uso de precios de mercado) no permite medir el impacto real de su consumo sobre el bienestar económico de las personas.

Finalmente hay bienes que se pueden denominar "indeseables" representados por los gastos que se hacen en relación con la congestión, los reclamos judiciales y la seguridad, o para mitigar las consecuencias de externalidades ambientales, que se asumen solamente para neutralizar las consecuencias de algún evento previo que ha reducido el bienestar general de la gente. En este caso, algunas actividades económicas que aumentan el PIB, simplemente corrigen los inconvenientes producidos por el crecimiento económico (la urbanización, por ejemplo), por la disminución del capital natural (gastos para reducir la contaminación) o social (gastos para aumentar la seguridad de las viviendas en barrios con alta criminalidad). Aunque todos estos gastos se tratan como "consumo final" en las Cuentas Nacionales, diferentes opciones normativas (por ejemplo, reclasificar estos flujos como "consumo intermedio" y no como "consumo final") podrían llevar a una evaluación y una medición diferentes del bienestar económico. Una última consideración sobre los "indeseables": Aunque estos gastos pueden mejorar el bienestar económico en una situación particular (por ejemplo, el gasto en servicios legales puede mejorar el bienestar económico después de la ocurrencia del litigio), en realidad, simplemente remedian los efectos de menoscabar algún derecho que no está contabilizado en las cuentas nacionales, lo cual se trata en la sección siguiente.

Contabilización de los stocks de capital: la sostenibilidad

En un mundo con recursos no-renovables limitados, el mayor PIB de hoy puede darse a expensas de un menor bienestar económico en el futuro. Este balance es la esencia de la discusión sobre sostenibilidad. En gran parte el empuje para la discusión de la sostenibilidad y para el compromiso de la comunidad estadística en ella, ha sido estimulado por las preocupaciones ligadas a la finitud de los recursos naturales y a las limitaciones ambientales. Mientras el SCN estima el consumo de capital fijo (que al deducirse del PIB conduce al PIN), este consumo es solo una medición parcial del capital que se está utilizando en la producción económica, (y, *a fortiori*, de que tanto de los stocks de capital que son de interés para otros resultados de bienestar, se están agotando por el proceso económico). La definición clásica de desarrollo sostenible dada por el informe Brundtland en 1987, indica que este "...*satisface las necesidades presentes sin comprometer la capacidad de las futuras generaciones a satisfacer sus necesidades".* A esta definición Martin Wietzman añadió la idea de que una medición de Producto Nacional Neto (corregido por la depreciación de todos los tipos de recursos que han contribuido a su formación), podría considerarse como la máxima tasa de consumo que podría mantenerse indefinidamente en el futuro.

Parte de la discusión sobre sostenibilidad está orientada por la preocupación sobre el estado de los recursos naturales. Las cuentas nacionales incluyen en el PIB la producción generada por los recursos naturales (por ejemplo, la madera en bruto), como también los gastos para exploración y mantenimiento, pero excluyen el desgaste de los stocks subyacentes. De la misma forma, las cuentas nacionales incluyen los gastos para la recuperación del hábitat afectado por los derrames de petróleo, o por otro tipo de desastres naturales o producidos por el hombre, pero no el daño que se ocasionó en un principio. Mientras que la restauración del hábitat mejora el bienestar económico de las personas, una vez ocurrido el daño, puede aún dejar el bienestar económico de la gente por debajo del nivel en que se encontraba antes de la ocurrencia, a pesar de tener un PIB mayor. Esto sugiere que, desde la perspectiva de la sostenibilidad, el problema del PIB como medición de bienestar económico no es la inclusión de los gastos defensivos relacionados con el medio ambiente, sino la omisión de los impactos económicos relacionados sobre el capital natural (no producido).

El capital natural comprende un rango amplio de activos, que van desde elementos transables, como los minerales y la madera en bruto, hasta los océanos y la atmósfera. Se puede hacer una distinción entre los "activos ambientales" que son los componentes individuales del medio ambiente (tales como el pescado o los recursos petrolíferos), y los "ecosistemas" que se refieren al funcionamiento conjunto de diferentes activos ambientales (tales como el suelo, los bosques, los ambientes acuáticos y la atmósfera). Una distinción ulterior, dentro de los activos ambientales, es la de recursos renovables y no renovables. Los recursos no renovables son agotables, y los stocks no pueden regenerarse después de ser explotados; incluye rubros tales como metales y otros minerales, tierra, carbón, aceite y gas. Los rubros renovables son aquellos que pueden, en principio, después de su explotación, regenerarse a través de un proceso de crecimiento o de repoblamiento – siempre y cuando se cumplan ciertas condiciones tales como la no violación de los niveles críticos. Estos activos renovables incluyen la madera de bosques administrados, lana de criaderos de ovejas, y pescado de criaderos administrados de manera sostenible.

La disponibilidad creciente de estadísticas sobre activos y flujos ambientales ha llevado al desarrollo de cuentas para hacer el seguimiento, de manera integrada y consistente, de los diferentes elementos del ambiente y de la manera en que están relacionados con la economía. En 2012, la Comisión

Estadística de Naciones Unidas publicó un nuevo Sistema de Contabilidad Ambiental y Económica (SCAE) y adoptó el Marco Central de este sistema como una norma internacional. El SCAE propone un marco para la medición de los activos ambientales tanto en unidades físicas como monetarias. Los elementos del marco central se están llevando a la práctica en muchos países alrededor del mundo, concentrándose principalmente sobre elementos específicos del marco global. A partir de 2015, la OCDE estará recogiendo una serie de "tablas básicas" con propósitos comparativos. Inicialmente se concentran en emisiones al aire y recursos naturales, con el propósito de ampliar las medidas de productividad para tener en cuenta los recursos naturales que se usan en la producción económica. Dentro de la Unión Europea, una primera reglamentación de Cuentas Ambientales adoptada en 2011, exige a sus miembros recopilar datos de tres módulos: i) impuestos ambientales, ii) emisiones al aire de 14 substancias por industrias y hogares y iii) cuentas del flujo material, con cobertura de toda la economía, de la extracción, las importaciones y las exportaciones de cerca de 40 materiales, con una primera fecha de entrega durante 2013. Se está en el proceso de adopción de una segunda regulación, que involucra tres nuevos módulos: i) gasto en protección ambiental; ii) bienes y servicios ambientales; y iii) flujos de energía física, cuya primera fecha de entrega se estima para 2017.

Otros tipos de capital, además de los recursos naturales y ambientales, son relevantes en términos de sostenibilidad (de la misma manera en que producciones que van más allá de bienes y servicios son importantes para el bienestar general). Para justificar el amplio rango de indicadores necesarios para medir el desarrollo sostenible, la Conferencia de Estadísticos Europeos (grupo sostenido por la Comisión Económica de Naciones Unidas para Europa (UNECE)) expidió en 2014 una serie de recomendaciones para medir el desarrollo sostenible. Este marco distinguía entre las dimensiones de "aquí y ahora" (las mediciones de resultados corrientes del bienestar general en un país, en un momento determinado), "después" (las mediciones de los stocks de capital en un país) y "en otro lugar" (es decir, las mediciones de los impactos de un país determinado sobre los flujos y stocks que prevalecen en otra parte). Este marco incluye tanto mediciones de como las actividades económicas de un país afectan los stocks de capital por fuera del territorio donde tiene lugar la producción como las mediciones de otros tipos de stocks de capital además del capital natural.

Con relación a las primeras, las mediciones de "huella" evalúan el impacto de las actividades económicas en un país, sobre el stock de recursos naturales disponible en otros o globalmente. Estas mediciones requieren una tabla insumo-producto mundial, que proporcione información no limitadas a las transacciones económicas que tienen lugar dentro de un país, sino también sobre flujos de bienes y servicios a través de las fronteras y que informe sobre la desagregación de las actividades de producción y consumo que caracterizan la globalización. Las mediciones de "huella" están más desarrolladas en el caso de las emisiones de carbón, ya que estas emisiones se pueden asociar directamente al volumen de los insumos de energía utilizados en la producción económica. Las mediciones experimentales de tales huellas de carbón muestran que, en el período 1995 a 2005, las emisiones basadas en la demanda de carbón por los países de la OCDE se incrementaron a una tasa ¼ mayor que las emisiones basadas en producción (pues estos países de manera creciente cambiaron hacia la importación de bienes y servicios intensivos en carbón de países no OCDE), mientras que las economías emergentes se caracterizaron por patrones opuestos.

Gráfico 14.5. **Emisiones de CO_2, basadas en producción y en demanda**
Tasa de modificación anual, 1995-2005

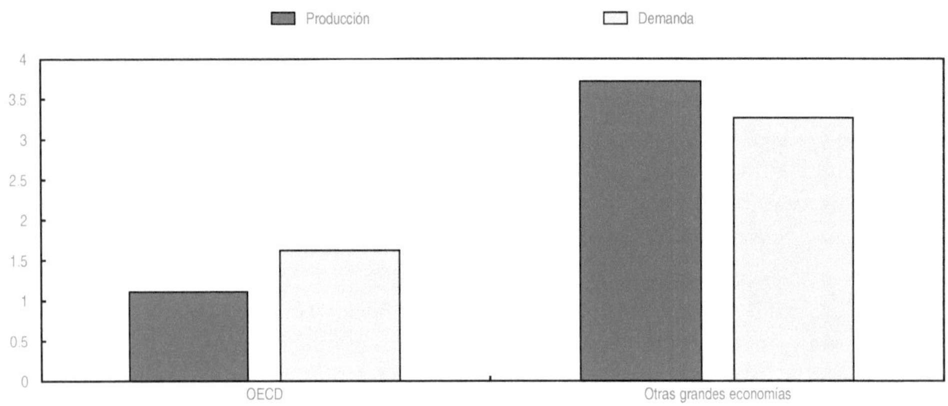

Fuente: OCDE (2011b), *Towards Green Growth: Monitoring Progress – OECD Indicators*, OECD Publishing, Paris, *http://dx.doi.org/10.1787/9789264111356-en.*

StatLink http://dx.doi.org/10.1787/888933736868

En cuanto a las segundas (es decir, otros tipos de capital no económico de importancia para la sostenibilidad) el capital humano es un ejemplo concreto. El capital humano no está incluido dentro de la frontera de activos de las cuentas nacionales por dos razones: primero, es un stock, incorporado en la persona que invirtió en él, que no es "poseído" y transferible entre unidades, y segundo, las actividades adelantadas por la persona que invirtió en él no se consideran "producción" (es decir, no pueden ser delegadas a un tercero). El capital humano tiene otras características que lo diferencian del capital económico, en particular el hecho de que se aumenta (en lugar de agotarse) con el uso. Aunque existen **mediciones físicas del capital humano** (por ejemplo, el número de personas que han alcanzado diferentes niveles de calificación educativa, algunas veces resumidos mediante estadísticas como "media de los años de escolarización", o de haber participado en diferentes programas de formación profesional), y **mediciones de su calidad** (por ejemplo, calificaciones en exámenes escolares, o evaluaciones de "lápiz y papel" de las competencias de estudiantes y adultos), estas mediciones tienen limitaciones en términos de comparabilidad entre países y entre programas. Existen mediciones monetarias del capital humano, que se basan generalmente en enfoques sea de producto, sea de insumo (Boarini et al., 2013); sin embargo, no hay consenso sobre cuál es el mejor enfoque de medición que se podría usar, ni sobre el alcance para integrar tales mediciones en las cuentas nacionales. A pesar de esta falta de consenso, considerar las actividades de aprendizaje emprendidas por individuos, como una contribución hacia la formación de capital humano, puede tener implicaciones significativas para la clasificación de los flujos relacionados con la educación que ya están incluidos en las cuentas nacionales, a los cuales se les considera de manera corriente como una forma de consumo y no como una inversión.

La OCDE define el capital humano como "el conocimiento, las habilidades, las competencias y otros atributos incorporados en individuos o grupos de individuos, adquiridos durante sus vidas y utilizados para producir bienes y servicios o ideas en condiciones de mercado" (Boarini et al., 2013).

14.3. La medición del bienestar general: una amplia agenda para "después del PIB"

El concepto de bienestar económico enfrenta la pregunta "¿qué tan bien está la gente?" y la responde examinando los bienes y servicios de que disponen las personas. Sin embargo, en sentido más amplio, el concepto de bienestar general, al abordar la misma pregunta, requiere que se examinen las condiciones necesarias para una buena vida. La noción de buena vida es el centro de la amplia agenda para "después del PIB". Aunque hay muchos puntos de vista para definir *una buena vida*, la mayoría de ellos no la reducen solamente a las posesiones de la gente. Incluyen más bien una diversidad de aspectos y atributos que no se intercambian en el mercado y que son importantes, tanto a nivel individual (por ejemplo, salud, amistades, seguridad, etc.) como social (solidez de las comunidades, normas sociales). Este rango amplio de factores simplemente no está contabilizado por el PIB o por otras mediciones dentro de las cuentas nacionales.

Algunos autores han argumentado que, puesto que el PIB está altamente correlacionado con los aspectos no monetarios del bienestar general, concentrarse en el primero es todo lo que se requiere para lograr mediciones adecuadas del segundo. Sin embargo, la evidencia que soporta este punto de vista es débil. Muchos componentes no monetarios del bienestar de la gente van de la mano del PIB solamente hasta un cierto punto (Gráfico 14.6, paneles A y B). Por ejemplo, tanto la esperanza de vida y la satisfacción de vida (dos dimensiones críticas del bienestar de la gente) presentan un relación log-lineal con el PIB; esto implica que en promedio, los aumentos en la esperanza de vida y en la satisfacción de vida asociada con unidades adicionales del PIB se hacen crecientemente menores, pero también que un cambio porcentual dado en el PIB trae consigo el mismo aumento en las dimensiones no monetarias del bienestar, independientemente del ingreso promedio del país considerado. Aunque la relación log-lineal es consistente con la suposición microeconómica normal (que la utilidad marginal es decreciente en sus componentes), también se puede interpretar diciendo que, en los países de alto ingreso, el PIB es un proxy débil del bienestar general de la gente, y que la calidad de este proxy se deteriora a medida que el PIB aumenta. Esto es cierto también para todos los países que se encuentran por fuera de la relación curvilínea que ilustra el Gráfico 14.6. Por ejemplo, Rusia y Chile, se caracterizan por grandes diferencias en las expresiones de bienestar general a pesar de tener PIB per cápita similares, lo que implica que hay factores diferentes del PIB que condicionan los resultados que se presentan.

Gráfico 14.6. **Relación entre esperanza de vida y satisfacción de vida con el PIB per cápita**

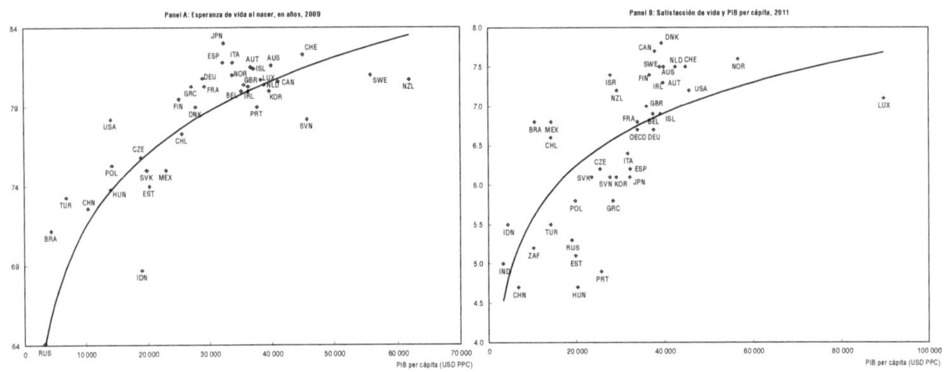

Fuente: OCDE (2013), "OCDE Health Data: Health Status", OECD Health Statistics (database), *http://dx.doi.org/10.1787/data-00540-en* and OCDE (2014), "Aggregate National Accounts: Gross Domestic Product", OECD National Accounts Statistics (database), *http://dx.doi.org/10.1787/data-00001-en* and Gallup World Poll, *www.gallup.com/home.aspx?ref=b.*

StatLink *http://dx.doi.org/10.1787/888933736887*

La relación entre la satisfacción de vida y el ingreso ha sido objeto de mucha investigación alrededor de la llamada "Paradoja de Easterlin". Richard Easterlin, un economista de Estados Unidos, observó en los años 1970 que el crecimiento económico (o crecimiento en el ingreso) en los Estados Unidos no se traducía en un mayor bienestar subjetivo. Algunas de las explicaciones adelantadas para explicar la paradoja incluyen la hipótesis del ingreso relativo (es decir, los individuos solamente se preocupan por los cambios en las posiciones relativas de su ingreso, y no sobre los cambios absolutos de este), la hipótesis de la adaptación o de la banda de caminar (que la gente modifica sus aspiraciones a medida que se hacen más rica) y la hipótesis de saturación (el ingreso adicional solamente aporta un bienestar subjetivo adicional a los pobres).

El bienestar general como capacidad

Como el PIB solo es insuficiente para medir el bienestar general de la gente en toda su complejidad, se han hecho muchos esfuerzos para diseñar nuevos sistemas de mediciones para el bienestar. La mayor parte de estos esfuerzos se han inspirado en el enfoque de la capacidad desarrollado por Amartya Sen. Este enfoque define el bienestar en términos de las oportunidades para vivir una buena vida. Estas capacidades se cuantifican por el conjunto de combinaciones alternativas de funcionalidades (las diferentes cosas que una persona puede valorar para hacer y ser) que la gente puede lograr. El desarrollo y el progreso exigen ampliar el conjunto de oportunidades y rehuir las opciones trágicas, donde una persona tenga que renunciar a la salud, la educación, la dignidad para asegurar la subsistencia material. En esta visión está implícita la noción de que los diferentes aspectos de la *buena vida* tienen valor por sí mismos y no simplemente como instrumentos para producir un mayor bienestar.

Este enfoque por la capacidad implica una definición multidimensional de bienestar que incluye tanto las capacidades como los resultados logrados. Puesto que tanto las funcionalidades como las capacidades son importantes, este enfoque se puede poner en funcionamiento mediante un tablero de indicadores para presentar todas las dimensiones importantes. La iniciativa de la OCDE Vida Mejor (Recuadro 14.2) y el Índice para una Vida Mejor van por esta vía.

Recuadro 14.2. **El marco de la OCDE para medir el bienestar general**

El marco de bienestar elaborado por la OCDE (Gráfico 14.7) es un intento para llevar a la práctica el enfoque de potencialidad y hacerlo mensurable, mediante indicadores de bienestar que pueden ser utilizados por quienes diseñan políticas y por las Oficinas Nacionales de Estadística para hacer el seguimiento de las condiciones de bienestar de la población y de su evolución a través del tiempo. El desarrollo del marco requiere, en primer lugar, hacer un listado de las potencialidades y funcionalidades que se deben tener en cuenta y luego identificar los indicadores específicos que se van a utilizar. En cuanto al primer aspecto, la OCDE define el bienestar general en dos dominios principales: las condiciones materiales de vida (es decir el "bienestar económico") y la calidad de vida. Estos dos dominios se abren luego en 11 dimensiones, a saber: i) ingreso y riqueza; ii) trabajo y ganancias; iii) vivienda; iv) salud; v) balance trabajo y vida; vi) educación; vii) relaciones sociales; viii) compromiso cívico; ix) condiciones ambientales; x) seguridad personal;

Recuadro 14.2. **El marco de la OCDE para medir el bienestar general** *(cont.)*

y xi) bienestar subjetivo. Estas once dimensiones se consideran universales, es decir, relevantes en todas las sociedades. Sin embargo, aunque estas dimensiones pueden variar entre países y contextos culturales, las dimensiones seleccionadas son importantes en todo el mundo, independientemente de su nivel socio-económico y de desarrollo humano.

Gráfico 14.7. **El marco de la OCDE para medir el bienestar**

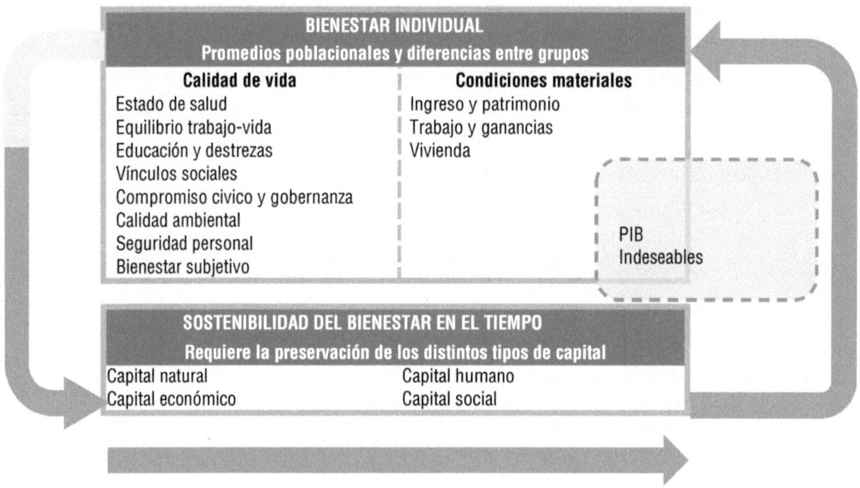

Fuente: OECD (2013), *How's Life? 2013: Measuring Well-being*, OECD Publishing, Paris, *http://dx.doi.org/10.1787/9789264201392.en*.

La medición de cada una de esas dimensiones del bienestar trae consigo aspectos específicos y para muchas de ellas los indicadores disponibles no son de la mejor calidad (véanse OCDE 2011 y 2013 para una discusión detallada de estos aspectos). Sin embargo, se ha hecho mucho progreso estadístico durante los veinte últimos años en la medición de algunas dimensiones (empleo, salud, destrezas, medio ambiente). Para otras, hay aún un largo camino por recorrer, antes de disponer de indicadores basados en criterios internacionales bien establecidos (por ejemplo, relaciones sociales, gobernanza, seguridad personal). En general las estadísticas de bienestar sufren de una limitada comparabilidad temporal, de falta de oportunidad y de un nivel de detalle insuficiente (es decir, pueden estar disponibles a nivel macro, pero no para los diferentes subgrupos de la población).

También son típicamente solamente disponibles en términos físicos, lo que trae como consecuencia que no se pueden establecer negociaciones que incluyan valoraciones. En algunos casos, los datos disponibles no son instrumentos oficiales, lo que trae otros tipos de limitaciones estadísticas.

La medición y la comprensión de la multidimensionalidad: ¿Cuadro de Control o Índice?

Como el enfoque por las capacidades considera que todos los resultados, por si mismos, son valiosos, la forma más natural de llevarlos a la práctica es adoptando un cuadro de control de los indicadores, que permita ver sus resultados separadamente. Sin embargo, si bien una de las limitaciones de estos cuadros es que solamente admiten un ordenamiento parcial entre estados (pueden indicar si un país se comporta mejor que otro en cada una de las dimensiones separadamente, pero no asignar un mejor comportamiento global), una de las ventajas sin embargo es que permite describir las tendencias de cada uno de los componentes elementales, un aspecto que es particularmente importante desde un punto de vista de política.

Una alternativa al cuadro de control es utilizar índices que combinan indicadores elementales en una sola variable faro. Los *índices compuestos* combinan la información a nivel agregado y los *índices sintéticos* la combinan a nivel individual. La ventaja de los índices compuestos/sintéticos es que simplifican la lectura de los datos y tienen en cuenta la correlación conjunta de resultados, y por consiguiente indican posibles interrelaciones entre los componentes (sinergias o compensaciones a nivel agregado y concentraciones de ventajas o desventajas a nivel individual). Un inconveniente de los índices compuestos/sintéticos es que requieren hipótesis arbitrarias en las diferentes etapas de su construcción; por ejemplo, la normalización de los indicadores (cuando los componentes individuales de los índices no se miden en las mismas unidades), y la selección de las formas funcionales utilizadas para combinar los distintos elementos (es decir, si los argumentos son sustituibles o complementarios), como también sus ponderaciones. Es por lo tanto muy importante que estas hipótesis estén bien fundamentadas sea en la teoría económica o sea/y que se hayan probado mediante un análisis de sensibilidad.

El índice de Vida Mejor de la OCDE evita el problema permitiendo que los usuarios elijan su propio sistema de ponderación individual para agregar los diferentes indicadores.

La dicotomía entre el Cuadro de Control y los índices compuestos/sintéticos se ve cada vez más como innecesaria, puesto que se pueden utilizar los índices cuando aportan un valor agregado al análisis, pero al mismo tiempo se dispone de más información con los cuadros de control y se reconoce la limitación de los índices. Hay circunstancias en las cuales los índices compuestos/sintéticos son más adecuados que los cuadros, por ejemplo, cuando el objetivo no es el de hacer seguimiento al bienestar sino evaluar los impactos de una política sobre bienestar. Muchas políticas o programas públicos tienen un amplio espectro de efectos sobre la vida de las personas; es por tanto importante que su evaluación, *ex ante* o *ex post*, se acompañe de un juicio sobre el impacto *global* en el bienestar de la gente.

El trabajo de la OCDE siguiendo estos lineamientos busca la evaluación del impacto de los diferentes tipos de política con mediciones compuestas del bienestar que combinen tres de las dimensiones incluidas en el marco de la Iniciativa Mejor Vida mediante una métrica monetaria (véase el Recuadro 14.3).

Recuadro 14.3. **El marco de Crecimiento Inclusivo de la OCDE**

En el Marco de Medición del Crecimiento Inclusivo de la OCDE, un índice compuesto de bienestar (llamado "Condiciones de vida multidimensionales"), se define en términos del ingreso, de los aspectos de vida (no referidos al ingreso) logrados por un país, y de la manera como estos aspectos están distribuidos entre la población. Este índice se construye según las tres etapas siguientes:

- Primero, se establece una medición de las condiciones de vida asociadas al ingreso (captadas por la vía del consumo o del ingreso real) a nivel individual.
- Segundo, las otras dimensiones (no referidas al ingreso) se incorporan en el análisis, y se miden a nivel individual o de grupos de individuos para combinarlos luego con las mediciones del ingreso.
- Tercero, esta medición de un estándar de vida más amplio se agrega sobre todos los individuos para obtener una medición global de condiciones de vida multidimensional.

El marco de la OCDE sique el enfoque de ingreso-equivalente (Fleurbaey, 2009) al realizar el segundo paso. El ingreso equivalente es el ingreso hipotético, que haría a una persona indiferente entre su situación corriente en términos de condiciones de vida no relacionadas con el ingreso y un **estado de referencia** (generalmente el mejor resultado posible de las dimensiones no asociadas al ingreso). El ingreso equivalente reemplaza entonces al ingreso monetario y las comparaciones de bienestar entre individuos o a lo largo del tiempo son similares a las de un caso normal. El enfoque de ingreso equivalente requiere monetizar los beneficios de los componentes diferentes del ingreso. Esta monetización depende primero de un nivel de referencia con el cual los individuos pueden comparar su estado actual (por ejemplo, los años de esperanza de vida por encima o por debajo del nivel de referencia de la longevidad). En un segundo paso, la distancia de los individuos a la referencia, medida en unidades no monetarias, se monetiza y se expresa en términos de ingreso equivalente. El Gráfico 14.8 muestra que, entre 1995 y 2007, el valor monetario de una medida (multidimensional) de condiciones de vida para un hogar mediano aumentó a un ritmo mayor que el PIB per cápita y que el ingreso de los hogares, impulsado por las mejoras en longevidad y el menor desempleo. Desde la crisis de 2007-09, las condiciones de vida (multidimensional) cayeron más que el PIB en todos los países de la OCDE afectados por la crisis, debido al mayor desempleo.

Gráfico 14.8. **Crecimiento en Condiciones de Vida Multidimensional para el hogar mediano, 1995-2007**

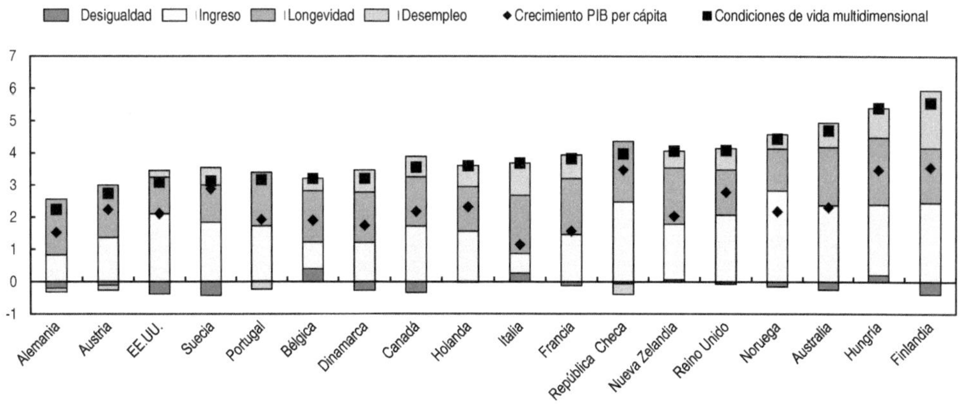

Nota: Este gráfico muestra el crecimiento en condiciones de vida multidimensional para el hogar mediano entre 1995 y 2007. Muestra también el crecimiento los componentes de la calidad de vida multidimensional, más exactamente los cambios en el ingreso, la longevidad, el desempleo y la esperanza de vida.
Fuente: Boarini et al., 2014.

StatLink http://dx.doi.org/10.1787/888933736906

Notas

1. Las unidades de consumo generalmente ajustan el número de personas que pertenecen al mismo hogar, mediante factores ("escalas de equivalencia") que reflejan la forma en que se comparten los recursos al interior de los hogares. El cálculo de las unidades de consumo requiere información de cómo están agrupadas las personas en diferentes hogares, una información de tipo micro. Para una descripción de las escalas de equivalencia, véase: *www.oecd.org/eco/growth/OECD-Note-EquivalenceScales-pdf*.
2. Los estimativos de OCDE sobre las horas anuales de trabajo por personas empleadas (referidas a trabajadores de tiempo completo y tiempo parcial) en 2012 iban de 2 226 horas en México a 1 381 horas en los Países Bajos (es decir, una diferencia del cerca de 40%). Desde 1979, las horas anuales realmente trabajadas por persona han disminuido, 18% en Francia pero solamente 2% en Estados Unidos.

Referencias

Ahmad, N. and S. Koh (2011), "Incorporating Estimates of Household Production of Non-Market Services into International Comparisons of Material Well-Being", *OECD Statistics Working Papers*, No. 2011/07, OECD Publishing, Paris, *http://dx.doi.org/10.1787/5kg3h0jgk87g-en*.

Boarini, R., Å. Johansson and M. Mira d'Ercole (2006), "Alternative Measures of Well-Being", *OECD Social, Employment and Migration Working Papers*, No. 33, OECD Publishing, Paris, *http://dx.doi.org/10.1787/713222332167*.

Boarini, R. et al. (2014), "OECD Framework on Inclusive Growth", *OECD Statistics Directorate Working Paper*, OECD Publishing, Paris, forthcoming.

Boarini, R., M. Mira d'Ercole and G. Liu (2012), "Approaches to Measuring the Stock of Human Capital: A Review of Country Practices", *OECD Statistics Working Papers*, No. 2012/04, OECD Publishing, Paris, *http://dx.doi.org/10.1787/5k8zlm5bc3ns-en*.

Coyle, D. (2014), "GDP: a brief but affectionate history", Princeton University Press, Princeton, New Jersey.

Fesseau, M., F. Wolff and M.L. Mattonetti (2013), "A Cross-country Comparison of Household Income, Consumption and Wealth between Micro Sources and National Accounts Aggregates", *OECD Statistics Working Papers*, No. 2013/03, OECD Publishing, Paris, *http://dx.doi.org/10.1787/5k3wdjrnh7mv-en*.

Fesseau, M. and M.L. Mattonetti (2013), "Distributional Measures Across Household Groups in a National Accounts Framework: Results from an Experimental Cross-country Exercise on Household Income, Consumption and Saving", *OECD Statistics Working Papers*, No. 2013/04, OECD Publishing, Paris, *http://dx.doi.org/10.1787/5k3wdjqr775f-en*.

Fleurbaey, M. (2009), "Beyond the GDP: The Quest for Measures of Social Welfare", *Journal of Economic Literature*, Vol. 47, No. 4, December, pp. 1029-1075, *http://dx.doi.org/10.1257/jel.47.4.1029*.

Gallup World Poll, *www.gallup.com/home.aspx?ref=b*.

Nordhaus W.D. and J. Tobin (1973), "Is Growth Obsolete?" in *The Measurement of Economic and Social Performance, Studies in Income and Wealth*, National Bureau of Economic research, Vol. 38.

OECD (2014), "Detailed National Accounts: Non-financial accounts by sectors, annual", OECD National Accounts Statistics (database), *http://dx.doi.org/10.1787/data-00034-en*.

OECD (2013a), "Aggregate National Accounts: Gross domestic product", OECD National Accounts Statistics (database), *http://dx.doi.org/10.1787/data-00001-en*.

OECD (2013b), "OECD Health Data: Health status", OECD Health Statistics (database), *http://dx.doi.org/10.1787/data-00540-en*.

OECD (2013c), "Income Distribution", OECD Social and Welfare Statistics (database), *http://dx.doi.org/10.1787/data-00654-en*.

OECD (2013d), *How's Life? 2013: Measuring Well-being*, OECD Publishing, Paris, *http://dx.doi.org/10.1787/9789264201392-en*.

OECD (2011), *How's Life? : Measuring Well-being*, OECD Publishing, Paris, *http://dx.doi.org/10.1787/9789264121164-en*.

Stiglitz, J.E., A. Sen and J.-P. Fitoussi (2009), Report by the Commission on the Measurement of Economic Performance and Social Progress, *www.insee.fr/en/information/2662494*.

Capítulo 15

Las Cuentas Nacionales en un mundo que se globaliza

Este capítulo ilustra la tendencia creciente de la globalización, a través de la cual los productos son el resultado de los procesos que ocurren en todo el mundo. En él se propone una nueva herramienta estadística, TiVA, para entender mejor estos flujos comerciales internacionales interrelacionados. Se analiza también cómo mantener la calidad de las estadísticas de la contabilidad nacional en este mundo crecientemente globalizado.

La globalización es un fenómeno viejo, de siglos de creciente interacción entre las economías nacionales. En las últimas décadas, este fenómeno ha ganado un nuevo ímpetu, principalmente debido a desarrollos políticos y a progresos en las tecnologías de información y comunicación. Las interrelaciones tradicionales entre los países, por ejemplo en el intercambio de productos y en mercados financieros estrechamente conectados, han crecido considerablemente. Al mismo tiempo ha habido una profundización de la globalización a través, por ejemplo, de arreglos globales de producción. Los procesos de producción se extienden cada vez más al mundo entero. En el caso de la producción de un IPAD, por ejemplo, la innovación de producto y el desarrollo ocurre en los Estados Unidos, toda clase de partes semi-acabadas se producen en varios países y después se ensamblan en China, después de lo cual se negocian en todo el mundo, con las campañas publicitarias que son desarrolladas en algún otro país. El gráfico de la página siguiente muestra algunas de las interrelaciones mundiales en la producción de un avión, tomadas de un anuncio publicitario de Boeing.

Estos desarrollos han tenido un impacto positivo en el ingreso y la productividad mundiales. Sin embargo, la crisis económica y financiera, que comenzó en los Estados Unidos en 2007 y se extendió rápidamente a otras partes del mundo, también reveló los riesgos importantes asociados a la interrelación creciente de las economías nacionales. El descenso en el mercado inmobiliario de los EE.UU. no sólo afectó al valor de los portafolios de sociedades americanas, sino también directamente, vía inversiones extranjeras en el mercado inmobiliario de los EE.UU., o indirectamente, vía inversiones de organizaciones del resto del mundo, en sociedades americanas relacionadas tales como Fanny Mae, Freddy Mac y Lehman Brothers. Otro ejemplo es el desastre de Fukushima que no sólo afectó a la economía japonesa, sino también a las economías de otros países que estaban entrelazadas con las compañías japonesas en toda clase de cadenas de suministro.

Al mirar la globalización desde una perspectiva estadística, se enfrentan varios desafíos, que se pueden agrupar en cuatro categorías amplias:

- La medida del fenómeno mismo. ¿Cómo se puede medir (el desarrollo posterior de) la globalización? ¿Qué indicadores captan la interdependencia cada vez mayor de las economías nacionales?
- La descripción del comportamiento de las empresas multinacionales, que son la fuerza impulsora detrás de la globalización. ¿Cómo se comportan

estas empresas y por qué? ¿Cuáles son las razones detrás de la división de actividades y asignación subsiguiente de las actividades a los países? ¿Cuáles son las ventajas comparativas de las economías nacionales?

- El impacto de la globalización sobre los indicadores tradicionales. La globalización puede tener un impacto significativo en todos los aspectos del desarrollo de una sociedad, en los niveles económico, social y ambiental. Contar con más información (detallada) para apoyar análisis adicionales y la investigación es particularmente importante en las áreas donde el impacto es significativo.
- El impacto de la globalización en el cálculo de los indicadores tradicionales. La proporción cada vez mayor de empresas que operan su negocio en una escala internacional y el movimiento internacional cada vez mayor de personas, de capital financiero, de bienes y servicios, plantea problemas específicos a los expertos de estadísticas nacionales, y en particular de contabilidad nacional.

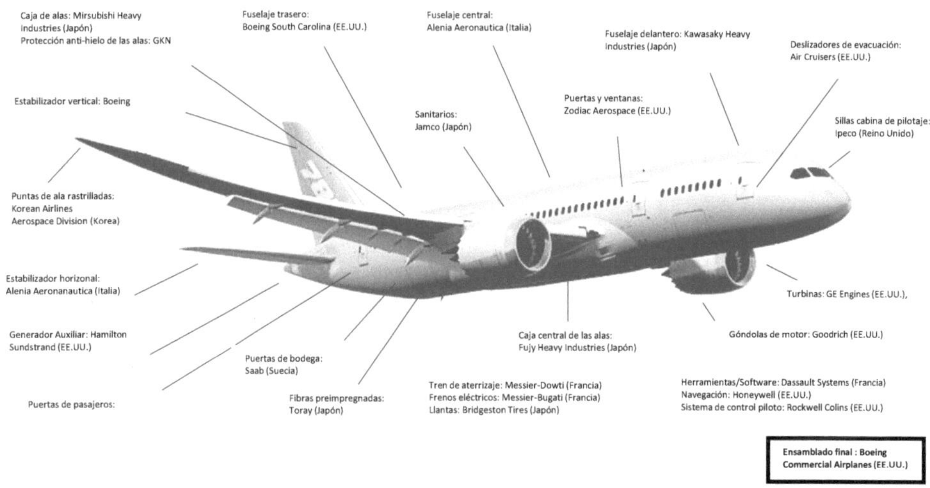

Fuente: www.newairplane.com.

Mientras que la globalización puede plantear problemas para los estadísticos, es importante recordar que las políticas macroeconómicas están en gran parte basadas en un contexto nacional. Es también el caso en la zona euro, en que solo la política monetaria es única para los 19 países de la zona, pero no las políticas presupuestales que siguen basadas en desarrollos económicos nacionales. Por ello, las variables de la contabilidad nacional siguen siendo esenciales pues constituyen el marco estadístico en el cual se basan las políticas económicas. Es decir el nacional en contabilidad nacional no se hace obsoleto por la globalización, sino que "simplemente" se vuelve más difícil medir los agregados de la contabilidad nacional, y los estadísticos tienen que idear maneras de mantener su calidad.

Este capítulo, se inicia mostrando algunos ejemplos de globalización creciente. El capítulo se detendrá posteriormente sobre el papel de las empresas multinacionales y del impacto que pueden tener en la interpretación de los flujos comerciales y la competitividad de economías nacionales, sobre la base de una nueva herramienta estadística, el Comercio en valor agregado (TiVA). El capítulo concluye con el tratamiento de algunos problemas de medición, especialmente cuando se trata de la elaboración de las cuentas nacionales.

15.1. Evidencia de la globalización creciente

La globalización se expresa a menudo en términos de importaciones y exportaciones de bienes y servicios cada vez mayores, como porcentaje del PIB. Aunque ésta no sea ciertamente la única forma para medir la conectividad de las economías nacionales, hace comprender de inmediato el fenómeno. En el Gráfico 15.1, se muestra que en el período 1995 a 2012, la participación media de las exportaciones en países de la OCDE ha aumentado del 20.1% al 29.0% del PIB. En una economía pequeña y abierta como Luxemburgo, la participación de las exportaciones va más allá de 100% del PIB, con un máximo de 182%, momentos antes de la crisis financiera. Pero también países como Bélgica, Estonia, Hungría, Irlanda, los Países Bajos, y Eslovaquia tienen altas participaciones de las exportaciones, por encima del 75% en estos últimos años. Esto muestra, mirando los desarrollos a lo largo del tiempo, que la crisis económica y financiera causó un sobresalto importante en los desarrollos a largo plazo, aunque la tendencia fuera recuperada rápidamente con participaciones de las exportaciones en el 2011 que son generalmente superiores a las que se tenían antes de la crisis.

Otro indicador que muestra la interrelación creciente entre las economías nacionales es el peso relativo de la Inversión Extranjera Directa (IED), también como porcentaje del PIB. La IED se relaciona principalmente con las inversiones financieras hechas por empresas multinacionales en la creación de filiales en otras economías. El Gráfico 15.2 muestra el peso promedio de IED en el exterior para los países de la OCDE en el período 1990-2013. Se puede observar progresos similares al peso relativo de las exportaciones. Mientras que el peso promedio de la IED en los países de la OCDE era 9.7% en 1990, ha aumentado a 42.6% en 2013 con una tendencia al alza casi continua. En Luxemburgo e Irlanda, los niveles de inversión exterior eran superiores a 200%, seguidos de cerca por Bélgica y Suiza con un nivel alrededor de 190% en años recientes.

Gráfico 15.1. **Participación promedio de las exportaciones, total países OCDE**
Exportaciones de bienes y servicios como porcentaje del PIB

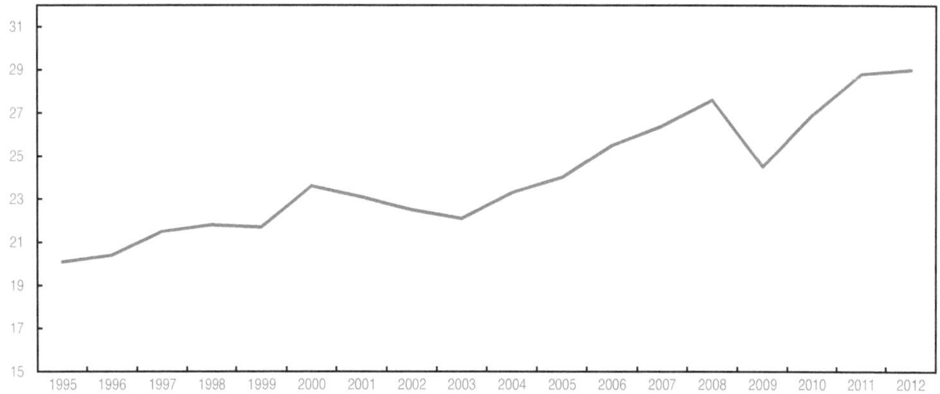

Fuente: OCDE (2014), *National Accounts at a Glance 2014*, OECD Publishing, *http://dx.doi.org/10.1787/na_glance-2014-en.*

StatLink http://dx.doi.org/10.1787/888933736925

Gráfico 15.2. **Promedio de participación de la Inversión Extranjera Directa para países OCDE**
% de PIB

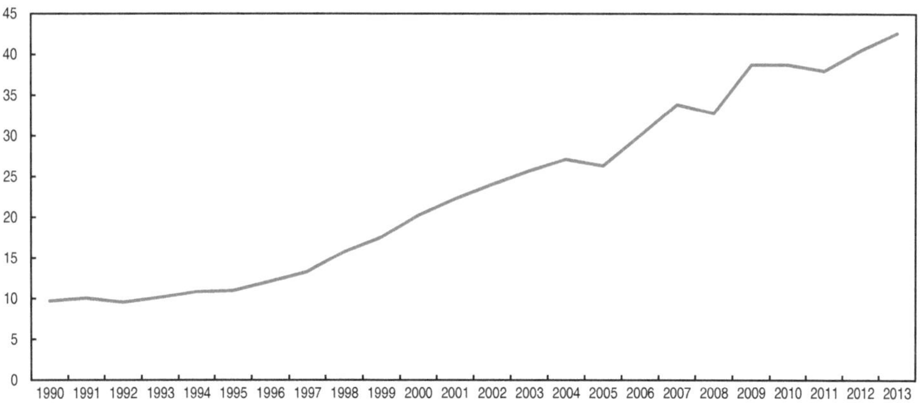

Fuente: OECD (2013), FDI series of BOP, *http://stats.oecd.org/Index.aspx?DataSetCode=FDI_BOP_IIP* and *www.oecd.org/investment/statistics.htm.*

StatLink http://dx.doi.org/10.1787/888933736944

Se puede observar también la generación de producción interna y de empleo por las empresas que están controladas directamente por sociedades extranjeras. El Cuadro 15.1 que aparece a continuación presenta alguna evidencia para los Países Bajos. Se muestra que la participación de sociedades controladas por el extranjero en todas las actividades corporativas no financieras ha aumentado substancialmente durante el último período a partir de 1995. La participación de las empresas controladas por el extranjero en el valor agregado ha crecido desde el 19.0% en 1995 a cerca del 30% en el período 2009-11. En la remuneración de empleados, la participación ha crecido desde un 16.5% a cerca del 25% en el mismo período. Se puede observar un aumento particularmente notable en los primeros años de la crisis, sugiriendo que las sociedades controladas por el extranjero eran más resistentes a la recesión.

Todo esto muestra claramente la interrelación cada vez mayor de las economías nacionales. Se pueden encontrar ejemplos similares en el número cada vez mayor de transacciones diarias de capital financiero a nivel mundial. En la sección siguiente, se presta una mayor atención a las empresas multinacionales y al papel que desempeñan.

Cuadro 15.1. **Sociedades no financieras con control extranjero en los Países Bajos**

Valor agregado y remuneración a los empleados

	Valor agregado por sociedades con control extranjero	Remuneración a los empleados pagada por empresas con control extranjero	Valor agregado por sociedades no-financieras	Remuneración a los empleados pagada por empresas no-financieras	Participación en el valor agregado	Participación en la remuneración a los empleados
1995	32 490	17 207	171 001	104 177	19.0%	16.5%
1996	34 175	18 033	179 451	109 181	19.0%	16.5%
1997	37 558	18 545	192 310	115 903	19.5%	16.0%
1998	41 317	21 188	204 671	125 214	20.2%	16.9%
1999	44 602	23 674	217 558	134 326	20.5%	17.6%
2000	49 246	25 358	237 147	144 303	20.8%	17.6%
2001	55 600	29 912	251 994	154 574	22.1%	19.4%
2002	61 780	32 296	263 024	161 243	23.5%	20.0%
2003	63 461	32 617	266 631	164 883	23.8%	19.8%
2004	68 858	35 949	273 709	168 539	25.2%	21.3%
2005	72 365	38 312	287 162	170 995	25.2%	22.4%
2006	78 791	39 889	304 212	179 049	25.9%	22.3%
2007	84 228	42 810	325 204	190 018	25.9%	22.5%
2008	82 997	42 238	339 872	201 020	24.4%	21.0%
2009	94 399	51 402	322 929	201 913	29.2%	25.5%
2010	100 335	51 874	327 892	201 801	30.6%	25.7%
2011	100 161	51 289	338 359	207 140	29.6%	24.8%

Fuente: CBS (2012), Internalisation Monitor 2012, *www.chs.nl/nl-NL/menu/themas/international.handel/publicaties/archief/2012/2012-internationalisation-monitor-2012-pub.htm.*

StatLink http://dx.doi.org/10.1787/888933736963

15.2. Una nueva herramienta estadística para medir el impacto de la globalización: el Comercio en Valor Agregado (TiVA)

Los actores más importantes en el mundo globalizado son las empresas multinacionales. Más y más empresas están profundamente involucradas, hoy en día, en arreglos globales de la producción que a menudo cubren el mundo entero. Los procesos de producción se fragmentan y se asignan a los países que ofrecen el modo más eficaz de responsabilizarse de diversas etapas del proceso de producción. Esto determina en que países se generan el valor agregado y el empleo, los desarrollos de los flujos comerciales fronterizos internacionales y las maneras en las cuales estos flujos deben ser interpretados, y cuáles se consideran las ventajas competitivas de un país en un mundo globalizado. El mundo es cada vez más interconectado y los enfoques convencionales que se utilizan para entender cómo trabajan las economías nacionales no se pueden referirse solamente a las estadísticas nacionales. Para entender cómo trabajan las economías, y cómo enfocar y crear políticas industriales, teniendo como objetivo, por ejemplo, la productividad, es necesario ver el conjunto.

Para abordar los problemas relacionados con la globalización, se han desarrollado diversas iniciativas que buscan arrojar más luces sobre este fenómeno y mejorar los datos y el análisis necesarios para responder a las numerosas preguntas de política económica a las que están enfrentados los países. Una de estas iniciativas es el llamado comercio en valor agregado (TiVA), desarrollado en forma conjunta por la OCDE y la Organización Mundial de Comercio (OMC). La iniciativa de TiVA tiene como objeto tratar el caso de la doble contabilización implícita en los flujos brutos de comercio, y en cambio mide los flujos relacionados con el valor que agrega un país (remuneración al trabajo, otros impuestos a la producción, excedente de explotación o utilidades) en la producción de cualquier bien o servicio que exporte. El ejemplo simplificado que se muestra enseguida ilustra esto. El país A exporta 100 USD de mercancías producidas totalmente al interior de A, al país B que las reprocesa antes de exportarlas a C donde se consumen. B agrega 10 USD de valor a las mercancías, así que exporta 110 USD a C. Las mediciones convencionales del comercio muestran exportaciones e importaciones globales de 210 USD pero solamente se han generado 110 de valor en su producción. Las medidas convencionales también muestran que C tiene un déficit comercial de 110 USD con B, y ningún comercio en absoluto con A, a pesar de que A es el principal beneficiario del consumo de C.

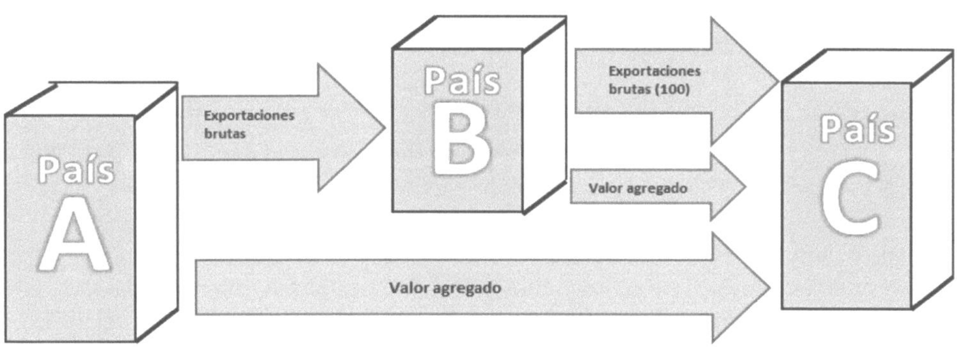

Si en cambio se siguieran los flujos de valor agregado, se podría recalcular el déficit comercial de C con B, basado en el valor agregado que "compra" de B como demanda final, lo que reduce su déficit a 10 USD; al aplicar el mismo criterio al valor agregado por A mostraría a C con un déficit de 100 USD con A. Se debe observar que sigue habiendo el déficit comercial total de C con el resto mundo por 110 USD. Lo único que ha cambiado son sus posiciones bilaterales. Este ejemplo simple revela cómo la producción en un país puede afectar a los consumidores en otro y por cuánto (por ejemplo los consumidores de C que impulsan la producción de A), pero puede también revelar otros aspectos importantes de los arreglos globales de producción. Por ejemplo muestra que las exportaciones de B dependen significativamente de las importaciones intermedias que hace de A, y que las medidas proteccionistas sobre las importaciones de A podrían afectar a sus exportadores y por lo tanto su competitividad. De hecho, con la información a nivel de industrias específicas, es posible proporcionar detalles de otras áreas también, por ejemplo la contribución del sector de los servicios al comercio internacional. A este respecto, Pascal Lamy, el director general de la OMC, observaba que "el sesgo estadístico creado al atribuir el valor comercial al último país de origen altera la dimensión económica real de los desequilibrios comerciales bilaterales. Esto afecta el debate político, y lleva a percepciones sesgadas" (Financial Times, 24 de enero de 2011).

Para desenredar estos flujos comerciales, y llegar a estimaciones del comercio en valor agregado, el TiVA emplea una tabla de insumo-producto global que reúne las tablas insumo – producto para las economías nacionales, combinadas con datos del comercio bilateral sobre bienes y servicios. En este contexto, es importante entender que el TiVA no está orientado a ajustar las principales variables de la contabilidad nacional, tales como el valor agregado o el PIB, que siguen estando libres de cualquier doble contabilización o sesgo. Por el contrario, las estimaciones de TiVA se basan en el sistema de contabilidad nacional sin cambio. El TiVA da simplemente una interpretación adicional a los flujos comerciales brutos. Enseguida se presentan varios ejemplos de mensajes claves que se derivan de esta nueva presentación de los datos sobre flujos del comercio internacional.

Las exportaciones necesitan importaciones

Los datos revelan que el contenido importado de las exportaciones (la parte del valor agregado por la exportación de un producto dado, originado en el extranjero) es significativo en casi todos los países. El Gráfico 15.3 muestra el coeficiente complementario, o sea, el contenido nacional de las exportaciones, como porcentaje de las exportaciones totales. Típicamente, mientras más grande un país más alto el contenido nacional, reflejando en parte la escala y el costo. Pero varias economías más pequeñas también tienen contenido nacional relativamente alto en sus exportaciones, tales como Australia, Chile y Noruega, lo cual indica una alta participación de exportaciones de recursos naturales tales como minerales, petróleo y cobre, que tienen naturalmente un bajo contenido extranjero. La geografía también juega un papel, que ayuda a explicar el coeficiente relativamente alto de Nueva Zelanda, así como su dependencia relativamente alta en las exportaciones agrícolas, que también tienen un componente extranjero relativamente bajo.

Gráfico 15.3. **Contenido doméstico de las exportaciones**

Valor agregado doméstico de las exportaciones, como % de las exportaciones brutas totales, 2009

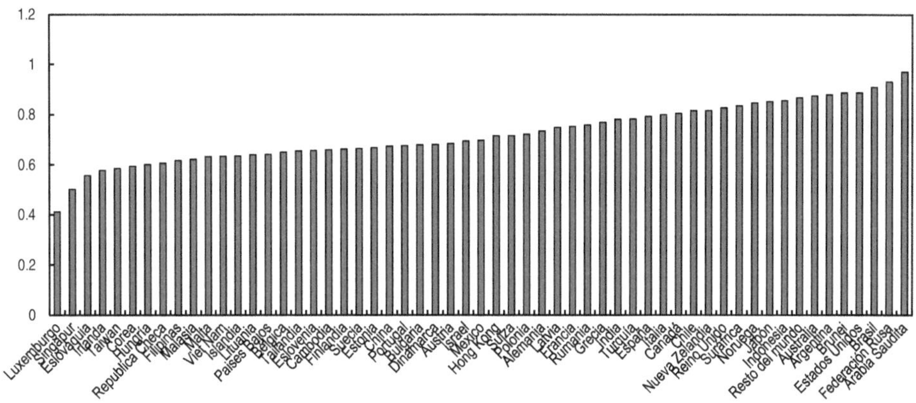

Fuente: OECD/WTO (2018), "Trade in value added", OECD-WTO: Statistics on Trade in Value Added (database), *http://dx.doi.org/10.1787/data-00648-en.*

StatLink http://dx.doi.org/10.1787/888933736982

Sin embargo, para las economías de tamaño mediano, particularmente las de Europa Oriental, la norma es que solamente dos tercios del valor de las exportaciones representan el contenido nacional y hasta una tercio refleja el contenido extranjero. Más generalmente, los datos revelan la existencia de núcleos de producción europeos, asiáticos y norteamericanos así como la dependencia significativa de muchos países de las importaciones para generar exportaciones. En México, con sus maquiladoras, y en China con sus procesadores/ensambladores, cerca de un tercio de las exportaciones totales reflejan contenido extranjero.

Se necesita sin embargo cierto cuidado en la interpretación de los resultados. El 2009 era un año excepcional, el año que significó quizás el nadir de la crisis económica y financiera, caracterizado en parte por una desaceleración sin precedentes en el comercio global desde la Segunda Guerra Mundial. Datos ilustrativos que se devuelven a 1995 sugieren que la fragmentación internacional de la producción (el contenido de importación en las exportaciones) había estado creciendo constantemente en la mayoría de los países durante las últimas décadas, continuaron así durante el período 2005-08, a pesar de la desaceleración que comenzó a presentarse en muchos países en 2008. Pero en 2009 se vieron diminuciones en el contenido importado de las exportaciones, y, por ende, aumentos en el contenido nacional, sugiriendo que cuanto mayor es la fragmentación de un bien o de un servicio, más probable es que pueda ser afectado por la desaceleración sincronizada del comercio. En la mayoría de los países por lo tanto, el contenido importado de las exportaciones globales volvió en 2009 cerca de los coeficientes observados en 2005, aunque en China los datos indican una caída constante en el contenido extranjero, sugiriendo desarrollos que muestran que China comenzó a subir la cadena de valor agregado.

Una alta participación de las importaciones intermedias se utiliza para servir los mercados de exportación

Las cifras mencionadas revelan que las empresas exportadoras requieren el acceso a importaciones eficientes para ser competitivas, y, por consiguiente, destacan los efectos potencialmente contraproducentes de las medidas proteccionistas. Una manera alternativa de indicar los efectos nocivos de tales políticas se puede apreciar al mirar la participación de las importaciones intermedias que se utilizan para servir mercados de exportación. En la mayoría de las economías, alrededor de la tercera parte de las importaciones intermedias se destina al mercado de exportación. No es sorpresa que, generalmente, cuanto más pequeña sea la economía tanto más alta sea esta participación, pero incluso en los Estados Unidos y Japón estas son el 15% y el 20% respectivamente en el nivel total de la economía, con una incidencia más alta de importaciones intermedias en algunas industrias altamente integradas (Gráfico 15.4). En Japón por ejemplo casi 40% de todas las importaciones intermedias de equipo de transporte terminan en exportaciones. En muchos otros países, la parte de las importaciones intermedias incorporadas en las exportaciones es significativamente mayor. En Hungría, por ejemplo, dos tercios de todas las importaciones intermedias se destinan al mercado de exportación después de transformación, y esta proporción llega a ser del 90% para las importaciones intermedias electrónicas. En China, Corea y México alrededor de tres cuartos de todas las importaciones intermedias de productos electrónicos se incorporan en las exportaciones.

Los mercados de servicios abiertos y eficientes son relevantes

Los servicios representan cerca de dos tercios del PIB en la mayoría de las economías desarrolladas. Sin embargo, en términos aproximados, el comercio en servicios representa, en general, menos de la cuarta parte del comercio total en la mayoría de los países. Esto refleja en parte el hecho de que una porción significativa de la producción de servicios no es generalmente

Gráfico 15.4. **Consumo intermedio importado incorporado en las exportaciones**

% del total de importaciones de productos intermedios, 2009

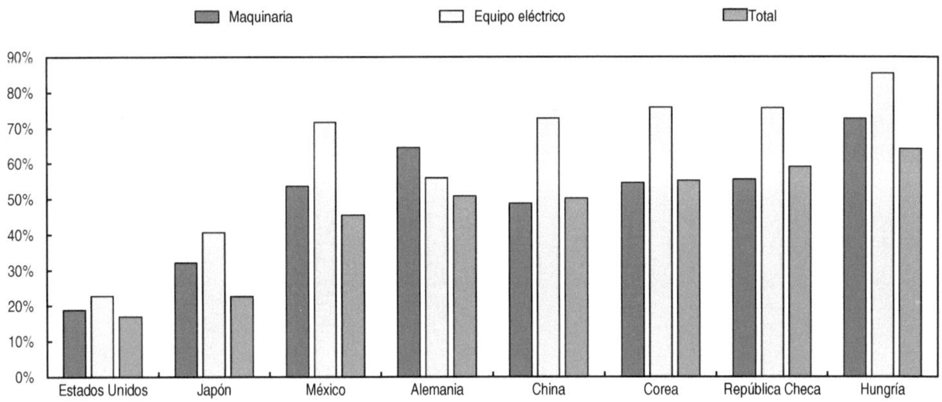

Fuente: OECD/WTO (2018), "Trade in value added", OECD-WTO: Statistics on Trade in Value Added (database), *http://dx.doi.org/10.1787/data-00648-en.*

StatLink http://dx.doi.org/10.1787/888933737001

(internacionalmente) comercializable, por ejemplo, los servicios gubernamentales, muchos servicios personales y las imputaciones tales como las que se hacen en cálculos del PIB para reflejar el alquiler que se supone que pagan los dueños de sus casas. Pero también refleja el hecho de que el sector de los servicios proporciona insumos intermedios significativos a los fabricantes nacionales de bienes manufacturados.

La contabilización del valor agregado producido por el sector de servicios en la producción de bienes muestra que el contenido de servicios en las exportaciones brutas totales está por encima del 50% en la mayoría de las economías de la OCDE, acercándose a dos tercios del total en el Reino Unido (Gráfico 15.5). Canadá, cuyas exportaciones de recursos naturales (que tienen un contenido generalmente bajo de servicios), son significativas, presenta el contenido más bajo de servicios en las exportaciones del G7, pero incluso aquí la participación está cercana al 40%. En general, las economías emergentes y otros exportadores grandes de recursos naturales, tales como Noruega, Chile y Australia, tienen las participaciones más bajas de servicios. Por otra parte, en la India, más de la mitad del valor de sus exportaciones brutas se origina en el sector de los servicios. Indonesia tiene la participación más baja de los 40 países en la base de datos, aproximadamente el 20%.

Parte de la explicación para la diferencia entre los países de la OCDE y las economías emergentes reside en el grado relativamente más alto de externalización de servicios (en gran parte nacionales) por las industrias manufactureras en los países de la OCDE en las últimas décadas, sugiriendo

Gráfico 15.5. **Valor agregado de servicios: % de las exportaciones totales (2009)**

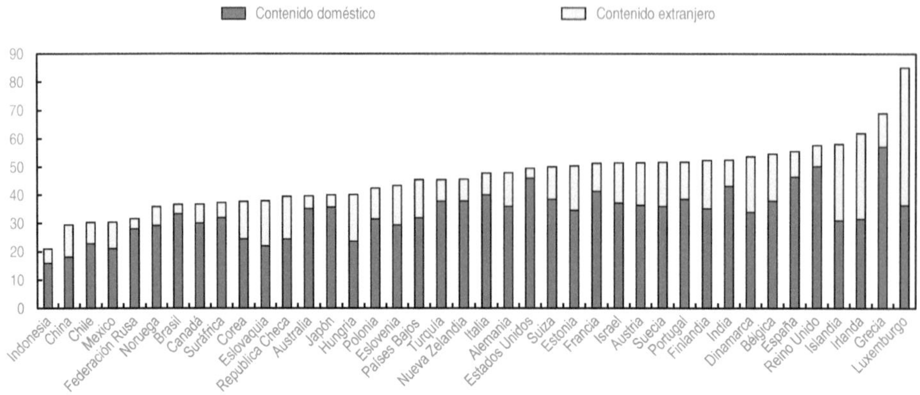

Fuente: OECD/WTO (2018), "Trade in value added", OECD-WTO: Statistics on Trade in Value Added (database), *http://dx.doi.org/10.1787/data-00648-en.*

StatLink *http://dx.doi.org/10.1787/888933737020*

que un proceso similar podría llevar a mejoras en la competitividad de estas industrias de la economía emergente. El Gráfico 15.5 también revela una contribución no insignificante a las exportaciones de proveedores de servicios extranjeros.

Otra manera, quizás más clara, de ilustrar la importancia de los servicios en las exportaciones es considerar el contenido de servicios en las exportaciones específicas del sector de la producción de bienes. El Gráfico 15.6 que aparece enseguida, toma un promedio de 40 países en la base de datos, y muestra que los servicios tienen una contribución significativa (generalmente un tercio) en todos los sectores manufactureros, con participaciones significativas de los proveedores de servicios tanto extranjeros como nacionales. Para sectores individuales en países específicos la importancia del sector de los servicios es a menudo más alta. En Francia, por ejemplo, los datos revelan que algo más de la mitad de valor agregado nacional generado en la producción de equipo de transporte se origina en el sector francés de servicios.

Gráfico 15.6. **Valor agregado de servicios: % de la exportación total de bienes, promedio de 40 países**

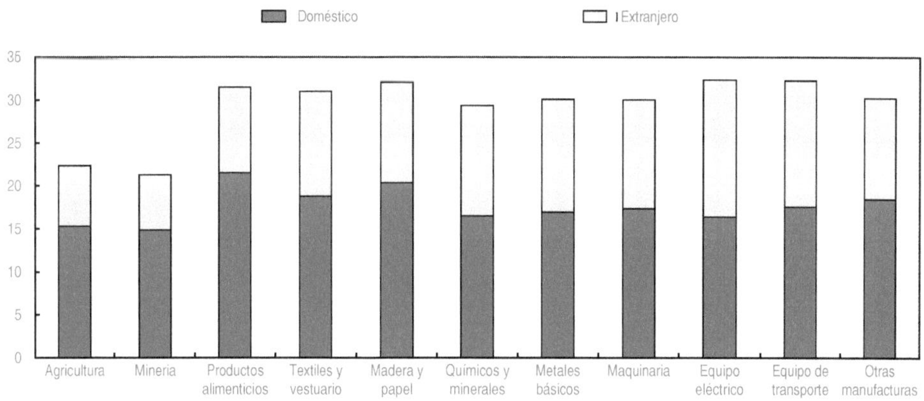

Fuente: OECD/WTO (2018), "Trade in value added", OECD-WTO: Statistics on Trade in Value Added (database), *http://dx.doi.org/10.1787/data-00648-en.*

StatLink http://dx.doi.org/10.1787/888933737039

Lo que usted ve no es lo que usted recibe: cambio de los modelos comerciales

Las posiciones bilaterales de la balanza comercial pueden cambiar de manera significativa cuando se miden en términos de valor agregado, aunque la balanza comercial total no se vea afectada. Por ejemplo, el excedente comercial bilateral de China con los Estados Unidos era inferior en 40 mil millones de USD (el 25%) en términos de TiVA en 2009 (y el 30% más pequeño en 2005). Esto refleja en parte la parte la mayor participación de las importaciones de valor agregado proveniente de EE.UU. en la demanda final china, pero también el hecho que una parte significativa (un tercio) de las exportaciones de China muestran un contenido extranjero que es el resultado del fenómeno de la "Fábrica Asia". Los datos ilustran que exportaciones significativas de valor agregado de Corea y de Japón pasan a través de China en su camino hacia los consumidores finales, dando por resultado déficits comerciales chinos significativamente más pequeños con estos países, pero también, excedentes comerciales japoneses y coreanos generalmente más altos con otros países. Igualmente, los datos muestran que el apreciable déficit comercial de Corea con Japón en términos brutos, casi desaparece cuando se mide en términos de TiVA.

En conclusión, se puede decir que las fortalezas competitivas de los países no se pueden derivar simplemente del tipo de productos que los países generalmente exportan, pues pueden contener una alta porción de valor agregado generada en otros países. En un mundo que se globaliza, la posición competitiva de un país se puede relacionar mucho más con ciertos tipos de actividades en la cadena global de valor.

Gráfico 15.7. **Diferencia entre el valor agregado y los saldos comerciales brutos para China**

Miles de millones de USD, 2009

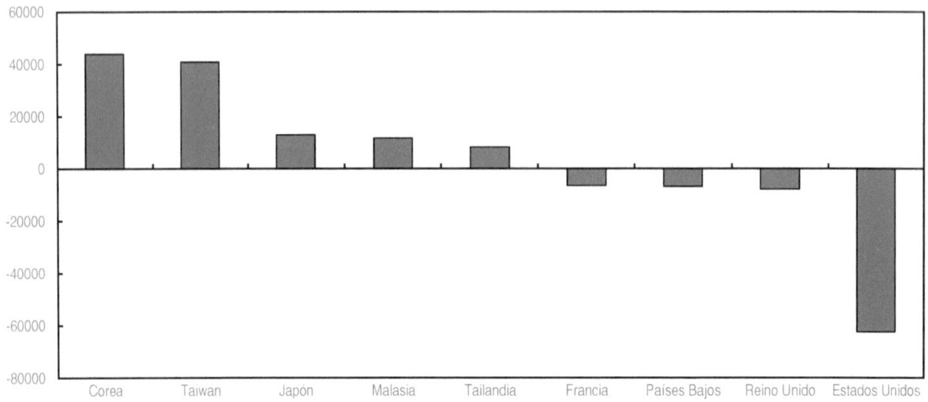

Fuente: OECD/WTO (2018), "Trade in value added", OECD-WTO: Statistics on Trade in Value Added (database), *http://dx.doi.org/10.1787/data-00648-en.*

StatLink http://dx.doi.org/10.1787/888933737058

15.3. Continuar con la elaboración de buenas cuentas nacionales en un mundo que se globaliza

Aunque el TiVa es una extensión importante de la contabilidad nacional tradicional, las actividades de empresas multinacionales pueden también despertar inquietudes en relación con la calidad de las cuentas nacionales para las economías nacionales. El primero y quizás el más relevante de los problemas se relaciona con la asignación del valor agregado a las economías nacionales. Las multinacionales realizan, al interior de la firma, considerables transacciones de bienes y servicios que cruzan las fronteras de las economías nacionales. La valoración de estas transacciones, designada a menudo como "fijación de precios de transferencia", tiene un impacto directo en la asignación del valor agregado y del PIB. Si, por ejemplo, una multinacional de los EE.UU. organiza la producción de sus bienes en China, y los distribuye posteriormente a otra filial en Europa, un precio bajo artificial para la exportación de China a Europa dará lugar a la sub-valoración de la producción, del valor agregado y de los beneficios en China, y valores más altos fuera de China, y viceversa. Aunque tales precios, según la mayoría de las legislaciones nacionales de impuestos, deben ser fijados a los precios equivalentes de mercado, hay espacios de maniobra, especialmente en el caso de los bienes que tienen altos márgenes, por razón de su contenido de conocimiento técnico y/o la reputación de la marca, o en el caso de bienes que son productos intermedios, no son comercializados y como consecuencia de ello no es posible aplicar un verdadero precio equivalente de mercado.

Otro tema puede estar relacionado con la asignación adecuada del uso de los servicios que se producen dentro de una empresa multinacional. Especialmente el registro del uso de activos intangibles puede plantear interrogantes. Se puede, por ejemplo, pensar en el software que se produce en una ubicación de la multinacional, pero se utiliza en toda la empresa. Otro ejemplo se relaciona con la investigación y desarrollo (I+D), que según el SCN 2008 se debe tratar como formación de capital fijo bruta. La evidencia anecdótica para varias multinacionales holandesas grandes, muestra que las actividades de (I+D) están muy concentradas, y una parte relativamente importante de ellas se lleva a cabo en el país, cerca de la sede principal de la multinacional. Estas actividades sin embargo pueden beneficiar a la producción de bienes y servicios de las filiales establecidas en varios países. No obstante, muy difícilmente se pueden observar pagos de las filiales a las sedes por el uso o la compra firme de capital bajo forma de (I+D); como consecuencia, el valor agregado y las inversiones en los países en que están ubicadas las filiales puede estar subestimado desde el punto de vista económico fundamental.

Otro asunto es el establecimiento de compañías ficticias, llamadas a menudo entidades de propósito especial, en ciertos países, para recibir y redistribuir regalías, licencias de utilización, o beneficios en general, con el fin de evitar o reducir al mínimo los pagos de impuestos de la firma a nivel global. Por razones obvias, algunos países son muy atractivos para el establecimiento de tales “dispositivos”. El uso de ellos a menudo se reseña en las primeras páginas de las noticias, una vez que se conocen públicamente y se relacionan con empresas multinacionales bien conocidas.

Los ejemplos precedentes de contabilidad artificial y creativa pueden tener un impacto en la asignación de la producción, del valor agregado (PIB) y de las utilidades a través del mundo. Parece evidente que, al no tener una descripción adecuada de los procesos de producción en las diversas economías nacionales, sino razones relacionadas con la minimización mundial de los impuestos, gobernarán a menudo las decisiones a nivel empresarial, obstaculizando la posibilidad de proporcionar una imagen macroeconómica adecuada de las economías nacionales. Para dar un ejemplo más concreto, el Cuadro 15.2 (extraído de Lipsey, 2010) presenta una descripción de la asignación del beneficio de empresas multinacionales con sede en los Estados Unidos. Muestra que, en algunos países, la relación de beneficios a remuneración de empleados de filiales llega a ser de 35 a 36 (Barbados y Bermudas). En otros países del hemisferio occidental se tiene un coeficiente global que está cercano a 12. Esto es sorprendentemente diferente del promedio mundial de 0.8. Para las filiales europeas, el coeficiente es incluso más bajo, menos de 0.6, aunque Irlanda tenga un nivel particularmente alto de 6.6. Sin embargo, la iniciativa reciente de la OCDE sobre Erosión de la Base y Desplazamiento del beneficio (véase el

Recuadro 15.1) puede, en cambio, corregir este sesgo y tener impactos indirectos positivos en la calidad de las cuentas nacionales.

Cuadro 15.2. **Relación entre el retorno tipo-utilidad y la remuneración de los empleados**

Filiales (no bancarias) con participación mayoritaria de matrices de Estados Unidos, (no bancarias), 2005

Todos los países	0.840
Canadá	0.848
Europa	0.579
Irlanda	6.639
Países Bajos	0.878
Suiza	1.614
América Latina y otros del hemisferio occidental	1.555
América Central y Suramérica	0.978
Otros del hemisferio occidental	11.709
Barbados	34.967
Bermuda	36.062
Islas Británicas del Caribe	8.833
Hemisferio occidental, nep.	6.347
Oriente medio	1.837
Asia Pacifico	1.178
Hong-Kong	0.953
Singapore	2.978

Fuente: US Department of Commerce, Bureau of Economic Analysis (November 2007).

StatLink http://dx.doi.org/10.1787/888933737077

Recuadro 15.1. **Proyecto de la OCDE sobre Erosión de la Base y Desplazamiento de utilidades (Base Erosion and Profit Shifting)**

En un mundo cada vez más interconectado, las legislaciones nacionales de impuestos no han marchado al mismo ritmo de las sociedades globales, capital fluido, y economía digital, dejando vacíos que las compañías pueden explotar, que evitan impuestos en sus países de origen dando impulso a actividades en el extranjero, en donde las normas establezcan una tributación baja o nula. Esto mina la imparcialidad y la integridad de los sistemas fiscales. El proyecto, conocido como Erosión de la Base y Desplazamiento de Utilidades BEPS (por sus siglas en inglés), examina si las reglas actuales permiten la asignación de beneficios gravables a ubicaciones diferentes de aquellas donde se desarrolla la actividad económica real, y qué se podría hacer para cambiar esto si lo hacen.

Después de la Declaración sobre BEPS adoptada en la sesión del Consejo de Ministros de 2013, a petición de los Ministros de Hacienda del G20, en julio de 2013, la OCDE puso en marcha un Plan de Acción sobre la Erosión de la Base y Desplazamiento de Utilidades (BEPS), que identificó 15 acciones específicas

Recuadro 15.1. **Proyecto de la OCDE sobre Erosión de la Base y Desplazamiento de utilidades (Base Erosion and Profit Shifting)** *(cont.)*

necesarias para dotar a los gobiernos de instrumentos nacionales e internacionales para enfrentar este desafío. El plan reconoce la importancia de abordar la economía digital sin frontera, y desarrollará un nuevo sistema de normas para prevenir la no-tributación doble. Esto requerirá una cooperación internacional más próxima, mayores requisitos de transparencia, de datos y de información. Para asegurar que las acciones puedan ejecutarse rápidamente, se desarrollará un instrumento multilateral para enmendar los tratados bilaterales de impuestos.

Este plan de acción fue avalado totalmente por los Ministros de Hacienda y los Gobernadores de Bancos Centrales del G20 en su reunión de julio de 2013 en Moscú, como también por los Jefes de Estado del mismo G20 en su reunión en San Petersburgo en septiembre de 2013. Se espera que las acciones delineadas sean entregadas dentro de 18 a 24 meses. Por primera vez en materias de fiscalidad, los países no miembros de la OCDE/G20 están implicados en un pie de igualdad.

Esta iniciativa, que no está ligada directamente al proceso de elaboración de estadísticas, puede aún tener, indirectamente, un impacto positivo en la calidad de la contabilidad nacional, enmendando alguna contabilidad artificial, y creando mejores fuentes estadísticas para las empresas multinacionales.

En las normas más recientes para la elaboración de la contabilidad nacional, el SCN 2008, se han tratado algunos de los problemas mencionados en relación con la globalización. Las últimas normas estándares, prestan más atención a fenómenos como la intermediación comercial internacional y los bienes para procesamiento, que son las formas generalmente usadas en la producción global. El registro de ambas se ha cambiado y se ha aclarado, con respecto al estándar anterior, el SCN 1993 (véase el Capítulo 13). Además, se dedica una sección específica a la existencia de las Entidades con Propósitos Especiales (EPE) y de otras instituciones cautivas (SCN 2008, párrafos 4.55-4.67). Sin embargo, al momento de escribir esta publicación, se debe reconocer que se está solamente iniciando el proceso para entender completamente las implicaciones de la globalización para la elaboración de las cuentas nacionales, aunque se haya hecho mucho progreso. Por ejemplo, muchas oficinas de estadística nacionales tienen hoy en día programas específicos de encuestas para recoger información permanente sobre empresas multinacionales. También se han dado orientaciones adicionales de la Comisión Económica de Nacionales Unidas para Europa, EUROSTAT y OCDE (UNECE et al.). Consideraciones más específicas sobre el registro y la medición de los arreglos globales de producción serán dadas en la Guía para la Medición de la Producción Global que se terminará a finales de 2014 o a principios de 2015.

Debe quedar claro que no será posible solucionar todos los problemas mencionados anteriormente. La asignación del valor agregado y de las utilidades para las grandes multinacionales es gobernada por consideraciones de impuestos, y no por la comprensión exacta de los procesos de producción: esto es una realidad, que hasta cierto punto refleja su racionalidad económica. Por otra parte, hay también millones de empresas más pequeñas que no tienen esas posibilidades y, mientras que esta clase de problemas puede afectar, por lo menos parcialmente, la medición del nivel del PIB, afectan generalmente en un grado menor la valoración del desarrollo económico. El análisis multifactorial de la productividad, de los cambios en el volumen de la producción frente a los cambios de volumen de todos los insumos, incluyendo los servicios proporcionados por los activos intangibles, también requieren un tratamiento cuidadoso, especialmente en los casos de industrias intensivas en conocimiento, con alta participación de empresas de control extranjero. Esto es también cierto, incluso en mayor medida, para el análisis de valor agregado y las utilidades de empresas de control extranjero.

Algunos han sostenido que sería preferible poner más énfasis en el ingreso nacional bruto o neto (INB/INN) que en el PIB. INB/INN no se afectan por la asignación entre países del valor agregado o de las utilidades, pues los beneficios de todos modos terminarán en el país de residencia de la multinacional, mediante las "utilidades reinvertidas de la inversión extranjera directa" (véase el Capítulo 7). Esta idea puede ya ser realidad en economías más pequeñas con altos niveles de actividades por las multinacionales. A este respecto, se puede observar que la asignación de presupuesto de la mayoría de las organizaciones internacionales está basada en el INB más que en el PIB.

Dicho esto, es claro que es cada vez más relevante distinguir las empresas de control extranjero, o, en forma más general, las empresas que operan internacionalmente, de otras empresas, cuando se hace la descripción de la economía nacional. Esto es cierto no solo para el análisis detallado del proceso de producción en cuadros oferta-utilización, sino también para el análisis del ingreso y de los aspectos financieros según lo descrito en las cuentas de los sectores institucionales. Al separar estas sociedades, se podría analizar el comportamiento de las empresas internacionales, de las cuales, en un entorno nacional, por definición, se describen solamente partes (substanciales). Se llegaría también a una descripción mejorada de las empresas que operan nacionalmente.

Tener datos sobre las empresas de control extranjero en el nivel nacional, permitiría potencialmente la elaboración, a nivel global, de datos consolidados mundiales sobre las empresas multinacionales, consistentes con la descripción de las economías nacionales, y permitiría un análisis detallado de las multinacionales. Puede también mejorar el registro permanente de las transacciones (internacionales) de las multinacionales, que los países examinan y registran actualmente, de manera predominante, en la esfera nacional, sin un intercambio internacional de datos por razones de confidencialidad a nivel empresarial individual. Un primer paso en esta dirección es la construcción de los registros nacionales de negocios que sean consistentes internacionalmente, por ejemplo, el Registro EUROGROUPS, una iniciativa a nivel comunitario, que permitirá desenredar y asignar de manera adecuada y permanente a los países, las estructuras de organización a veces muy complejas de las multinacionales. Todas estas iniciativas y las relacionadas con ellas llevarán a mejoras en la comprensión, recolección y análisis de los progresos económicos en un mundo en un proceso permanente de globalización.

Referencias

CBS (2012), Internalisation Monitor 2012, *www.cbs.nl/nl-NL/menu/themas/internationale-handel/publicaties/publicaties/archief/2012/2012-internationalisation-monitor-2012-pub.htm.*

Lipsey, R. (2010), "Measuring the location of production in a world of intangible productive assets, FDI and intrafirm trade", *Review of Income and Wealth*, Issue 56, Special Issue 1, June 2010.

OECD (2014), *National Accounts at a Glance* 2014, OECD Publishing, Paris, *http://dx.doi.org/10.1787/na_glance-2014-en.*

OECD (2013), FDI series of BOP, *http://stats.oecd.org/Index.aspx?DataSetCode=FDI_BOP_IIP* and *www.oecd.org/investment/statistics.htm.*

OECD/WTO (2018), "Trade in value added", *OECD-WTO: Statistics on Trade in Value Added* (database), *http://dx.doi.org/10.1787/data-00648-en* (Accessed on 19 February 2018).

SNA 2008, European Commission, International Monetary Fund, Organisation for Economic Co-operation and Development, United Nations, World Bank, New York, 2009, System of National Accounts 2008, *http://unstats.un.org/unsd/nationalaccount/docs/SNA2008.pdf.*

UNECE/Eurostat/OECD, "Guide on the Impact of Globalisation on National Accounts", *www.unece.org/fileadmin/DAM/stats/publications/Guide_on_Impact_of_globalization_on_national_accounts web_.pdf.*

Capítulo 16

Las Cuentas Nacionales de Colombia

Son de particular interés las Cuentas Nacionales de Colombia. Su historia de más de 60 años ilustra la evolución en el desarrollo de este importante instrumento que ha servido de soporte para la consolidación de las actividades estadísticas. Esta labor ha abierto además numerosos frentes de trabajo más allá del básico de las cuentas anuales: cuentas trimestrales, cuentas regionales y cuentas satélites. La cooperación internacional, el apoyo permanente del DANE, su coordinación interinstitucional compleja (Banco de la República, ministerios y otras entidades públicas, instituciones gremiales, etc.), unida al esfuerzo de los responsables de esta labor para interpretar cabalmente los estándares internacionales e imprimir dinámica a su trabajo han hecho de Colombia un caso meritorio y ejemplar.

Introducción General

En Colombia, la elaboración de las Cuentas Nacionales ha sido encomendada a dos instituciones, primero al Banco de la República (el Banco Central de Colombia) desde 1948 hasta 1983 y luego al Instituto Nacional de Estadística de Colombia (Departamento Administrativo Nacional de Estadística – DANE), donde se empezó a trabajar sobre el proyecto desde 1969. Desde 1983 asumió la responsabilidad de las cuentas "reales", responsabilidad que comparte con el Banco de la República, encargado de la elaboración de las cuentas de las operaciones financieras.

En 1983, se adoptó el SCN 1968 como referencia de las cuentas oficiales. Desde esta fecha, se han hecho varios cambios de base: en 1994, en 2000, en 2005; la base 2015 está en proceso de elaboración y se espera sus primeros resultados a finales del año 2017. En cada uno de los casos, se trató de progresar en el cumplimiento de las normas internacionales. También se desarrollaron sistemas anexos tales como cuentas trimestrales, cuentas departamentales, cuentas satélites, y más recientemente, indicadores mensuales de la actividad económica.

Después de un rápido recuento histórico, se describirán con más detalle las cuentas nacionales base 2005, la inserción de las cuentas nacionales en el Sistema Estadístico Nacional y las nuevas orientaciones que se han seguido para la nueva base 2015.

16.1. Recuento histórico

Antes de 1969

Las primeras tentativas de medición de los grandes agregados macroeconómicos se hicieron en el Banco de la República. En 1948, con la asesoría de una misión de FAO y CEPAL, el Banco elaboró y publicó las primeras cuentas nacionales del país. Esta entidad continuó generando esta información, ampliando su cobertura y alcance a medida que las recomendaciones internacionales evolucionaban. También actualizó en dos oportunidades la referencia de sus sistemas de precios constantes: primero, a 1958 y luego a 1970.

De 1969 a 1983: la transición

Con ocasión de la reforma de la administración pública de 1968, el DANE quedó encargado por mandato de ley de la elaboración de las cuentas nacionales, con la idea que esto le permitiría a la entidad estructurar mejor la producción de las estadísticas económicas del país.

Esta medida se tomó en el momento en que, a nivel internacional, se había adoptado el SCN 1968. Se decidió entonces aprovechar esta oportunidad para implementar las nuevas recomendaciones, pero al reconocer las dificultades del ejercicio y las limitaciones del sistema estadístico colombiano, se acordó con el Banco de la Republica que esta responsabilidad no fuera asumida por el DANE en forma inmediata, sino cuando se pudiera garantizar al país que la transición no conllevara mayores traumatismos para los usuarios. Por consiguiente, el Banco de la República permitió al país contar con la oportuna publicación de cifras siguiendo la metodología anterior, hasta cuando el DANE estuviera en condiciones de cumplir la tarea encomendada y disponer de una serie de cuentas anuales lo suficientemente largas como para permitir su utilización en los análisis de largo plazo.

Empezó entonces la preparación del DANE para que asumiera totalmente esta responsabilidad, un proceso que resultó más dispendioso que lo inicialmente previsto, pues se extendió hasta 1982. No solamente se capacitó al equipo de trabajo en la técnica de elaboración de las Cuentas Nacionales, sino también se avanzó en la consolidación del aparato estadístico, en particular en la parte referente a la medición de las actividades económicas de producción.

Para este proceso Colombia contó con el apoyo del INSEE de Francia, que había tenido un gran liderazgo en el diseño del SCN 1968. Se elaboró un ambicioso programa, que abarcaba inicialmente 6 años (a partir de 1971), y luego se extendió aunque con menor intensidad. Combinaba una oferta de capacitación importante, un apoyo a la elaboración paulatina del Sistema de Cuentas Nacionales y asesorías directas a diferentes áreas de la producción estadística con el fin de desarrollar la base estadística requerida. Así, bajo estas dos estrategias se logró tener un conocimiento profundo y llevar a la práctica el SCN 1968 en casi toda su extensión (no se incluyó la elaboración de cuentas de patrimonio, solamente esbozadas en el sistema internacional), cubriendo entre otros temas la consolidación de la descripción del aparato productivo del país, bajo el esquema de cuadros y matrices oferta-utilización a precios corrientes y constantes del año base; cuentas de ingresos y gastos corrientes y de acumulación para cuatro sectores institucionales residentes y sus correspondientes subsectores (se consolidaron los hogares con las Instituciones privadas sin fines de lucro que sirven a los hogares); un tratamiento específico del gobierno general; la conciliación con la balanza de pagos, etc. En paralelo, y para cerrar el análisis del financiamiento de los sectores institucionales y la economía en su conjunto, el Banco de la República, al que se le había asignado esta responsabilidad por su mayor familiaridad con los aspectos financieros, elaboró las cuentas financieras con el apoyo del Banco de Francia, responsable en su país de la elaboración de estas cuentas.

La implementación del sistema se inició con la definición de los sectores institucionales y en particular una delimitación detallada del sector del gobierno central y de las demás entidades públicas. Se emprendió luego la elaboración de los equilibrios de bienes y servicios y matrices oferta-utilización a precios corrientes y constantes, aprovechando la disponibilidad de información estadística más actualizada. La base de elaboración escogida fue inicialmente el año 1970.

Fue necesario elaborar primero una nomenclatura de productos y de actividades. Para actividades productivas ya existía una recomendación internacional, la CIIU 2, que el DANE había adoptado para la producción de las estadísticas industriales; pero no existían estadísticas de servicios ni clasificaciones normalizadas de productos salvo para el comercio exterior. Se desarrolló entonces una primera clasificación de actividades (33 actividades) y de productos (250 productos agrupados en 33 grupos principales), parcialmente coherente con las clasificaciones existentes en el DANE en las encuestas industriales estructurales, pero que reflejara también la importancia relativa de los productos y actividades en Colombia. Por ejemplo, se identificaron separadamente las actividades y los productos relacionados con el café, tanto en su fase agrícola como en su fase de transformación industrial, por la importancia que tenía en ese entonces este producto en la economía nacional y en particular en las exportaciones.

La primera matriz oferta-utilización (33 actividades x 33 productos) para el año 1970 se obtuvo finalmente en el año 1976. Una vez disponible esta referencia en valores corrientes, fue necesario desarrollar la metodología de cálculo a precios constantes del año base. La coyuntura era particularmente difícil, ya que la inflación en este período era bastante elevada, alrededor del 20% anual y la devaluación, aunque controlada, era también del mismo orden, mientras las tasas de crecimiento en volumen eran mucho más reducidas (del orden del 5% en promedio).

Siguiendo la metodología recomendada por Francia, se privilegió la óptica de los productos sobre la de ramas de actividad que utilizaba el Banco de la República en sus estimaciones. Para cada producto de la clasificación, se estableció el valor de la oferta y de la utilización a precios corrientes, valores que se equilibraban; en muchos casos, ya que no se conocía ni el consumo final de los hogares ni la variación de existencias, se hacían hipótesis sobre su posible monto; luego estas variables se establecían a precios del año base y los equilibrios eran luego "reequilibrados" a precios del año base, es decir que el valor de la oferta se igualaba con el valor de las utilizaciones. En este entonces las tasas de inflación y la dispersión de los cambios en precios eran bastante elevadas. Los ajustes requeridos como consecuencia del equilibrio (forzado pues solo los precios corrientes aseguran el equilibrio entre oferta y demanda) podían ser bastante elevados y frecuentemente recaían sobre el consumo final y la variación de existencias, sesgando entonces implícitamente estas estimaciones.

En paralelo, se elaboraron las cuentas de los sectores institucionales: primero, del sector gobierno general, a partir de los datos de ejecuciones presupuestales (principio de competencia cerca del principio de caja) recolectados directamente por la unidad de Cuentas Nacionales y luego las cuentas de las instituciones financieras, basadas en la información recolectada por la Superintendencia Bancaria y aquellas de las sociedades no financieras, inicialmente basadas, para las de mayor tamaño, en la información recolectada por las Superintendencias de Sociedades y de Valores, ajustando con diversas hipótesis para las empresas no financieras no cubiertas por estas fuentes.

A partir de 1977, el Banco de la República emprendió con regularidad la elaboración de la serie de Cuentas Financieras. La reconciliación de los préstamos netos reales (calculados por el DANE) y financieros (calculados por el Banco) dio lugar a intensas discusiones, en particular en el caso de las entidades públicas, calculadas a partir de las ejecuciones presupuestales en el caso de las cuentas reales (principio de competencia) y a partir de los balances financieros en el caso de las cuentas financieras (principio de causación) cuando estaban disponibles; la utilización de fuentes tan diferentes era la causa de la mayoría de las discrepancias que no fue posible corregir en su totalidad, ya que las cuentas del DANE, aunque no oficiales, tenían ya el carácter interno de definitivas.

Una vez establecido el método de trabajo, el mayor reto consistió en cumplir con un calendario de entrega que satisficiera las necesidades de los usuarios. La adopción de las Cuentas Nacionales del DANE como serie oficial se demoraba, razón por la cual se emprendió un trabajo de actualización de la base de precios a 1975, pues el año 1970 se convertía en una referencia remota y por las altas tasas de inflación y las evoluciones desiguales en los diferentes precios, los valores de 1970 perdían su significado como punto de partida para el análisis.

Como ilustración de los trabajos elaborados en este período, se presenta el Cuadro 16.1 en el cual se comparan las mediciones del PIB elaboradas por el Banco de la República y por el DANE para el período 1970-1979.

1983: Adopción de la serie de cuentas nacionales elaboradas por el DANE como serie oficial de Colombia

Las condiciones fijadas en 1969 para la adopción oficial de la serie ya estaban dadas. Tras una última revisión de los datos por una misión del INSEE de Francia en julio de 1982[1], el Consejo de Política Económica y Social (CONPES) validó el programa de elaboración de las cuentas nacionales que dejaba a cargo del DANE las cuentas nacionales "reales" y en manos del Banco de la República el desarrollo de las cuentas "financieras", ambas siguiendo coordinadamente las recomendaciones del SCN 1968.

Es importante subrayar que el desarrollo exitoso de esta transición se debe al apoyo incondicional durante 12 años que brindó la dirección del DANE a este proyecto, antes de que sus resultados hubieran sido avalados como cifras oficiales, lo cual supuso generar una gran confianza en la importancia del proyecto y en los responsables de su implementación.

Cuadro 16.1. **Comparación de las evoluciones del Producto Interno Bruto (PIB)**

Año	Producto Interno Bruto (PIB) (valores corrientes)				Tasas anuales de crecimiento en volumen		
	SCN 1953 Banco de la República		SCN 1968 DANE		SCN 1953 Banco de la República	SCN 1968 DANE	
	Millones de pesos	Tasa anual crecimiento (%)	Millones de pesos	Tasa anual crecimiento (%)	A precios de 1970	A precios de 1975	A precios del año anterior
1970	130 361	-	132 768	-	-	-	-
1971	152 263	16.8	155 886	17.4	5.8	6.0	6.0
1972	186 092	22.2	189 614	21.6	7.8	7.7	7.3
1973	243 236	30.7	243 160	28.2	7.1	6.7	6.9
1974	329 155	35.3	322 384	32.6	6.0	5.7	5.9
1975	412 829	25.4	405 108	25.7	3.8	2.3	2.3
1976	534 015	29.4	532 270	31.4	4.6	4.7	0.7
1977	718 475	34.5	716 029	34.5	0.9	4.2	3.5
1978	916 560	27.6	909 487	27.0	8.9	8.5	9.6
1979	1 193 624	30.2	1 188 817	30.7	5.1	5.4	6.7

Fuente: Banco de la República y DANE, "Cuentas Nacionales de Colombia (rev. 3) 1970-1980".

Cuadro 16.2. **Origen por ramas de actividad del PIB a precios corrientes**

	Ramas de actividad	SCN 1953 Banco de la República						SCN 1968 DANE					
		1970		1975		1979		1970		1975		1979	
		Millones de pesos	%	Millones de pesos	%	Millones de pesos	%	Millones de pesos	%	Millones de pesos	%	Millones de pesos	%
1	Agropecuario, silvicultura, caza y pesca	34 306	26.3	113 486	27.5	312 111	26.1	33 308	25.1	96 766	23.9	255 190	21.5
2	Minería	2 546	2.0	4 898	1.2	14 940	1.3	2 595	2.0	6 937	1.7	17 585	1.5
3	Industria manufacturera	24 211	18.6	88 160	21.4	261 917	21.9	27 433	20.7	94 086	23.2	267 099	22.5
4	Comercio	22 393	17.2	72 155	17.5	222 835	18.7	13 240	10.0	42 903	10.6	116 343	9.8
5	Construcción y obras públicas	6 464	5.0	19 846	4.8	49 081	4.1	5 267	4.0	13 535	3.3	50 147	4.2
6	Electricidad, gas y agua	1 831	1.4	4 901	1.2	16 060	1.3	1 402	1.1	3 807	0.9	16 150	1.4
7	Transporte y comunicaciones	8 884	6.8	22 400	5.4	77 192	6.5	11 532	8.7	34 117	8.4	103 952	8.7
8	Banco, seguros y servicios a las empresas	4 483	3.4	14 660	3.6	46 402	3.9	7 796	5.9	27 532	6.8	78 520	6.6
9	Alquileres de vivienda	7 336	5.6	19 084	4.6	47 638	4.0	10 523	7.9	29 038	7.2	89 105	7.5
10	Servicios personales	9 523	7.3	26 481	6.4	74 295	6.2	10 382	7.8	30 998	7.7	109 192	9.2
11	Servicios del gobierno	8 384	6.4	26 758	6.5	71 154	6.0	9 650	7.3	28 300	7.0	85 691	7.2
	Derechos e impuestos sobre importaciones		-		-		-	3 090	2.3	8 329	2.1	28 814	2.4
	Subtotal	130 361	100.0	412 827	100.0	1 193 625	100.0	136 218	102.6	416 348	102.8	1 217 788	102.4
12	Meno servicios bancarios imputados							3 450	-2.6	11 240	-2.8	28 971	-2.4
	TOTAL PIB	130 361	100.0	412 827	100.0	1 193 625	100.0	132 768	100.0	405 108	100.0	1 188 817	100.0

Fuente: Banco de la República y DANE, "Cuentas Nacionales de Colombia (rev. 3) 1970-1980".

Hay que mencionar y resaltar también la calidad de la asesoría recibida, tanto de parte del INSEE de Francia, como de Statistics Canadá, y el apoyo de la División de Estadística de las Naciones Unidas, sin los cuales este proyecto no hubiera sido posible.

Cambios de base e introducción paulatina de las nuevas recomendaciones internacionales

En Colombia como en la mayoría de los países la elaboración de las Cuentas Nacionales consiste en establecer para un año, denominado año base, las principales relaciones económicas en nivel. A partir de ese año se utiliza una combinación de fuentes directas e indicadores para realizar las estimaciones de las variables correspondientes a los años siguientes en particular en lo relacionado con cuentas de bienes y servicios y estimaciones del PIB. Este sistema utilizado para las mediciones tanto en precios corrientes como en constantes, puede sufrir distorsiones con el paso de los años; adicionalmente, pueden surgir nuevas fuentes de información y mejoramientos conceptuales que hacen necesario establecer un nuevo año base o de referencia de las estimaciones. En las recomendaciones internacionales, se sugiere hacer estos cambios aproximadamente cada 5 años.

La base 1994

En el caso colombiano, una vez oficializada la nueva serie de Cuentas Nacionales base 1975 (que fue rápidamente complementada con datos retropolados), se decidió emprender los trabajos requeridos para el establecimiento de una nueva base, ya que se contaba con un fortalecimiento notorio del aparato estadístico nacional gracias a los resultados del Censo de Población y Vivienda de 1985, los resultados preliminares del Censo Económico Multisectorial de 1990, una nueva serie del Índice de Precios al Consumidor, las ampliaciones paulatinas de cobertura de las Encuestas Nacionales de Hogares de los años 1978, 1988 y 1992 y los resultados preliminares de la Encuesta Anual de Comercio – EAC – entre otros, así como con las nuevas posibilidades ofrecidas por los desarrollos (aunque todavía incipientes) de la microinformática que brindaba mayores posibilidades de cálculo y de formalización de estos procedimientos.

La nueva base 1994 incluyó muchas recomendaciones del SCN 1993 en particular el tratamiento especial de los impuestos sobre los productos y específicamente del IVA (se pasó de una contabilización de la producción y del valor agregado a precios de productor a una contabilización a precios básicos), los nuevos conceptos de ingreso y consumo disponibles; la definición y tratamiento de nuevos instrumentos financieros; el tratamiento de los Servicios de Intermediación Financiera Medidos Indirectamente (SIFMI), la valoración de los cultivos ilícitos (que en este caso se realizó dentro del cuerpo principal de las cuentas lo que generó mucho debate...), la armonización con la quinta edición del Manual de Balanza de pagos del FMI, entre otros, así como una nueva organización del sistema de cuentas para los sectores institucionales. Adicionalmente, el número de ramas de actividad se incrementó de 33 a 60 mientras el número de productos elementales creció de menos de 250 a más de 450.

La base 2000

Para dar cumplimiento al requerimiento de actualizar cada 5 años las bases de las Cuentas Nacionales, en el año 2001, se decidió elaborar una nueva base, tomando el año 2000 como referencia.

Además de actualizar las bases de estimación de las principales variables, se introdujeron novedades que tuvieron importantes impactos en las estimaciones de las Cuentas Nacionales, como la modificación de algunas clasificaciones de actividades y de bienes y servicios, aunque sin mayor ampliación de su número; la asignación del SIFMI entre las ramas de actividad y como consumo final de los hogares; la medición de la producción del Banco Central como producción de no mercado; la utilización de la información generada por la recién creada Contaduría Nacional que permitió elaborar las cuentas del sector público a partir de fuentes de causación y no de caja como se hacía anteriormente; el tratamiento del sector ilegal de la economía ligado a la producción y procesamiento de productos ilícitos y de su primera transformación utilizando la técnica del enclave ficticio y sobre la base de información oficial[2], sin inclusión directa en la medición de la producción nacional y del PIB que había causado fuertes debates en la base 1994. Adicionalmente, por primera vez y de manera simultánea se estableció una matriz de empleo para el año base coherente con los datos de producción y valor agregado registrados en las cuentas nacionales.

También se desarrolló un primer aplicativo informático por medio del cual se formalizó el proceso de cálculo del sistema y se unificaron la incorporación y análisis de las diferentes fuentes de información.

16.2. Las cuentas nacionales base 2005

No se habían terminado las estimaciones correspondientes a la nueva serie de la base 2000 cuando se emprendieron los trabajos de la nueva base 2005. Múltiples razones justificaban esta decisión: i) la aplicación de la recomendación internacional de actualizar la base de estimación cada 5 años; ii) las mejoras en la disponibilidad de información; iii) el Censo de Población y Vivienda de 2005 con un módulo sobre las unidades económicas independientes y la actividad agropecuaria asociada a la vivienda y la Encuesta Nacional de Ingresos y Gastos de 2006; iv) una mayor efectividad en el control de los ingresos de las empresas y personas, mediante la implementación de modernos instrumentos administrativos (Dirección de Impuestos y Aduanas Nacionales [DIAN], Superintendencias, Contaduría General de la Nación), lo que permitía el acceso a nuevas informaciones; v) el año 2000, base de las cuentas nacionales, fue un año de crisis económica lo cual limitó su carácter de referencia; vi) importantes cambios institucionales en el país: la privatización de numerosas empresas públicas; las concesiones de explotación económica de obras públicas otorgadas a la empresa privada; la modificación de las tasas tributarias; vii) finalmente ya se conocían algunos avances de las nuevas recomendaciones internacionales en materia de Cuentas Nacionales, (el SCN 2008) y la idea era poder adelantarse a esta adopción.

Se aprovechó esta nueva base para introducir dos cambios metodológicos importantes: i) en las metodologías anteriores, se determinaban inicialmente los valores del año base por medio de un trabajo muy detallado sobre este año en particular, movilizando una información puntual muy específica, y luego se desarrollaba una metodología para años corrientes, casi como una operación estadística diferente; para la base 2005, se decidió establecer los parámetros del año 2005, mirando este año dentro del contexto de los años anteriores y posteriores; es decir, que se elaboró el año 2005 como parte de una serie 2000-07. Con esto se minimizaron algunos problemas que se habían encontrado anteriormente con datos establecidos para el año base que luego difícilmente se ubicaban dentro de la serie de los demás años; ii) se modificó el método de cálculo de las cuentas a precios constantes, aplicando el método de encadenamiento de índices con relación al año inmediatamente anterior, método recomendado por los organismos internacionales desde el SCN 1993, sin reequilibrio de las cuentas a precios constantes del año base por encadenamiento[3].

Fue también posible incorporar en las Cuentas Nacionales varias modificaciones tales como una revisión del cálculo del SIFMI, un cálculo directo de la variación de existencias y del consumo final de los hogares, gracias a un mejor aprovechamiento de la información existente, una revisión del contrabando (trabajo con la DIAN), de los alquileres de vivienda (utilizando el Censo de Vivienda de 2005), de los márgenes de comercialización (contrato con una universidad), una mejor armonización con las Cuentas Trimestrales, el cálculo de la producción agrícola en términos de año civil y no de año agrícola, etc.

La nueva serie para los años 2000-07 fue presentada en junio de 2009 y posteriormente se estableció una serie histórica desde el año 1975, aplicando un nuevo procedimiento de retropolación que solamente incluiría los principales indicadores pues el cálculo total de las cuentas, como se había realizado anteriormente, presentó graves inconsistencias que no era posible resolver con los recursos disponibles.

Cuentas de bienes y servicios

El procedimiento: dar prioridad al análisis por producto pero tomando nota de los datos por ramas de actividad o por sectores

El punto de partida del proceso de elaboración de las cuentas de bienes y servicios es la matriz oferta-utilización. Cada año se construye una matriz a precios corrientes y a precios constantes del año anterior, al nivel detallado de 61 ramas y 369 productos, incluidos los SIFMI.

La elaboración de las cuentas de bienes y servicios se realiza en varias etapas, que van desde el cálculo en forma autónoma de cada una de las transacciones de bienes y servicios, hasta su integración en los diferentes cuadros y matrices del sistema. Como se explicó, las evaluaciones correspondientes a un año corriente se realizan principalmente en evolución, calculando los valores a precios corrientes y constantes a partir de los datos ya estimados para el año inmediatamente anterior.

Paso a paso se hacen coherentes los valores de las variables, obtenidos desde diferentes perspectivas, así:

- Se calcula en forma autónoma, cada una de las transacciones de bienes y servicios a precios corrientes y constantes del año anterior y se llevan los valores estimados a las hojas de cálculo de los equilibrios de productos. Para cada uno de los productos de la nomenclatura, se estima la producción, las exportaciones, las importaciones, el consumo intermedio global, los gastos de consumo final de los hogares, los gastos de consumo final del gobierno, los gastos de consumo final de las instituciones privadas sin fines de lucro que sirven a los hogares (IPSLSH), la FBCF, la variación de existencias, los impuestos a los productos y las subvenciones, los márgenes de comercio y transporte; se analizan los datos, se arbitran las contradicciones, revisando las fuentes y las hipótesis utilizadas en el cálculo para lograr establecer la igualdad entre el valor de la oferta y el de los usos de los productos;
- Adicionalmente, para cada rama de actividad se establece la producción, tanto con la óptica de productos como globalmente por ramas de actividad, estimaciones que luego se compatibilizan por medio de la matriz de producción;
- Los valores del Consumo Intermedio (CI) por productos, calculados a partir de las matrices de consumos intermedios (proyectados a partir de las matrices a precios corrientes del año anterior, en volumen según los índices de volumen de las ramas que los consumen, y en precios por el índice de precios de la oferta), se compatibilizan con los CI que se deducen de los Balances Oferta-Utilización (BOU) de los productos; este proceso puede conducir a revisar los equilibrios anteriormente aceptados y/o los valores proyectados por ramas de actividad.

Estos cálculos se realizan a nivel de los 369 productos definidos en la nomenclatura; para las ramas de actividad, el método general aquí descrito solo se aplica para las actividades en las que la información sobre la producción tiene como origen información de las unidades de producción, es decir que no se aplica para las ramas cuya información básica proviene de explotar la información de origen contable (principalmente las ramas de las actividades de no mercado del gobierno y las actividades financieras).

Las cuentas a precios constantes por encadenamiento

Una vez elaboradas las cuentas completas de bienes y servicios a precios del año anterior, se calculan los índices de volumen implícitos de cada una de las variables del sistema y se establecen los valores a precios de 2005 por encadenamiento, multiplicando los valores a precios de 2005 por encadenamiento correspondientes al año inmediatamente anterior por el índice de volumen del año corriente con relación al año inmediatamente anterior. Este método sin embargo no se aplica a la variación de existencias, que al representar la diferencia entre dos niveles, requiere un tratamiento diferente[4].

Para cada agregado, se compara el valor así proyectado con la suma de sus componentes, también proyectados, y se establece la discrepancia estadística.

Cálculo del Producto Interno Bruto (PIB) y cuentas de generación del ingreso

Una vez equilibradas la oferta y la utilización de los productos, se suman los balances y las cuentas de producción por ramas de actividad para obtener los agregados correspondientes al total de la economía, entre ellos el PIB.

Aunque en todas las etapas previas del proceso se ha realizado una crítica rigurosa de sus resultados y tendencias, en el momento de la síntesis general, estos se someten nuevamente a un análisis de consistencia a partir de las diferentes perspectivas (por producción, por demanda y por ingresos), a precios corrientes y constantes del año anterior.

Con el enfoque de la producción, se revisa la coherencia de los valores agregados, y se analiza el origen por actividad económica del crecimiento registrado por el PIB. Aquellas ramas cuyo crecimiento se aparta significativamente del promedio nacional se someten a una nueva revisión que abarca la información básica de soporte y los cálculos realizados.

En el enfoque de la demanda, se analizan los crecimientos del consumo final a la luz de la dinámica observada en el empleo, en la afiliación a los seguros sociales, en la venta de bienes de consumo, así como en los índices de precios al consumidor. Los índices de volumen y precio de la Formación Bruta de Capital Fijo (FBCF) se analizan desde el punto de vista del comportamiento tanto de la actividad de la construcción (edificaciones y obras civiles) así como de las importaciones de bienes de capital. Para las exportaciones e importaciones se analiza la coherencia de los índices de precios para validar su consistencia.

En el enfoque del ingreso (remuneración a los asalariados, excedente de explotación e ingreso mixto) se observan las tendencias con respecto a su participación en el PIB, lo cual puede conducir a una revisión de los valores inicialmente determinados.

Cuentas de sectores institucionales

De acuerdo con el sistema general de cuentas definido en el SCN para los sectores institucionales, en Colombia se elaboran las cuentas corrientes, las de acumulación, la cuenta de capital y las cuentas financieras.

Las cuentas de balance no se han implementado hasta ahora en Colombia lo que dificulta el cálculo del consumo de capital fijo para todos los sectores; solamente se ha hecho para el gobierno general, pues no incluir esta variable llevaría a una subvaloración del PIB de las actividades de no mercado. Como resultado de no calcular el consumo de capital fijo para todos los sectores, los saldos de las cuentas se presentan en valores brutos.

Como ya se ha dicho, las cuentas financieras son responsabilidad del Banco de la República. Estas cuentas forman parte de la secuencia de cuentas de los sectores institucionales; se articulan con las cuentas de capital a través de sus saldos: préstamo neto (+) o endeudamiento neto (-). En teoría los dos saldos de las operaciones "reales" (a que llega el DANE) y de las operaciones "financieras" (a que llega el Banco de la República) deberían ser iguales. En la práctica sin embargo, se presentan diferencias explicadas en parte por dificultades de coordinación en las actualizaciones de las metodologías, en las fuentes de información utilizadas que no siempre coinciden exactamente y en la coherencia entre las hipótesis implícitas y ajustes que realizan el DANE y el Banco de la República, en el momento de la síntesis de sus cuentas respectivas.

Nomenclatura de sectores y clasificación institucional de entidades

La definición de los sectores institucionales y su clasificación siguen las normas fijadas por el SCN 1993. El trabajo de fondo desarrollado en la primera elaboración de las Cuentas Nacionales a principios de los años 1970 se ha seguido actualizando, en colaboración con el Banco de la República y para el sector público, en discusiones, cuya sincronización aún puede mejorar, dentro de grupos de trabajo, en particular en el seno de la Comisión Intersectorial de Estadísticas de Finanzas Públicas.

En la Base 2005, los sectores y subsectores institucionales siguen exactamente las recomendaciones del SN 1993 y son los siguientes:

Sectores y subsectores Colombia Base 2005

Sectores Institucionales		Subsectores institucionales	
Código	Nombre	Código	Nombre
S.11	Sociedades no Financieras	S.111	Sociedades no Financieras Públicas
		S.112	Sociedades no Financieras Privadas
S.12	Sociedades Financieras	S.121	Banco Central
		S.122	Otras Sociedades de Depósito
		S.123	Otras Instituciones Financieras
		S.124	Auxiliares Financieros
		S.125	Seguros y Cajas de Pensiones
S.13	Gobierno General	S.131	Gobierno Central
		S.132	Gobierno Local
		S.133	Fondos de Seguridad Social
S.14	Hogares		
S.15	Instituciones Privadas sin Fines de Lucro que Sirven a los Hogares (ISFLSH)		

Fuente: DANE Dirección de Síntesis y Cuentas Nacionales (DSCN).

Se definen a partir de su función económica principal y el origen principal de sus recursos así:

Sectores institucionales por función principal y origen principal de los recursos

Sectores institucionales	Función principal	Origen principal de los recursos
Sociedades no Financieras	Producir bienes y servicios no financieros de mercado	Producto de la venta
Sociedades Financieras	Prestar servicios financieros	Comisiones e ingresos derivados de la intermediación financiera
	Realizar actividades financieras auxiliares	
	Asegurar	Primas de seguros
Gobierno General	Producir bienes y servicios de no mercado destinados a la comunidad en general o a los hogares	Pagos obligatorios de los agentes económicos
	Redistribuir el ingreso	
Hogares	Consumir, proporcionar fuerza de trabajo, y en cuanto empresarios, producir bienes y servicios de mercado	Remuneración a los factores de producción y producto de la venta
	Las actividades empresariales de un hogar son las realizadas por las empresas no constituidas en sociedad que hacen parte del sector	
Instituciones Privadas sin Fines de Lucro que Sirven a los Hogares (ISFLSH)	Entidades jurídicas dedicadas principalmente a la producción de servicios de no mercado para los hogares y la comunidad	Cuotas regulares de los socios y otras transferencias recibidas de los hogares y otros sectores diferentes al gobierno

Fuente: DANE Dirección de Síntesis y Cuentas Nacionales (DSCN).

El Cuadro 16.3 que sigue ilustra la importancia relativa de cada sector en la economía nacional en términos de su participación en el total del valor agregado para el año 2008.

Cuadro 16.3. **Participación de los sectores institucionales en el total del valor agregado**

Miles de millones de pesos, 2008

Sectores institucionales	Valor agregado	Participación (%)
Total economía	**439 561**	**100.0**
Sociedades no Financieras	209 646	47.7
Sociedades Financieras	21 388	4.9
Gobierno General	42 433	9.7
Hogares	165 189	37.6
ISFLSH	905	0.2

Fuente: DANE Dirección de Síntesis y Cuentas Nacionales (DSCN), Base 2005.

Adicionalmente, se incluye el sector del Resto del Mundo que recoge todas las transacciones entre los residentes y los no residentes. En el caso de Colombia, este sector incluye también el llamado "enclave" que recoge las transacciones relacionadas con la producción y transformación de cultivos ilícitos, cuyo tratamiento se explica más adelante.

Elaboración de las cuentas de los sectores institucionales. Las cuentas de los sectores institucionales residentes se elaboran de dos maneras diferentes, según la disponibilidad de información.

Fuentes principales de información

Sector Institucional	Fuentes principales de información
Sociedades no financieras	Superintendencia de Sociedades Superintendencia de Servicios Públicos Superintendencia de Salud Superintendencia de Economía Solidaria Superintendencia Financiera, Contaduría General de la Nación
Sociedades financieras	Superintendencia Financiera Superintendencia de Salud Superintendencia de Economía Solidaria
Gobierno General	Contaduría General de la Nación Superintendencia de Subsidio Familiar Informaciones individuales de ciertas entidades y fondos especiales
Hogares	Encuesta de hogares Síntesis general del sistema
Instituciones Privadas sin Fines de Lucro que Sirven al os Hogares (IPSFLH)	Comisión Nacional Electoral (CNE) Escuela Nacional Sindical (ENS) Informaciones varias DANE
Resto del Mundo	Balanza de Pagos; estudio cultivos ilícitos, contrabando

Fuente: DANE Dirección de Síntesis y Cuentas Nacionales (DSCN).

Para aproximadamente el 25% de las unidades pertenecientes al sector de las sociedades no financieras no hay información contable, por lo que se estiman utilizando como fuente la información proveniente de la DIAN-Personas jurídicas[5]: esta fuente permite un acercamiento a variables agregadas como el ingreso y subclases de este y el total de gastos. Para el año base, y utilizando un estudio de la información contable de los microestablecimientos, se determinó la estructura de los gastos e ingresos que se incorporaron en el año estructural; en años corrientes, se determinaron índices específicos de evolución. Las demás unidades institucionales sin información contable pertenecen conceptualmente al sector de los hogares. En ambos casos, los datos estimados en primera instancia se ajustan en el proceso de síntesis que permite afinar la información faltante de las unidades sin información contable y reconciliar los datos de las entidades con información contable entre sí y con la aproximación por los bienes y servicios y las ramas de actividad.

Entidades con información contable. Las unidades institucionales sometidas a vigilancia deben remitir a las entidades de control sus estados financieros (Balance General y Estado de Pérdidas y Ganancias) ajustados a Planes Únicos Contables así como unos anexos explicativos para un cierto número de partidas según un formato preestablecido.

El Estado de Pérdidas y Ganancias suministra información sobre los ingresos corrientes y la composición de los gastos y permite elaborar desde la cuenta de producción hasta la cuenta de utilización del ingreso disponible.

Las cuentas de acumulación (capital, financiera, otras variaciones en el volumen de los activos y revalorización) se elaboran principalmente a partir de la diferencia de los balances correspondientes al fin de los años n y n-1[6]. El trabajo consiste en desagregar la variación de los valores reportados en el balance contable en lo correspondiente a las transacciones, las valorizaciones y las variaciones en el volumen de los activos. Para realizar esta desagregación se combinan datos del estado de pérdidas y ganancias con las diferencias de los balances; así por ejemplo, comparando los movimientos de las provisiones del estado de pérdidas y ganancias con los derivados de la comparación de los balances consecutivos se determinan los activos perdidos, "castigados" contablemente por las empresas, y considerados como variaciones en el volumen de los activos en las Cuentas Nacionales.

Se elaboran tablas de equivalencia a nivel muy detallado, entre las partidas contables y las operaciones de Cuentas Nacionales, tablas que se van actualizando a medida que se van modificando los planes y normas contables. Las cuentas se generan a nivel de cada entidad vigilada.

Los pasos seguidos son: la validación de la información básica, la transformación en términos de cuentas nacionales, los ajustes a las cuentas y la agregación de los resultados.

La *validación* consiste en revisar la información contable tal como está disponible, unidad por unidad, con el fin de identificar casos de inconsistencias formales graves (estados financieros desequilibrados o formalmente incoherentes...), casos de inconsistencias en las series de tiempo (con variaciones inexplicables año a año), o cualquier otro tipo de inconsistencia que puede estar ligada por ejemplo a las modificaciones en los planes contables u otros factores de dinámica de empresas tales como el nacimiento, liquidación, fusión o venta de parte de la entidad a otra unidad, etc.

La *etapa de transformación* en términos de cuentas nacionales es un proceso, usualmente automatizado, por el cual todo formato utilizado por los entes de control es interpretado en los términos de cuentas nacionales y las variables que contiene son expresadas en términos que se pueden trasladar inmediatamente o mediante combinaciones en variables de cuentas nacionales.

Como efecto de este proceso se obtienen versiones preliminares de las cuentas para cada una de las empresas públicas, privadas y entidades del gobierno, que posteriormente se agregan por subsectores y sectores institucionales. Estas cuentas constituyen el punto de partida del proceso de síntesis general de las cuentas nacionales.

En la síntesis no participan únicamente los sectores institucionales residentes, sino que también hay que incluir el Resto del Mundo. En Colombia como ya se explicó, el sector Resto del Mundo incluye, desde la base 2000, lo que se ha llamado el "enclave" que recoge las transacciones relacionadas con parte de las actividades relacionadas con los cultivos ilícitos.

Para tal fin, se ha desarrollado un sistema automatizado de cálculo de las cuentas de los sectores institucionales – SISEC, que procesa la información de las bases de datos por entidad proporcionado por las superintendencias, y que permite la trazabilidad de la transformación de cada dato desde el asiento contable hasta el dato que figura en las cuentas nacionales.

Recuadro 16.1. **El enclave**

El Sistema de Cuentas Nacionales 2008 (SCN 2008) recomienda la inclusión de todas las actividades productivas, tanto legales como ilegales, dentro del marco de la medición de la economía: "Las actividades ilegales que se ajustan a las características de las transacciones (en particular la existencia de mutuo acuerdo entre las partes) se tratan como si fueran actividades legales. La producción o el consumo de ciertos bienes o servicios, como los narcóticos, pueden ser ilegales, pero las transacciones de mercado de esos bienes y servicios han de registrarse en las cuentas. [...] Es posible que resulte difícil y hasta imposible obtener datos acerca de las transacciones ilegales, pero en principio deben incluirse en las cuentas, aunque solo sea para reducir el error en otras partidas, incluidos los saldos contables"[1].

Por consiguiente, es necesario incluir en las cuentas nacionales de Colombia las actividades ligadas a cultivos ilegales, su transformación industrial y su comercialización.

Pero ateniéndose a reglas de prudencia y por contraste con la situación en materia de producción agrícola e industrial para las que existen datos oficiales (provenientes de Oficina de Naciones Unidas Contra la Droga y el Delito (UNODC) y la Dirección Nacional de Estupefacientes (DNE) sobre los cuales apoyar las estimaciones, mientras se carece de datos oficiales y confiables sobre la comercialización de estupefacientes, no se incluye, ni la comercialización de dichos productos ni los flujos de capital asociados, a pesar de su conocida importancia.

Adicionalmente, por motivos analíticos y para aislarlas de todas las demás estimaciones de las Cuentas Nacionales, las transacciones relacionadas con esta producción ilegal se separan dentro de un territorio virtual denominado "enclave de cultivos ilícitos" que permite a los usuarios que así lo desean excluir o incluir sus resultados dentro del marco de la economía nacional, al observar de manera separada la evolución de esta actividad.

El enclave se presenta como un espacio económico virtual perteneciente al territorio nacional, creado artificialmente para registrar, separadamente de la economía nacional, las actividades productivas relacionadas con los estupefacientes, incluyendo exclusivamente las que van desde el cultivo de coca, amapola y marihuana, hasta los procesos de transformación industrial de clorhidrato de cocaína y heroína. Como ya se explicó, se excluyen las actividades relacionadas con su comercialización por falta de información suficientemente objetiva.

Recuadro 16.1. **El enclave** *(cont.)*

La fase agrícola hace referencia a las actividades de: i) cultivo de coca y su transformación a base de coca[2]; ii) cultivo de amapola y su procesamiento a látex de amapola; y iii) cultivo de marihuana. La fase industrial se relaciona con la actividad de transformación y procesamiento de clorhidrato de cocaína y heroína. Para el año 2008, la remuneración a los asalariados pagada por el enclave a Colombia registra un valor de 2 472 miles de millones de pesos es decir un 1.6% de un total de 152 023 miles de millones de pesos generados por las otras actividades.

Desde el punto de vista de la medición económica, este "enclave" productivo se trata como si fuera un territorio "intermedio" entre la economía nacional y el resto del mundo.

El enclave no tiene habitantes, solo unidades productivas, por lo cual sus transacciones con la economía nacional hacen referencia al suministro de factores de producción por la economía nacional: insumos, y trabajo en cuya contrapartida se recibe remuneración a los asalariados. En términos de bienes y servicios, el enclave compra insumos (tanto nacionales como importados) para la producción pero también envía una porción de la producción de estupefacientes a la economía nacional. La producción no consumida dentro de la economía nacional se destina al resto del mundo.

Dado su carácter de territorio intermedio, las transacciones de Colombia con el enclave se registran en la cuenta del resto del mundo. Las "exportaciones" de Colombia hacia el enclave corresponden a los insumos químicos (orgánicos e inorgánicos), productos y subproductos de la refinación del petróleo, cemento y plásticos, necesarios para el proceso de producción de los estupefacientes. A su vez, Colombia "importa" del enclave una proporción de base de cocaína, marihuana, clorhidrato de cocaína y heroína para el consumo final de los hogares. El cuadro que sigue ilustra las principales variables relacionadas con el enclave. Las incautaciones reflejan las capturas realizadas en el territorio nacional de los productos obtenidos.

1. Para mayor detalle consultar la publicación "PIB de enclave de productos ilícitos", DANE (2011), *www.dane.gov.co/files/investigaciones/pib/especiales/metodologÃ-a_enclave_ilicitos 2000_2010.pdf*.
2. En la nueva base, la fabricación de base de coca se transfiere a la fase industrial por reorganización en los procesos productivos.

Recuadro 16.1. **El enclave** *(cont.)*

Cuadro 16.4. **Matriz oferta-utilización de productos. Cultivos ilícitos. Fases agrícola e industrial. Serie 2000-15 pr.**

Miles de millones de pesos

Código Cuentas Nacionales	Producto	Oferta*				Utilización					
						Consumo Intermedio (Ajustado)			Exportaciones		
		Producción	Incauta-ciones (-)	Importa-ciones	Total oferta a precios comprador	Cultivo de otros productos agrícolas (Fase Agrícola)	Fabricación de sustancias y productos químicos (Fase Industrial)	Total economía	Exportaciones al R.M	Exportaciones a Colombia	Total demanda a precios comprador
					Año 2000						
02	Otros productos agrícolas	2 408	-4	0	2 404	0	2 300	2 300	0	104	2 404
27	Productos de petróleo refinado; combustibles nucleares y productos de horno de coque	0	0	201	201	185	16	201	0	0	201
28	Productos químicos básicos y elaborados (excepto productos de plástico y caucho)	4 067	-381	385	4 071	315	70	385	3 510	176	4 071
29	Productos plásticos	0	0	0	0	0	0	0	0	0	0
30	Cemento, cal	0	0	29	29	29	0	29	0	0	29
	Total	**6 475**	**-385**	**615**	**6 705**	**529**	**2 386**	**2 915**	**3 510**	**280**	**6 705**
	Total producción					**2 408**	**4 067**	**6 475**			
	Valor agregado					**1 879**	**1 681**	**3 560**			
					Año 2005						
02	Otros productos agrícolas	2 023	-11	0	2 012	0	1 885	1 885	0	127	2 012
27	Productos de petróleo refinado; combustibles nucleares y productos de horno de coque	0	0	337	337	317	20	337	0	0	337
28	Productos químicos básicos y elaborados (excepto productos de plástico y caucho)	3 839	-890	360	3 309	286	74	360	2 703	246	3 309
29	Productos plásticos	0	0	0	0	0	0	0	0	0	0
30	Cemento, cal	0	0	22	22	22	0	22	0	0	22
	Total	**5 862**	**-901**	**719**	**5 680**	**625**	**1 979**	**2 604**	**2 703**	**373**	**5 680**
	Total producción					**2 023**	**3 839**	**5 862**			
	Valor agregado					**1 398**	**1 860**	**3 258**			

Recuadro 16.1. **El enclave** *(cont.)*

Cuadro 16.5. **Matriz oferta-utilización de productos. Cultivos ilícitos. Fases agrícola e industrial. Serie 2000-15 pr.** *(cont.)*

Miles de millones de pesos

					Año 2010						
02	Otros productos agrícolas	1 224	-23	0	1 201	0	1 050	1 050	0	151	1 201
27	Productos de petróleo refinado; combustibles nucleares y productos de horno de coque	0	0	338	338	320	18	338	0	0	338
28	Productos químicos básicos y elaborados (excepto productos de plástico y caucho)	2 615	-915	203	1 903	152	51	203	1 401	299	1 903
29	Productos plásticos	0	0	0	0	0	0	0	0	0	0
30	Cemento, cal	0	0	12	12	12	0	12	0	0	12
	Total	**3 839**	**-938**	**553**	**3 454**	**484**	**1 119**	**1 603**	**1 401**	**450**	**3 454**
	Total producción					**1 224**	**2 615**	**3 839**			
	Valor agregado					**740**	**1 496**	**2 236**			
					Año 2015 pr						
02	Otros productos agrícolas	1 867	-33	0	1 834	0	1 678	1 678	0	156	1 834
27	Productos de petróleo refinado; combustibles nucleares y productos de horno de coque	0	0	627	627	590	37	627	0	0	627
28	Productos químicos básicos y elaborados (excepto productos de plástico y caucho)	3 861	-1 176	261	2 946	175	86	261	2 336	349	2 946
29	Productos plásticos	0	0	0	0	0	0	0	0	0	0
30	Cemento, cal	0	0	25	25	25	0	25	0	0	25
	Total	**5 728**	**-1 209**	**913**	**5 432**	**790**	**1 801**	**2 591**	**2 336**	**505**	**5 432**
	Total producción					**1 867**	**3 861**	**5 728**			
	Valor agregado					**1 077**	**2 060**	**3 137**			

Fuente: DANE, Dirección de Síntesis y Cuentas Nacionales (DSCN).

Análisis de las transacciones de las cuentas de utilización del ingreso

En la misma forma en que se estiman las cuentas de producción y de generación del ingreso, se combinan una aproximación por los productos y una aproximación por los agentes económicos. Para las cuentas de sectores institucionales, se combinan también una aproximación por las transacciones y una por las unidades institucionales; esto permite establecer una primera versión para un cierto número de variables de las cuentas de los sectores o partes de sectores para los que no existe información directa, es decir, los hogares y las empresas pequeñas pero que sin embargo pertenecen al sector de las sociedades no financieras.

Se desarrollan análisis utilizando matrices "de quien a quien", para un cierto número de transacciones redistributivas de particular importancia tales como la remuneración a los asalariados, los SIFMI, las prestaciones sociales diferentes a las transferencias sociales en especie, los intereses, los dividendos, las utilidades reinvertidas de la Inversión Extranjera Directa, la renta de la propiedad atribuida a los titulares de pólizas de seguros, la renta de la tierra, los impuestos sobre la renta y la riqueza, los otros impuestos corrientes, etc.

Al establecer estas matrices, se realiza un primer trabajo de conciliación de las informaciones provenientes de las diferentes fuentes. También se verifica la consistencia en el tiempo de las evoluciones de las diferentes variables y se establece una primera versión completa de las cuentas de los sectores institucionales.

La síntesis general del sistema

Cuentas de bienes y servicios con las de sectores institucionales (cuentas reales)

La síntesis de las cuentas de bienes y servicios con las de los sectores institucionales tiene dos finalidades: permite, de una parte, complementar las cuentas de los agentes para los cuales no se ha tenido información directa, y de otra, reconciliar la aproximación por las ramas de actividad y por los sectores institucionales y elaborar las matrices rama-sector para todas las transacciones de las cuentas de producción y de generación del ingreso.

En este proceso, al contar con dos (o más) informaciones para un mismo rubro, se suele preferir los datos que provienen de los equilibrios de productos, lo que en algunos casos genera reajustes muy fuertes de las partidas derivadas del análisis de la información contable, argumentando un mejor conocimiento y mejor consistencia interna de la aproximación por los productos[7]. Estos ajustes pueden tener un efecto fuerte sobre el préstamo neto, el que no siempre se controla sistemáticamente con registros contrapartida.

Cuentas reales con cuentas financieras

La reconciliación con las cuentas financieras ha sido siempre un proceso difícil, en parte obstaculizado por el hecho que las dos partes de las Cuentas Nacionales se elaboran en dos entidades distintas, entre las cuales la coordinación de las operaciones estadísticas no siempre es óptima: calendarios de elaboración y entregas diferentes, referentes distintos en la medida que el Banco Central quiere mayor homogeneidad entre los diferentes resultados estadísticos que produce. Después de haber pasado por unos episodios de falta de coherencia, se está en un camino de acercamiento en la homogenización del tratamiento de las fuentes comunes (en particular gobierno y sociedades) y su procesamiento básico hasta revisar los procedimientos de síntesis interna a cada parte, cuenta real y cuenta financiera.

Para lograr una convergencia, las entidades han tenido que realizar acuerdos sobre los siguientes temas:

- Unificación de los directorios para cada uno de los sectores con información contable;
- Utilización de la misma fuente, y de información generada en la misma fecha, para evitar diferencias por actualización de las bases de datos y a su vez acordar encontrar una fecha en la cual los organismos de control hayan revisado las validaciones y revisiones pertinentes para optimizar la calidad de la información utilizada;
- Homologación coherente de los códigos contables, lo que permite examinar la información de la misma forma, ya que al juntar las fortalezas y experiencias de las dos instituciones se obtienen resultados mucho más coherentes; a su vez se cuenta con préstamos netos iniciales iguales, resultados del proceso de transformación de los estados financieros;
- Una vez terminados los procesos de síntesis de ambas instituciones, revisión de los ajustes que tienen efecto sobre los préstamos netos una vez se haya verificado que no afectan la coherencia entre las cuentas financieras y las cuentas reales. Es de anotar que una parte de los ajustes son reclasificaciones internas, ya que algunos códigos contables pueden corresponder a varias transacciones, es decir que varios de estos ajustes no afectan los préstamos netos.

El trabajo se está realizando por etapas y en años recientes, se ha podido beneficiar de que el Banco de la República ha tomado algún tiempo para producir datos definitivos, lo que ha permitido realizar un cierto número de ajustes. Para la publicación de las cuentas del año 2014, se concilió el total del sector gobierno general, pero no los subsectores; para las cuentas del año 2015, esta conciliación se extendió a las cuentas de los subsectores. Esfuerzos similares están en curso para las cuentas del sector financiero y de las sociedades no financieras públicas.

Los resultados de estos esfuerzos se van a concretar más claramente en la nueva base de Cuentas Nacionales actualmente en construcción en que la coordinación de los cronogramas de trabajo será un componente importante de la calidad (véase el Gráfico 16.1).

Gráfico 16.1. **Préstamo neto por sectores de acuerdo con las cuentas reales y las cuentas financieras 2000-15**

Miles de millones de peso corrientes

Fuente: Banco de la República y DANE.

16.3. Principales resultados comentados y calendario de entregas

Los resultados de las Cuentas elaboradas por el DANE se presentan en su totalidad en la página web del DANE: tanto los agregados macroeconómicos principales, las cuentas de bienes y servicios, el Cuadro Económico Integrado como las cuentas de los sectores institucionales. Adicionalmente, cada entrega viene precedida de un Boletín de Prensa que resalta los hechos más característicos.

También se publican los resultados de estudios adicionales tales como el detalle del gasto del gobierno por finalidad, el PIB del enclave de cultivos ilícitos, la matriz de trabajo para el año 2014, la matriz de utilización que desagrega los productos de origen nacional y los productos importados, trabajos de retropolación, trabajos relacionados con matrices de Contabilidad Social y Matrices de Insumo Producto (actividad por actividad), etc.

Los principales resultados son los siguientes:

Cuadro 16.6. **Producto interno bruto total y por habitante. Serie 2000-15^{p}, Base 2005***

Años	Producto interno bruto total				Población[1] (personas)	Producto interno bruto por habitante		Tasa de cambio[2] (pesos/ dólar USD)
	A precios corrientes		A precios constantes de 2005 por encadenamiento			A precios corrientes		
	Miles de millones de pesos	Tasas anuales de crecimiento	Miles de millones de pesos	Tasas anuales de crecimiento		Pesos	Tasas anuales de crecimiento	
2000	208 531	-	284 761	-	40 295 563	5 175 036	-	2 087.42
2001	225 851	8.3	289 539	1.7	40 813 541	5 533 727	6.9	2 299.77
2002	245 323	8.6	296 789	2.5	41 328 824	5 935 881	7.3	2 507.96
2003	272 345	11.0	308 418	3.9	41 848 959	6 507 808	9.6	2 877.50
2004	307 762	13.0	324 866	5.3	42 368 489	7 263 936	11.6	2 626.22
2005	340 156	10.5	340 156	4.7	42 888 592	7 931 153	9.2	2 320.77
2006	383 898	12.9	362 938	6.7	43 405 956	8 844 362	11.5	2 357.98
2007	431 072	12.3	387 983	6.9	43 926 929	9 813 388	11.0	2 078.35
2008	480 087	11.4	401 744	3.5	44 451 147	10 800 329	10.1	1 966.26
2009	504 647	5.1	408 379	1.7	44 978 832	11 219 656	3.9	2 156.23
2010	544 924	8.0	424 599	4.0	45 509 584	11 973 830	6.7	1 897.89
2011	619 894	13.8	452 578	6.6	46 044 601	13 462 903	12.4	1 847.17
2012	664 240	7.2	470 880	4.0	46 581 823	14 259 639	5.9	1 798.23
2013	710 497	7.0	493 831	4.9	47 121 089	15 078 111	5.7	1 868.90
2014	757 065	6.6	515 528	4.4	47 661 787	15 884 109	5.3	2 000.68
2015^{P}	799 312	5.6	531 262	3.1	48 203 405	16 582 065	4.4	2 746.47

* Los resultados presentados en esta edición corresponden a la serie actualizada de las Cuentas Nacionales para el periodo 2000-15^{p}.

1. Colombia. Proyecciones anuales de población por sexo y edad 1985-2020. Serie Estudios Censales No. 4. Series actualizadas el 12 de mayo de 2011.
2. Banco de la República.

^{p} Cifras provisionales.

^{Pr} Preliminares.

Fuente: DANE, Dirección de Síntesis y Cuentas Nacionales (DSCN).

Cuadro 16.7. **Participaciones de las actividades en el PIB: Colombia Base 2005**

En porcentaje sobre los valores a precios corrientes

Especificación	2010	2011	2012	2013	2014	2015
Agricultura, ganadería, caza, silvicultura y pesca	6.5	6.2	5.8	5.6	5.7	6.0
Explotación de minas y canteras	8.4	11.1	11.0	10.2	8.4	6.4
Industrias manufactureras	12.8	12.3	12.2	11.8	11.5	11.4
Suministro de electricidad, gas y agua	3.6	3.4	3.4	3.3	3.3	3.4
Construcción	7.2	7.4	8.0	8.8	9.5	9.3
Comercio, reparación, restaurantes y hoteles	11.6	11.3	11.3	11.5	11.7	12.3
Transporte, almacenamiento y comunicaciones	6.4	5.8	5.7	6.0	6.2	6.6
Establecimientos financieros, seguros, actividades inmobiliarias y servicios a las empresas	19.3	18.4	18.7	18.6	18.9	19.2
Actividades de servicios sociales, comunales y personales	15.8	15.1	15.5	16.1	16.4	16.7
Subtotal valor agregado	91.6	91.2	91.5	92.0	91.6	91.3
Impuestos menos subvenciones sobre los productos	8.4	8.8	8.5	8.0	8.4	8.7
Producto interno bruto	100.0	100.0	100.0	100.0	100.0	100.0

Participaciones de los componentes de la demanda final en el PIB
En porcentaje sobre valores a precios corrientes

Especificación	2010	2011	2012	2013	2014	2015
Demanda Interna	101.8	101.2	101.8	102.6	105.4	108.1
Formación Bruta de capital	22.1	23.9	23.9	24.3	26.3	26.7
Consumo total	79.7	77.3	77.9	78.2	79.2	81.4
Consumo final de los hogares	62.8	61.2	61.2	60.5	61.2	62.8
Consumo final del gobierno y las ISFLSH*	16.9	16.1	16.7	17.7	17.9	18.6
Exportaciones de bienes y servicios	15.9	18.7	18.3	17.6	15.9	15.2
Importaciones de bienes y servicios	17.8	19.9	20.0	20.1	21.4	23.4
Producto Interno Bruto	100.0	100.0	100.0	100.0	100.0	100.0

* ISFLSH: Instituciones sin fines de lucro al servicio de los hogares.

Cuadro 16.8. **Participaciones de los componentes del producto interno bruto (ingresos)**

Especificación	2010	2011	2012	2013	2014	2015
Remuneración a los asalariados	32.7	31.4	32.2	32.7	33.1	33.5
Excedente bruto de explotación	34.3	36.0	35.5	35.8	34.6	33.1
Ingreso mixto	22.3	21.6	21.5	21.4	21.9	22.7
Impuestos netos menos subvenciones	10.6	11.0	10.7	10.0	10.4	10.7
PIB	100.0	100.0	100.0	100.0	100.0	100.0

Fuente: DANE, Dirección de Síntesis y Cuentas Nacionales (DSCN).

Cuadro 16.9. **Principales agregados macroeconómicos por sector institucional. Valores a precios corrientes. Serie 2000-15p, Base 2005**

Miles de millones de pesos

Conceptos	2000	2005	2010	2011	2012	2013	2014	2015p
A. Producto interno bruto (1 + 2 3 + 4 + 5)	**208 531**	**340 156**	**544 924**	**619 894**	**664 240**	**710 497**	**757 065**	**799 312**
1. Remuneración a los asalariados	**68 387**	**109 236**	**178 279**	**194 402**	**214 085**	**232 521**	**250 724**	**267 719**
2. Impuestos menos subvenciones sobre los productos	**15 002**	**28 875**	**45 789**	**54 515**	**56 483**	**56 824**	**63 747**	**69 246**
3. Impuestos menos subvenciones sobre la producción	**4 415**	**7 043**	**12 213**	**13 837**	**14 880**	**14 499**	**14 796**	**16 202**
4. Excedente bruto de explotación	**67 584**	**113 060**	**187 103**	**223 189**	**235 745**	**254 395**	**262 318**	**264 325**
5. Ingreso mixto bruto	**53 143**	**81 942**	**121 540**	**133 951**	**143 047**	**152 258**	**165 480**	**181 820**
B. Ingreso nacional bruto	**205 068**	**331 660**	**525 539**	**594 687**	**639 149**	**686 647**	**733 946**	**779 505**
C. Ingreso bruto disponible o ingreso bruto disponible ajustado	**211 552**	**344 555**	**535 776**	**605 351**	**647 778**	**695 335**	**743 787**	**795 441**
E. Gastos de consumo final	**179 214**	**277 953**	**434 319**	**479 304**	**517 616**	**555 933**	**599 355**	**650 670**
Gasto de Consumo Final de los hogares	144 200	223 519	342 072	379 532	406 842	430 201	463 523	193 965
Gasto de Consumo Final del Gobierno General	34 351	53 373	90 653	98 041	108 939	123 769	133 803	146 572
Gasto de Consumo Final de las ISFLSH[1]	663	1 061	1 594	1 731	1 835	1 963	2 029	2 254
F. Ahorro nacional bruto	**32 338**	**66 602**	**101 457**	**126 047**	**130 162**	**139 402**	**144 432**	**144 771**
Sociedades no financieras	16 452	37 587	52 781	63 791	58 525	65 569	66 712	72 151
Sociedades financieras	5 243	2 548	5 451	7 519	7 080	7 591	11 244	11 932
Gobierno	-4 809	-58	5 914	15 832	23 437	13 856	9 688	7 288
Hogares	15 521	26 353	37 207	38 807	41 001	52 306	56 585	53 298
ISFLSH[1]	-69	172	104	98	119	80	203	102
G. Formación bruta de capital	**31 062**	**68 783**	**120 571**	**148 008**	**158 438**	**172 711**	**198 945**	**213 580**
Sociedades no financieras	19 753	42 121	74 869	92 081	93 586	99 392	119 226	129 967
Sociedades financieras	700	846	862	912	1 266	1 165	1 296	2 240
Gobierno	4 754	9 465	14 913	20 205	24 554	27 179	28 367	28 723
Hogares	5 815	16 271	29 841	34 716	38 933	44 864	49 869	52 452
ISFLSH[1]	40	80	86	94	99	111	187	198
H. Préstamo neto	**0**	**0**	**0**	**0**	**0**	**0**	**0**	**0**
Resto del mundo	-1 276	2 181	19 114	21 961	28 276	33 309	54 513	68 809
Sociedades no financieras	-3 616	-5 007	-22 098	-28 663	-35 107	-33 268	-51 944	-61 386
Sociedades financieras	5 431	2 653	5 131	6 635	5 842	6 469	10 005	9 750
Gobierno	-10 956	-11 334	-11 892	-6 038	-4 120	-16 765	-24 031	-25 645
Hogares	10 527	11 412	9 727	6 101	5 089	10 286	11 441	8 568
ISFLSH[1]	-110	95	18	4	20	-31	16	-96
I. Balance externo de bienes y servicios	**-1 745**	**-6 580**	**-9 966**	**-7 418**	**-11 814**	**-18 147**	**-41 235**	**-64 938**
Exportaciones de bienes y servicios	33 188	57 316	86 839	116 144	121 282	124 848	120 650	121 884
Importaciones de bienes y servicios	34 933	63 896	96 805	123 562	133 096	142 995	161 885	186 822

* El PIB a precios corrientes del año 2008 fue actualizado con motivo de la inclusión de nueva información de exportaciones de carbón por parte de la fuente.

1. ISFLSH: Instituciones sin fines de lucro al servicio de los hogares.

p Cifras provisionales.

Fuente: DANE, Dirección de Síntesis y Cuentas Nacionales (DSCN).

Calendario de elaboración y presentación de resultados

La versión preliminar

Corresponde al acumulado anual asociado al cuarto trimestre del año que se establece dentro del proceso de cálculo de las cuentas trimestrales. Es la estimación global más oportuna pues para los resultados del año 2016 presentó un desfase de tan solo **52 días con el final del año calendario**, un gran progreso con relación al calendario anterior de entrega en que el desfase era de 70 días. Dos elementos caracterizan esta estimación: de una parte, su alcance, ya que se limita (a diferencia de las versiones provisional y definitiva) al análisis de la producción detallada en 52 ramas, luego agregadas en 9 grandes ramas de actividad y la presentación de la demanda global a precios corrientes y constantes, dejando por fuera los análisis oferta-utilización y las cuentas de los sectores institucionales, que son más exigentes en materia de información, y de otra parte la utilización de indicadores o variables testigo ligados estrechamente al comportamiento de algunas de las actividades económicas. Los resultados no se incorporan en las publicaciones de las cuentas nacionales anuales sino que se encuentran en la página WEB, en la parte de las Cuentas Nacionales referentes a las cuentas trimestrales.

La versión provisional

Divulgada con 14 meses **de desfase** con relación al final del año calendario correspondiente, su alcance y detalle es similar al de las cuentas definitivas. Se alimenta de información proveniente de investigaciones estadísticas de menor alcance tales como las muestras mensuales económicas adelantadas por el DANE, los pronósticos agrícolas a partir de áreas sembradas, los índices de volumen y precio derivados de muestras parciales de estados financieros de empresas representativas de las diferentes actividades económicas.

La versión definitiva

Se divulga con 26 meses **de desfase** con relación con el final del año calendario correspondiente. Incorpora la totalidad de la información, igualmente definitiva, generada en las investigaciones estadísticas y registros administrativos proporcionados no solo por el DANE sino por las demás fuentes de información. Estas requieren de mayor tiempo para su recolección, crítica, análisis de consistencia, procesamiento y entrega de resultados a usuarios. Son ejemplo de estas estadísticas las correspondientes a las encuestas anuales manufactureras, de comercio y de servicios, los estados financieros de las entidades públicas, de las instituciones financieras y sociedades no financieras, los datos detallados de la balanza de pagos, entre otras.

16.4. Los sistemas complementarios

Las cuentas trimestrales

Desde el año 1997 y con la asesoría de Statistics Canada, organismo con reconocida trayectoria internacional en la teoría y manejo de series de tiempo y de cuentas nacionales trimestrales, se elaboró una serie de cuentas trimestrales iniciando con el año 1994, coherente con los resultados anuales, serie que se viene presentando en forma ininterrumpida hasta la fecha, de forma coherente con los cambios de año base de las cuentas anuales.

Desde el año 2015, por recomendaciones internacionales, el DANE se esforzó en publicar los resultados del PIB trimestral con mayor oportunidad que la habitualmente evidenciada, y para ello inició una campaña de sensibilización con algunas fuentes externas como gremios, agencias, entidades nacionales, etc., concientizándolos de la importancia de la participación de sus cifras en el cálculo de PIB trimestral, generando compromisos para que la entrega de la información se realizará con una mejor oportunidad. Para las fuentes internas se crearon mesas de trabajo con el fin de adelantar los calendarios de los operativos de campos, procesamiento y análisis de la información.

Cuadro 16.10. **Cuentas trimestrales**

Tiempo de rezago de la publicación

Año	Trimestre	Días posteriores al trimestre de referencia
2015	I	72
2015	II	70
2015	III	70
2015	IV	70
2016	I	63
2016	II	59
2016	III	55
2016	IV	52
2017	I	49
2017	II	45

Fuente: DANE.

La publicación de las cifras trimestrales se realiza en dos tiempos. En el primero y al que hace referencia la tabla, se publica el PIB trimestral por el enfoque de la producción a precios constantes en las 9 ramas de actividad siguientes:

1. Agricultura, ganadería, caza, silvicultura y pesca
2. Explotación de minas y canteras
3. Industria manufacturera

4. Suministro de electricidad, gas y agua
5. Construcción
6. Comercio, reparación, restaurantes y hoteles
7. Transporte, almacenamiento y comunicaciones
8. Establecimientos financieros, seguros,
9. Actividades inmobiliarias y servicios a las empresas
10. Actividades de servicios sociales, comunales y personales

Siete días después de esta primera publicación se muestran los resultados del PIB trimestral por el enfoque de la producción a precios corrientes y el PIB por componentes de la demanda (Importaciones, Gasto de Consumo Final, Formación Bruta de Capital, y Exportaciones) a precios corrientes y constantes.

Los resultados generales a precios constantes son sustentados por estimaciones a niveles mucho más detallados de las evoluciones de los valores agregados de las 60 actividades de las cuentas nacionales anuales y de la producción de sus productos principales. Las comparaciones se hacen con relación al trimestre anterior y con relación al mismo trimestre del año anterior.

El Indicador Mensual de Seguimiento a la Economía

Con el objetivo de contar con una medida de la evolución de la actividad real de la economía en frecuencia mensual, surgió el Indicador de Seguimiento a la Economía- ISE, el cual combina un conjunto de indicadores representativos de las actividades económicas, clasificadas en 9 sectores, permitiendo analizar las diferentes señales del comportamiento y la dinámica de la actividad económica así como su trayectoria en el corto plazo.

El ISE permite inferir la evolución de la actividad económica por extrapolación del valor agregado. Esta estimación mensual, se realiza mediante el uso de un conjunto de indicadores sectoriales altamente relacionados a la actividad económica y en algunos casos, construidos a partir de estimaciones para aquellas actividades que carecen de información mensual confiable y oportuna. En el siguiente cuadro se indica que productos y fuentes se incluyen para el cálculo del ISE, para la rama de actividad Agricultura, ganadería, caza, silvicultura y pesca.

ACTIVIDAD ECONÓMICA: Agricultura, ganadería, caza, silvicultura y pesca

RAMA DE ACTIVIDAD	DESCRIPCIÓN	FUENTE
Productos de café	Café pergamino	FEDECAFE
Otros productos agrícolas	Arroz	DANE-ENAM
	Papa	SIPSA
	Banano	AUGURA-DANE_COMEX
	Plátano	MINAGRICULTURA
	Yuca	MINAGRICULTURA
	Otras frutas	
	Aceite crudo de palma	FEDEPALMA
	Plantas vivas	DANE_COMEX
	Cacao	FEDEPALMA
	Caña de azúcar	ASOCAÑA
	Plantaciones	FEDEPALMA ASOCAÑA MINAGRICULTURA
Animales vivos, productos animales	Ganado vivo	DANE-ESAG-COMEX
	Leche sin elaborar	DANE-SIMSA
	Pollos	FENAVI
	Huevos	FENAVI
	Ganado porcino	DANE-ESAG

En total se trabaja con 9 actividades, 50 ramas de actividad, 27 productos y 13 categorías descriptivas adicionales.

El proceso de cálculo del ISE se desarrolla en dos etapas; en la primera se realiza el cálculo a nivel de la producción para aquellas actividades económicas de las cuales no se tiene un indicador de rama de actividad. En la segunda etapa, partiendo de las series previamente calculadas que sirven como indicador, se estiman las evoluciones de los valores agregados de las actividades y el índice total por suma ponderada de componentes.

Esquema de construcción del ISE

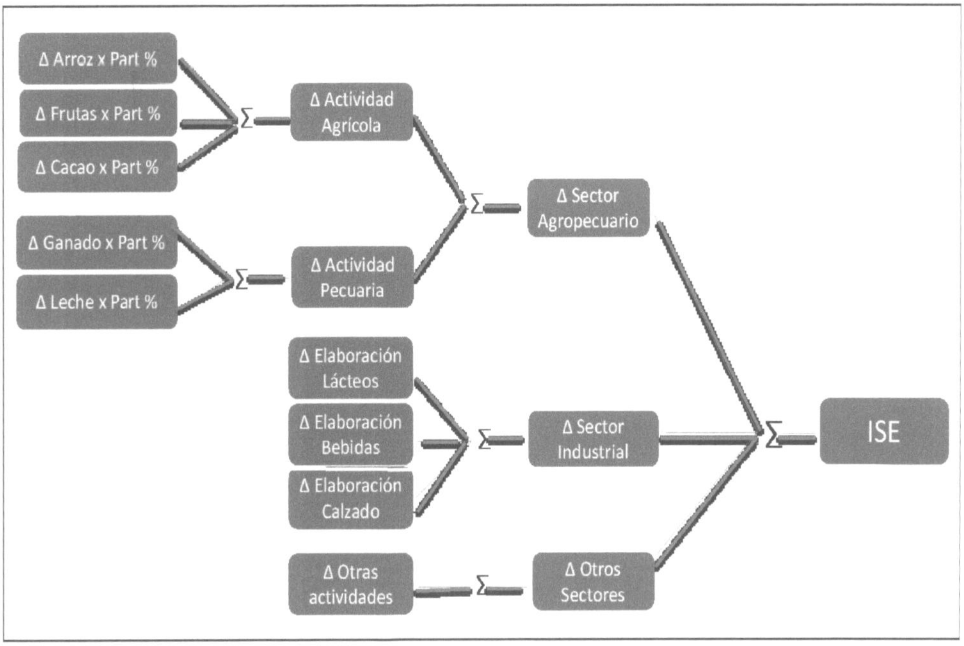

Fuente: DANE.

Armonización del ISE con las Cuentas Nacionales Anuales y Trimestrales

El proceso de armonización de las series mensuales del ISE con las cuentas trimestrales se realiza mediante un benchmarking, el cual combina series de datos de alta frecuencia (indicadores básicos mensuales) con series de datos de menor frecuencia (cifras trimestrales), buscando que tanto el perfil temporal de las series mensuales del ISE como su sumatoria en las diferentes actividades, sea igual a la de las series trimestrales que les sirven de referencia.

Componentes de las series de ISE

Los resultados obtenidos en el ISE se publican en diferentes series:

- **Serie original**: A esta serie no se le ha eliminado el componente estacional.
- **Serie desestacionalizada**: serie en la que se estima y separa de las series de tiempo originales los efectos del componente estacional propios de cada una de las actividades que están representadas. Así mismo, son estimados los efectos estadísticos de los días feriados móviles (semana santa) y el número de días hábiles o productivos de cada mes, con el objetivo de propiciar una comparación razonable de la actividad productiva entre diferentes periodos (variaciones intermensuales).

- **Serie tendencia-ciclo**: esta serie identifica y separa tanto la estacionalidad como los datos irregulares de la serie original con el fin de explicar con mayor claridad la tendencia y la evolución del ciclo económico a largo plazo.

Revisión y actualización de las series

Debido a la naturaleza de la información de coyuntura y corto plazo del ISE, se procede a una revisión sistemática del indicador. Las actualizaciones se derivan de la disponibilidad de nueva o mejor información suministrada por las diferentes fuentes y su inclusión continua proporciona a los usuarios datos más precisos en cada período así como para la serie consolidada.

Gráfico 16.2. **Indicador mensual de seguimiento a la economía**

Indice base 2005 = 100

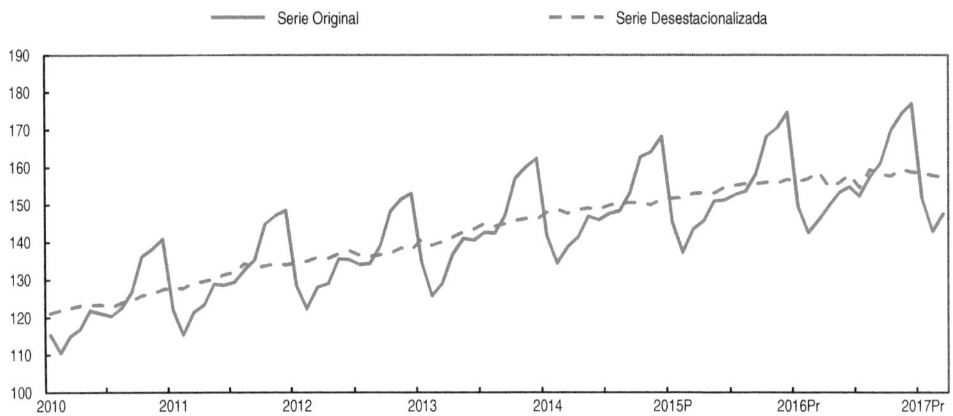

Fuente: DANE (2017), *www.dane.gov.co.*

Cuentas departamentales

Atendiendo la demanda de las regiones, el DANE calcula el PIB por departamento empleando una metodología coherente con el sistema de cuentas nacionales, tanto en conceptos como en resultados. Naturalmente elaborar un sistema departamental de cuentas implica afrontar dificultades propias de esta medición, por ejemplo la definición de la residencia de unidades económicas que operan a nivel nacional, el tratamiento del comercio entre departamentos, la asignación departamental de actividades como las comunicaciones, el transporte, los servicios generales del gobierno nacional, etc. Adicionalmente, fue necesario simplificar el sistema desarrollado a nivel nacional, pero garantizando el objetivo de dar a conocer la estructura productiva y la dinámica de las diferentes actividades económicas de las regiones, con el fin de suministrar elementos de análisis para la formulación de la política económica sectorial y departamental.

El método empleado en las Cuentas Departamentales es el denominado centralizado o descendente y toma como referente las recomendaciones establecidas en el Sistema de Cuentas Nacionales, SCN 1993 y SCN 2008, así como las de EUROSTAT. Consiste en asignar el PIB nacional, los impuestos y el Valor Agregado por rama de actividad económica tanto a precios corrientes como constantes del año 2005 por encadenamiento, a cada uno de los departamentos, mediante la utilización de indicadores directos e indirectos, relacionados con cada una de las actividades productivas. Para esto se utiliza la misma nomenclatura de las Cuentas Nacionales, tanto para productos como para ramas de actividad con excepción de la industria manufacturera en que se hace una agregación al publicar en 2 grupos de actividades (alimentos, bebidas y tabaco y resto de la industria).

Proceso de elaboración

El proceso de elaboración de las Cuentas Departamentales pasa por las siguientes fases:

- Recolección de información;
- Análisis de consistencia de la información;
- Cálculo de indicadores por producto y departamentos: las estadísticas básicas permiten establecer el peso relativo de los departamentos que será aplicado al total de cada uno de los productos y ramas, calculados para el total del país desde las cuentas nacionales. En este paso, algunas fuentes suministran directamente el indicador de distribución de la producción departamental, pero en otros casos hay que realizar una serie de cálculos para elaborar un indicador indirecto o compuesto que permita efectuar dicha distribución;
- Evolución de la estructura de distribución por producto y departamento: para cada año se efectúa el cálculo de los indicadores con lo cual se obtienen los índices de volumen y de valor para realizar el encadenamiento a precios constantes de 2005;
- Consolidación de la producción: una vez halladas las estructuras departamentales de los productos, tanto a precios corrientes como constantes del año anterior, se consolida la información de las ramas, obteniendo el valor agregado a partir de la producción y de los consumos intermedios. Si bien cada rama de actividad se encadena de manera independiente, por ser un método centralizado, es necesario a partir de los valores obtenidos, distribuirlos por departamentos con el fin de garantizar el ajuste de la sumatoria de los valores agregados departamentales al total nacional;
- Distribución del Valor Agregado y cálculo del PIB por departamento: con la definición de las estructuras a nivel de rama de actividad se distribuyen los valores agregados del total del país calculados en las Cuentas Nacionales

Anuales. Se asigna el Valor Agregado según el nivel de producción; es decir que no toma en consideración las relaciones insumo-producto propias a cada región, ni la evolución de sus precios relativos, por falta de recursos disponibles para llevar a cabo dicha investigación;

- Elaboración de cuadros de salida: los cuadros de salida publicados en la página web son:
  1. PIB total y por habitante
  2. PIB por departamento
  3. PIB por regiones
  4. PIB por ramas de actividad

Difusión de resultados

Los resultados se publican dos veces al año según un cronograma establecido. La primera publicación corresponde a estimaciones preliminares y se calcula en variación con relación a los resultados de las Cuentas Trimestrales del año anterior. La secunda se refiere a los resultados provisionales y definitivos y utiliza los resultados de las Cuentas Nacionales Anuales de bienes y servicios. Actualmente, la publicación de los resultados preliminares presenta un rezago inferior a los 6 meses después de terminado el año de referencia.

Este sistema de Cuentas Departamentales se ha complementado recientemente con el cálculo del PIB trimestral para la ciudad de Bogotá D.C., y el valor agregado del Indicador de importancia Económica Municipal, que tiene los mismos principios de cálculo de la metodología departamental. Actualmente se trabaja en indicadores de seguimiento a las economías regionales con una periodicidad infra-anual.

Cuentas satélites

En los últimos años, Colombia ha realizado importantes esfuerzos en la elaboración de Cuentas Satélites, con el fin de ampliar el conocimiento en determinados aspectos de la economía nacional y así enriquecer el marco central mediante la aplicación de nuevos marcos de referencia, conceptos y clasificaciones estadísticas, etc. Lo anterior ha permitido consolidar al país como pionero a nivel regional en la formulación metodológica y avances de las Cuentas Satélites.

En muchos casos, estos trabajos se han desarrollado como proyectos interinstitucionales, en donde se ha contado con la participación de los correspondientes ministerios, cabezas de sector; tales son los casos de las Cuentas Satélites de Cultura, Turismo, Salud, Agroindustria, Economía del Cuidado, Cuentas Ambientales, etc.

Es importante destacar que las Cuentas Satélites profundizan en ciertos aspectos particulares de las Cuentas Nacionales y permiten mejorar ciertas estimaciones, con la flexibilidad requerida para desarrollar una exhaustiva investigación en los trabajos adicionales, aceptando que su integración al marco central puede no ser inmediata.

Existen dos tipos de cuentas satélites: i) las relacionadas con la extensión de las cuentas de sectores clave y ii) las cuentas que desarrollan conceptos alternativos a los del SCN. Con respecto al primer grupo, actualmente se está avanzando en la construcción metodológica de Cuentas Satélite en sectores como Cultura, Salud, Turismo y Agroindustria; mientras las cuentas de la Economía del Cuidado y las Cuentas Ambientales corresponden al secundo grupo. Todos los resultados disponibles y las metodologías correspondientes se pueden encontrar en la página WEB del DANE.

Sus principales alcances se relacionan a continuación:

Cuenta Satélite de Cultura

El objetivo general de la Cuenta Satélite de la Cultura (CSC) consiste en realizar una delimitación funcional del campo cultural, con base en una metodología que abarque la totalidad de sus expresiones, y que permita una valoración económica de sus productos, de las actividades que los generan, de los factores de producción involucrados (en particular en términos de generación de empleo), del gasto asociado con el dominio y la financiación de este gasto. Se sigue el marco metodológico desarrollado por el Convenio Andrés Bello.

El trabajo se realiza por dominios. Los dominios abarcados hasta ahora son los siguientes: artes escénicas, artes visuales, audiovisual, creación, creación publicitaria, editorial, educación cultural, juegos y juguetes y música.

Las series existentes abarcan los años 2005 a 2014 y las variables estudiadas se concentran por el momento en una cuenta general de producción de las actividades características consolidadas y el equilibrio oferta-utilización de los productos característicos consolidados.

Cuenta Satélite de Salud

Recoge un trabajo preliminar sobre Cuenta Intermedia de Salud y Seguridad Social en Salud que abarcaba el período 2000-07.

El Sistema actual sigue más estrechamente las recomendaciones del Sistema de Cuentas de Salud (SHA) de 2011 y las combina con el enfoque de Cuenta Satélite al incorporar también una descripción de los procesos de producción. Su elaboración resulta de una colaboración estrecha con el Ministerio de Salud y Protección Social y condujo a un vuelco en el análisis conceptual del sistema colombiano de seguros sociales en salud que se introducirá en la nueva base de Cuentas Nacionales en construcción.

Las series disponibles abarcan el período 2013-14 y por el momento, solo abarcan las financiaciones de la salud por medio de los regímenes contributivos y subsidiados de Seguridad Social.

Cuenta Satélite de Turismo (CST)

Presenta las mediciones macroeconómicas del sector turismo, elaboradas según las recomendaciones de la OMT, tendientes a constituir una herramienta básica que permita la formulación de políticas para la promoción y la comercialización del sector. Su elaboración ha presionado la realización de un cierto número de encuestas estadísticas que no se habían realizado desde el principio de los años 2000, y ha provisto el marco conceptual de referencia para estas observaciones.

Existe un ejercicio piloto abarcando el período 2000-05 que se desarrolló dentro del marco de un proyecto de la Comunidad Andina de Naciones (CAN).

La serie actual abarca el período 2005 a 2014, y cubre los cuadros 1 a 7 del marco definido por la Organización Mundial del Turismo en donde se presentan resultados del gasto turístico receptor, interno, emisor e interior, cuentas de producción de las industrias características, peso del consumo turístico en la economía e información de empleo en las industrias características.

Cuenta Satélite Piloto de la Agroindustria (CSPA)

Tiene como objetivo ampliar el conocimiento sobre las actividades agroindustriales en un sistema integrado desde la producción primaria (agropecuaria, forestal, piscícola) hasta el primer nivel de transformación industrial.

Los resultados van sustentados por unas series de datos analíticos propios a cada dominio que permiten describir los procesos de producción de manera integrada, desde la fase agrícola hasta la primera fase de transformación industrial.

Se han desarrollado cuentas satélites pilotos para las actividades agroindustriales siguientes:

1. Avícola, 2005-14
2. Caña de azúcar, 2005-12
3. Arroz, 2005-12
4. Palma de aceite, 2005-14
5. Maíz, sorgo y soya, 2005-12
6. Cría de Ganado Bovino y Porcino, 2005-11

Estos estudios han servido de base para las estimaciones de la Nueva Base de Cuentas Nacionales actualmente en construcción.

En el caso de las cuentas satélites que desarrollan conceptos alternativos, Colombia ha logrado importantes avances en la construcción de la Cuenta Satélite Ambiental (CSA) y la Cuenta Satélite de Economía del Cuidado (CSTNR).

La Cuenta Satélite Ambiental (CSA)

En su desarrollo, se aplican las recomendaciones del Sistema de Contabilidad Ambiental y Económica (SCAE) del año 2012. Se miden en unidades físicas y monetarias, de forma sistemática y para cada período contable, la variación de los stocks de los activos ambientales, las interacciones entre el ambiente y la economía, dentro de la economía y de la economía al ambiente, y de forma paralela y en coherencia con el SCN, el esfuerzo de los diferentes sectores económicos para conservar, mitigar o proteger el medio ambiente. De la construcción de la Cuenta Satélite Ambiental, se obtienen distintos tipos de indicadores que permiten realizar un seguimiento al comportamiento en el uso de los recursos naturales[8].

Las cuentas actualmente elaboradas son las siguientes:

- Cuentas ambientales y económicas de activos de los recursos minerales y energéticos (en unidades físicas) (1994-2015)
- Cuentas ambientales y económicas de flujos de agua en unidades físicas (2007-14)
- Cuentas ambientales y económicas de flujos de energía y de emisiones al aire (en unidades físicas) (2005-14)
- Cuentas ambientales y económicas de flujos del bosque (en unidades físicas y monetarias) (2005-15)
- Cuentas ambientales y económicas de las actividades ambientales y transacciones asociadas (2014-15)
- Cuentas experimentales del Ecosistema (2012-14)
- Cuentas ambientales y económicas de flujos de materiales – cuentas de residuos en unidades físicas (2012-14)
- Cuentas ambientales y económicas de flujos de materiales – cuentas de emisiones al aire en unidades físicas (2005-14)

La Cuenta Satélite de Economía del Cuidado o también llamada Trabajo Doméstico y del Cuidado No Remunerado (TDCNR)

Permite visibilizar la relación entre la economía del cuidado y el resto de la economía, observando la distribución de tiempo, trabajos, consumos e ingresos utilizados en una y otra y constituye una pieza fundamental para comprender el funcionamiento del sistema económico y la generación de bienestar social.

La elaboración de la cuenta satélite de la economía del cuidado se ha desarrollado en tres fases:

- Fase I: Valoración económica del trabajo doméstico y de cuidado no remunerado-TDCNR, para el año 2012.
- Fase II: Cuenta de producción y generación del ingreso del TDCNR para el año 2012.
- Fase III: Indicadores de contexto, resultados por región, clase geográfica y composición del hogar del año 2012.

Retropolación

Desde un principio, se ha reconocido la importancia, para los usuarios, de contar con series largas para poder desarrollar modelos macroeconómicos y siempre ha sido una preocupación generar series históricas que permitieran superar las limitaciones impuestas por los cambios de año base.

Desde la serie base 2005, se optó por retropolar únicamente los grandes agregados, pues al tratar de establecer una cuenta retropolada completa desde el año 1975, se encontraron demasiado obstáculos que se explican por los grandes cambios estructurales ocurridos en el período cuyo tratamiento hubiera superado los recursos que podrían dedicarse al proyecto.

La serie retropolada actual abarca las variables siguientes: el PIB por oferta y demanda a precios corrientes y las tasas anuales de crecimiento en valor y volumen; el valor agregado por grandes ramas de actividad a precios corrientes y las tasas anuales de crecimiento en valor y volumen, así como un cuadro que compara las diferentes variables, principalmente las tasa de crecimiento anual en valor y volumen según las diferentes bases y en las cuentas retropoladas.

16.5. Las cuentas nacionales y el Sistema Estadístico Nacional

En 1969, la idea de los "precursores" al confiar la elaboración de las Cuentas Nacionales de Colombia al DANE era que las Cuentas Nacionales podrían apoyar la estructuración del sistema estadístico y orientar su desarrollo. Esta función está paulatinamente haciendo su camino y se ven ya algunas realizaciones.

La colaboración dentro del SEN

El Plan Nacional de Desarrollo 2014-18 creó el Sistema Estadístico Nacional y se designó al DANE como ente rector, coordinador y regulador del SEN, con el fin de promover y facilitar el intercambio de información para fines estadísticos ya que un sistema estadístico moderno requiere de la utilización más extensa posible de informaciones ya colectadas mediante procesos administrativos existentes, sin infringir los principios de reserva de la información.

Las Cuentas Nacionales ya hacen un uso extenso de informaciones recolectadas por ciertos organismos de control, usualmente focalizados en los agentes más organizados y grandes. Pero se requiere extender esta frontera y dos fuentes importantes están en proceso de incorporación al sistema de información: las declaraciones individuales de renta de las personas naturales y jurídicas, y la llamada PILA (Planilla Integral de Liquidación de Aportes) que todo empleador o trabajador independiente, debe diligenciar mensualmente concerniente el personal empleado y su salario y que se refiere a los ingresos dando lugar a pago de contribuciones sociales, empleadores y empleados.

Para esto, mediante el decreto 1743 de 2016 se reglamentaron las obligaciones de los integrantes del SEN y las condiciones y características de la estadística oficial, con el fin de facilitar el acceso a registros administrativos y demás fuentes de información que el DANE requiera sin restricción para la producción de las cifras de las diferentes investigaciones.

Colaboración con DIRPEN

La Dirección de Regulación, Planeación, Estandarización y Normalización – DIRPEN del DANE tiene dentro de sus responsabilidades la de establecer las nomenclaturas nacionales, en particular aquellas de productos y actividades a partir de las recomendaciones internacionales.

Las nomenclaturas de bienes y servicios y de actividades constituyen una herramienta esencial para la elaboración de las Cuentas Nacionales, y por consiguiente, el equipo ha tenido un papel importante en la definición de las nuevas clasificaciones, en particular en áreas en que son los únicos en el DANE que cuentan con experiencia estadística, por ejemplo en el sector financiero o en el sector de las actividades del gobierno y de los seguros sociales.

Está ahora en marcha un plan de normalización de las demás transacciones utilizadas en las Cuentas Nacionales, con el fin de promover su utilización de manera más amplia en las demás investigaciones. También se está promoviendo su participación en la consolidación de una tabla única de homologación entre las cuentas del catálogo general de contabilidad y el Manual de Estadísticas de Finanzas Públicas (del FMI) y el Sistema de Cuentas Nacionales (mesa de homologación) y en mejorar y unificar el modelo de conciliación de los estados financieros del sector público (mesa de consolidación).

Adicionalmente, DIRPEN ha promovido y acompañado la elaboración de metodologías de las diferentes investigaciones y gracias a este empuje, se disponen de documentos escritos que están a la disposición del público en la página WEB institucional, incluyendo los de Cuentas Nacionales en español. Muchos también están disponibles en inglés.

Colaboración con la DIG sobre directorios

La Dirección de Geo-estadística – DIG del DANE, está encargada de la generación y gestión de los directorios de unidades estadísticas. Esta información es de suma importancia para las cuentas nacionales, en particular para la elaboración de las cuentas de los sectores institucionales, tanto en nivel como en evolución, con el seguimiento de los procesos de nacimiento, muerte y fusión de las unidades económicas. Se ha suministrado a esta dirección toda la información de que se dispone para las cuentas nacionales y se está avanzando conjuntamente en un trabajo sobre los grupos de empresas y en particular los grupos multinacionales y su tratamiento estadístico.

Recientemente también, se ha involucrado esta Dirección en los trabajos asociados con el Plan de Convergencia de las Estadísticas de Finanzas Públicas (véase más adelante...) con el fin de lograr una lista única y permanentemente actualizada de entidades del sector público (mesa de entidades) así como su clasificación institucional única.

Colaboración con el DIMPE como productor de la información estadística de base

La Dirección de Metodología y Producción Estadística – DIMPE del DANE, como su nombre la indica, tiene a su cargo la producción de las estadísticas básicas.

Las encuestas estructurales sobre industria, comercio y ciertos servicios así como las encuestas mensuales y trimestrales y las investigaciones sobre el comercio exterior son una fuente irremplazable de información para las cuentas de bienes y servicios. A pesar de ciertas limitaciones en términos de cobertura y retardo en integrar las nuevas dinámicas organizacionales de los productores, en particular en términos de subcontratos y organización de actividades auxiliares, la colaboración es permanente y las Cuentas Nacionales juegan como un crítico permanente hacia un mejoramiento del alcance de las mediciones y de sus interpretaciones.

También deben mencionarse las encuestas a los hogares relacionadas con el empleo, las encuestas de ingresos y gastos de los hogares y las encuestas de calidad de vida que son indispensables para la medición del empleo, del gasto de los hogares y de las empresas pequeñas e informales y en particular la identificación de la llamada Economía No Observada.

La colaboración con el Ministerio de Salud sobre las cuentas nacionales de salud

Como se ha señalado, la elaboración de las Cuentas Satélites es la oportunidad para trabajar de manera más estrecha con los ministerios de tutela: esta ha sido particularmente la situación en el caso de la elaboración de las cuentas nacionales de salud, a las cuales se le ha adjuntado un componente de cuenta satélite. Este trabajo en común ha sido la oportunidad de unificar el análisis y la descripción del sistema de seguros sociales en salud establecido por la Ley 100 de 1993 que ha transformado totalmente la organización del sector.

La colaboración con el CIEFP para un análisis compartido del sector público

La Comisión Intersectorial de Estadísticas de Finanzas Públicas (CIEFP) fue creada mediante el Decreto 0574 de 2012 como una Comisión con carácter consultivo y de apoyo a los órganos públicos que tienen dentro de sus funciones la generación de información financiera pública. Su objeto es proponer políticas, estrategias y objetivos que permitan la armonización de la información estadística de finanzas públicas, garantizando la aplicación de metodologías consistentes, homogéneas y compatibles con las normas internacionales sobre divulgación de datos y transparencia, con el fin de brindar al país información completa, coherente, de calidad y oportuna.

Su creación respondió a la necesidad de reducir las grandes diferencias en los datos producidos por las diferentes entidades que resultaban de diferencias en metodologías y en enfoques y que eran perjudiciales para los usuarios de esta información.

Plan de convergencia de las estadísticas fiscales de Colombia

Como resultado de las recomendaciones de abril de 2015 de la OCDE en materia de armonización de resultados fiscales, el DANE formalizó un proyecto en tres fases, para atender objetivos de corto, mediano y largo plazo, de acuerdo con la complejidad de las acciones asociadas. La primera fase, de corto plazo, se centrará en la revisión de las metodologías de cálculo y resultados de los modelos que utilizan información de los estados financieros (base devengado): Sistema de Cuentas Nacionales del DANE y Modelo de Seguimiento Fiscal (MSF) de la Dirección General de Política Macroeconómica (DGPM) del MHCP, con el fin de identificar diferencias entre los procesos y diseñar una metodología de conciliación de los resultados.

En la segunda fase, de mediano y largo plazo, se contempla la armonización de las informaciones presupuestal y contable, lo que permitirá la articulación de procesos entre la Dirección General de Presupuesto Público Nacional (DGPPN) y la Dirección General de Política Macroeconómica. Finalmente, la tercera fase permitirá el ajuste y la validación de los cuadros puente que permitirán la conciliación de resultados de los sistemas de estadísticas fiscales y las cuentas nacionales. En esta fase se adelantará el proceso de armonización de los resultados fiscales partiendo de los productos de las fases anteriores, así como la socialización y preparación de los cambios normativos necesarios para oficializar los resultados obtenidos.

Reconciliación entre la Balanza de Pagos y las Cuentas Nacionales

En las Cuentas Nacionales, aparecen diferencias importantes entre el tratamiento de la Cuenta de Resto del Mundo (responsabilidad del DANE) y la Balanza de Pagos (responsabilidad el Banco de la República).

En términos generales, estas diferencias se explican por las razones siguientes:

- El tratamiento del contrabando y del enclave que no se toman en cuenta en la Balanza de Pagos;
- Diferencias en la cobertura y la medición de las importaciones de servicios (diferencias en las fuentes utilizadas...);
- Diferencias en los ajustes al registro administrativo de importaciones de la DIAN (Dirección de Impuestos y Aduanas Nacionales);
- Diferencias en las metodologías y fuentes utilizadas para calcular el SIFMI;
- Diferencias en las unidades de cuenta utilizadas: la moneda nacional para las Cuentas Nacionales, el Dólar americano para la Balanza de Pagos.

Adicionalmente, en el año 2016, la Balanza de Pagos oficial de Colombia adoptó el Manual 6 del Fondo Monetario Internacional, y en esta adopción modificó los niveles de muchas de las variables, modificaciones que solamente se tomarán en cuenta en la nueva base de Cuentas nacionales.

Actualmente se están realizando mesas de trabajo para conciliar los resultados de la cuenta del resto del mundo y la balanza de pagos.

16.6. Hacia la nueva base 2014

La DSCN está comprometida con la elaboración de una nueva base de Cuentas Nacionales, cuyos resultados deberán estar disponibles en el primer trimestre del año 2018. Su mayor objetivo es incorporar las últimas recomendaciones internacionales incluidas en el SCN 2008, sin extender por el momento el alcance de los cálculos actuales, es decir, sin incluir cuentas patrimoniales, que están todavía en construcción pero no estarán listas para esta fecha.

A continuación, se presentan los principales cambios que se van a introducir.

Adopción de las nomenclaturas nacionales CPC 2.0 AC y CIIU 4 AC

Como se señaló, cuando se elaboraron las primeras cuentas nacionales según el SCN 1968, no existían nomenclaturas internacionales de productos tal como la CPC. Por consiguiente, para la elaboración de las Cuentas Nacionales, se generó una clasificación de productos ad-hoc mientras la clasificación de actividades se definía casi directamente a partir de la CIIU rev2 con ciertas adaptaciones para tomar en cuenta la importancia relativa de ciertas actividades en la economía nacional (caso del café, etc.).

En los diferentes cambios de base, siempre se mantuvo una clasificación de productos inspirada de la clasificación inicial, con una fuerte relación entre productos y actividades, pero con diferencias, a veces sustanciales, con las clasificaciones internacionales de productos y la clasificación adaptada para Colombia a partir de estas clasificaciones.

En esta nueva base, las clasificaciones de productos y de actividades derivan directamente de las clasificaciones adaptadas para Colombia, siguiendo su estructura jerárquica.

Además de los cambios inducidos por las nuevas nomenclaturas, en particular en áreas como la construcción, el dominio de las tecnologías de la comunicación, la investigación y desarrollo, el dominio financiero y en particular los seguros, se indujeron cambios importantes en la clasificación de los servicios a la agricultura, a la cría de ganado, a la minería, a la industria, que estaban anteriormente clasificados como productos de la agricultura, la cría de ganado, la minería, etc. y que ahora, se clasifican en servicios.

Las nuevas nomenclaturas cubren 102 ramas de actividad, y 395 productos.

Dar mayor énfasis a la óptica rama de actividad para mejorar la coherencia entre bienes y servicios y sectores institucionales

En las bases anteriores, como se explicó, el énfasis en la elaboración de las cuentas de bienes y servicios era en los productos mismos. En la síntesis entre la óptica de bienes y servicios y la óptica de sectores institucionales, en caso de conflicto, se privilegiaban los datos de productos y por consiguiente, se debían adaptar las cuentas de sectores al análisis de los productos.

Sin embargo, se detectaron varios problemas, en particular en el caso de la formación de capital, y se decidió entonces trabajar los datos de productos dentro de su contexto de ramas de actividad y de sector, admitiendo una mayor heterogeneidad en la producción de las ramas y de los sectores. Esta opción ha podido ganar importancia gracias también a una mayor accesibilidad y cobertura de información desde los sectores institucionales en particular las sociedades no financieras y las empresas individuales.

Por consiguiente, el análisis de los productos y de las ramas de actividad se hacen ahora simultáneamente y no de manera sucesiva como era el caso anteriormente. Adicionalmente se hace un análisis de la organización de la producción dentro de estructuras empresariales complejas en que se trata de identificar actividades auxiliares de administración, de bodegajes o de transportes internas a las empresas.

Identificar separadamente la Economía No observada

En la elaboración de la nueva base de Cuentas Nacionales y a partir de una evaluación crítica del método utilizado para la elaboración de las cuentas nacionales de la base actual (año 2005), así como de las recomendaciones de la OCDE, se ha decidido establecer un control más estricto que el realizado actualmente sobre los ajustes realizados a la información básica para lograr la exhaustividad, en particular para la estimación del PIB, tanto por el enfoque de la producción como por el de la demanda con el fin de generar mayor transparencia sobre los procesos de cálculo de las variables principales de las Cuentas Nacionales y en particular el PIB.

Las fuentes de información disponibles para realizar la estimación de la Economía No Observada son las siguientes:

- Gran Encuesta Integral de Hogares (años 2013 y 2014) – Empleo e informalidad. La GEIH permite diferenciar el conjunto conformado por los patronos – empleadores no constituidos como sociedades y que emplean menos de 10 empleados permanentes y los trabajadores por cuenta propia;
- Gran Encuesta Integral de Hogares – Módulo de micro-negocio definido como una unidad económica dedicada a las actividades industriales, comerciales, de construcción, servicios o transporte, cuyas tareas se desarrollan en la vivienda o fuera de ella y que cuenta con hasta 10 personas ocupadas incluyendo el dueño;
- Panel de micro-establecimientos;
- Ilegalidad: Trabajo sobre el enclave. Parte agrícola y parte industrial aunque hay más que debería incluirse allí (prostitución, comercio de contrabando, etc.); minería ilegal;
- Revisión crítica de la información derivada del SEN por los responsables sectoriales: omisión de cobertura entre las entidades cobijadas por el SEN y los ajustes utilizando las fuentes anteriores (establecimientos de más de 10 empleados pero debajo del umbral del SEN);
- Equilibrios oferta-utilización para los productos característicos de la agricultura, ganadería, silvicultura, pesca, minería (problemas de la minería informal legal);
- Adicionalmente, ya que actualmente, los resultados de la explotación de la PILA y de los datos de la DIAN no se han incluido en el Sistema Estadístico, también se debería incluir los ajustes derivados de la utilización de estas fuentes.

Los resultados obtenidos se clasificaron por actividad y permitieron una estimación de las variables básicas, sujetas a discusión por parte de los responsables sectoriales.

Mejorar la utilización de fuentes administrativas

Existe una larga trayectoria de utilización de fuentes administrativas para el cálculo de las cuentas nacionales. Sin embargo, permanentemente existen más fuentes (se han citado ya la PILA y las declaraciones de renta, pero hay otras) que de una parte, alimentan los directorios de la DIG pero que también proveen alguna información sobre transacciones que pueden ser de utilidad para las Cuentas Nacionales.

El esfuerzo actual consiste también en revisar las equivalencias que se han dado a los registros contables dentro de una óptica de Cuentas Nacionales y hacer los ajustes correspondientes. También, estas equivalencias tienen que actualizarse con la introducción de nuevas normas contables (las NIIFs).

El Regístro Único Tributario (RUT) que contiene importantes variables permite actualizar la demografía de empresas.

Adicionalmente la DIAN dispone de una serie de formatos especiales donde los contribuyentes (personas naturales y jurídicas) registran la información contenida en sus estados financieros, clasificada por terceros lo que permite ampliar las fuentes observadas significativamente.

A continuación se mencionan los más importantes:

Formata 1647	Ingresos recibidos de terceros
Formata 1007	Ingresos recibidos
Formata 1001	Pagos y abono recibidos en cuenta
Formata 1008	Saldo de las cuentas por cobrar a diciembre 31 (n-1)
Formata 1009	Saldo de las cuentas por cobrar a diciembre 31 (n-1)
Formata 1010	Información de socios y accionistas
Formata 1011	Información de las declaraciones tributarias
Formata 1012	Información de declaraciones tributarias, acciones, inversiones en bonos títulos valores y cuentas de ahorro y cuentas corrientes
Formata 1013/1014	Informacion sobre fidelcomisos administrados: valor de stocks, ingresos y gastos
Formata 1016/1017	Ingresos y pagos por contractos de mandato o administración delegada
Formata 1045/1043 y 1587/1588	Ingresos recibidos, pagos, saldos en cuentas por pagar y cobrar por consorcios y uniones temporales

Integración de nuevos trabajos sobre protección social

Dada la importancia de las políticas de protección social en la lucha contra la pobreza, se ha querido tener una visión renovada sobre las operaciones relacionadas, en particular aquellas de seguros sociales.

En Colombia, los seguros sociales abarcan los riesgos de salud, pensión, riesgo laboral y familia. En pensión, conjuntamente con un sistema de seguridad social manejado por el Gobierno, existen sistemas de seguros sociales de pensión de prestación definida y de contribución definida, con una posibilidad para los afiliados de trasladarse de un sistema a otro bajo ciertas condiciones. Esto dificulta enormemente el registro adecuado de estos sistemas en términos de contribuciones, prestaciones y cambio en los pasivos pensionales.

Por lo sensible del tema a nivel de política pública, y porque están involucradas muchas entidades públicas, es indispensable obtener el aval de la CIEFP o por lo menos mantenerla informado de los avances logrados en la representación del sistema.

A pesar de su enorme importancia y de su implicación sobre el nivel de los préstamos netos de los diferentes sectores, es posible que no se logre este objetivo por las dificultades técnicas del tema.

Notas

1. DANE (1982), Cuentas Nacionales de Colombia (Revisión 3) – 1970-1980, *http://biblioteca.dane.gov.co/media/libros/LD_2602_1970_1980_R_3_V_1_EJ_7.PDF*.
2. Este tratamiento especial se explicará más adelante.
3. Hay que mencionar que fue y sigue siendo el motivo de muchas incomprensiones por parte de los usuarios a pesar de las varias reuniones de explicaciones de este nuevo procedimiento.
4. Véase las Precisiones adicionales en el Capítulo 2.
5. Información agregada suministrada por la DIAN sobre las unidades jurídicas que no están incluidas en las informaciones directas en poder de la DSCN.
6. Debe anotarse que en Colombia, el cierre contable de todos los agentes económicos debe hacerse el 31 de diciembre.
7. Como se verá más adelante, en la nueva base actualmente en construcción, esta alineación de los datos de sectores sobre los datos de productos ya no será tan automática, ya que ha crecido la confianza (y la calidad) de los datos de sectores.
8. En Colombia, este trabajo inició en 1992 con la creación del Comité Interinstitucional de Cuentas Ambientales (CICA) con el que se dio inicio de manera formal a las investigaciones ambientales ligadas a los conceptos del Sistema de Cuentas Nacionales. Sin embargo, sus mayores avances se evidencian en los últimos años, con la creación de los grupos de Indicadores y Cuentas Ambientales y Estadísticas Ambientales al interior del DANE en el año 2010.

Referencias

DANE (2013), *Metodología Cuentas Nacionales Anuales de Colombia Base 2005 Años corrientes Bienes y Servicios Tomo I, www.dane.gov.co/files/investigaciones/fichas/Met_Ctas_Nales_Anuales_Base2005_tomo_I_11_13.pdf*.

DANE (2011), *Enclave: Cultivos Ilícitos Fases Agrícola e Industrial Base 2005 DANE Serie 2000-2010pr, www.dane.gov.co/files/investigaciones/pib/especiales/Met_enclave_ilicitos_2000_2012.pdf.*

DANE (2010), *Cuentas Nacionales Base 2005 – Principales Cambios Metodológicos y Resultados, www.cepal.org/deype/noticias/noticias/2/41522/S10_Colombia_base2005_cambios.pdf.*

DANE (2009), *Metodología de las Cuentas Nacionales de Colombia, Año Base 2000, www.dane.gov.co/files/investigaciones/fichas/Cuentas_nacionales_b2000.pdf.*

DANE (1982), *Cuentas Nacionales de Colombia (Revisión 3) – 1970-1980, http://biblioteca.dane.gov.co/media/libros/LD_2602_1970_1980_R_3_V_1_EJ_7.PDF.*

En la página WEB del DANE, a la rúbrica Cuentas Nacionales, se encuentran todos los datos actualmente disponibles de la base 2005, así como los resultados de la base 2000, así como las metodologías correspondientes. También se pueden encontrar todos los trabajos adicionales: cuentas trimestrales, cuentas departamentales, cuentas satélites, etc.

Comprendiendo las Cuentas Nacionales
Segunda edición

Capítulo 17

Las Cuentas Nacionales de Costa Rica

Este capítulo expone la experiencia de Costa Rica en el proceso de actualización de las cuentas nacionales con año de referencia 2012.

17.1. Introducción General

A finales del siglo pasado debido a distintos factores políticos y económicos, se adoptó un esquema de apertura económica que influenció en la creación de los regímenes especiales de comercio exterior (zonas francas), la firma de tratados comerciales con distintos países, la reducción en los aranceles y la liberalización de la cuenta de capitales. Estos factores, junto con otros externos tales como la globalización comercial y financiera que prevalecía en el mundo, provocó un aumento en los flujos de inversión extranjera directa (IED) y una modificación en la estructura económica costarricense, que de depender principalmente de la industria agrícola y manufacturera pasó a volverse una economía predominantemente de servicios.

El Banco Central de Costa Rica, reconociendo este cambio ocurrido en los últimos años en la realidad económica del país y cumpliendo con su responsabilidad de calcular y divulgar estadísticas económicas, emprendió durante el lapso enero de 2010 a diciembre de 2015 el proyecto Cambio de Año Base (CAB), mediante el cual actualizó las Cuentas Nacionales utilizando metodologías de compilación más actualizadas, así como mejores estadísticas básicas y conciliaciones de las cuentas macroeconómicas del país.

Este capítulo expone la experiencia de Costa Rica en el proceso de actualización de las cuentas nacionales con año de referencia 2012.

17.2. Antecedentes

En Costa Rica, el Banco Central de Costa Rica (BCCR) es la entidad encargada de la elaboración de las Cuentas Nacionales.

Con el propósito de actualizar la serie de cuentas nacionales base 1966, en 1992 se inició un proceso de recolección y procesamiento de información que incluyó la realización de encuestas a las distintas actividades económicas. En esta nueva serie, que tendría el año 1991 como base, se aplicaron las recomendaciones internacionales del SCN 1993.

En esta base 1991 se clasificaron 127 actividades económicas, de acuerdo a la Clasificación Internacional Industrial Uniforme Revisión 2 (CIIU2) y 169 productos basados en la versión preliminar de la Clasificación Central de Productos (CPC) y se utilizó una base fija, es decir, que para calcular los datos en volumen, se utilizó una relación de insumo-producto fija.

Sin embargo, debido a la falta de información solamente se publicó el Cuadro de Oferta y Utilización (COU) agregado, ya que no incluía un desglose del consumo intermedio, de las exportaciones e importaciones por producto.

17.3. Periodo de referencia 2012

Años más tarde, como parte del programa de Implementación Integral del Sistema de Estadísticas Macroeconómicas (IISEM) a cargo de la División Económica del Banco Central de Costa Rica, se gestó el proyecto Cambio de Año Base (CAB) durante el lapso entre enero del 2010 a diciembre del 2015, con el objetivo de actualizar el año base de las cuentas macroeconómicas, su respectiva serie y aquellas relativas a las estadísticas monetarias y de balanza de pagos conciliadas entre sí, pasando del año de referencia 1991 al 2012.

El proyecto fue ejecutado dentro del marco conceptual del Sistema de Cuentas Nacionales 2008, Manual de Balanza de Pagos y Posición de Inversión Internacional VI (MBP6) y del Manual de Estadísticas Monetarias y Financieras del FMI. Se contó con la asistencia técnica de consultores internacionales expertos en cuentas nacionales, así como del FMI a través del Centro Regional de Asistencia Técnica de Centroamérica, Panamá y República Dominicana (CARTAC-DR).

La actualización de este año base contempló la elaboración de clasificadores nacionales, desarrollo de estudios especiales y recopilación de información de actividades económicas y sectores institucionales. Adicionalmente, se suscribió en el año 2012 un convenio interinstitucional entre el Banco Central de Costa Rica (BCCR), el Ministerio de Hacienda (MH) y el Instituto Nacional de Estadística y Censos (INEC), para la realización del Estudio Económico a Empresas (EEE), con el objetivo de obtener la información contable necesaria del sector privado no financiero del cual se hablará más adelante.

Para esta actualización, se definieron 136 actividades económicas, de acuerdo a la Clasificación Internacional Industrial Uniforme Revisión 4 (CIIU4) y 183 productos basados en la Clasificación Central de Productos versión 2 (CPC2).

La disponibilidad y apertura de la información con la que se cuenta actualmente facilita la elaboración y presentación de datos en un formato orientado al análisis económico, la toma de decisiones y la formulación de la política económica, el cual está en concordancia con los estándares internacionales más recientes. Esto ha permitido también elaborar nuevos cuadros tales como la matriz de empleo, y la matriz de insumo-producto, entre otros.

17.4. Principales recomendaciones adoptadas del nuevo sistema

Las principales recomendaciones metodológicas adoptadas con el nuevo Sistema de Cuentas Nacionales se describen a continuación:

Servicios de Manufactura

El SCN 2008 recomienda que las importaciones y exportaciones deben registrarse únicamente cuando se presenta un cambio estricto de propiedad. Es decir, los flujos de mercancías entre el país dueño de los bienes y el país que proporciona los servicios de manufactura no deben registrarse como importaciones y exportaciones de bienes. En cambio, el pago a la unidad de procesamiento debe registrarse como la importación de servicios de manufactura por el país dueño de la mercancía y una exportación de servicios de manufactura por el país que lo realizó.

Producción del Banco Central

Los bancos centrales realizan muchas funciones entre las cuales se puede mencionar: la provisión de servicios de política monetaria, servicios de intermediación financiera al funcionar como banquero del gobierno y de otras unidades y servicios de supervisión, entre otras. El sistema recomienda hacer una diferenciación metodológica entre los servicios de no mercado y los de mercado.

Los servicios de no mercado se valoran mediante suma de costos, mientras que los servicios de mercado por sus ingresos. Los servicios de intermediación financiera son producción de mercado, los servicios de política monetaria son producción de no mercado y los servicios de supervisión, pueden ser tratados como servicios de mercado o de no mercado en función de si las tasas explícitas que se pagan por los mismos son suficientes para cubrir los costos de la prestación de tales servicios o no. Para Costa Rica se trataron como servicios de no mercado.

En las recomendaciones anteriores, la producción de seguros directos no de vida se basaba en el principio de sumar las primas y las primas suplementarias, deduciendo las indemnizaciones incurridas. Sin embargo, con este método, la producción de la actividad de seguros podía ser extremadamente volátil (incluso negativa en caso de ocurrir eventos catastróficos). Con el fin de corregir esta aparente inconsistencia y volatilidad, el SCN 2008 recomienda que la producción de los seguros no de vida se calcule utilizando las indemnizaciones ajustadas (pueden equivaler a las esperadas/ previstas) y de primas suplementarias ajustadas.

Investigación y desarrollo

La investigación y desarrollo por cuenta propia no es una actividad auxiliar y, siempre que sea posible, debe diferenciarse creando un establecimiento separado para la misma. Adicionalmente recomienda que la investigación y desarrollo se trate como formación de capital excepto en los casos donde claramente la actividad no genera un beneficio económico para el propietario, en cuyo caso deber ser tratada como consumo intermedio.

Producción en proceso

Cada vez que un proceso de producción se extiende por dos o más períodos contables, es necesario registrar los trabajos en curso en cada uno de los períodos con el fin de medir cuánta producción se genera en cada período.

Encadenamiento de índices

El encadenamiento, basado en las comparaciones en volumen y precios entre dos años consecutivos tiene la ventaja de actualizar las ponderaciones de los diferentes índices de evolución de precios y volumen y por consiguiente de medir mejor realidades cambiantes. Sin embargo, este método tiene como consecuencia que las medidas de volumen encadenadas dejan de ser aditivas, lo cual significa que la suma de las partes a precios constantes por encadenamiento no es igual al total.

Servicios de Intermediación Financiera Medidos Indirectamente (SIFMI)

Se calculan por separado para préstamos y depósitos utilizando una tasa de referencia y la producción se distribuye entre los usuarios y puede corresponder a consumo final y/o a consumo intermedio.

Fuentes de Información

La información utilizada proviene de una combinación de datos administrativos y de encuestas; la información de empresas que operan bajo régimen especial[1] se obtiene de los informes anuales que estas empresas deben presentar a la Promotora de Comercio Exterior (PROCOMER), lo mismo ocurre con las entidades financieras (supervisadas por el BCCR) y las entidades del gobierno general. A continuación se describen cuáles son algunas de las encuestas que se aplican para recopilar información:

Estudio Económico de Empresas (EEE).

El objetivo del EEE es recopilar información relacionada con las empresas privadas no financieras. Entre la información que se solicita se puede mencionar: *a) Identificación precisa de la empresa, b) Descripción de las actividades (CIIU4), c) Descripción de los productos producidos (CPC2), d) Descripción de los productos comprados para ser revendidos (CPC2), e) Volumen de ventas de productos y servicios (nacionales y de exportación (CPC2)), f) Otros ingresos (no financieros y financieros), g) Costos detallados (cambios en las existencias de materiales, remuneración de los empleados, incluidas las contribuciones sociales a cargo de los empleadores, depreciación, uso detallado de servicios, otros costos detallados, costes financieros) h) Excedente/déficit, i) Impuestos sobre la renta e impuestos detallados sobre la producción, j) Balance completo (activos y pasivos, con movimientos detallados en el tipo de activos) y k) Empleo.*

Se inició en enero del 2013, para estimar las cuentas del año base 2012 y para esa ocasión se incluyeron 1 800 empresas. Existe una versión anual de esta encuesta que se basa en una muestra más limitada (600 empresas aproximadamente)[2] en la cual se selecciona para cada año un grupo de actividades económicas. Se espera que cada quinquenio esta encuesta se aplique a más de 1 000 empresas.

Anualmente más del 50% del valor agregado de las actividades económicas se calculan por el método de doble deflación y aquellas actividades que no se incluyeron en el EEE para ese periodo se obtienen mediante extrapolación. Los datos demográficos de las actividades económicas calculadas mediante extrapolación se obtienen de distintos registros de información tales como el Registro de Variable Económicas (REVEC), información de la Caja Costarricense del Seguro Social (CCSS), y otras encuestas relacionadas (véase el Cuadro 17.1).

Cuadro 17.1. **Actividades Económicas y fuentes de información**

Actividades Económicas	Número de Actividades Económicas	Fuentes de información
Agropecuario	29	Censos, ENHOPRO, Encuestas mensuales de negocios
Minas y Canteras	3	Encuestas mensuales de negocios y registros administrativos
Manufactura	50	EEE, REVEC, Encuestas mensuales de negocios, informes de PROCOMER
Comercio	1	EEE, REVEC, Encuestas mensuales de negocios, informes de PROCOMER
Construcción	4	Encuesta trimestral de construcción privada (proyectos terminados), REVEC
Servicios	40	EEE, REVEC, Encuestas mensuales de negocios, informes de PROCOMER, Encuestas mensuales de negocios
Gobierno	4	Registros administrativos
Financiero	5	Registros administrativos

Fuente: Banco Central de Costa Rica.

Bases TEC

Las características de las empresas que comercializan productos con el resto del mundo (TEC[3], por sus siglas en inglés) es un registro que se creó con el objetivo de tener información relacionada con el comercio internacional y las empresas que participan en este. Para esto se diseñó un software llamado Declaración de Exportaciones e Importaciones (DEI) que utiliza como variable de identificación (o ID) la cédula jurídica para combinar las siguientes fuentes de información:

1. *Registro de Variables Económicas (REVEC):* es desarrollado y actualizado por el Banco Central y contiene características por cédula jurídica o física, tales como: variables de localización, ventas, número de establecimientos, empleo, ingresos, salarios, clasificación por CIIU (Clasificación Industrial Internacional Uniforme), por actividad económica (AECR)[4], entre otras.

2. *Declaración anual de resumen de clientes, proveedores y gastos específicos (D-151):* todas las empresas costarricenses con ventas o compras por montos superiores al equivalen de 4 700 USD durante el año fiscal, debe enviar esta declaración al Ministerio de Hacienda. Esta declaración muestra el valor de la transacción y la identificación del comprador y vendedor.
3. *Registro de Comercio Internacional (RCI):* la Dirección General de Aduanas suministra al Banco Central una base de datos que contiene las importaciones y exportaciones del país por partida arancelaria con su respectivo código del sistema armonizado de mercancías. De esta base se pueden obtener variables como: identificación del exportador e importador, país contraparte, peso, valor CIF, valor FOB, seguros, costo de transporte, puerto de entrada o salida, régimen, medio de transporte, entre otras.

Existen dos grandes procesos resultantes de combinar las tres fuentes de información mencionadas previamente:

- *Proceso de importaciones y exportaciones:* permite caracterizar las importaciones/ exportaciones por actividad económica, tamaño de empresa, país contraparte, producto, actividad, intensidad, concentración del comercio, entre otras.
- *Matriz de importaciones:* permite distinguir por actividad económica el uso de los bienes y servicios importados para consumo intermedio y formación bruta de capital. Proporciona también una estimación de las importaciones para consumo final.

Encuesta coordinada trimestral de servicios (ECTS)

Esta encuesta se aplica a las empresas productoras de servicios, publicidad, educación, servicios médicos, entre otras, que están formalmente registradas en la Caja Costarricense del Seguro Social (CCSS) y en el Ministerio de Hacienda. Entre las variables que cubre se encuentra las exportaciones e importaciones de servicios, la inversión extranjera directa y los activos y pasivos frente al resto del mundo. La información obtenida se utiliza para satisfacer los requisitos de información para la cuenta del resto del mundo. Comenzó a realizarse en el año 2010.

Encuesta trimestral de construcción privada (proyectos terminados)

El objetivo de la encuesta es medir la actividad de la construcción privada cada trimestre a nivel nacional. La misma cubre 1 000 proyectos de construcción y es subcontratada al Colegio Federado de Ingenieros y Arquitectos.

Los proyectos se clasifican en dos estratos: i) inclusión forzada para proyectos de gran envergadura y ii) muestreo aleatorio (diseño de probabilidad proporcional) para proyectos más pequeños. Estos proyectos se supervisan hasta que se finalizan o se suspenden. Luego se hace una inclusión o sustitución de nuevos proyectos en el trimestre correspondiente. Por lo tanto, la muestra consiste en nuevos proyectos que ingresan a la muestra y los proyectos en proceso de construcción que comenzaron en trimestres anteriores. Cada proyecto recibe un factor de expansión proporcional a su tamaño para reflejar el peso que tiene a nivel poblacional y así aproximar el dato para el total de la actividad económica.

Encuestas mensuales

Estas encuestas se utilizan para elaborar el índice mensual de producción (IMAE). También se utilizan para las cuentas nacionales trimestrales y anuales y proporcionan datos de volumen. La muestra se extrae del Registro de Variables Económicas (REVEC). En esta encuesta, se consulta sobre información relacionada con indicadores de corto plazo (véase el Cuadro 17.2).

Cuadro 17.2. **Indicadores de Corto Plazo obtenidos a partir de encuestas mensuales**

Grupo de Actividades Económicas	Variable(s) encuestadas
Agropecuario	Cantidad producida por producto Cantidad exportada Ventas nacionales
Manufactura	Cantidad producida por producto Ventas Precio promedio
Comercio	Ventas
Minas y canteras	Cantidades extraídas
Hoteles	Ingreso por estancia Número de habitaciones disponibles y ocupadas.

Fuente: Banco Central de Costa Rica.

Encuesta Nacional de Ingresos y Gastos de Hogares (ENIGH)

La ENIGH es una encuesta aplicada a hogares. Consta de una muestra conformada de 7 020 viviendas, seleccionadas mediante un diseño probabilístico de áreas, estratificado, bietápico y replicado para el territorio nacional, cuya información refleja la realidad de todas las viviendas y hogares del país. Se realiza de manera irregular: 1949, 1961, 1974, 1987-88, 2004-05 y 2012-13. Está a cargo del INEC y es financiada por el BCCR. Además de recolectar información sobre el consumo de los hogares, la encuesta cubre temas relacionados con los ingresos, las condiciones de vivienda, los bienes duraderos y algunas características sociales. La cobertura de ingresos es integral e incluye ingreso laboral, renta, ingresos corrientes y de capital e imputación de vivienda ocupada por el dueño. La ENIGH utiliza técnicas de muestreo probabilístico y cubre a los hogares de todos los grupos socioeconómicos de las zonas urbanas y rurales de Costa Rica.

Encuesta de Hogares de Propósitos Múltiples (ENAHO)

Esta encuesta incluye un módulo destinado a recopilar datos sobre los gastos de los hogares que se utiliza para los años corrientes, cuando la ENIGH quinquenal no está disponible. Las preguntas del módulo se refieren a la periodicidad con la que se realizan los gastos para un conjunto de 75 grupos de bienes y servicios, incluidas preguntas sobre bienes individuales, cada uno asociado a un período de referencia.

Es importante destacar que dentro de la estructura del módulo, los períodos de referencia del gasto de consumo de los hogares desempeñan un papel muy importante en la interpretación apropiada de la información.

Encuesta Nacional de Hogares Productores (ENHOPRO)

Es realizada por el INEC. Tiene como objetivo obtener información pertinente sobre las actividades productivas realizadas por los hogares y, por tanto, es la base de la estimación de la producción de los hogares en las cuentas nacionales. Se aplica a una muestra de hogares de la ENAHO que realizan una actividad económica independiente, recibiendo un ingreso mixto como empleador o empleado independiente en empresas no corporativas, tanto en las zonas urbanas como rurales de Costa Rica. Los temas generales investigados son: *a) Características de la actividad económica, b) Ventas y servicios, c) Gastos del negocio o actividad, d) Ingresos del negocio o actividad, e) Uso de activos en el negocio o actividad* y *f) Personal.*

En primera instancia estos resultados se expanden al marco de hogares productores de la encuesta y se crea una cuenta de producción y generación de ingresos para cada una de las actividades productivas en las que participan los hogares. Posteriormente se realizan los ajustes necesarios tomando en cuenta los datos recopilados en la matriz de empleo y fuentes de información relacionadas.

Encuesta Nacional a Empresas (ENAE)

Es una encuesta trimestral de empresas privadas realizada por el INEC que recopila información sobre personas empleadas, puestos de trabajo, horas trabajadas y salarios, desde la perspectiva de la demanda (a nivel de empresas y establecimientos de más de 10 empleados). Uno de sus objetivos es contribuir a la compilación de la matriz de empleo, que compara la oferta y la demanda de empleo.

Proyecto Desarrollo de Índice de Precios (DIP)

Con el propósito de disponer de instrumentos que permitan seguir las evoluciones en valor y volumen de las cuentas nacionales se desarrolló el Proyecto Desarrollo de Índice de Precios (DIP) el cual proporciona los siguientes índices:

Índices de precios de bienes relacionados con:	Exportaciones de bienes según régimen de producción Importaciones de bienes según régimen de producción Insumos agropecuarios por producto Insumos de la construcción por producto
Índices de precios de servicios relacionados con:	Transporte terrestre de pasajeros, nacional e internacional, a no residentes Transporte de carga por carretera, nacional e internacional Transporte de pasajeros por vía aérea, nacional, a no residentes Renta y alquiler de vehículos automotores Servicio de alimentos y bebidas (restaurantes), a no residentes Actividades de seguridad privada Manipulación de carga Actividades de contabilidad y auditoría Actividades de limpieza Actividades de arquitectura Servicios de suministro de electricidad Telecomunicaciones Servicios de suministro de agua Transporte por ferrocarril (carga y pasajeros) Transporte de cabotaje (carga y pasajeros)

Innovaciones

Durante el proceso se implementaron las siguientes innovaciones de acuerdo a la realidad del país con el objetivo de complementar los resultados obtenidos.

Apertura por régimen de producción

Los tipos de regímenes de producción que existen en Costa Rica se presentan en Cuadro 17.3 y son los siguientes:

Cuadro 17.3. **Tipos de regímenes de producción en Costa Rica**

Régimen Especial[5]	Régimen Definitivo
Todas las empresas de la Zona de Libre Comercio disfrutan de una exención del 100% sobre las importaciones y exportaciones y las remesas. A las empresas que exportan más del 75% de su producción se les concede una exención del 100% del Impuesto sobre Sociedades por un período de 8 años y una exención del 50% durante los 4 años siguientes. Dentro del Gran Área Metropolitana del Valle Central, se requiere una inversión inicial mínima de 150 000 USD; Fuera de esta área, la inversión mínima requerida es de 100 000 USD. Estas inversiones deben desembolsarse dentro de los tres años siguientes a la aprobación por la empresa de las ventajas de las Zonas Francas.	En este régimen se agrupan las demás empresas que se dedican a las distintas actividades económicas y que no operan bajo ningún tipo de régimen especial, por ende no gozan de ninguno de los beneficios mencionados en el caso anterior.

En los últimos años se nota la creciente importancia de las empresas de servicios de exportación de las zonas francas. Las empresas de las zonas francas están conectadas a diferentes etapas dentro de las cadenas globales de valor y prácticamente no tienen conexión con los mercados nacionales. Esta dinámica causa heterogeneidad en términos de pagos de ingresos del exterior, funciones de producción y ratios de contenido extranjero. Para hacer frente a esta heterogeneidad, y dado que para el grupo de empresas de zona franca se dispone de información censal pues están obligadas a presentar la información contable a la Promotora de Comercio Exterior (PROCOMER), se decidió separar dentro de cada actividad económica el régimen especial y el definitivo en el cuadro de oferta-utilización y la matriz de insumo-producto siguiendo las pautas de contabilidad recomendadas por el SCN 2008.

Gráfico 17.1. **Participación de las diferentes actividades económicas en el valor agregado en zona franca**

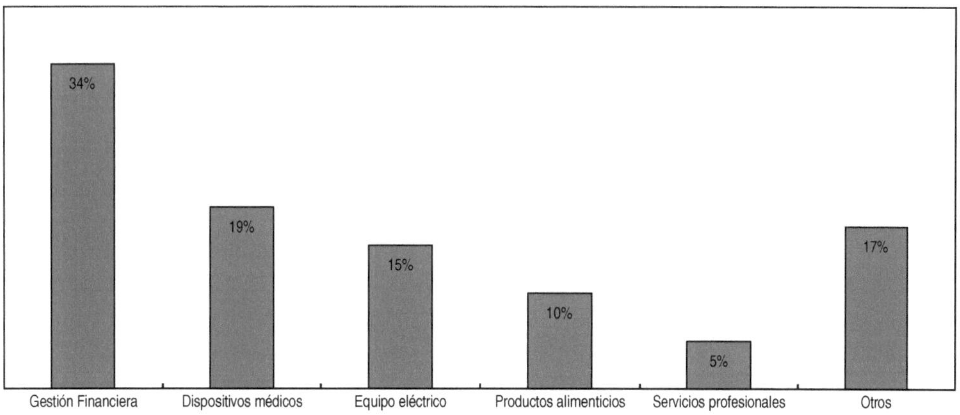

Fuente: Banco Central de Costa Rica.

Cuadro de Oferta-Utilización (COU)

Para la construcción del COU se requirió centralizar, analizar y procesar información básica de múltiples fuentes: encuestas económicas, estudios agropecuarios, censos de población y vivienda, encuestas de gastos e ingresos de los hogares, registros administrativos. Adicionalmente a fin de seguir la evolución de la economía en valor y en volumen se elaboraron datos en valores corrientes y a precios del año inmediatamente anterior. Para obtener la evolución en volumen se introdujeron índices de volumen obtenidos a partir de las encuestas mensuales de negocios y una diversidad de índices de precios provenientes principalmente del Índice de Precios al consumidor y del Proyecto Desarrollo de índices de Precios.

Gráfico 17.2. **Indicadores relevantes por actividad económica (proporción de la producción)**

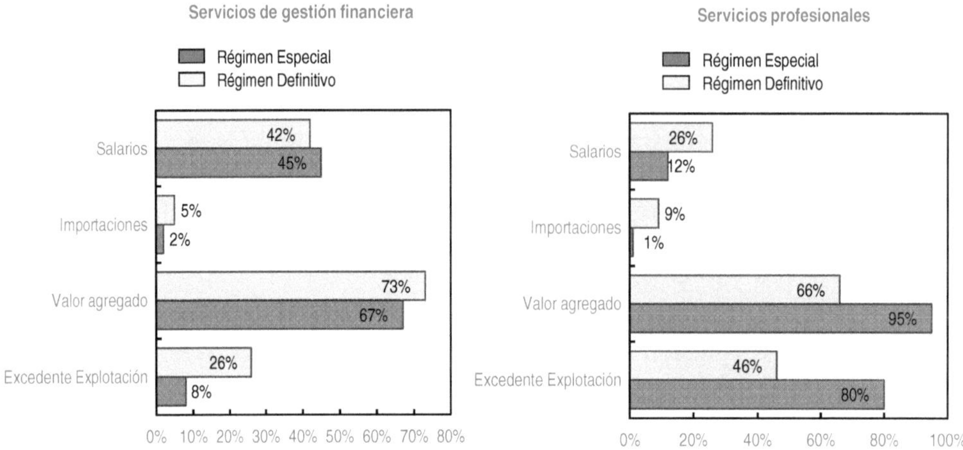

Fuente: Banco Central de Costa Rica.

A continuación se describe el detalle metodológico de los componentes del COU para el año base.

a) Cuadro de Oferta

Producción

A partir del EEE se aproxima el valor de la producción para 97 de las 136 actividades económicas. La producción generada por las otras 39 actividades económicas se calcula a partir de registros administrativos y estudios particulares (encuestas y estudios de caso). Los valores en volumen se obtiene por medio de deflación o extrapolando con los índices de volumen de los negocios. A cada producto de la economía se le asigna un código de NPCR siguiendo la clasificación propuesta CPC2.

Importaciones por producto

A partir de los registros de aduanas, balanza de pagos y de la base TEC se obtienen las importaciones por producto. Los valores a precios del año inmediatamente anterior por producto se aproximan por medio de los correspondientes índices de precios de importaciones.

Ajuste cif/fob

Las importaciones de bienes se calculan en valores CIF, es decir, incluyen los servicios de transporte y de seguros desde la frontera del país exportador; esto demanda un ajuste con el fin de restar los servicios de transporte y de seguros a las importaciones totales y así expresarlas a precios FOB, una valoración que se necesita para seguir con las demás cuentas del sistema.

Impuestos y subvenciones a los productos

Impuestos tipo valor agregado (IVA)

El cálculo del IVA se dividió en:

- *IVA al consumo final de los hogares:* se asignó a los bienes y servicios sujetos a gravamen de 13% según la Ley del Impuesto General de Ventas y su reglamento. De esta forma, junto con los datos suministrados por la Encuesta Nacional de Ingresos y Gastos (ENIG) 2013 se estimó el monto correspondiente al IVA pagado por los hogares detallado por producto.
- *IVA al consumo intermedio:* aquellas actividades económicas que no pueden deducir el impuesto de ventas pagado sobre los insumos adquiridos en etapas anteriores, tienen que absorber el impuesto como parte del valor de su consumo intermedio, mientras que las que sí pueden deducirlo trasladan (implícitamente) el impuesto a sus ventas.
- *IVA a la formación bruta de capital:* la mayoría de bienes considerados formación de capital son importados, por lo tanto se les aplican los impuestos de importación en cadena, siendo el último el IVA, por lo tanto sería inadecuado aplicarle 13% de impuesto al valor CIF. A la formación bruta de capital nacional se le aplicó el 13%.

Para conciliar la información con los datos de recaudación que presenta el Gobierno, se estima la diferencia y se distribuye entre los productos más importantes.

Impuestos a las importaciones y exportaciones:

Se calculan a partir de la información de los registros de aduanas.

Impuestos y derechos sobre las importaciones excluyendo IVA: se registran los impuestos que se pagan cuando los bienes cruzan la frontera nacional, es decir, que son obligatorios para nacionalizar los productos. Entre los de mayor recaudación se encuentran: los Derechos Arancelarios de Importación (DAI), el Impuesto Selectivo al Consumo (ISC) a los bienes importados y el Impuesto Único a los Combustibles Importados.

Impuestos sobre las exportaciones: son los impuestos exigibles cuando los bienes son exportados. En esta clasificación se encuentra el impuesto a la exportación de café y de banano.

Impuestos selectivo al consumo y otros impuestos a los productos

Se registran los impuestos que no clasifican en ninguna de las categorías anteriores. Se calcula con base en los datos de ingresos tributarios del

Gobierno Central, siendo los de mayor recaudación los que gravan las bebidas alcohólicas, los productos de tabaco, los pasajes de avión y las primas de seguros.

Subvenciones

En Costa Rica se contabilizan dos subvenciones: las subvenciones a los servicios de transporte por ferrocarril y al agua potable y alcantarillado.

Márgenes de distribución

Los márgenes de comercio se estimaron tomando en cuenta una muestra cercana a las 500 empresas, consultadas a través del EEE. Además, se realizaron trabajos complementarios con base en registros administrativos del Ministerio de Hacienda. Para cada uno de los productos se calcularon coeficientes de márgenes de comercio y de transporte según las diferentes utilizaciones: consumo intermedio, consumo final, formación bruta de capital y exportaciones. La información correspondiente a márgenes de transporte, provino particularmente del EEE.

b) Cuadro de utilización

Consumos intermedios

Se logró estimar el valor del consumo intermedio para las actividades económicas incluidas en el EEE. El consumo intermedio correspondiente a las demás actividades económicas se estableció a partir información directa de registros administrativos y estudios particulares (encuestas y estudios de caso).

Los valores a precios del año inmediato anterior se aproximaron utilizando los correspondientes índices de precios a precios de adquisición.

Exportaciones FOB

Se estiman con base en datos de comercio exterior a nivel de partida arancelaria del Sistema Armonizado de Designación y Codificación de Mercancías (SA), e información de balanza de pagos. A cada partida arancelaria se le asocia un producto (NPCR) para obtener por sumatoria el vector de exportación de bienes por producto en valores FOB.

Gasto de consumo final

Gasto de consumo final de los hogares

Se calcula el gasto de consumo final de los hogares con una apertura de 183 productos (con base en la clasificación CCP2) y se separa el consumo según la Clasificación del Consumo Individual por Finalidades (CCIF).

La información base para el cálculo del consumo final del sector hogares es la ENIGH 2013. En esta, el gasto registrado es aquel que realiza el hogar para consumo propio, más lo que recibe de otros hogares (donado), no así lo que el hogar compra para regalar (esto se excluye de la definición de gasto de consumo y se evita la doble contabilización). Se considera que la encuesta capta mejor los bienes recibidos por los hogares que aquellos comprados para donar por carecer en algunos casos de importancia relativa dentro de la estructura de gasto del hogar donador.

La información recopilada en cada uno de los meses del año 2013 se corrigió por nivel de precios para llevarlo a cifras corrientes del mismo mes del año 2012, lo anterior con la finalidad de no perder la estacionalidad capturada por la ENIGH. Una vez procesada y con el propósito de ajustar el factor poblacional se utiliza la información derivada del punto medio de la ENIGH, momento temporal para el cual se cuenta tanto con el dato de población estimado como con los factores de expansión utilizados.

Para complementar el vector de consumo se utilizan registros administrativos, información de entidades financieras e instituciones de gobierno y se valida mediante la determinación del total de gasto por quintil. Estas validaciones cobran relevancia para completar grupos o productos en los cuales existe una sub declaración manifiesta en la encuesta, o bien productos que por sus características, están ausentes de la misma. Otros productos tales como combustibles, productos agrícolas, vehículos, servicios de taxi, productos financieros, servicios postales y de mensajería, servicios de suministro de comida y bebidas son ajustados por sobre o subestimación. Estos ajustes se basan en los cálculos de producción y el análisis de los niveles de consumo per cápita armonizados en los equilibrios de oferta-utilización (cuyo cálculo incorpora a su vez otras fuentes de información).

El consumo final a precios del año inmediatamente anterior se aproxima utilizando los correspondientes índices de precios al consumidor.

Gasto de consumo final del gobierno

El gasto de consumo final del Gobierno General corresponde a la producción de no mercado para uso propio más el gasto en bienes y servicios adquiridos a productores de mercado para ser suministrados a los hogares como transferencias sociales en especie. Esta información se obtiene a partir del detalle de los ingresos del estado de resultados y de las ejecuciones presupuestarias de las instituciones que forman parte de este sector institucional.

Este se clasifica en consumo colectivo e individual; el consumo colectivo se realiza en nombre de la comunidad en general mediante servicios de administración del estado, prestación de servicios a la comunidad, planes de seguridad social, servicios del Banco Central, mientras que el consumo individual beneficia directamente a los hogares individuales.

El consumo final colectivo corresponde a la producción de no mercado para uso propio de las actividades relacionadas con la administración del estado, prestación de servicios a la comunidad y planes de seguridad social, agregando también la producción de no mercado del Banco Central de Costa Rica y la asistencia técnica recibida del resto del mundo.

El consumo final individual corresponde a la producción de no mercado para uso propio de las actividades de enseñanza y atención de la salud, además de las transferencias sociales en especie (producción de mercado comprada) en las cuales se destacan los medicamentos proporcionados por la Caja Costarricense del Seguro Social (CCSS) a los pacientes y los alimentos suministrados por la Oficina de Cooperación Internacional de la Salud a hogares de escasos recursos.

Es importante mencionar que las Juntas de Educación y Administrativas si bien realizan actividades relacionadas con la enseñanza también realizan un aporte importante a la alimentación de los estudiantes por medio de los comedores lo cual también forman parte de este vector de consumo.

Los valores a precios del año inmediato anterior se estiman utilizando los correspondientes índices de precios al consumidor.

Gasto de consumo final de las instituciones sin fines de lucro que sirven a los hogares

El gasto de consumo final de las Instituciones sin fines de lucro que sirven a los hogares (ISFLSH) corresponde a la producción de no mercado más el gasto en bienes y servicios adquiridos a productores de mercado para ser suministrados a los hogares como transferencias sociales en especie. Estas cifras se estiman con base en información reportada por asociaciones sin fines de lucro, de acuerdo al EEE e información de transferencias pagadas a ISFLSH por parte del Gobierno Central.

Al igual que el consumo final del gobierno se clasifica en consumo colectivo e individual.

Los valores a precios del año inmediato anterior se aproximan utilizando los correspondientes índices de precios al consumidor.

Formación bruta de capital

Formación bruta de capital fijo

La formación bruta de capital fijo (FBKF) está constituida principalmente por:

- Activos fijos tangibles: edificios, viviendas, estructuras, maquinaria y equipo (incluye los adquiridos por medio de arrendamiento financiero);
- Activos fijos intangibles: explotación minera, programas de informática, originales artísticos y de entretenimiento;

- Mejoras importantes de activos no producidos incluidos la tierra;
- Gastos realizados para la transformación de bienes de capital existentes en distintas clases de bienes de capital; como renovaciones y ampliaciones importantes;
- Investigación y desarrollo;
- Activos cultivados.

La principal fuente de información para la estimación de la maquinaria y equipo son los registros de comercio exterior dado que son principalmente importados. En el caso de edificios y viviendas las medidas de volumen provienen de los metros cuadrados construidos de acuerdo con la encuesta trimestral de construcción y en el caso de los otros productos se aproximan utilizando los correspondientes índices de precios al consumidor.

Variación de existencias

La variación de existencias en el tiempo es función del comportamiento de los agentes (existencias deseadas) y de la coyuntura económica, y particularmente de los desequilibrios que se producen entre la oferta y la demanda (existencias no deseadas). Para estimar esta variable se utilizaron declaraciones de renta del Ministerio de Hacienda y la información capturada por el EEE.

Adquisiciones menos disposiciones de objetos valiosos

A partir del EEE y de registros administrativos se estimó el valor de las adquisiciones y disposiciones de objetos valiosos.

Valor Agregado

El valor agregado bruto se define como la diferencia entre el valor bruto de la producción menos el consumo intermedio. Se descompone en remuneraciones a los asalariados, otros impuestos netos a la producción, y excedente bruto de explotación o ingreso mixto. La distribución de los componentes del valor agregado se obtiene de la información proveniente del EEE, registros administrativos y estudios especiales.

Balance de productos

El equilibrio de cada uno de los 183 productos, se logra a través de un proceso detallado tanto a **precios corrientes como a precios del año anterior**.

La cantidad de producto disponible para su uso dentro de la economía debe haber sido suministrada por los productores nacionales o por las importaciones. Los productos que entran en la economía en un periodo contable deben suplir al consumo intermedio, al consumo final, a la formación de capital (incluido el cambio de existencias) o a las exportaciones.

Producción + importaciones = consumo intermedio + consumo final + formación de capital + exportaciones.

Hay una distinción en cada balance de producto entre régimen especial y el régimen definitivo, así como entre el componente importado y el componente doméstico.

En este proceso de balance de productos, es necesario evaluar la gran variedad de fuentes de información que en ocasiones presentan inconsistencias. Se valoran cuáles son las fuentes de información disponibles y mediante un proceso de arbitraje se decide cual es la más confiable y la que representa de manera adecuada el comportamiento del producto que se está analizando.

Para cada producto se analizan las discrepancias entre el consumo intermedio del producto resultante del balance del producto y el consumo intermedio total de las actividades económicas tanto a precios corrientes como a precios del año anterior, las cuales pueden ser causadas por factores como:

- Clasificación inadecuada de la partida arancelaria por los organismos aduaneros;
- Subvaloraciones en el consumo final del hogar;
- Falta de detalles sobre los pequeños costos que son parte del consumo intermedio de las empresas, aunque agregados, se consideran importantes para la economía en su conjunto, por ejemplo, el gasto en productos de plástico, metal y papel;
- El contrabando de algunos productos;
- Existencia de precios de transferencia para transacciones entre empresas de un mismo grupo empresarial.

A partir de lo anterior y tomando en cuenta la matriz de importaciones se realizan ajustes en el valor, volumen o índice de precios en cada uno de los productos que presenten discrepancia.

Cuentas económicas integradas (CEI)

Este instrumento del marco central ofrece una visión más general de la economía desde la óptica de los sectores y subsectores institucionales, de la economía total y del resto del mundo.

Las fuentes de datos disponibles para cada uno de los sectores institucionales son las siguientes:

- **Sociedades no financieras (SNF):** se basan en una combinación de fuentes administrativas y encuestas. Para el caso de las empresas de régimen especial, así como de las empresas públicas, están cubiertas por cuentas anuales exhaustivas recabadas por razones administrativas y transmitidas al BCCR. Las empresas privadas del régimen definitivo están cubiertas por la versión anual de la encuesta EEE. Por otro lado, el BCCR también recibe del Ministerio de Hacienda las declaraciones de renta y de impuestos mensuales sobre las ventas de las empresas privadas, que resume a niveles anuales. De la Caja Costarricense del Seguro Social (CCSS), se reciben estadísticas sobre empleo y salarios del sector público y privado;

- **Sociedades financieras (SF):** se basan en datos obtenidos de las oficinas de reglamentación y supervisión;
- **Gobierno General (GG):** se basan en datos obtenidos de los presupuestos y estados financieros de los ministerios;
- **Hogares (Hog):** los datos relativos al empleo y a los salarios se obtienen a través de los registros de la CCSS y la información del año base se basa en la encuesta quinquenal de presupuesto familiar (ENIGH y ENHOPRO);
- **Instituciones sin fines de lucro que sirven a los hogares (ISFLSH):** se basan en informes mensuales y anuales que se presentan al Ministerio de Hacienda. Sin embargo, estas entidades también están cubiertas por el EEE.
- **Cuentas Internacionales:** el acopio de la información y construcción de las cuentas internacionales, incluida la balanza de pagos, utiliza una variedad de fuentes administrativas y encuestas. En todos los casos hay una coordinación con cuentas nacionales en torno a los instrumentos de recopilación de los insumos necesarios para dar contenido a estos indicadores. La compilación y construcción de las estadísticas está sustentada en el Marco de Evaluación de la Calidad de los Datos (MECAD) del FMI. En este contexto, hay una evaluación y seguimiento continuo de los resultados en las diferentes cuentas que conforman las cuentas internacionales, incluidos los errores y omisiones. En este caso particular, se evalúa que esta partida no muestre signos negativos o positivos en forma continua, lo cual podría evidenciar una subestimación o sobreestimación de débitos o créditos según sea el caso. Se realizan evaluaciones del resultado como proporción del producto interno bruto y saldos brutos registrados en la posición de inversión internacional, en particular. En consonancia con las mejores prácticas metodológicas internacionales la trazabilidad de los errores y omisiones es fundamental en aras de propiciar indicadores del sector externo robustos que reflejen la realidad económica del país en un momento determinado y que potencien la toma de decisiones de manera oportuna.

Las cuentas económicas integradas señalan una dependencia de fuentes externas de recursos pues aun cuando el ahorro neto de los diferentes sectores es positivo, con excepción de gobierno, existe endeudamiento neto, en ciertos años, de todos los sectores institucionales, lo cual denota una dependencia importante del sector externo y una vulnerabilidad ante choques externos. Cabe señalar que el endeudamiento del sector no financiero es ocasionado por un alto endeudamiento de las empresas públicas no financieras.

Cuadro 17.3. **Nomenclatura de Sectores y Subsectores Institucionales**

Sectores y Subsectores Institucionales	
Código	Nombre
S11	**Sociedades no Financieras**
S11001	**Sociedades no Financieras Públicas**
S11002	**Sociedades no Financieras Privadas**
S11003	**Instituciones sin fines de lucro que sirven a las Sociedades No Financieras**
S12	**Sociedades Financieras**
S121	**Banco Central**
S122	**Sociedades de Depósito, exc. Banco Central**
S1221	Sociedades monetarias de depósito, exc. banco central
S1222	Otras sociedades de depósito n.c.p.
S123	**Fondos de inversión del mercado de dinero**
S124	**Fondos de inversión, excepto FMDs**
S125	**Otros intermediarios financieros, exc. Sociedades de seguro y fondos de pensiones**
S1251	Otros intermediarios financieros públicos
S1252	Otros intermediarios financieros privados
S126	**Auxiliares financieros**
S1261	Auxiliares financieros, excepto auxiliares de seguros y de fondos de pensión
S1262	Auxiliares de seguros y de fondos de pensión
S1263	Instituciones sin Fines de Lucro que sirven a las Sociedades Financieras
S127	**Instituciones financieras cautivas y prestamistas de dinero**
S128	**Sociedades de seguros**
S129	**Fondos de pensión**
S1291	Regímenes colectivos
S1292	Regímenes individuales
S13	**Gobierno General**
S1311	**Gobierno Central**
S1313	**Gobiernos Locales**
S1314	**Fondos de Seguridad Social**
S14	**Hogares**
S15	**Instituciones sin fines de lucro que sirven a los hogares (ISFLSH)**
S2	**Resto del Mundo**

Fuente: Banco Central de Costa Rica.

Clasificación Cruzada por Industria y por Sector Institucional (CCIS)

Se utiliza para verificar la consistencia entre los datos del Cuadro de Oferta-Utilización (COU), que brinda información por industria y los resultados de las Cuentas Económicas Integradas (CEI), que brinda información por sector institucional.

Se calcula para las siguientes cuentas:

- **Cuenta de producción:** Producción, Consumo Intermedio, Valor Agregado Bruto, Consumo de capital fijo sobre excedente de explotación, Consumo de capital fijo sobre ingreso mixto.

- **Generación del ingreso:** remuneración de los asalariados, Otros impuestos sobre la producción, Excedente bruto de Explotación, Ingreso Mixto bruto, Excedente neto de explotación, Ingreso Mixto neto.
- **Otras cuentas:** formación bruta de capital fijo, Variación de existencias, adquisición neta de objetos valiosos.

Matriz de insumo producto (MIP)

Las matrices de insumo-producto constituyen una importante fuente de información para el entendimiento de las relaciones productivas de un país en un determinado momento del tiempo. Son una representación simplificada de la economía que proporciona un análisis detallado del proceso de producción y la utilización de los bienes y servicios que se producen e importan en un país, y del ingreso generado en dicha producción por las diversas actividades económicas para un periodo determinado. Con la información disponible se construyó una matriz *producto x producto* y otra de *actividad económica x actividad económica* distinguiendo entre régimen especial y definitivo.

Matriz de importaciones (MI)

Se construyó con el objetivo de apoyar el análisis de oferta-utilización por producto. Esta muestra la demanda intermedia en productos importados por las diferentes actividades económicas, y proporciona una estimación del consumo final y la formación bruta de capital importada por producto.

La Matriz de Importaciones está formada por columnas que describen el uso económico (consumo intermedio, formación de capital o consumo final) de cada uno de los bienes importados, para un total de 136 actividades económicas; y filas en que se registran los productos, para un total de 183 bienes y servicios.

La información requerida para elaborarla se obtiene de la base de datos de comercio exterior a nivel de partida arancelaria del Sistema Armonizado de Designación y Codificación de Mercancías (SA), del Registro de Variables Económicas (REVEC) y la Declaración anual resumen de clientes, proveedores y gastos específicos (Modelo D-151), del Ministerio de Hacienda.

El cálculo de la Matriz de Importaciones inicia con la identificación del producto importado a través de la correlativa entre la CPC2, la partida arancelaria y la Nomenclatura de Productos para Costa Rica (NPCR), asociando cada partida arancelaria a un producto en específico. Las empresas importadoras se categorizan según el Registro de Variables Económicas (REVEC), asignándosele a cada una, a través de su cédula jurídica, un código CIIU y una actividad económica (AECR).

La identificación de los productos, así como la clasificación de la empresa por actividad económica es indispensable, ya que permite clasificar los bienes que son importados para el consumo intermedio o la formación bruta de capital. Respecto al consumo final, este se identifica a través de cédulas físicas, es decir, personas que realizan importaciones directas de montos bajos, o bien, importaciones realizadas por empresas de mensajería.

El Departamento de Estadísticas Macroeconómicas realiza una equivalencia entre la información que proporciona la D-151 y el REVEC para clasificar, a través de una estructura, las importaciones de comerciantes mayoristas y minoristas por actividad económica, permitiendo identificar qué porcentaje de su importación va destinado al consumo intermedio, al consumo final o a la formación bruta de capital. En el caso del comerciante minorista la mayoría de importaciones, dependiendo del tipo de producto, se clasifican como consumo final.

Esta manera de sistematizar la información de las importaciones es clave para el análisis y la conformación del Sistema de Cuentas Nacionales; particularmente para la determinación de la formación bruta de capital y su distribución por actividad económica.

Matriz de Empleo

En Costa Rica, las fuentes de información sobre el empleo desde la óptica de la oferta y la demanda, son las siguientes:

Oferta	Demanda
• Encuesta continua de empleo	• Registro Administrativo de la CCSS
• Encuesta Nacional de Hogares	• Estudio Económico a Empresas (EEE)
• CENSO de población y vivienda 2011	• Informes Anuales de Operaciones de PROCOMER
• Encuesta Nacional de Ingresos y Gastos de los Hogares	• Encuesta Nacional a Empresas (ENAE)

A partir de las diferentes fuentes de información disponibles referentes a personal ocupado en el país (encuestas a hogares y registros administrativos), se genera una matriz de empleo preliminar que ayuda a los analistas en cuentas nacionales a disponer de información de empleo para las actividades económicas. Estos datos son de mucha utilidad en actividades donde hay mucho empleo informal. Para cada actividad económica se determina la fuente de empleo a utilizar tomando en cuenta la producción, los salarios, el valor agregado y la estacionalidad.

Para el año 2012 se aprecia que la actividad económica que mayoritariamente demanda empleados es el Comercio (G), seguido de: Agricultura y Ganadería (A), Manufactura (C), Construcción (F), Enseñanza (P), Hogares como empleadores, (T) y Servicios Administrativos y Apoyo (N) concentrando estas actividades el 70% del empleo nacional. De ellas se puede indicar que:

- 1 de cada 5 personas laboran en Comercio.
- 1 de cada 8 personas lo hace en Agricultura y Ganadería.

- 1 de cada 7 personas laboran en Construcción.
- 1 de cada 7 personas laboran en Enseñanza.
- 1 de cada 7 personas laboran en los Hogares.
- 1 de cada 6 personas laboran en los Servicios Administrativos y Apoyo.

Otras actividades más especializadas, que requieren personal calificado como Información y comunicación (J) y Actividades Financieras y de Seguros (K) contratan menos del 2% del empleo nacional cada una de ellas.

Cuadro 17.4. **Costa Rica: Matriz de Empleo 2012 por Sección de CIIU4**

Sección	Descripción	Total	Participación (%)
A	Agricultura, ganadería, caza y actividades de servicio conexas	260 944	12.54
B	Explotación de minas y canteras	3 925	0.19
C	Industrias manufactureras	204 871	9.85
D	Suministro de electricidad, gas, vapor y aire acondicionado	12 708	0.61
E	Suministro de agua, evacuación de aguas residuales, gestión de desechos y descontaminación	11 651	0.56
F	Construcción	152 298	7.32
G	Comercio al por mayor y al por menor, reparación de vehículos de motor y motocicletas	426 115	20.48
H	Transporte y almacenamiento	91 222	4.39
I	Alojamiento y servicios de comida	106 490	5.12
J	Información y comunicación	40 595	1.95
K	Actividades financieras y de seguros	40 210	1.93
L	Actividades inmobiliarias	15 624	0.75
M	Actividades profesionales, científicas y técnicas	71 260	3.43
N	Actividades de servicios administrativos y de apoyo	121 756	5.85
O	Administración pública y defensa; planes de seguridad social de afiliación obligatoria.	69 587	3.35
P	Enseñanza	148 040	7.12
Q	Actividades de atención de la salud humana y asistencia social	83 729	4.02
R	Actividades artísticas, de entretenimiento y recreativas	27 515	1.32
S	Otras actividades de servicios	46 576	2.24
T	Actividades de los hogares como empleadores, actividades no diferenciadas de los Hogares como productores de bienes y servicios para uso propio	145 128	6.98
U	Actividades de organizaciones y órganos extraterritoriales	-	0.00
	TOTAL	**2 080 244**	**100**

Fuente: Banco Central de Costa Rica.

Matriz de Márgenes Comerciales

Un margen comercial es la diferencia entre el precio real o imputado realizado sobre un bien comprado para reventa y el precio que tendría que pagar el distribuidor para reemplazar el bien al momento de su venta.

Las matrices de márgenes comerciales se utilizan ampliamente en las cuentas nacionales, específicamente en la medición de la producción comercial, en las tablas de insumos y en la compilación de la tabla de oferta y utilización. Los métodos para compilar los márgenes comerciales son muy exigentes en términos de datos y se centran en la demanda o en la oferta.

La experiencia de Costa Rica está más orientada al uso, por lo que los coeficientes de los márgenes comerciales se calculan para cada producto según sus diferentes usos: consumo intermedio, consumo final, formación de capital y exportaciones. También se calculan los canales de distribución.

Matriz de Contabilidad Social

La Matriz de Contabilidad Social (MCS) representa un sistema socioeconómico como un flujo circular de ingresos que se generan en una economía. Este sistema se puede establecer mediante la consolidación exhaustiva, interdependiente y consistente de datos de cuentas nacionales debidamente balanceadas.

La MCS debe ser cuadrada ya que, para cada cuenta, los ingresos y gastos totales deben igualarse. Siguiendo la regla de contabilidad por partida doble, el ingreso total (o sumatoria de los elementos de una fila) y el gasto total (o sumatoria de los elementos de una columna) de cada una de las cuentas de la matriz T deben ser exactamente iguales.

Para construir la MCS 2012 de Costa Rica se construyó una MCS agregada utilizando, como única fuente de información, las cuentas nacionales más agregadas (ver cuadro 4). En segundo lugar, dicha MCS se desagregó utilizando el COU para industrias y productos, así como otra información complementaria.

Matrices de transacciones financieras y no financieras

Este tipo de matrices permiten verificar la coherencia de las transacciones entre los diferentes sectores y subsectores, al mostrar las variaciones en los usos (activos) y recursos (pasivos) y los sectores o subsectores que intervinieron en dichas variaciones. Para poder establecerlas, es necesario contar con el detalle de ingresos y gastos, así como los activos y pasivos por sector institucional.

Se procesa la información para cada una de las unidades institucionales y se generan las hojas del balance: saldos, flujos, otras variaciones del volumen de activos, entre otros. Luego de esto, se agrega la información, por régimen de producción (régimen especial o régimen definitivo), y por sector y/o subsector institucional. Por último, se agregan todos los sectores institucionales en las **Cuentas Económicas Integradas (CEI)** el cual es el principal insumo que brinda la información de cada una de las transacciones. Se elaboran las siguientes matrices de transacciones:

Cuadro 17.5. **Esquema de MCS**

Concepto	Actividades productivas	Bienes y servicios	Factores	Hogares	Empresas	Gobierno general	Ahorro-inversión	Resto del mundo	Total (gasto)
Actividades productivas		Producto comercializado							Valor del producto
Bienes y servicios	Consumo intermedio	Márgenes (comercio y transporte)		Gasto de consumo final privado		Gasto de consumo final del gobierno	Inversión	Exportaciones	Demanda total
Factores	Valor agregado							Ingreso resto del mundo	Ingreso de los factores
Hogares			Ingreso por hogares		Transferencias corrientes a hogares	Transferencias corrientes a hogares		Transferencias corrientes desde el resto del mundo	Ingreso de los hogares
Empresas			Ingreso por factores empresas	Transferencias corrientes a empresas		Transferencias corrientes a empresas		Transferencias corrientes desde el resto del mundo	Ingreso total de las empresas
Gobierno general	Impuestos a la producción	Impuestos a los productos nacionales e importados		Transferencias corrientes al gobierno	Transferencias corrientes al gobierno			Transferencias corrientes desde el resto del mundo	Ingreso corriente gobierno general
Ahorro-Inversión				Ahorro de los hogares	Ahorro de las empresas	Ahorro del gobierno general		Ahorro externo	Ahorro total
Resto del mundo		Importaciones de bienes y servicios	Ingreso de factores resto del mundo	Transferencias corrientes al resto del mundo	Transferencias corrientes al resto del mundo	Transferencias corrientes al resto del mundo			Salidas de divisas
Total (ingreso)	Valor Bruto de Producción	Oferta de bienes y servicios	Gasto de los factores	Gasto de los hogares	Gasto de las empresas	Gasto corriente del gobierno general	Inversión total	Entradas de divisas	

Fuente: Cuentas Nacionales 2012.

- **Matriz Financiera F1 (MFF1):** Oro Monetario (F11) y Derechos especiales de Giro DEG (F12).
- **Matriz Financiera F2 (MFF2):** Billetes y monedas (F21), depósitos transferibles (F22) y otros depósitos (F29).
- **Matriz Financiera F3 (MFF3):** Títulos de deuda en moneda nacional (F31) y en moneda extranjera (F32).
- **Matriz Financiera F4 (MFF4):** Préstamos en moneda nacional (F41) y en moneda extranjera (F42).
- **Matriz Financiera F5 (MFF5):** Participaciones de capital (F51) y acciones de fondos de inversión (F52).
- **Matriz Financiera F6 (MFF6):** Seguros, pensiones y sistemas de garantías normalizadas.
- **Matriz Financiera F7 (MFF7):** Derivados financieros y opciones de compra de acciones por parte de empleados.
- **Matriz Financiera F8 (MFF8):** Créditos y anticipos comerciales (F81), Impuestos por cobrar/pagar (F82) y Otras cuentas por cobrar/pagar.
- **Matriz No Financiera (MNF):** Intereses (D41), Renta distribuida de las sociedades (D42), Utilidades reinvertidas de Inversión Extranjera Directa (D43), Renta distribuida de la Inversión (D44), Renta de la tierra (D45), Impuestos corrientes sobre el ingreso y la riqueza (D5), Contribuciones sociales netas (D61), Prestaciones sociales distintas a las transferencias sociales en especie (D62), Otras transferencias corrientes (D7), Ajuste por cambios en los derechos de pensión (D8), Transferencias de capital (D9).

Cálculo de la construcción con destino privado

A través de un convenio con el Colegio Federado de Ingenieros y Arquitectos (CFIA) se logró confeccionar prototipos constructivos para obtener una estructura detallada de costos de las construcciones a nivel nacional, y realizar una encuesta trimestral que mide el avance de los proyectos de construcción de obra con destino privado. Adicionalmente se automatizó todo lo referente a las estadísticas de la construcción con destino privado.

Formación Bruta de Capital Fijo por Actividad Económica 2012

Para la construcción de dicha estimación se utilizaron diversas fuentes de datos, tales como:

- Registros de comercio internacional de la Dirección General de Aduanas.
- Declaración D151: Declaración anual de resumen de clientes, proveedores y gastos específicos del Ministerio de Hacienda.
- Estudio Económico a Empresas.

- Casos de Estudio para las actividades agrícolas.
- Matriz de importaciones.
- Encuesta Nacional de Hogares Productores.
- Estados Financieros y Registros Administrativos del Gobierno General, Sociedades Financieras y Sociedades no Financieras Públicas.

La matriz de FBKAE se construye a partir de la estimación de dos matrices preliminares, cada una desarrollada bajo distintas metodologías. La primera consiste en la estimación de la matrices de FBK para cada uno de los sectores institucionales en donde se tiene información completa para Gobierno General, Sociedades Financieras, Sociedades no Financieras Públicas, e información parcial para Hogares, Sociedades no Financieras Privadas e ISFLSH. Para los casos en los que la información es parcial se utilizan técnicas de aproximación numérica, tales como el método RAS y se incorpora otra información adicional en caso de que se tuviera disponible.

El segundo método consiste en la construcción de una matriz de FBKAE a partir de la información obtenida de la matriz de importaciones y de la información contenida en los registros de las declaraciones de ventas de las empresas (Formulario D151) del Ministerio de Hacienda. A partir de estas fuentes se puede construir una matriz para los productos de FBK importados directamente por las actividades, así como aquellos productos de FBK importados para comercio al por mayor y al por menor. Posteriormente a las cifras de esta matriz se le incluyen los márgenes de comercio e impuestos para expresarla a precios de comprador. Adicionalmente, se construye una matriz para el componente producido localmente, el cual toma como insumos la información del EEE y demás informes financieros y registros contables previamente mencionados. La agregación de las submatrices de FBK importada y FBK producida localmente debería resultar en el total de la FBK de la economía.

De las dos matrices construidas se estima una matriz de FBKAE definitiva, en donde se concilia la información de cada una, se mantienen los datos para las actividades y sectores institucionales que se obtienen directamente de las fuentes primarias y se valora la razonabilidad de las cifras estimadas.

Los principales resultados obtenidos para el año base 2012, se presentan en el siguiente cuadro:

Cuadro 17.6. **Costa Rica: Composición de la FBK por actividad económica según activos (2012)**

	FBKF	AN111 Viviendas	AN112 Otros edificios y estructuras	AN113 Maquinaria y equipo	AN114 Recursos biológicos cultivados	AN115 Productos de propiedad intelectual
Agricultura	100.00	0.00	27.0	42.5	29.4	1.2
Industria manufacturera	100.00	0.00	35.6	57.1	0.6	6.7
Electricidad y agua	100.00	0.00	67.1	31.9	0.00	1.0
Construcción	100.00	0.00	59.8	39.7	0.00	0.5
Comercio, restaurantes y hoteles	100.00	0.00	52.5	46.8	0.00	0.7
Transporte, almacenaje y comunicaciones	100.00	0.00	50.4	47.0	0.00	2.6
Establecimientos financieros y seguros	100.00	0.00	24.3	52.4	0.00	23.3
Bienes inmuebles	100.00	63.8	34.0	2.2	0.00	0.00
Administración pública	100.00	0.00	82.9	16.1	0.00	1.00
Otros servicios	100.00	0.00	45.5	48.8	0.00	5.7

Fuente: Banco Central de Costa Rica.

17.5. Algunos resultados

Participación relativa de las actividades económicas y sectores institucionales

En el siguiente cuadro se muestra cual ha sido la participación relativa de los distintos grupos de actividades económicas para el periodo comprendido entre 2012-14.

Cuadro 17.7. **Participación relativa dentro del valor agregado (%) por actividad económica y régimen de producción**

Grupos de actividades económicas	Periodo 2012			Periodo 2013			Periodo 2014		
	Total	Régimen Especial	Régimen Definitivo	Total	Régimen Especial	Régimen Definitivo	Total	Régimen Especial	Régimen Definitivo
Agricultura, ganadería, silvicultura y pesca	**5.9**	-	5.9	**5.5**	0.0	5.5	**5.6**	0.0	5.6
Industrias manufactureras	**15.1**	3.0	12.1	**14.1**	2.8	11.3	**13.6**	2.8	10.8
Electricidad y agua	**2.6**	-	2.6	**3.0**	0.0	3.0	**2.8**	0.0	2.8
Construcción	**5.9**	-	5.9	**5.2**	0.0	5.2	**5.2**	0.0	5.2
Comercio y reparación de vehículos	**10.3**	-	10.3	**10.4**	0.0	10.4	**10.4**	0.1	10.3
Actividades inmobiliarias	**9.7**	0.1	9.6	**9.7**	0.1	9.6	**9.2**	0.2	9.1
Enseñanza	**8.2**	-	8.2	**8.5**	0.0	8.5	**8.4**	0.0	8.4
Salud humana y asistencia social	**6.9**	-	6.9	**7.3**	0.0	7.3	**7.2**	0.0	7.2
Otros servicios no financieros	**24.2**	2.8	21.4	**24.9**	3.1	21.8	**26.0**	3.2	22.8
Servicios financieros y de seguros	**5.1**	-	5.1	**5.1**	0.0	5.1	**5.0**	0.0	5.0
Administración pública	**4.7**	-	4.7	**5.0**	0.0	5.0	**5.0**	0.0	5.0
Hogares como empleadores	**1.3**	-	1.3	**1.3**	0.0	1.3	**1.4**	0.0	1.4
TOTAL	**100.0**	5.9	94.1	**100.0**	6.0	94.0	**100.0**	6.3	93.7

Fuente: Banco Central de Costa Rica.

Se puede apreciar que las actividades relacionadas con servicios, tales como los servicios de enseñanza, los servicios de salud humana y asistencia social, y los otros servicios no financieros representaron para el 2014 una participación muy importante dentro del valor agregado. Si se analizan estos resultados por régimen de producción, las empresas que brindan servicios en los regímenes especiales aportan alrededor del 2.8% del valor agregado del país. Las actividades agropecuarias y ganaderas representan una participación poco significativa dentro del valor agregado, lo que demuestra como la estructura económica costarricense se ha ido transformando al depender más de los servicios.

A nivel de sector institucional, las Sociedades No Financieras aportaron para el periodo 2014 el 56.8% del valor agregado de dicho periodo. Cabe rescatar, la importancia que tiene el sector de los hogares el cual está influenciado por las actividades inmobiliarias.

Cuadro 17.8. **Participación relativa dentro del valor agregado (%) por sector institucional**

Sector Institucional	2012	2013	2014
Sociedades No Financieras	57.6	56.8	56.8
Sociedades Financieras	5.3	5.3	5.3
Gobierno General	16.0	16.4	16.2
Hogares	20.6	21.0	21.2
Instituciones sin fines de lucro que sirven a hogares	0.5	0.5	0.5

Fuente: Banco Central de Costa Rica.

Exportaciones de Servicios y sus principales mercados de destino

En el año 2012 las exportaciones de bienes y servicios representaron alrededor del 32.2% de PIB total, de las cuales 12.5% son servicios.

Los servicios más importantes en exportaciones son: los viajes (hospedaje, alimentación, transportes), los otros servicios empresariales (consultorías y administrativos), así como telecomunicaciones, informática e información. El 63.8% de las exportaciones de servicios son destinadas a Estados Unidos, 15.6% al resto de América, 11.1% a Europa, 7.0% a Centroamérica y el 2.5% restante a otros destinos.

Régimen especial: Las actividades económicas que registran más exportaciones de servicios en este régimen son: a) Servicios de información, programación y consultoría informática, excepto edición de programas informáticos y afines, b) Servicios de consultoría en gestión financiera, recursos humanos, comercialización, oficinas principales y afines, c) Otros servicios profesionales, científicos y técnicos, d) Servicios administrativos y de apoyo de oficina y otras actividades de apoyo a las empresas, e) Servicios de manufactura.

Gráfico 17.4. **Exportaciones de servicios por régimen**

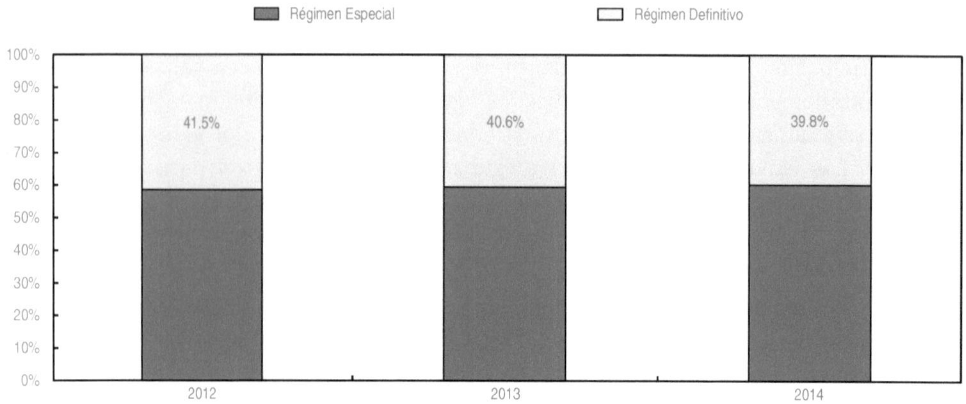

Fuente: Elaboración propia con datos del Banco Central de Costa Rica.

El principal destino de las exportaciones de servicios en regímenes especiales es Estados Unidos. Sin embargo, en el periodo 2013-14 perdió algo de participación mientras otros destinos han ido ganando mayor participación como es el caso de Europa y el resto del continente americano.

Gráfico 17.5. **Destino de las exportaciones de servicios en regímenes especiales**

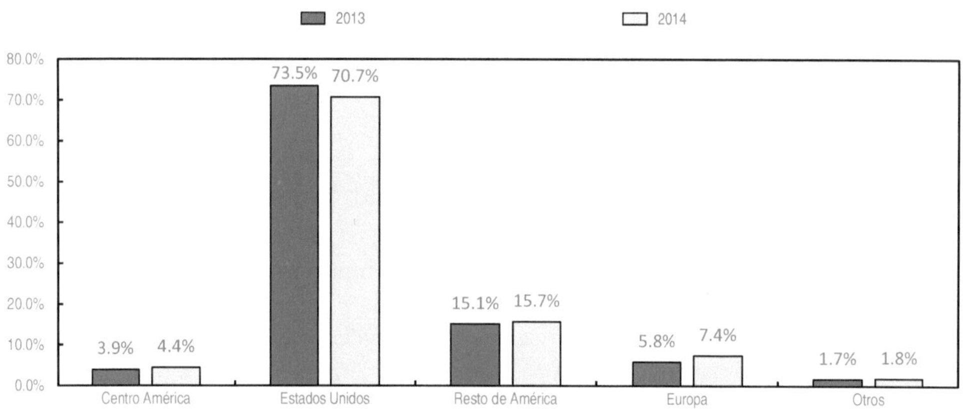

Fuente: Elaboración propia con datos del Banco Central de Costa Rica.

Régimen definitivo: Para este tipo de régimen la información es más limitada lo que no permite identificar por completo cual es el destino de las exportaciones. Sin embargo, gracias a la información suministrada por el Instituto Costarricense de Turismo (ICT), y otras fuentes de información, fue posible identificar el destino de gran parte de las exportaciones de servicios principalmente en actividades relacionadas con turismo.

El 53.0% de las exportaciones son destinadas a Estados Unidos, seguido del resto de América (13.8%), Europa (13.0%), Centroamérica (7.7%), Otros destinos (2.7%). Para el 9.8% restante no fue posible identificarlo.

La balanza de servicios ha mejorado sostenidamente en los últimos años, lo cual implica una mejora cualitativa y cuantitativa en la cuenta corriente de la balanza de pagos.

17.6. Retos que enfrentan las Cuentas Nacionales en Costa Rica

Las transacciones económicas diarias se ven cada vez más afectadas por la globalización, por lo que, desde el punto de vista estadístico, es necesario intensificar los esfuerzos tanto en las cuentas nacionales como en la balanza de pagos para resaltar y medir mejor las cuentas vinculadas con la globalización, esto para fortalecer el diagnóstico y la formulación de acciones de política consistentes con la realidad económica del país.

Costa Rica aboga por un sistema detallado e integrado de cuentas macroeconómicas basado en un conjunto de marcos estadísticos acordados internacionalmente sobre temas como conceptos, definiciones, clasificaciones y reglas contables para proporcionar una descripción cuantitativa y coherente de la economía. Esta cuestión es de gran importancia dada la creciente cantidad y frecuencia de las transacciones del país con el resto del mundo debido a las importaciones, las exportaciones, la inversión extranjera directa (IED), las participaciones de capital, los dividendos y las remesas. Esta nueva dinámica económica debe abordarse de manera coherente, teniendo en cuenta elementos básicos tanto de la balanza de pagos como de su integración en las cuentas nacionales.

Las cuentas internacionales son una parte conceptual integral del sistema general de cuentas nacionales. De hecho, los conceptos de cuentas internacionales se han armonizado con el Sistema de Cuentas Nacionales 2008 (SCN) para hacer comparaciones o agregaciones con otras estadísticas macroeconómicas tales como estadísticas monetarias, fiscales y de producción.

El país ha adoptado medidas para poner en práctica y fortalecer los vínculos entre las cuentas internacionales y nacionales. En particular, a partir de 2012 se elaboró la cuenta del resto del mundo, incorporando aspectos como:

- Las exportaciones e importaciones de bienes y servicios detallados siguiendo la Clasificación Estándar de Productos para Costa Rica (PNCR) basada en la Clasificación Central de Productos (CPC) de las Naciones Unidas así como las necesidades especiales del país, lo que ha permitido la armonización entre los datos que se recogen y presentan en las cuentas mencionadas. Además, es factible agrupar las compras y ventas de bienes y servicios a no residentes por categorías económicas basadas en la nomenclatura de la Clasificación Industrial Internacional Uniforme de Todas las Actividades Económicas (CIIU-4).

- Ingresos primarios y secundarios: la reconciliación se realiza por sector institucional para cada componente de las cuentas nacionales y luego se integran en los componentes estándar de la balanza de pagos.
- Cuentas de capital y financiera: la armonización se realiza por sector e instrumento sobre la base de las operaciones asignadas por las cuentas nacionales y que se incluyen en los componentes estándar de la balanza de pagos.
- Inversión extranjera directa: dada la importancia analítica de este indicador, ha sido posible producir estadísticas armonizadas por categoría económica, país y régimen comercial.
- A mediano plazo, los esfuerzos se centrarán en lograr una mayor integración de las cuentas nacionales y la balanza de pagos haciendo hincapié en la IED, que se refiere principalmente a las inversiones financieras realizadas por las empresas de control extranjero y reflejan el vínculo entre la economía nacional y el resto del mundo. La IED en Costa Rica representa el 5.6% del PIB y creció en promedio 12% de 2010 a 2015. Cabe destacar que alrededor del 23% del valor agregado del sector privado no financiero, es producido por empresas de control extranjero.

Adicionalmente se intensificarán los esfuerzos necesarios para mejorar las estimaciones de las transacciones relacionadas con la economía ilegal.

Notas

1. Véase su definición más adelante.
2. No incluye empresas que operan bajo regímenes especiales, ya que para las mismas se aplica un censo.
3. *Trade Enterprises Characteristics*.
4. En Costa Rica existe una clasificación por actividad económica que agrupa determinados grupos del CIIU, motivo por el cual se diferencia uno del otro.
5. El régimen especial se divide a su vez en Zona Franca y Perfeccionamiento Activo.

Referencias

Chacón, E. and G. Saborío (2017), *Trade Enterprises Characteristics: Costa Rican Experience*.

Cicowiez, M., M.V. Sánchez and G. Saborío Muñoz (2016), *Matriz de Contabilidad Social Costa Rica 2012*, BCCR y ONU-DAES, *http://www.bccr.fi.cr/estadisticas_macro_2012/documentoscnadocpresentaciones/MCS%202012-Costa%20Rica.pdf* (Accessed 6 February 2018).

Departamento de Estadísticas Macroeconómicas del Banco Central de Costa Rica (BCCR) (2017), *Cálculo de las Cuentas Nacionales utilizando índices encadenados y la extrapolación de la serie del PIB*.

Departamento de Contabilidad Social del Banco Central de Costa Rica (BCCR) (2002), *Cuentas Nacionales de Costa Rica, 1991-2001*, BCCR.

Pierce Porras, A., A. Ramírez Vargas and A. Sandí Esquivel (2017), *Costa Rica: Exportaciones de Servicios y sus Principales Mercados de Destino*, BCCR, *www.bccr.fi.cr/estadisticas_macro_2012/documentoscnadocpresentaciones/Exportacionesdeservicio_y_sus_principales_mercados.pdf* (Accessed 6 February 2018).

Saborío, G. (2015), *Costa Rica: An Extended Supply-Use Table*, BCCR, Paper prepared for the 23rd IIOA Conference, Mexico City, June 2015, *www.bccr.fi.cr/estadisticas_macro_2012/documentoscnadocpresentaciones/EXTENDED-SUT_VF.pdf* (Accessed 6 February 2018).

Saborío Muñoz, G. and F. Ramírez (2015), *Costa Rica Import Matrices Compilation: Proportionality Assumption and Tracking Imported Inputs*, BCCR, *www.bccr.fi.cr/estadisticas_macro_2012/documentoscnadocpresentaciones/Import-Matrices_VF.pdf* (Accessed 6 February 2018).

Saborío Muñoz, G., M.E. Sánchez Gómez and F. Ramírez Gamboa (2016), *Decomposing Gross Fixed Capital Formation by Economic Activity for Costa Rica 2012-2013*, BCCR, *www.bccr.fi.cr/estadisticas_macro_2012/documentoscnadocpresentaciones/FBKAE_Methodology_FINAL.pdf* (Accessed 6 February 2018).

Saborío Muñoz, G. and D. Agüero (2017), *Product Margin Ratios and trade channels: Combining Administrative Records and Surveys in Costa Rica*, BCCR, *www.bccr.fi.cr/estadisticas_macro_2012/documentoscnadocpresentaciones/MARGENES.pdf* (Accessed 6 February 2018).

Índice

Glosario

Agregado: Capítulo 1

Datos obtenidos por agregación, a diferencia de los datos de registro unitarios.

Ahorros: Capítulos 1, 6

El ahorro es el ingreso disponible menos el gasto de consumo final (o el ingreso disponible ajustado menos el consumo final efectivo); en uno y otro caso se tienen en cuenta los ajustes por cambios en los derechos de los hogares en los fondos de pensión; el ahorro es un agregado importante que se puede calcular para cada sector institucional o para la economía como un todo.

Ajuste por días laborados: Capítulo 11

Los ajustes por días laborados se refieren a la corrección por las diferencias en el número de días laborados en un mes o un trimestre dado que pueden diferir de un año a otro e impactar el nivel de actividad en ese mes o trimestre para las series de flujos o para la clase/tipo de día en serie de stocks.

En muchos países, el ajuste por días laborados o por días de bolsa se usan como sinónimos.

Ajuste por estacionalidad: Capítulo 11

El ajuste por estacionalidad es una técnica estadística para eliminar los efectos de influencias temporales recurrentes (estaciones) sobre una serie. Los efectos estacionales generalmente reflejan las influencias de las estaciones mismas sea directamente o a través de las series de producción relacionadas con ellas, o por convenciones sociales.

Otros tipos de variaciones pueden ser el resultado del número de días de los períodos del calendario, las prácticas de registro adoptadas o la incidencia de fiestas móviles (tales como la Semana Santa).

Balance: Capítulo 8

El balance es un informe, establecido en un momento determinado, sobre los valores poseídos y las obligaciones vigentes. El saldo se denomina patrimonio neto. En las cuentas nacionales los balances se establecen por sectores, o para toda la economía, y parcialmente para el resto del mundo. El balance para un sector muestra el valor de todos sus activos (producidos, no producidos y financieros), de los pasivos y del patrimonio neto. Para la economía total, el saldo se denomina, a menudo patrimonio nacional. Es la suma de los activos no financieros netos y de los activos financieros netos con relación al resto del mundo.

Bienes: Capítulo 4

Se les llama también mercancías. Todos los productos que no son servicios.

Brecha de producción: Capítulo 4

La brecha de producción es la diferencia entre el PIB real y el PIB potencial, expresada como porcentaje del PIB potencial.

Consumo de capital fijo: Capítulo 1

El consumo de capital fijo representa la disminución en el valor de los activos fijos utilizados en la producción durante el período contable. Es el resultado del deterioro físico, de la obsolescencia normal y del daño accidental normal.

Consumo efectivo: Capítulo 10

El consumo efectivo individual se mide por el valor total de los gastos de consumo final de los hogares, los gastos de consumo final de las instituciones sin fines de lucro que sirven a los hogares y el gasto del gobierno general en bienes y servicios de consumo individual.

El consumo final efectivo de los hogares es el valor del consumo de bienes y servicios adquiridos por los hogares, sea por compras en general, o por transferencias hechas por unidades del gobierno o por las ISFLSH, y que son utilizados por ellos para la satisfacción de sus necesidades y deseos; se establece a partir de sus gastos de consumo final a los cuales se agregan el valor de las transferencias sociales en especie por recibir.

El consumo final efectivo del gobierno general se mide por el valor del consumo colectivo (como opuesto a individual) de servicios prestados a la comunidad, o a amplios sectores de ella, por el gobierno general; se obtiene de su gasto de consumo final restando el valor de las transferencias sociales en especie por pagar.

No hay consumo final efectivo de las instituciones sin fines de lucro que sirven a los hogares (ISFLSH), porque en la práctica la mayor parte de los servicios son de naturaleza individual y por ello, para simplificar, todos los servicios prestados por las ISFLSH se tratan por convención como individuales (como transferencias sociales en especie).

Consumo final efectivo de los hogares: Capítulo 3

El consumo final efectivo de los hogares es el valor de los bienes y servicios de consumo adquiridos por los hogares, sea mediante compra ordinaria, o mediante transferencias de unidades del gobierno o de las ISFLSH, y que son empleadas para la satisfacción de sus necesidades y deseos; se establece a partir de su gasto de consumo final al cual se agrega el valor de las transferencias sociales en especie por recibir.

Consumo intermedio: Capítulo 1

El consumo intermedio está constituido por el valor de los bienes y servicios consumidos como insumos por un proceso de producción, excluyendo los activos fijos, cuyo consumo se registra como consumo de capital fijo; los bienes o servicios pueden ser transformados o utilizados en el proceso de producción.

Contabilidad de causación: Capítulo 10

La contabilidad de causación registra los flujos en el momento en que el valor económico se crea, transforma, transfiere o extingue; esto quiere decir que los flujos que implican un cambio de propiedad se registran cuando se da el traspaso de la propiedad, los servicios se registran cuando se prestan, la producción en el momento en que se crean los productos y el consumo intermedio se registra cuando los materiales y suministros se están utilizando.

Cuadro de flujo de fondos: Capítulo 8

Es sinónimo de "cuentas financieras"

Cuadros de insumo-producto: Capítulo 10

Un cuadro de insumo-producto es una forma de presentar un análisis detallado del proceso de producción y del uso de bienes y servicios (productos) y del ingreso generado en esa producción; puede adoptar la forma (a) de cuadros de oferta-utilización o (b) de tablas insumo producto simétricas.

Cuentas de bienes y servicios: Capítulo 10

La cuenta de bienes y servicios muestra el total de recursos en términos de producción e importaciones y los usos de bienes y servicios en términos de consumo intermedio, consumo final, formación bruta de capital y exportaciones, para la economía en su conjunto y para grupos de productos.

Cuentas no-financieras: Capítulo 8

Serie completa de cuentas naciones excluyendo las cuentas financieras y las cuentas de balance.

Deflactor del PIB: Capítulo 1

Es igual al PIB a precios corrientes dividido por el PIB en volumen.

Demanda: Capítulo 5

La demanda final es el termino abreviado que utilizan los economistas para denominar la suma del gasto de consumo final, de los gastos en inversión y de las exportaciones netas.

Demanda externa: Capítulo 5

Demanda externa es el término conciso utilizado por los economistas para denominar las exportaciones netas.

Demanda interna: Capítulo 5

La demanda interna final es el término utilizado por los economistas para denominar la parte de la demanda final que es interna: gastos de consumo final + gastos de inversión.

Económicamente significativo: Capítulo 9

Se dice que los precios son económicamente significativos cuando tienen una influencia notoria sobre las cantidades que los productores están dispuestos a suministrar y sobre las cantidades que los compradores están dispuestos a adquirir.

Equilibrio oferta-utilización: Capítulo 10

Los cuadros de oferta-utilización son matrices que registran como se origina el suministro de los distintos tipos de bienes y servicios en las industrias residentes y en las importaciones y como se asigna este suministro entre los varios usos intermedios o finales, incluyendo las exportaciones.

Excedente de explotación: Capítulo 7

El excedente de explotación mide el superávit o el déficit que resulta de la producción antes de tener en cuenta intereses, alquileres o cargas similares por pagar sobre activos financieros o sobre activos tangibles no-producidos, tomados en préstamos o alquilados por la empresa, o cualquier interés, renta o ingresos similares por recibir sobre activos financieros o sobre activos tangibles no-producidos, propiedad de la empresa.

Nota: Para las empresas que son propiedad de los hogares y que no están constituidas como sociedades, este componente se denomina "ingreso mixto".

Excedente neto de explotación: Capítulo 7

Es el excedente bruto de explotación menos el consumo de capital fijo.

Exportaciones netas: Capítulo 5

Diferencia entre exportaciones e importaciones de bienes y servicios. También se denomina saldo externo neto o saldo de importaciones y exportaciones.

Formación bruta de capital: Capítulo 1

La formación bruta de capital se mide por el valor total de la formación bruta de capital fijo, los cambios en inventarios y las adquisiciones menos las disposiciones de objetos valiosos, para una unidad o sector.

Formación bruta de capital fijo: Capítulo 1

La formación bruta de capital fijo se mide por el valor de las adquisiciones netas de activos fijos (adquisiciones menos disposiciones) durante el período de referencia, más ciertas adiciones al valor de los activos no producidos (tales como los activos del subsuelo o mejoras mayores en la cantidad, calidad o productividad de la tierra) efectuadas por la actividad productiva de las unidades institucionales.

Función de producción: Capítulo 4

La función de producción es el conjunto máximo de producciones que se pueden obtener con un conjunto dado de insumos. El uso de una función de producción implica eficiencia técnica.

Gasto de consumo colectivo: Capítulo 9

Los bienes y servicios que se consumen simultáneamente por un grupo de consumidores o por la comunidad como un todo: por ejemplo, los servicios de defensa provistos por el Estado.

Gasto de consumo final: Capítulo 1 y 9

El gasto de consumo final del gobierno está conformado por el gasto, incluido el gasto imputado, en el que incurre el gobierno general en bienes y servicios de consumo individual y en servicios de consumo colectivo.

El gasto de consumo final de los hogares está conformado por el gasto, incluido el gasto imputado, en el que incurren los hogares residentes en bienes y servicios de consumo individual, incluyendo aquellos que son vendidos a precios no significativos.

El gasto de consumo final de las instituciones sin ánimo de lucro que sirven a los hogares (ISFLSH) está conformado por el gasto, incluido el gasto imputado, en el que incurren las ISFLSH residentes en bienes y servicios de consumo individual.

Gasto de consumo individual: Capítulo 3

Parte del gasto del gobierno general que se puede atribuir a los hogares más la totalidad de los gastos de las ISFLSH.

Gastos imputados: Capítulo 5

Hay algunas transacciones que es conveniente incluir en las cuentas, aunque no hay en ellas intercambio monetario y por lo tanto no pueden medirse directamente; en tales casos se imputa un valor convencional al gasto correspondiente (las convenciones empleadas varían en cada caso y se describen en el SCN cuando corresponde).

Gobierno General: Capítulo 9

El sector del gobierno general está conformado por la totalidad de las unidades institucionales, que además de cumplir con sus responsabilidades políticas y su papel en materia de regulación económica, producen principalmente servicios de no mercado (eventualmente bienes) para consumo individual o colectivo, y redistribuyen ingreso y riqueza.

Hogar: Capítulos 1,6

El concepto de hogar se basa sobre los arreglos hechos entre personas, individualmente o en grupos, para proveerse a ellas mismas alimentos y otros elementos esenciales para la vida. Un hogar es esencialmente "una familia" en términos corrientes. Un hogar puede ser (a) un hogar unipersonal, o sea una persona que provee su alimentación y otros elementos de vida esenciales sin combinarse con persona alguna para formar un hogar pluripersonal, o (b) un hogar pluripersonal, o sea un grupo de dos o más personas que viven juntas y que proveen conjuntamente su alimentación y otros elementos esenciales de vida. Las personas en el grupo pueden compartir su ingreso, o en menor medida pueden tener un presupuesto común; pueden ser personas familiares entre sí o no familiares o una combinación de familiares y no familiares.

Un hogar puede estar ubicado en una unidad de vivienda, o en una serie de instalaciones de vivienda colectiva como una casa de huéspedes, un hotel o un campamento, o puede incluir el personal administrativo de una institución. El hogar puede también carecer de domicilio.

Identidad contable: Capítulo 10

Una igualdad entre variables de cuentas nacionales, que es válida por definición. Por ejemplo: oferta= uso es una identidad contable.

Impuestos netos de subsidios: Capítulo 1

Impuestos menos subsidios.

Impuestos sobre el ingreso y la riqueza: Capítulo 9

La mayoría de los impuestos sobre rentas, patrimonio, etc., consisten en impuestos sobre los ingresos de los hogares, las utilidades de las sociedades e impuestos sobre el patrimonio; se pagan de manera regular en cada período tributario, a diferencia de los impuestos sobre el capital que se presentan de manera menos frecuente.

Impuestos sobre producción e importaciones: Capítulo 9

Los impuestos sobre la producción y las importaciones consisten en impuestos pagaderos sobre bienes y servicios cuando estos son producidos, entregados, vendidos, transferidos o transados de otra manera por sus productores, más los impuestos y derechos sobre importaciones que son pagaderos cuando los bienes entran al territorio económico (al cruzar la frontera) o cuando los servicios son prestados a unidades residentes por unidades no residentes ; también se incluyen otros impuestos sobre la producción, principalmente impuestos sobre la propiedad o el uso de la tierra, edificios y otros activos empleados en la producción, o sobre el uso del factor trabajo, o sobre las remuneraciones pagadas a los empleados.

Índices de los términos de intercambio: Capítulo 5

Término de intercambio es la relación de los precios de importación y de exportación.

Índice de volumen: Capítulo 2

Un índice de volumen se presenta comúnmente como un promedio ponderado de los cambios relativos en las cantidades de un conjunto definido de bienes o servicios en dos períodos de tiempo; los índices de volumen también pueden comparar los niveles relativos de actividad en dos países diferentes (por ejemplo, los que se calculan usando las PPC).

Ingreso disponible: Capítulo 1

El ingreso disponible se obtiene a partir del balance de los ingresos primarios de una unidad institucional o de un sector, al cual se suman todas las transferencias corrientes recibidas por la unidad o sector, excepción hecha de las transferencias sociales en especie, y se restan todas las transferencias corrientes, pagaderas por la unidad o sector; es el saldo de la cuenta de distribución secundaria del ingreso.

Ingreso disponible neto: Capítulo 6

Ingreso disponible bruto menos el consumo de capital fijo.

Ingreso mixto: Capítulo 1

El ingreso mixto es el superávit o déficit proveniente de la producción por empresas no constituidas en sociedades de propiedad de los hogares; implícitamente tiene un elemento de remuneración al trabajo desarrollado por el propietario, o por otros miembros del hogar, y que no se puede identificar separadamente del beneficio del propietario; sin embargo excluye el excedente de explotación proveniente de las viviendas ocupadas por sus propietarios.

Ingreso Nacional Bruto (INB): Capítulo 1

El ingreso nacional bruto (INB) es el PIB menos los impuestos a la producción y a las importaciones, menos la remuneración de los empleados y la renta de la propiedad pagada al resto del mundo más los rubros respectivos que se reciben del resto del mundo (en otras palabras, PIB menos ingresos primarios pagados a las unidades no residentes más ingresos primarios que se reciben de unidades no residentes). (Debe anotarse que el Ingreso Nacional Bruto es idéntico al producto nacional bruto PNB en la vieja terminología de cuentas nacionales).

Instituciones privadas sin fines de lucro que sirven a los hogares (ISFLSH): Capítulo 5

Las Instituciones privadas sin fines de lucro que sirven a los hogares (ISFLSH) están conformadas principalmente por entidades sin fines de lucro (ISF) que no están ni predominantemente financiadas ni controladas por el gobierno o por las sociedades y que ofrecen bienes y servicios a los hogares gratuitamente o a precios que no son económicamente significativos.

Intermediación financiera: Capítulo 4

La intermediación financiera es una actividad productiva en la cual una unidad institucional asume pasivos por cuenta propia con el objeto de obtener activos financieros, involucrándose en transacciones financieras en el mercado; el papel de los intermediarios financieros es canalizar fondos de los prestamistas a los prestatarios intermediando entre ellos.

No-observado: Capítulo 4

Las actividades con mayor probabilidad de no ser observadas son las subterráneas, las ilegales, las del sector informal, o las que emprenden los hogares para su propio uso final. Algunas actividades pueden no ser incluidas debido a las deficiencias en los programas básicos de recolección de datos estadísticos.

Otra producción de no-mercado: Capítulo 9

La otra producción de no-mercado consiste en bienes o servicios (individuales o colectivos) producidos por instituciones sin ánimo de lucro que sirven a los hogares (ISFLSH) o por el gobierno, que se suministran de manera gratuita o a precios que no son económicamente significativos, a otras unidades institucionales o a la comunidad como un todo. Esta producción es una de las tres categorías generales de producción del Sistema de las Cuentas Nacionales (SCN); las otras dos son la producción de mercado y la producción para su proprio uso.

Paridades de poder de compra: Capítulo 3

Las paridades de poder de compra (PPC) son las tasas de cambio que equiparan la capacidad de compra de las diferentes monedas eliminando las diferencias en los niveles de precios entre países. En su forma más simple, las PPC son simplemente precios relativos que muestran la relación de los precios en monedas nacionales del mismo bien o servicio en diferentes países.

PIB en volumen: Capítulo 1

El Producto Interno Bruto (PIB) en volumen se refiere al PIB a precios constantes, y se obtiene expresando los valores en términos de un período base.

En teoría se identifican los componentes de precio y de cantidad de un valor, y el precio en el año base se sustituye por el del período corriente. En la práctica se emplean dos métodos:

El primero se denomina "revaluación de la cantidad" basado en una metodología consistente con la teoría anterior (es decir, multiplicando la cantidad corriente por el precio del período base).

El segundo, denominado "deflación del precio", consiste en dividir los valores observados por los índices de precios para obtener un estimativo del volumen. Los índices de precios se construyen a partir de los precios de los principales elementos que conforman cada valor.

PIB potencial: Capítulo 4

El producto interno bruto (PIB) potencial se define por el Economic Outlook, publicación de la OCDE, como el nivel de producción que una economía puede obtener a una tasa de inflación constante. Una economía puede, transitoriamente, producir más que su nivel potencial, pero este nivel mayor se logra a costo de una inflación creciente. El producto potencial depende del stock de capital, de la fuerza de trabajo potencial (que a su vez depende de factores demográficos y de la tasa de participación), de la tasa de inflación no aceleradora del desempleo (NAIRU), y del nivel de eficiencia del trabajo.

Poder de compra del ingreso disponible bruto del hogar: Capítulo 6

Es el ingreso disponible bruto del hogar deflactado por un índice de precios adecuado, generalmente el deflactor implícito del gasto final de los hogares.

Precio básico: Capítulo 10

Es precio básico es el valor que recibe el productor del comprador, por una unidad del bien o del servicio obtenido en el proceso de producción, menos cualquier impuesto que se deba pagar, más cualquier subsidio por recibir, sobre esa unidad, como consecuencia de su producción o venta; excluye los cargos por transporte facturados separadamente por el productor.

Precio de mercado: Capítulo 9

Los precios de mercado son los precios efectivos acordados por quienes intervienen en la transacción. En ausencia de transacciones de mercado, la valoración se hace de acuerdos con los costos en que se ha incurrido (servicios de no mercado producidos por el gobierno) o por referencia a los precios de mercado de productos o servicios análogos (servicios de viviendas ocupadas por sus propietarios).

Precios constantes: Capítulo 2

Se dice que los datos están "a precios constantes de un año dado" cuando reflejan los valores de flujos o de los inventarios de bienes y servicios de los cuales se han retirado las variaciones en los precios de los bienes y servicios en cuestión desde el año dado; "a precios constantes" se refiere generalmente a series que utilizan una fórmula de Laspeyres con base fija en volumen. En forma más general "precios constantes" se utiliza como sinónimo de "volumen".

Precios de comprador o de adquisición: Capítulo 10

El precio de adquisición es el precio pagado por el comprador, excluyendo cualquier impuesto deducible, IVA o similar, para obtener la entrega de una unidad de un bien o servicio en el tiempo y lugar señalado por el comprador; el precio de adquisición incluye cualquier costo de transporte pagado separadamente por el comprador para que se realice la entrega en el tiempo y lugar requeridos.

Prestaciones sociales, diferentes de las transferencias sociales en especie: Capítulo 9

Las prestaciones sociales diferentes de las transferencias sociales en especie, son todas las prestaciones sociales excluyendo las transferencias sociales en especie.

Constan de:

a) Todas las prestaciones sociales en dinero – tanto de seguros sociales como de asistencia social – provistas por unidades del gobierno, incluidos los fondos de seguridad social, y las ISFLSH, y

b) Todas las prestaciones de seguros sociales provistas por esquemas de seguros sociales privados de los empleadores, con o sin fondos especiales, en dinero o en especie.

Prestaciones sociales en especie: Capítulo 9

Las prestaciones sociales en especie están constituidas por: (a) prestaciones de seguridad social por reembolsos, (b) otras prestaciones de seguridad social en especie, (c) prestaciones de asistencia social en especie; son iguales a las transferencias sociales en especie excluyendo las transferencias de bienes y servicios individuales de no mercado.

Producción: Capítulo 4

La producción incluye los bienes y servicios que se producen dentro de un establecimiento y están disponibles para su utilización fuera de ese establecimiento, a los que se agregan los bienes y servicios producidos para uso final propio del establecimiento.

Productividad aparente: Capítulo 4

La productividad aparente del trabajo se define como la producción o el valor agregado por persona empleada o por hora trabajada.

Producto Interno Bruto (PIB): Capítulo 1

El producto interno bruto es una medida agregada de la producción igual a la suma de los valores agregados brutos de todas las unidades institucionales residentes, involucradas en la producción, más cualquier impuesto, menos cualquier subsidio a los productos que no estén incluidos en el valor de la producción. Es igual también a la suma de los usos finales de bienes y servicios medidos a precios de comprador, menos el valor de las importaciones de bienes y servicios. Finalmente, también es igual a la suma de los ingresos primarios distribuidos por las unidades de producción residentes.

Producto interno neto (PIN): Capítulo 1

El producto interno neto (PIN) se obtiene deduciendo el consumo de capital fijo del producto interno bruto (PIB).

Producto Nacional Bruto (PNB): Capítulo 1

Ver Ingreso Nacional Bruto (INB).

Productores de mercado: Capítulo 4

Los productores de mercado son productores que venden la mayor parte, o la totalidad, de su producción a precios que son económicamente significativos.

Productores de no mercado: Capítulos 4, 9

Los productores de no-mercado son productores que ofrecen la mayor parte de su producto a otros de manera gratuita o a precios que no son económicamente significativos.

Préstamo neto/endeudamiento neto: Capítulo 8

El préstamo neto es el monto neto que una unidad o un sector tiene disponible para financiar, directa o indirectamente, a otras unidades o sectores.

Es el saldo en la cuenta de capital y se define como: (Ahorro neto más transferencias de capital por recibir menos transferencias de capital por pagar) menos (valor de las adquisiciones menos las disposiciones de activos no-financieros, menos consumo de capital fijo).

El préstamo neto negativo puede denominarse también "endeudamiento neto".

Préstamo neto/endeudamiento neto del gobierno general: Capítulos 1, 9

Ver "Préstamo neto / endeudamiento neto".

Remuneración de Empleados: Capítulo 1

La remuneración de los empleados es la remuneración total, en dinero o en especie, que paga una empresa a un empleado en compensación por el trabajo realizado por este último durante el período de referencia.

La remuneración de los empleados consta de dos componentes principales:

a) Sueldos y salarios por pagar en dinero o en especie;

b) El valor de las contribuciones sociales por pagar por los empleadores: pueden ser contribuciones efectivas por pagar por los empleadores a los esquemas de Seguridad Social o a esquemas de seguros sociales de empleadores, para garantizar beneficios sociales a sus empleados, o contribuciones sociales imputadas por los empleadores cuando proveen beneficios sociales sin constitución de fondos especiales.

Residencia: Capítulo 5

Se dice que una unidad es residente de un país cuando su "centro de interés económico" está situado en el territorio de ese país.

Resto del mundo: Capítulo 1

El resto del mundo incluye a todas las unidades institucionales no residentes que realizan transacciones con unidades residentes, o que tienen otros vínculos con unidades residentes. Se incluyen algunas unidades institucionales que pueden estar localizadas físicamente dentro de los límites geográficos de un país, por ejemplo, los enclaves extranjeros como embajadas, consulados, bases militares y organizaciones internacionales.

Salario básico: Capítulo 2

El nivel de salario mide la remuneración básica por unidad de tiempo o por unidad de producto.

Aunque las Resoluciones de la 12ª. Conferencia Internacional de Estadísticos del Trabajo (ICLS,1973) no contienen una definición especifica de salario, como tal, recomienda la recolección de estadísticas de niveles de salario, que deben incluir los salarios básicos, los complementos por costo de vida y otros complementos garantizados y pagados regularmente, pero excluyen los pagos por horas extras, bonos y gratificaciones, complementos familiares y otros pagos de seguros sociales hechos por los empleadores. También se excluyen los pagos por mera liberalidad hechos en especie, complementarios al nivel del salario regular.

Los niveles de salario deben referirse a un período de tiempo adecuado – hora, día, semana, o mes.

Los niveles de salario se pueden ver como el "precio" de los servicios laborales.

Sector de mercado: Capítulo 4

También llamado sector de negocios. Este sector incluye todas las empresas que venden su producción a precios económicamente significativos.

Sector de no-mercado: Capítulo 4

El sector que incluye a todos los productores que ofrecen la mayor parte de su producto a otros de manera gratuita o a precios que no son económicamente significativos.

Sector institucional: Capítulos 9, 10

El SCN 2008 indica que las Unidades Institucionales se agrupan, de acuerdo con su función principal y su comportamiento económico, para formar Sectores Institucionales.

Servicios: Capítulo 4

Los servicios se diferencian de los "bienes" porque incorporan la producción en un objeto físico. Los servicios son el resultado de una actividad de producción que no se incorporan en objetos físicos, sino que cambian directamente las condiciones de la unidad que los consume. Los servicios no se pueden comercializar separadamente de su producción. En el momento en que su producción se termina deben haber sido provistos a los consumidores.

Servicios de intermediación financiera medidos indirectamente (SIFMI): Capítulo 4

Los servicios de intermediación financiera medidos indirectamente (SIFMI) constituyen una medición indirecta del valor de los servicios de intermediación prestados, pero por los cuales las instituciones financieras no cobran de manera explícita.

Sociedades financieras: Capítulo 10

Las sociedades financieras son todas las sociedades y cuasi-sociedades dedicadas principalmente a la intermediación financiera o a las actividades financiaras de apoyo, estrechamente relacionadas con la intermediación financiera.

Sociedades no-financieras: Capítulo 7

Las sociedades no-financieras son corporaciones cuya principal actividad es la producción de bienes o de servicios no-financieros de mercado.

Stock de capital: Capítulo 8

El stock de capital bruto es el valor de todos los activos fijos en uso, estimados a precios de comprador corrientes, efectivos o estimados, para activos nuevos del mismo tipo, independiente de la edad de los activos.

El stock de capital neto es la suma de los valores depreciados de todos los activos aún en uso; también se puede describir como la diferencia entre el stock de capital bruto y el consumo de capital fijo.

Subterráneo: Capítulo 4

La producción subterránea está conformada por actividades que son productivas en sentido económico y aún legal (siempre y cuando se cumplen ciertas normas y reglamentaciones), pero que se esconden deliberadamente a las autoridades públicas por las siguientes razones:

a) Para evitar el pago de impuestos de renta, valor agregado, y otros impuestos;

b) Para evitar el pago de contribuciones a la seguridad social;

c) Para evitar el cumplimiento de ciertas normas tales como salario mínimo, jornada máxima, seguridad y normas de higiene y salubridad, etc.;

d) Para evitar el cumplimiento de ciertos procedimientos administrativos, tales como el diligenciamiento de cuestionarios estadísticos y otras formas administrativas.

Tasa de ahorro de los hogares: Capítulo 1

La tasa de ahorro de los hogares, se define en la mayoría de los casos, como el ahorro neto dividido por la suma del ingreso disponible neto y del ajuste D8. Existe también la versión de tasa bruta: el ahorro bruto dividido por la suma del ingreso disponible bruto y del ajuste D8.

Territorio económico: Capítulo 5

El territorio económico de un país lo conforma el territorio geográfico administrado por un gobierno, dentro del cual circulan libremente personas, bienes y capitales. Incluye (a) el espacio aéreo, las aguas territoriales, la plataforma continental bajo las aguas internacionales sobre las cuales el país goza de derechos exclusivos, o sobre las cuales tiene, o pretende tener jurisdicción con relación al derecho de pesca o de explotación de combustibles o minerales bajo el lecho del mar, (b) los enclaves territoriales en el resto del mundo; y (c) cualquier zona franca, depósitos aduaneros, o fabricas operados por empresas extraterritoriales bajo control de aduanas (estas forman parte del territorio económico del país en el cual están físicamente localizadas).

Transacción financiera: Capítulo 8

Las transacciones financieras entre unidades institucionales y entre unidades institucionales y el resto del mundo, cubren la totalidad de las transacciones que involucran el cambio de propiedad de activos financieros, incluyendo la creación y la liquidación de los pasivos.

Transacción no-financiera: Capítulo 8

Una transacción no incluida en las cuentas financieras del sistema de cuentas nacionales.

Unidad institucional: Capítulos 9, 10

Una unidad institucional se puede definir como una entidad económica que puede, por derecho propio, ser propietaria de activos, adquirir pasivos y comprometerse en transacciones con otras entidades.

Usos finales: Capítulo 5

Término breve para denominar la suma de los gastos de consumo final, la formación bruta de capital y las exportaciones netas.

Valor agregado: Capítulo 1

El valor agregado bruto es el valor de la producción menos el valor del consumo intermedio. Es una medida de la contribución al PIB que hacen los productores individuales, una actividad o un sector; el valor agregado bruto es la fuente de generación de los ingresos primarios del SCN y por tanto aparece como ingreso de la cuenta de distribución primaria del ingreso.

Valor agregado neto: Capítulo 1

El valor agregado neto es el valor de la producción menos el valor del consumo intermedio y del consumo de capital fijo.

Variación de inventarios: Capítulo 1

Las variaciones de inventarios (incluidos los productos en proceso) constan de los cambios en: (a) inventarios de productos que todavía permanecen en las unidades que los produjeron, con anterioridad a su procesamiento ulterior, venta, envío a otras unidades o utilizados en otra forma, y (b) inventarios de productos adquiridos de otras unidades y que serán usados como consumo intermedio o para ser revendidos sin ulterior procesamiento; se les mide por el valor de entrada a los inventarios menos el valor de los retiros de existencias y del valor de cualquier pérdida recurrente de los bienes mantenidos en inventario.

LA ORGANIZACIÓN PARA LA COOPERACIÓN Y EL DESARROLLO ECONÓMICOS (OCDE)

La OCDE constituye un foro único en su género, donde los gobiernos trabajan conjuntamente para afrontar los retos económicos, sociales y medioambientales que plantea la globalización. La OCDE está a la vanguardia de los esfuerzos emprendidos para ayudar a los gobiernos a entender y responder a los cambios y preocupaciones del mundo actual, como el gobierno corporativo, la economía de la información y los retos que genera el envejecimiento de la población. La Organización ofrece a los gobiernos un marco en el que pueden comparar sus experiencias políticas, buscar respuestas a problemas comunes, identificar buenas prácticas y trabajar en la coordinación de políticas nacionales e internacionales.

Los países miembros de la OCDE son: Alemania, Australia, Austria, Bélgica, Canadá, Chile, Corea, Dinamarca, Eslovenia, España, Estados Unidos de América, Estonia, Finlandia, Francia, Grecia, Hungría, Irlanda, Islandia, Israel, Italia, Japón, Letonia, Luxemburgo, México, Noruega, Nueva Zelanda, Países Bajos, Polonia, Portugal, Reino Unido, República Checa, República Eslovaca, Suecia, Suiza y Turquía. La Comisión Europea participa en el trabajo de la OCDE.

Las publicaciones de la OCDE aseguran una amplia difusión de los trabajos de la Organización. Éstos incluyen los resultados de la compilación de estadísticas, los trabajos de investigación sobre temas económicos, sociales y medioambientales, así como las convenciones, directrices y los modelos desarrollados por los países miembros.

ÉDITIONS OCDE, 2, rue André-Pascal, 75775 PARÍS CEDEX 16
(30 2014 05 1 P) ISBN 978-92-64-29901-6 – 2018

www.ingramcontent.com/pod-product-compliance
Lightning Source LLC
LaVergne TN
LVHW072011300926
849160LV00003B/13

* 9 7 8 9 2 6 4 2 9 9 0 1 6 *